『アクアフィットネス・アクアダンス　インスト

別刷　更新資料

　5年ごとに心肺蘇生や心血管治療の見直しを行っている国際蘇生連絡委員会（ILCOR：International Liaison Committee on Resuscitation）が改訂の年に当たる2010年に，「心肺蘇生と緊急心血管治療のための科学と治療の推奨にかかわる国際コンセンサス」を発表し，それを受けてわが国も2011年10月に『JRC蘇生ガイドライン2010』（日本蘇生協議会・日本救急医療財団　監修）と『救急蘇生法の指針2010』（日本救急医療財団心肺蘇生法委員会　監修）を相次いで発行した。

　本冊子はそれらを受けて，本教本における該当部分（p.294～304）を新しいガイドラインに沿って更新した内容を示したものである。

2013年10月

一般社団法人日本スイミングクラブ協会

5 心肺蘇生

1 救命の連鎖

「救命の連鎖」という語句は、「Chain of Survival」の和訳で、①心停止の予防、②心停止の早期認識と通報、③一次救命処置、④二次救命処置と心拍再開後の集中治療、という4つの行動を輪のつながった鎖に例えたものである。そして、予防も含めこれら救命に必要な行動を社会全体の連携で行うことにより、心肺機能停止傷病者を救っていくことを象徴したものである（図5）。さらに、それぞれの輪が迅速に途切れることなくつながっていくことが不可欠であり、そのうちの1つでも弱い部分があると、そこが切れて輪がつながらないという結果を招く。したがって、各々が、そこで果たすべき役割をきちんと果たすことが、傷病者の救命実現に重要なこととなる。

生命にかかわる疾病、外傷を被った傷病者を救うためには、いかに短時間のうちに救急医療の流れに乗せていくかがポイントになる。そして、それは具体的に実現可能なものでなければならない。溺者を救助した後、その傷病者の状態によっては救命手当や応急手当を施す必要性が出てくる。心停止に陥った傷病者のうち、心室細動あるいは無脈性心室頻拍の状態にある者にとって重大なことは、その救命のためには除細動が欠かせないこと、それも心停止から除細動までの時間をいかに短くするかということである。この時間の長短が救命か否かを左右する要因になる。今から12年前に国際蘇生連絡委員会（ILCOR）と米国心臓協会（AHA）が協同して発表した「心肺蘇生と救急心血管治療のための国際ガイドライン2000」の中では、心室細動から除細動までの時間が1分遅れるごとに、その傷病者の生存退院率は7～10％ずつ低下をしていくことが記されている（図6）。このことから、病院外で求められる早期除細動は5分以内を目標としているのである。

(1) 心停止の予防

発症してからの救命手当より前に、日常生活のあり様、例えば生活習慣病対策等から予防に向けた取り組みをすること、また、心停止の前段階（例えば、溺水時の呼吸停止段階）での手当、治療の重要性を強調した部分である。

心停止の予防　　心停止の早期認識と通報　　一次救命処置　　二次救命処置と心拍再開後の集中治療

● 図5——救命の連鎖

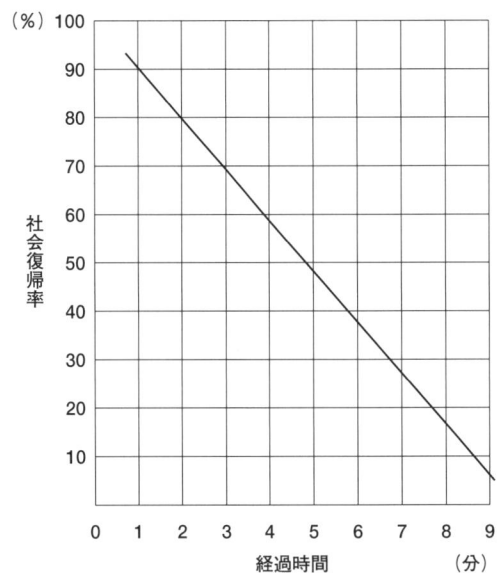

●図6──心室細動に対する電気ショックの時間推移別成功率（AHA心肺蘇生と救急心血管治療のための国際ガイドライン2000日本語版）

(2) 心停止の早期認識と通報

心停止が起きてしまったならば，いち早く傷病者の状態を把握し119番通報を行うことにより，救急隊を通じて救急医療の流れ（レール）に乗せることを強調した部分である。119番通報の意義には，消防の通信指令員から電話を通じた口頭指導を受けることができることも含まれている。

(3) 一次救命処置

その場に居合わせた市民ができる手当（心肺蘇生とAEDを用いた除細動）を迅速に行うことの重要性を記した部分である。傷病者を医療従事者に引き継ぐまでの時間，傷病者のダメージを最小限に食い止めるために市民が力を発揮できるところである。

(4) 二次救命処置と心拍再開後の集中治療

医師をはじめとした医療従事者による二次救命処置に心拍再開後の集中治療を加え，傷病者の社会復帰を実現させることの重要性を記した部分である。

(1)から(3)までは，非医療従事者が行うことができる範囲である。こうしてみると，あらためて現場における一般市民の役割がいかに大きいものなのかがわかる。水中運動のインストラクターにとって，自分がこの救命の連鎖をしっかりと完成させるための一翼を担っていることを意識することは当然のことである。

2　心肺蘇生とは

心肺蘇生とは，胸骨圧迫（心臓マッサージ），気道確保，人工呼吸から構成される救命手当である。心肺蘇生には，医師をはじめ医療従事者が行うものと市民が行うものとがある。ここでは，医療従事者以外の者（市民）でも実施することのできる「一次救命処置」と呼ばれているものを取り扱うこととする。ほとんどのインストラクターは，市民という立場でこの一次救命処置を実施することになる。

2010（平成22）年10月，ILCORは，心肺蘇生の世界標準としての「心肺蘇生と緊急心血管治療のための科学と治療の推奨にかかわる国際コンセンサス（CoSTR：International Consensus Conference on Cardiopulmonary Resuscitation and Emergency Cardiovascular Care Science With Treatment Recommendations)」を公表した。

わが国では，2011（平成23）年10月に日本蘇生協議会（JRC）と日本救急医療財団が共同で

「JRC蘇生ガイドライン2010」を，日本救急医療財団心肺蘇生法委員会が「救急蘇生法の指針2010」を相次いで発行した。

溺水であるとないとにかかわらず，つまり原因の如何に関係なく，意識障害，呼吸停止，心停止などの状態に陥ると，呼吸と循環といった生命維持に不可欠な機能が失われ，早期に何らかの手を打って機能の維持や回復を実現させない限り，結果としての死が訪れることになる。早期に打つべき手とは，市民が現場において一次救命処置である心肺蘇生およびAEDを用いた除細動を実施することであり，この市民の中には，水泳の指導者（水中運動のインストラクター）も含まれる。

総務省消防庁発行の「平成23年版 救急・救助の現況」によれば，119番通報から救急車（救急隊）が現場に到着するまでに要する時間（救急事故の覚知から現場に到着するまでに要した時間）は，平成22年で全国平均8.1分となっている。心肺蘇生の対象となる傷病者にとって，もしもこの時間が救急車を待つだけの時間になったとしたら，社会復帰は非常に難しいものとなるであろう。したがって，この時間中に市民による一次救命処置が実施され，その上で救急隊員に引き継がれる状態を作らなければならない。

3 AEDを用いた除細動

厚生労働省「人口動態統計」によれば，心筋梗塞に代表される心臓疾患によるわが国の死者は2011（平成23）年には194千人（概数）となっている。また，2010（平成22）年の心肺機能停止傷病者全搬送人員は約123千人であり，年々増加している。

突然の心停止に陥る傷病者の中には，除細動を実施しないと助からない者がいる。つまり，心停止には狭義の心肺蘇生が迅速に実施されることにより救命手当としての効果があるものと，早期の心肺蘇生と除細動を組み合わせることにより同じく手当としての効果があるものとの二つがある。

後者，すなわち心肺蘇生と除細動の組み合わせを必要とする心停止は，心室細動と無脈性心室頻拍である。医療器具である自動体外式除細動器（AED）を市民の手に委ねることが，わが国において認められるようになったのは，2004（平成16）年7月からである。厚生労働省はその前年2003（平成15）年の秋，医政局長の私的諮問機関である「非医療従事者による自動体外式除細動器（AED）の使用のあり方検討会」を設置し，4回にわたる検討会を経て，2004年の報告書公表に至ったのである。

AEDは，内蔵されたコンピューターが傷病者の心電図を解析し，除細動の必要・不要を判断し，救助者がショックボタンを押すことにより電気を流す医療器具である。

4 心肺蘇生を理解する

(1) 心肺蘇生を必要とする傷病者（対象）

心肺蘇生を実施すべき傷病者は，耳元で呼びかけたり，肩を叩いても明確な反応を示さず（意識障害），呼吸時に上下動するべき胸腹部にその動きが見られないあるいは動いているように見えても普段どおりの呼吸とは思われない（呼吸停止，心停止）者である。もし，判断に迷った場合には，心肺蘇生を実施すべきである。

(2) 傷病者の抱える危険性

人間が生存していく上で欠かせないことは，常

に体内に酸素を取り込み，その反対に二酸化炭素等の老廃物を体外に出していくことである。鼻や口から体内に取り込んだ空気（そのうちの約20％は酸素）は，気管，気管支，肺胞を経て血液中に酸素が入り，血液中からは二酸化炭素が出てきて呼気として体外へ排出される。意識障害，呼吸停止，心停止という状態は，こういったガス交換を阻害することから，生命を脅かすことになる。

(3) 心肺蘇生の意義

心肺蘇生は，そのままにしておけばガス交換ができずに死に至る傷病者に対し，外部から胸部に圧迫を加えて心臓の収縮を促し，救助者の息（呼気）を傷病者に送り込むことで，前項に記した危険性の進行を食い止めることである。医師による治療が始まるまで最低限のガス交換を行い，細胞への酸素供給を維持するのである。

5 心肺蘇生実施の手順

倒れている人を発見した，あるいは目の前で人が倒れるのを目撃した時，水面で人が漂っている，水底に沈んでいる，あるいは溺れているのを発見・目撃した時には，次のような手順で傷病者への対応をしていく（図7）。

(1) 周囲の状況の観察

傷病者に近づいて行って大丈夫か，救助者側に危険が及ばないかを判断し，傷病者に対し直接的な救助行動を行うか否かを決めるために必要なことである。二重事故を避けるために欠かせない行動である。また，周囲の状況の観察によって事故発生状況の推測にも役立つであろう。水泳事故の場面に当てはめた場合，前出の「緊急時における救助法」(p.288～)の内容と重なる部分がある。

(2) 反応（意識）の有無を確認

救助者側からの呼びかけ等に反応を示すかどうかを確認する。確認は次のとおりに行う。
①傷病者の表情をみる。
②傷病者の肩を軽く叩く。
③傷病者の耳元で声をかける。傷病者の名前が分かる場合は，名前を呼ぶのがよい。

これらの刺激に対し反応を示すかどうかを確認する。反応を示さなかったり，反応が鈍い場合には，反応（意識）がないと判断する。

(3) 協力者を求める

手を高く挙げ，振り，大きな声を出しながら協力者を求め，救急車を呼ぶ（119番通報），AEDを調達してもらうなどを要請する。これは，意識障害という呼吸停止や心停止の可能性を示唆する状況にある傷病者への対応を一人でも多くの協力者を得て，最善を尽くした手当てとして確実に行うためであり，一刻も早く救急医療の流れ（レール）に乗せるためである。

もし，周囲に誰も見当たらない場合には救助者自らが119番通報を行い，AED調達を行う。心肺蘇生の実施が遅れてでも通報等を優先するのは，前述したように救急医療への流れ（レール）に乗せるためである。

(4) 呼吸の確認

現在，市民による一次救命処置では，呼吸がないことの確認をもって心停止と判断することになっている。そこで，ここでは普段どおりの呼吸があるかないかを確認する。救助者は傷病者の傍に膝をついた状態で（傷病者の）胸腹部を見る。規

則正しく胸腹部が上下動していれば呼吸はあると考えてよい。他方，上下動がないかしゃくりあげるような呼吸であれば，それは呼吸機能としての役割を果たしていないことを示している。しゃくりあげるような呼吸を「死戦期呼吸（あえぎ呼吸）」と呼ぶが，これを呼吸ありと判断してはならない。

(5) 胸骨圧迫（心臓マッサージ）

文字どおり，傷病者の胸骨を圧迫し心臓からの血液駆出を起こさせようとするものである。

①まず，圧迫部位，つまり救助者の手を置く場所を特定する。圧迫部位は胸の真ん中（胸骨下半分）になる。そこに，救助者の片方の手掌基部（手掌の手首寄り）を置き，その上にもう一方の手を重ねる。なお，1歳以上6歳未満の幼児が傷病者（児）の場合にも圧迫部位は同様となり，1歳未満の乳児の場合の圧迫部位は両乳頭を結ぶ線の少し脚寄りになる。

②次に圧迫である。圧迫は脊柱に向かって強く，速く，絶え間なく行う。「強く」とは，少なくとも5cm胸が沈むように，「速く」とは，少なくとも1分間に100回のテンポで行うことを意味する。なお，幼児と乳児に対しては胸の厚みの約3分の1が沈み込む程度の強さで行う。また，幼児への圧迫は片手か両手を用い，乳児に対する圧迫は指2本を用いて行う。

圧迫後は，1回ごとにしっかりと圧迫解除をすること（胸を元の状態に戻す）が求められている。圧迫は連続して30回行う。

(6) 気道確保

次に人工呼吸を行うために気道確保を行う。方法としては，頭部後屈あご先挙上法を用いる。救助者の一方の手の手刀部分を傷病者の額に当て，もう一方の手の人差し指と中指を下顎の骨に当てて，下顎の先端と耳たぶの下端を結んだ線が鉛直線になる程度に頭部を傾ける。

(7) 人工呼吸

呼気吹き込み法を用いて人工呼吸を行う。これは，救助者の吐く息（呼気）を傷病者の肺まで送り込むことで，市民が行う人工呼吸としては，最も優れた方法といわれている。

①気道確保を行いながら，救助者の口で傷病者の口を覆い，呼気を吹き込む。このとき，吹き込んだ息が傷病者の鼻から漏れ出さないように，傷病者の額に当てている手の親指と人差し指で鼻をつまむ。なお，感染予防用の一方向弁付き呼気吹き込み用具があれば，それを使って行うことがよい。しかし，用具がない場合にそれを入手するためにいたずらに時間を浪費することは避けるべきである。用具を用いることなく呼気吹き込みを行っても感染の可能性は低いとされているし，吹き込みを行うことに抵抗がある場合には，胸骨圧迫だけでも行えればよい。

②1回当たり約1秒かけて呼気を吹き込む。これを連続して2回行う。

③吹き込む量は，傷病者の胸が上がるのが分かる程度とする。したがって，吹き込みながら傷病者の胸部を見ている必要がある。それ以上の吹き込みは，かえって害を及ぼすこともある。

(8) 胸骨圧迫と人工呼吸の組み合わせ

圧迫と吹き込みを30：2で繰り返す。

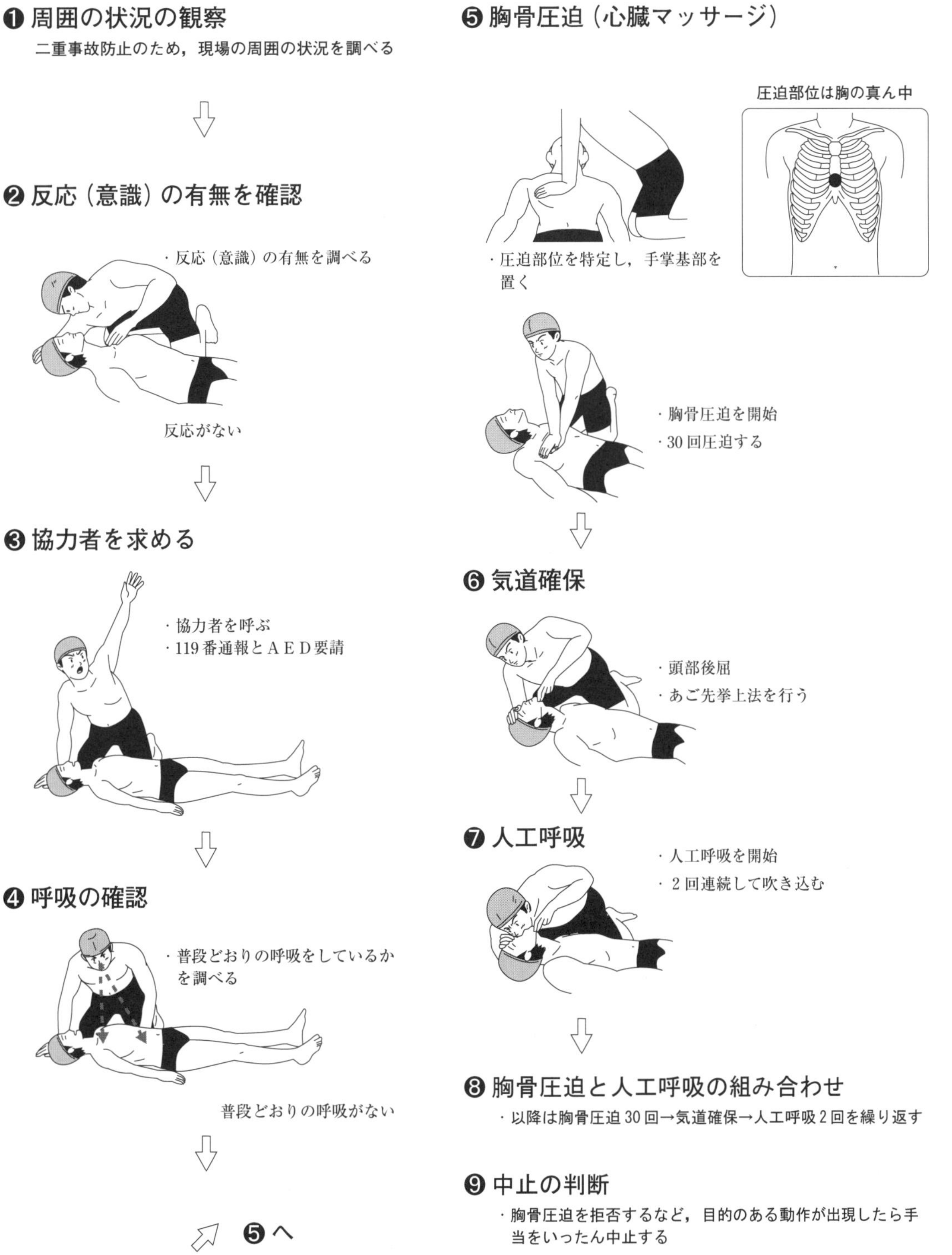

❶ 周囲の状況の観察
　二重事故防止のため，現場の周囲の状況を調べる

❷ 反応（意識）の有無を確認

・反応（意識）の有無を調べる

反応がない

❸ 協力者を求める

・協力者を呼ぶ
・119番通報とＡＥＤ要請

❹ 呼吸の確認

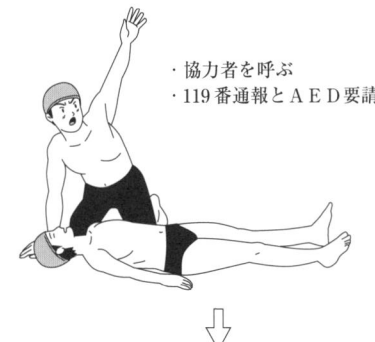

・普段どおりの呼吸をしているかを調べる

普段どおりの呼吸がない

 ❺へ

❺ 胸骨圧迫（心臓マッサージ）

圧迫部位は胸の真ん中

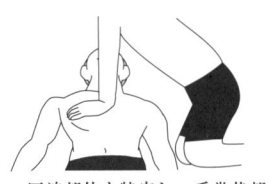
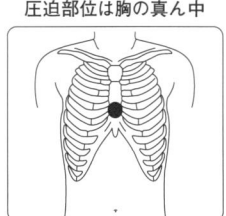

・圧迫部位を特定し，手掌基部を置く

・胸骨圧迫を開始
・30回圧迫する

❻ 気道確保

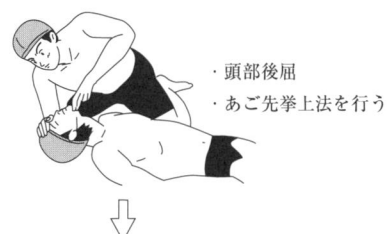

・頭部後屈
・あご先挙上法を行う

❼ 人工呼吸

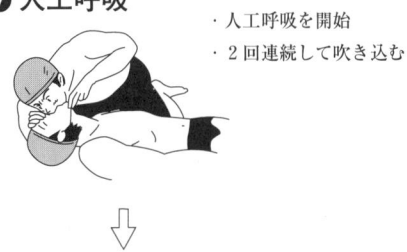

・人工呼吸を開始
・2回連続して吹き込む

❽ 胸骨圧迫と人工呼吸の組み合わせ
・以降は胸骨圧迫30回→気道確保→人工呼吸2回を繰り返す

❾ 中止の判断
・胸骨圧迫を拒否するなど，目的のある動作が出現したら手当をいったん中止する

●図7──心肺蘇生の手順

(9) 心肺蘇生の継続と中断

心肺蘇生を始めた限り，救急隊等に引き継ぐまでは手当てを続けるのが原則であるが，途中で機能回復の兆候が発現した場合には手当を一時中断して観察を続ける。

① 胸骨圧迫中に，それを拒否するような動作が現れた場合には胸骨圧迫を中断する。

② 自発呼吸による胸郭の規則的な動き，楽そうな呼吸，そういった様子が現われた場合には人工呼吸を中断し，横向き体位にする。

6 溺水者に対する心肺蘇生実施上の留意事項

溺水から生ずる心停止は，呼吸ができず低酸素状態から起きてくる「呼吸原性による心停止」が多いと考えられる。そのため，溺水事故については早期の人工呼吸が必要となることから，心肺蘇生の手順を「気道確保→人工呼吸→胸骨圧迫」という順序で行うことが理に適っているとの見解が「JRC蘇生ガイドライン2010」の中で示されている。

したがって，水中運動のインストラクターが溺水事故に遭遇し，心肺蘇生を実施するという意思決定を下した際には，胸骨圧迫に先だって人工呼吸を実施することが妥当である。

7 AEDを用いた除細動実施の方法と留意事項

前々項「心肺蘇生実施の手順」で記したように傷病者に意識がないと判断した時点で，協力者にAEDを持ってきてくれるように要請する。そして，協力者が要請に応えてAEDを持ってきてくれたら，そのAEDを受け取り，傷病者の傍に置く。傷病者の頭部付近（横・左側）に置くと操作しやすい。

AEDの使用対象は，意識がなく，普段どおりの呼吸がない傷病者に限られることに留意する必要がある（図8）。

(1) AEDの電源を入れる

救助者は，協力者に心肺蘇生を交代してもらい，AEDの操作に取りかかる。この際，胸骨圧迫の中断を極力避けるために，交代にかかわる明確な指示とタイミングを重視する。なお，協力者には胸骨圧迫から入ってもらう。

その上で，AEDの電源を入れる。AEDは，電極パッドの貼り付け以降，内蔵のコンピューターが心電図波形を評価・判断し，音声を出すことによって，救助者が行うべきことを指示し，電気ショックを加える機器である。したがって，AEDという機器が駆動するための電源を入れることが第一歩である。AEDには機種の違いによって，ボタンを押して電源を入れるものと，ふたを開けることによって電源が入るものとがある。

(2) 電極パッドの貼り付けと心電図の解析

電極パッドを傷病者の胸に貼り付ける準備を開始する。電極パッドは肌に直接貼らないと電気ショックの効果はない。そこで，傷病者の衣服を取り除く必要があるが，その場合でも協力者が行っている胸骨圧迫の中断を最小限にとどめることが求められる。これについても，救助者から協力者への的確な指示とタイミングは重要である。

電極パッドは心臓を挟むように2枚貼り付ける。パッドに描かれた絵にしたがって，1枚は右鎖骨の下，もう1枚は左側胸部（脇から5〜8cm下）に貼り付ける。電極パッドが正しく貼られると，AEDが解析を始める。なお，くどいようだが，電極パッドを貼り付ける動作中も可能な限り

協力者による胸骨圧迫は中断せずに継続することが大切である。

解析が始まった時点で誰かが傷病者に触れていると、AEDによる正しい解析を妨げることになるため、救助者はAEDの音声指示にしたがって、協力者を含め周囲の者に対し、傷病者から離れるように指示を出す。

(3) 除細動の指示と電気ショック

解析が終わると、AEDは除細動の要・不要を音声指示で知らせる。必要との指示が出た場合には、ショックボタン（除細動ボタン）を押す準備を行う。その際、再度、誰も傷病者に触れていないことを確認し、ボタンを押す。

(4) 心肺蘇生の再開

電気ショックの後、救助者は直ちに胸骨圧迫から心肺蘇生を再開する。

(5) AEDによる再解析

2分間ほど心肺蘇生を実施していると、再びAEDからの音声指示が出て、解析が始まる。ここでも、救助者自身を含め周囲の者が誰も傷病者に触れないよう指示をし、確認をする。とにかく、すべてにおいてAEDが発する音声指示のとおりに行動すればよい。

(6) 除細動と心肺蘇生の継続

前述したように、救急車を要請するとおよそ8分で救急車（救急隊）が現場に到着する。救急隊員の到着で安心して心肺蘇生とAEDの取り扱いを中止してしまうことのないようにする。救急隊員の指示があるまでは手当てを継続しなければならない。

【電極パッド貼り付け時の留意事項】

①電極パッドは、傷病者の肌に直接貼り付ける。衣服や水着の上からでは効果がない。

②電極パッドは、肌に密着して貼り付けなくてはならない。電極パッドと肌の間に隙間があると電気がうまく伝わらない。つまり、効果が減ぜられることになる。

③傷病者の胸部（電極パッドを貼り付ける部分）が濡れていると、電気が体表を走り電気ショックの効果が減少する。したがって、乾いたタオル等で胸を拭いてから電極パッドを貼る。

④湿布剤やニトログリセリンなどの貼付剤が、電極パッドを貼り付けようとする場所に貼られている場合には、その貼付剤をはがし、皮膚に残った薬剤をタオル等で拭き取ったうえで、電極パッドを貼る。貼付剤の上から電極パッドを貼って電気を流すと、効果の減少や熱傷を起こすことがある。

⑤胸部にコブのような出っ張りがある場合には、植え込み型の除細動器（ICD）やペースメーカーが埋め込まれている可能性がある。その場合には、その出っ張りを避けた場所に電極パッドを貼り付ける。

※心肺蘇生実施中のどの時点であっても，AEDが届いたところで，AED操作に着手する。協力者には心肺蘇生の交代を依頼し，胸骨圧迫の中断を避ける。その間，救助者は，AEDの電源を入れ，電極パッドの準備を行い，パッドを肌に直接貼りつけたところで，心肺蘇生の中断を指示する。

❶ AEDの電源を入れる

① AEDを傷病者（溺者）の頭部横・左側に置き，AED操作の準備を行う。

※AEDにはふたを開くと同時に電源が入るものや最初からケーブルが接続されているものがある。

② 電源を入れる。

③ 電極パッドの準備をする。

❷ 電極パッドの貼り付けと心電図の解析

① 電極パッドを傷病者の肌に直接貼り付けるため，衣服を脱がす。その間も胸骨圧迫を継続する。

② 電極パッドを貼り付ける。ケーブルを本体の差込口に入れる。心肺蘇生を中断してもらう。

③ AEDが解析を開始する。

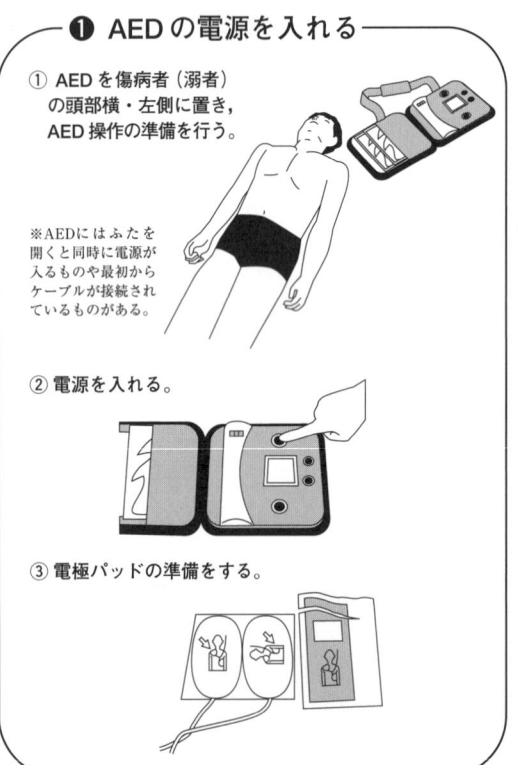
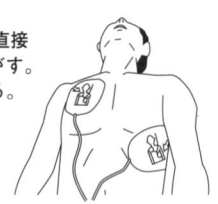

❸ 除細動の指示と電気ショック

AEDから除細動実施の音声指示が出る。
（除細動不要の場合は❹へ）

① 傷病者から離れるよう指示をする。

② 誰も傷病者に触れていないことを確認したうえでショックボタン（除細動ボタン）を押す。

●図8——心肺蘇生とAEDを用いた除細動の手順（その1）

❹ 心肺蘇生の再開

① 直ちに胸骨圧迫から心肺蘇生を再開。胸骨圧迫の圧迫部位を特定する。

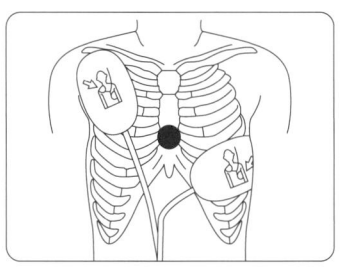

② 圧迫部位（胸の真ん中）に手掌基部を置く。

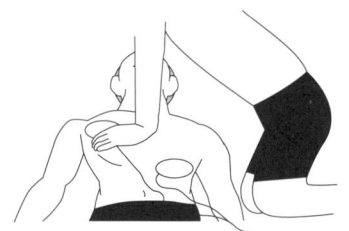

③ 胸骨圧迫を開始（30回）。

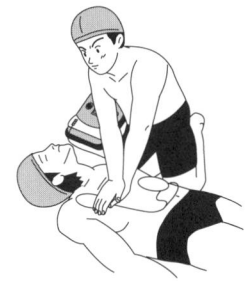

④ 人工呼吸を開始（2回）。

❺ AEDによる再解析

① 心肺蘇生再開2分後にAEDが再び解析を開始するので心肺蘇生を中断し，周囲の人に対して傷病者から離れるように指示が出る。

② AEDが除細動必要との音声指示を出したら，❸に戻る。以降繰り返す。

③ AEDが除細動不要との音声指示を出したら，胸骨圧迫から心肺蘇生を再開しながら救急車を待つ。このとき，電極パッドを傷病者（溺者）からはがさないこと。また，AEDの電源を切らないこと。

※ AEDにプログラムされているガイドラインの違い等によりAEDの指示する手順がこの手順と異なる場合は，AEDの指示に従う。

❻ 除細動と心肺蘇生の継続

救急隊員の指示があるまで，心肺蘇生を引き続き行う。

●図8――心肺蘇生とAEDを用いた除細動の手順（その2）

■参考文献

- 日本蘇生協議会・日本救急医療財団（監修）『JRC 蘇生ガイドライン 2010』へるす出版，2011 年
- 日本救急医療財団心肺蘇生法委員会（監修）『改訂 4 版 救急蘇生法の指針 2010 市民用・解説編』へるす出版，2011 年
- 日本救急医療財団心肺蘇生法委員会（監修）『改訂 4 版 救急蘇生法の指針 2010 医療従事者用』，2012 年
- 三井俊介「第 6 章 水泳安全管理」日本水泳連盟・日本スイミングクラブ協会（編）『水泳教師教本 改訂版』大修館書店，2013 年．p.246〜258．

備考

アクアフィットネス・アクアダンス インストラクター教本

AQUA FITNESS & AQUA DANCE

社団法人 日本スイミングクラブ協会 編

大修館書店

アクアフィットネス・アクアダンスインストラクター教本の発刊にあたって

社団法人　日本スイミングクラブ協会

　この「アクアフィットネス・アクアダンスインストラクター教本」は，プロの水中運動指導者資格である「アクアフィットネスインストラクター資格」と「アクアダンスインストラクター資格」の取得を目指す方と，水中運動の指導内容をより専門的に勉強したい方のために書かれた本です。

　かつての水泳指導者は水泳指導さえできればよいというところがありましたが，スイミングクラブを取り巻く環境は時代とともに変化し，現在では水中運動を含めて水（アクア）に関係のあるプログラムは全てこなせる，有能な指導者が求められるようになってきました。

　社団法人日本スイミングクラブ協会では，この社会のニーズに合わせた水泳指導者の養成が必要と考え，1998年より「アクアフィットネスインストラクター資格」の認定を開始しました。そして，2001年より「アクアダンスインストラクター資格」の認定を開始しました。

　この二つの資格を取得するための教本が，この「アクアフィットネス・アクアダンスインストラクター教本」です。

　本書には，水中運動とアクアダンスについてプロの水泳指導者として知っておかなければならないことが詳しく述べられております。また，学んだ内容が指導現場において直接役立てることができるようになっています。ですから，資格を取得される方はもちろんのこと，これから水中運動指導者とアクアダンス指導者を目指す方から現在水泳・水中運動指導者として活躍されている方まで，全ての水泳指導者に役立つ内容になっています。

　これからの水泳指導者は，単に水泳について知っているだけではなく，それぞれニーズの異なる参加者の目的を満たすことのできる水泳・水中運動の指導が求められるようになってきました。そのためには水泳指導者の日々の研鑽も大事ですが，正しい知識の吸収も大切なことです。

　この教本を活用され，プロとしての知識と技能を持った水泳・水中運動指導者が多数誕生し，大いに活躍されますことを期待いたします。

2008年2月

目　　次

第1部　アクアフィットネス

第1章　アクアフィットネス概論　2

1 アクアフィットネスの概念 ── 2
　|1| アクアフィットネスとは ………… 2
　|2| 水中環境の特性 …………………… 3
　|3| 水を利用したプログラム ………… 5

2 日本のアクアフィットネス ── 7
　|1| プールを利用した運動の多様化 … 7
　|2| 日本における水治療法 …………… 7

3 諸外国のアクアフィットネス ── 9

第2章　アクアフィットネスの歴史　11

1 水治療法・温泉療法の歴史と現状 ── 11
　|1| 西欧における水治療法・温泉療法の歴史 …………………………… 11
　|2| 日本における水治療法・温泉療法の歴史 …………………………… 13
　|3| 西欧における水治療法の発展 …… 14
　|4| 各国の温泉地 ……………………… 14
　|5| 水治療法の発展 …………………… 15

2 日本のスイミングクラブの歴史と水中運動 ── 17
　|1| 東京オリンピックの惨敗 ………… 17
　|2| スイミングクラブの誕生 ………… 18
　|3| スイミングクラブと水中運動 …… 19

　|4| アクアエクササイズダンスの誕生 … 19
　|5| アクアフィットネス ……………… 20

第3章　水中運動の科学　21

1 水中運動の力学的特性 ── 21
　|1| 浮力の力学的特性 ………………… 21
　|2| 抵抗の力学的特性 ………………… 24
　|3| 水中運動と水圧 …………………… 26
　|4| 水中運動と水温 …………………… 28

2 水中運動の生理学的特性 ── 31
　|1| 浮力の生理学的特性 ……………… 31
　|2| 抵抗の生理学的特性 ……………… 33
　|3| 水圧の生理学的特性 ……………… 34
　|4| 水温の生理学的特性 ……………… 35

3 水中運動による身体的応答 ── 40
　|1| エネルギー代謝 …………………… 40
　|2| 呼吸機能 …………………………… 48
　|3| 循環機能 …………………………… 49
　|4| 体温調節機能 ……………………… 51
　|5| 自律神経系 ………………………… 52
　|6| 内分泌系 …………………………… 54
　|7| 水中運動と陸上運動の身体応答の比較 … 55

4 水中運動と医学 ── 57
　|1| 水中運動の禁忌 …………………… 57

| 2 | 水中運動の適応 ……………… 57
5 水中運動と心理 ── 62
| 1 | 水中運動の心理学的効果 ……… 62
| 2 | 水中運動の動機づけ …………… 64
| 3 | 水中運動継続のための心理的援助 …… 68
6 水中運動と栄養 ── 73
| 1 | 栄養学の基礎 …………………… 73
| 2 | 栄養素・栄養成分と食品 ……… 74
| 3 | 水中運動と栄養 ………………… 77

第4章　水中運動処方論　81

1 水中運動処方の理論 ── 81
| 1 | 身体計測 ………………………… 81
| 2 | 問診 ……………………………… 82
| 3 | 医学的検査 ……………………… 84
| 4 | 運動負荷試験 …………………… 84
| 5 | 体力測定 ………………………… 85
2 水中運動処方の方法 ── 90
| 1 | 入水前の測定 …………………… 90
| 2 | ウォーミングアップ …………… 90
| 3 | ストレッチング ………………… 91
| 4 | 水中有酸素運動 ………………… 92
| 5 | 水中筋力トレーニング ………… 94
| 6 | クーリングダウン ……………… 95
3 水中運動処方の管理 ── 99
| 1 | トレーニング管理 ……………… 99
| 2 | 効果判定 ………………………… 103

第5章　水中運動プログラムの作成と指導法　107

1 指導上の注意点 ── 107

| 1 | 浮力に関する指導上の注意点 ………… 107
| 2 | 抵抗に関する指導上の注意点 ………… 109
| 3 | 水圧に関する指導上の注意点 ………… 111
| 4 | 水温に関する指導上の注意点 ………… 112
2 水中運動動作ガイド ── 114
| 1 | 水泳・水中運動の動作区分による分類 …………………………… 114
| 2 | 水中運動の動作の発展から見た分類 … 114
| 3 | レッスンの流れに沿った分類 ………… 115
| 4 | 水中運動動作ガイド …………………… 116
| 5 | アクアダンス・プログラムガイド …… 149
3 水中運動プログラムの作成と指導法 ── 154
| 1 | 腰痛のための水中運動プログラム …… 154
| 2 | 親と乳幼児のための水中運動プログラム …………………………… 167
| 3 | 肥満改善のための水中運動プログラム …………………………… 180
| 4 | 膝痛のための水中運動プログラム …… 191
| 5 | 妊婦のための水中運動プログラム …… 195
| 6 | 肩関節のための水中運動プログラム … 206
| 7 | リラクセーションのための水中運動プログラム ………………………… 210
| 8 | 股関節痛のための水中運動プログラム … 214
| 9 | 高齢者のための水中運動プログラム … 217
| 10 | 障害者のための水中運動プログラム … 229
4 水中運動補助器具とその使用法 ── 234
| 1 | 浮力を利用した補助器具 ……………… 234
| 2 | 抵抗を利用した補助器具 ……………… 235
| 3 | 水圧を利用した補助器具 ……………… 235
| 4 | 保温を目的とした補助器具 …………… 235
| 5 | その他の補助器具 ……………………… 235
| 6 | 使用上の注意点 ………………………… 236

|7| 器具の種類と使用法の例 ……… 237
|6| AEDを用いた除細動実施の方法と留意点
5 水中運動と泳法指導 ──────── 238
　　　　　　　　　　　　　　　……… 301
|1| 水中運動と泳法指導の関係 ……… 238
6 応急手当 ──────────── 305
|2| クロールの習得と水中運動 ……… 238
|1| 救助者として守るべきこと ……… 305
|3| 背泳ぎの習得と水中運動 ………… 248
|2| 手当の手順 ………………………… 305
|4| 平泳ぎの習得と水中運動 ………… 253
|3| 共通の手当と個別の手当 ………… 305
|5| バタフライの習得と水中運動 …… 258
7 水中安全と法律 ──────────── 307
|1| 判例からみた事故事例 …………… 307

第6章　水中安全管理法　266
|2| プールにおける事故と民事責任 … 311
|3| プールにおける事故と刑事責任 … 313

1 はじめに ───────────── 266
2 プールで起こる事故の実態 ────── 270

第7章　水中運動と施設　315

|1| 水の事故 …………………………… 270
|2| プールでの事故 …………………… 270
1 水中運動施設の概要 ────────── 315
|3| 水泳中の事故 ……………………… 271
|1| 日本における水泳プールの変遷 … 315
3 事故防止のための安全管理 ────── 283
|2| 目的別プールの分類 ……………… 316
|1| 安全とは …………………………… 283
|3| プールの水質管理 ………………… 317
|2| プール等の整備・維持 …………… 284
|4| アクアフィットネスプールの条件 … 318
|3| 指導・監視の体制 ………………… 284
2 水中運動施設の維持管理 ─────── 321
4 緊急時における救助法 ──────── 288
|1| 水質基準 …………………………… 321
|1| 救助法の意義 ……………………… 288
|2| 水泳場の維持管理 ………………… 323
|2| 救助法は誰のためのものか ……… 288
|3| 救助の実際 ………………………… 289

第8章　水中運動プログラムの計画と管理　328

|4| 器材 ………………………………… 291
|5| 素手での救助 ……………………… 292
1 水中運動施設におけるプログラムの計画 – 328
5 心肺蘇生法 ────────────── 294
|1| マネジメントサイクル …………… 328
|1| 救命の連鎖 ………………………… 294
|2| アクアフィットネスの分類 ……… 330
|2| 心肺蘇生法とは …………………… 295
|3| 各種水中運動クラスの特色 ……… 330
|3| AEDを用いた除細動 …………… 296
|4| 水中運動プログラムの計画 ……… 331
|4| 心肺蘇生法を理解するために必要なこと
2 水中運動施設におけるプログラムの運営 – 333
　　　　　　　　　　　　　　　……… 297
|1| 水中運動プログラム運営上の留意点 … 333
|5| 心肺蘇生法実施の手順 …………… 297
|2| リスクマネジメント ……………… 334

|3| 指導者の資質向上(自己研鑽) ………… 334
❸ 水中運動施設におけるプログラムの管理 – 336
|1| 成人水泳の評価 ………… 336
|2| 高齢者・運動療法水中運動の評価 …… 336
|3| 施設の管理 ………………………… 337

第2部　アクアダンス

第1章　アクアダンス概論　340
|1| アクアダンスの概念と定義 ………… 340
|2| アクアダンスの目的 ………………… 341
|3| アクアダンスのメリットと効果 …… 343
|4| アクアダンスの基本概念 …………… 345

第2章　アクアダンスのプログラム構成法　347
|1| プログラミングの構成要素 ………… 347
|2| プログラミングのポイント ………… 347
|3| プログラミングの方式(フォーム) …… 349
|4| プログラミングの形式(フォーマット) ………… 349
|5| メインワークアウトのプログラミング ………… 351
|6| サブワークアウトのプログラミング … 354
|7| ウォーミングアップ・パートのプログラミング ………… 361
|8| クーリングダウン・パートのプログラミング ………… 362

第3章　アクアダンスの動作法　364
|1| 動作と姿勢・アライメント ………… 364
|2| アクアダンスの動作と環境との関わり ………… 367
|3| アクアダンスのポジションと動作 …… 368
|4| アクアダンスの動作の特徴 ………… 371
|5| アクアダンスの動作の構成 ………… 374
|6| 注意すべき動作 ……………………… 377

第4章　アクアダンスの運動処方　380
|1| 運動処方の要素 ……………………… 380
|2| 運動頻度の設定 ……………………… 380
|3| 運動強度の設定 ……………………… 381
|4| 運動時間の設定 ……………………… 384
|5| 運動処方の原則 ……………………… 385

第5章　アクアダンスの指導法　386
|1| レッスンの流れ ……………………… 386
|2| レッスン前の準備 …………………… 386
|3| アクアダンスの指導テクニック …… 386
|4| レッスン後の作業 …………………… 393

第6章　アクアダンスと音楽　395
|1| 音楽の有無とプログラムの関わり …… 395

|2| 音楽利用のメリット・デメリット …… 395
|3| 音楽の要素 ……………………… 396
|4| 音楽の利用のスタイル ………… 397
|5| 音楽のジャンル ………………… 397
|6| 音楽の選択と利用例 …………… 398
|7| 音響環境 ………………………… 398

第7章　指導の留意点　399

|1| 安全 ……………………………… 399
|2| 効果 ……………………………… 401
|3| 楽しさ …………………………… 401

第8章　基本的な部位別の動作の分類　402

|1| 下肢・下半身の動作 …………… 402

|2| 上肢・上半身の動作 …………… 406
|3| 体幹の動作 ……………………… 409

補章　資格内容　412

|1| 資格 ……………………………… 412
|2| 資格の内容 ……………………… 412
|3| 資格取得講習会の時間数 ……… 413
|4| 資格の取得方法 ………………… 413
|5| 認定講師 ………………………… 414
|6| 受講料および諸費用 …………… 414
|7| 諸費用の振込み先 ……………… 415
|8| 試験 ……………………………… 415
|9| 再試験 …………………………… 415
|10| 資格取得概念図 ………………… 416
|11| 各講習会内容 …………………… 417

第1部
アクアフィットネス

第1章

アクアフィットネス概論

1 アクアフィットネスの概念

1 アクアフィットネスとは

　アクアフィットネスの「アクア」は英語で「aqua」と表記され，日本語で「水」のことを指す。「フィットネス」は「fitness」と表記し，日本語では「体力」という意味を持つ。つまり，アクアフィットネス（aqua-fitness）は水を用いた体力増進であり，いわば水を利用したすべての健康増進方法を包括的にとらえた用語である。水は人類にとって欠くことのできないかけがえのないものであり，これを利用することで得られる人類の健康ははかりしれない。

　アクアフィットネスとは，クロール，背泳ぎ，平泳ぎ，バタフライなどの基礎4泳法や，競泳，飛込，水球，シンクロナイズドスイミング，フィン水泳のような競技水泳，また日本泳法や，スキンダイビング，スキューバダイビング，サーフィンといったいわゆる「水泳」だけでなく，水中歩行，水中ストレッチング，水中筋力トレーニング，水中エアロビクスのような「水中運動」や，水中マッサージ，水中リラクセーション，温泉（バルネオテラピー），タラソテラピー（海水などを利用した海洋療法）のような「水治療法」をも含む幅広い概念である（図1）。

　大別すると，上記のように「水泳」「水中運動」「水治療法」の3つに分類することができるが，積極的に運動を行って健康を増進させるアクティブヘルスだけでなく，サウナやワールプールなどを利用することで健康を増進させるパッシブヘルスまでが範囲となる。図1で言えば，「水中運動」と「水泳」がアクティブヘルスに属し，アクアサーキットを除く「水治療法」がパッシブヘルスに属する（図2）。アクアサーキットとは，アクティブヘルスとパッシブヘルスを組み合わせることで，血行の促進，循環器系の改善，マッサージ効果，リラクセーション効果，自律神経への刺激などを目的に行う水中運動プログラムのことであ

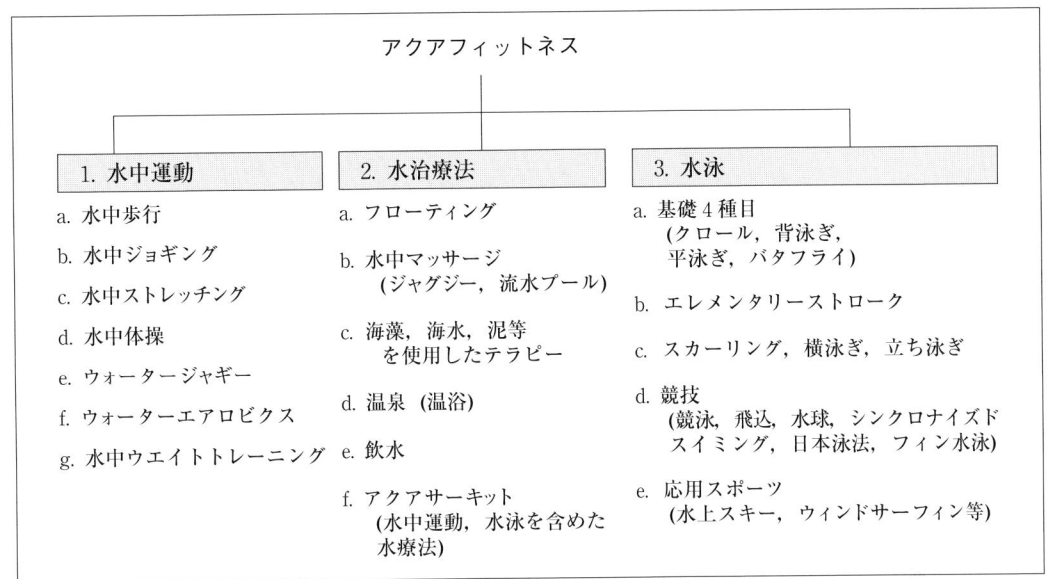

●図1——アクアフィットネスの系統図(野村武男「水泳とポジティブ・ヘルス」『Health Sciences』2, 1986より改変)

●図2——アクティブヘルスとパッシブヘルス

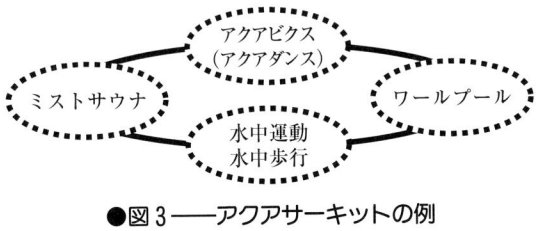

●図3——アクアサーキットの例

り，その目的の多様性から「水治療法」として分類される。アクアサーキットの例を図3に示す。

このように，アクアフィットネスはさまざまな種類の運動を含む幅広い概念であるが，日本においては，水中歩行やアクアビクス（アクアダンス）といったイメージが強く，スイミングクラブの中高年向けプログラムとしても，「水中運動」を取り上げることが多いことから，本教本においても，「水中運動」を中心に各論を展開していく。また本教本では，一部において「アクアフィットネス」という表現で「水中運動」を意味する場合がある。

2 水中環境の特性

アクアフィットネスの目的は「水」という媒体を用いて健康の維持増進を促すことであるが，アクアフィットネスを正確に理解するためには，水中環境における特性を十分に理解しておく必要がある。図4に水中環境の特性を示した。水中環境には，正と負の2つの特性があり，正の特性は水の物理的特性から運動する際の特徴まで多岐にわ

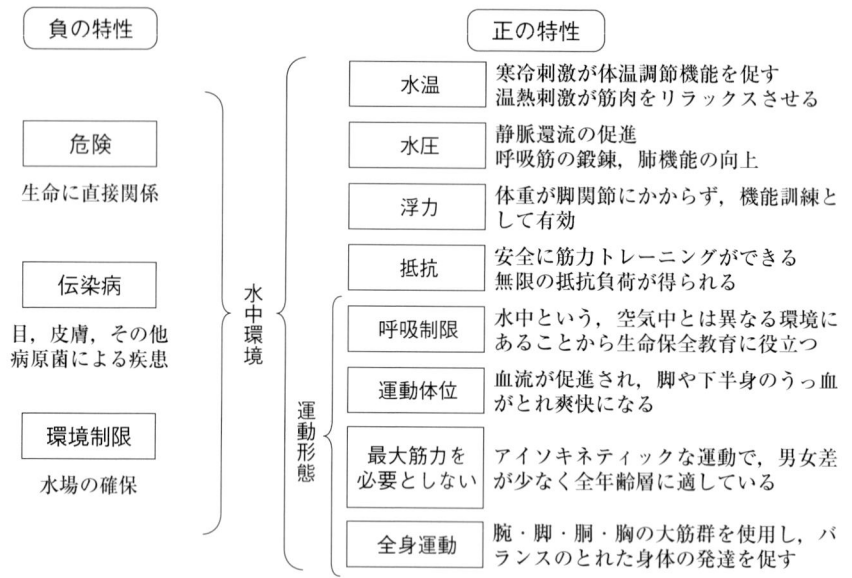

●図4——水中環境の特性

たる。負の特性には病気や場所の制限などが含まれる。

　近年のプールでは，水温は29〜32℃程度に保たれるところが増えた。しかし，人の中立温度（寒くも熱くも感じない不感温度）は34℃付近であると言われ，設定されているプール水温はそれより低い。そのような環境では，水は人の身体には寒冷刺激となり，血管の収縮拡張機能を高め，体温調節機能を向上させる。

　首まで水浸すると，胸部に少しばかり圧迫感を感じる。その場合肺活量は約10％程度低値を示すと言われており，呼吸筋の鍛錬による呼吸機能の向上が考えられる。

　水の抵抗は空気中と比較して非常に大きく，動作速度を上げれば上げるほど大きくなる。水中での筋肉の収縮様式はアイソキネティック（等速性）であり，しかも負荷を自由自在に変えることができるという利点がある。さらに水中では全身に対して水の抵抗がかかるため，自然に全身運動となる。

　水中環境では浮力の影響によって身体が無重力と同様の状態となり，骨関節に対する負荷が陸上環境ほどかからない。そのため，水中環境での運動は肥満者や中高齢者，身体に障害を持った人などのリハビリテーションや運動療法として非常に有効である。

　水中ウォーキングやアクアビクス（アクアダンス）などは直立位で行うが，水平位で行う水泳と同様，水浸することで心臓から拍出される血液の1回拍出量が大きく，重力の影響も非常に少ないため，血流が促進され，脚や下半身のうっ血がとれ爽快になる。また最大筋力を必要としないため，他のスポーツと比較して男女差が少なく，乳幼児から高齢者まですべての年齢層に適している。加えて，腕・脚・腹筋など，全身の大筋群を使用する運動なので，エアロビック運動としてジョギングなどと並んで効果的でバランスのとれた身体をつくるのに最適な運動であると言える。ま

た，陸上運動と比較すると，水中ではゆっくりした運動でも比較的エネルギー消費量が大きい。

水中運動を行った後は，リラックス感などが増し，心理的ストレスが軽減すると言われており，心理的な効果が期待できる運動であると言うこともできる。

その他，自閉症，言語障害児などの訓練に効果的であるとも言われている。他の運動は身体的・精神的ハンディキャップがそのまま運動の出来に結びつくことが多いが，水中環境では最初は誰もが初心者であり，水を恐れるのは障害を持つ子どもも健常児も同じである。そのため，すべての人に対して同じような環境条件を設定して，指導ができ，指導者と子どもの間に信頼関係も生まれやすい。このことが障害者にとって有効な運動と言われるゆえんなのかもしれない。

3　水を利用したプログラム

アクアフィットネスの中で，特に水中運動は，基本的には陸上で行う運動を水中で行うが，大きな特徴として，泳げない人や陸上での歩行などが困難な人でも，水中なら運動が可能であることがある。この水中運動は，水の抵抗や浮力を利用して，水独特のやわらかい筋肉運動をゆっくりしたスピードで行えることがポイントである。水の抵抗は身体の面積と動きのスピードによって負荷が調節できる。陸上運動では重量をいくつもの段階に変えなければならなかったり，複雑な装置を用いて負荷調節をしなければならない。水中では筋肉の収縮形態が，常にアイソキネティック（等速性）な運動が得られ，負荷も動きのスピードを変えることにより調節できるため，筋肉運動としては理想的な環境であると言える。また，水中では

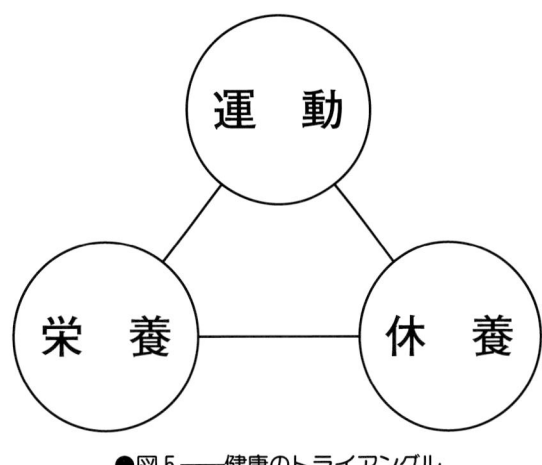

●図5——健康のトライアングル

浮力が生じるため，特に肥満の人，手足や膝に故障のある人，腰痛のある人などに勧められる。最近では，高齢者の機能回復のための水中運動も盛んになり，転倒防止や寝たきり防止の水中運動プログラムも開発され，実施の段階まできている。また，医師の処方に基づき，デイサービスを必要とする高齢者に水中運動プログラムを開始したところ，運動によるやさしい疲労感が不眠をなくしたり，食欲も出てきたというような効果が認められている。他にも，インストラクターや同じ悩みを持つ人と話ができ，ストレスを解消するなど，生活の基本である運動，休養（睡眠），栄養のバランス（図5）が良好になり，家に閉じこもりがちの人や，ベッドに寝たきり状態の人が歩き出したという例もあるという。

表1には，水を利用した各種の運動プログラムを示した。水中環境を利用した運動は，このようにさまざまな対象者に応用することができる。

超高齢社会を迎える日本において，アクアフィットネスは，中高齢者の運動プログラムとして，ますます重要な位置を占めるようになるであろう。「国民生活基礎調査（厚生労働省，2004年）」

● 表1——アクアエクササイズの各種プログラム例

ベビースイミング	骨関節疾患と水中運動
妊婦水泳	腰痛水中運動
親子水泳	更年期障害と水中運動
喘息児水泳	肥満予防と水中運動
脳性麻痺と水泳	糖尿病と水中運動
自閉症・精神遅滞児水泳	転倒防止と水中運動
一般的身体障害者水泳	寝たきり防止と水中運動
循環器疾患と水中運動	シルバースイミング
呼吸器疾患と水中運動	デイ・サービススイミング

(野村武男ら，水中運動の実践—施設，設備，運動プログラム—臨床スポーツ医学，20，271-280 より改変)

によれば，65歳以上の高齢者において，4〜5人に1人が，健康上の理由によって日常生活における自立に問題を抱えていると言われている。よって，これからは，中高齢者の健康維持・増進を目的とした運動プログラムに加え，中高齢者の日常生活における自立を維持，または補助するための運動プログラムも重要となってくるであろう。例としては，転倒防止のプログラム，寝たきり防止のプログラムなどである。広島県や茨城県にある施設では，すでにデイ・サービスにこれらのプログラムを取り入れて展開しているところもある。生活指導や食事の提供に加えて水中運動を実施し，将来的な医療費の削減を視野に入れた取り組みとなっている。

　ここまで，アクアフィットネスの概念，水中環境の特性，アクアフィットネスの中心的活動である水中運動のプログラムについて述べてきたが，アクアフィットネスがこれからの健康づくりの重要な一翼を担うことは間違いないであろう。近年，水中運動の研究も徐々になされるようになり，今後は健康づくりだけでなく，予防医学的な見地からの水中運動や水治療法を含めたさらなる研究が進められていくべきである。

2 日本のアクアフィットネス

1 プールを利用した運動の多様化

　戦後，日本における水泳は，学校教育と競技水泳が中心で，一般の人々は海水浴程度がほとんどであった。しかし，1964（昭和39）年に東京オリンピックが開催され，日本の水泳界はアメリカのエージグループシステム（年齢別指導システム）の成功を目の当たりにし，全国各地にスイミングクラブと呼ばれる施設が建設された。

　そのころスイミングクラブに来る子どもは「泳げる」ようになりたい者がほとんどであり，そのために年間を通じて水泳ができる環境として室内プールの建設が進んだ。

　その後，水泳が健康によいという意識が一般の人々に芽生え，認識されていった。また，高度経済成長期には機械文明からくる運動不足とそれによる疾患（生活習慣病）が問題となりはじめ，中高年者の間で運動の必要性が認識されるようになり，これがさらに水泳人口の増加に拍車をかけた。

　このように，日本における水泳は，アメリカのエージグループシステムを基本に発展し，これまでに全国に約5,000か所の室内プール（学校体育施設含）とその利用者を有するまでになった。

　日本の高齢者人口は2005年の時点で5人に1人となり，2013年には4人に1人となると予想されている。高齢化が進む日本社会においては，個人の生活の質（QOL）や日常生活動作（ADL）を高いレベルで保つことが重要となる。

　このような現実は特に中高年者の間では認識が深く，その対策としてアクアフィットネスが用いられている。水中環境の特性を十分に生かし，個人のQOLやADLといった生活レベルをできるだけ高い位置に保持しておくことで，これから訪れる超高齢社会の日本をより活気のあるものにしていくことが可能であろう。

　かつては水中ウォーキングなどが不可能なプールがほとんどであったが，現在では水中ウォーキングをしている人の方が多いと言っても過言ではなく，それだけ健康問題が認識され，アクアフィットネスが重要視されているということであろう。今後は個々のニーズに対応した運動プログラムの実践が重要視され，運動や加齢による身体の変化に対する専門的な知識や経験を持ったエキスパート（専門家）が重要であると言えよう。高齢者の特別なニーズ，つまり身体的・心理的なニーズを理解し対応できる指導者がますます求められるようになり，さらには，若い指導者だけではなく，高齢者の心や身体の状態を身をもって体験している中高齢者の中からエキスパートが出てくることも考えられる。

2 日本における水治療法

　日本は世界一の温泉国と言われ，現在，宿泊施設を有する温泉地は全国に2,100か所あまり存在し，源泉数は2万を超え，総湧出量は毎分190万リットルに及んでいる。

　日本では，水治療法の歴史は温泉療法の歴史といっても過言ではない。古事記（A.D. 712）や日本書紀（A.D. 720）などをはじめとする書物

には温泉に関する記録が多く残されており，水治療法についても，古事記にある「因幡の白兎」の故事などから既に行われていたことが推察できる。

しかし，温泉療法という目的で湯治が盛んになったのは室町時代（1392～1573）中期になってからである。温泉療法や水治療法の医学的な根拠が確立してきたのは江戸時代（1604～1867）に入ってからで，後藤良山の温泉浴に関する研究の成果は特に有名である。彼が科学的な検討を加えた適応疾患は，腰痛症の他にも脳卒中，痛風，脚気，外傷，痔，便秘などを含めた広範囲にわたるものであった。江戸時代の温泉の科学的研究はその後明治時代に入ってさらに進められ，大学に温泉医学研究所などの研究施設が設立された。

このように，日本では温泉保養地に関する関心は古くから高く，1954（昭和29）年には，厚生省（当時）が国民のための温泉保養地を各県に整備しようという主旨のもとに，国民保健温泉地制度を創設した。しかしながら，温泉保養地の利用促進は現在のところ成功しているとは言いがたい。一つの理由としては，リハビリテーション医学の主流が，第二次世界大戦後，療養的リハビリテーションを主とするドイツ医学から，実践的・効率的なリハビリテーションを重んじるアメリカ医学へと大きく変化し，その中で最も退歩を示したのが温泉療法であったからだと思われる。

また，西欧では温泉地は保養や治療にふさわしい環境と設備を備えているが，日本の温泉地はレジャー地・遊興地として利用されることが多く，温泉地が国民の健康を守る場所という意識が低い。ドイツの人口は日本と比較して約3分の2である。しかしドイツの年間温泉利用客がおよそ12,500万人（宿泊）であるのに対して，日本では11,000万人と報告されている。日本でもドイツの制度をまねて温泉療法には一部保険が適用されているが，ほとんどの人は利用していない。その理由は，保険の範囲が利用料のみであり，保養地までの旅費・宿泊費は自費となっていることが大きいと考えられる。ドイツでは全額ではないが，旅費・宿泊なども保険で支払われる仕組みとなっている。日本においては，制度的な問題が水治療法の発展を妨げていると言える。

日本における水を使った新しい運動処方はどうあるべきか。日本全国には，前述した通り，宿泊施設を持つ温泉地だけでも約2,500か所が存在し，屋外プール，温水プールなどのスイミングプール施設はおよそ3万5,000か所にのぼる。水中運動，および水治療法を実施するハード面の受け皿がこれだけ存在するのである。さらに，近年，水を使った新しい医学的処方はさまざまな年齢・症状に対応した分野で研究が進められている。

今後はこうした既存の水施設を利用した水中運動を運動処方に役立て，さらに普及させるべきである。高齢者や関節障害者にとって負担の少ない水中運動を，健康の維持や回復だけでなく，予防医学的にも役立てることによって，さらなる増加が予測されている医療費の削減にも大きな貢献が期待できる。

3 諸外国のアクアフィットネス

　水治療法は紀元前から存在し，広く普及していた。水治療法の起源はヒポクラテス（Hippocrates, B.C. 460〜375）にあると言われ，実際に水が運動処方や療法に盛んに利用されるようになったのはA.D. 120以降のローマ時代と言われている。

　ここでは特に，水治療法の盛んなドイツを例に説明する。

　ドイツにおいてはローマ帝国がドイツに遠征を果たした時に温泉を見つけ，テルメと称する水浴場を各地に作ったのが起源とされ，現在最も有名な場所としてバーデン・バーデンが挙げられる。

　水治療法の効果のある対象疾患は，急性発熱疾患および炎症，変形性リウマチ，機能障害，肥満症，自律神経失調症，冠状動脈疾患，末梢循環障害などである。また，水中運動療法は上記の効果に加えて，外科，整形外科，神経科，精神科などにその治療効果が認められている。

　ドイツはヨーロッパ有数の温泉国である。ドイツで紹介されている温泉保養地だけで132か所，海洋療法などを含んだ海水浴場，気候療養地，クナイプ保養地などを含めると384か所もの保養地が存在している。第二次世界大戦後，1969年に西ドイツ連邦政府は温泉保養地の充実を図り，10年間かけて450億マルクもの投資を行い，温泉利用の促進を図った。鉱泉が湧き出る大規模な施設は州が所轄し，市町村が経営するものから民間が経営するものまで幅広い施設が全国に点在している。最近では運営を半官半民にしたり，民間に任せる方式を採るなどして，経営の合理化を図っている所も多い。

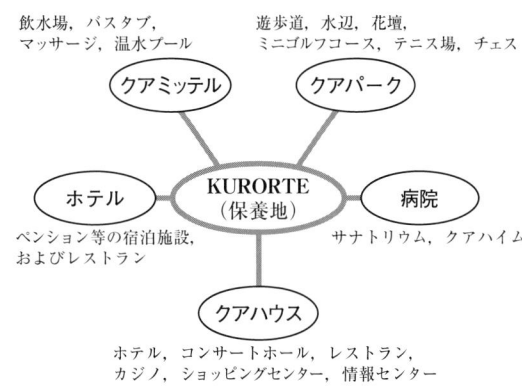

●図6──保養地の施設

　保養地の施設には細部にわたる定義がなされ，図6にあげた施設を持っている必要がある。特筆すべきなのは，ドイツでは温泉治療に社会保険が適用可能であり，一般に社会保険が適用され，さまざまな職種の組合によって運営されているということである。したがって日本の国民保険などのように国が直接運営している統一的な形態を持っていない。主治医や職場医師の診断書があれば，州保険局の審査により一定期間の保険適用が受けられる。そのため，ドイツにおける温泉療養者の4分の3は保険適用療養者で，4分の1が自費療養者となっている。

　ドイツに限らず多くのヨーロッパ諸国では，温泉治療が社会保険の対象になっている。社会保険には健康保険と労災保険，老齢年金保険がある。日本の制度では老齢年金保険のリハビリ治療として温泉治療の適用はみられない。各地には老齢年金組合の運営するリハビリ専門のクリニックが開設され，医師の診断と年金組合の審査によりリハビリが必要と認められた者についてはクア（温泉

保養地）やリハビリ専門クリニックで治療を行うことができる。このようなシステムができたのは病院における治療よりコストが低く，結果的に医療費が節約できるという利点があるためであろう。

　各地のリハビリ専門のクリニックやクアで老齢年金保険で治療を行っている人の多くは，病気やけがで働き続けることが不可能な人たちである。これらの患者は定年前の人であればリハビリにより機能回復を図り，今一度の社会復帰を目的としている。これらの人々は，回復すればまた国の貴重な労働力の一部となる。しかし，なかには機能回復の見込み，すなわち職場復帰の見込みのない人もいる。その場合には，年金が支給され，クア治療を断念する場合もある。

　ドイツの保養地療法は1950年代に設定され，1989年に改正されて現在に至っているが，予防医学的見地からの意義は極めて大きいものであった。しかし，その性格からして，近代医療のように速効性の面から効果の判明が困難なことと，保養と医療の理解が不十分であったため，保険側が制度の改革を求め，現在に至っている。

　この療法を受けるには医師の診断により以下の段階に分けられ，保険の適用範囲が定められる。すなわち，①外来治療としての疾病予防，②外来治療としてのリハビリテーション，③入院治療としての疾病予防，④入院治療としての慢性疾患の治療およびリハビリテーション，である。これらの保険適用についてみてみるとドイツにはさまざまな保険があるが，たとえば公務員については，外来治療では医師の診断料，治療費の90％，そして1日あたり30 Euro（約4,800円）の保険適用が受けられる。これに対し，入院によるクアでは医師の診断料，治療費，滞在費のすべてが保険適用となる。したがって，保険機構では病院やサナトリムの内容（医師の人数，設備の充実度等）に合わせて1日あたりの治療費を設定し，その枠内での治療を行っている。

　患者は治療範囲をかなり自由に決めることができ，必ずしも病院での治療を受ける必要はなく，保養地にある外来専門のクアミッテルやクアペンション等を選択することもできる。また，病院では，近代医療が当然行われているが，保養地療法を専門に行う医師もおり，自然療法医という資格も持っている。医師の診断に基づいて治療を行う療法士には，物理療法士，水治療法士，マッサージ師，治療体操などの資格を持つ専門家のほか，作業療法士，心理分析カウンセラー，言語矯正治療士，健康回復増進教育士などが施設の規模に応じて配置されている。これらの資格は認可された職業訓練学校で取得することができるが，病院に併設されている所もあり，病院の運営に役立っているようである。

■参考文献
(1)　(社)日本スイミングクラブ協会『アクアフィットネスインストラクター教本』2000年
(2)　野村武男「水泳とポジティブヘルス」『Health-Sciences』2, 36-43, 1986年
(3)　野村武男『水中ウォーキング健康法』講談社, 2000年
(4)　野村武男『新水中健康術』善本社, 1998年
(5)　野村武男, 菅野篤子「水中運動の実践—施設, 設備, 運動プログラム—」『臨床スポーツ医学』20, 271-280, 2000年

第2章

アクアフィットネスの歴史

1 水治療法・温泉療法の歴史と現状

1 西欧における水治療法・温泉療法の歴史

「水は健康の源である」いう名言がある。今から2000年以上前のローマ文明の遺跡カラカラ大浴場の壁面に書かれたものである。古来，人類は水とそこで行われるあらゆる活動が，体によいことをよく知っていた証の一つといえよう。古代から，世界的に水を用いた健康法が取り入れられている。

ギリシャ時代に活躍し，西洋医学の父と呼ばれるヒポクラテス（B.C. 460〜375）は，温水と冷水に交互に入る「交代浴治療法」を初めて実践した人物である。なかでも，温水には昂ぶった精神を落ち着かせる働きがあるとして，特に精神病の治療に利用していた。水治療法（hydrotherapy）が，ギリシャ語のhydor（水）とtherapia（治療）から由来することからみても，原点はこの時代だと言ってよいだろう。しかし，入浴という活動を，精神的・社会的・医学的にうまく結合させながら大いなる発展を遂げさせたのは，後のローマ時代である。

ローマの詩人ユウェナリスは「健全な精神は健全な肉体に宿る」と語っている。当時のローマ人は，一人ひとりがそれをしっかりと心に焼きつけ，心身のバランスをことのほか重視して日常生活を送っていた。そして，その役目を担ったのが，温水浴，熱浴（サウナ），冷水浴の3種類で成り立っている「大浴場」であった。たっぷりと湯の入った浴槽（カリダリウム）で体を温め，熱風のこもるサウナ（ラコニクム）で思う存分汗を流した後，冷浴室（フリギダリウム）で冷水を浴びるか，冷水プール（ナタトリウム）でひと泳ぎして体を冷やし気分をリフレッシュさせる，いわゆる「循環入浴」を好んで行ったのである。

この入浴法は，ローマがヨーロッパへその勢力を拡大するのに伴って広まっていった。戦いに疲れた兵士たちが疲労回復や娯楽のために浴場を使

用することが多く，征服地には必ずローマ式浴場が建設されたのもそのためである。さらにローマには当時，権力者や富を手にした者が浴場のような公共施設に私財を投じることを最大の名誉であるとした伝統があったため，代々の皇帝は率先して浴場建設に力を尽くしたと言われている。

当時，ローマ市内には健康と娯楽の殿堂であった浴場をはじめ，水を用いた施設がところ狭しと立ち並んでいた。皇帝ネロは，歴史上悪名高いが，彼が市内を散策した時，見事に彫刻を施された壮麗な噴水があまりにすばらしいため，思わず「Sanitas per aquas（健康は水からくる）」と叫んだと伝えられる。ここからも，どれほどローマ市民が水を大切にしていたかが想像できる。ちなみに，この頭文字がスパ（spa）の語源になっているとの説もある。

ところが，ローマ帝国にキリスト教が浸透してくると，その様相は一変する。なぜなら，初期キリスト教徒にとって，不潔であることが聖なる者の証であり，体を洗わないことは自己を犠牲にする基本的な行為で，なによりも敬虔なふるまいとして尊ばれたからである。そのため，ローマ人がヨーロッパ中に普及させた，浴場で体を清潔にし，心身を爽快にするといった行動は，不必要で不道徳な行いと映り，キリスト教が力を持つにつれ壮大なスケールの大浴場はもとより，入浴によって健康を増進させようとする風習は姿を消していく。

水治療法はもちろんのこと，入浴すら忘れ去ってしまったヨーロッパにおいて，東方遠征を繰り返す十字軍のもたらす影響はきわめて大きかったと言えよう。帰還した十字軍の兵士たちは，イスラム社会での習慣であった「ハマーム（イスラム式浴場）」をこよなく愛し，それをそのままヨーロッパ世界に紹介したからである。

荒れ果てたローマ時代の浴場跡に再建された新しい浴場は，骨折から精神衰弱，心臓病，肺病，脳の病気とあらゆる病に効くと宣伝されたため，当初は，ヨーロッパの人々は体を清潔にするというより，治療のために入浴を行うようになったのであった。

ただし，この時代，湯につかるだけでなく，その中で体を動かすいわゆるローマ式の「動的入浴法」が，ハマームの普及によって体を動かさない「静的入浴法」に変わったということは重要な意味を持つ。動的入浴法は，混浴の復活や快楽の場の提供を容易にしたため，年を経るごとに風紀の乱れが目に余るものとなり，教会からの禁止令を再度受けざるを得ない社会状況を作り出してしまったからである。同時に，家庭に限らずどこの施設でも汚れた水を何度も使用することが普通であったために，浴場もヨーロッパ中にコレラを蔓延させるに至った有力な感染源であったのは間違いない。14世紀中旬に始まり16世紀までに，何度となくコレラやペストが猛威をふるい，とうとう公共浴場は閉鎖に追い込まれてしまう。

その後，長い年月の間，「水は皮膚を浸透するため，毛穴から病原菌が体内に侵入する」という，今では考えられない思想が一般的となり，ヨーロッパからは入浴はおろか，水で体を洗う行為すら完全に消失してしまう。まさに，水治療法の暗黒時代といっても過言ではない。

そのような状況の中，古代の水治療法にもう一度注目したジョン・フラクサー（John Flaxer：物理学者）が登場する。1697年に「イングランドにおける湯浴，水浴および温浴の正しい使用法と誤用についての研究」と題する論文を発表した彼は，ローマ時代に3種類の入浴方法によって健

康増進やリウマチなどの治療を行っていたことを紹介し，それに効果があることを論じている。さらに，1722年に出した「冷水浴のはなし」という論文のなかでも，熱浴と冷水浴のことに言及した。この論文をきっかけに，入浴は上流階級を中心に新しい地位を築いていくのである。

18世紀中期，入浴がもたらす効果を前面に打ち出した，これまでとは形態を全く異にするユニークな入浴施設がフランスに登場する。1761年，一艘がまるごと浴場という「浴場船」がセーヌ河に突然現れた。営業のための謳い文句には，「入浴すれば病気の方々は痛みがとれ，治ります。健康を維持することにも効果がございます」とあり，それ以前あまり使用されることのなかったシャワーを，水の力学的効果を高めるためとの名目で導入しているのも注目される。しかし，この施設の利用料は一般民衆の手の届くものではなく，19世紀の入浴法の草分け的存在であったとはいえ，やはりエリート層の利用が中心の施設であった。

その後，イギリスのライト（Wright）博士が天然痘の治療に冷水浴を取り入れたのに続き，カリー（Currie）博士は「熱症の治療法としての冷水および温水の効果についての医学的報告」という論文を発表するなど，これまで温水に目が向けられがちであった水治療法に，「水温」がもたらす効果という視点が持ち込まれるようになる。

これは二つの観点がうまくかみ合った結果であった。一つは，肉体にいかなる好影響を及ぼすかという観点である。1700年代，冷水を使って瀕死の人間の生命を回復させる治療法が評判になったことがあるが，蘇生法のみならず健常者にも身体の各部位に緊張を与え，弾力性がついて肉体を頑強にしてくれるという考えのもと，水浴場が一躍脚光を浴びることとなった。もう一つは，冷水のもたらすイメージが道徳的に受け入れやすいものであったことである。つまり，冷たい水というのは，非情な存在であり，禁欲的な精神状態を作り出してくれることからキリスト教的な思考になじんだものと考えられる。

2 日本における水治療法・温泉療法の歴史

日本人にとって入浴は欠かすことのできないものである。仕事の疲れを癒したり，汚れた体を清潔に保ったりとその目的も多様である。日本人は世界に類のない風呂好きとも言われている。日本人の入浴の歴史は古い。

日本人なら入浴と聞くと，誰しも白い湯気をあげる「湯」を思い浮かべるにちがいない。日本は，世界のどの国よりも温泉の多い国として知られており，種類も硫黄泉・鉄泉・石膏泉・重曹泉などと数多く，成分の違いからその薬効も千差万別である。そして，日本人と温泉の出会いの歴史も古く，はるか石器時代にまで遡る。

1964（昭和39）年，中央線上諏訪駅前のデパート建設現場で石器時代の温泉跡地が発掘され，当時から湯につかっていたことがわかった。また，奈良時代に成立した出雲風土記にも「一度入れば容姿が美しく立派になり，二度入ればすべての病気が癒えてしまう」と，現在の島根県・玉造温泉の様子が紹介されている。また，戦国時代になると，戦いで傷ついた武士たちが，温湯治療のために盛んに温泉で療養した。温泉の成分が身体に好影響を及ぼすことを身をもって体験し，「湯治浴」として温泉を利用し始める。

こんにちでは，風呂といえば湯を満々とたたえたものを言うのが一般的だが，古くから，人工的

に備えつけられた施設には，湯（洗湯）と風呂（蒸風呂）の2種類が併存していたのが特徴であった。

湯（洗湯）とは，もとは仏像を洗浴させて塵埃を流すために，寺院温室内かその近くに湯釜を置き，沸かした湯を浴室内の浴槽へ桶などで運ぶか，流し込むものであった。人のために利用されていたのは風呂（蒸風呂）である。浴室の外部に接した大釜に湯を沸かし，この湯気を桶の類で浴室内に送り込むか，床にスノコが張ってある浴室の下部で湯を沸かし，この湯気をスノコを通して室内に送り込む蒸気浴としての形をとっていた。

この蒸風呂は，当初から保健医療を目的として設けられていた。蒸気浴は，病後の心身回復に効果があり，平素の健康保持にも有効であると信じられていたため，医術の心得のある僧，すなわち医僧が，患者の病状により投薬をするかたわら，この蒸気浴を使って風呂治療を実施していたからである。蒸気浴で治療を行った最も古い例としては，鎌倉時代，忍性上人が経営した奈良北山の十八間戸や鎌倉極楽寺の蒸風呂があげられる。

その後，戦乱の世には戦地でも臨時簡便に入浴できるよう工夫がなされた。持ち運びが便利で移動可能な小型の浴槽が考案され，そこに沸かした湯を入れ蒸気と湯の両方で体を温める「半湯浴」が登場する。これが，湯につかる入浴形態の始まりであり，時代を経るにしたがい，湯に全身をつける温湯浴へと変遷する。

3 西欧における水治療法の発展

日本に比べ外国の方が，水治療法や温泉療法，水中運動に対する意識は一歩も二歩も進んでいたようである。その状況は，19世紀に入っても続く。19世紀初頭，オーストリアのヴィンセント・プレスニッツ（Vincent Pressnitz）はまず腰まで湯につかり，その後冷水につかる「座浴」を有名にした。1830年，彼は冷水を使用し，激しい運動のできるセンターを開設した。プレスニッツの影響力はヨーロッパ大陸に広がり，彼の信奉者であったクナイプ神父が1850年にドイツで水浴療法を確立した。こんにちもなお「クナイプ・テラピー」と称して行われている。また，時代は遡るが18世紀，ベルギーのスパという町がヨーロッパの最も有名な温泉地として栄え，これ以降「スパ」が温泉保養地を意味する代名詞になった。さらに，ドイツにも浴場を意味するバートから始まる町の名が多くあるが，そこにはほとんどクア施設が備えられ，年に600万人以上の人が訪れると言われている。こういった昔からの施設や町で，現在も水治療法や温泉療法などが行われている。

4 各国の温泉地

(1) バース（イギリス）

古代ローマ時代から使われていた浴場跡地を利用して建設された「キングズ・バス」「ホット・バス」「クロス・バス」の三つの浴場が中心のバースは，18世紀，王侯貴族が好む最高級の温泉療養地であった。さらにバースの名をひときわ高めたのが社交界の美男子ナッシュである。彼は，バースに舞踏会場や競馬場など娯楽施設を建設しただけでなく，1708年には独自のフィットネス・プログラムを作成し，それが人気を呼んで湯治客が増加した。

(2) エヴィアン・レ・バン（フランス）

水の都エヴィアンの発見は、古くローマ時代である。しかし、エヴィアンがスパとしての歴史を刻み始めたのは1789年であった。ミネラルの含有量が一定で、ナトリウム分が少ない水を産出するエヴィアンは、当初、腎臓結石や高血圧に効果があると注目され、特に飲泉を中心に発達した。

20世紀に入り、レマン湖を見渡す一等地に最高級ホテル（ロイヤル・ホテルやスプレンディド・ホテルなど）が建設され、この地が世界一流の湯治客の社交場となり、治療一辺倒のこれまでの水治療法から、娯楽も兼ねた治療へと変化した。そのため多くの有名人が訪れるようになり、その名声を確固たるものにし、今に続いている。

(3) バーデン・バーデン（ドイツ）

ローマ時代「アクアエ・アウレリアン」と呼ばれたこの地は、昔からリウマチや関節炎、心臓病など多数の病気治療に利用されて有名である。19世紀に入り、世界有数の社交場となり、今ではヨーロッパの「夏の首都」とまで呼ばれるようになった。有名人も多数利用し、ブラームスやショパンといった音楽家から、ツルゲーネフやドストエフスキーなどの作家まで、来訪者の幅は広かった。

こんにちのバーデン・バーデンには近代的な施設を備えた浴場が多く、そこでは日本でいう「クア・ハウス」で知られる水治療用の風呂、温水プール、水中運動用の小型のプールなどが設置されているのはもちろん、ホテルやレストランなども完備されている。また、「テルマルバード」と呼ばれる温泉水を使用したプールがあり、屋内から水着のまま移動できるように工夫してあるのも特徴的と言えよう。ちなみに、日本のクア・ハウス第1号は、1979（昭和54）年長野県白馬村に建設されたものである。

5 水治療法の発展

中・高齢者の水中運動が盛んになっているこんにち、補助的機材も日々新しくなってきている。なかでも、水の流れを人工的に作り出す「流水プール」の出現は画期的であった。

1933年、ドイツのベルリン研究所で水の流れを発生できる水槽が考案されたのをきっかけに、おおよそ30年後、スウェーデンで水泳研究用として再び脚光を浴びて「流水プール」の名が定着する。日本では、1971（昭和46）年、東京大学工学部田古里研究室に初めて設置され、1979（昭和54）年には筑波大学体育専門学群にも水泳選手強化用として備えつけられた。その後、数年おきにスポーツ研究所や大学に普及していく。ただ、これはあくまでも、水の流れに逆らって泳ぐことで力をつける水泳練習用機材であった。

これを応用して運動効果を向上するために考案されたのが、流水マシンである。飛び込み台の下に設置された機械には中にスクリューが取りつけられ、それが約2m/秒という力で水の流れを作り出す。この流れに体を当てているだけでも内臓活性化を促したり、筋肉へのマッサージ効果がある。もちろん、この流れの中で泳いだり歩行したりすれば運動効果はさらに高まる。1996（平成8）年に開発されて以来、この流水マシンを設置しているスイミングプールは全国に約220か所ある。

かつて水中運動は温泉治療と水中での柔軟体操の組み合わせで行っていたリハビリテーションの一つの分野であった。その運動療法の効果をもと

に，朝鮮戦争で負傷したアメリカ海兵隊員たちをプールで運動させたことから注目を集めていく。1970年，アメリカ大統領直属機関である「大統領スポーツ審議会（President's Council on Physical and Sports, PCPFS）」が，そのプログラムを中高年を対象とした運動手段に応用し，アクアエクササイズが開始されるのである。当時は運動種目も少なかったが，現在ではストレッチ（関節柔軟性系運動種目群），エアロビクス（心肺持久力系運動種目群），ストレングス（筋力強化系運動種目群），リラックス（拮抗筋バランス系運動種目群）の4種類が一連の流れの中でプログラミングされている。関連種目としては次のようなものがある。

- 腰痛水泳　　・アクアウォーキング
- アクアジョギング
- アクアストレッチング
- アクアストレングス
- アクアエアロビクス　　・アクアゲーム
- アクアリラクセーション
- アクアゴルフ　　・アクアテニス　など

また，1950年代に，「水治療法は慢性疾患などの治療として有効」との医師会の報告により，ドイツ全土にクア施設が建設されはじめた。そこで行われる治療法にはこれまで紹介したもの以外では次のようなものがある。

●タラソ・セラピー

海洋療法と呼ばれるもので，海水と血液や細胞外液に含まれるミネラルの成分がよく似ているという特性をいかした療法である。海水や海藻，泥などを利用して行うのが一般的である。

●カラー・セラピー

人間の鎮静感を引き出すのには，青色やトルコ石色の環境が効果的であることから，水の色を利用した治療法である。これは，海辺の砂とセットで行うとその効果はさらに高まるとされている。

■参考文献
(1) アルヴ・リトル・クルーティエ『水と温泉の文化史』三省堂，1996年
(2) ジョルジュ・ヴィガレロ『清潔になる私』同文館出版株式会社，1994年
(3) 花咲一男『江戸入浴百姿』三樹書房，1978年
(4) 今野信雄『江戸の風呂』新潮選書，1992年
(5) 今野純「不思議な水の世界への招待状」『Life of Swimming』110-112，1987年
(6) M. H. Duffield編『水治療法』杏林書院　1984年
(7) 中野栄三『入浴・銭湯の歴史』雄山閣BOOK，1994年
(8) 野村武男『アクアフィットネス』善本社　1987年
(9) 野村武男『新水中健康術』善本社，1998年
(10) 清水富弘監修『アクアスポーツ科学』科学新聞社，1997年

2 日本のスイミングクラブの歴史と水中運動

　街中を歩いていると，スイミングクラブの送迎バスが子どもたちを乗せて走っている光景をよく見かけるようになったのはいつのころからだろうか。全国津々浦々，どこの町にもスイミングクラブがあり，日中は子どもたちの歓声がプールに響きわたっている。また，午前中には中高齢者やご婦人が，夜には仕事帰りのサラリーマンやOLが，水泳や水中ウォーキングのためにプールを利用している。

　現在，国内にははたしてどれくらいの水泳施設があるのだろうか。文部科学省の2004（平成16）年度「体育・スポーツ施設現況調査」における「施設種別体育・スポーツ施設設置箇所数」では，屋内水泳プールは4,757施設，屋外水泳プールは33,622施設とある。その内訳は表1のとおりである。

　この表に見るように，学校施設では圧倒的に屋外プールが多く，民間施設では室内プールの比率が高い。

　また，スイミングクラブ業界の専門誌を発刊している「体力健康新社」の2003（平成15）年の調査では，民間プールの総数を3,113と発表している。この調査は，「プールで水泳指導をしており，会費を徴収しているところ」を対象としているため，基本的に室内プール数であり，文部科学省の調査データとは乖離しているが，よりスイミングクラブの実態に即した信憑性のある数字であろう。

1　東京オリンピックの惨敗

　日本の水泳界で，はじめてオリンピックで金メダルをとったのは1928（昭和3）年の第9回アムステルダム大会における，男子200m平泳ぎの鶴田義行選手であった。1932（昭和7）年第10回ロサンゼルス大会では，男子選手が6種目中5種目の優勝を果たし，世界中に「水泳日本」の名を知らしめた。1936（昭和11）年第11回ベルリン大会では，前畑秀子選手が200m平泳ぎで女子では初めての金メダルを獲得し，男子は3種目の優勝を果たした。

　その後，第二次世界大戦に突入したため，日本はオリンピックに参加することはできなかったが，終戦後，日本水泳界はFINAから除名処分を受けていた1947（昭和22）年に，古橋廣之進選手が1,500m自由形で世界記録を樹立した。除名処分中であったために出場できなかった1948（昭和23）年の第14回ロンドン大会に合わせて開催した日本選手権大会では，古橋廣之進・橋爪四郎選手が驚異的な世界記録を樹立し，世界

●表1——プールの設置数

	総数	学校体育・スポーツ施設	大学・高専体育施設	公共スポーツ施設	民間スポーツ施設
屋内プール	4,757	1,336	104	1,662	1,655
屋外プール	33,622	29,953	387	3,102	180

中にその名声を轟かせ「水泳日本」の名を不動のものとした。その活躍は，敗戦で打ちひしがれ，懸命に努力を続ける日本の国民に，復興への勇気を与えたのであった。

1956（昭和31年）年，経済白書が「もはや戦後ではない」と宣言してから，1960（昭和35年）年の「所得倍増計画」を経て，日本経済は未曾有の高度成長を遂げていくことになる。そのような高度成長期を象徴するように，1964（昭和39）年首都東京において，東洋では初めてのオリンピックである「第18回東京大会」が開催された。日本中の国民の期待を一身に背負い，開催国の日本選手勢は目覚ましい活躍を示した。その躍進は高度成長期にある国民を魅了し，大きな夢と希望を与えてくれた。

しかしながら，期待の大きかった我が「水泳日本」は，男子800m自由形リレーの銅メダルが一つという惨憺たる結果に終わってしまったのである。

2 スイミングクラブの誕生

東京オリンピックでの惨敗によって大きな痛手を負った日本水泳界は，早速，その敗因を分析し，問題点を次の3点と結論づけた。

一つめは「指導者の不足」。二つめは，中学・高校・大学と進学のたびに指導者が変わっていく学校型水泳による「一貫指導の欠如」。そして三つめは，練習環境が屋外プールであるために，一定期間しか練習ができない「通年利用のできるプールの不足」である。

それらの問題を解決するため，東京オリンピックで躍進し，メダルラッシュに沸いたアメリカで行っている，エージグループシステムによる選手育成をモデルにした，スイミングクラブ設立に向けての動きが加速していった。

1965（昭和40）年2月，「山田スイミングクラブ」（1972年解散）が大阪に設立された。このクラブは，ロート製薬の山田輝郎社長が私費を投じ，全国から素質のある生徒を集め，競泳の英才教育を目的としたものであった。同年3月には，日本における民間スイミングクラブの嚆矢として，東京オリンピック競泳陣の強化コーチであった村上勝芳が，代々木オリンピックプール（東京）のサブプールにおいて「代々木スイミングクラブ」を設立した。

そして，1966（昭和41）年12月，日本の民間経営第1号のスイミングクラブとして神奈川県に「多摩川スイミングクラブ」がスタートした。

代々木スイミングクラブを代表とするそれまでのスイミングクラブは，公営または，公共の室内プールを利用し民間団体で運営する形態であったのに対し，多摩川スイミングクラブは，民営クラブとして私設の室内プールを有し，年間を通して水泳スクールとして月謝制で企業が直営する，こんにちのスイミングクラブ経営の原型となるスタイルを採用した。設立当初，危ぶまれていた経営面も順調に軌道に乗っていき，この成功が民間スイミングクラブ設立の一大ブームを巻き起こし，全国各地に数多くのスイミングクラブが誕生していった。

その後，日本の高度成長期の波に乗り増え続けるスイミングクラブは，1973（昭和48）年に日本を直撃した第一次オイルショックを乗り越え，学童を中心とした水泳人口の底辺の拡大と，選手の育成に大きな役割を果たしてきた。

3 スイミングクラブと水中運動

子どもを対象とした水泳教室を主事業として運営していたスイミングクラブ業界であったが，成人の入会希望も特に主婦層を中心とした女性に多く，学童を主対象としていたクラブにおいても，午前中の空き時間を利用し，成人（婦人）水泳クラスが併設されるようになった。

そして，スイミングクラブは，その発展の過程で①ベビースイミングの開発，②マスターズ水泳大会の開催，③妊婦水泳（マタニティスイミング）の開発といった，弛まぬ努力と開発を進めることによって，日本の社会に大きな変革をもたらした。また一方では，1970（昭和45）年7月に日本初の民間総合スポーツクラブである「東京アスレティッククラブ」が東京にオープンし，以来，単体のスイミングクラブの設立に加え，総合型スポーツクラブが全国各地に加速度的に展開されていき，学童のみならず成人においても，水泳や他のスポーツを余暇として，普段の生活の中に取り入れる土壌がつくられていった。

スイミングクラブ創設当初から成人水泳教室を開設したクラブは，参加する成人のニーズが必ずしも水泳技術の習得だけではないことに気付いていた。健康の維持・増進，仲間づくり，リハビリ，運動療法などと，個別の目的に応じたプログラムの提供が求められ，各スイミングクラブで高齢者水泳や腰痛水泳などの積極的な研究・開発が行われた。それらは，折からの健康ブームの波に乗り，水泳は全年齢に対応できる運動として認知され，日本の社会における生涯スポーツとしての揺るぎない地位を確立することに貢献した。

本来，スイミングクラブでの水泳教室は，文字通り競泳4種目と呼ばれる泳法の技術習得のためにあった。しかしながら，ベビーやマタニティ（妊婦），さらには高齢者の利用を受け入れたスイミングクラブは，当時まだ体系的に確立されていなかった「水中運動」を，立位でのプログラムとして指導に取り入れ，水の特性を最大限に活用しながら，個々の目的に応じた運動効果を高めていった。

4 アクアエクササイズダンスの誕生

1982（昭和57）年ごろから国内では，スタジオプログラムとしてジャズダンスの後を追うように，エアロビクスダンスのブームが起こり，単体のエアロビクスダンススタジオを含め民間スポーツクラブの新規出店数が，1988（昭和63）年のピーク時まで激増し続けた。

エアロビクスダンスの隆盛はプールプログラムにも影響を及ぼし，水泳の指導者たちがジャズダンスを水中運動として取り入れ，プールの中で音楽を使って身体を動かすウォータージャギーを考案した。また，水中エアロビクスやアクアビクスといったネーミングで，水中で行うエアロビクスダンスが開発された。しかしながら当初は，スタジオプログラムをそのまま水中運動としてプールに持ち込んだ感が否めず，イベントプログラムとして採用されてはいたが，通年プログラムとしては主に3か月ワンクールといった形式で繰り返し行われており，定着することは難しかった。

やがて，日本国内において，異常なほどに加熱したエアロビクスダンスブームも終息の時を迎える。1991（平成3）年には湾岸戦争が勃発し，そして，日本の社会は，バブル経済の崩壊とともに「失われた10年」に突入した。その後，とどまる

ところを知らない少子化現象に，スイミングクラブの子どもの会員数は，1980（昭和55）年あたりをピークに加速度的に減少し，各施設はその減少した会員数を補うために，中高年者を対象としたプログラムの導入が必要となった。

水中エアロビクスと呼ばれ，小規模ながらも各クラブで行われていたプログラムは，やがて，熱心なインストラクターたちによって研究・開発がなされ，「水の特性」を十分に活用した，楽しく，より効果的なこんにちのアクアエクササイズダンスの誕生に至った。

5　アクアフィットネス

現在，中高年者の間ではアクアフィットネス（水中運動）が大きな話題を呼んでいる。

1987（昭和62）年，筑波大学の野村武男教授が水中運動をテーマとした，「アクアフィットネス」を出版したのがその嚆矢である。

アクアフィットネスとは，水の特性を利用した水中運動の総称であり，競泳4種目も含めたあらゆる水中での活動を包括する名称であるが，社会的には水中ウォーキングやアクアダンスのイメージが強く，アクアフィットネス，あるいはアクアビクスという名称で一般的には通用しているようである。

日本におけるアクアフィットネスは，スイミングクラブが永年にわたり培ってきた妊婦・高齢者・腰痛水泳等で，現行の水中運動の概念がすでに確立されており，開発・導入についてはさほど大きな障害はなかった。

また，スイミングクラブでは，従来から水中歩行はごく普通のトレーニング方法の一つとして取り入れられていたが，水泳教室でのプログラム以外で，プールの中を歩く人の姿を見かけるようになったのは，おそらく昭和の終わりか平成の初期の頃（1980年代後半）であったと思われる。

今でこそ，ほとんどのプールではウォーキングコースが設置され，プール内を歩く光景に不自然さはないが，つい最近までプールは神聖なトレーニングの場であり，泳げる者の施設であって，途中で足をつくことが許されないプールもあった。

「水泳日本」を担うあまたの競泳選手を輩出し，子どもたちに泳ぐことの楽しさを教え，水泳の普及に貢献してきたスイミングクラブは，その当初の目的以外に，今，新たなニーズに対応すべく大きな変革を開始している。プールは水泳の練習場としての役割だけではなく，その利用目的は多岐にわたり，万人に対応することのできるライフステージとして，多くの利用者に親しまれている。

ただし，利用者の高齢化・多様化が進行することと同時に，施設側にかかるリスクも増大している。

最近では，水中運動によるリハビリや循環器系の運動療法の効果も，社会的に注目されている。専門的知識を有し，より安全に，より効果的な指導のできる指導者は，日本の生涯スポーツとしての水泳を考えるうえでは，欠くことのできない要素である。

■参考文献
(1)　(財)日本水泳連盟・(社)日本スイミングクラブ協会編『水泳教師教本』大修館書店，2006年

第3章

水中運動の科学

1 水中運動の力学的特性

1 浮力の力学的特性

(1) 比重と浮力

　水に入ると浮力により体が軽くなる。重力は上から下へ働くが，浮力はその反対である。水中では，比重が1より小さければ浮き，大きければ沈む。

　人間の場合，比重が1より大きい身体部位は，骨（2.01），爪と毛（1.2〜1.3），筋肉（1.6），脳（1.04）であり，1より小さいのは，脂肪（0.94）と肺の中の空気（0.0012）である。人の身体密度は，体脂肪率約25％で約1.05 g/cm³なので，水には沈むことになる。しかし，息をすべて吐いたつもりでも成人男性で約1ℓの空気が体内に残されている。また，通常の呼吸では，2.5ℓもの空気が体内に残っているので，体重の5％の浮力が足らないとしても，たとえば70 kgの人であれば，息をいっぱいに吸った状態であれば3ℓ程の空気が入り，不足分を補えるため，ぎりぎり水面にただようことができる。

　とはいえ，息をいっぱい吸い込んだとしても，比重の重い手や足・頭などは沈みやすくなる。特に，水に慣れていない人が背浮きを行うと，ブリッジのような姿勢になってしまったり，腰が引けて下半身が沈んでしまう。そこで，胴に1.5 kg程度の浮きベルトをつけると簡単に浮くことができるようになる。また，手や足などにも浮き具をつけたり，壁を有効に使用することで，無理のない姿勢で水面と平行に浮くことができる。水中運動は，直立姿勢で行う場合と，水面に浮いて行う場合があるので，背浮きで水面と水平に浮いているという自覚を持てるようになることは大切である（図1）。

(2) 水中ストレッチング

　水位が剣状突起部（みぞおちのあたり）ぐらいであれば，体重の約60％程度の浮力が生じる。

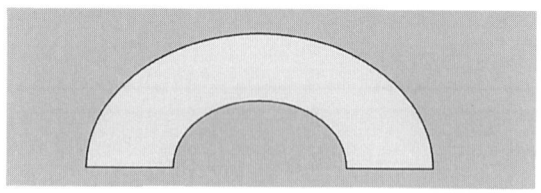

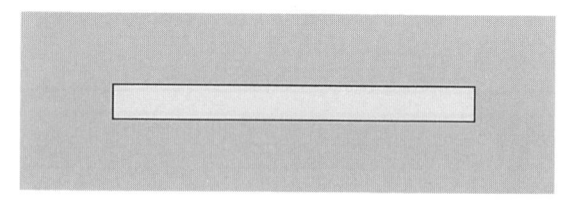

手足が沈んだ状態では，水中でブリッジしているようになり腰に負担がかかる。一方，水面にまっすぐ浮くことでリラックスできる。この時，膝は力を抜き，少し曲がっていてもかまわない。

●図1——背浮き

この水位であれば，立った姿勢でも背の筋肉や太ももの裏側の筋肉などをリラックスさせることができる。そして，水の中でゆるやかにストレッチングを行い，筋肉の緊張を取り除き，柔軟性のある筋肉をめざす。血行がよくなり，新鮮な酸素が送り込まれ，筋肉は回復していく。腕のストレッチングなどでは，肩まで水に入れることで，リラックスした状態で効率のよいストレッチングができる（図2）。

特に，陸上で普段使っている筋肉，なかでも抗重力筋群（下腿三頭筋，ハムストリングス，脊柱起立筋，背筋群）を浮力によって弛緩させることができるので，リラックスした状態で浮力にまかせてストレッチングをすることが可能である。しかし，筋群を伸ばし続けることは，血流の阻害も引き起こすので，水中でのストレッチングをしたあとは，ブラブラと筋肉を揺らし，リラックスした状態に戻すようにする。

(3) アクア・アイソメトリック・トレーニング

水に浮いた状態でのストレッチングや運動は，体のコアの部分の筋肉を効率よくトレーニングすることができる。また，膝や腰などに痛みを感じている人には関節に重力の負担がかからない運動形態と言える。また，水面に浮いているので，体に対して水圧の影響が少なく，心・血管系にも負担をかけないと考えられる。

浮いている状態でアイソメトリック運動を行うと，体の奥にある遅筋を使用し，効率よく脂肪を燃焼させることができると考えられている（図3）。

水中での姿勢保持は，水に慣れていない人はなかなか難しいが，それが有効なトレーニング要素となる。つまり，アンバランスな環境をつくるこ

■悪い例（水の外でストレッチング）　　　　■よい例（水中でストレッチング）

水中でストレッチすることで腕を支持する筋群はリラックスできる。
●図2──水中でのストレッチング

とで，それをもとの姿勢に戻そうとする力を出すことにより，補正するための筋群が使われるのである。PNF（固有受容性感覚器神経筋促通法）やピラティスのような運動を水中でも行うことができる。この筋群こそが，いわゆるコアな部分の筋群である。コアな筋群とは，脊柱起立筋，インナーマッスル，骨に沿って走行している筋群などである。脊柱起立筋のような赤筋群は，脂肪を燃焼させる。インナーマッスルは，関節の安定性に寄与することができる。

(4) 浮力と重力の相互作用

　水中の体は，上向きに浮力が働き，水から出ている頭などの部分は，下向きに重力が働く。まっすぐに立っていればこのバランスは保たれるが，そうでない場合は，バランスを保つために回転運動が起き，この2つの力が平衡に達するまで回転力が働く（図4）。水中でリラックスした状態でストレッチングや運動を行っていても，このような作用によってバランスを崩し，とっさに意図せぬ急激な力を出すと筋線維にダメージを与えてしまうので，このようなことが起きないように注意する。

　バランスを崩した場合は，いったん水の中にすべて沈んでから，回転力をなくした状態で垂直にゆっくり立つという方法がある。特に，直立姿勢で行う運動では，両足を肩幅程度に開き，背筋を伸ばして，両腕を前方に肘を軽く曲げて立つ姿勢（中立姿勢）をとることでバランスを保つことができる。

■両足を閉じる

■両足を開く

●図3──アクア・アイソメトリック・トレーニング

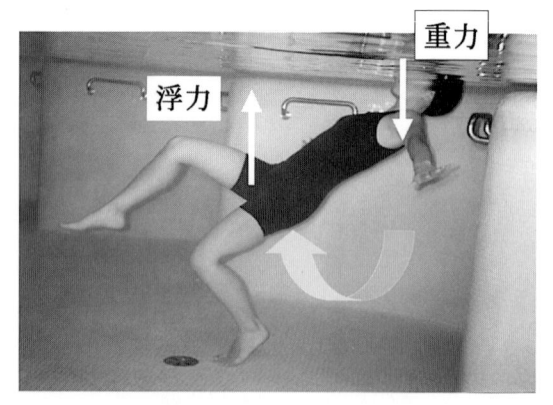

浮力は上方向、重力は下方向の力がかかることから回転力作用が働く。

●図4──水中の回転力作用

2 抵抗の力学的特性

(1) 抵抗係数

　水中運動では、水抵抗を利用して運動負荷をさまざまに変えることが可能である。水抵抗は、その粘性に大きく影響を受け、いろいろな成分が混ざった温泉のような水では、粘性が高く水抵抗は大きくなる。また、水抵抗はその液体の温度にも左右される。液体の温度が上がれば、分子と分子の間の距離が大きくなるので、水抵抗は減少する。水温が少し低めの24℃程度のプールの方が抵抗が大きいため、よい記録が出るともいう。ウォーミングアップやクーリングダウンの際に使用するプールは少し温かい方がよいが、抵抗の微妙な違いが泳者にとっても微妙な感覚の差を生じる。

　一般に、流体中を進行する物体の抵抗は、以下のようにあらわされる。

$$R = 1/2 \, \rho CSV^2$$

(R：抵抗力、ρ：流体の密度、C：抵抗係数、S：投射性面積、V：速度)

　つまり、同じ温度（同じ密度の水）、同じ速度で水中を歩く場合、体面積の大きい人ほど抵抗が大きくなる。また、深いプールで歩行する場合、胴体部の投射性面積と足部のそれとでは胴体部の方が大きいため、水中歩行時は常に胴体部の方が大きな抵抗を受ける（図5）。

　しかし、胴体部の前で両手を合掌して歩くなどの工夫をすれば、体が反り返ったりすることなく歩行することができる。また、投射性面積を変えることで抵抗を増やすこともできる。手のひらの動きなども注意して指導すると、水中でも、目的

■水抵抗を受ける方向　　　　■投影面積

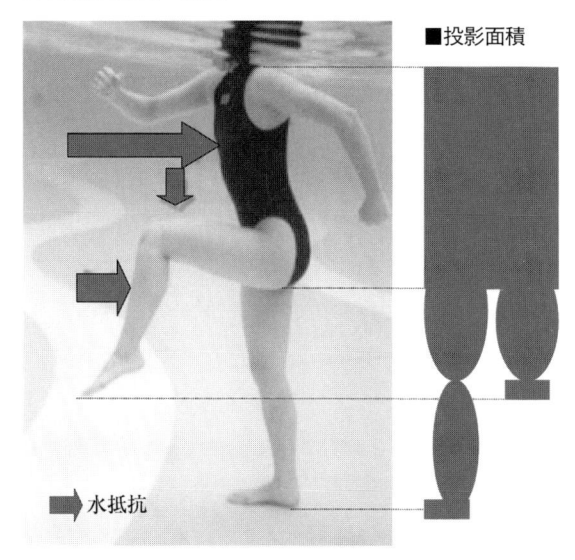

→水抵抗

水抵抗は，投影面積の大きさにも比例する。
●図5——部位による水抵抗の違い

の筋肉をトレーニングすることが可能である（図6）。

(2) 航跡の原理

親の水鳥が水面を進む時，その後に雛たちが連なっている姿を見たことがあるだろう。実は雛たちは自力で泳いでいるわけではなく，親鳥の水流域の中にいることで，巻き込まれながら前に進んでいる。また，大きなフェリーに乗った時に，船が進むにつれて船の後ろに白い泡が残るが，それを航跡という。さらに速度が速くなると渦流が生じる。

この渦流では，水がぶつかり合っているので，抵抗が非常に低い状態（流体が疎）になっている。つまり水中で歩く時，先頭の人が作った航跡の中であれば，楽に歩くことができる。慣れていない人や体力のない人は，2番目以降に歩くようにするとよい。

(3) 水中ウォーキングと水抵抗

水の中でのウォーキングは，水に対抗するため，足を上にあげるときに使う筋肉，特に，ももの筋肉（大腿四頭筋・腸腰筋）や脛の筋肉（前脛骨筋）を多く使う。水深が増すと，ふくらはぎの筋肉（ヒラメ筋・腓腹筋）の活動は少なくなる。

フォームを崩すことなく歩ける速度は1分間に25～50mと言われている。足腰が衰え，普段からつまずいたりしがちな人には，水中ウォーキングは適している。しかし，腰が反ることで腰痛が起きている人には，ももの筋肉（大腿四頭筋・腸腰筋）を使用しないで歩く歩き方の方がよい。また，水抵抗を利用したウォーキングでは，脛の筋肉が使われるという特徴があるため，転倒予防にも効果がある。

$$R = 1/2\,\rho\,CSV^2$$

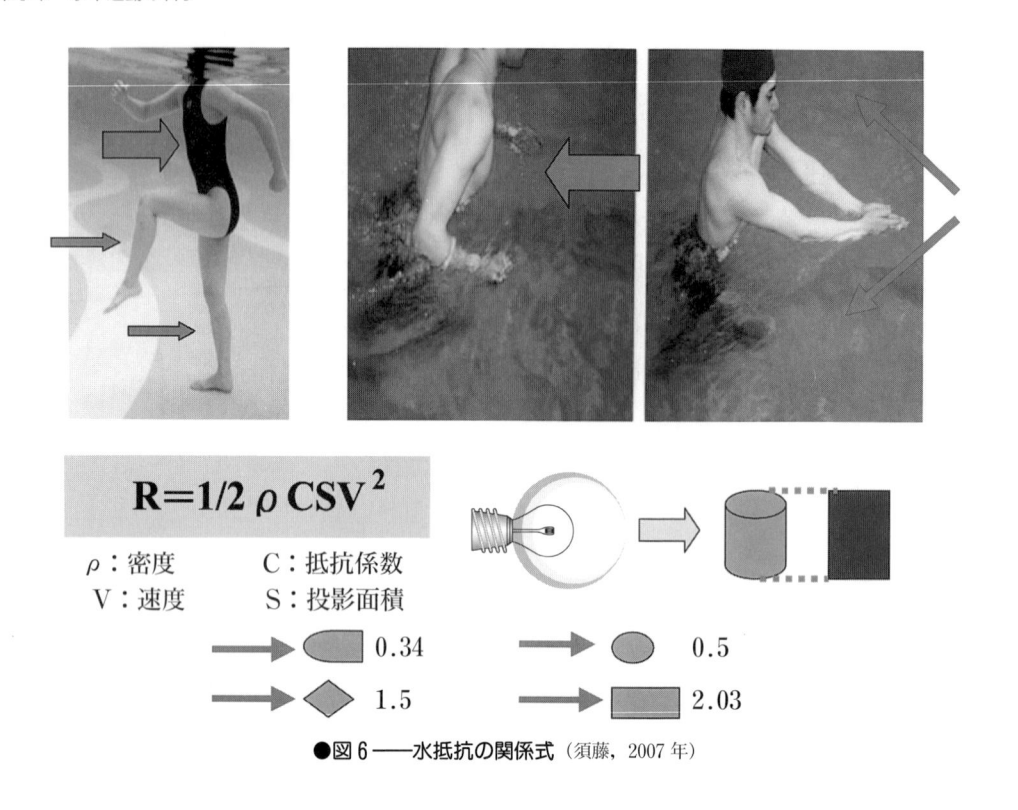

ρ：密度　　C：抵抗係数
V：速度　　S：投影面積

●図6——水抵抗の関係式（須藤，2007年）

3　水中運動と水圧

(1) 静水圧

　水圧は，水面から10 cm下では1.01気圧（+7.6 mmHg）となり，水面下50 cmでは1.05気圧（+38 mmHg）となる。10 cm深くなるごとに0.01気圧が加わるため，水深1 mのプールに入水し直立した状態では，下半身に最大約1.1気圧（+76.0 mmHg）を受けることになる（図7）。

　この静水圧は，静脈の環流の増大に働きかける。心臓のポンプ機能は，主に動脈へ血液を運ぶことにあり，静脈血の環流にまではその作用は及ばない。吸引作用としては，右心房の作用があるが，静脈の環流は，主に筋肉によるミルキングアクションが担っている。その作用をこの静水圧が補うのである。静水圧によって，筋肉が弛緩することなく静脈血が体幹へと環流し，副交感神経系が亢進されることで心拍数が低下する。プールに入ることで徐脈が起こる原因には，水圧が大きな影響を及ぼしているのである。

　この原理を利用すると，水中で足を上げたり下ろしたりするだけでも水圧の影響を受け，血行の促進，さらにはマッサージ効果を期待することができる（図8）。また，側面からの水圧と浮力により，より無重力感を感じることも可能なので，さまざまな関節疾患に有効な環境といえる。

(2) ミルキングアクション

　ヒトの血液は，肺で酸素を受け取り，心臓の拍出力によって体のすみずみに運ばれる。しかし，酸素を運び終わり，乳酸や二酸化炭素などの老廃

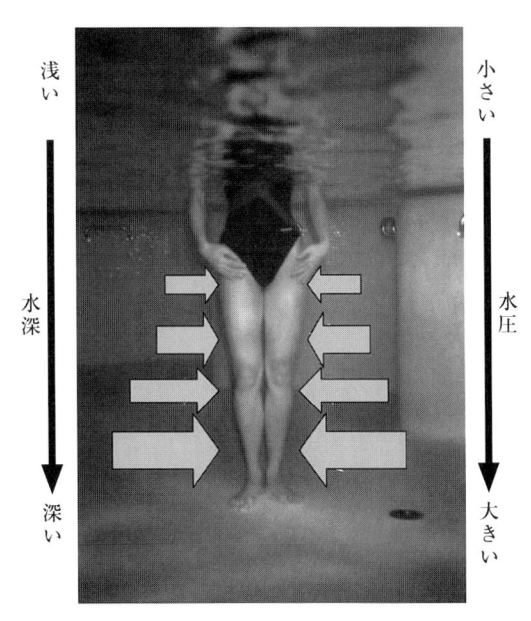

深くなるほど水圧が大きくなる。

●図7——水深と水圧

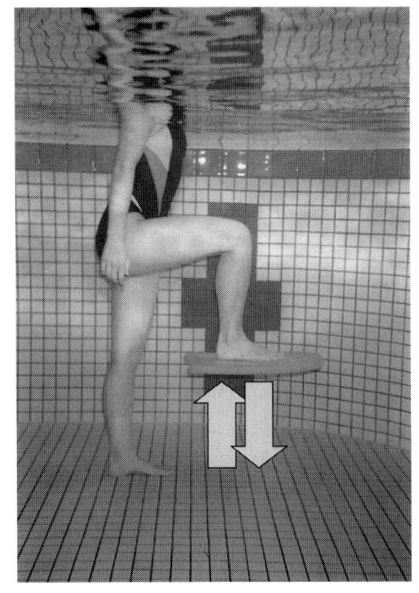

水中で足を上げたり下ろしたりするだけで，水圧によりマッサージ効果が得られる。

●図8——水圧によるマッサージ効果

物を受け取って心臓に戻る時には，心臓の拍出力は及ばない。心臓に血液を戻す役割を果たしているのが足の筋肉で，まるでミルクを絞るように，筋肉が収縮することで血液を心臓へ戻す。この作用をミルキングアクション（milking action）と呼ぶ（図9）。

　水に入った場合，水圧によって静脈の還流が増加することが知られている。水中で直立している場合，水圧が大きくかかっている下半身の血液が圧力の小さい上半身の方に集まる。人は立っている時より，横になっている時の方が心拍数が減少するが，水に入った場合も同じことが起こる。心拍数の変化は，約30℃の水温で胸位の深さの時は，陸上で寝ている時と，臍位の深さの時は，陸上で座っている時と同じであることがわかっている。水に入ることで腎臓のまわりに血液が多くなり，水分調節のために尿意をもよおすのもその作

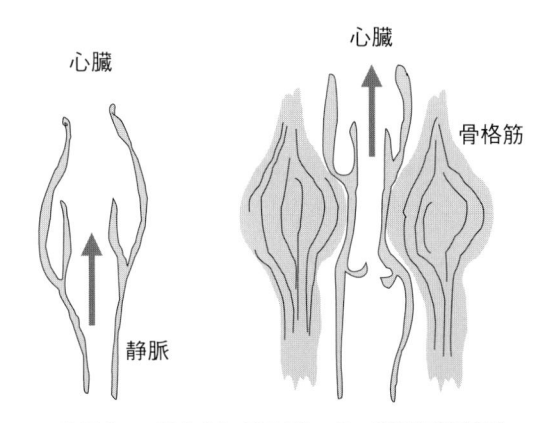

●図9——ミルキングアクション（静脈圧迫作用）

用による。

(3) 息気力

　水圧は，呼吸を行うための筋肉に対して圧力となる。息を吐く時には助けとなるが，吸う時には陸上より負荷がかかる。水圧により圧迫された肺

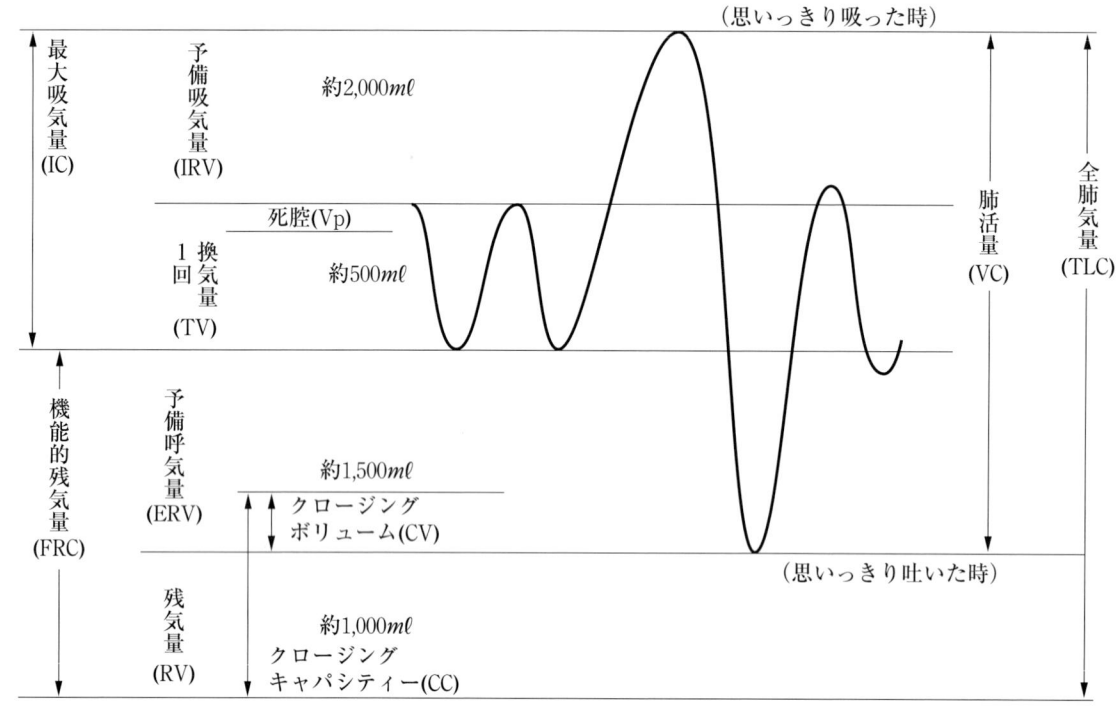

●図10——呼吸曲線とクロージングボリューム（須藤，1999年）

容量をクロージングボリューム（Closing volume）と呼び，水に入ることで増加する（図10）。そのために，水泳選手などは息を吸う力が強くなる。この作用を利用したのが，喘息児の水泳教室などである。水に入ることで自然と息を吸う力がトレーニングされるのである。

4　水中運動と水温

(1) 不感温度

　水中では，特に体温より低い水温だと熱が奪われ，体温は徐々に低下する。しかし，不感温度領域では，酸素摂取量が他の温度領域と比べ少ないので，熱放散が一番少ない状態であると考えられる。不感温度領域については，35.5～36℃という説（白倉ら）と，35～35.5℃という説（クラッグら）がある。また，酸素摂取量が±0であり，心拍数の増減がない水温35℃が不感温度といえるのではないかという観点から，その±1℃の範囲をとり，34.5～35.5℃を不感温度領域とする説もある（須藤ら）。

　体温より少し低い34～35℃の水温に入ると，体から奪われた熱が体の周りの水に蓄熱されるので，快適に過ごせると考えられる。体温より高い水に入ると体に蓄熱され，長時間水に入ることはできない。特に，不感温度以上では，熱吸収と蒸発（発汗）による熱放散が行われ，体力が消耗する。その点では，42℃以上の熱いお風呂に入る日本人の習慣は，健康面から考えると少し問題があるかもしれない。

　最近，アクアプールなどで，水圧によるジェットアクアマッサージがある施設があるが，これに

当たることで皮膚表面の温度が上昇することが認められている。そのため上昇温を考慮して水温を34〜35℃に設定しているところもある。この温度と水圧が作用し，副交感神経系を亢進させ，リラクセーションをもたらすことが可能である。

(2) 胸部水位

各水温における心拍数の変動の研究から，心拍数は30℃でも低値を示し，不感温度領域まで陸上値と比較して低値をとることがわかっている。また，水圧の影響をなくすため水面上に浮いた時，心拍数は32℃で最も低下し，不感温度領域まで陸上時と比較して低値をとる（クラッグら）。

また，各水圧における心拍数の変動では，不感温度時に，心拍数は頸部水位より胸部水位の方が低値をとる（ファリら，ラーセンら）(p.30，表1)。

つまり，副交感神経系を最も刺激し，リラックス感を得ることができる環境は，温度は不感温度，水位は胸部水位である。

(3) 30℃前後のプールでの水中運動

一般的にスイミングクラブでは，競泳トレーニングも実施しているため，なかなか水温を上げることができない。そのため，水中運動や水中ウォーキングなども30℃前後の水温で行われていることが多い。

30℃前後のプールでは，リラクセーションの水中運動形態ではすぐに体が冷えてしまう。そのため，有酸素性運動的なプログラムを入れて体を温めたり，筋活動の活動負荷を上げて筋温を上昇させ，体温を上げたのちに，浮力や水圧，水位を考慮したストレッチングやリラクセーションのための水中運動プログラムを実施するなどの工夫が考えられる。また，水着に重ね着をするような保温を目的とした水着を活用してもよい。運動負荷を少なくすると体が冷えてしまう環境では，低体力者の水中運動が難しいので，プログラムの工夫や環境の工夫が求められる。

● 表 1 ── 水温が生体に及ぼす影響 （須藤, 1999 年）

著者名（年代順）	水温（℃）室温（℃）湿度（%）（浸水時間）	姿勢水位	被験者データ 年齢・身長・体重 %Fat（体脂肪）	各水温における自律神経の活動状況
クラックら (1966)	水：24・26・28・30・32・34・36・38（±0.05℃）室：25〜28℃	半横臥顎（1 hr）	男 10 (26±5.6 歳) (72.8±5.2 kg) (177.1±3.2 cm) (15.5±8.1 %)	測定時間（午前か午後に統一、12/28〜4/15 に実施した）直腸温（陸上値との比較）　　耳温（陸上との比較） 24〜30℃：15 分後まで増加、30 分後より減少　24〜34℃：初めに増加、20 分後より減少 31〜35℃：初めから減少　　34〜35℃：初めから減少 36〜38℃：初めから増加　　35〜38℃：初めから増加 （入水 60 分時の平均値でグラフより推定した。また陸上値より +・− かを示す） 　　　　　　　　24℃　26℃　28℃　30℃　32℃　34℃　35℃　36℃　37℃ 酸素摂取量 (l/min)　+0.31　+0.28　+0.17　+0.09　+0.02　±0　±0　±0　+0.04 心拍数 (beats/min)　+1.0　−6.1　−6.1　−4.1　−8.8　−4.1　±0　+6.3　+22.4 熱発生量 (kcal) 　(0-30 min)　68.0　59.1　56.7　44.1　43.2　40.5　40.2　40.5　42.7 　(30-60 min)　79.4　73.6　63.4　47.0　41.2　40.5　40.2　40.5　42.8
アンダーソンら (1986)	水：34.5〜34.9℃	座位剣状突起（3 hr）	男 4、女 4 (23〜39 歳) (44〜77 kg)	測定時間（午前 10 時〜午後 1 時までに入水）（数値はグラフより推定した値） 心房性 Na 利尿　尿 Na 排泄　フラクション Na 排泄　尿量 ペプチド：ANP　Sodium　FE_Na　Volume 　　(pmol/ℓ)　(umol/min)　(% of Filtered)　(ml/min) 陸上　2.2±0.4　85.7±18.6　0.5±0.2↑　3.7±0.6 34.5℃水中　7.7±1.0↑　246.0±35.0↑　1.5±0.2　8.6±0.9↑ 　　　　　　　(3 hr)　　　　(2 hr)
ラーセンら (1994)	水：34.4±0.1 と 34.6±0.1 の間でキープ	椅座位(NI)頸部(CI)胸部（3 hr）	男 9 (23±2 歳) (72±2 kg) (185±6 cm)	測定時間（午前 9 時 30 分より入水）（値は、1〜3 時間の代表値を使用） 心拍数　酸素摂取量　ノルエピネフリン　エピネフリン　血漿レニン活性　アルドステロン　尿 Na 排泄 (beats/min)　(ml/min)　(ng/ml)　(pg/ml)　(ng/ml/h)　(pg/ml)　(umol/min) 陸上　70±2　1.5±0.3　0.23±0.03　58±9　3.9±6.7　140.0±27.5　61±7 34.5℃頸部　63±4↓　7.8±0.4↑　0.12±0.03↓　34±6↓　0.6±0.0↓　37.5±7.5↓　249±19↑ 胸部　57±2↓　5.5±0.5↑　0.13±0.01↓　34±6↓　1.2±0.1↓　44.0±0.0↓　227±20↑ 　　　(3 hr)　　　　　　　　　　　(2 hr)　　　　　(3 hr)　　　　　(2 hr)
ファリ (1977)	35℃	椅座位腰部剣状突起顎	男 6 29.0 歳	心拍数　1 回排出量　心拍出量 　　(beats/min)　(mℓ)　(ℓ/min) 陸上：76±1.2　67±1.5　5.0±0.10 腰：73±1.4　78±2.3↑　5.7±0.13↑ 剣状：68±1.1↓　110±2.4↑　7.4±0.13↑ 顎：71±1.8↓　120±2.5↑　8.3±0.14↑

2 水中運動の生理学的特性

1 浮力の生理学的特性

(1) アルキメデスの原理

　手のひらに入るほどの鉄のかたまりの文鎮は水に沈むが，それより大きな鉄のかたまりである船は海に沈まない。なぜだろうか。それは沈んでいる体積とその体積に等しい分の水の重さに関係する。つまり，船が沈まないのは，船の内部に空気が入っているためで，これを「アルキメデスの原理」という。

　この原理は，「ある物体を液体に浸す時，物体はその液体から，その物体が排除した液体の重さに等しい上向きの力を受け，軽くなったようにみえる」というものである。

　この原理から，たとえば同じ体積の人が水に沈んだ場合，一方の人は筋肉質で，一方の人は骨粗鬆症の人だと仮定すると，筋肉質の人は沈み，骨粗鬆症の人は浮きやすいことになる。最近の体重計には，体脂肪率（％Fat）という数値があるため，ヒトの体の身体密度を推定することが容易になった。そこで簡単にヒトが水に浮くかどうか計算をしてみたい。仮に脂肪の密度を0.9，除脂肪の密度を1.1として体脂肪率が25％の人の場合の身体密度は以下の通りである。

　　身体密度………$0.9 \times 0.25 + 1.1(1-0.25)$
　　　　　　　　　$= 1.05 \text{ g/cm}^3$

　体重が70 kgの場合の体の体積は以下のようになる。

　　体積………$70,000 \div 1.05 = 66,666.7 \text{ cm}^3$

　水の密度を1とした場合，水の重さ（浮力の大きさ）は次のようになる。

　　水の重さ………$66,666.7 \times 1.0 = 66.7 \text{ kg}$

　体脂肪率が25％で体重70 kg，身体密度が1.05 g/cm³の人が水に入った時

　　沈む重さ………$70 - 66.7 = 3.3 \text{ kg}$

　3.3 kg分沈むことになる。しかし，ヒトの場合は呼吸のために肺に空気が入っている。肺に3.3 ℓの空気があれば，プラスマイナスゼロとなる。

(2) 水中立位安静時での筋活動

　水中での運動時には，浮力の作用で筋と関節への荷重負荷が軽減され，それにともなって疼痛も和らぎ，関節可動域の拡大が期待できる。浮力の作用は，水位によって異なるので，各水位に応じた水中運動プログラムが実践される必要がある。

　臍水位であれば，体重は50～60％程度に減少する。この深さで直立した時の筋活動を陸上で直立したそれと比較してみると，内側広筋は変わらないものの，大腿二頭筋・長頭が21％，大殿筋

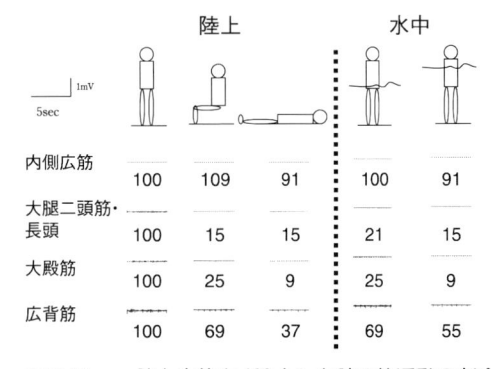

	陸上			水中	
内側広筋	100	109	91	100	91
大腿二頭筋・長頭	100	15	15	21	15
大殿筋	100	25	9	25	9
広背筋	100	69	37	69	55

●図11──陸上立位を100とした時の筋活動の割合
（須藤「デサントスポーツ科学」vol.22, 2001年）

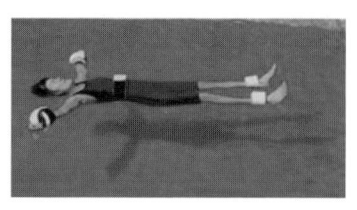

臍	剣状突起部	腋下	背臥位
50〜60%	30〜40%	10〜20%	0%

●図12——水深別の浮力の影響による体重 （須藤，2006年）

が25％，広背筋が69％となる（図11，12）。つまり，下肢の部分の筋活動が減少し，背中の筋群も陸上の活動より少なく，陸上での座位時の筋活動に類似している。

剣状突起水位では，体重の30〜40％程度の重さとなる。この深さで直立した時の筋活動を陸上で直立したそれと比較してみると，内側広筋は91％，大腿二頭筋・長頭が15％，大殿筋が9％，広背筋が55％となる。つまり，下肢の筋活動が減少し，さらに背中の筋群も半分程度にまで減少し，陸上での背臥位時の筋活動に類似する。

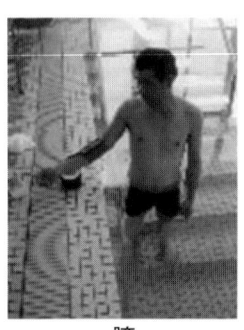

また，腋下の水位では，10〜20％程度の重さになり，完全に浮いている水中背臥位であれば，重さは0になる。

これらのことから，臍程度の腰の水位であれば，陸上で座っている程度の筋活動，胸水位であれば，陸上で寝ている程度の筋活動まで減少すると考えられる。

(3) 水中運動時の筋活動

水中での筋活動を，陸上動作と比較し観察する場合，浮力や抵抗の違いから，単純に比較することはできない。

しかし，8秒で1回の手技を行う水中運動を実施し，極力水抵抗の影響をなくし，浮力の影響のみを考慮して筋活動の観察を行ってみた（図13）。

その結果，アームカールなどの水面に対して垂直方向に動かす運動では，主働筋の活動は水中では陸上の48％程度であった。また，腕をサイドに伸ばすサイドレイズでは44％程度であった。

一方，水面と平行に動かす運動では，陸上では腕そのものの重さがかかるため，筋活動もアイソメトリック的に常に活動しているが，水中では浮力によって腕を支持する筋活動が減少し，陸上の30％に低下している。つまり，陸上では腕を支持しながら行わなければならない運動を水中で実践すると，関節授働運動にはなるが，筋活動が低い状態で運動が可能である。

さらには，同じ関節可動域を広げる運動をしても，陸上ではアウターマッスルが使われるのに対し，水中ではアウターマッスルの活動は30％程度に減少し，相対的にインナーマッスルを鍛えることができる。

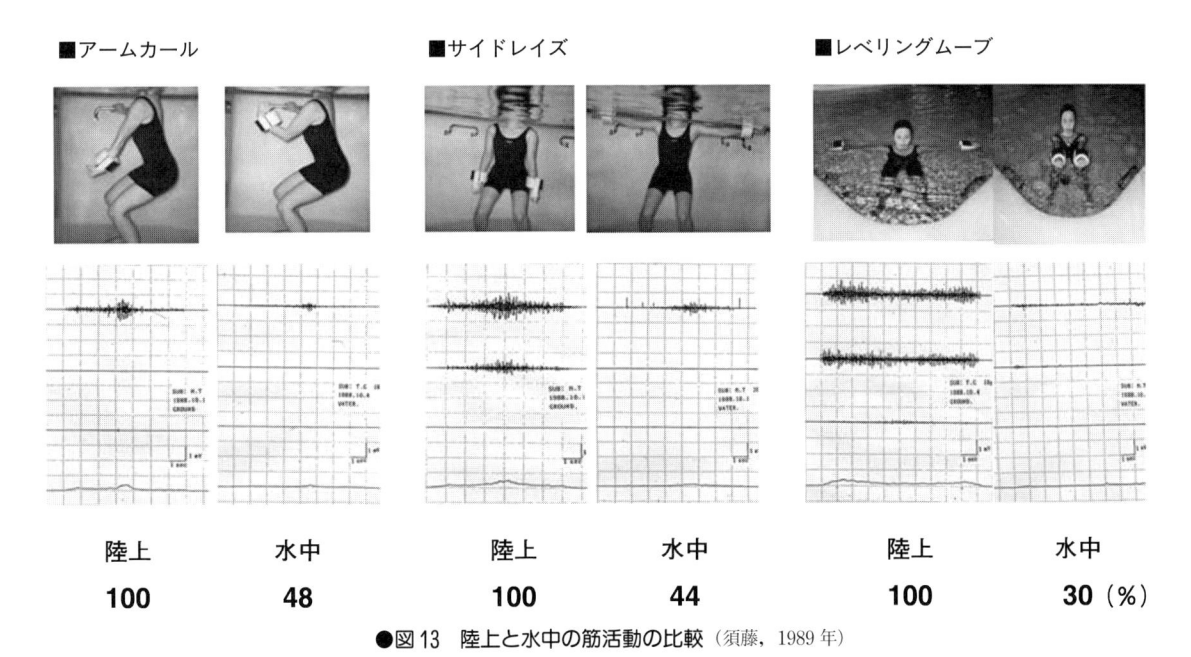

■アームカール　　　　　　　■サイドレイズ　　　　　　　■レベリングムーブ

陸上	水中	陸上	水中	陸上	水中
100	48	100	44	100	30（％）

●図13　陸上と水中の筋活動の比較（須藤，1989年）

2　抵抗の生理学的特性

(1)　抵抗と粘性

　水の抵抗は，その液体の粘性に大きく影響を受ける。つまり，粘性が高い液体では抵抗が大きく，粘性が低い液体では抵抗が小さくなる。また，粘性は，熱伝導率とも大きな関係があり，粘性が大きいと保温力が高く，粘性が小さいと保温力も小さい。つまり，温泉や何か物質が混ざっている液体では，抵抗が大きいうえに保温効果が高いために疲れやすい。

　前出のように，流体中を進行する物体の抵抗は，以下のようにあらわすことができる。

$$R = 1/2\, \rho C S V^2$$

（R:抵抗力，ρ:流体の密度，C:抵抗係数，S:投射性面積，V:速度）

　つまり，水の抵抗Rは，水の密度ロー（ρ）と比例関係にあるので，運動形態に影響されずに抵抗を増減させることができるパラメーターである。抵抗係数は，先が細い物ほど，抵抗値が低下するので，図6右上図（p.26）のように両手を前で合わせるだけで歩きやすくなる。横向きに歩いても負荷の軽減は可能なので，ウォーキングのバリエーションを考えるのに参考になろう。

(2)　水中ウォーキングと水抵抗

　日本では水中ウォーキングは，減量を目的とした有酸素性運動として行われることが多いが，ドイツなどでは，股関節などを大きく動かすために行われることが多い。またアメリカでは，下肢に起因した障害の治療の一環として，ディープウォーターエクササイズとして，荷重負荷を軽減させた状態で筋力トレーニングが行われている。

　水中ウォーキングの筋活動を観察した研究結果

から，水中ウォーキング時は，足を上にあげるために使う筋肉である腿の筋肉（大腿四頭筋・腸腰筋）やすねの筋肉（前脛骨筋）を多く使うことがわかっている。

また，水深が深くなると，ふくらはぎの筋肉（ヒラメ筋・腓腹筋）は，重力負荷が軽減されることから，特に着地時に筋活動が少なくなる。フォームを崩すことなく歩ける速度は1分間に25～50 m と言われている。特に，前脛骨筋を鍛えることは，足関節の屈曲に役立つ筋肉なので転倒予防に効果的であると考えられる。

また，近年，老化に伴い大腿四頭筋群の衰え，腸腰筋の衰えによる歩幅の減少といった現象が報告されていることからも，これらの水中ウォーキングは効果的である。プール環境の特質に合わせた目的を設定し，水中ウォーキングの多彩なプログラムを構成するようにする（図14）。

◎どれくらいの速度で歩けばよいのか？

ゆっくりペース 30 m/分	酸素摂取量 9～12 mℓ/kg・分	心拍数 80拍/分	RPE 非常に楽
はやいペース 40 m/分	酸素摂取量 12～18 mℓ/kg・分	心拍数 110拍/分	RPE ややきつい

◎どれくらいの消費カロリーがあるのか？
（体重60 kg，60分，酸素摂取量1ℓあたり5 kcal）

ゆっくりペース 30 m/分	消費カロリー 162 kcal	METS 2.5
はやいペース 40 m/分	消費カロリー 324 kcal	METS 5

METS〔安静時の状態（座位）を1 METS（3.5 mℓ/kg/min）として運動強度を表すもの〕

RPE〔主観的運動強度。運動中の負荷を主観的に感じられた強度を表すもの〕

●図14──効果的な水中ウォーキング（須藤，1999年）

3 水圧の生理学的特性

(1) 静脈帰環流の増大と水圧

陸上で立位姿勢をとると，約100 mmHgの静水力学的圧差が心臓と下肢との間に生じ，血液が下肢へと貯留する。下肢の静脈に貯留した血液は，静脈還流を阻害し，1回拍出量，ひいては心拍出量の減少を引き起こし，血圧の低下を招く。血圧が一定レベルより低下すると脳血流量を十分に確保することができなくなるため，抗重力姿勢に起因する血圧低下への循環調節反応が作用する。

血圧は，心拍出量（1回拍出量×心拍数）と末梢血管抵抗により決定される。抗重力姿勢によって血圧が低下すると，動脈内の圧受容器が抑制され，交感神経心臓枝および血管収縮線維のインパルスが増大し，心拍数が増大して1回拍出量の不足を補い，血管が収縮して末梢血管抵抗を増大させ，血圧の上昇（回復）をもたらす。

このような抗重力姿勢における循環調節能力は，陸で生活する人間に備わった適応能力であり，重要な血圧調節機構である。

一方，水中環境では，ヒトが水の中に体を入れると水圧の影響により，静脈の還流が増大し，1回心拍出量が増加し，心拍数が減少する。その静脈帰還流の増大は，圧・伸展受容器により感受され，心房性 Na 利尿ペプチドの分泌が促進され，腎の輸入細動脈からはレニン分泌が抑制され，中枢神経系からはバゾプレッシンの分泌が抑制される。そして，腎臓では循環血漿量の低下を促すため尿量の増加および尿中 Na 排泄の増加をもたらす。特に，レニン分泌の抑制作用は，強力な血管収縮作用を有するアンギオテンシンIIや副腎皮質

からのアルドステロンの分泌を抑制する。

　これらのことから，水中では血管が拡張傾向にあると考えられるが，温度や水位などの環境の違いや，個人差，特に年齢などに左右され，浸漬時の血圧値についてはさまざまな報告がなされているのが現状である。しかし，浸漬時の心拍数の減少については，水温30〜36℃の領域にほぼ一致している。また，須藤らはレーザー組織血液酸素モニターを用いて，健常・若年者の剣状突起水位・直立姿勢での大腿部の筋組織血液動態の観察を行ったが，この結果，水圧の影響により脱酸素化ヘモグロビン（HbD）の減少程度は陸上背臥位と類似していることがわかっている（図15）。

　また，浸漬時の個人差による反応を考慮するため，心拍変動を観察し，最低値を30秒間記録した時の血圧および筋組織血液動態を観察したところ，高齢の高血圧者では入水後1分20秒〜2分10秒，大学生の健常者では1分〜1分30秒後に心拍数が最低値を記録し，血圧も陸上座位安静時より低値となった（表2，3）。

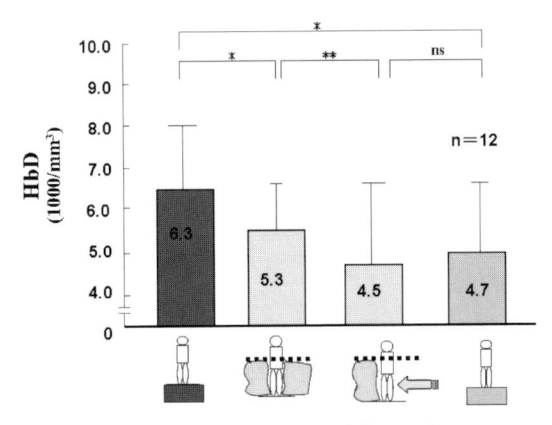

（*$p<0.05$，**$p<0.01$，ns 有意でない）

●図15──脱酸素化ヘモグロビン（HbD）の変化
（須藤，2007年）

4　水温の生理学的特性

(1) 伝導・対流

　生体の熱産生と生体からの熱放散は等しくなるように調節され，その結果，ヒトの生体内部の温度（核心温度）は一定に保たれている。熱産生は，主に脳・肝臓・腎臓・消化器などで行われ，運動時には，その運動の強度に応じて筋による熱産生が行われる。体内で産生された熱は，体表面に運ばれ，放射・伝導・対流・蒸発により皮膚や気道から放散される。

　この熱放散は，皮膚温と環境温度の差により決定し，室温が36℃の時では0となる。体の反応は，常に省エネルギーで体温を一定に保つことを目的としているので，室温が上がると熱を吸収し，室温が下がると熱放散が多くなる。

　水中は，熱伝導率が空気中の約25倍なので，陸上に比べて熱が奪われやすく熱しやすい。

　ヒトの皮膚には，約40℃で検出される温点と約15℃で検出される冷点がある。顔面や手・指などには，温点と冷点が存在し，面積の大きい背や腹，脚などには冷点が存在している。温度の感覚については，一般的に30℃から36℃を無感帯（comfort）と言い，この温度範囲であれば順応が起こり，36℃以上または30℃未満ではそれぞれ温かさや寒さを感じると言われる。また，皮膚温が45℃以上になると熱痛，15℃以下になると冷痛を感じると言われる。

(2) 体温調節反射

　不感温度領域（34.5〜35.5℃）では，リラクセーションプログラムや負荷の低い運動形態も実施でき，副交感神経系の亢進により，心拍数の減

●表2──血圧の正常群における陸上椅座位と剣状突起水位での直立時の心拍数と血圧の比較

	(n=11)		陸上・椅座位			水中・剣状突起水位での直立姿勢		
	性別 (Male/Female)	年齢 (歳)	心拍数 (拍/分)	収縮期 血圧 (mmHg)	拡張期 血圧 (mmHg)	心拍数 (拍/分)	収縮期 血圧 (mmHg)	拡張期 血圧 (mmHg)
O.K.	F	60	66	135	68	61	110	60
Y.Y.	M	55	70	139	87	66	128	80
M.NO.	M	44	69	124	77	61	106	60
A.K.	F	29	85	130	84	74	124	77
K.M.	F	26	64	114	77	58	113	66
S.C.	F	25	69	114	72	63	104	60
U.M.	F	22	89	110	70	71	109	65
K.TA.	M	20	98	125	83	72	109	61
K.T.	M	19	80	132	76	70	122	73
T.T.	M	16	75	138	87	68	116	62
K.U.	M	16	55	132	88	52	115	52
		30.2±15.6	74.5±12.4	126.6±10.1	79.0±7.2	65.1±6.7**	114.2±7.7**	65.1±8.4**

Values are means and S. D.,. **p<0.01vs. on the ground and in the water

(須藤, 2001年)

●表3──高血圧群における陸上椅座位と剣状突起水位での直立時の心拍数と血圧の比較

	(n=9)		陸上・椅座位			水中・剣状突起水位での直立姿勢		
	性別 (Male/Female)	年齢 (歳)	心拍数 (拍/分)	収縮期 血圧 (mmHg)	拡張期 血圧 (mmHg)	心拍数 (拍/分)	収縮期 血圧 (mmHg)	拡張期 血圧 (mmHg)
M.M.	M	77	85	162	82	83	152	81
M.S.	M	73	66	157	67	66	140	57
H.T.	M	64	75	156	81	71	124	70
H.Y.	F	55	81	144	84	67	120	68
N.T.	M	53	78	136	97	88	132	78
M.N.	M	52	88	146	92	82	116	63
T.TA.	M	52	52	188	99	44	167	75
O.A.	M	45	90	142	102	82	136	90
M.H.	M	17	76	139	92	61	116	61
		54.2±17.5	76.8±11.8	152.2±16.1	88.4±11.0	71.6±13.9*	133.7±17.3**(†)	71.5±10.6**

Values are means and S. D.,. *p<0.05, **p<0.01vs. on the ground and in the water
(†)p<0.01vs. normal group (table. 2) and hypertension group

(須藤, 2001年)

少, 血管の拡張, 筋緊張の低下などの順応が起きる.

冷刺激では, 一般的に胸や背など面積の広い部分の冷受容器からの情報が脊髄を通って視床を介して大脳皮質感覚野に伝えられ, 冷覚を起こし, 視床下部の体温調節中枢に伝えられる (求心路). その結果交感神経が刺激され, 神経末端からノルアドレナリンが放出され, α1受容体に結合する

と皮膚の血管および立毛筋を収縮させる。また，副腎髄質支配の交感神経も興奮し，副腎髄質よりカテコールアミン（アドレナリン約80％，ノルアドレナリン約20％）が放出され，骨格筋や肝臓の血管を拡張させ熱産生を促進する。

同時に，視床下部からTRH（甲状腺刺激ホルモン放出ホルモン）が高濃度で下垂体前葉に分泌され，下垂体前葉からTSH（甲状腺刺激ホルモン）が分泌され，甲状腺受容体に結合し甲状腺ホルモン（L-T4：L-サイロキシン，L-T3：L-トリヨードサイロニン）を分泌して，代謝を亢進し熱産生を増加させる（遠心路）。この時，ノルアドレナリン（ノルエピネフリン）はTRHの分泌を促進させ，ドーパミンは抑制的に作用する。また，同時に体性運動神経系の運動神経が興奮し骨格筋の収縮（ふるえ）による熱産生も起こる（遠心路）。このように冷刺激に対しては，熱産生の促進と熱放出の抑制が起こり，体温の低下を防いでいる。

さらに，顔の表情をつくる筋肉や味覚，唾液の分泌に関係している顔面神経（副交感神経）や歯の感覚を担っている三叉神経（眼神経・下顎神経・上顎神経）に冷たい水がかかるなどの刺激が与えられると，その刺激は延髄を伝わり副交感神経を促進し，血管の拡張・心拍数の低下・心収縮力の低下・心拍出量の減少を引き起こす。

温刺激では，皮膚の温受容器からの情報が視床を介して大脳皮質感覚野に伝えられ，温覚を起こし，その情報は視床下部の体温調節中枢に伝えられる。また，体内調節中枢神経自体も深部温の上昇を察知する（求心路）。その結果，交感神経よりアセチルコリンが分泌され，ムスカリン様受容体と結合して発汗を起こし，皮膚の血管を拡張して熱放散を促進する。

同様に，甲状腺ホルモン分泌の減少により熱産生を抑制する。また，温覚刺激により下垂体後葉からバゾプレッシン（抗利尿ホルモン）が分泌促進され，腎臓の集合管に作用して水の再吸収を促進し，尿量を減少させる。そして，同時に体性運動神経系の抑制により運動低下を起こす（遠心路）。このように温刺激は，熱産生の抑制と熱放出の促進により，体温の上昇を防いでいる。

また，バゾプレッシンの分泌は心肺部圧受容器からの刺激により調節されている。水中に入ると，静水圧の影響から静脈の還流が増大し体幹の血流量が増加するので，それを心肺部圧受容器が感受することにより，バゾプレッシンの分泌が抑制され，この結果尿量を増やして循環血漿量を減らしている。

このことから，ヒトが水に入った場合，高温刺激によるバゾプレッシンの分泌促進による尿量の減少か，静水圧の心肺部圧の刺激によるバゾプレッシンの分泌抑制による尿量の増加のいずれかを招くが，刺激の程度により分泌反応が異なってくるようである。

ちなみに，横になっていた人が立ち上がるだけで血漿のバゾプレッシン濃度は8倍になると言われている。つまり，逆に言えば横になるだけで尿意をもよおすことになる。

(3) 水温と水圧の影響

オ・ハラ（O'Hara）ら，ノースク（Norsk）ら，ラーセン（Lasen）らは，不感温度領域（35℃）前後の頸部水位での長時間（2〜4時間）の入水では，ノルアドリナリン（ノルエピエフリン）・アドレナリン（エピネフリン）のカテコールアミン濃度が減少するという結果を得て，交感神経が抑制されていることを報告している。ま

た，阿岸は，不感温度より低い25℃と不感温度より高い42℃で，尿中カテコールアミン濃度の減少にともない，血漿レニン活性の低下，アルドステロン濃度の低下および尿Na排出の上昇を確認している。しかし，ウィス（Weiss）らは，水温33℃で10分間入水し，水圧の影響をなくすために仰臥位（仰向け）の状態で陸上時と比べた結果，血漿レニン活性・アルドステロン濃度・血中カテコールアミン濃度の変化は特に起こらなかったという。

一般に，レニン－アンギオテンシン系において，レニンは腎血流が少なくなったり，尿中のCl⁻またはNa⁺濃度が減少したり，腎臓を支配する交感神経の興奮などにより，腎の傍系球体細胞から血中に分泌され，アンギオテンシノーゲン（レニン基質）の10個のアミノ酸を切断してアンギオテンシン1を産生する。そして，肺などに存在するアンギオテンシン1交換酵素によって末端の2個のアミノ酸を切断してアンギオテンシンIIに変換させる。このアンギオテンシンIIは，強力な血管収縮作用によって血圧を上昇させたり，副腎皮質からアルドステロンを分泌させる。このアルドステロンは，腎の集合管に作用してNa⁺の再吸収とK⁺の排泄を促進する。

逆に，血流量が増加（頸部や胸部レベルの水位で入水）すると，圧・伸展受容器の刺激は，頸動脈洞や大動脈弓を刺激して脳の中枢神経に作用して，副交感神経促進により心拍数の減少，交感神経抑制により血管収縮緩和・血管抵抗の緩和をもたらし，血流量の増大に伴う血圧の増加を減少させるように働く。

また，中枢神経系の刺激によりバゾプレッシン分泌は抑制に働き尿量を増加させ，循環血漿量を低下させる。一方，血流量の増加により心房圧が高くなり，心房が伸展すると心房筋で心房性Na利尿ペプチド（ANP）が合成され，分泌が促進される。このANPは，血管平滑筋の収縮を緩和させることで血圧を低下させるとともに，腎のレニンおよびアルドステロンの分泌を抑制し，腎の輸入細動脈への影響とともに尿中のNa排出量を増加，循環血漿量を低下させて，バゾプレッシンと同様に血圧の上昇を食い止める（図16）。

(4) 水温と心拍数

水温の変化と心拍数の関係をみると，心拍数は30℃で最も低下し，不感温度領域まで陸上値と比較して低値をとる（水浸姿勢：長座位・座位，水位：頸部・腋下）。また，水圧の影響をなくすため半横臥位の姿勢をとり，水位は顎までとした時は，心拍数は32℃が最も低下し，不感温度領域まで陸上時と比較して低値をとる（クラッグら）。また，各水圧における心拍数の変動では，不感温度時は，心拍数は頸部水位より胸部水位の方が低値をとる（ファリら，ラーセンら）。

以上のデータによれば，水温は30℃前後・水位は胸部レベルの時に心拍数は最も低値をとるようである。水温30℃で最も低値をとる理由としては，呼吸数および分時喚気量が30℃の時に最も低値をとるため，この時に心臓副交感神経の促進と心臓交感神経の抑制が一番大きくなるのではないかと推測できる。しかし，心臓副交感神経活動は，むしろ30℃より25℃の方が高いという報告もあり，今後のさらなる検討が必要である。

クラッグらの報告では，心拍数は32℃が最低値をとり，35℃では陸上と同じ，36℃では，陸上より6.3拍多くなっている。また，酸素摂取量の比較では，34～36℃が陸上と同じであり，それより低くても，高くても酸素摂取量は高くなってい

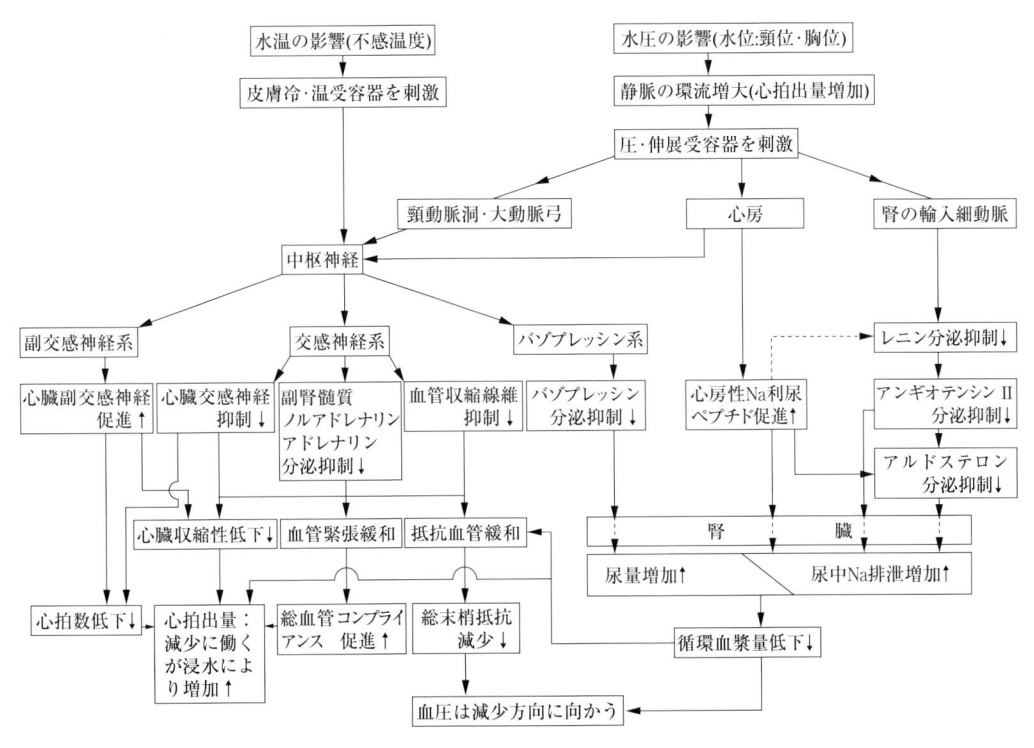

●図16──不感温度時の水圧の影響 （須藤，1999年）

く。これらの結果から，最も酸素摂取量が低く，さらに心拍数が低い値をとる温度は34℃ということになる。

　また，頸部水位より胸部水位がより少ない心拍数になる理由としては，胸部より頸部の方が心拍出量が多く，呼吸機能における酸素運搬能においてクロージングボリュームの増大による機能的残気量の低下，それに伴う肺胞—PaO_2 較差の増大による結果，血中酸素濃度の低下により，促進中枢を刺激して胸部水位より頸部水位の方がより高値をとったのではないかと推測できる。

　また，胸部水位と頸部水位の安静座位での酸素摂取量では，頸部水位の方が多いことから，頸部水位の方が腹壁や胸郭への加圧による影響が大きいために心拍数が増加したと考えられる。また，頸部までの浸水により冷刺激の皮膚面積が増大して交感神経が促進する可能性もある。

3 水中運動による身体的応答

1 エネルギー代謝

(1) エネルギー代謝とエネルギー消費量

代謝には，物質代謝とエネルギー代謝がある。物質代謝とは生体内の物質の分解や合成のことをいい，エネルギー代謝とは筋収縮（外的仕事）やそれに伴う熱の発生のことを言う。ここでは，エネルギー代謝について述べる。

水泳や水中歩行を行った時，その一定時間に消費したエネルギー量をエネルギー消費量と言う。エネルギー消費量は，酸素摂取量から算出される。その時の消費カロリーは，酸素1ℓあたり4.85 kcalの熱量を発生するものとして概算される。生体エネルギーは，ATPの分解によってもたらされる。ATP分解のエネルギー源は，糖質と脂肪である。軽〜中等度の運動では脂肪が主なエネルギー源となり，高強度の運動では糖質が主なエネルギー源となる。

(2) 水中運動の動作とエネルギー代謝

水は粘性抵抗を持っているため，水中ではどの方向に体を動かしても必ず負荷がかかる。立位から上下，左右，前後に体を移動した時の心拍数と酸素摂取量からみると，上下，左右，前後の順にエネルギー代謝が有意に増大する。移動方向への体の断面積が大きくなる順に増大すると考えれば，水の粘性抵抗による影響であることが理解できる。上下の動作は，浮力の影響も加わり，この3方向の中では，最もエネルギー代謝が少ない。

図17〜19は水中運動の動作と心拍数，心拍数から推測した酸素摂取量の関係を示している（女性，高齢者）。水中運動の動作は，3つの範疇（導入，主運動，クーリングダウン）から構成される。特に主運動は，アクアダンベル（水に浮くダンベル）を用いた時のエネルギー代謝を目安として示した。

動作の種類と運動強度の関係をみると，前後左右への移動，回旋，ジャンプ，水中ジョギング，これらを組み合わせた動作の順に運動強度が高くなる。移動を伴わない上下，ストレッチングは運動強度が低い。

(3) エネルギー消費量と曲の拍子

いわゆるアクアビクス（アクアダンス）の基本的な動作は，上下，左右，前後の3つから構成されている。図20（p.48）は，上下・左右動作時の曲の拍子（ビート）とエネルギー消費量（酸素摂取量）の変化を示している。曲の拍子（ビート・リズム・テンポ）が速くなるとエネルギー消費量も有意に増加することから，曲の拍子を運動強度の指標として活用できる。動きの速さは，水の粘性抵抗を利用して変化させており，身近な指標として利用することができる。

曲の拍子の範囲は，LARGO（ラルゴ，40〜60），LARGHETTO（ラルゲット，60〜66），ADAGIO（アダージョ，66〜76），ANDANTE（アンダンテ，76〜108），MODERATO（モデラート，108〜120）に相当する。その集団にふさわしい曲の拍子を設定するようにする。

●図17——水中運動(導入)における動作と心拍数および心拍数から推測した酸素摂取量

水中運動(動作)	心拍数 (bpm)	酸素摂取量 (ℓ/m)	動作
首の回旋	61	0.22	
屈伸 (スクワット)	105	0.77	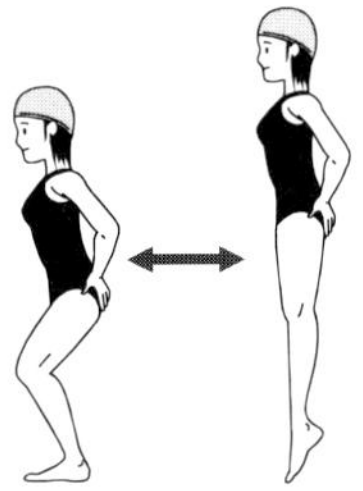
アキレス腱伸ばし	87	0.51	
屈伸＋腕の回旋	90	0.59	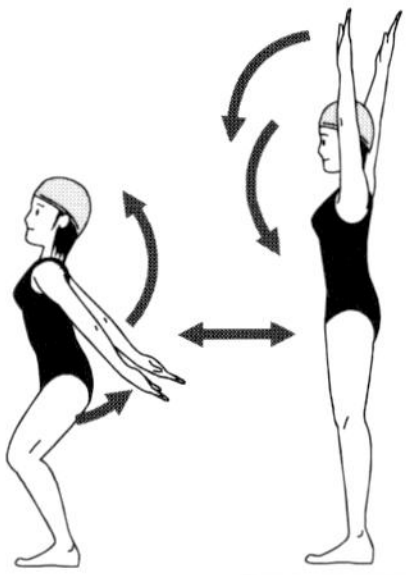
横への移動＋ 平泳ぎの掻き	96	0.67	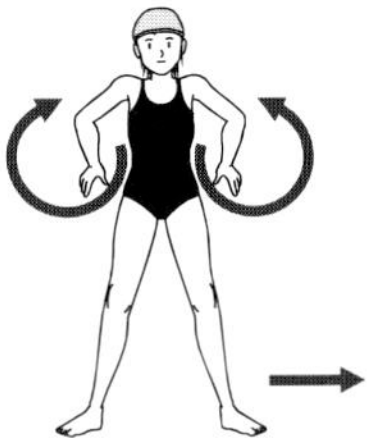

水中運動（動作）	心拍数 (bpm)	酸素摂取量 (ℓ/m)	動作
歩行（ウォーキング）	98	0.69	
サイドステップスイングアップ	119	0.91	
ジャンプ（バニーホップ）	105	0.77	
駆け足（ジョガーナウト）	105	0.77	
開閉ジャンプ	105	0.77	

水中運動(動作)	心拍数 (bpm)	酸素摂取量 (ℓ/m)	動作
ケービルホイール	105	0.77	ウォーキングで前進
横へのステップ	92	0.61	
ハーフムーン	92	0.61	
手を広げてジャンプ	105	0.77	
もも上げ (ワンレッグホップ)	87	0.51	

●図18──水中運動（主運動）における動作と心拍数および心拍数から推測した酸素摂取量

水中運動(主運動)	心拍数 (bpm)	酸素摂取量 (ℓ/m)	動作
下に押す ＊ダンベルは横向きに持つ	67	0.25	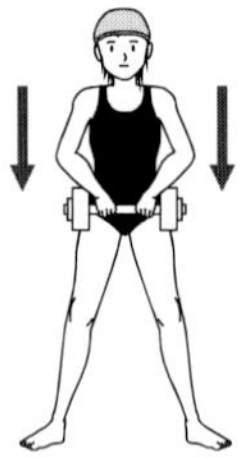
左右にひねる	67	0.25	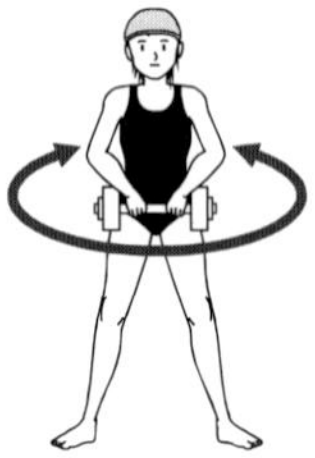
前に押す	67	0.25	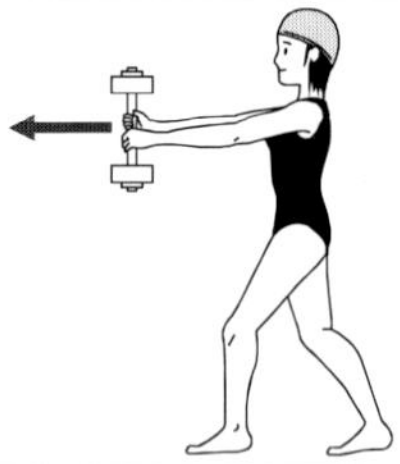
ケービルホイール	91	0.60	
下に押す ＊ダンベルは縦向きに持つ	96	0.60	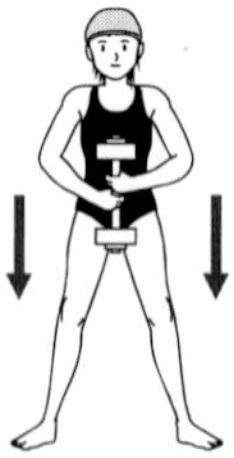

水中運動（主運動）	心拍数 (bpm)	酸素摂取量 (ℓ/m)	動作
歩行 （ウォーキング）	91	0.60	
腕の曲げ伸ばし ＊片手で持つ	80	0.39	
手首の回旋	82	0.42	
スイング	82	0.42	
ジャンプ ＊ダンベルは横向き 　に持つ	98	0.51	

水中運動(主運動)	心拍数 (bpm)	酸素摂取量 (ℓ/m)	動作
下に押す ＊片手で持つ	92	0.61	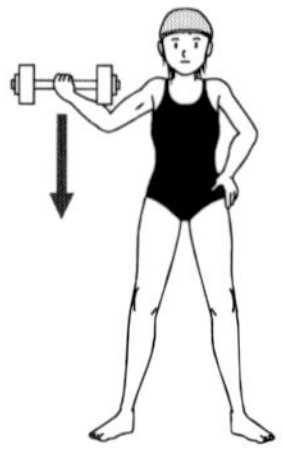
8の字まわし ＊ダンベルは横向きに持つ	84	0.48	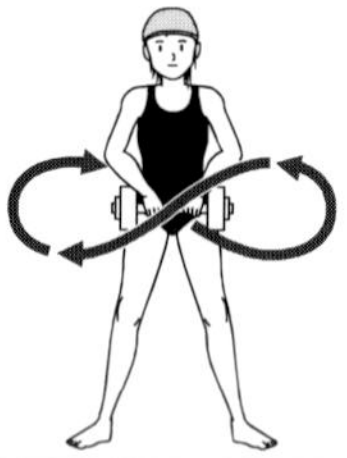

●図19――水中運動（クーリングダウン）における動作と心拍数および心拍数から推測した酸素摂取量

クーリングダウン	心拍数 (bpm)	酸素摂取量 (ℓ/m)	動作
深呼吸	70	0.33	
首の回旋	70	0.33	
アキレス腱伸ばし	70	0.33	

3 水中運動による身体的応答　47

クーリングダウン	心拍数 (bpm)	酸素摂取量 (ℓ/m)	動作
足のストレッチ	90	0.59	
スイング	67	0.25	
背伸び	67	0.25	
肩の回旋	67	0.25	
手首・足首の回旋	67	0.25	

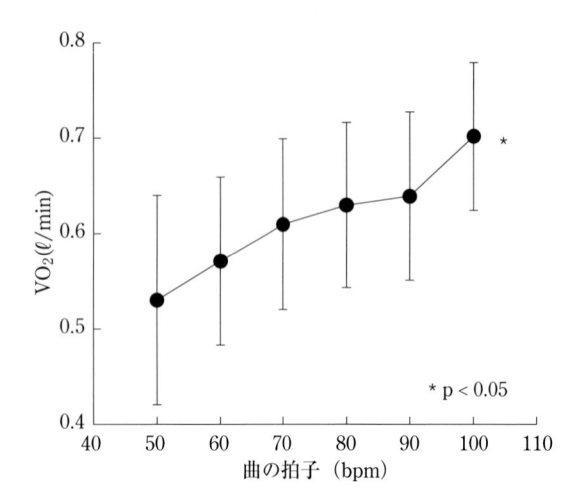

●図20――エネルギー消費量と曲の拍子（星島葉子他『水中運動科学』3，2000年）

2 呼吸機能

(1) 呼吸器系の構成と機能

呼吸器系は，気道・肺・呼吸筋から構成され，全身の器官に酸素を取り込む役割を果たしている。

呼吸筋は，肋間筋と横隔膜で構成されている。呼吸は，無意識に行われるが，意識的にコントロールすることも可能である。

呼吸筋が胸腔を広げることにより息を吸う。筋が弛緩すると自然に息を吐き出す。腹式呼吸では横隔膜が，胸式呼吸では肋間筋が主に働く。

呼吸の重要な役割（機能）は，酸素の取り込みと二酸化炭素の排出（ガス交換）である。酸素は，赤血球（ヘモグロビン）と強く結びつき，全身に運搬される。

呼吸機能は，呼吸の量に関する項目（肺活量，分時換気量）や肺と動脈血に関する項目（動脈血酸素飽和度）を指標にして評価される。動脈血に含まれる酸素の割合を動脈血酸素飽和度という。健常成人の動脈血酸素飽和度は，97〜99％である。近年，非侵襲的（体を傷つけることなし）に継続して測定することができる機器（パルスオキシメーター）が開発され，活用されるようになっている。

(2) 水中運動と呼吸機能

体が胸部まで浸水すると胸郭が圧迫されるため，胸囲がわずかに減少する。鎖骨下まで浸水すると肺活量が9％減少する。

水圧は，水面から1mの深さになると0.1気圧増加する。また，うつ伏せで泳ぐ時（体が30〜50cmの深さになる時），0.03〜0.05気圧増加する。つまり，吸気（息を吸う時）には陸上よりも大きなエネルギーを使うことになる。水中運動での呼吸は，陸上でのそれに比較して呼吸筋の活動が増加する。このことを活用して呼吸筋を鍛えるプログラムを組み入れることが可能である。

高強度運動時の最大換気量を陸上と水中で比較すると，水中の方が低い。また頸部位まで水に浸かると1回換気量が低下する。水位が剣状突起であれば，1回換気量の低下の傾向は弱まる。そのため，高強度の水中運動を行う際には，剣状突起を超えない水位がよい。

図21は平泳ぎの際のスピードと呼吸圧の変化を示している。吸息期（息を吸う時）の圧力は，呼息（息を吐く時）の圧力よりも大きく，また，水泳スピードが速くなるに従って圧が小さくなる。また，浅いところよりも深いところの呼吸圧の方が小さい。

水泳スピードと水位が呼吸機能に直接影響していることは，小さな子どもや高齢者へ配慮するうえでも念頭においておく。

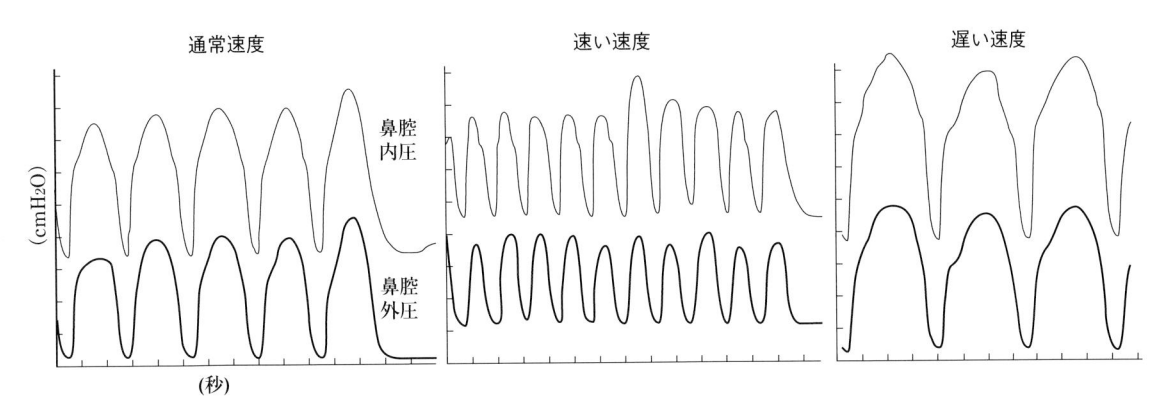

●図21──平泳ぎ時の水泳スピードと呼吸圧の変化（H. Hara；Biomechanics and Medicine in swimming IX 63-67 2003年）

(3) 水中運動と顔面反射

　表4は，水中座禅（妊婦水泳のプログラムの1つ）を行った時の心拍数変化を示している。水中座禅は，息をこらえたまま座禅を組んだ状態で肩を押してもらい，水中に留まるプログラムである。水中座禅を行うと，心拍数の低下と血圧の上昇が起こり，これは顔面反射が生じた状態に似ている。心拍数低下と血圧上昇の個人差は大きいので，事前に顔面反射（息を止めて洗面器に顔をつけた時の心拍数の変化）で個々の変化を観察するとよい。

3 循環機能

(1) 循環系の構成と働き

　循環系は，心臓と血管から構成されている。心臓は血液を送り出すポンプに，血管は血液の輸送パイプに例えると理解しやすい。赤血球（ヘモグロビン）は，肺で酸素を受け取り，酸素飽和度が100％に近い状態で動脈に駆出（血液が心臓から送り出されること）される。血液は，脳，骨格筋などに酸素を供給した後，静脈を経て心臓に戻される。一連の血液の流れを循環と言い，その流れ

●表4──水中座禅と心拍数の変化（拍/分）

	Y.T.	N.I.	Y.H.	R.O.	Y.W.	T.M.	M.H.
陸上安静	70	54	59	65	63	58	69
水中安静	63	51	60	61	64	53	70
（1回目） 0秒	80	59	65	80	85	65	91
10秒	62	49	71	72	75	59	89
20秒	59	45	58	62	63	52	75
30秒	50	43	55	60	58	52	60
40秒	50	44	42	64	60	55	64
50秒	54	43	49		64	61	68
60秒	56	47	52		64		67
（2回目） 0秒	65	65	58	74	75	63	72
10秒	61	47	55	69	70	60	67
20秒	48	45	53	68	61	45	61
30秒	53	43	51	67	59	52	58
40秒	58	42	48	69	62	55	57
50秒	63	47	52	69	62	59	61
60秒	56		54		65	57	57

を司っている働きを循環機能と言う。

(2) 水中立位時の心拍数変化

　水中では，心拍数が陸上よりも少ない（表5）。

● 表5 ── 陸上立位と水中立位で比較した若年者と高齢者の心拍数の変化

	時間(分)	陸上条件 心拍数(拍/分)	水中条件 心拍数(拍/分)
若年群 (n=9)	0	60±10.8	58±10.4
	5	59± 9.5	57± 9.6
	10	57± 8.3	56± 8.2
	15	60± 9.5	57± 7.3
高齢群 (n=13)	0	70±14.1	65±10.4
	5	67±12.1	64± 8.8
	10	68± 8.0	61± 6.4
	15	66± 9.3	64± 9.3

● 表6 ── 陸上立位と水中立位で比較した若年者と高齢者の血圧変化

	時間(分)	陸上条件 血圧(mmHg)	水中条件 血圧(mmHg)
若年群 (n=9)	0	116±11.4/70± 7.4	111±14.0/71± 9.4
	5	118± 8.2/68± 6.3	109±10.2/65±11.1
	10	120±12.6/76± 7.8	104±11.4/64±10.5*
	15	118±11.8/72± 7.4	107±12.0/67± 9.0
高齢群 (n=13)	0	123±16.7/83±15.5	134±15.1/76±12.1
	5	121±16.0/82±15.6	133±14.3/78±15.9
	10	128±20.8/83±16.3	144±13.7/78±14.5*
	15	125±22.2/85±15.8	135±12.5/76±15.4

($*$ $p<0.05$)

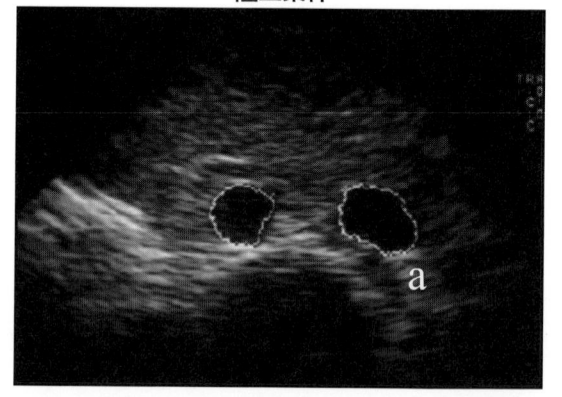

これは若年者だけでなく高齢者も同じ傾向であり,男性・女性で比較しても同じ傾向を示す。温水プール(30℃)に入ると,数十秒のうちにこの現象がみられる。心拍数が減少するのは,水圧が静脈に作用して静脈血の流れがよくなるためである(静脈還流の促進)。

(3) 水中立位時の血圧変化(表6)

若年者の血圧は,陸上立位時より水中立位時に低くなる。一方,高齢者の血圧は,陸上立位時より水中立位時に高くなり,若年者とは逆の傾向である。これは,血管弾性の加齢変化などと関連すると考えられるが,理由は明確ではない。しかしながら,高齢者が対象のプログラムを行う際には血圧のチェックをすることがのぞましい。

(4) 水位と静脈還流の増減

静脈還流の増減は,水圧に依存するので水位が増大すれば静脈還流が促進される。逆に水位が減少した時には,静脈還流は抑制される。図22は陸上と水中における腹部大動脈の横断面積の変化を示したものである。また図23は水位は静脈還流量の変化(腹部大静脈横断面積を指標にした)

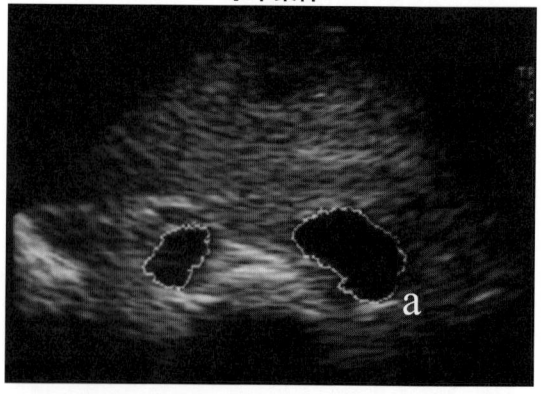

● 図22 ── 陸上と水中の立位で比較した腹部大静脈の横断面積(a:腹部大静脈)

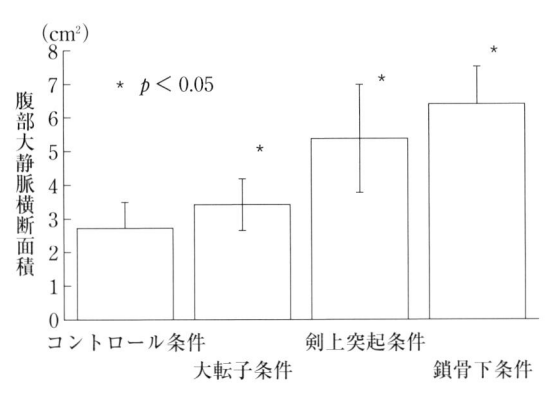

●図23──水位による腹部大静脈横断面積の変化
(S. Onodera et al.; J. Gravit. Physiol. 2001年)

を示している。

4 体温調節機能

(1) 恒常性と体温調節機能

　水中運動に用いられる水温は，おおむね30～32°Cである。この範囲の水温は，体温よりも低いので体熱が水に奪われていく。特に水は，熱伝導率が高い（熱を伝えやすい性質：空気の20倍以上）ので，水温が体温よりも低いと，短時間に体温が低下する。このような環境に置かれた時に体温調節機能が作動し，体温が低下しないようにエネルギー代謝を増加させ，体温を維持させている。つまり，自ら熱を作って体温の低下を防ぐように体温調節機能が働く。

　一連の対応は，生体の持つ恒常性によるものである。代表的な例は，寒い時の「ふるえ（シバリング：shivering）」などである。

(2) 浸水（仰臥位）時の直腸温の変化

　図24は，水温30°Cにおける浸水（仰臥位）時の直腸温の変化（47歳男性，体脂肪率：24％）を示している。浸水10分までは直腸温に変化が

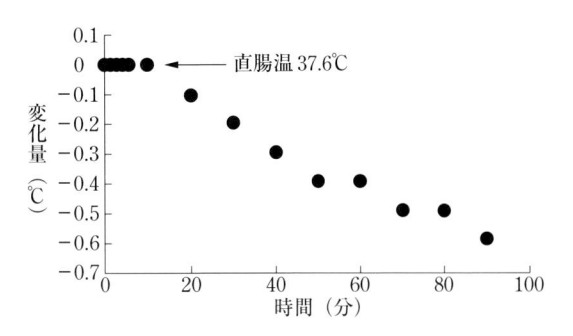

●図24──時間経過における直腸温の変化

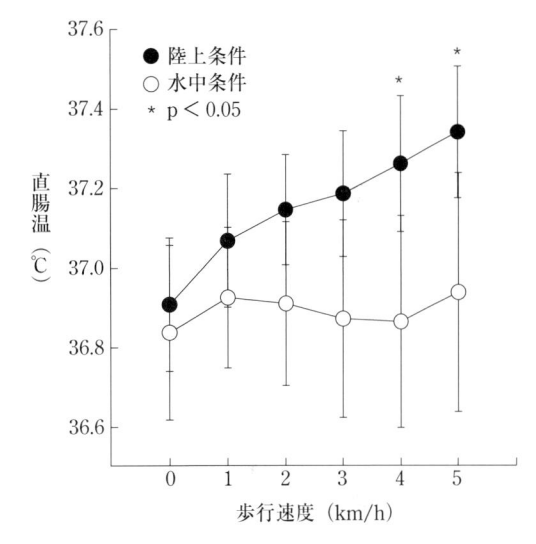

●図25──水中と陸上で比較したトレッドミル歩行における歩行速度と直腸温の関係

見られないが，浸水10分後からは低下傾向にあり，40分後には0.5°Cの低下となる。運動強度が極めて軽度の対象者の場合，ジャグジー等を活用し，体温低下の防止に配慮する必要がある。

(3) 水中と陸上で比較したトレッドミル歩行時の直腸温変化

　図25は，水中と陸上で比較したトレッドミル歩行時の直腸温変化である。水温30°Cでの水中歩行での直腸温は，ほとんど変化なく推移してい

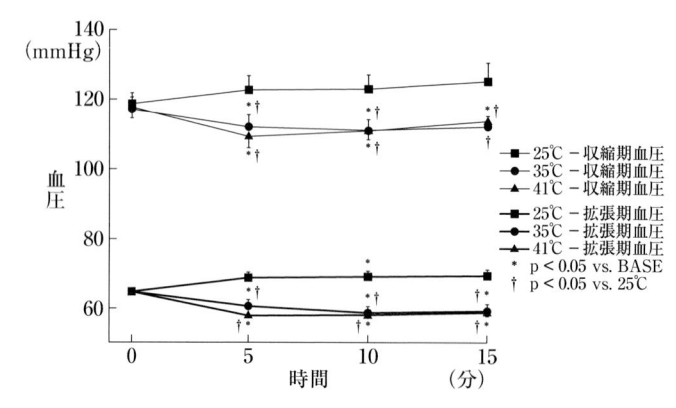

●図26──異なる水温下の浸水（仰臥位）における血圧の変化
（西村正広ら『体力科学』50, 2001年）

る。一方，陸上歩行では，徐々に直腸温が上昇し，歩行速度4km/hから有意な上昇となっている。このことは，水への体温の伝導が運動によって生じた熱も拡散させたことを示している。

(4) 異なる水温と水中歩行

水中トレッドミル歩行（水位：大転子，45分間）を水温22℃と30℃で行い，心拍数，酸素摂取量，直腸温を比較した。心拍数と酸素摂取量はどちらの水温でも上昇したが，特に22℃の時著しく上昇した。一方，直腸温は，30℃では上昇し，22℃では下降した。このような3つの指標の変化は，水温の違いに対して熱を作って体温の低下を防ぐように体温調節機能が働いたことによる。しかしながら，中高年者の体温調節機能は，若年者のようなすばやいものではないので，中高年者が行う水中運動は，水温30℃を下回ることのないようになるべく配慮をする。

(5) 異なる水温と血圧変化

図26は，若年者の，異なる水温下（25℃・35℃・41℃）の浸水（仰臥位，15分間）における血圧の変化を示している。収縮期血圧，拡張期血圧ともに水温25℃の時上昇し，水温35℃と41℃の時下降している。血圧の変化の面からも中高年者が行う水中運動は，水温30℃を下回ることのないようになるべく配慮をする。

5　自律神経系

(1) 自律神経系の構成と働き

自律神経系は，交感神経系と副交感神経系から構成され，体外，体内の状態変化に対応して恒常性を保持するように働いている。つまり環境温の変化に対して体温を一定に保とうとするような仕組みを担っている。このような活動が無意識的に調節されるのが自律神経系の大きな特徴である。一般に自律神経系の活動の増加・減少を「亢進」・「抑制」，活動性が高いことを「優位」と表現する。

交感神経系と副交感神経系は，同一器官において相反する作用（拮抗性支配）をもたらす。交感神経系は，精神的な興奮や運動時に作用し，副交感神経系は，休息や運動終了後に作用する。

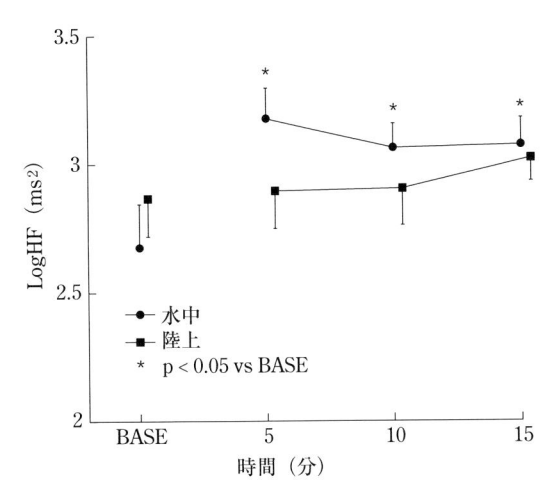

●図27──仰臥位フローティング時の心臓副交感神経活動の変化（西村正広ら『宇宙航空環境医学』37，2000年）

運動時には，心拍数の増大・血圧の上昇・発汗の促進などが生じる。自律神経系は，このような変化に適応するように内分泌系と連携し，運動時に発生した熱や代謝産物を好ましい状態へ移行するように働いている。

(2) 仰臥位フローティングと心臓副交感神経の活動

水中リラクセーションは，通常仰臥位で行われる。図27に仰臥位フローティング（仰向けになって水に浮くこと）時の心臓自律神経系活動の変化を示した。仰臥位フローティングでは心臓副交感神経活動の指標とされるHFがBASE（前値）と比較して増大し，心臓交感神経活動の指標とされるLF/HFが減少する。

実際には，心臓副交感神経が独立して活動するのではなく，交感神経との関連で調節される。心臓副交感神経の活動が亢進した時，心臓交感神経の活動は抑制される。

仰臥位フローティング時には，血圧の抑制と，腎臓での代謝産物の排出が促進される。これは，わずかではあるが腎臓にとって負担が軽減することを意味する。心房性Na利尿ペプチドの増加による作用である。このような点でも水中は，リラクセーション効果をさらに高める手段であると言える。

(3) 水温と心臓自律神経系活動

図28は，異なる水温における浸水（仰臥位）の心臓副交感神経系の活動変化を示している。35℃（中立温・不感温度：水に入った時に寒いと感じない温度）では，ほとんど変化しないが，25℃では亢進し，41℃では抑制される。心拍数は，25℃と41℃の水温で増加することから，不感温度を挟み，異なるしくみでいずれも調整されているようである。ただし，実際には25℃や41℃といった水温で水中運動が行われていることはほとんどない。

なお，心臓副交感神経活動が抑制された状態での高齢者を対象とした運動には，時間的な配慮が必要である。温泉を用いた施設などでの水中運動では，水温と運動時間を考慮したプログラムの作成が必要である。

(4) 運動後の水中回復と自律神経活動の変化

運動後（高強度および中強度自転車エルゴメータ）の水中回復（仰臥位フローティング）は，心臓副交感神経系活動を有意に亢進させる。このことは，運動によって抑制された心臓副交感神経系活動の亢進を示唆する。高強度運動より，中強度運動後の水中回復（仰臥位フローティング）の方が影響を受けやすい（図29）。

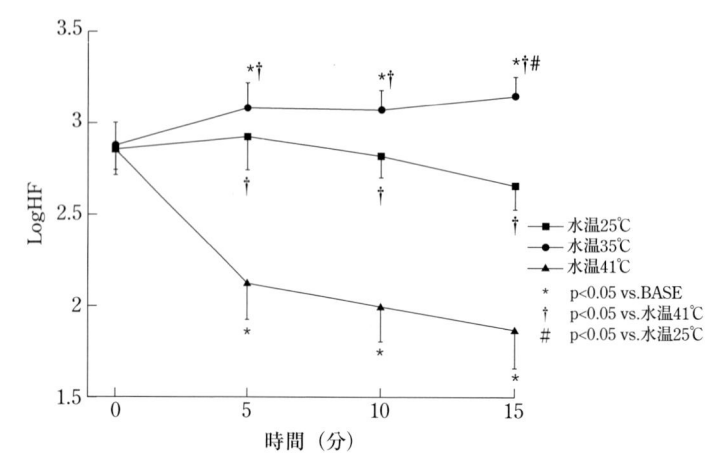

●図28——異なる水温における浸水（仰臥位）の心臓副交感神経系活動の変化（西村正広ら『体力科学』50, 2001年）

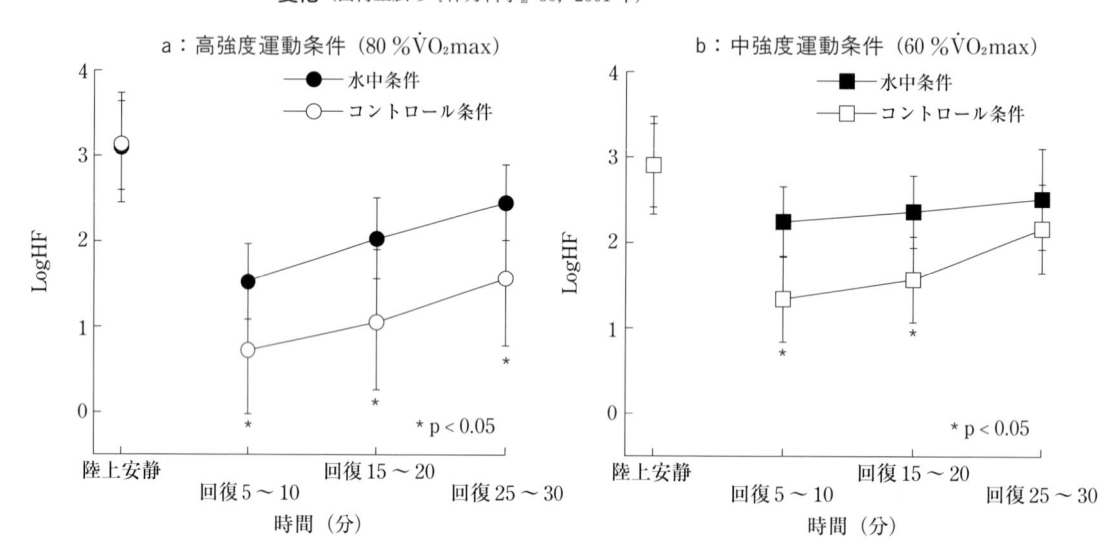

●図29——運動後の仰臥位フローティングと心臓副交感神経活動の変化（西村一樹ら『宇宙航空環境医学』43(1), 2006年）

6　内分泌系

(1) 内分泌系の構成と機能

　唾液，汗などのように導管から皮膚や消化管に分泌されるものを外分泌と言い，導管を持たない腺（内分泌腺）から分泌されるものを内分泌と言う。内分泌腺から分泌される物質をホルモンと言う。

　ホルモンは，内分泌腺から血液に分泌され，全身に運ばれ，特定の器官や組織に働きかけることが特徴である。

　ほとんどのホルモンは，恒常性（身体を取り巻く外部環境が変化しても内部の状態を維持する仕組み：ホメオシタシス）を保つ役割を担っている。たとえば，血糖値が上昇すればインスリンが

●表7――1単位〔＝80 kcal〕運動早見表

水位	年齢層	1 km/h	2 km/h	3 km/h	4 km/h
大転子	若年成人	41分39秒	33分22秒	24分51秒	16分13秒
	中高年者	39分44秒	31分56秒	24分51秒	―
剣状突起	若年成人	62分21秒	49分53秒	37分01秒	33分32秒
	中高年者	52分56秒	42分38秒	30分46秒	20分48秒

(小野くみ子ら『宇宙航空環境医学』43，2006年)

分泌され，血糖値を下げるように働く。血糖値のコントロールは，内分泌によって行われている。

(2) 陸上と水中の比較

浸水時には，尿量や尿中Na排泄量が増加する。水中運動の運動強度が40％ $\dot{V}O_2max$ あるいは6 Mets以下であれば内分泌系抑制と水・電解質排出抑制効果を維持することができる。水中と陸上で最大運動時のデータを比較すると，水中の血漿カテコールアミンの上昇は少ないので，腎臓への負担も少ないものと予測される。

このことから水中運動は，体液貯蔵傾向にある対象者（高血圧症，肥満者）にとって好ましい環境と言える。

(3) 一単位〔80 kcal〕運動早見表

表7は，糖尿病予防などの水中運動を行う目安として作成した一単位〔80 kcal〕運動早見表である。食事療法で用いられている一単位〔80 kcal〕を運動時間に変換している。また，大転子と剣状突起を水位とした時の目標となる時間を示している。

7 水中運動と陸上運動の身体応答の比較

(1) 血圧の応答

図30は，同じ運動強度で比較した若年者の心

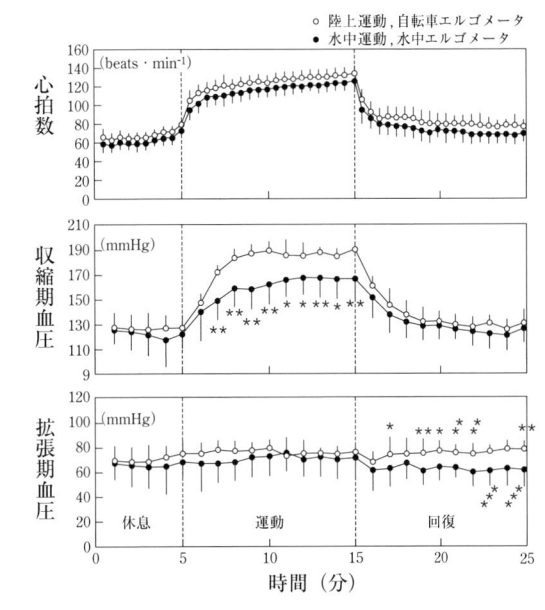

同一運動強度は，酸素摂取量で設定した。
n＝7（mean±SD）

●図30――同一運動強度で比較した若年者の血圧の変化
(Matui T et al；Biomechanics and Medicine in swimming VIII, 1998年)

拍数と血圧の変化を示している。水中運動での収縮期血圧は，有意に低い傾向にある。さらに，水中運動後の拡張期血圧も有意に低い傾向にある。おおむね血圧が正常範囲にある場合は，こういった傾向がみられることが多い。しかしながら，高齢者や血圧が高めの人の場合，必ずしもこのような若年者の変化とは一致しない。その背景として加齢や動脈硬化（動脈伸展性の低下）とそれに関

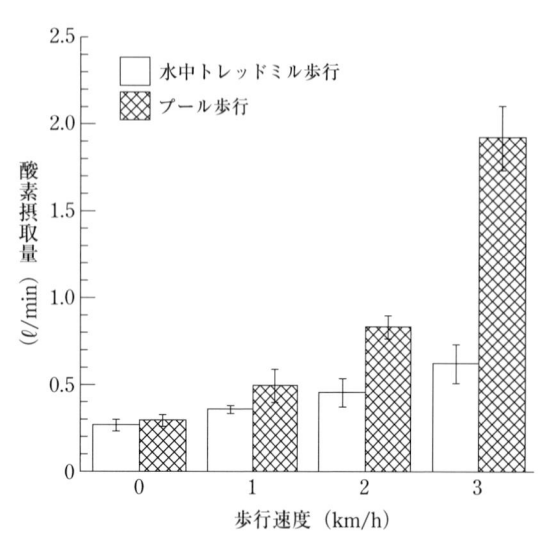

●図31 ──プール歩行時のエネルギー消費量（小野くみ子ら『川崎医療福祉学会誌』14，2006年を改変）

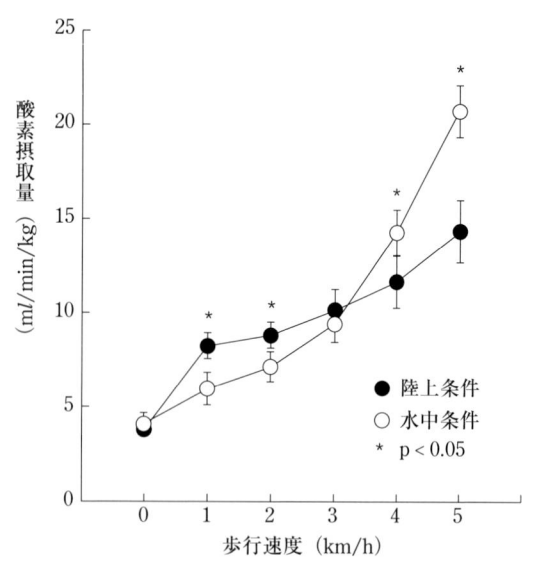

●図32 ──水中と陸上で比較したトレッドミル歩行の歩行速度と対体重酸素摂取量の関係

連した圧反射感受性の変化が考えられる。

(2) プール歩行とエネルギー消費量

プール歩行時のエネルギー消費量は，水位の増大とともに大きくなっていく。この傾向は水中トレッドミル歩行時の水位変化に対するエネルギー代謝量の変化とは異なる。なぜなら，プール歩行時に生じる前方への抵抗は，浮力による負荷体重の減少よりも大きいからである。

水中歩行時のエネルギー消費量（酸素摂取量）は，速度が同じであれば陸上歩行時のエネルギー消費量よりも大きい。どれほどの差があるのかを図31に示した。

陸上では，前方に空気抵抗が発生するが，水中では，水の粘性が抵抗となる。そのため進む方向の体の大きさ（前方の体表面積）に比例して抵抗が大きくなる。また，空気抵抗よりも水の粘性抵抗が大きいことから，同じ速度でも水中歩行のエネルギー消費量は大きくなる。

(3) 陸上歩行と水中歩行の比較

図32は，水中と陸上で比較したトレッドミル歩行の歩行速度と対体重酸素摂取量の関係を示している。水位は大転子，水温は30℃である。歩行速度1km/hと2km/hでは，水中の方が有意に低く，逆に歩行速度4km/hと5km/hでは，陸上の方が低くなる。歩行速度3km/hでは，ほとんど同じである。心拍数も同じ傾向をみせる。

しかし，陸上での歩行速度が3km/hより遅くともエネルギー消費量に有意な減少はみられない。これは重力がかかるためである。一方1km/hと2km/hの水中歩行では，エネルギー消費量は有意に減少する。これは浮力が重力に拮抗するためである。

水中条件の歩行速度4km/hと5km/hでは，下肢の動く速さが増加したため，粘性抵抗も増加し，エネルギー消費量が増加している。

4 水中運動と医学

1 水中運動の禁忌

　水中運動の指導時に，参加者に何らかの障害が発生する可能性は否定できない。施設にはAEDを設置するようにする。特に中高年者の水中運動への参加機会が増加していることから，できる限りの対策を講じるべきである。
　運動の禁忌については，アメリカスポーツ医学協会の提唱する運動負荷試験の禁忌に関するガイドラインを参考にする。

(1) 運動前のチェック（症状・徴候）
　中高年者が対象の場合，水中運動参加者には事前のメディカルチェックが望ましい。指導者は当日の参加者の自覚症状や他覚的所見を注意深くチェックする。表8のような症状・徴候が見られた場合は，運動指導を軽いものにしたり，中止する。

(2) 運動中のチェック（症状・徴候）
　表9のような症状・徴候が運動実施時に増大するようなら，運動を中止する。
　運動を中止しても症状が増大するようであれば専門機関へ移送する。万一，心停止・呼吸停止が生じれば心肺蘇生法を行う。

2 水中運動の適応

(1) 浸水時の負荷体重の変化
　胸部まで浸水すると浮力の影響を受けて負荷体重（水中での体重）が約70％減少する。このような変化を，浸水に対する適応と表現する。
　負荷体重は，アルキメデスの原理に従い，水位の増大とともに減少する。実際に20歳代の女性（5名，体脂肪率約20％）の負荷体重の減少を腰部と胸部（剣状突起）で比較すると腰部が28％減，胸部が87％減であった。
　実際に測定しなくても，各水位における負荷体

●表8——運動前の症状・徴候の例

- 胸痛（締めつけられる）
- 少し動いても息が切れる
- 顔や足がむくんでいる
- 風邪をひいている
- 頭痛
- 発熱
- 腹痛
- 下痢
- 食欲不振
- 二日酔い
- 睡眠不足
- だるい
- 脈拍がいつもより20拍/分以上
- 血圧がいつもより高い

●表9——運動中の症状・徴候の例

- 胸痛
- 強い息切れ
- 呼吸困難
- 頭痛
- めまい
- 吐き気
- 嘔吐
- 強い疲労感
- 冷や汗
- ふらつき
- 足のもつれ
- 動悸
- 痙攣

%体重 縦軸, %身長 横軸のグラフ
$y = 98.9 - 0.12x - 0.012x^2 \ (r = 0.999)$

x＝各部位の身長の相対値
y＝水位に依存した体重の相対値

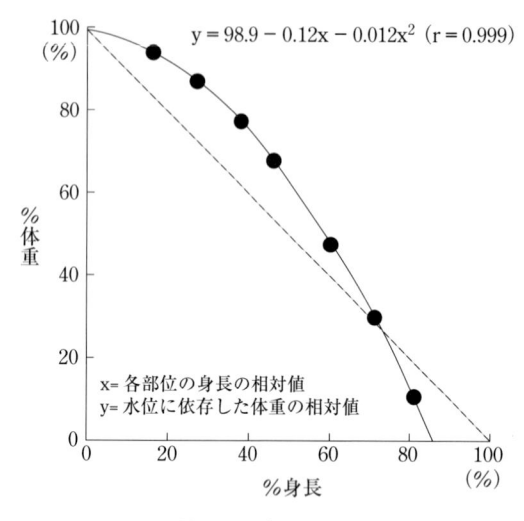

● 図33――%身長 vs %体重

水の物理的特性	水中運動の利点
浮力 →	体重減少
水圧 →	ビーナスリターン（静脈還流）の促進
水温 →	体温調節
粘性 →	負荷強度の設定

● 図34――水の物理的特性と利点

重減少が推測できれば運動処方の目的に合った水位を簡便に選択できる。負荷体重減少を予測するために7部位の水位で測定した負荷体重変化（n＝7，体脂肪率20％±2.3）に基づき図33のように推測式を作成した。この式では，水位を身長の相対値としてXに代入すれば，体重の相対値を求めることができる。

たとえば大転子までの長さが身長の45％であれば，Xに45を代入するとYは58.9になる。水中での負荷体重は，陸上で測定した体重の約60％を示し，40％減少するものと予測できる。

ただし，体脂肪率が20％よりも高い場合，グラフは上方に，逆に20％よりも低い場合は下方に移動するものと考えられる。

(2) 水の物理的な特性と水の利点

特に水中運動が受け入れられる（適応が求められる）理由は，当事者が水の利点を必要としているからである。水中運動の利点は，水の持つ物理的な性質によるところが大きい。

ここでは，水中運動の利点をどのような対象者に適応することが可能なのかの参考になるよう，水の物理的特性と水中運動の利点についてまとめた（図34）。

(3) 中高年者のための水中運動

地域住民のための健康づくりを目的とした水中運動の実践例を紹介する。この実践は，1996（平成8）年から年8回開催されている。

ほとんどの参加者は，女性（年齢60歳±3.5）であり，体脂肪率の平均値は40％である。対象者にとって浮力は，負荷体重の減少に寄与し，このことが90分のエクササイズの継続を可能にしている。受講者は，友の会を組織し，健康に関わる情報交換と親睦を深めている。

実践では，アクアグローブ，ダイナバンド，アクアヌードルなどを用いたプログラムが行われる。また，運動前後の心拍数，血圧，RPE（自覚的な運動強度）等の測定，運動中の心拍数のモニターを実施し，個人のデータをフィードバックしている。そして，プログラムの目的，動作と運動強度，年齢との関わりなどを説明し，取り組みの理解を深めている。このことが対象者の健康づくりの意識を高めている。

代表的なプログラムと心拍数の変化を，表10，図35に示した。

● 表10 ── 代表的な水中運動プログラム

水中運動（導入）	水中運動（主運動）（水中ダンベルを使って）	クーリングダウン
首の回旋 屈伸 アキレス腱伸ばし 屈伸＋腕の回旋 横へのステップ 横の移動 その場歩き ジャンプ 歩き 開閉ジャンプ 歩き＋ゲービルホイール 駆け足＋ゲービルホイール 横へのステップ ハーフムーン もも上げ ツイスト 開閉ジャンプ 歩き	※ダンベルは横向き 下に伸ばす 左右にひねる 前に押す ゲービルホイール 8の字回し ジャンプ ※ダンベルは横向き 下に押す 左右にひねる ※片手で持つ 腕の曲げ伸ばし 手首の回旋 スイング	深呼吸 首の回旋 アキレス腱伸ばし 腱のストレッチ スイング 背伸び 肩の回旋 手首・足首の回旋

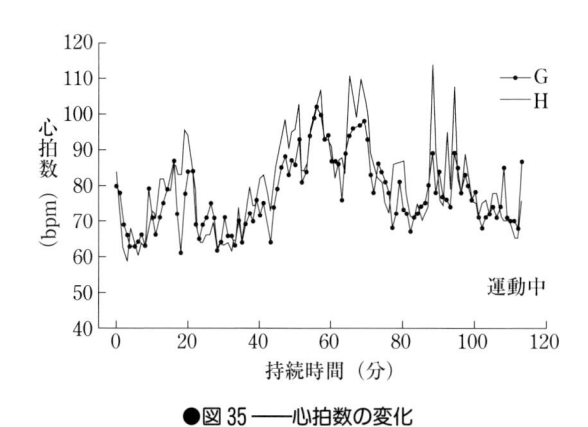

● 図35 ── 心拍数の変化

(4) 自閉症児・者のための水中運動

　これから紹介する実践は，自閉症児・者のためのエンパワメント向上をねらった水中運動教室の例である。ちなみにこの教室は，2000（平成12）年から年間約15回開催されている。
　エンパワメントとは，児童生徒に備わっている本来の能力を自然な形で発揮できるようにサポートすることである。実践教室では，バランス能力・姿勢感覚の発達課題の改善を念頭に置いた課題学習をサーキット課題として行っている。たとえば音楽に合わせたリズム体操を行い，模倣に関わる課題学習としている。この教室では継続参加者のエンパワメント向上の事例が確認されている。全体のプログラムの流れとサーキット課題を表11，図36に示した。

(5) 自立歩行と水中運動

　何らかの疾病が要因となって自立歩行が困難となった対象者への水中運動の取り組みを2つ紹介する。対象者1名に対して数名の介助者を必要とする。週3～5日のプログラムを長期間（1～2年）実施することが必至のため，対象者へのインフォームドコンセントと経過のフィードバックは

第3章 水中運動の科学

●表11——自閉症者・児のための水中運動教室のプログラム例

```
更衣                              課題学習2：平泳ぎの手①陸上
プールサイドに移動                              ②水中
集　合：ビート板の上に座る                 〜トイレ休憩〜
            心拍数チェック         課題学習3：グループ活動
開始挨拶：「お願いします」          （ペンギンさん）
準備運動：①手を上げて背伸び       ・タッチ
        ②しゃがんで両手で床を交互に叩く  ・バブリング，顔つけ
        ③ジャンプ                ・ビート板持ち—浮き—キック
        ④前屈　閉脚・開脚        ・背浮き
        ⑤指折り                  （イルカさん）
        ⑥○・×                  ①              ②
        ⑦首のストレッチ（前・後ろ・回す） ・けのび       ・顔つけ
        ⑧斜めの運動（肩・膝）   ・ビート板キック  ・けのび
        ⑨片足立ち，手足ブラブラ ・クロール       ・ビート板キック
        ⑩深呼吸                  ・背浮き         ・ビート板持ちクロール
水かけ：親から入水               水中運動：音楽に合わせてダンス
            心拍数チェック                       心拍数チェック
自由遊び：水の中で自由に遊ぼう               〜出水〜
課題学習1：サーキット            整理運動：3回伸び
        滑り台・フラフープ・平均台・  終了挨拶：「ありがとうございました。
        リング拾い（1つ）・浮島渡り・            さようなら」
        ボールキャッチ・ボール入れ
```

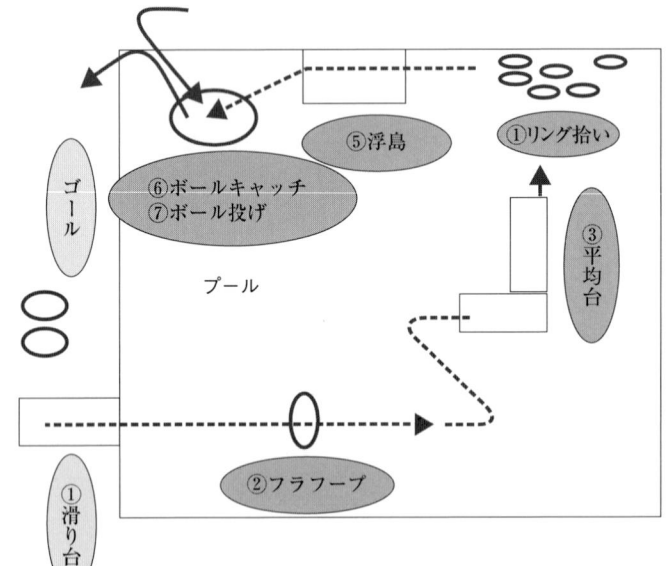

①滑り台→姿勢づくり，
　水・水深に対する恐怖心の除去
②フラフープ→姿勢づくり
　（くぐる・浮く）
③平均台→平衡性，位置の把握，向きの把握
④リング拾い→目標物の認識，渡す，潜る
⑤浮島→バランスの向上
⑥ボールキャッチ→物の認識，
　受けるという動作の習得
⑦ボール投げ→目標物の認識，
　協調運動（投げる）

●図36——サーキット課題

● 表12 ── 事例1

対象：75歳，女性
　　　右半身麻痺，右足下腿三頭筋群拘縮
　　　自立歩行困難
留意点：各関節，特に右半身の拘縮を防ぐ。
　　　　低下した筋力の増強とともに右半身の機能回復を図る。
　　　　ライフジャケットを着用する。
実施頻度：週3回
実施施設：温水プール，補助者4名
水中運動プログラム：介助水中座位姿勢の保持
　　　　　　　　　　介助水中起立
　　　　　　　　　　介助水中歩行
　　　　　　　　　　介助背泳キック等
経過記録：開始2か月後に手のひらを持つだけの補助で水中歩行が可能になった。
　　　　　開始3か月後に水中座位姿勢の維持が可能となった。
　　　　　開始9か月後に自立姿勢がとれるようになった。
　　　　　浅い水深での水中歩行も可能となった。
　　　　　陸上での介助歩行が可能となった。
　　　　　握力；右 0.5 kg → 5か月後 1.8 kg
　　　　　　　　　　　 → 12か月後 4.0 kg
　　　　　　　　左 4.5 kg → 5か月後 8.0 kg
　　　　　　　　　　　 → 12か月後 7.5 kg
　　　　　右大腿部周囲径 12か月後 4.5 cm 増加
　　　　　体脂肪率は，ほとんど変化しなかった。

● 表13 ── 事例2

対象：65歳，男性
　　　左下半身麻痺，左上肢の各関節の拘縮顕著，左肘，左手関節の内転屈曲，左下肢関節の拘縮，膝，股関節の拘縮は軽度
留意点：下肢の可動域の拡大と筋力増加。
　　　　上肢の可動域の確保および筋力増加を図る。
　　　　ライフジャケットを着用する。
実施頻度：週5回
実施施設：温水プール，補助者4名
水中運動プログラム：介助左右への体重移動
　　　　　　　　　　介助前後への体重移動
　　　　　　　　　　右手でプールサイドを持っての水中歩行
　　　　　　　　　　介助背泳キック等
経過記録：開始3か月後に杖を使用しての歩行が可能となった。
　　　　　開始12か月後に約1000 mの補助なしの水中歩行が可能となった。
　　　　　24か月後に左大腿部胸囲径が4.3 cm 増加した。
　　　　　左腓腹筋周囲径が3.1 cm 増加した。
　　　　　左上腕周囲径は，3.0 cm 増加した。

不可欠の要素である。
　表12，表13の2つの事例は，鷲羽スイミングスクールの城本稔也氏のグループが行っている活動である。承諾を得て記載した。

5 水中運動と心理

1 水中運動の心理学的効果

(1) はじめに

　子どもから高齢者まで幅広い年代に親しまれている水泳は、生涯スポーツとしての需要が高いスポーツである。また、オリンピックにおいて競泳やシンクロナイズドスイミングの選手が活躍するなど、我が国においては、観るスポーツとしても人気が高い。

　一方、シニア層を中心に、健康のために水中ウォーキングやアクアダンスなどを楽しむ人も増えている。これらの水中運動は、水の中に身をおくこと自体が快適であり、楽しみながら心肺機能や筋力を増加させたり、リラクセーション効果も得られるなど、心身へのさまざまな効果が期待できる。

　また、我が国の中高年者を中心に深刻化しているメタボリックシンドローム対策や高齢者の介護の予防など、新たなマーケットにおいても、水中運動の需要が高まることが予測される。もとより、水による自然な抵抗や浮力を用いて行う水中運動は、障害者の療育や障害治療、あるいは術後のリハビリテーションなどに、大きな効果を発揮してきた。けがの心配も少なく、自分のペースで楽しめるため、水中運動は、まさに高齢者や障害を有する者に優しい身体活動と言える。

　とはいえ、水中運動に限ったことではないが、運動は継続して行うことが難しい。特に、これまでほとんど運動したことがない人を対象とする場合は、いかにやる気にさせ続けさせるかの動機づけは、指導上の大きな課題である。

　本章では、こうした動機づけの問題など、水中運動を指導するうえで必要となる心理学的な知見を得ることが目的とする。

　まず最初に、ストレスマネジメント効果を中心に、運動に伴う心理学的な恩恵について述べる。次に、水中運動の習慣づけに必要となる動機づけに関し、行動医学領域において、現在最も多く用いられている変化ステージモデルについて説明する。最後に、変化ステージモデルを応用する際に、行動の変化を導く重要な要因となる、意思決定と自己効力感について述べる。

(2) 水中運動のストレス軽減効果

　水中運動に限らず、運動の恩恵は身体機能に留まらない。特に水中で行う活動は、水が及ぼす癒しやストレス軽減など、他の運動と比較して、より大きな心理的効果が見込まれる。実際、水によって得られる楽しみやリラクセーションなど、水中運動がメンタルヘルスに好ましい影響をおよぼすことを、私たちは、子どもの頃からのプールや川遊びを通して知っている。

　最近では、水中で行う特性を生かした、ユニークな運動の実践も行われるようになっている。たとえば、妊婦の水中有酸素運動は、そのストレスマネジメントやうつ予防などの効果が、大きな注目を集めている。

■ 水中運動の効用

　一般に強いストレスを感じている妊婦への効用でもわかるように、癒し効果のある水の中で行う活動は、ストレスに悩まされる現代人をリラック

スさせ，精神的な安定を導く有効な方法である。もとより，運動やスポーツがストレス解消に大きな効果があることは，現代人の多くは身をもって経験している。

このような，ストレスマネジメント効果など運動のメンタルヘルスに及ぼす影響に関しては，これまで数多くの研究によって，さまざまな精神医学的な効果が確かめられている。たとえば，緊張や不安の低下から，抑うつの改善や怒りの鎮静効果まで，さまざまなネガティブな感情や心理状態を緩和し，精神状態を改善する効果が明らかにされている。

今までに，有酸素運動をとりあげてストレス軽減効果を確かめる研究がいろいろなされている。たとえば，25歳から64歳の男女3,403人という大きなサンプルを対象にフィンランドで行われた調査においては，身体的に活動的な人は，そうでない人と比較して，ストレスが少ないことが認められている（ハッセメンら，2000）。

水中運動は代表的な有酸素運動の一つである。普段から水中運動になじんでおけば，比較的ストレスの少ない生活を送ることができると考えられる。

2 妊婦にとっての効用

日常的に運動をしていない25～40歳の成人女性を対象に，40分間の中等度の有酸素運動が，ストレス時の血圧反応を有意に低下させたという報告がある（リジェンスキーら，1992）。この研究の対象者は，妊婦の年齢層と重なる。この点からも，水中運動は，妊娠中のストレスマネジメントとして効果があると考えられる。また，妊婦の水中運動は，感情面にも大きな影響を及ぼすことが知られている。たとえば，41人の妊婦に，6週間にわたって週2回の45分の水中エアロビスの効果を調べた研究がある（ロー&トレジャー，2000）。その結果，妊婦たちは，6週間のプログラム前後の比較，また1回のプログラムの前後の比較の双方において，プログラム終了後に有意にストレスレベルを低下させている。

また，妊婦のメンタルヘルスに水中運動が有効な理由として，他の運動に比べてカロリーを燃やしやすいことがある。女性にとっては，妊娠中の体重増加や肥満への不安は，精神面に大きな影響を及ぼしうる。そこで，水中運動は浮力を利用し，比較的な負担を軽くしながら運動することができる利点がある。

このように，妊婦にとって水中運動は，心身の安定を導くための有効な手段と言える。そもそもヒトは，母胎内では水の中で生を受ける。こうした浮力や無重力の状態を生かした水中出産も行われている。水中出産は，まだまだ世間の認知は高いとは言えない。しかし，水に浮いている状態は，出産時に脳に与える重力の衝撃が少なく，また生後すぐに運動をすることは，脳や身体のみならず，乳児の精神面の発達にも大きな役割を果たすという（オダン，1995）。このような，水の持つ癒しや生命に対する力は，単に科学では説明しきれないスピリチュアルなものがあり，特に水中運動のユニークな効果の一つと言える。妊娠・出産は，女性のメンタルヘルスにとって大きな危機として知られており，出産後にマタニティブルーといううつ状態に陥る女性も少なくない。そのため，水中運動を通してストレスや不安などのコントロール法を学ぶことが，出産後のうつ予防にも大きく役立つ可能性がある。

(3) 運動の心理的効果

ここで少し，運動や身体活動における，精神医

学的な効果について述べる。身体活動と心理的健康に関しては、これまでも多くの研究によってさまざまなエビデンスが明らかにされている。

我が国ではまだ歴史の浅い領域と言えるが、近年、欧米諸国では、運動の心理的効果を検証した研究が盛んに行われている。これらの研究の多くは、運動や身体活動の精神的な疾病の予防や症状の改善効果を検証したものである。これらの結果は、コーエン＆ジェイコブソン（Cohen & Jacobson, 1995）、ディッシュマン（Dishman, 1988）、サリス＆オーエン（Sallis & Owen, 1999）らのレビューに詳しい。熊谷ら（2003）は、これらのレビュー研究を参考に、運動の精神医学的な効果について以下のようにまとめている。

①精神医学的な疾患（うつ病など）には心理的な効果を有するが、重度のうつ、精神病、自殺可能性の高い人では効果が評価されていない。

②定期的な運動は、軽度のうつ病患者に対して抗うつ効果を有する（抗うつ作用）。

③不安障害患者では、有酸素運動によって短期的には不安が改善され、定期的な運動によって長期的には不安が減少する（抗不安作用）。

④一般人を対象とした前向き研究では、抑うつと身体活動水準との関連性が認められる。

⑤情緒的に健康な人は、定期的な運動によって気分、主観的健康観、自尊感情などが改善する傾向がある。しかし、その効果はうつ病、不安障害者ほど明確でない。すなわち、精神医学的に正常な人は、運動を行っても正常以上にはなりにくい。

⑥運動嗜癖（exercise addiction）は大きな弊害である。

⑦最適な心理学的な効果を得るための運動内容が明らかでない。

⑧運動による心理的健康の心理学的、生理学的メカニズムが不明のままである。

⑨運動プログラム参加者の50％はドロップアウトするために、運動へのアドヒアランス（継続性）強化などが大きな課題となっている。

上記から、そのメカニズムには不明な部分もあり、また研究が不十分な部分もあるが、運動を行うことでうつや不安といった症状、気分や感情の改善に、一定の効果がみられると言える。

ストレスの多い現代の社会環境は、精神的な健康を阻害する要因に満ちている。その証拠に、我が国は中高年の間で、うつを要因とする自殺が増えている。中高年期は、身体的な衰えを感じ始める時期であることに加え、仕事では役職について責任が重くなるなど、より大きなストレスを抱えるようになる。定年後に社会的地位を失い、人との交流が減少する高齢者もまた、精神面で落ち込みやすい環境におかれている。

水中運動が、こうした人々のうつ予防の直接の要因となるわけではない。しかし、普段から水中運動に親しむことによって、体力や気力の維持だけではなく、日常生活のストレスを緩和したり社会的交流を増やすなど、うつに対する耐性をつけることも一つの方法であろう。ただし、いくら水中運動がメンタルヘルスに効果的だとしても、継続しないことにはその恩恵も得られない。

2 水中運動の動機づけ

(1) 動機づけの重要性

運動を開始し、継続していくための動機づけにはどのようなものがあるだろうか。

指導する立場にある人は，どのような領域であっても，動機づけ（motivation）を「ある」か「ない」かで，判断しやすい。たとえば，運動教室の指導者は，あまり熱心ではない参加者に対し「やる気がない」あるいは「動機がない」と考えてしまう。また，「意志が弱い」や「我慢ができない」などと，何をやっても続かない性格だと決めつけてしまう場合もあり，こうした判断は，人格批判にもつながりかねない。

実際は，人の行動において動機づけがないという状態はない。実は，動機づけがないとされる多くの場合，それは指導者の目標やねらいに参加者が同調していないことが大半である。そのような場合，指導者がいくら変化を求めていても，参加者は変わろうとしない。これは，参加者に動機づけがないのではなく，「自分を変えたくない」という動機づけが働いている状態と言える。

また，動機づけは人格や性格で決まるほど単純なものでもない。人の行動は，絶えず他人や環境からの関わりへの反応として起こる。そのため，もし動機づけに欠けると感じるなら，やる気の有無ではなく，参加者が，指示された方法ではやりたくないと意思表示している可能性がある。

対人支援の場面において，問題を解決しようとする場合，支援する側（指導者）と支援を受ける側（参加者）との間の動機づけのレベルが一致していないと，受ける側の変化は起こらず，問題は解決に向かわない。

カウンセリングの過程において，こうした考え方を導入し，カウンセラーとクライアントの関係を動機づけの視点から見直したのはロジャース（Rogers, 1951）である。ロジャースは，それまでの心理療法のほとんどを占めていた，セラピストが優位に立って行われていた手法に異議を唱え，クライアントの変化を導くには，支援者（セラピスト）に「共感」「尊敬」「純粋性」が必要であり，それらを通して相手（クライアント）との間に協同関係を築くことが必要だと主張した。

水中運動の指導においても，こうした対人支援の関係性の原則は同じであろう。インストラクター（支援者）の関わり方次第で，初めて水中運動教室に参加した人（参加者・クライアント）が水中運動を継続するかドロップアウトするか，動機づけは，どちらの方向にも傾く可能性を有している。インストラクターが「熱意を持って指導している，続くか続かないかは参加者の責任」と考えているようならば，参加者の変化を起こすための援助とはなりにくい。

支援者（インストラクター）と支援を受ける者（参加者・クライアント）は，目標に到達するための協力的な関係性を築き，協同作業によって問題の解決を行っていくことが望ましい。そのため，参加者に変化を求めるだけではなく，インストラクターもまた参加者の変化に応じて指導法を修正する必要がある。

(2) 動機づけと変化ステージモデル

運動が健康によいとわかっていても，実際に継続して運動している人は少ない。現在，水中運動を継続的に行っている人の中にも，たとえば「時間を作るのが大変」「この歳になって運動するのはつらい」「運動は苦痛」「本当に効果があるのか」などと考えながら，プールに通っていた人もいることだろう。このような人が，最終的に水中運動を継続し習慣化に成功するには，どのような動機づけが必要となるのか。

ここでは，人がある行動を始めてからその行動が習慣づけられるまでの変化を，プロシェスカ

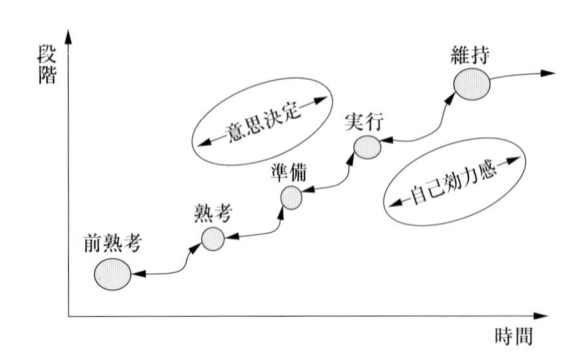

●図37──変化ステージモデルの5つの段階

(Prochaska) らが考案した変化ステージモデルを用いて説明する。プロシェスカらは，15年間以上にもわたり人の行動の変化を分析した結果，変化技法や行い方とは別に，人の変化には基礎となる構造があることに気がつき，その構造を5つの変化ステージ（段階）のプロセスとしてモデル化した（プロシェスカ&ディクレメンテ，1992）。このモデルは，現在最も幅広く用いられている（図37）。

1 前熟考

人の行動の変化は，問題に気づいていない段階から始まる。これが変化ステージの始まり，「前熟考」期である。この段階で，対象者は，問題を意識することができておらず，もし何らかの困難を感じていても，それは自分ではなく他人のせいでそうなっていると考えている。この段階では具体的な対処策をとるように説得しても，変化への抵抗は強く，少なくとも6か月以内に行動を起こす意図はない。そのため，この段階にいる人に，水中運動などの具体的な実践を薦めても，迷惑がられるだけである。

支援的な立場にある者（インストラクター）は，ここでは，対象者が自らの変化の必要性に気づくための工夫をほどこしたい。問題の解決を急いでいたずらに対象者の問題を指摘するのではなく，相手との信頼関係を築くための関わりを深めるように努めたい。

たとえば，肥満解消が目的である場合は，対象者に罪悪感を持たせるのではなく，その人自身が今の肥満の状態に対しどのように感じているのか，運動をすることに関してどう感じるかなど，対象者の話を聴くことにエネルギーを注ぐのが望ましい。この段階では，対象者の気持ちは，徐々にしか動いていかない。

2 熟考

対象者の話への傾聴や共感を通して関わりを深めることによって，対象者の気持ちが動き始めることがある。これは，対象者が今直面している問題は，自らが解決に向けて取り組まなければならないことを認識し始めた時であり，「熟考」段階と呼ばれる。

「前熟考」と「熟考」の違いは，相手が問題を自らの問題だと認識しているか否かにある。この段階では，対象者は6か月以内に行動を起こす意思が生じている。

しかし，この段階は，問題の解決のために変化が必要かもしれないと感じ始めながらも，変化を受け入れ，前に進まなければならないという気持ちと，これまでの場所に留まって安定していたいという気持ちの，双方向への動機づけが働き始めた状態である（ミラー，1986）。このような時，対象者は，「私にできるのだろうか」「本当に価値があるだろうか」などと考えて，判断がつかないでいる。この時，支援者はいかに水中運動がよいかを説得し，すぐにでも開始するよう選択を迫りやすい。しかし，この段階でも，規範や合理性を押しつけず，対象者の意思決定を重視し，変わらないことも含めて，さまざまな選択肢を提示した

い。そして，それらの中から水中運動を行えば相手にどのようなよいことがもたらされるかなどの情報を提供する。また，他の人の話を聴かせたり，見学させたり，体験する機会をつくるのもよい。

❸ 準備

対象者が具体的にどのような方法で問題を解決するのかを探り始める段階が，「準備」段階である。この段階では，対象者はかなり変化への動機づけが高まっており，実際，近日中に実行に移すための準備をしていたり，何かを始めているかもしれない。前の2つの段階では，指導者（支援者）と対象者との関わりはあまり強いものではない。しかし，この段階で対象者は，支援者の問題解決のための提案を受け入れる準備が整っている。この段階で重要なのは，実際にその行動をとった時に，対象者に起こる変化を十分に把握しておくことである。そこで，対象者の目的を達成するためのプラン，つまりプログラムの内容が重要になる。ここでも支援者は自己の価値観をもとにした規範や合理性を押しつけないことである。自立の前提となる自己決定を重視し，次のステージへの移行を，本人が自らの意思決定の下に選択するという過程を経る必要がある（ミラー，1986）。

❹ 実行

実際に行動を取り始めるのが「実行」段階である。この段階で，対象者は，その選択をすることがどのような結果を生むかを理解している。

変化ステージモデルが考案される以前のカウンセリングでは，行動化が起こるこの段階が変化の始まりだと考えられていた。つまり，実行期以前の段階にいる人は「動機づけがない」あるいは「抵抗が強い」と判断されるなど，カウンセリングの対象にはなりにくかった。

プロシェスカによれば，問題解決を必要とする人で，自ら「実行」段階に進んでくる人はわずかな割合に留まっている。たとえば，禁煙に対する調査では，前熟考段階にいる人が50～60％，熟考段階の人は30～40％であるが，実行段階にいる人はわずかに10～15％にすぎない（プロシェスカら，1992）。「実行」の段階で特に重要なのは，いかにして「維持」段階，すなわち運動の習慣化に成功した段階へと進むかである。そのためには疲れや多忙など，困難な状況においても，水中運動を継続して行う自信（自己効力感）を，より高くすることが必要である。

自己効力感を高めるためには，特に「実行」段階では，目標をできるだけ小さくわけて実現していくスモールステップ法を取り入れることが有効である。小さな遂行行動における成功の積み重ねが，自己効力感の強化につながると考えられている。

❺ 維持

「実行」段階をすぎると，最終段階である「維持」段階へと進む。この段階にある人は，水中運動を始めてから，既に6か月をこえて継続して行っている。この段階では，具体的な効果の実感が得られ始める。たとえば，体力がついて日常での活動に余裕が生まれた，ストレスが改善しよく眠れるようになった，さらには将来の健康への不安が改善されたなどである。

この段階では，対象者は指導者の提案を意識しなくても，自己決定により運動を習慣づけることに成功しているはずである。この段階で気をつけなければならないのは，前の段階へ戻ってしまう「後戻り」である。後戻りを避けるには，仲間を増やしたりグループを強化するなどのソーシャルサポートが有効だとされている。たとえば，自主

グループを作ってハイキングに行くなどし，趣味を通したつながりを強化するなどの，水中運動以外の活動を楽しむ工夫も有効である。また，高齢者であればライフイベントや疾病など，生活上で起こりうる大きな変化が，ステージ後退の要因となりうる。そのため，それらへの対処法はあらかじめ考えておきたい。

このように，人の行動の変化には5つのステージ（段階）がある。それぞれの段階に沿った援助を行うことによって動機づけが高まり，次の段階へと進むことを可能とする。運動継続への動機づけを高めるには，変化ステージをもとに現在の段階を把握し，相手の状況や目的に合わせて，次の段階へと進むためのプランを立てるとよい。

ステージモデルが用いられる以前は，禁煙や薬物・アルコール中毒の患者の治療などのプログラムで，個別対応のアプローチが用いられることは欧米諸国でも少なく，標準的なプログラムを押しつける形になっていた。我が国では今でも，健康増進や保健指導の場では，指導者側の一方的な判断によって行われているケースが多い。変化ステージを用いた動機づけアプローチは，対象者の行動を変える効果的な援助法となるばかりでなく，指導者にとっても援助スキルの向上につながるため，あきらめずに指導し続ける動機づけとなる。

3 水中運動継続のための心理的援助

運動の指導者は，一般的に昔からスポーツに慣れ親しんでいる。そのため，スポーツマン特有の熱意のある指導を得意とする人が多い。しかし，運動の継続に関しては，熱意だけではどうにもならない部分がある。多くの場合好意的に受け取られる熱意にあふれた指導も，相手によっては押しつけだととらえられる可能性がある。

そうした行き違いを避け，微妙な気持ちの変化を感じ取りながら，相手の「変わりたい」という感情を引き出すためにはどうしたらよいかについて考えてみる。

すでに，人の行動の変化にはステージ構造があること，また変化ステージを用いる利点が，それぞれの変化のステージに合わせた介入を行うことができる点であることを学んだ。ステージモデル前半の「熟考」から「実行」ステージにかけて重要となる意思決定，そして後半，「実行」から「継続」ステージへと移行させるための要素として必要な自己効力感について述べる（p.66，図37）。

(1) 水中運動の選択と意思決定

人の行動の変化には，意思決定が大きく関与する。意思決定とは，人が何らかの問題に直面した時，どのような方法で対処するかを選択するプロセスのことである。

たとえば，足腰が弱くなり日々の活動に困難を感じ始めた高齢者ならば，体力をとり戻し，以前のように活動したいと思い，そのための方法を模索するだろう。その結果，水中運動が，問題の解決に効果がありそうだという情報を得るかもしれない。

しかし，こうした合理的な判断が，すぐに「する」「しない」という行動につながるわけではない。問題の解消に際しては，人はさまざまな選択肢を考え，それを選択することによって得られる利益と，失うかもしれない損失とを比較する。

たとえば，これまで運動はあまり行ったことがないため，自分にできるかどうか不安に思うだろう。その一方で，運動によって体力が改善し，寝

たきりになることへの不安が消えるのではないかと思う可能性もある。人は一般的に，こうした損得のバランスを考えて選択肢を判断した結果，利益が最も大きいと思う選択，あるいはそれらの組み合わせを対処法として決定する。

1 意思決定とは

今日の昼食は何にしようといったささいなものから，就職や結婚などの大きな選択まで，さまざまな場面で意思決定が求められる。変化ステージモデルによると，人の行動の変化には，少なくとも半年は要する。仮に，その高齢者が，水中運動を問題への対処法として選択しても，数か月で挫折する可能性もある。既に述べたが，運動を始めた人の中で半年継続できる人は50％と言われる。このように，ひとたび選択された決定も，それが継続されるかどうかは，さらに異なる意思決定の下に判断される。

しかし，挫折と思われるドロップアウトも，実際はそうとは限らない。問題を解決すべく努力したが，期待したほど効果があがらなかったり，負担が大きすぎたりして，他の選択肢の方がよいという判断の結果かもしれない。

また，選択が正しかったかどうかは，すぐには判断できない。仮に正しい決定だったとしても，成功か失敗かの結果が出て初めてその正否がわかる。この間，利益と損益のバランスの判断を繰り返し行うことになる。そのため，水中運動の指導の際には，少なくとも6か月は，参加者に教室通いを続けるように導く工夫が必要となる。

もとより，運動の習慣化は簡単ではない。運動になじみのない人の場合はなおさらである。何かを新たに始めるということは，これまで安定していた生活パターンの調和を乱すことを意味する。たとえば，仲間からの誘いを断ったり，好きなテレビをがまんするといったことが必要となるかもしれない。これらは些細なことではあるが，嫌悪刺激となる可能性があり，そうなると意思決定に影響を及ぼす要因となる。また，指導者の参加者への関わり方は，運動継続のための意思決定に大きく影響を及ぼす。そのため，特に初期においては，一方的な指導となることを避け，参加者の言葉に熱心に耳を傾け，柔軟な指導をこころがけたい。

その際，不安に対する質問には，できるだけ細かく答えるようにする。そうした過程によって，参加者には水中運動が利益となるか損失となるかの判断はつかなくとも，この人に教えてもらえばうまくいくかもしれないという見通しがつく。そうすると，参加者は選択に対する自信を深め，行動は継続に向けて動機づけられる。

ちなみに，「熟考」段階においては，意思決定の損得のバランスは損失のほうが利益を上回っている。そのため，思ったほど効果的ではないと思ったり，期待はずれだと感じ始めると，参加者はドロップアウトへと傾きやすい。逆に，その後のステージが順調に進んでいけば，徐々に利益の割合が大きくなる。「実行」段階では，利益が損失を大きく上回る。さらに，そのまま進むことによって問題は解決に向かい，変化は「継続」ステージに入る。このことは，旧来の生活パターンに取って代わった新たな生活行動が，新しい生活パターンとして身についたことを示している。

2 選択肢の判断に影響を及ぼす要因

ここで，選択肢の判断に影響を及ぼす要因について考える。意思決定に影響を及ぼす要因として代表的なのは，問題の解決，情緒の安定，時間と労力，総合的な個人的・社会的に好ましい状態の4つである（ディズリラ，1986）。これらの中で

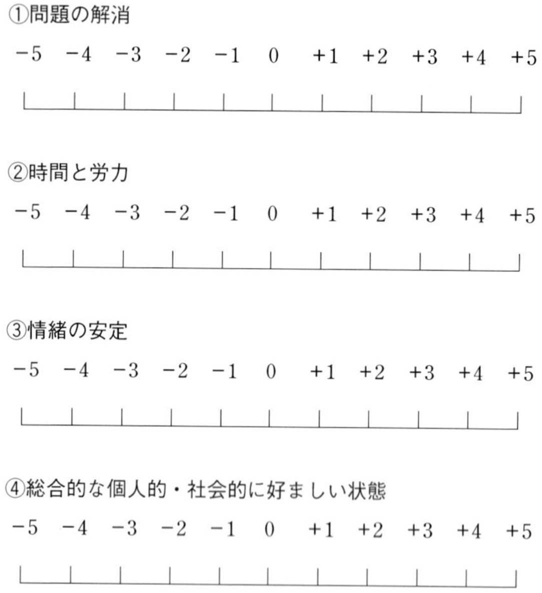

①問題の解消

-5 -4 -3 -2 -1 0 +1 +2 +3 +4 +5

②時間と労力

-5 -4 -3 -2 -1 0 +1 +2 +3 +4 +5

③情緒の安定

-5 -4 -3 -2 -1 0 +1 +2 +3 +4 +5

④総合的な個人的・社会的に好ましい状態

-5 -4 -3 -2 -1 0 +1 +2 +3 +4 +5

●図38──意思決定選択肢の評価基準

最も重要な基準,「問題の解決」は,「選択した対処策がどの程度問題を解決する可能性があるか」の判断である。「情緒の安定」とは「この問題が解決したらどのくらいよい気分になるか」という感情面の安定である。「時間と労力」は,解決にかかる時間とエネルギーを示し,「総合的な個人的・社会的に好ましい状態」とは,短期的ではなく長期にわたるさまざまな恩恵を含んだ,利益と損失のバランスである。

これらの4つの意思決定の要因のレベルは,簡易に評価することが可能である。たとえば,図38のような評価基準を用いればよい。

(2) 自己効力感を高める重要性
1 自己効力感

「実行」から「維持」ステージに進める過程,つまり運動の習慣化へ向けて継続への動機づけを高めるために重要となるのが自己効力感である。

変化ステージも後半に進んでくると,自分の今の健康状態や将来がどう大変かなどの現状の把握ができるようになり,その結果,自分で自らの健康行動を管理するための効力感が向上する。変化ステージの後半部分,「実行」から「継続」へ移行するためには,これまで行ってきた意思決定が,実際に行動を行ううえで,問題の解決へと結びついているという実感を得る必要がある。つまりそれは,選択された方法が,実際に実生活において有効だと確かめられることである。たとえば,水中運動を始めてから,これまでできなかったことができるようになった,あるいは以前より楽にできるようになったといった実感である。これまで行ってきた努力が,実際の行動としての成果に至り,「できる」という実感につながる過程で,自己効力感が高められる。そしてそのような自己効力感の高まりが「実行」から「維持」へのスムーズな移行へと動機づける。

人は自分の対処能力を超えると思われる課題は避けようとするが,自分でうまくやれると判断した活動には喜んで着手する(バンデューラ,1977)。自己効力感が高ければ,疲れや多忙,矛盾する要求などといった,行動を変えることの障害となる状況が生じても,継続して行うことができる。

2 セルフコントロール能力

自己効力感は,セルフコントロール能力に強く関連する。セルフコントロールは,自立の大前提と考えられており,自己決定による健康管理や自己管理を行う能力のことである。①遂行行動,②セルフモニタリング,③自己評価,④自己強化という,認知行動的な過程を通して獲得される(バンデューラ,1971)。

「遂行行動」とは,たとえば,これまで不満足

と感じていた活動，たとえば物の上げ下げや階段の昇り降りなどが，「満足」レベルへと変わることである。もし，こうした感覚が「不満足」レベルのままであれば，水中運動を選んだという意思決定は正しくなかったことになり，もちろん，自己効力感の向上へとつながらない。

「セルフモニタリング」とは，自分の解決行動の成果を観察・記録することである。水中運動が自分に有効かどうかを確かめるには，何らかの方法で記録する必要がある。たとえば，散歩をしてみて，どのくらいなら疲れずに歩けるかの時間を計る，あるいは万歩計を用いて歩数の伸びを測るなどである。下半身の弱さが問題であれば，歩行への自信度を点数化してみてもよい。このように，セルフモニタリングは，自身の確認目標を設定しておけば，より有効性を増す。

「自己評価」とは，期待していた成果と，実際の成果との差である。この結果に十分な釣り合いがとれていると評価された時に，必要となるのが最終段階の自己強化である。

「自己強化」とは，がんばって成果をあげたことに対して，もたらされる報酬を言う。もちろん，最も強力な報酬は，成果そのものである。たとえば，水中運動を長期にわたって継続したことで，これまで負担だったさまざまな日常生活の活動に余裕ができるなど，運動を始める前に感じていた不安が低下し，安心が増すことは大きな報酬となる。また，身体への不安が解消したことで，今まで希望しながらできなかったことができるようになることかもしれない。さらには自らを誇りに思う気持ちも報酬である。

体力が高まれば，社会的な活動への参加意欲も高まるかもしれない。このことは，さまざまな社会的強化を発生させる。社会におけるネットワークが広まることも大きな強化要因である。

この段階までくると，問題も効果的に解決し，さらには将来予測されるその他の問題が生じたとしても，余裕を持って対応できる自信も生まれてくる。

そして，将来生じるかもしれないさまざまな問題に対し，余裕を持って対処できる効力感を得ることが，水中運動を継続して行っていく大きな強化因子となる。

(3) 最後に

近年，我が国の高齢化に伴い，健康や病気への社会の関心が高まっている。その結果，自分の健康は自分で守りたいと考える人が増えている。しかし，個人が自らの力のみで健康行動の変容をはかることは難しい。特に運動は，禁煙や禁酒と同様，最も困難な行動の変化で，もちろん，水中運動もそれに含まれる。水中運動を始めることは，これまでの生活習慣を変えることになる。動機づけがない，あるいは根気がないという理由で運動の継続ができなかった人たちにとっては，運動はこれまでの安定した生活習慣を変えるほどには魅力的には思えなかったわけである。

とはいえ，変化ステージモデルの考え方を用いれば，こうした今まで運動継続を諦めてきた人への支援の可能性が開かれる。

水中運動は，特にストレスに悩む現代人や高齢社会には，きわめて有効な健康の維持・増進の手段である。そうした恩恵をより多くの人に享受してもらうためにも，今後水中運動のインストラクターは，単に技術の指導だけではなく，参加者の気持ちや感情を知ることによる学びにもエネルギーを注ぎたい。

現代社会は，健康を阻害する要因に満ちてい

る。だからこそ，セルフケアの技能を得ることは，今後，時代の要請となるだろう。私たちは，水中運動を楽しく行っているうちに，気がつくとさまざまな健康問題が改善しているような指導・支援をめざしたい。

そうしたアプローチを通して，水中運動がより社会に根ざした活動となることを願ってやまない。

■参考文献

(1) Bandura, A. Social Learning Theory. New York：General Learning Press., 1971 年
(2) Bandura, A. Self-efficacy：Towerd a unifying theory of behavior change. Psychological Review, 84, 191-215., 1977 年
(3) Cohen, S. T., & Jacobson, A. M. American Diabetes Association (Ed.) The health professional's guide to diabetes and exercise., 1995 年（中尾一和訳 米国糖尿病学会『最新糖尿病の運動療法ガイドブック』メジカルビュー社，1997 年）
(4) Dishman, R. K. Exercise adherence；Its impact on public health. Champaign. Human Kinetics, IL., 1988 年
(5) 熊谷秋三　長野真弓　畑山知子「身体活動と心理的健康・メンタルヘルスとの関連性に関する疫学」『健康科学』, 25, 11-20., 2003 年
(6) Hassemen, P., Koivula, N., Uutela, A. Physical exercise and psychological well-being？：A polulation study in Finland. Preventive Medicine, 30, 17-25., 2000 年
(7) Miller, S. D. Increasing motivation for change. In W. R. Miller & N. H. Heather (Eds.), Addictive behevior：Prosess of change. New York：Plenum., 1986 年
(8) Odent, M. (1990). Water and Sexuality, Arkana. 1990 年（佐藤由美子・中川吉晴訳『水とセクシュアリティ』青土社，1995 年）
(9) Prochaska, J. O., & DiCLemente, C., C. The transtheoretical approach. In J. C. Norcorss., 1992 年
(10) Rejeski, W. J., Thompson, A., Brubaker, P. H. Miller, H. S. Acute exercise：Buffering psychosocial stress responses in women. Health Psychology, 11 (6), 355-362., 1992 年
(11) Rogers, C. Client centered therapy：Its current practice, theory, and implications. Chicago, IL：Houghton Mifflin., 1951 年
　Sallis, J. F., & Owen, N. Physical Activity and Behavioral Medicine. Sage Publications, USA., 1999 年（竹中晃二監訳『身体活動と行動医学』北大路書房，2000 年）。
(12) D'zurilla, T. J. (1995) Problem-Solving Therapy：A Social Competence Approach to Clinical Intervention, 1995 年（中田　洋二郎・椎谷　淳二・杉山圭子訳『問題解決療法―臨床的介入への社会的コンピテンス・アプローチ』金剛出版，1995 年

6 水中運動と栄養

1 栄養学の基礎

(1) 栄養素の種類と働き・役割

❶体をつくる栄養素

体をつくる栄養素はたんぱく質とミネラル（カルシウムとリン）である。

体組織は細胞の集団でできているが，たんぱく質がその主役であり，骨格はたんぱく質（コラーゲン）とミネラル（ヒドロキシアパタイト；リン酸カルシウム）でできている。

❷エネルギー源

エネルギー源となるのは炭水化物と脂肪である。

体の働き・営みが維持されていくために必要なエネルギーは，基本的に以下のようにわけられる。

①基礎（安静）代謝

（Basal Metabolic Rate；Resting Metabolic Rate）

生命の維持に必要な基本的なエネルギー代謝を基礎代謝と言い，いつでも活動できる状態で待機している時のエネルギー代謝を安静代謝と言う。

これらのエネルギーは，体の組織と骨をつくり変える，すなわち体組織・骨のたんぱく質代謝のために必要なエネルギー生産の代謝でもある。発育発達の年代にある19歳ころまでの若年者では，細胞・組織の増量に必要なエネルギー代謝も追加される。アミノ酸を結合させながらたんぱく質を合成する作業には，多量のエネルギーが必要である。そのためのエネルギーが炭水化物（グルコースとグリコーゲン）と脂肪（パルミチン酸，オレイン酸，リノール酸など）が酸化分解されて供給される。

基礎代謝は，朝，静かに横になり，目覚めている状態の酸素消費で測定し，安静代謝は，椅子に座った状態で測定される。基礎代謝は安静代謝の80〜85％を占める。

基礎代謝は15〜19歳で最大になり，その後徐々に低下していき，40歳ころから急激に低下する。これは身体組織，特に筋肉や骨などのたんぱく質合成力の低下と同じ傾向を示している。

②活動誘発性体熱産生

（Thermic Effect of Exercise）

主として日中の通学・通勤・勉学・労働，そして課外活動やレジャー活動などのためのエネルギー代謝である。営業活動や肉体労働，スポーツなど体を動かす人の場合は，活動代謝が大きい。

③食事誘発性体熱産生

（Diet-induced Thermogenesis, Thermic Effect of Food）

食事をとると，体温が上昇する。これは食事の消化・吸収・代謝の過程でエネルギー消費が高まること，食事を味わい，咀嚼しているときに脳中枢神経活動が活発化することなどによる反応であり，食後4時間ほど持続する。

④ふるえ体熱産生

（Theimic Effect of Shivering）

寒冷（低温）下において，筋肉が不随意的にふるえて体熱産生を活発化するエネルギー代謝である。低水温のプールで泳ぐ場合にふるえは起こる。

(2) エネルギー消費の構造

安静代謝（基礎代謝を含む）は最大のエネルギー消費項目であり，1日の総エネルギー消費量の60〜80％を占める。食事誘発性体熱産生は10％，残りの10〜30％が活動代謝である。

基礎代謝は全身の組織の基本的エネルギー代謝であるが，そのうち，20〜35％は筋肉のエネルギー代謝で占められる。したがって，日常的にスポーツを行っている者や肉体労働者では基礎代謝に占める筋肉のエネルギー代謝の割合が大きい。

基礎代謝が大きいと，同じ食事をとっても食事誘発性体熱産生はより大きくなり，体内に蓄積するエネルギーは小さくなる。

2　栄養素・栄養成分と食品

(1) たんぱく質とたんぱく質食品

総エネルギー摂取量の12〜15％を占めるたんぱく質（Protein）は，細胞・組織や骨格をつくる最も重要な栄養素である。エネルギー源の一つでもある（たんぱく質1gあたり4kcal）。

たんぱく質は，牛肉，豚肉，鶏肉，魚，卵，チーズ，大豆などに含まれる。これらの食品は摂取されたあと，体内の細胞・組織づくりにどれぐらい利用されるかで栄養効果を評価されるが，栄養効果は各たんぱく質のアミノ酸組成によって決まる。基本的には，ヒトの体を構成しているアミノ酸組成に近いたんぱく質が良質たんぱく質とされる。卵，畜肉，鶏肉，魚肉，乳たんぱく質（チーズ），大豆などはいずれも良質のたんぱく質を含んでいる。

たんぱく質食品の選択には，脂肪含量の大小やコレステロール，飽和脂肪の含量などの観点がある。たとえば，卵の場合には卵白だけを利用したり，チーズの代わりに脱脂粉乳を利用するなどすれば，コレステロールや脂肪を含まない食品として利用できる。

■1 アミノ酸

たんぱく質をつくっているアミノ酸（Amino Acids）は20種類ある。そのうち8種類は体内で合成不可能であるため食品から摂取する必要があり，これを必須アミノ酸という。残りの12種類は体内でも合成され，可欠アミノ酸という。

必須アミノ酸とはバリン，ロイシン，イソロイシンの分岐鎖アミノ酸（Branched‐Chain Amino Acid，BCAA），スレオニン，リジン，メチオニン，ヒスチジン，およびトリプトファンの8種類である。可欠アミノ酸にはアラニン，セリン，グルタミン酸，アスパラギン酸，チロシン，フェニルアラニン，プロリン，ヒドロキシプロリン，システイン，シスチン，アルギニン，グリシン，アスパラギン，グルタミンなどがある。

■2 ペプチド

アミノ酸が3個以上結合したものをペプチド（Peptides）と呼び，たんぱく質（数百のアミノ酸が結合したもの）よりも小さく，数十個のアミノ酸が結合しているものをポリペプチドと呼ぶ。

ペプチドはたんぱく質を消化酵素で部分的に分解して生成される。ペプチドにはたんぱく質よりも消化・吸収が早いという特徴がある。

(2) 炭水化物と炭水化物食品

炭水化物（Carbohydrates）はエネルギー代謝の中心となる最も重要なエネルギー源であり，1日の総エネルギー摂取量の50〜75％を占める。日本人はエネルギーの65％前後を炭水化物から摂取しているが，欧米人は45〜50％と比較的少ない。

1 でんぷん

でんぷん（Starches）は，最も重要な炭水化物で，グルコースが数百〜数千個結合したものである。鎖のように1本鎖状にグルコースが結合しているもの（アミロース）と，枝分かれして樹状にグルコースが結合したもの（アミロペクチン）がある。日常的には飯（米）・餅（もち米）やパン・パスタ（小麦），麺類（小麦ほか），いも，大豆・とうもろこし（豆），バナナなどが食べられている。

米（ジャポニカ米）は日本人の主食であるが，アミロース20〜25％，アミロペクチン75〜80％でできている。それに対して，インディカ米はアミロースが多く25〜30％，アミロペクチンが70〜75％である。アミロペクチンが少ないので粘りが弱い。餅（もち米）は消化が早いのと，沢山食べられるのでグリコーゲンローディング用食品としてスポーツ界ではよく利用される。もち米のでんぷんは100％アミロペクチンなので，粘りが強い。

2 デキストリン

でんぷんが消化酵素のアミラーゼで部分消化されたものがデキストリン（Dextrin）である。3〜数十個のグルコースが結合しているが，消化・吸収が早いのでグリコーゲンローディング用の炭水化物源として利用される。バナナは熟成するにつれ皮に黒い斑点を生じるが，この状態のバナナにはでんぷんの消化で生じたデキストリンが多く含まれており，優れたスポーツ用炭水化物食品である。

3 単純糖

シュクロース（砂糖：Sucrose），グルコース（Glucose），フルクトース（果糖：Fructose）などがある。

砂糖，グルコース，果糖は甘味料として菓子類や飲料などから相当量が摂取される。

アメリカ人を例にすると，摂取する炭水化物のうち，でんぷんと単純糖類の比率はほぼ1対1であり，糖分を多量に摂取している。菓子や飲料の甘味に果糖が多く用いられるのは，果糖の甘味度が砂糖の1.7倍，グルコースの2倍以上と高く，少量で甘味を十分に出せるためである。

果糖は摂取後の血中グルコース反応が弱く，脂肪のエネルギー代謝を阻害しにくいので，スポーツ飲料等によく用いられている。

(3) 脂肪

脂肪（Fats）は1gあたり9kcalの高カロリーエネルギー源であり，日本人の場合総エネルギー摂取量の25％で適量とされる。ちなみにアメリカ人などでは35〜40％を摂取しているという。

グリセロールに3個の脂肪酸が結合したものが脂肪である。その種類にはバター，チーズ，牛脂，豚脂，サラダ油・天ぷら油（大豆油，トウモロコシ油，紅花油，綿実油，ゴマ油，ひまわり油など），魚油などがある。動物脂肪は飽和脂肪酸（パルミチン酸，ステアリン酸）を多く含み，植物油は不飽和脂肪酸（オレイン酸，リノール酸，リノレイン酸，アラキドン酸）を多く含む。魚油は高度不飽和脂肪酸（DHA，EPA）を含む。

中鎖脂肪（MCT）は，中鎖脂肪酸（カプロン酸，カプリン酸，ラウリン酸）がグリセロールに3個結合した脂肪である。

健康油脂食品といわれているジアシルグリセロール（DG：商品名『エコナ』）は，グリセロールに脂肪酸が2個結合している。

脂肪酸のうちリノール酸とリノレイン酸，アラキドン酸は体内合成できないので，必須脂肪酸と

呼ばれる。

(4) ミネラル（Minerals）
1 カルシウムとリン

カルシウム（Ca）とリン（P）は，骨のセメント材であるヒドロキシアパタイトとして，いわば鉄筋であるコラーゲンとともに骨組織をつくっている。カルシウム摂取目標は 600 mg/日であるが，コラーゲンが先行して合成されていないと骨形成に役立たない。カルシウムは牛乳（100 mg/100 mℓ）や小魚の骨に豊富に含まれる。

水中運動は筋肉と骨に重量の刺激を十分に与えられない。そのためレジスタンストレーニングを日常化してコラーゲン合成を促さないと，カルシウムは骨づくりに役立たないことになる。

2 鉄

鉄（Fe）は，スポーツのエネルギー生産に中心的に働く有酸素エネルギー代謝に重要な役割をもつ。鉄はたんぱく質に結合し，筋肉に酸素を運搬する（ヘモグロビン），筋肉で酸素を受け取り貯蔵する（ミオグロビン），ATP生産に酵素として働く（チトクローム），体内に鉄を貯蔵する（フェリチン），鉄を血中輸送する（トランスフェリン）など，鉄はたんぱく質に結合してさまざまな働きをしている。

牛肉やカツオ，マグロなどの赤身の肉には，吸収率の良い鉄が含まれている。ビタミンCとクエン酸は鉄の吸収を促進するので，レモン，オレンジ，グレープフルーツなどを肉料理と一緒に食べるとよい。ポリフェノールは鉄の吸収を阻害するので，スポーツ選手にはあまり勧められない。

また，鉄が有効に働くためには，レジスタンス運動などでたんぱく質合成を促進する必要がある。

(5) ビタミン（Vitamins）
1 水溶性ビタミン

ビタミン B_1（サイアミン，チアミン），ビタミン B_2（リボフラビン），ビタミン B_6（ピリドキシン），パントテン酸，ナイアシン，リポ酸，ビタミンC（アスコルビン酸）などがある。水溶性ビタミンはエネルギー代謝の補酵素（酵素を助ける物質）である。補酵素には，TPP（サイアミンピロリン酸：B_1），FAD（フラビンアデニン・ジヌクレオチド，B_2），NAD（ナイアシンアミド・ジヌクレオチド，ナイアシン），PALP（ピリドキサルリン酸，B_6），CoA（コエンザイムA，パントテン酸），リポ酸などがある（図39）。

2 脂溶性ビタミン

ビタミンA，カロテン，ビタミンD（カルシフェロール），ビタミンE（トコフェロール）などがある。中でもβ-カロテンやトコフェロール，水溶性ビタミンだがアスコルビン酸などには抗酸化作用があり，スポーツなどにより多量に酸素を摂取した結果，活性酸素によって細胞や遺伝子にダメージを与えることを防ぐ。

(6) 食物繊維（Dietary fibers）
1 不溶性食物繊維

穀物や豆類などのセルロースやリグニンなどの不溶性食物繊維は，水分を保持し，便のかさを増やして排便を促すなどの作用がある。そのため，有機酸（プロピオン酸，酪酸など）の生成量は少なく，腸内細菌を増殖させるので，大便を生産する。不溶性食物繊維は健康作用が大きいといわれるようになっている。

2 水溶性食物繊維

野菜や果物にはペクチンのような水溶性繊維が含まれるが，大腸内で激しく発酵して腸内容物を

●図39──エネルギー代謝と水溶性ビタミン（補酵素）の役割

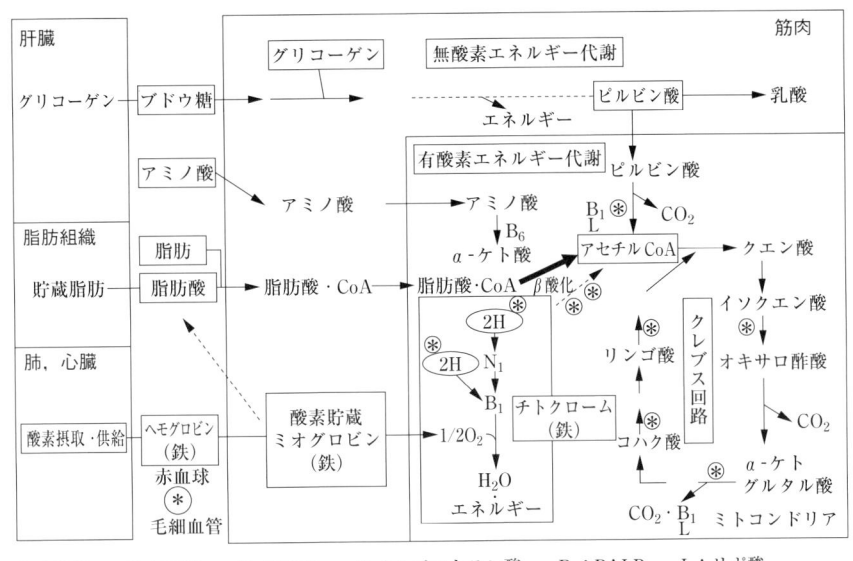

B_1：TPP　　B_2：FAD　　N_1：NAD　　CoA：パントテン酸　　B_6：PALP　　L：リポ酸

酸性化し，下痢を発生させる。発酵生産物のプロピオン酸などは肝臓に吸収されてコレステロール合成を抑制するが，健康によくない作用もあるといわれる。

ポリデキストロース（人工甘味料）は水溶性食物繊維に分類されるが，多量摂取は大腸に障害を起こす。

3　水中運動と栄養

(1) 筋肉・骨づくりの栄養

水中運動は重い負荷を筋肉・骨に与えにくいため，陸上でのレジスタンス運動も必要である。そのためにはたんぱく質をきちんと摂取する必要があるが，単純に大量摂取すればよいということではない。最も効果的に筋肉・骨づくりを進めるには，夕食でたんぱく質を十分摂取した1時間後に20分くらいのレジスタンストレーニングを実施し，リラックスしてから入浴・睡眠をとるとよい。たんぱく質合成を促進する成長ホルモンの分泌がレジスタンス運動と睡眠によって刺激されるからである（図40）。

たとえば，大相撲の世界で習慣になっているように，昼食でたんぱく質を摂取し，そのあと3時間くらいの午睡をとると，1日2回，筋肉・骨づくりを進めることができる。なおレジスタンス運動には，2kg程度の軽量ダンベルなどを使い全身の筋肉を伸縮させるとよい。

プロテインをとる場合には，砂糖などインスリン分泌刺激作用を持つ糖質を組み合わせるとよい。

また，カルシウムを摂取するために牛乳を飲むタイミングは，就寝前がよい。それは，就寝前に飲むことによって血液中のカルシウム濃度が低下せず，骨からのカルシウムの溶出を防ぐことができるためである。

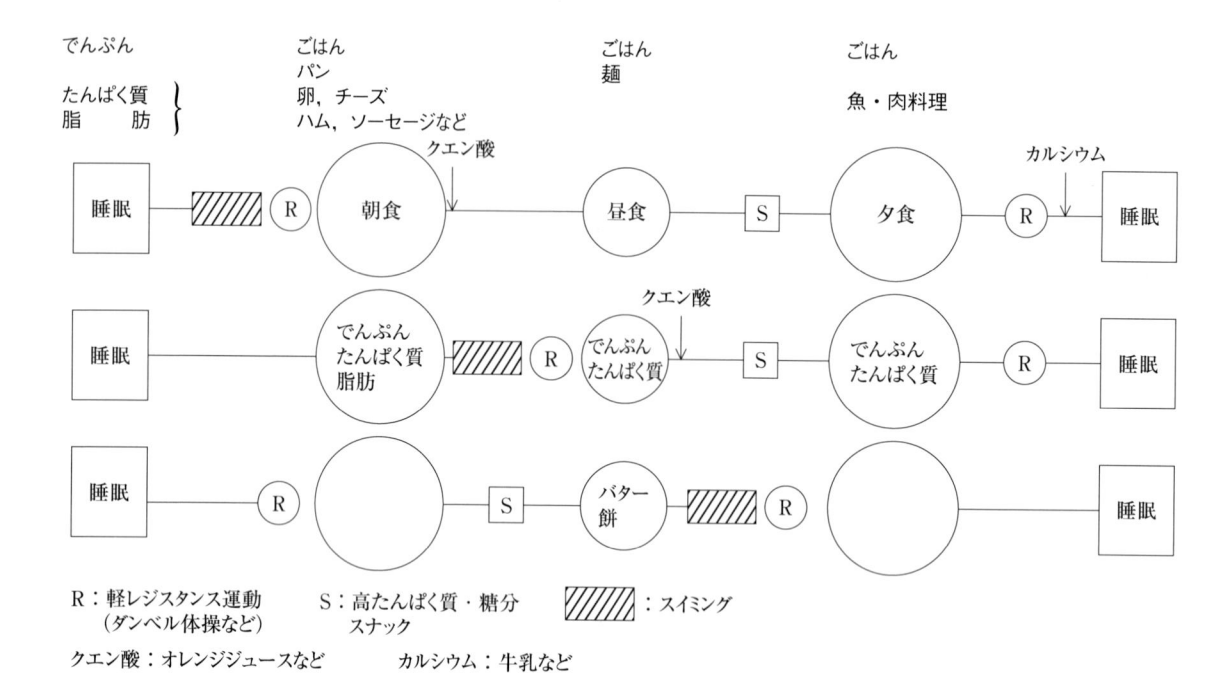

図40──スイマーの栄養・食事のリズムとタイミング

R：軽レジスタンス運動（ダンベル体操など）
S：高たんぱく質・糖分スナック
░░：スイミング
クエン酸：オレンジジュースなど
カルシウム：牛乳など

（2） グリコーゲン・ローディングの栄養

体力源となる筋肉と肝臓のグリコーゲンを十分貯蔵するためには，炭水化物を食事でしっかり摂取するようにする。炭水化物は大量に食べることができるので，蓄積量も多くなる。そのうえで，食後にオレンジジュースやグレープフルーツジュースなど，柑橘類からクエン酸を摂取すると，グリコーゲン蓄積をより効率よく進めることができる。

（3） ファット・ローディングの栄養

筋肉にグリコーゲンのほかに脂肪を蓄積しておくと，睡眠中に脂肪が先に分解されるため，グリコーゲンがあまり消費されず，スタミナを長もちさせるのに役立つといわれる。筋肉に脂肪を蓄積するには朝食で高脂肪食をとり，その後ダンベル体操などで筋肉の血流を高め，脂肪を取り込み促進するとよい。夕食で脂肪をとると貯蔵脂肪となって肥満につながるため，脂肪は活動する前の朝食でとるようにするのが合理的である。

バター餅などはファットローディング食として勧められる。

（4） 体脂肪動員促進の栄養

皮下や腹腔内脂肪組織の貯蔵脂肪は脂肪細胞内で分解され，血中に遊離脂肪酸として放出され筋肉に取り込まれてエネルギー源となる。これを脂肪動員といい，カフェインがそれを促進する。たとえば，水中運動の1時間ほど前にブラックコーヒーを飲み，血中遊離脂肪酸濃度を上昇させておけば，筋肉グリコーゲンを節約できるのでスタミナアップになる。ただし砂糖などグルコースを含む炭水化物をとると脂肪動員は阻害され，上記のような効果は望めない。

(5) ウエイト・コントロールの栄養（図41）

体脂肪蓄積を促す食べ方は2つある。第一は、脂肪とインスリン分泌刺激性炭水化物（でんぷん、デキストリン、マルトース（麦芽糖）、砂糖、グルコース）を同時摂取する食べ方である。ハンバーガーやピザ、フライドチキンなどをソフトドリンクを飲みながら食べるような食べ方がそれにあたる。インスリンは脂肪組織のリポたんぱくリパーゼを活性化し、血中脂肪を脂肪組織に取り込ませる。そのときに血中に脂肪（カイロミクロン）が多量にあれば、効率よく体脂肪蓄積が進む。

第二は、夕食で高脂肪食をとることである。夕食後には体を休息させるので、食後のインスリン分泌は抑制されにくい。したがって長時間にわたり脂肪組織に効率よく血中脂肪は取り込まれて体脂肪になる。

食後に軽い運動をすると、交感神経系が活性化されてインスリン分泌は低下するので、夕食後1時間ぐらいでダンベル体操などの軽運動をするとよい。

最も効果的なウエイトコントロール法は、筋肉を増量し、さらに筋肉を赤筋化して、基礎代謝を大きくし、エネルギー代謝を増大することである。2kg以下のダンベルを用いた体操は、基礎代謝ダイエットに適している。

(6) スポーツ栄養サプリメント

近年、さまざまなサプリメントが現れたが、ポパイのホウレンソウのような絶大な効果をもつものは存在しない。その中で比較的効果を期待できるとされているものには以下のようなものがある。

1 クレアチン

ATP生産に直接働くクレアチンは、スプリント性の運動に有効である。ATPが分解されてADPになると、クレアチンリン酸がリン酸をADPに与えてATPをすぐ再生成する。クレアチンを毎日25gくらい約5日間摂取すると、筋肉中の総クレアチン量が顕著に増大する。

2 カフェイン

交感神経系を刺激して、血圧上昇、ノルアドレナリン分泌促進、エネルギー代謝増大、脂肪分解・動員促進など、運動のパフォーマンスを高める効果を発揮する。

3 ロイシン

ロイシンの代謝分解物である αーケトイソカプロン酸（KIC）は筋肉たんぱく質合成を活性化し、βーヒドロキシメチルブチル酸（HMB）は筋肉たんぱく質分解を抑制する。

クレアチンとHMBの組み合わせが、筋力発揮に特に有効である。

4 その他のサプリメント

カルニチン（脂肪酸のエネルギー代謝促進）、αーリポ酸（脂肪のエネルギー代謝促進）、BCAAやアミノ酸混合物（脂肪のエネルギー代謝促進）、その他については、特別なスポーツ効

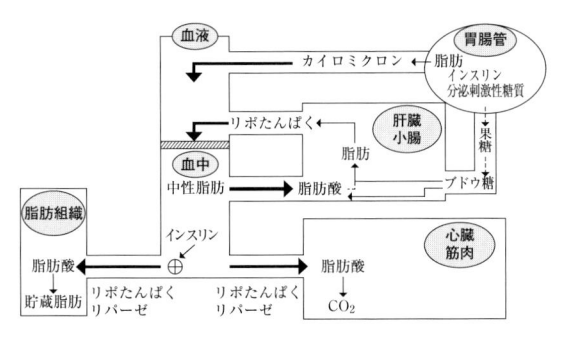

●図41──脂肪とインスリン分泌刺激性・糖分の同時摂取の体脂肪蓄積促進のメカニズム

果は確認されていない。

(7) 高齢者の筋肉・骨減弱化防止の栄養

老化に伴う筋肉と骨の減弱化を防止することは，高齢社会における最大の健康課題である。たとえば，『玄米ニギニギダンベル体操』は，筋肉と骨のたんぱく質合成を活性化するので，高齢者にも勧められる。この体操では，玄米300グラムを詰めた棒状の『玄米ニギニギ』を用いる。

また，たんぱく質合成の活性化のうえで，たんぱく質栄養に配慮するようにする。高齢者の小腸と肝臓は若年成人と変わらない活発なたんぱく質合成力を保持している。にもかかわらず，筋肉が減少し，食欲も低下しているなかで，基本の三食でとるたんぱく質が少なくなると，その消化産物であるアミノ酸は，小腸と肝臓のたんぱく質合成に使用され，筋肉や骨まで届かなくなってしまう場合がある。その結果，筋肉や骨の減弱化がさらに進むという悪循環をもたらす。

しかし，基本の三食以外に，間食としてたんぱく質を含んだ食品をとれば，たんぱく質由来のアミノ酸は効率よく筋肉や骨に届けられる。これをスナックたんぱく質のミサイル栄養効果という（図42）。

間食は肥満の発生にもつながるので，このスナックは脂肪を制限したものがよい。卵白，脱脂粉乳，おからなどは良質の低脂肪高たんぱく質素材である。これにインスリン分泌刺激性の砂糖などを加えた高たんぱく質スナックを，10時や3時のお茶の時間に摂取するとよい。

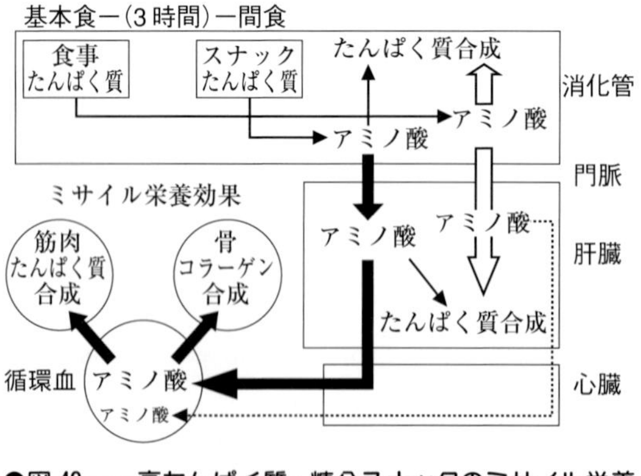

●図42——高たんぱく質・糖分スナックのミサイル栄養作用による筋肉・骨づくり促進のメカニズム

第4章

水中運動処方論

1 水中運動処方の理論

1 身体計測

「身長」および「体重」を計測する。身長も体重も，一般的には1/10単位までを記録する。高価な機器ならば1/100単位まで計測も可能である。計測から導きだされる体格の評価は特に肥満の評価などには有効な手段であり，また，水中運動プログラムが適切であるかどうかの基礎資料となる。この他にも，プールの水深などの施設の状態との関係を知ることも，運動プログラムを作成するうえで重要である。

体格の評価には，身長と体重を用いた体格指数で，ヒトの肥満度を表すBMI（Body Mass Index）が簡便である。BMIは体重（kg）を身長の二乗（m²）で除した値で，日本肥満学会によって肥満度の分類がされている（表1）。

BMIは非常に簡便であり，また信頼できる方法ではあるが，厳密には身体の見かけの体格のみを評価したものなので，これによって一喜一憂するべきではない。特に肥満の場合では，実際に身体の中の脂肪の割合（体脂肪率）がどの程度であるかを評価することが重要である。

体脂肪率の測定には，インピーダンス法（生体内に微弱な電流を流し，その際の抵抗値を測定する）に基づいた機器が用いられる。市販されているものでは体重計と一体になったものや，両手で握るタイプのものがあるが，機器によって使用している変換式が違う点や測定部位により数値が異なる点に留意しなくてはならない。体脂肪率の標準は男性で15％～20％，女性で20～25％であ

●表1──BMIによる肥満度の分類

判定	やせ（低体重）	標準（ふつう）	肥満I度
BMI	18.5未満	18.5～25.0未満	25.0～30.0未満
判定	肥満2度	肥満3度	肥満4度
BMI	30.0～35.0未満	35.0～40.0未満	40.0以上

（日本肥満学会，1999年）

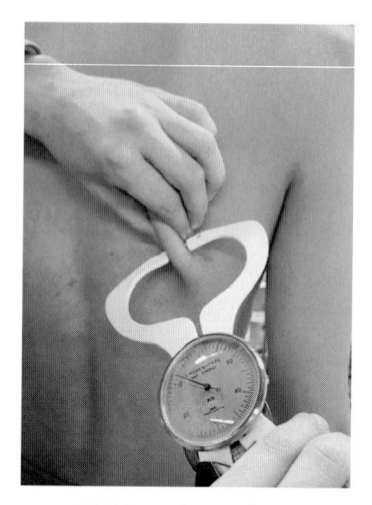

●図1——キャリパー法

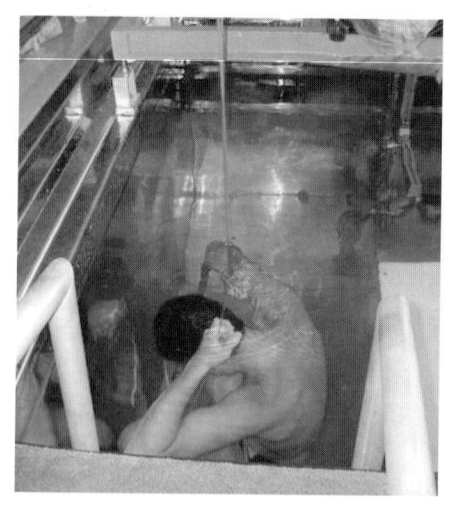

●図2——水中体重測定法

り，男性で25％以上，女性で30％以上は肥満と分類される。

　身体の組成を推定するものとしては，この他に，キャリパー法，水中体重測定法などがある。キャリパー法は，キャリパーと呼ばれる専用の器具を使って，特定の部分の皮膚および皮下脂肪の層をつまみ，その厚さ（皮脂厚）を測定する（図1）。水中体重測定法はアルキメデスの原理を応用し，陸上での体重と水中での体重から体の密度を求める（図2）。

　キャリパー法では，上腕背面の中央部や肩甲骨下端（下角部）を用いることが多いが，測定誤差が大きい，極度の肥満ではつまみにくいといった難点がある。水中体重測定法は，陸上での体重と水中での体重の差が，体容積分の浮力に相当するとして体容積を推定するため，正確ではあるが測定が非常に難しい。

　身体の各部の周径囲では，ウエストとヒップの周径囲が計測される。これは肥満の分類によく用いられるウエスト・ヒップ比を算出するためである。ウエスト・ヒップ比は，ウエストの周径囲

●表2——ウエスト・ヒップ比による分類

	上半身肥満	下半身肥満
男性	0.7以下	1.0以上
女性		0.8以上

（cm）をヒップの周径囲（cm）で除したもので，その値から上半身肥満（りんご型肥満）と下半身肥満（洋梨型肥満）に分類することができる（表2）。特に上半身肥満は内臓脂肪型肥満とも呼ばれ，糖尿病，高血圧，高脂血症（脂質異常症）などの生活習慣病の発症率が高いと言われている。ちなみにウエスト周径囲は，立った姿勢で巻き尺をウエストの最も細い部分（おへそより少し上部）に，水平に巻きつけて測定する（図3）。ヒップ周径囲は，立った姿勢で巻き尺を殿部が最も膨らんだ部分に，水平に巻きつけて測定する（図4）。

2　問診

　ここでいう問診はインストラクターが水中運動

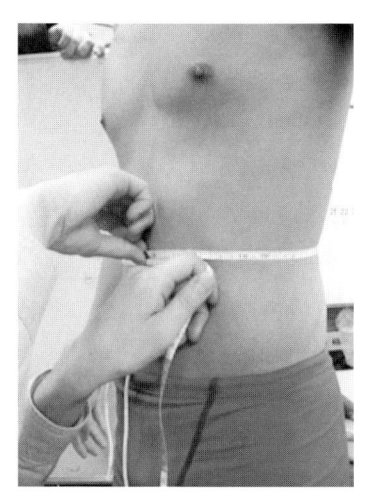

●図3——ウエスト周径囲

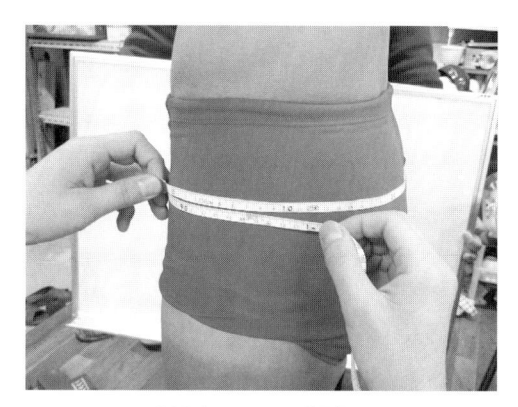

●図4——ヒップ周径囲

●表3——問診に用いるべき項目の例

1. 現在，医師にかかっているかどうか（かかっている場合は病名と薬名）
2. 腰痛の有無とその種類
3. 日常の平均的な血圧の値（降圧剤などを使用している場合はその薬名）
4. 糖尿病の有無（薬などを使用している場合はその薬名）
5. その他の生活習慣病の有無（医師の診断のあるものや，気になること）
6. 水中運動参加の目的・きっかけ
7. これまでの水泳・水中運動の経験（その程度）
8. 他のレクリエーション，スポーツ活動などの有無（その内容と頻度など）
9. 交通手段

など

の参加者に対して行うものであり，カウンセリング的な意味を持つ。

　問診の主な目的は，既往歴やその日の体調，気分を把握することである。既往歴を把握することが個人個人に合った目標設定を可能にする。また，安全かつ適切な水中運動プログラムを作成するうえでも重要である。

　問診の内容にはこれまでのけが，病気などの医学的診断や症状などの既往歴はもちろん，水泳・水中運動の経験・経歴，水中運動を行うことになったきっかけ，個人の目的・目標，プールまでの交通手段，集団的教室への参加の場合は友人の有無なども含まれる。これらを知ることで，インストラクターは個人が持っている健康危険度や運動危険度を把握し，ニーズに合った運動処方を行うことができる。参加者の状態によっては水中運動を実施することで状態が悪化する場合もあるので，問診は重要である。表3に，問診に用いるべき項目の例を示す。この他，入水前の血圧，最近の医師による診断，最近の体調や普段とは変わったできごと，その日その時の体調・気分などを直接聞くことで，入水や運動の可否を判断することも必要である（p.90，「入水前の測定」の項参照）。

　表4のリスクに当てはまる参加者には注意が必要なため，事故防止のために事前に医学的検査を受けるように勧めるとよい。医学的検査の詳細は次項「医学的検査」で述べる。

　問診の効果はこれだけではない。問診は参加者の情報を把握し，さらに直接会話を交わすことで直接的なコミュニケーションをとることができる。このことは，インストラクターが客観的な情

● 表4——リスクの高い人

既往歴：高血圧（160 mmHg/100 mmHg 以上）
　　　：糖尿病
　　　：心臓病，脳血管障害のあった人
　　　：過度の肥満（BMI 26.5 以上）
　　　：腎臓病
　　　：過度のストレス

報だけでなく，参加者本人の性格なども理解することになり，水中運動の継続や，集団的教室などではうまく教室に溶け込めるかといった，新たなコミュニティの形成に影響を及ぼすことになる。

このように問診は，単に健康状況の把握だけでなく，心理的・社会的にも重要な項目である。

3　医学的検査

医学的検査の目的は，水中運動の参加の可否を判断することにある。また検査によって，個人の健康危険度を把握し，それを改善できるように運動処方に結びつけることが可能となる。特に医学的検査が必要となるのは，表4に当てはまる人，そして，現在高血圧や心疾患などの循環器系疾患を発症している人である。

医学的検査は，安全管理や，効果的な運動処方を考えるうえで重要である。問診や，体力測定などとあわせて，個人個人のカルテを作成し，保存しておくとよい。また，医学的検査をあらかじめ必要とする参加者は，医師の承諾のない限り，水中運動へ参加させないようにする。健康増進のための水中運動で状態を悪化させては元も子もない。特に高血圧や心疾患などの循環器系疾患を有している場合は，常にインストラクターと医師とが連絡を取り合い，十分な相談を行ったうえで水中運動を実施することが望まれる。

・問診（体調，病気のリスクファクター）
・血圧（血管系のリスクファクター）

・心電図（運動負荷試験など）
・レントゲン
・血液検査
　　など

リスクの高い人
　↓
病院での精密検査
　↓
医師の承諾

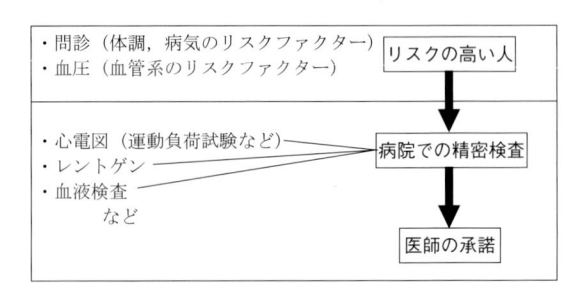

● 図5——事故防止のための医学的検査

医療機関で症状に合った精密検査を行い，医師から水中運動参加の承諾を得る際には，図5に示すような内容について検討するとよい。特に肥満者は高血圧症や糖尿病などの生活習慣病を併発している可能性が十分に考えられるため，注意が必要である。

4　運動負荷試験

運動負荷試験では，実際に運動を行い，その際の心電図と血圧の状態から心臓の状態を評価する。自覚症状がある場合はもちろん，自分では気づかない循環器系の異常を知る検査として重要である。表5にその医学的な目的をあげる。

運動をすれば血圧は上昇するが，過度の上昇は非常に危険である。高血圧症などで降圧剤などの薬を服用していると，安静時の血圧が正常範囲内であっても，運動によって過度に上昇してしまう場合がある。また，胸痛や動悸がなくても心電図に異常がみられる場合もある。運動負荷試験を行うことによって，実際の身体の状態を把握することが重要である。

また，既に病気であることが判っている場合も，どの程度までなら安全に運動ができるのかを確認するために，運動負荷試験を行う。

運動の継続によって，安全に運動ができるレベ

● 表5——運動負荷試験の目的

1　運動時の血圧，心拍数の反応に異常がないか。
2　狭心症などの心疾患がないか。
3　運動によって危険な不整脈が出ないか，不整脈をもっているならばそれが運動で悪化しないか。
4　高血圧，心臓病で投薬治療を受けている場合は，有効に作用しているか。
5　どの程度まで安全に運動ができるのか（運動能力）。

（スポーツ医科学センター「Fun and Joy」Vol 12，より引用）

ルも変わってくるので，定期的に試験を行うことが望ましい。

運動負荷試験中は心電図と血圧の測定を継続的に行い，安静時には出現しない症状を検出することができる。何らかの異常が見つかった場合は，その症状に合った運動処方をする必要がある。この試験はまた，症状が心疾患によるものなのか，他の疾患によるものかを区別するのにも役立つ。

運動負荷試験の所要時間は約30分で，心電図を記録するための電極を胸につけ，自転車エルゴメータなどの定量的に負荷を調節できる機器を用いて行う。自転車エルゴメータのかわりにアームクランクなどを用いることもある。試験では少しずつ運動強度を上昇させる（漸増負荷）ことで身体にかかる負荷を上げていく。継続的に心電図を記録し，短い間隔をあけて血圧を測定する。通常の運動負荷試験の場合は，最大心拍数の約80〜90％に達するまで運動を続ける。万が一，息切れや胸痛などの症状が強くなったり，心電図や血圧の記録に重大な異常が現れた場合には検査をただちに終了する。そのため，運動負荷試験は循環器系を専門とする医師が担当する。

運動負荷試験を定期的に行うことで，運動トレーニングの効果判定を行うこともできる。運動負荷試験によって評価できるのは，心肺機能の働き（全身持久力）である。運動負荷試験中の血圧や，呼気ガスを測定することにより酸素摂取量などを評価することができ，運動処方による効果，運動処方が適切であったかどうかを評価することにつながる。

5　体力測定

体力測定によって運動による効果を客観的に評価することは，運動継続していくうえでの動機づけとなる。また，定期的に測定を行うことで，これまでの運動処方が正しかったかどうかを評価することにもなり，新たな目標の設定や運動処方の考案などの参考になる。

体力測定項目は多岐にわたり，高価な機器を要するものもあるが，現場で簡単にできる体力測定・評価方法を活用できる。基本的に体力測定項目は筋力，持久力，総合的移動能力（歩行能力），バランス能力，柔軟性，循環器系，身体計測に分けられる。

ここでは以下に現場で活用することが可能な各体力評価項目の代表例を示す。これらを参考に，参加者の目的や運動処方の内容に合った測定項目を選択し評価を行うようにする。

(1) 筋力の評価

■1 徒手筋力による下肢筋力の測定

徒手筋力装置（図6）を用いて，足関節底・背屈筋力，膝関節伸展・屈曲筋力，股関節伸展・屈曲筋力を測定する。徒手筋力の測定方法の詳細については専門の書籍を参照されたい。

■2 椅子立ち上がりスクワット

椅子からある一定の時間内に立ち上がれる回数，もしくはある一定の回数をこなす時間を測定する（図7）。一般に30秒間の回数か，10回立

ち上がるのに要する時間を測定する。

椅子の高さを変えて，どの高さなら立ち上がれるかを測定する方法もある。

3 腹筋・背筋

腹筋や背筋など，体幹を支える筋力は腰痛にも影響するなど重要である。ここでは，筑波大学水泳研究室で用いている腹筋および背筋の評価方法を紹介する（図8）。

腹筋はA〜Dレベルの4段階，背筋はA〜Cレベルの3段階の方法で，各個人の達成可能な位置において，30秒間でできる回数を記録する。同一の位置での回数の増加や，レベルの向上によって評価する。

4 スクワット

下肢筋力，特に大腿四頭筋と股関節の安定性を評価する。50回を限度に，2秒で1回のスクワットが何回できるかで評価する。集団で行うことが可能で，簡便な評価方法である。

(2) 持久力の評価

1 6分間歩行テスト

あらかじめ決めておいたコースに従って歩行

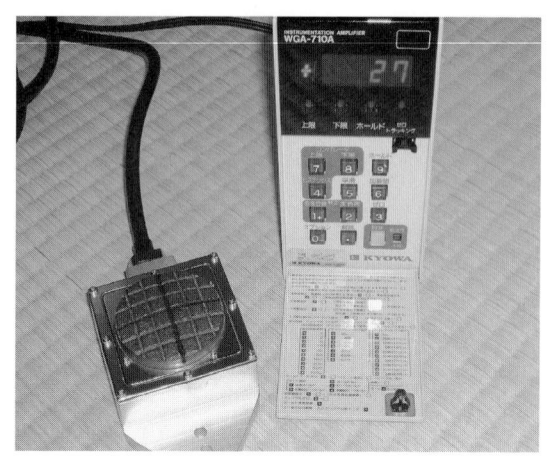

●図6——徒手筋力測定器

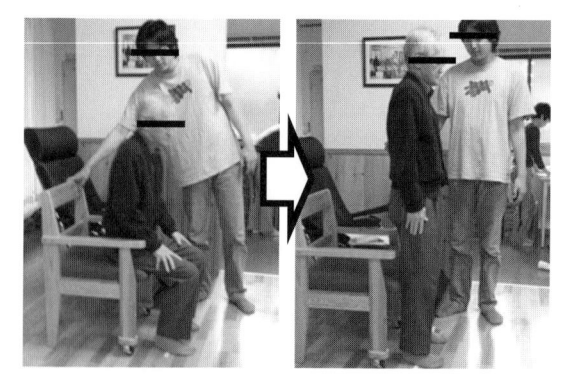

●図7——椅子立ち上がりスクワット

し，6分間で歩いた距離を測定する。距離が長い方が持久力が高いと評価する（図9）。

2 400m歩行テスト

上記6分間歩行テストと同様のコースで，400m歩行に要する時間を測定する。時間が短い方が持久力が高いと評価する。いずれのテストも，実施にあたっては「競争ではなく，自分のペースできついということを感じない，不快感を感じない程度の速度で」と指示する。

(3) 歩行能力の評価

1 11m普通歩行

11mの歩行ライン上を，普段歩いている速さで歩き，3〜8mの区間（距離5m）の歩行時間を測定する（p.88，図10）。

2 11m最大努力歩行

11mの歩行ライン上（図10）をできる限り速く歩き，3〜8mの区間（距離5m）の歩行時間を測定する。11m普通歩行と11m最大努力歩行のテストは東京都老人総合研究所が推奨する歩行力のテストである。

3 Stand up and Go Test

椅子に座った状態から3m前方の目印（コーンなど）を歩いて回り，再び椅子に座るまでの時

腹筋の方法

Aレベル 両手を頭に添えて，起き上がれる

Bレベル 両手を床に置いて，起き上がれる

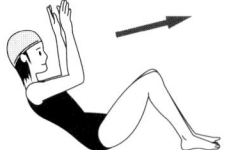

Cレベル 両手を振り上げて，起き上がれる

Dレベル 頭と背中を上げることができる

背筋の方法

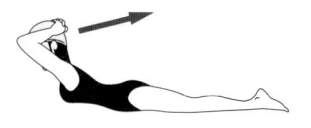

Aレベル 両手を頭の上に置き，胸まで上がる

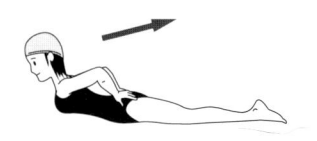

Bレベル 両手を腰の上に置き，胸まで上がる

Cレベル 胸が上がらない

●図8——腹筋と背筋の方法

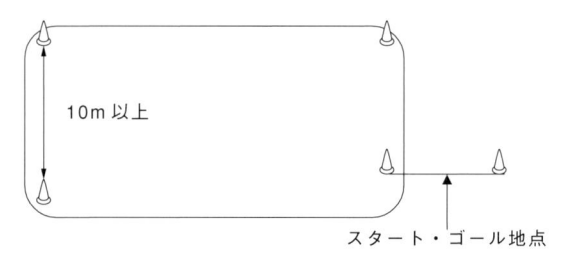

●図9——6分間歩行，400m歩行テストのコース（10m以上，スタート・ゴール地点）

間を測定する（図11）。筋力・歩行能力・バランス能力などの総合的評価として用いられる場合もある。

(4) バランス能力の評価

1 片足立ち保持時間

片足を軸にし，合図とともに他方の足を床から離し，再び床に接地するまでの時間を計測する

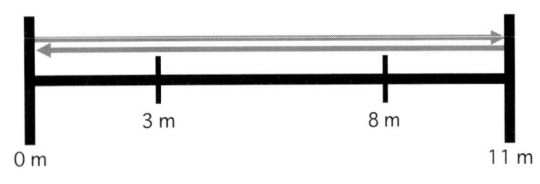

●図10──11 m歩行テストのコース

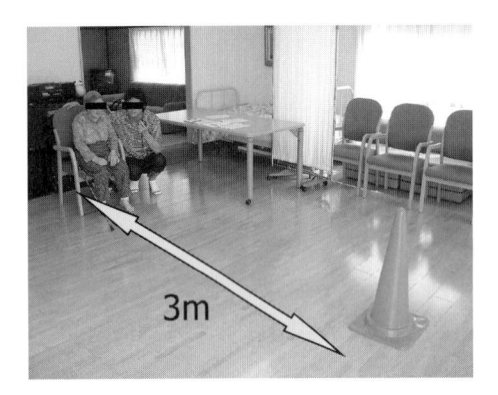

●図11──Stand up and Go Test

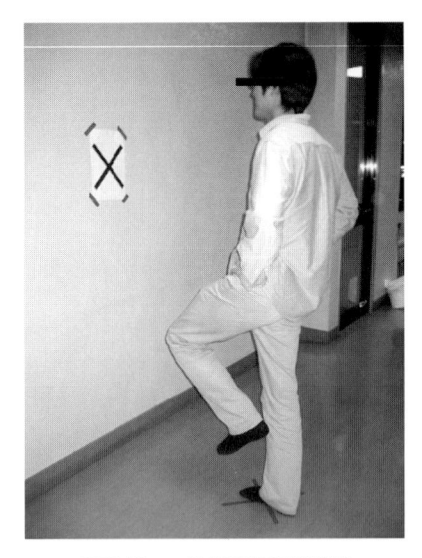

●図12──片足立ち保持時間

（図12）。目標を注視して行うとより正確に測定できる。片足立ちの代わりに，片足のつま先と反対足の踵をつけた姿勢（タンデム位）での立位時間を測定する方法もある。

2 ファンクショナルリーチ（FR）

　壁を側面にし，両足をそろえて立ち，腕を90度挙上する。その場所からできるだけ前方へ腕を伸ばし，足を踏み外さないようにして再び元の位置に戻る。最大に到達した距離を測定する（図13）。方法は両手，片手どちらでもよいが，どちらかの方法に統一して評価する。

3 継ぎ足歩行

　ライン上を，片足のつま先と，反対足の踵を交互に付けながら歩いて行く（図14）。10歩に要する時間を測定するか，ラインを踏み外すまでの歩数や，補助があったかどうかなどで評価する。

(5) 柔軟性の評価

1 長座体前屈

　長座の姿勢から両手をしっかり伸ばし，足裏の位置からの距離を測定する（図15）。立位体前屈を用いる方法もある。

(6) 血圧の評価

　一般的な血圧測定器を用いて行う。運動の効果を測定するほか，入水前や運動前のメディカルチェックにも用いるので，機器を常に準備しておく。手首血圧計は手軽に測定できる（図16）。

(7) 体組成の評価

　身長や体重から算出できるBMIや，体脂肪率計を用いた体脂肪率を測定する（p.81，「身体計測」参照）。

(8) その他（医師による診断）

　特に整形外科的疾患などの場合，医師の診察を受け，患部の痛みや状態を調べ，これまでの運動

●図13──ファンクショナルリーチ

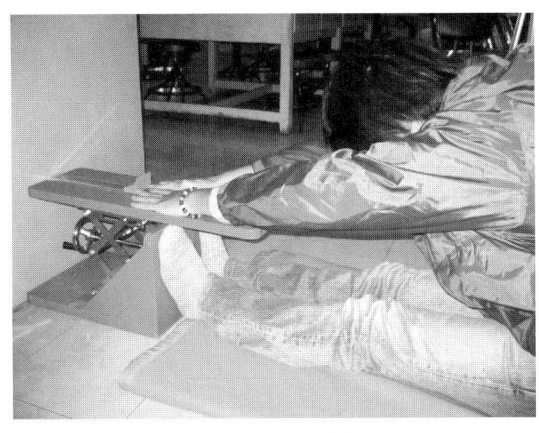

●図15──長座体前屈

●図14──継ぎ足歩行

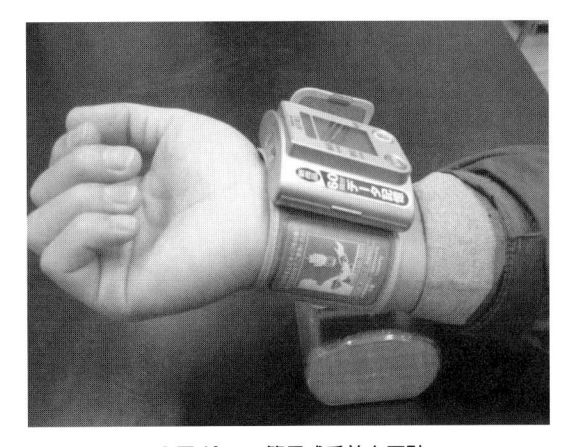

●図16──簡易式手首血圧計

の効果を評価してもらい，新たに可能な運動内容などの許可を受ける。医師による診断は信頼できるので，安心感がある。

■参考文献
(1) (社)日本スイミングクラブ協会『メディカルアクアフィットネスインストラクター教本』2006年
(2) 日本肥満学会HP (http://wwwsoc.nii.ac.jp/jasso/)
(3) 日本スポーツ医科学センターHP (http://www.hamaspo.com/ysmc/fj/f0-index.htm)
(4) 野村武男，金田晃一「アクアエクササイズ」『臨床スポーツ医学』22，150-157，2005年
(5) 野村武男『新水中健康術』善本社，1998年
(6) 野村武男『水中ウォーキング健康法』講談社，2000年

2 水中運動処方の方法

1 入水前の測定

　水中運動をより安全に，効果的なものにするためには，運動中の事故について十分に注意し，事故を未然に防ぐ必要がある。水中運動を行う際，入水前には血圧の測定と簡単な問診を行う。これは簡単に体の調子を把握するためのものであり，インストラクターが直接行うか，入水前に必ず状態をチェックできるようにしておく。その日の状態によってはプログラムを変更するといった工夫が必要である。前項の表4「リスクの高い人」（p.84）の項目に当てはまる場合や，インストラクターの判断によっては水中運動を中止することもある。特に体調がすぐれない時は，入水時の血圧の一時的上昇や，水中運動を行うことによって逆に体調を悪化させてしまうこともあるので，十分に注意する。

　血圧の測定は，入水前，十分な安静をとった後に測定する。十分な安静とは椅子に座るなどし，快適な室温・湿度の状態である。問診は，その日の体調，ストレス等をチェックするために行うほか，コミュニケーションの手段としても有効である。

2 ウォーミングアップ

　ウォーミングアップの目的は，筋温および体温を上昇させ，身体の血液循環を高めることで，運動中に身体にかかる負担を軽減させ，けがや障害を防ぐことと，運動中のエネルギー燃焼効率を高めることである。

　ウォーミングアップには陸上での準備運動と入水時のプールサイドでの簡単なエクササイズが含まれる。陸上での準備運動は，立位姿勢で行うのが一般的であるが，個人の状態によっては椅子などに座って行うものもある。

　準備運動は，血液が全身に流れて筋肉の温度が上がるように，下半身の簡単な動きからはじめ，徐々に身体全身を動かしていく。時間をかけて行うことで，筋肉や腱の柔軟性が高まり，けがの予防効果が高まる。特に中高齢者では，準備運動の際に強い反動をつけないように注意する。

　以下に腰をかけて行う準備運動の例を示す。

①足首曲げ伸ばし
　つま先を上げたり下げたりする。

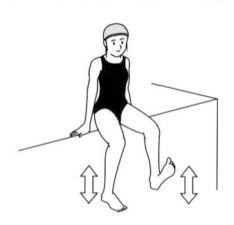

②足踏み
　できるだけ足を高く上げて足踏みを行う。

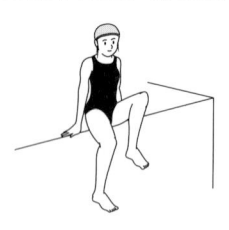

③膝曲げ伸ばし
　膝を伸ばしたり，曲げたりする。

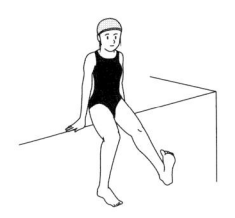

④肩回し

手を肩の上に置き，肘をできるだけ大きく回す。

⑤手上げ

手をいろいろな方向に上げていく。

⑥ボクシング

肩から動かすようにしていろいろな方向にパンチする。

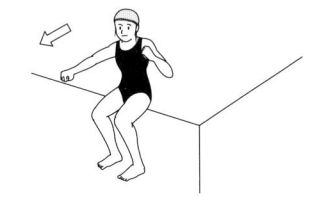

⑦腰伸ばし

手を前に出して，つま先に向けて体を倒す。

⑧体ひねり

椅子の背を持ち，体を左右にひねる。

　水中で行うウォーミングアップでは，はじめにプールサイドに座ってバタ足，自転車こぎなどを行い，身体各部に水をかけてから入水する。このような順序をとることで，入水による一時的かつ急激な血圧の上昇を防ぐことができ，水中運動を安全に行うことができる。特に中高齢者や生活習慣病の人は，ゆっくりと入水し，安全に水中運動が行えるように心がけるべきである。

　入水後，水中ストレッチングやウォーキングによって水なれを行う。前進歩行，後進歩行，横歩行など，歩行種目はさまざまだが，これらは個人によっては有酸素運動や筋力トレーニングとしても利用できる。

3 ストレッチング

　ストレッチングは，全身の拘縮しているこうしゅく筋肉や腱を伸ばし，柔軟性を向上させるだけではない。その目的は筋肉や関節に生じる種々の外傷・障害の予防・改善にある。また，精神的ストレスの軽減を促し，疲労の回復を早めるといったことにも役立つ。特に中高齢者では，加齢や運動不足の影響により，筋肉や腱組織が拘縮して柔軟性が

● 表6——ストレッチングの効果

- 筋，腱，靱帯などの外傷・障害の予防および改善
- 関節可動域の拡大
- 運動に対する身体反応の向上
- 体性感覚の向上，運動能力の向上，バランス能力の向上
- 筋のポンプ作用促進による血液循環の改善
- リラクセーションによる心身のリラックス

(栗山節郎ら『ストレッチングの実際』南江堂，2-19，1992年より引用，改変)

● 表7——ストレッチングの際の留意点

- 一度に大幅な改善を試みない。
- ストレッチングにより痛みがある場合は強度を下げる。
- 個人差に留意し，個人に合った方法で行う。
- 脊柱が関係するような複合運動は避ける。
- 姿勢を安定させ，余分な負荷がかからないようにする。
- 急激な動作を避ける。
- 過度の伸展を行わない。

(小澤多賀子「ストレッチング」『臨床スポーツ医学』22, 96-105, 2005年より引用，改変)

● 表8——ストレッチングの効果を上げるポイント

- 筋温度が高まった状態で行うとより効果が高まる。
- 有酸素運動や筋力トレーニングの合間で行うと，疲労の回復やリフレッシュになる。
- タオルやチューブなどの補助具を用いる。
- 習慣的なストレッチングを心がける。

(小澤多賀子「ストレッチング」『臨床スポーツ医学』22, 96-105, 2005年より引用，改変)

低下し，日常生活動作の低下が引き起こされやすいため，ストレッチングは重要である。

水中環境は，浮力の影響を受け，無駄な力を要さずに効果的にストレッチを行うことができるので，関節可動域の改善には有効である。

ストレッチングには，静的ストレッチング（持続的に伸張する方法），動的ストレッチング（動きにともなって伸張する方法），バリスティックストレッチング（反動をつけて伸張する方法），固有受動的神経筋促進法（PNF，ペアで能動動作と受動動作の両方を行う方法）の4種類がある。特に静的ストレッチングは外傷や障害の危険性が少ないうえに，効果が極めて高く，さらに，補助を必要としないという利便性の面からも，健康づくりや介護予防などの目的で，幅広く用いられている。ストレッチングの効果を表6に示す。

水中環境では水の抵抗や浮力などによって，ストレッチングは陸上環境よりもより安全に，効果的に行うことができる。水中では陸上で不可能な動作が可能になるといった利点もある。

ストレッチングを行う際には，リラックスした状態でゆっくり行う，呼吸を止めずに自然に行う（腹式呼吸が望ましいので，水中環境は適している），痛みのない範囲で行う，10〜30秒ずつ行う，体幹→四肢近位部→遠位部の順で行うなどに注意する。できれば毎日行うことが望ましい。

安全かつ効果をさらに上げるために，表7に指導上の注意点，表8に効果を上げるためのポイントを示した。

ストレッチングでは「軽い伸張を感じる程度」に筋を伸ばすことが大切である。しかしその感覚は本人にしか判らないので，インストラクターは状態を聞き取り，適切なアドバイスを提供するようにする。

4 水中有酸素運動

有酸素運動とは，空気中の酸素を体内に取り入れ，糖や脂肪を燃焼してエネルギーを発生させながら持続的に行う運動である。一般には軽度から中度の強度が用いられる。有酸素運動として代表的なものは，ウォーキングやジョギング，自転車

などがあるが，水泳・水中運動も有酸素運動である。水泳・水中運動はもちろん，水泳すべてが有酸素的な要素を含んでいる。また，浮力によって重力方向の負荷を軽減できることも大きなメリットである。

　一般に有酸素運動は15〜20分以上続けて行うことが推奨され，それは水中においても同様である。水中での有酸素運動では，水中環境では陸上環境よりも水浸するだけで約10拍程度心拍数が下がることに留意する。つまり，心拍数だけでチェックしていると運動強度が思ったよりも高くなってしまう可能性がある。一般的に用いられる指標は，ボルグ（Borg）の自覚的運動強度スケール（図17）であり，有酸素運動としては11〜13程度が推奨される。

　泳ぎの得意でない人や，中高齢者などが，安全にかつ楽しみながら行うことのできる水中有酸素運動として，エレメンタリーストロークがある。エレメンタリーストロークとは，泳ぎの中に人間が行う初歩動作を取り入れることによって，心身ともに無理がなく，個々に合った自然な動きで水中運動や水泳ができるようにと考えられた運動である。水泳初心者や身体機能が低下している高齢者，障害者においても，自然に無理なく水中運動や水泳を楽しめる画期的な泳法であり，無理のない自然な動作，ゆったりとした楽な動作，障害や傷害の少ない運動，相対動作を基本としている点が特徴である。

　エレメンタリーストロークには，エレメンタリードッグストローク，エレメンタリーブレストストローク，エレメンタリーバタフライ，エレメンタリーバックストロークがある。これらの泳法を習得することで，近代4泳法の習得へもつながる。

　ここでは水中有酸素運動の例として，最も基本

20	
19	非常にきつい
18	
17	かなりきつい
16	
15	きつい
14	
13	ややきつい
12	
11	楽である
10	
9	かなり楽である
8	
7	非常に楽である
6	

●図17──ボルグスケール

的な動作であるキョンシージャンプについて紹介する（図18）。両腕を前方へ伸ばし，伸ばした両腕で水をゆっくり掻きながら両膝を胸の方へ引き寄せ，その後ゆっくりと着地する。最初はこれだけでも十分な有酸素運動になる。キョンシージャンプから徐々に泳ぎにつなげていくと，楽に長く泳ぐことにつながる。

　有酸素運動を行うことで期待できる主な効果としては，脂肪の燃焼による体脂肪率の低下，最大酸素摂取量（$\dot{V}O_2max$）の増加，HDL（善玉）コレステロールの増加，毛細血管網の発達，酸化系酵素活性の上昇，血圧の低下，糖に対するインスリン感受性の向上などがあげられる。そのため，有酸素運動は脳血管疾患の予防改善，高血圧症の予防改善，肥満・高脂血症（脂質異常症）の予防改善など，幅広い対象・目的に対して用いられている運動形態である。また，有酸素運動の効果は運動を継続することではじめて得られるため，一過性の効果を期待せず，長期にわたる視点で取り組むべきである。水中運動の継続や動機づけ，新たな目標設定などに関しては他の項を参照

●図18——キョンシージャンプ

5　水中筋力トレーニング

　筋力は筋量に比例して増加すると言われており，中高齢者にとっても同様である．特に中高齢者にとって筋は，生活の質（QOL）や日常生活動作（ADL）を維持するために大変重要な役割を担っている．筋量や筋力を維持・増加させることは身体機能を維持・向上させることであると言っても過言ではない．筋量・筋力は加齢に伴い減少するが，その原因としては，加齢そのものによるものと，不活動によるものが考えられる．このような筋量・筋力の低下によって，身体活動量の低下を引き起こし，さらなる筋量・筋力の低下をまねくという悪循環におちいり，さらにこれが進行すると，寝たきりの原因ともなる．したがって，できるだけ早期からの筋力維持・向上の対策を行う必要がある．
　筋量を増やすことは，身体の基礎代謝を高め，脂肪を燃焼しやすい身体をつくることにもつなが

●表9——筋の収縮形態

アイソトニック：筋肉を収縮させ，その長さを変えながら力を発揮する方法
アイソメトリック：筋肉を収縮させるが，その長さが一定のまま力を発揮する方法
アイソキネティック：筋肉を収縮させ，常に一定のスピードを保って動作し力を発揮する方法

（野村）

る．
　筋肉の収縮形態には大きく分けて3種類ある（表9）．このなかで，水中筋力トレーニング時の筋収縮形態は，アイソキネティック筋収縮が主である．水は，空気の800倍の密度をもつが，その水があらゆる方向から体をとりまいているためである．また，動作の速度も個人で適度に調節できるため，身体に無理のない筋力トレーニングを行うことが可能である．
　特に，あらゆる方向に負荷をかけることができるのは水中の利点といえる．陸上でのマシントレーニングやフリーウエイトのように，マシンを変えたりウエイトを調節し直したりする面倒がな

●表10──補助具の種類とその利点

抵抗の調節：	アクアミット，水中ダンベル，アクアシューズ，ビート板，アクアヌードルなど
浮力の調節：	ビート板，アクアヌードル，アクアジョガーなど
体温の調節：	保温水着など

(野村ら「アクアエクササイズ」『臨床スポーツ医学』22，150-157，2005年より引用)

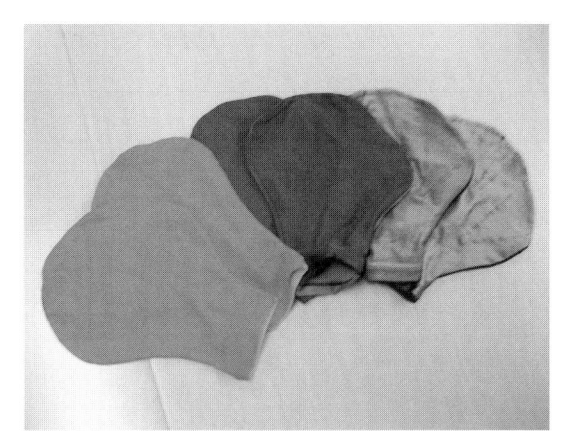

●図19──アクアミット

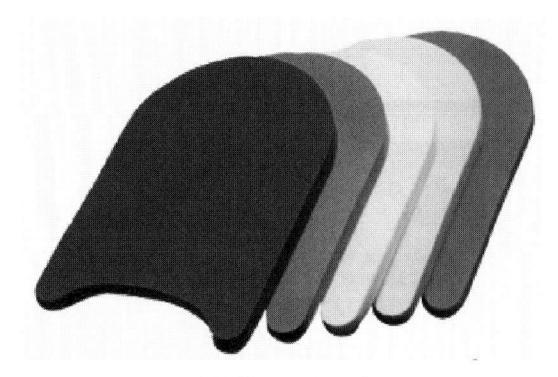

●図20──ビート板

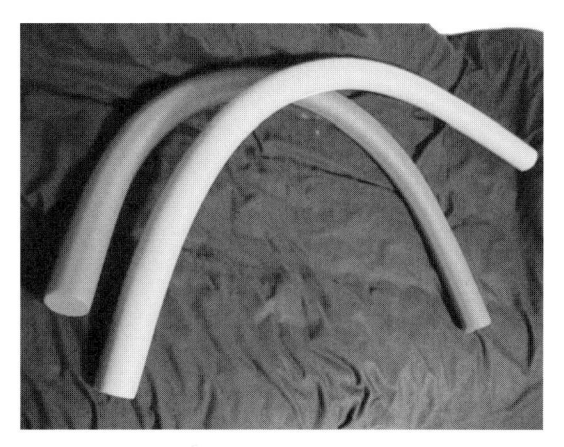

●図21──アクアヌードル

い。水中では常に水の抵抗がかかるため，水中ウォーキングやプールサイドに座って行うバタ足や自転車こぎ，キョンシージャンプも人によっては立派な筋力トレーニングとなる。また，水中ウォーキングに蹴り動作や上肢の動作を取り入れることで，効果的な筋力トレーニングも可能である。

水の抵抗をさらに付加するための補助具も多い。表10に，水の特性を生かした補助具の種類と，その利点を示した。このうち，水中筋力トレーニングに役立つものは，抵抗の調節に利用できる補助具である（図19～21）。また，これらをゲームやレクリエーションプログラムとして組み込めば，楽しみながら筋力トレーニングを行うことができる。

水中筋力トレーニングを行う際，動作は反動をつけずに個々のペースでゆっくり行う。動作中は呼吸を止めず，力を入れる時にゆっくり息を吐くようにする。関節や筋肉に痛みを感じたり，疲れがひどい場合は運動をやめるか，回数を減らすようにする。

6 クーリングダウン

一般的にクーリングダウンの目的は，血液循環を促進し乳酸などの疲労物質の拡散を図り，筋緊張を緩和することである。「ストレッチング」の内容（p.91）もクーリングダウンとして十分に活用でき，効果があるが，その他に，水中リラクセーション（図22），ミストサウナ（図23），スー

96　第4章　水中運動処方論

●図22——水中リラクセーション

●図24——スーパーチャージャー

●図23——ミストサウナ

●図25——ワールプール

　パーチャージャー（図24），ワールプール（図25），手足浴（図26）などがある（表11）。また，風呂や温泉などもクーリングダウンの手段として有効である。

　水中環境では浮力の影響により身体にかかる重力方向の負荷が軽減され，擬似無重力を体験できるため，心身ともにリラクセーション効果が得られる。表10にあげた浮力の調節に用いるような補助具を利用することで，誰でも容易に水中リラクセーションが可能である。

　水中運動でのクーリングダウンには，運動時に上昇した血圧や心拍数を落ち着かせ，安全な状態でプールから上がるという意味もある。運動中は交感神経活動が亢進され，血圧，心拍数ともに上昇し，心血管系に負担のかかった状態であるが，クーリングダウンを行うことで交感神経活動を抑制し，副交感神経活動を亢進させ，それにより血圧や心拍数を落ち着かせることができる。

　水中運動でのクーリングダウンは，リフレッシュ，ストレス改善の効果も期待できる。

●表11──水を利用した施設とその効果

施設名	特徴	効果
ミストサウナ	約40℃の蒸気によるサウナ	ウォーミングアップ，体温回復
スーパーチャージャー	水中ジェット噴射	マッサージ効果
ワールプール	37～39℃の温水気泡浴	マッサージ効果，体温回復
手足浴	手足に温冷の温度刺激を与える	血行促進，自律神経失調症の改善

(野村ら「アクアエクササイズ」『臨床スポーツ医学』22，150-157，2005年より引用)

●図26──手足浴

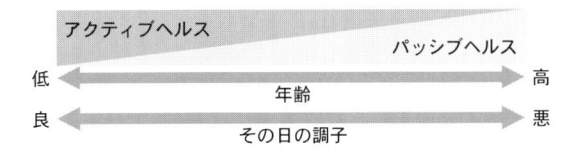

●図27──アクティブヘルスとパッシブヘルスの割合

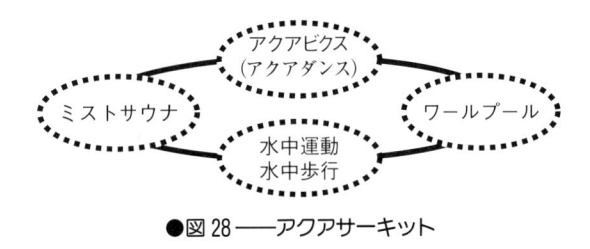

●図28──アクアサーキット

　また，ストレッチングの内容をうまく組み合わせるだけでも健康を維持増進することが可能である。特に高齢者では，自ら身体を動かして運動し，健康を増進する方法（アクティブヘルス）よりも，身体運動を伴わずに健康を増進する方法（パッシブヘルス，表11）を重視してもよい（図27）。それは，高齢者は若年者に比べ，体力の回復能力も，運動機能も低下しているためである。アクティブヘルスとパッシブヘルスの割合を，個人の状態や年齢によって変化させ組み合わせることで，効果的な水中運動プログラムを作成することができる。

　このようにアクティブヘルスとパッシブヘルスを組み合わせて，血行促進，循環器系改善，マッサージ効果，リラクセーション効果，自律神経への刺激などを目的に行う水中運動プログラムを「アクアサーキット」と呼ぶ（図28）。

　水中運動プログラムにおけるウォーミングアップからクーリングダウンまでをひととおり述べたが，すべての項目を必ずしも行う必要はなく，目的と必要に応じて種目や強度を臨機応変に変えていくようにする。水中環境はそのような臨機応変な対応が可能であり，楽しく安全に水中運動を行うために，インストラクターは配慮することが必要である。

■参考文献
(1) 日本スイミングクラブ協会『メディカルアクアフィットネスインストラクター教本』2005年
(2) 野村武男，金田晃一「アクアエクササイズ」『臨床スポーツ医学』22，150-157，2005年

(3) 栗山節郎『ストレッチングの実際』南江堂，2-19，1992年
(3) 小澤多賀子「ストレッチング」『臨床スポーツ医学』22，96-105，2005年
(4) 難波秀之，久野譜也「筋断面図」『臨床スポーツ医学』22，293-298，2005年
(5) 鯵坂隆一「呼吸循環機能」『臨床スポーツ医学』22，305-310，2005年
(6) 野村武男『新水中健康術』善本社，1998年
(7) 野村武男『水中ウォーキング健康法』講談社，2000年

3 水中運動処方の管理

1 トレーニング管理

(1) 目標設定

1 目標設定に必要な条件

水中運動のトレーニング管理では，個人に合った目標を設定する必要がある。水中運動を始めるきっかけや，心身の健康状態，運動の目的は人によりさまざまである。スイミングクラブ等の入会時に，参加者の現在の心身の健康状態や運動の目的を把握するため，参加者個別のカルテを作成するとよい。目標を設定する際には参加者とインストラクターが一緒に検討し，インストラクターが助言を与えながら行う。健康状態を把握したうえで運動について明確な目標設定ができれば，参加者の水中運動に対するモチベーションを高めることが可能である。

運動プログラムの適切な目標設定に必要な条件を表12に示す。

目標は達成可能なものを設定するべきであり，能力を超えるような現実的ではない目標を設定している参加者には現実的な目標設定ができるようにインストラクターが助言する必要がある。現時点で達成可能な目標を設定し，だんだんと目標のレベルを上げていくようにする。

また，目標は具体的で効果判定が可能なものを設定するようにする。目標は具体的であればあるほど，その達成と運動効果の判定が容易である。「効果判定」（p.103）のところで詳述するが，たとえば減量を目的とする場合は，体重，体脂肪率，BMI，ウエストなどの測定により効果判定が可能であり，具体的に体重で何kgや体脂肪率で何%といった目標を設定できる。さらに，体重何kgの減量を達成するために，週3回の水中運動の中で水中有酸素運動を毎回20分間以上行うといった，より具体的な目標を設定することもできる。

運動効果が現れるにはある程度の期間を必要とするため，目標達成にかかる時間を考慮する。参加者は1回の水中運動プログラムでも，楽しさや爽快感を味わうことができるが，1回では体重の減少，体脂肪率の低下，血圧の低下などの変化を感じることは難しい。また，1回の水中運動前後における体重や血圧の変化などは運動による一過性の変化なので，この変化に一喜一憂すべきではない。とはいえ，これらの測定は，その日の運動プログラムが過度なものでなかったかどうかの評価の参考に利用できる。

水中運動プログラムを数週間実施したとしても，心理的ストレスや体調の改善などは実感できるかもしれないが，減量効果や血圧などの改善がみられるにはまだ十分な期間とは言えない。体重や体脂肪率，血圧，血糖値などの低下といった生理的変化面での効果がみられるようになるには数か月の運動継続が必要である。

●表12——目標設定の際の条件

- 現実的で達成可能
- 具体的で効果判定が可能
- 目標達成に要する期間の設定
- 段階的な目標の修正

このように目標の達成には時間がかかることを参加者が理解したうえで，プログラムをゆっくりと進めていくことが重要である。

❷ステーションプログラム

まず，目標を実現可能な段階に細分化する。短期的な目標は参加者がそれをめざして運動を継続できるように設定する。目標達成のための期間を設定することによって，参加者とインストラクターが一緒に進行状況を確認しながら，また長期的な目標をめざして水中運動を継続していく。

段階的に目標の修正を行っていくことは運動を継続するモチベーションを維持するためにも重要である。このように，段階的に目標の修正を行い，運動プログラムも修正していく方法として，ステーションプログラムがある。ステーションプログラムとは，元来腰痛などの疾患の症状や体力レベルに合わせて段階的に運動強度を上げていき，健常者の体力レベルに到達することを目的に考案された方法である。図29に示すように導入期のステーション1，鍛錬期のステーション2，移行期のステーション3を経た後，健常者レベルのステーション4へと段階を追って目標と運動プログラムの修正を行う。ステーション移行の時期は個人差があるが，症状が安定してきたり，水中動作に慣れてくるというのが一応の基準である。一つのステーションがおよそ2〜3か月間で，人によっては同じステーションを何度も繰り返す場合もある。ステーション1から3はそれぞれ別個のプログラムではなく，前段階のプログラムを基盤に，新たな動作が加わっていく。

運動強度の調節は，運動時間，反復回数，インターバルタイムの設定，抵抗を生む補助具の利用等によって行うことができる。

たとえば腰痛者を対象とした場合では，ステー

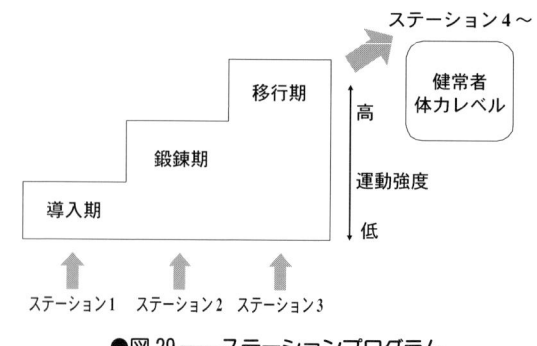

●図29──ステーションプログラム

ション1（導入期）の内容は，急性期を過ぎ，回復期に入った腰痛レベルが重症の人や運動初心者が実施可能で，プログラム時間は45分程度に設定する。

ステーション2（鍛錬期）は，回復期から慢性期で腰痛レベルが中症の人が対象となり，運動の内容もステーション1よりも負荷が高く動作も複雑化していき，運動時間も60分間程度に設定する。

ステーション3（移行期）は，腰痛レベルもおおよそ改善した状態の人が対象で，健常者と同様の体力の獲得が目標となる。この段階では，水中ストレッチングや水中筋力トレーニングに加え，水泳や有酸素運動などもプログラムに含まれる。

減量を目的とした場合には以下のように考えられる。BMIによる肥満度の分類（p.81，表1）を目標設定の指標とする場合，現在が肥満度2にあるならまず最初の目標として肥満度1をめざす。その目標が達成されたら，目標を修正し，標準とされるBMI＝18.5〜25.0を次の目標とする。このように段階的に目標を修正していく。目標の修正に伴って，水中運動プログラムの内容を再検討する。たとえば水中有酸素運動を増やしてエネルギー消費量を増加させたり，水中筋力トレ

ーニングにより筋量を増やし，基礎代謝を高めることで脂肪の燃焼を促すなどの運動処方が考えられる。

また，長期間にわたって効果がみられない場合には，目標の修正とともに，運動の種類，頻度，強度の見直しを行う必要がある。

(2) 運動の種類・強度・頻度の管理

設定された目標の達成に向かって水中運動プログラムを処方するにあたり，参加者ごとに運動の種類や運動強度，運動頻度を決定する必要がある。

「水中運動処方の方法」(p.90)に示した内容に沿って，表13に運動の種類と目的についてまとめた。

柔軟性を高めたい場合にはストレッチングを，持久力の向上や減量を目的とする場合には水中有酸素運動を，筋力を高めたい場合には水中筋力トレーニングを重点的に処方する。この他にも，ストレス解消を目的としたレクリエーションプログラムやバランス機能の改善を目的とした浮き具を利用した運動，日常生活動作（ADL）の獲得をめざしたADL向上エクササイズなどさまざまな水中運動が考えられる。

参加者それぞれの目的に合った種類の運動に重点をおくのはもちろんだが，さまざまな種類の水中運動をバランスよく取り入れて水中運動プログラムを組むことで，さらに運動の効果を高めることができる。

運動強度については，運動負荷試験（p.84）を用いて最大酸素摂取量や最高心拍数を測定し，最大値に対する割合（％）で運動強度を設定する方法が最も厳密である。健康づくりが目的の有酸素運動を中心とした運動では，安全性と有効性を考慮して，最大酸素摂取量の50〜70％程度の運動

● 表13 ── 水中運動の種類と目的

1)	ウォーミングアップ （運動開始前の準備運動，身体ほぐし）
2)	ストレッチング （柔軟性向上，疲労回復）
3)	水中有酸素運動 （持久力向上，エネルギー消費，減量）
4)	水中筋力トレーニング （筋力強化，基礎代謝向上）
5)	クーリングダウン （リラックス，疲労回復）

強度がよい。

高齢者を対象とした場合には50％程度の運動強度が安全である。しかしながら，運動強度を測定するためには専門の機関に行かねばならないことや，高齢者に運動負荷試験を行うことには危険性を伴うことから，運動強度の目安として，心拍数を用いるのが一般的である。最大心拍数は年齢から以下の式より推定することができる。個人差を考慮しながら，最大運動強度の目安として用いる。

最大心拍数（拍/分）＝220－年齢

心拍数の測定は図30に示したような心拍計を

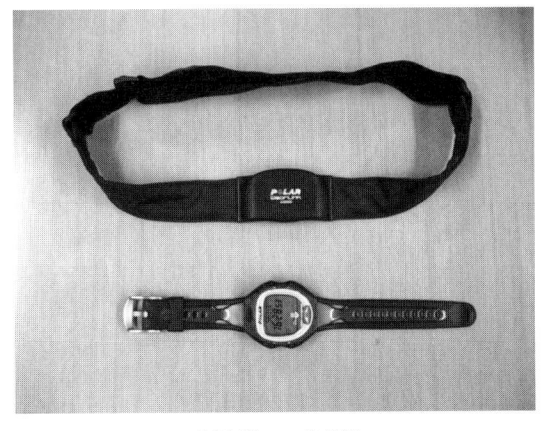

● 図30 ── 心拍計

用いたり，運動直後に触診をしたりする。心拍計は，胸部にセンサーを内蔵した伸縮性のあるバンドを巻き，腕時計型の受信機で信号を受け取り心拍数を表示するタイプが一般的で，プールでも使用可能な防水性のものもある。触診法では，運動直後にペースクロックなどを見ながら10秒間脈拍を計り，6倍して1分間の心拍数を求める。脈拍は頸動脈や手首の橈骨動脈などに指を当てて測ると触診しやすい。

表14に，年代別の目標心拍数を示した。この目標心拍数は，安静時の心拍数が70拍/分程度の平均的な人が，最大酸素摂取量の50％に相当する運動を行った場合の心拍数である。陸上運動に比べて水中運動の場合は，水深や運動強度にもよるが，水圧の影響により10拍程度心拍数が低い値を示すので，陸上運動の場合の目標心拍数よりさらに10拍程度低い心拍数を目標とするとよい。

高血圧でβ遮断薬などの降圧剤を服用している場合は，その影響で心拍数の増加の抑制が起こる。その結果，心拍数のみを基準に運動強度を設定すると運動が過度になる恐れがある。そのため，運動を開始する前に医療機関などで運動負荷テストを行った後，負荷の設定をすることが望ましい。

心拍数より簡便な運動強度の設定方法としては，ボルグスケールがよく用いられる（p.93）。有酸素運動としては11～13の「楽である」から「ややきつい」程度が推奨される。ただし，ボルグスケールは各個人の主観的な運動強度なので，個人差が大きいことを考慮しながら用いるようにする。

集団で水中運動を行う際には，個々に応じた指導が困難な場合もあるが，グループ分けや，個々に運動強度を調整する工夫が重要である。

たとえば，運動強度を上げるために水中での動作を大きくしたり，速くしたりして，水の抵抗を利用する，パドルやアクアミットなどの抵抗体やアクアダンベルなどの浮力体を利用するなどが考えられる。毎回の運動後にボルグスケールを記録しておけば，各対象者の主観的運動強度が把握でき，主観的運動強度が低い場合は強度を上げるためにプログラムを変更したり，同一プログラムの中で強度を上げる工夫を助言することもできる。

運動は少なくとも週に2，3回行う必要があり，週1回では筋力や有酸素能力の改善にあまり効果は期待できない。3回の場合は1週間のうち連続しない3日間に行えるような曜日の組み合わせがよい。表15に1週間における運動の実践例を示した。たとえば週3回の運動のうち，2回分の日曜日と木曜日は運動量を多くする，毎日運動する場合は，翌日に疲れを残さないようにし，軽い運動と中程度の強度の運動を交互に行うようにするなどの工夫が有効である。

このように，高い運動強度で行う日と軽い運動

●表14──水中および陸上運動時の心拍数の目安（最大酸素摂取量の50％に相当する強度の場合）

年齢階級	20代	30代	40代	50代	60代
1週間の合計運動時間（分）	180	170	160	150	140
目標心拍数　陸上（拍/分）	130	125	120	115	110
目標心拍数　水中（拍/分）	120	115	110	105	100

（田中守「健常者の運動処方」『運動生理学20講』1993年より引用，改変）

●表15——1週間における運動の実践例

運動の頻度	日	月	火	水	木	金	土
週3回	◎		○		◎		
週5回	◎		○	◎		○	○
毎日	◎	△	○	△	○	△	○
他運動併用	◎		□		◎		□

◎：多め（強め）の運動，○：ふつうの運動，
△：少なめ（弱め）の運動，□：他の運動
（田中喜代次ら「高齢者のための運動処方・運動指導の基本的考え方」『臨床スポーツ医学22』56-63，2005年より引用，改変）

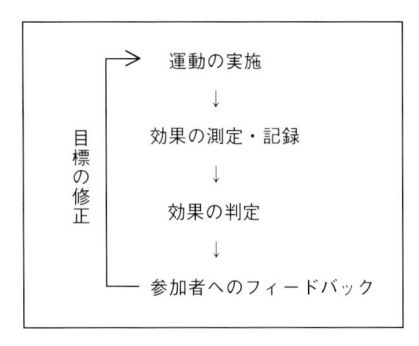

●図31——水中運動の効果判定の流れ

を行う日，休養日を組み合わせてメリハリのついた運動処方を行う。水中運動以外にも運動を行っている場合は，他の運動も含めて運動頻度を決定する必要があり，そのためにも参加者個別のカルテに他の運動習慣等を記録しておく必要がある。

(3) 水中運動を処方する際の注意事項

水中運動を処方する際の注意事項を以下に示した。

・中高齢者は身体の適応が遅いため，最初と最後はゆっくりとしたペースで余裕を持って行う。
・成人を対象とする際は，子どもの指導とは異なり，相手に尊敬の念を持ち，グループが社会的な和を持てるようにする。
・悩みを聞いたり，運動内容と運動効果についてわかりやすく説明できるようにする。
・人により疾患の状態が異なるため，それぞれの達成目標をアドバイスできるようにする。
・循環器系疾患患者では不整脈の発生や血圧の変動が大きくなるので，運動強度・運動量には十分注意を払う。
・中高年者の場合，生活習慣病の可能性を考え，注意深く参加者の状態を観察しながら行う。
・医師とのコミュニケーションを密にとり，緊急時の対応をしっかりと決めておく。
・運動指導だけではなく，食事などの生活習慣や日常生活動作，心理的ストレスなどの改善も併せて指導するとより効果がある。

2 効果判定

(1) 効果判定の流れ

水中運動による効果を客観的に評価することは，参加者が運動を継続していくうえでの動機づけとなる。また，定期的に効果を判定することで，水中運動処方の目標の修正を行うこともできる。

一般的な流れとしては，図31に示すように運動の実施，効果の測定・記録，効果の判定，参加者へのフィードバック，目標の修正を繰り返す方法が考えられる。

効果の測定・記録にあたっては，血圧や体重などのように毎回の水中運動参加時に測定したり，体力測定のように数か月に1回定期的に測定するものがある。

筑波大学野村研究室による判定の実例を示しながら，水中運動の効果判定について紹介する。

1 血圧の変化

まず8週間の水中運動実施にともなう血圧の変化をみる（図32）。これは、60歳前後の高齢者を対象に週に2回、8週間にわたって水中ウォーキングを中心とした水中運動を処方した際に、入水前に測定したデータである。水中運動開始初期の血圧は収縮期血圧が150 mmHg程度、拡張期血圧が90 mmHg程度であったが、8週間後には、収縮期血圧が125 mmHg程度、拡張期血圧が73 mmHg程度に低下した。

このデータから、参加者を全体的に評価すると、8週間実施した水中ウォーキングを中心とした水中運動は、血圧の改善に効果的であったと考えられ、引き続き水中運動を継続していくことで、血圧の維持改善が期待できる。

このようにグラフ等により変化の傾向をわかりやすくして参加者にフィードバックすることは、動機づけを高めるうえでも重要である。さらに血圧の基準値などをグラフ中に示せば、具体的な目標がわかりやすくなり、なおよい。

また、データを見てわかるように、血圧は若干の上下動を繰り返しながら徐々に低下していっている。これはその日の体調や天候などに左右されたものと考えられる。よって、参加者、インストラクターは毎回の血圧の変動に一喜一憂すべきではなく、長期間の変動の傾向から運動効果の判断を行う必要がある。また、運動参加前に血圧の測定を行うことは、運動前の体調を確認するためにも重要である。

2 膝関節伸展能力の変化

次に、75〜80歳前後の要支援・要介護認定者を対象に6か月間の水中運動を実施した際の、膝関節伸展筋力の変化をみる（図33）。週1回または週2回の頻度で、水中ウォーキングやADL向上を目的とした水中運動を行い、3か月に1回徒手筋力測定装置を用いて、膝関節伸展筋力を測定した。その結果、週2回の頻度で行ったグループは3か月後に筋力が向上する傾向がみられたが、週1回では3か月後には変化が小さく、6か月後にようやく向上の傾向がみられた。

このデータから、週1回に比べて週2回の運動を実施した方が、早期に筋力の改善がみられることがわかる。たとえば、運動頻度が低く改善のみられない参加者に対して運動頻度を増やすなどの

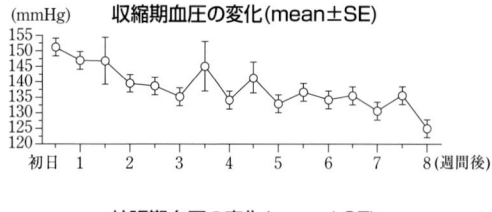

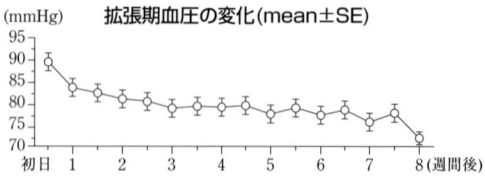

●図32──8週間の水中運動実施に伴う血圧の変化
（野村『水中ウォーキング健康法』2000年より引用）

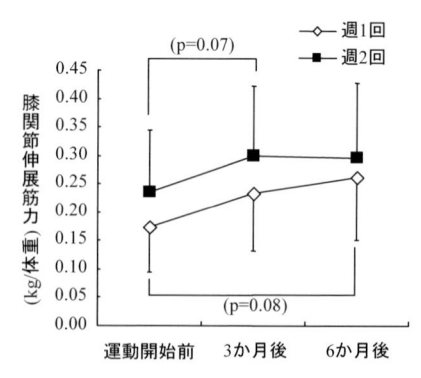

●図33──6か月間の水中運動実施に伴う膝関節伸展筋力の変化（佐藤ら『体力科学』56, 141-148, 2007年より引用）

運動処方の見直しによって，運動効果を高められると考えられる。

また一方で，参加者が要支援・要介護者であったことを考慮すると，最初から週2回の水中運動を行うことは身体にかかる負荷が大きすぎることも考えられる。しかし週1回であっても6か月間続ければ筋力の向上がみられ，長期間での効果の判定や目標の設定を行う必要性も示唆された。

ここで示したデータは水中運動プログラムに参加したグループの平均値の変化であり，全体的な効果の判定を行うことができるが，実際には，平均値を参考にしながら，参加者個々のデータの変化を評価していく必要がある。

(2) 基準値・目標値

代表的ないくつかの測定項目について，専門の学会などが定める基準値や目標値を示す。基準値を示すことで具体的な目標を認識しやすくなり，参加者のモチベーションを高めることができ，また，インストラクターの水中運動処方の際の参考にもなろう。

❶ 血圧

高血圧の分類を表16に示した。至適血圧から重症高血圧まで細かく分類されているが，大まかに収縮期血圧が140 mmHg以上または拡張期血圧が90 mHg以上を高血圧と考えてよい。糖尿病や高脂血症（脂質異常症），肥満などの心血管病の危険因子を持つ場合は，同じ分類であってもリスクが高い。

この分類表に基づいて血圧の目標値を設定し，徐々に目標値を修正しながら水中運動処方を続けていくとよい。

❷ 肥満

肥満に関する基準値として，p.81にBMIによる肥満度の分類を示した。「やせ」から「肥満4度」までの6段階に細分化されているので，目標値を設定しやすい。ただし，BMIは身長と体重から算出され，身体のみかけの体格のみを評価したものであるため，体脂肪率やウエスト・ヒップ比なども併せて測定し，肥満解消のための水中運動の効果の判定に用いるとよい。

❸ メタボリックシンドローム

内臓脂肪蓄積，高脂血症，高血圧症，糖尿病などの動脈硬化危険因子が同一患者に重複して発症する複合生活習慣病をメタボリックシンドローム（内臓脂肪症候群）と呼ぶ。表17は，米国高脂血症治療ガイドラインとWHOによる診断基準に基づく我が国のメタボリックシンドロームの診断基準である。このうち，「肥満」を必須条件とし，

● 表16──高血圧の分類

分類	収縮期血圧		拡張期血圧
至適血圧	<120	かつ	<80
正常血圧	<130	かつ	<85
正常高値血圧	130〜139	または	85〜89
軽症高血圧	140〜159	または	90〜99
中等症高血圧	160〜179	または	100〜109
重症高血圧	≧180	または	≧110
収縮期高血圧	≧140	かつ	<90

（日本高血圧学会『高血圧治療ガイドライン』2004年）

● 表17──メタボリックシンドロームの診断基準（メタボリックシンドローム診断基準検討委員会『日本内科学会誌』94，2005年より引用）

1) **肥満**：ウエスト（臍の高さでの腹囲）が男性で85 cm以上，女性で90 cm以上
2) **高脂血症**：中性脂肪150 mg/dℓ以上またはHDLコレステロール40 mg/dℓ未満
3) **高血圧**：収縮期血圧130 mmHg以上または拡張期血圧85 mmHg以上
4) **糖尿病**：空腹時血糖値が110 mg/dℓ以上

さらに2項目以上が該当するとメタボリックシンドロームと診断される。1項目が該当する場合は，メタボリックシンドローム予備群と考える。

メタボリックシンドロームの改善を目的として水中運動プログラムを行う場合は，上記の基準値を一つの目標に設定する。肥満や高血圧は効果の判定をスイミングクラブにおける測定値をもとに行えるが，高脂血症や糖尿病は医師による血液検査を受ける必要がある。基準値を大きく上回るような症状の重い参加者については，まずは実現可能な目標値を設定し，段階を追って目標を修正していく必要がある。また，特に症状の重い項目の改善を最初の目標に定めるのも有効な方法と考えられる。

(3) 期間別効果判定

効果判定の応用として，期間別効果判定を紹介する。この方法は，運動効果の判定を測定の簡便性などから3段階の期間に分けて行うものであり，毎回測定するもの，数か月に1回測定するもの，半年に1回程度測定するものから構成される（表18）。

毎回の測定は，簡便であり参加者が自分で測定可能なものを選ぶ。参加者の体調管理の指標にもなり，モチベーションの維持にも役立つ。血圧や体重は体調などにより上下するため，変化に一喜一憂しないようにさせる。特に体脂肪率などは生活習慣病との関連が強いので，運動効果判定の有効な目安となる。

数か月に1回の測定は，体力測定を中心とし，スイミングクラブで体力測定週間を設定する。参加者はこの体力測定の機会に合わせて目標を設定でき，モチベーションを高めることができる。他者との競争ではなく，前回の記録と今回の記録を比べ，目標の修正を行う。

半年に1回程度測定する項目は，スイミングクラブでは測定が困難であるが，ぜひ取り入れたい。医師による検診，血液検査などを受けることにより，より詳細に効果を判定することができる。特に，糖尿病や高脂血症といった生活習慣病を有する人は，医師による検診を受ける必要がある。定期健診などを受けている場合にはその際のデータを，前回の測定値や基準値と比較して，目標の再確認・修正を行う。特に疾患を持つ人は医師に現在の健康状態を確認してもらい，引き続き水中運動への参加が可能かどうかその際に診断を受けるとよい。

■参考文献
(1) メタボリックシンドローム診断基準検討委員会「メタボリックシンドロームの定義と診断基準」『日本内科学会誌』94，794-809，2001年
(2) 日本高血圧学会『高血圧治療ガイドライン2004』ライフサイエンス出版，2004年
(3) 野村武男『水中ウォーキング健康法』講談社，2000年
(4) 佐藤大輔，金田晃一，若林斉，野村武男「異なる頻度の水中運動が要介護認定者の起居・移乗移動動作に及ぼす影響」『体力科学』56(1)：141-148，2007年
(4) 田中喜代次ら「高齢者のための運動処方・運動指導の基本的考え方」『臨床スポーツ医学』22，56-63，2005年

●表18——期間別効果判定の方法

1) 毎回測定する項目 　　血圧，身長，体重，体脂肪率など
2) 数か月に1回測定する項目 　　体力測定，皮下脂肪厚，周径囲など
3) 半年程度に1回測定する項目 　　運動負荷試験，医学的検査，血液検査など

第5章

水中運動プログラムの作成と指導法

1 指導上の注意点

1 浮力に関する指導上の注意点

(1) 水中での転倒

　水中にある体には，上向きに浮力が働き，水の外にある頭などには，下向きに重力が働く。まっすぐに立っていればこのバランスは保たれるが，そうでないと，バランスを保つために回転運動が起き，この2つの力が平衡に達するまで回転力が働く。水中でリラックスした状態でストレッチングや運動を行っている時に，このような作用によってバランスを崩し，とっさに意図せぬ急激な動きをしてしまう場合がある。そうなると，元々，膝痛や腰痛を持っている人などではかえって状態を悪くすることにもなりかねない。

　これらを予防するために，プールの壁面の手すりなどを使用してプール内の移動を行うように指導する必要がある。また，どうしてもバランスを崩してしまった場合は，一旦水の中に全部沈んでから，回転力をなくした状態で垂直にゆっくり立つという対処法をあらかじめ教えたり，練習しておく。顔を水に入れない水中運動では，体を沈めることを避ける傾向にあるが，それでもいざという時に行う姿勢保持のやり方を教え，経験しておくことは必要である。

　特に水中での直立姿勢の運動では，両足を肩幅程度に開き，背筋を伸ばして，両腕を前方に肘を軽く曲げて立つ，中立姿勢という姿勢も大切である。

(2) 呼吸と重心の補正

　水中で背浮きをする場合，水に慣れていないと下半身が沈んでしまったり，浮いていても息を吐くと沈んでしまうことがある。その場合は息をすべては吐かず，ゆっくり吐き，素早く吸うように指導する。また，両手を頭の方向にあげることで重心を胸の方向にずらすことができるので，両手を頭の後ろで組んだり，のばしたりすることでバ

ランスをとるように指導するのもよい。

(3) 浮力を運動負荷とする場合

　浮力によって，筋と関節への荷重負荷が軽減され，それに伴って疼痛もやわらぐ。また低負荷環境のトレーニングで関節を動かすことで関節可動域の拡大が期待できることも知られている。

　その浮力の作用は，水位によって異なる。臍水位であれば，50～60％程度の体重となる。この深さで直立した時の筋活動を陸上のそれと比較してみると，内側広筋は変わらないが，大腿二頭筋・長頭では陸上の21％，大殿筋が25％，広背筋が69％に減少している。下肢の筋活動が減少し，背中の筋群も陸上の活動より少なくなっており，これは陸上での座位時の筋活動に類似する。

　この水位では簡単に体が動かせるので，有酸素性運動としての水中ウォーキングやアクアダンスなどを行うのに適している。

　剣状突起水位では，30～40％程度の体重となる。この深さで直立した時の筋活動を陸上のそれと比較してみると，内側広筋は91％，大腿二頭筋・長頭が15％，大殿筋が9％，広背筋が55％となっている。つまり，下肢の筋活動が減少し，さらに背中の筋群も半分程度にまでなっている。これは陸上での背臥位時の筋活動に近い。

　この水位では，腰痛や膝痛・股関節痛を持つ人などの水中運動が可能となる。また，水温などの調節が可能であれば，リラクセーションを主体とした運動負荷が低い水中運動プログラムも可能である。

　腋下の水位では，10～20％程度の体重になる。この水位では，股関節の可動域を広げるための水中ウォーキングや，抗重力筋群の弛緩のためのストレッチングなどが可能である。

完全に浮いている水中背臥位では，バランスをとるための運動などをすることができるなど，水中環境でしかできない筋活動の運動が可能である（図1）。

　特に，浮力を運動負荷として用いる場合，浮力はその支点からの距離とその浮力の大きさの積で，そのかさが決まる。そこで，肩を支点としている時は，支点から垂線をおろした線に近い位置から運動を始めるようにする。これはだんだんと大きい運動負荷にしていく必要があるためである。

　また，直立姿勢時に腕を浮かせた状態で水中運動を行うと，腕の重さを浮力が補うことから，水中運動特有な運動形態となり，これは重要な水中運動プログラムである。

(4) 水平移動運動（振り子運動）

　水中運動プログラムは，小さな関節から大きな関節，小さな可動範囲から大きな可動範囲，小さな筋肉から大きな筋肉，より簡単な運動から複雑な運動へと進む。そして最後は軽い運動で終わる。その時，一つの運動の中で急激に運動負荷が変化してしまうと，筋線維にダメージを与える危険性がある。

　たとえば，水の中で，腕を上下に移動させる運動を行うと，上向きの力は，腕が体に近い時には軽く，腕が水面近くにきた時には大きくなるというように，一つの運動形態の中でその運動負荷は大きく変化する（図2）。

　そこで，肩を支点として水面から同じ深さで腕を平行に動かすと，常に同じ負荷が得られる。負荷を少しずつ増やすには，一定の深さで肩を支点とした振り子運動を行い，次に，腕を水面に近づけた位置で再び同じ運動を行えばよい。また，腕を動かす速度を変えても同じ関節可動域で負荷を

①足首を押し，この力に対抗する　　　　　　②足首や手首を押し，この力に抵抗する

●図1──浮き身での水中運動（アクア・アイソメトリック・トレーニング）

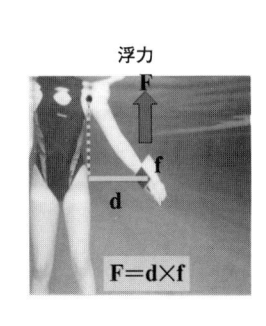

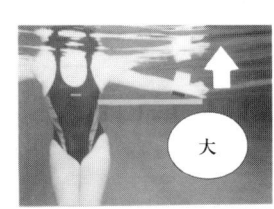

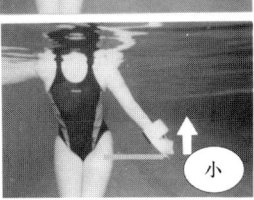

浮力は，体から遠ざかると大きくなる。

●図2──浮力の差

$F = d \times f$

変動させることができる。この原理を利用して水中運動プログラムを組めば，はじめは体に近い位置（深い位置）で腕や足を動かし，徐々に角度を広げ，関節の可動範囲の拡大と運動負荷の増加を調節するようにできる。

2　抵抗に関する指導上の注意点

(1) 水抵抗と陸上での指示動作

一般的に水中運動を指導しているインストラクターは，陸上でデモンストレーションを行い，参加者は水中で運動するというケースが多い。

プログラムが進むにつれて，だんだん動きのス

ピードや，運動負荷が上がると，陸上のインストラクターの動きが速すぎて，水中で運動している人がついていけないという状況も見られる。

　スピードを上げたり，運動負荷を上げるのには水の勢いを参加者に実感させるという意味もあるが，実際に受ける側から速すぎて現実的ではないと感じてしまわれては意味がない。

　また，疲労度も水中と陸上では異なるため，インストラクターが自分の感覚で行ってしまい，参加者にとって過度になる傾向もあるようである。

　また，運動指導の際にカウントを数えていないインストラクターもいるようだが，水中運動の場合，カウントによって速度，つまり水抵抗の負荷値を表すので，スピードの目安としてカウントをとることは重要である。

　リラクセーションや動きのないストレッチングなどでは，何秒間程度行うということを前もって指示するとよい。水中で行われることから，参加者は，水に沈んでいる時や音が聞こえない時などは不安になることが多いので，常にその不安を取り除くための配慮が必要である。

　手の傾きや脚のステップの方向などについても，必ずはじめにデモンストレーションを行ってから実際の動きに入るようにするとよい。デモンストレーションがあっても同じような動きができない場合にはそこでインストラクターが入水し，補正することも必要である。

(2) 水抵抗と運動負荷

　水抵抗は投射性面積に比例することから，その人の体型によっても水抵抗は変化する。体型的に横幅が広い人では，前後方向に動く動作では抵抗が大きくなるが，横方向の動きでは抵抗が小さくなる。水位が低い場合でも，下半身に脂肪が多い場合は浮力の影響も変わる。また，抵抗は速度の2乗に比例することから，80ビートを超える動作では急激に運動負荷が大きくなると言われている。また，同じ投射性面積でも先が尖っているものでは抵抗が少なくなる（抵抗係数）。

　これらの特徴を踏まえ，投射性面積や速度，抵抗係数を考慮にいれれば，速度は速いが負荷が少ない運動や，速度は遅いが運動負荷が大きい運動など，さまざまなバリエーションが考えられる。

　水中では，筋肥大を伴う筋出力の向上よりも，筋と神経の連携を向上させるための運動が効果を上げている。特に，水中では関節の可動域を広げたり，普段あまり動かさない筋肉を低負荷で刺激することができ，いわゆるトレーナビリティーを向上させることが可能である。

　水中運動の役割と目的は，アクアダンスのように運動負荷の高いものから，筋機能向上や関節可動域確保のための運動までさまざまな運動形態が実施可能な環境なので，細分化が可能である。

(3) 水中ウォーキング

　水中ウォーキングなどで一定方向に進んでいると流れができる。特に一度に多くの人が歩く場合は，その流れに巻き込まれたり，バランスを崩したりする人もいる。

　ドイツでは，プールの水を洗濯機のようにぐるぐると回して無重力感を楽しむアトラクションがある。ただこれはともすれば危険を伴うものなので，必ず監視員が特別につく。これは極端な例だが，水中ウォーキングやジェットマッサージなどの強力な流れには，十分注意する必要がある。

　反対に，この水の流れを利用して歩こうという考えもある。たとえば，ドイツで行われている水中ウォーキングなどでは，側面から，背中やもも

の裏あたりに水流が当たるように調節し，その流れに乗り，股関節を大きく広げながら，大股で飛ぶように歩くプログラムがある。

現在行われている，泳ぐためのプールでの水中ウォーキングは，水位も低く，水温も低いので，有酸素性運動としての要素が大きい。

一方，深さを120 cm程度，水温を35℃前後に設定しているバーデプールなどで行われる水中ウォーキングは，水深の関係上，速く歩くことはできないので，「その場ウォーキング」などが有効である。どうしても歩きたい場合は，股関節を大きく広げたり，全身の筋肉を使うウォーキングを行うとよい。

3 水圧に関する指導上の注意点

(1) 貧血

水圧は，水面から10 cm下では1.01気圧（＋7.6 mmHg）となり，水面下50 cmでは1.05気圧（＋38 mmHg）となる。つまり，水深1 mのプールに入水し直立した状態では，下半身に最大約1.1気圧（＋76.0 mmHg）を受けることになる。

プールに入ると約2分程度で心拍数が減少し，この水圧により下肢筋群の緊張が緩和され，下肢の末梢血管抵抗も減少する。さらに，運動を行うと血流が促進される。その後，急にプールから出るとそれまで水圧によって補われていた血管の緊張のバランスが崩れ，重力にすばやい適応ができずに貧血を起こすことがある。特に，高齢者や動脈硬化が進んでいる人の場合では，貧血が起きたり心臓が正常に作用しなくなることがある。

プールから出る時は，特に高齢者の場合は意識してゆっくりと出て，重力に順応するようにする。また，腰や膝の関節などに急激に重力がかかると，そこを痛める原因ともなることから注意が必要である。

(2) 低血圧

水中では，水圧の影響により，静脈の還流が増大し，1回心拍出量が増加し，心拍数が減少する。また，腎臓では循環血漿量の低下を促すため，尿量の増加および尿中Na排泄の増加をもたらすことも明らかにされている。特に，レニン分泌の抑制作用は，強力な血管収縮作用を有するアンギオテンシンIIや副腎皮質からのアルドステロンの分泌を抑制する。

これらのことから，水中では血管が拡張傾向にあり，血圧は低下すると考えられる。

須藤らのデータによると，9名の高血圧者において収縮期血圧の20 mmHg程度の減少，拡張期血圧については個人差が大きいものの，動脈硬化などがない場合で15 mmHg程度低下している。収縮期血圧が100 mmHgを切る場合でも低下することが考えられる。

血圧では，収縮期血圧と拡張期血圧の差が重要であるが，低血圧に対する予防も大切である。

入水前に水分を補給することで，低血圧を予防できるという研究もあるので，運動前の水分補給は必ず行うようにする。陸上での低血圧の症状と，水中で水温や水圧の影響による低血圧値の症状の比較については，未解明の部分もあるために，今後の課題である。

(3) 手足の冷え

水中で直立している姿勢で水中運動を行う場合，水圧の影響により下肢の静脈の還流が増大する。つまり，体幹に血液が集まることになる。水中で心拍数の増加が少ない状態にあると血液は体

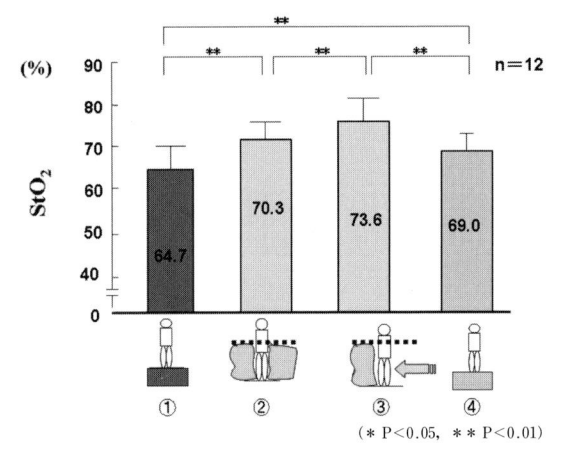

●図3──ジェットアクアマッサージ中の筋組織血液動態
　　　　（StO₂）の変化（須藤，2007年）

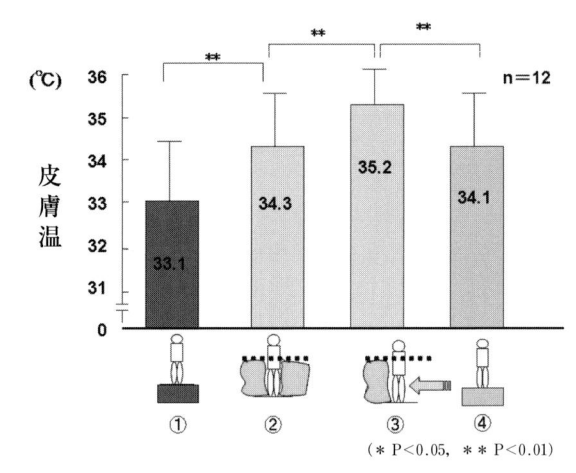

●図4──ジェットアクアマッサージ中の皮膚温の変化
　　　　［5分後］（須藤，2007年）

の中心に集まり，手足の温度が低くなり，それが手足の冷えにつながることがある。また，ジェット（アクア）マッサージなどで水流を同じところに当て続けると血管を圧迫し，血流が滞り脚の冷えを引き起こすケースがある。

特にインストラクターは，水中でも指導する側であるために自分が動かない場合が多く，冷えに悩まされやすい。

水中では上肢・下肢を動かすことで血流を促進させ，冷えから身を守ることが必要である。また，ジェットマッサージは同じところに当てすぎないように少しずつ場所を変えて行う。

ちなみにジェットマッサージ中の筋肉の組織酸素動態をみると，約1分程度で酸素ヘモグロビンがプラトーに達している。筋肉量や硬さによってほぐれ方が異なるが，最高でも5分程度でプラトーに達しているケースがほとんどである（図3，4）。

4　水温に関する指導上の注意点

(1) 30℃未満の水温と36℃以上の水温

ヒトの体温は36℃前後である。体の反応は，常に体の体温を一定に保つことを目的としているので，室温が上がると熱を吸収し，室温が下がると熱放散は多くなる。

温度の感覚については，一般的に30℃から36℃を無感帯（comfort）といい，この温度範囲であれば順応が起こり，36℃以上または30℃未満ではそれぞれ温かさや寒さを感じるといわれている。また，皮膚温が45℃以上になると熱痛，15℃以下になると冷痛を感じるといわれている。

30℃程度の水温では，水泳を中心とし，全身を使い，ある一定の運動負荷が得られる運動を実施する。一方，水温36℃以上は，一般的にはジャグジーや風呂が考えられる。水温が38.5℃を超えると発汗が急速に起こるので，外気温との関係もあるが，ジャグジーなどでも39℃以上にはあげないようにする。

また，34.5～35.5℃の不感温度領域は，副交感神経系も亢進されるので，リラクセーションや関節可動域拡大のための関節授動運動やストレッチングなどに適している。また，サウナの後の水風呂の水温は，15℃を下回らない程度にする必要が

ある。ドイツでは，1m程度の深さのある水風呂が主流である。脚部の血管などを水圧でも締めることが可能である。

低い水温（30℃程度まで）のプールでストレッチングや関節授動運動などを行う場合は，保温効果のある水着を着用したり，体温を上げるような運動を取り入れてから，短時間でのストレッチング運動を行う，などの工夫が必要である。今後はサウナやジャグジーなども併用したメニューが作られる可能性もあろう。

(2) 発汗作用と汗の成分

プールに入っている時でも，ヒトは汗をかいている。特にサウナでは，その汗の量を実感でき，体温の上昇に伴う発汗を体験できる。

サウナの歴史は古く，約2,000年前からフィンランド地方を中心にマーサウナ（地中サウナ）からサブサウナ（スモークサウナ）へと形態を変え発展している。

フィンランドでは，スモークサウナの中には喧嘩や騒々しい音が嫌いなサウナトントゥ（SAUNATONTTU）という妖精がサウナを守っているという伝説があり，サウナに入る「行儀作法」も大切と考えられている。また，ドイツでは体の一部でも床に直接触れてはいけないというルールがある。皆，大きなタオルを床に敷き，足の指先までタオルから出ないようにしている。

汗の成分は，一般的に大部分が水で，NaCl（塩化ナトリウム）が約0.65%，尿素が約0.08%，乳酸が約0.03%と言われている。汗が沢山出るとNaCl（塩化ナトリウム）が約0.9%になると言われている。特に，アポクリン腺から出る脂質やたんぱく質などは常在菌と触れると酸化分解され，異臭を放つ原因となる。汗はヒトの老廃物なので，他の人にかからないようにすることは衛生的にも重要なことである。

サウナでかく汗は，体温の上昇を防ぐための適応反応である。部屋の温度が上がり，血液が温められると，体から熱を逃がすために皮膚の血管を拡張して多くの血液を皮膚に流し，皮膚温を上昇させることで，汗が汗腺から分泌される。そして，汗の蒸発による気化熱によって熱を逃がして体温を下げるしくみである。（温熱性発汗機構）。

古くからフィンランドのサウナでは，熱せられた石に水をかけて蒸気を発生させ，それを肌に感じさせ，発汗をより促す「ロウリュ」（LOYLY）が行われている。そして，ビィヒタ（VIHTA）と呼ばれる白樺の枝で作った束で体を軽くたたき，香りを楽しみながら発汗を促すという入浴方法が行われている。

また，ドイツのサウナもアウフグース（Aufguss）といい，その流れを汲んでいる。アロマのエキスを数滴垂らした水を使用している例もあり，熱せられたサウナの石にこのアロマ水をかけて熱波を楽しむ。

サウナから出た後には，水分の補給と休息に留意する。サウナから出たら，不感温度（34℃）の水を浴び，乾燥したところで横になり，血流を整えるようにするのがよい。足や手に水をかけるのもよい。

サウナの後に水風呂に入る場合は，急に立ちあがらないようにする。水風呂から出る直前は，水圧により静脈血が体幹に集まっており，下肢の血管は熱により拡張しているため，急に立ち上がるとめまいや貧血を起こしやすいためである。これらはプールや露天風呂でも同様であり，注意しなければならない。

2 水中運動動作ガイド

1 水泳・水中運動の動作区分による分類

　水泳・水中運動の動作を分析すると，次の6つに分類することができる（表1）。

　第1は「水中に立った動作」である。水中に立って行う動作で，一番安心して行うことができる。

　水中に立った動作には，大きく分けて「水中に立った動作」「支持物に支えられての動作」「ジャンプ系の動作」「回転系の動作」などがある。

　第2は「水中に立っての移動」である。水中に立った状態から移動する動作である。立った状態での移動には，「前進する移動」「後進する移動」「左右への移動」「斜めへの移動」などがある。この動作も，第1の動作が基本になっているので，安心して行うことができる。移動のスピードによって，ウォーキングとジョギングに分類できる。

　第3は「水中に垂直に浮いての動作」である。これは，補助具の使用やスカーリング動作の習得が前提となる。この動作は，基本的に顔を水面上に出して行うので，安心して行うことができる。

　第4は「水中に垂直に浮いての移動」である。これは，第3の動作ができることが前提になる。水面に顔を出した状態で移動するので，筋肉強化に向いている。

　移動には，「前進」「後進」「左右」「斜め」などがある。

　第5は「水中で水平に浮いての動作」である。この動作には，「仰向け」と「うつ伏せ」という二つの方法がある。

　第6は「水中で水平に浮いての移動」である。これはつまり泳ぎそのもので，各種泳法の部分的練習（ドリル）がそれに当たる。この動作には，「仰向け」，「うつ伏せ」，「横向き」という3つの方法がある。

　この6つの動作のうち，第1～第4の動作までが水中運動と分類される。そして，第5と第6は，水泳に分類される。なお，実際に行われる水中での動作は，これらの動作が複合して行われることが多い。

　この項では動作的に水泳の分類に含まれる動作であっても，水中運動要素を含んでいる場合は水中運動の動作として扱う。

2 水中運動の動作の発展から見た分類

　水中運動の動作には，脚の動作，腕の動作，脚と腕を組み合わせて同時に行う動作などさまざま

●表1——水泳・水中運動の動作区分

1. 水中に立っての動作（垂直）
2. 水中に立っての移動（垂直移動）
3. 水中で垂直に浮いての動作（垂直浮き）
4. 水中で垂直に浮いての移動（垂直浮き移動）
5. 水中で水平に浮いての動作（水平浮き）
6. 水中で水平に浮いての移動（水平浮き移動）

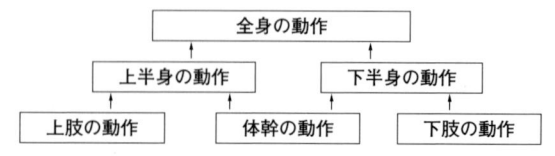

●図5——水中運動の動作の発展（立川規子『アクア動作図鑑』環境工学社より改変）

なものがある。そのため，無数の水中動作が考えられるが，たとえば図5のように分類することが可能である。

3 レッスンの流れに沿った分類

水中運動の動作の分類は，前述のように「水泳・水中運動の動作区分」や「水中運動の動作の発展」という視点でまとめることができる。

しかし，実際のレッスンで利用することを考えると，「レッスンの流れに沿った分類」の方がわかりやすく利用しやすい。

水中運動を行う目的は，その参加者によってさまざまである。しかし，インストラクターとしてプログラムを提供する場合，無理のない流れでレッスンを行うことが必要である（表2）。

以下に流れの例を示す。

1 ウォーミングアップ

ウォーミングアップは，文字通り筋肉や血管を温めて血流を良くし，運動をやりやすくすることが目的である。

2 水中ストレッチング

ここでは，ストレッチングをすべて水中で行うので「水中ストレッチング」と呼ぶ。水圧や浮力などの水の特性をうまく利用して無理のないストレッチングを行う。

●表2──無理のないレッスン内容の流れ

1.ウォーミングアップ
2.水中ストレッチング
3.エアロビクス
4.ストレングス
5.リラックス
6.バランス
7.クーリングダウン

3 エアロビクス

エアロビクスとは，日本語で有酸素運動という意味である。運動中に体内に取り込まれた酸素を使ってATP（アデノシン3リン酸）が再合成される運動で，中等度の強度で時間をかけて行う。つまり，体内での酸素需要と呼吸による酸素摂取量が等しい一定状態を長く持続できる運動のことである。

4 ストレングス

水中での筋力強化運動は，陸上で行う筋力トレーニングと異なり，自分でトレーニング負荷をコントロールできる。同時に等速性の筋収縮であるために，筋肉に対して無理な負荷がかからず，参加者の年齢と体力に合わせた効果的な筋力向上を可能にする。

5 リラックス

水の特性を利用して，リラックス感を全身で感じてもらう。水中に水平に浮くことは，支点がないので身体のどの部分にも力が入らず，より完全なリラックス状態が得られる。これが何ともいえない心地良さを与えてくれる。

6 バランス

バランスでは，正しく水中で自分自身の身体をコントロールする。これができるようになると，水中で行う動作を安心して行うことができるようになる。と同時に，泳げるようになるための重要なポイントでもある。

7 クーリングダウン

水中運動実施時のクーリングダウンは，心拍数を徐々に平常脈に下げる意味と，参加者の身体の状態を把握する意味がある。

4 水中運動動作ガイド

ここでは，代表的な水中運動を分類し，①ウォーミングアップ（ウォーキング），②水中ストレッチング，③エアロビクス（ジョギング），④ストレングス，⑤リラックス，⑥バランスに分け，その内容について簡単に説明する。

(1) ウォーミングアップ（ウォーキング）

水中運動を行ううえでのウォーミングアップには，二つのねらいがある。一つは，主とする運動に備えて，身体の体温を上昇させることである。

ウォーミングアップを行うことで，筋肉が温まり，無理なく筋肉の収縮と弛緩のスピードを増すことができる。また，血管も温まり，運動の強度に合わせて血液量の増加に対応できるようになる。

もう一つは，水中，すなわち水に慣れることである。

ここでは，次の代表的なウォーミングアップ（ウォーキング）について説明する。

1．前進ウォーキング
①ウォーキング
②肩まで浸かってのウォーキング
③もも上げウォーキング
④両膝引きつけウォーキング
⑤体幹をひねりながらのウォーキング
2．後進ウォーキング
①ウォーキング
②肩まで浸かってのウォーキング
③もも上げウォーキング
④両膝引きつけウォーキング
⑤体幹をひねりながらのウォーキング
3．サイド＆ジグザグウォーキング
①サイドウォーキング
②前クロスウォーキング
③後クロスウォーキング
④前進ジグザグウォーキング
⑤後進ジグザグウォーキング
4．前進ウォーキングスイム
①クロールウォーキング
②バックウォーキング
③ブレストウォーキング
④バタフライウォーキング
⑤水中クロールウォーキング
5．後進ウォーキングスイム
①クロールウォーキング
②バックウォーキング
③ブレストウォーキング
④バタフライウォーキング
⑤水中クロールウォーキング

❶ 前進ウォーキング

陸上でのウォーキングを水中で行う。陸上でのウォーキングは，脚を主体とした動作で，腕はどちらかというと脚に合わせてリズムを取ることが多い。しかし水中での「前進ウォーキング」は，浮力や抵抗や水圧などの水の特性を受けるため，脚はもちろんのこと腕と手をどう使うかが，楽に「前進ウォーキング」ができるかどうかのポイントになる。

①ウォーキング

ゆっくりとした足取りで水中を歩く。

②肩まで浸かってのウォーキング

第1段階の「ウォーキング」の変形であり，水中に肩まで浸かりながら，ゆっくりとしっかりした足取りで歩く。

③もも上げウォーキング

ゆっくりと大腿部を腹部に引きつけながら，ウォーキングを行う。

1

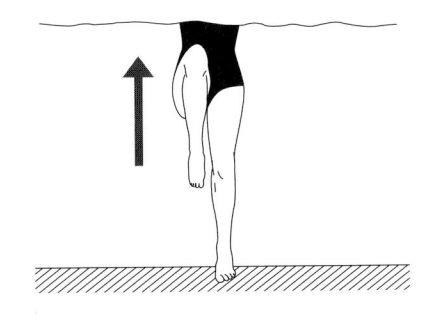

2

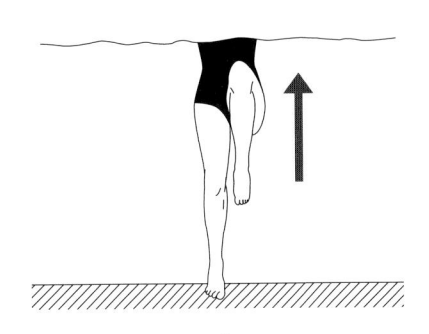

④両膝引きつけウォーキング

水中に肩まで入った姿勢から両腕を前に出し，両手で水を後ろに押しながら，両脚の膝を曲げて大腿部を腹部に引きつけて前進する。

1

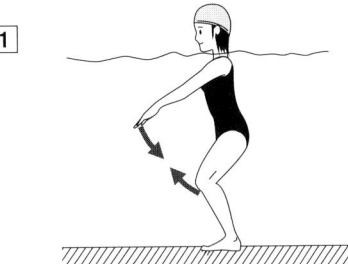

2

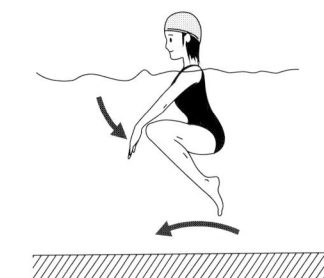

3

⑤体幹をひねりながらのウォーキング

ウォーキングの脚上げにあわせて，体幹をひねりながらウォーキングを行う。

1

2

❷後進ウォーキング

陸上で後ろに歩くと，倒れやすくなるのでやりにくい。ところが水中での後進は，水の抵抗があるので，その抵抗が身体を支える役目を果たし，比較的安心して歩くことができる。

あわせて腕と手の使い方をうまく行ってバランスを取れば，より安心して楽しく行うことができる。

①ウォーキング

ゆっくりとした足取りで，水中を後方に歩く。

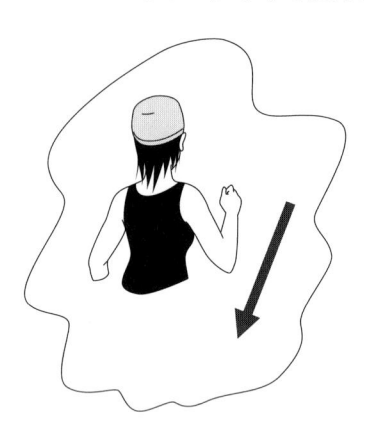

②肩まで浸かってのウォーキング

肩まで水中に浸かりながら，ゆっくりとした足取りで後方に歩く。

③もも上げウォーキング

　ゆっくりと大腿部を腹部に引きつけながら，後方にウォーキングを行う。

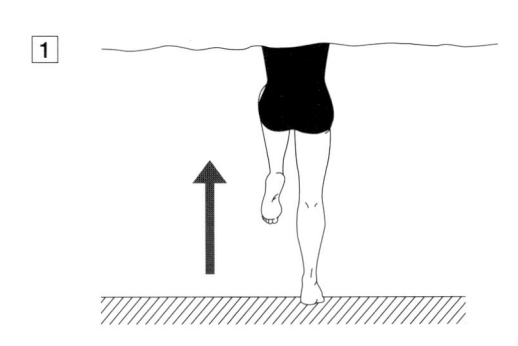

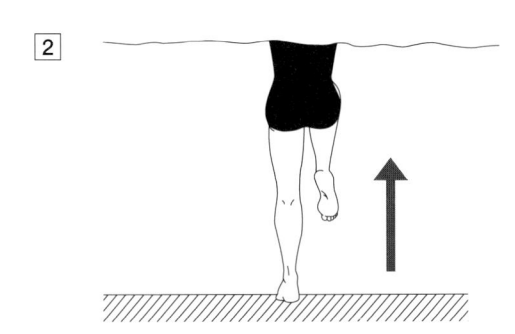

④両膝引きつけウォーキング

　肩まで水中に入った姿勢から両腕を後へもっていき，両手で水を前に押しながら両脚の膝を曲げて大腿部を腹部に引きつけ，後進する。

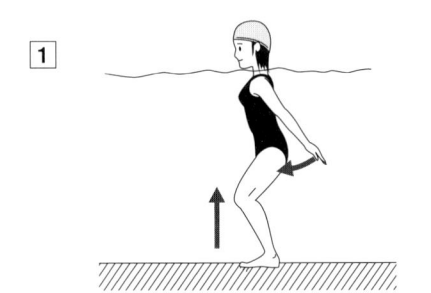

⑤体幹をひねりながらのウォーキング

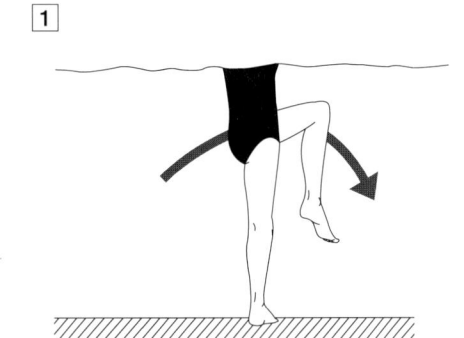

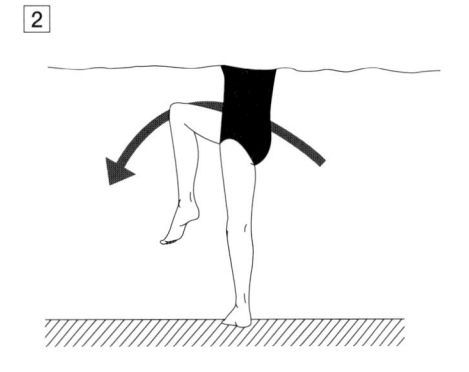

　ウォーキングの脚上げに合わせて，体幹をひねりながら後進のウォーキングを行う。

3 サイド&ジグザグウォーキング

横歩きのウォーキングとジグザクのウォーキングを行う。陸上と異なり、水中は抵抗が作用するため、陸上で難しい複雑なウォーキングも容易に経験することができる。

①サイドウォーキング

いわゆる横歩きである。

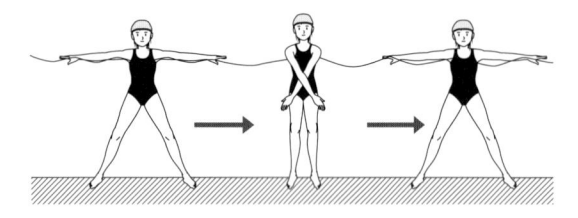

②前クロスウォーキング

脚を反対の脚の前でクロスさせて横に歩く。

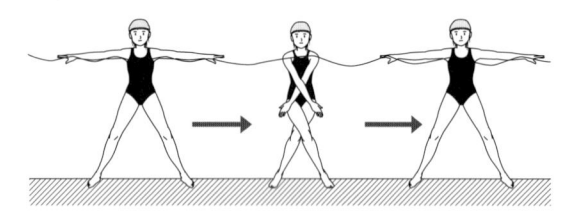

③後クロスウォーキング

脚を反対の脚の後ろでクロスさせて横に歩く。

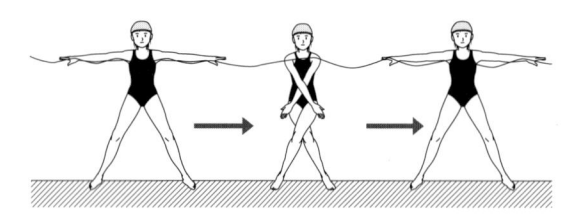

④前進ジグザグウォーキング

前進のウォーキングをジグザグに行う。

⑤後進ジグザグウォーキング

後進のウォーキングをジグザグに行う。

4 前進ウォーキングスイム

4泳法（クロール，背泳ぎ，平泳ぎ，バタフライ）のプル動作を行いながら，水中で前進のウォーキングを行う。

この動作は，各泳法のプル動作の習得という技術指導の面もある。特に水中を移動しながらプル動作の練習を行うことは，陸上で動かずに行うよりも，泳いでいる感覚と近くなるために効果が高い。

①クロールウォーキング

クロールのプル動作をしながら，前進のウォーキングを行う。

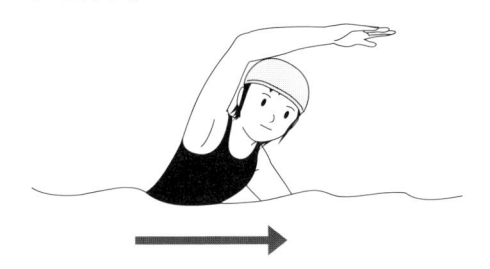

②バックウォーキング

背泳ぎのプル動作をしながら，前進のウォーキングをする。

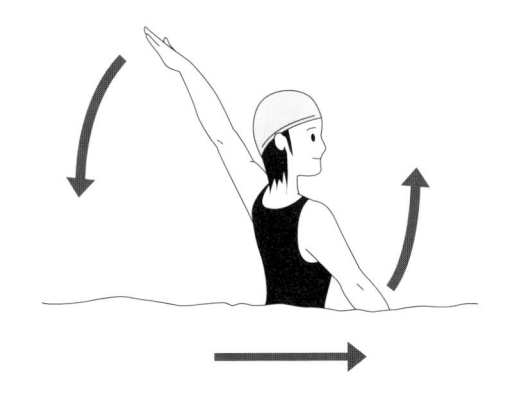

③ブレストウォーキング

平泳ぎのプル動作をしながら，前進のウォーキングを行う。

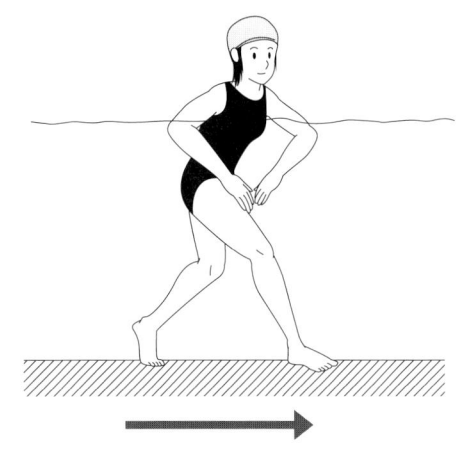

④バタフライウォーキング

バタフライのプル動作をしながら，前進のウォーキングを行う。

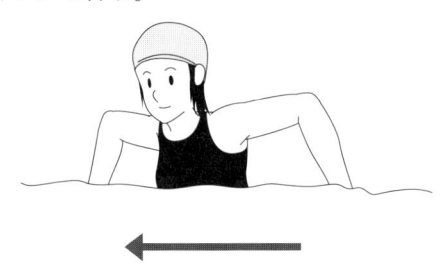

⑤水中クロールウォーキング

クロールのプル動作を，リカバリーを含めてすべて水中でしながら，前進のウォーキングを行う。

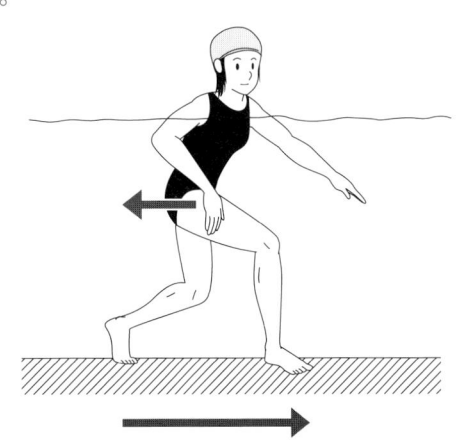

5 後進ウォーキングスイム

「前進ウォーキングスイム」を，後進しながら行う。

前進する場合と異なり，各泳法のプル動作を行いながらの後進は，手のひらに水の抵抗が大きく加わる。このことで，筋力強化と同時に水を摑む感覚が養われる。

①クロールウォーキング

クロールのプル動作をしながら，後進のウォーキングを行う。

②バックウォーキング

背泳ぎのプル動作をしながら，後進のウォーキングを行う。

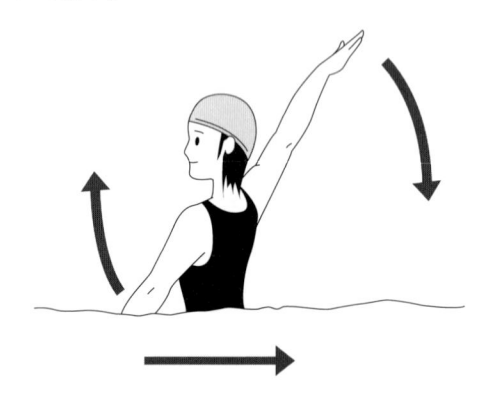

③ブレストウォーキング

平泳ぎのプル動作をしながら，後進のウォーキングを行う。

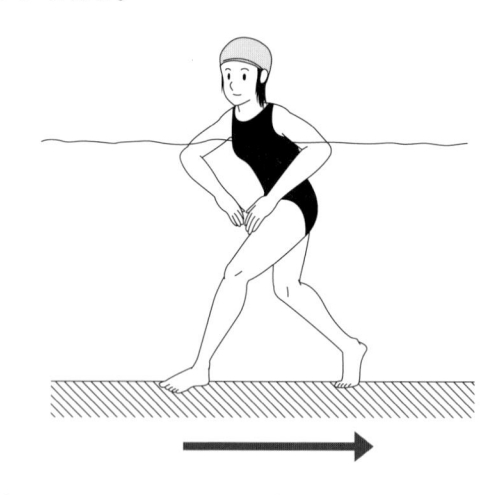

④バタフライウォーキング

バタフライのプル動作をしながら，後進のウォーキングを行う。

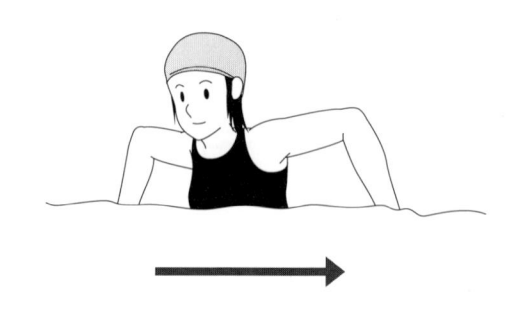

⑤水中クロールウォーキング

クロールのプル動作をリカバリーを含めて水中でしながら，後進のウォーキングを行う。

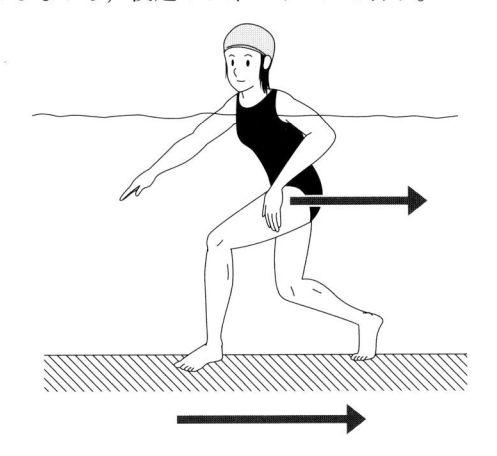

(2) 水中ストレッチング

水中ストレッチングを行う理由には，大きく分けて二つある。

一つは，その日のレッスンをスムーズに行うために，必要な筋肉を十分に伸ばし，けがの予防とレッスン効果を高めるためである。もう一つは，体力を維持し健康増進をはかるために，筋肉を柔軟に保つことが大切であるためである。

一般的なストレッチングへの注意点としては，以下のようなものがある。

①ウォーミングアップを十分に行い，筋肉を温めてから行う。

②反動をつけたり急に引っ張ったりせず，ゆっくりとストレッチング姿勢に移り，その部位の筋肉が十分に伸びたと感じられるまで行う（決してひどく痛みが感じられるところまでは行わない）。

③ストレッチングの時間は一般的に20秒前後と言われているが，自分の身体にあわせて適した時間を選ぶ。

水中ストレッチングも，この注意に準じて行うようにする。

水中では水圧と浮力が利用できるので，陸上よりゆっくりと無理なく関節を動かすことができ，筋肉を伸ばすことができるという利点がある。これを利用して行う。

ここでは，次の代表的な水中ストレッチングについて説明する。

1．壁つけストレッチング
①腹式呼吸
②大腿部引きつけ
③膝抱え大腿部引きつけ
④膝の曲げ伸ばし
⑤脚の伸ばし上げ
2．壁持ちストレッチング
①膝曲げ90度回し
②膝曲げ180度回し
③膝曲げ横上げ
④膝伸ばし横上げ
⑤膝伸ばし90度回し
3．グリップ握りストレッチング
①膝曲げ壁の上り下り
②膝伸ばし脹脛ストレッチング
③膝伸ばし腰部ストレッチング
④両肩ストレッチング
⑤片肩ストレッチング
4．水中腹筋
①片膝曲げ引きつけ止め
②両膝曲げ引きつけ止め
③片膝曲げ引きつけ後伸ばし
④両膝曲げ引きつけ後伸ばし
⑤両膝曲げ引きつけヒップマッサージ

❶ 壁つけストレッチング

　ゴールタッチやターンをする際に使われるプール内の壁を利用して行う水中ストレッチングである。

　「壁つけ」とは，文字通り背中をプールの壁につけてストレッチングを行うことである。

①腹式呼吸
　プールの壁に背中全体をつけ，その姿勢で腹式呼吸を行う。

②大腿部引きつけ
　背中全体をプールの壁につけた姿勢で，片脚ずつ腹部に大腿前部を引きつけ，腰部と大腿後部の柔軟性を高める。

1

2

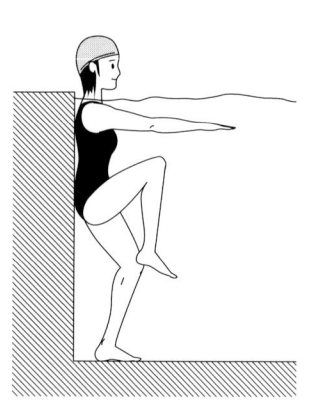

③膝抱え大腿部引きつけ
　②の「大腿部引きつけ」の延長線上で，自分の手で片脚を腹部に引きつける。

1

2

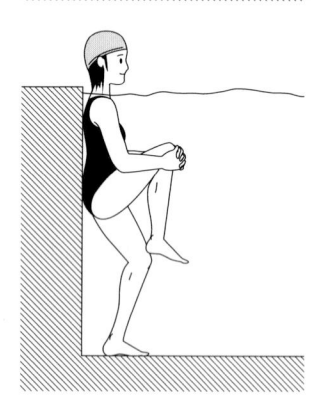

④膝の曲げ伸ばし

　肩まで水中に浸かった姿勢でプールの壁に背中全体をつけ，この状態で片脚の膝の曲げ伸ばしを行う。

1

2

⑤脚の伸ばし上げ

　④の「膝の曲げ伸ばし」の延長線上で，膝を伸ばしたまま脚を上げる。

1

2

❷壁持ちストレッチング

　プールサイドの壁やコースロープ等を持って各種のストレッチングを行う。

　片手でプールサイドの壁などの支持物を持ってバランスを取りながら行うために「壁持ち」と呼んでいる。

①膝曲げ90度回し

　片方の手でプールサイドの壁を持ち，その反対側の脚の膝を曲げた状態から，外側に90度回す。

1

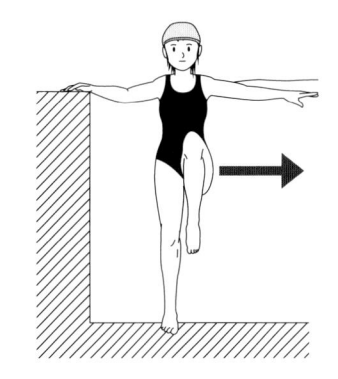

126　第5章　水中運動プログラムの作成と指導法

②

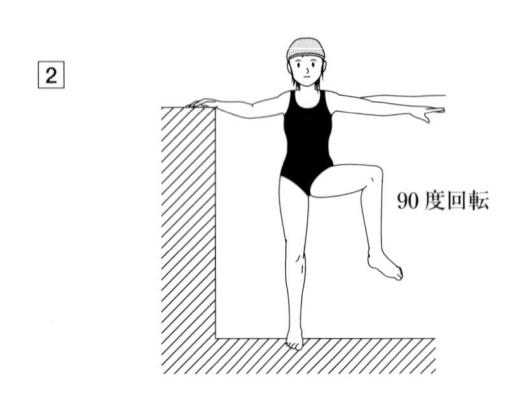

90度回転

②膝曲げ180度回し

①の「膝曲げ90度回し」を180度で回す。

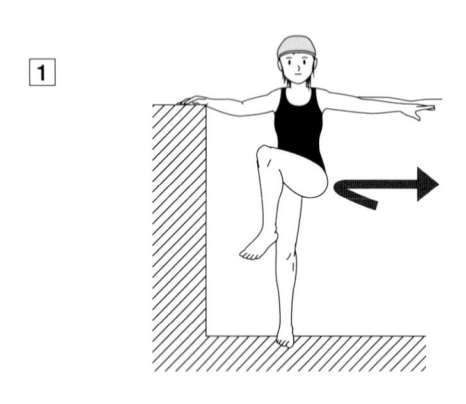

①

②

180度回転

③膝曲げ横上げ

片方の手でプールサイドの壁を持ち，その反対側の脚の足を90度外側に向けた状態から，膝を曲げて真横に上げる。

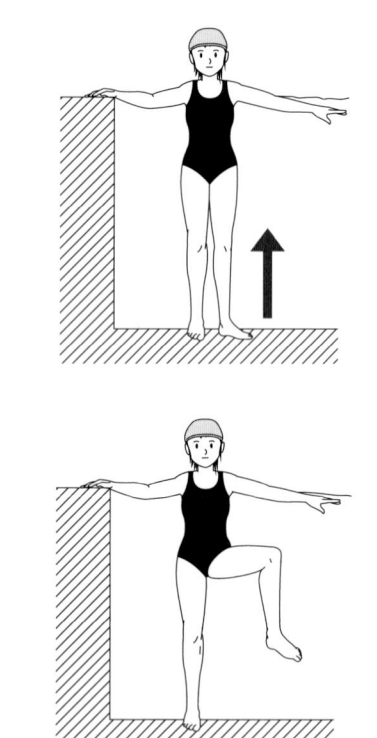

①

②

④膝伸ばし横上げ

③の「膝曲げ横上げ」を，膝を伸ばした状態で行う。

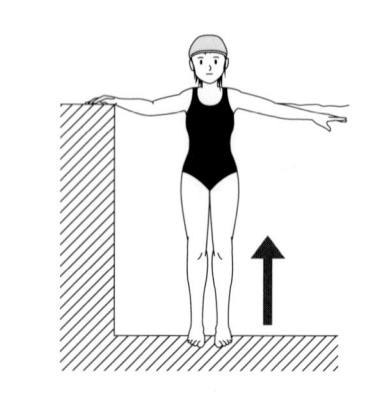

①

2　水中運動動作ガイド　127

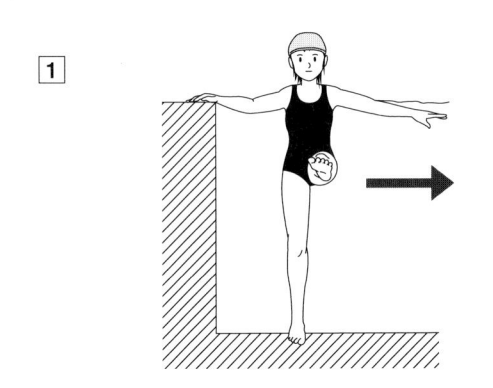

❸グリップ握りストレッチング

　背泳ぎスタート用グリップを利用して，各種のストレッチングを行う。

　特に，肩，背部，殿部，脚の後部の柔軟性を高めるのに適したストレッチングである。

①膝曲げ壁の上り下り

　グリップを握りながら，壁の上り下りを行う。

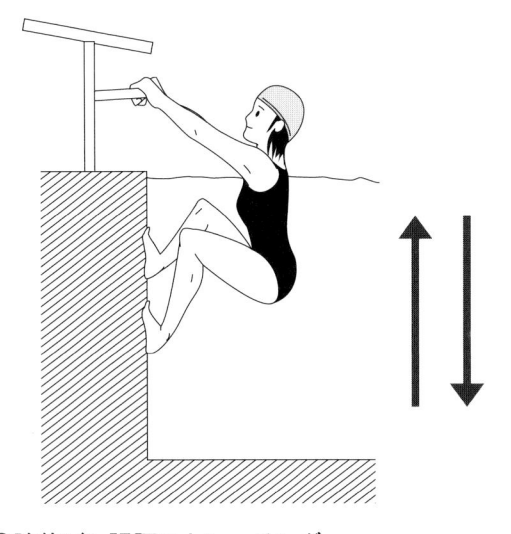

②膝伸ばし脹脛ストレッチング

　グリップを握って，膝を伸ばしたまま壁に足をかけ，脹脛のストレッチングを行う。

⑤膝伸ばし90度回し

　①の「膝曲げ90度回し」を，膝を伸ばして行う。

③膝伸ばし腰部ストレッチング

　グリップを握って，膝を伸ばしたまま壁に足をかけ，腰部のストレッチングを行う。

④両肩ストレッチング

　グリップを利用して，両肩のストレッチングを行う。

⑤片肩ストレッチング

　グリップを利用して，片肩のストレッチングを行う。

❹ 水中腹筋

　「グリップ握りストレッチング」同様，背泳ぎスタート用グリップを利用して，肩と腰部のストレッチングと腹部の筋肉の適度な筋力強化を行う。

①片膝曲げ引きつけ止め

　鉄棒にぶら下がる要領でグリップを持ち，片脚の膝を曲げて腹部に引きつける。

②両膝曲げ引きつけ止め

鉄棒にぶら下がる要領でグリップを持ち，両脚の膝を曲げて腹部に引きつける。

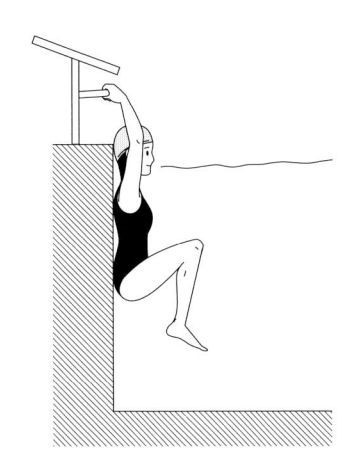

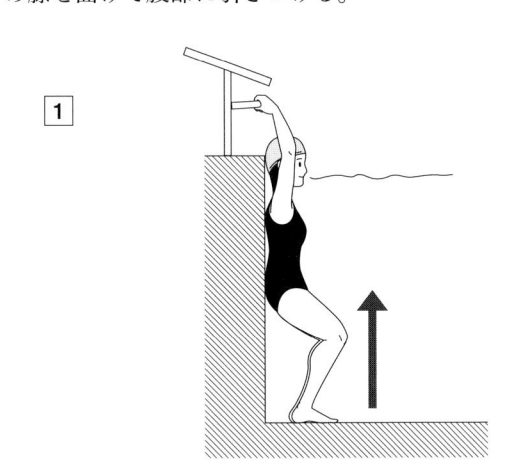

③片膝曲げ引きつけ後伸ばし

鉄棒にぶら下がる要領でグリップを持ち，その状態から，片脚の膝を曲げて腹部に引きつけた後，脚を水面と平行に伸ばす。

130　第5章　水中運動プログラムの作成と指導法

④両膝曲げ引きつけ後伸ばし
　鉄棒にぶら下がる要領でグリップを持ち，その状態から，両脚の膝を曲げて腹部に引きつけた後，脚を水面と平行に伸ばす。

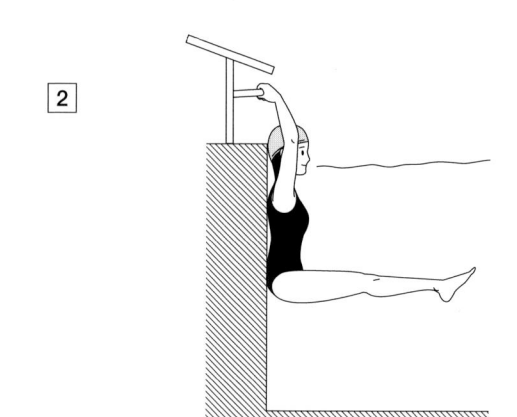

⑤両膝曲げ引きつけヒップマッサージ
　鉄棒にぶら下がる要領でグリップを持ち，その状態から，両脚の膝を曲げて腹部に引きつけた後，両膝を左右に振り，腰をマッサージする。

(3) エアロビクス（ジョギング）

既に述べたように，エアロビクスとは有酸素運動のことで，体内の酸素需要と呼吸による酸素摂取量が等しい一定状態で長く持続できる運動を言う。つまり，運動に伴って体内にたまる疲労物質が，たえず有酸素反応により分解されうる速さの運動である。

有酸素運動の代表的なものとして，水中ジョギングがあげられる。

ここでは，代表的なエアロビクス（ジョギング）について説明する。

1. 前進ジョギング
①ジョギング
②肩まで浸かってのジョギング
③もも上げジョギング
④両膝引きつけジョギング
⑤ジグザグジョギング
2. 後進ジョギング
①ジョギング
②肩まで浸かってのジョギング
③もも上げジョギング
④ジグザグジョギング
⑤サイドジョギング
3. 前進ジョギングスイム
①クロールジョギング
②バックジョギング
③ブレストジョギング
④バタフライジョギング
⑤水中クロールジョギング
4. 後進ジョギングスイム
①クロールジョギング
②バックジョギング
③ブレストジョギング
④バタフライジョギング
⑤水中クロールジョギング

■ 前進ジョギング

陸上でのジョギングを水中で行う。陸上でのジョギングは，腕の振りと脚を主体とした動作で，前方へ体重移動する。しかし，水中で前進ジョギングを行うと，水の特性である抵抗と浮力が身体に影響を与えるために思うように前進することができない。この特性によって，参加者それぞれが自分なりに自分の体をコントロールすることが可能になる。

①ジョギング

抵抗と浮力に合わせて，水中をジョギングする。

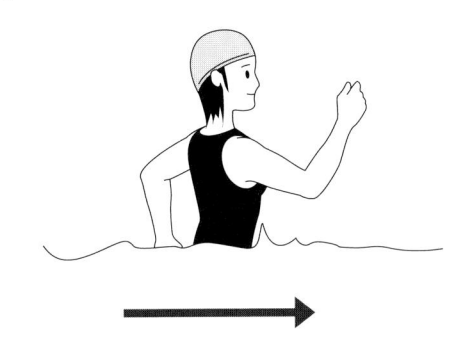

②肩まで浸かってのジョギング

肩まで水中に浸かって，ジョギングする。

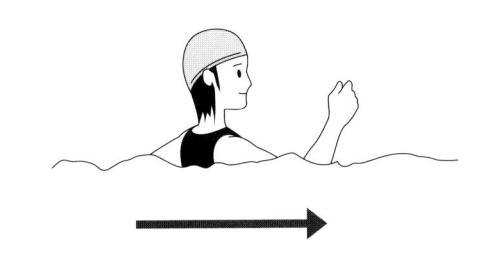

③もも上げジョギング

大腿部を高く，腹部につくぐらい引き上げてジョギングする。

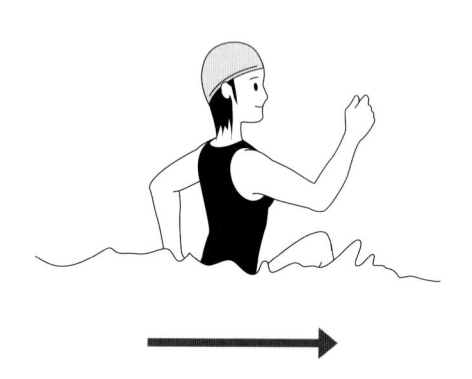

④両膝引きつけジョギング

肩まで水中に入った姿勢から，両腕を前に出し，両手で水を後に押しながら，両膝を腹部に引きつけてジョギングする。

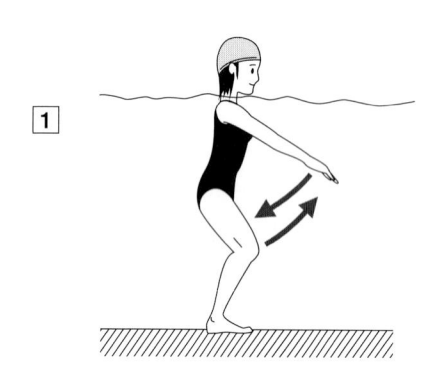

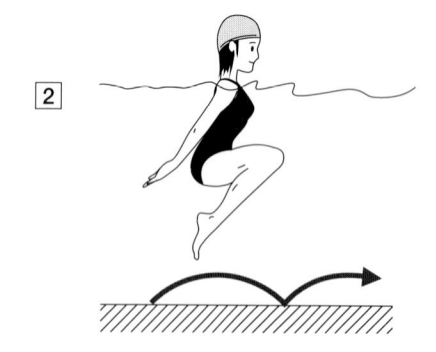

⑤ジグザグジョギング

水中をジグザグにジョギングする。

2 後進ジョギング

後進でジョギングを行う。陸上での後進ジョギングは，倒れやすくなるのでやりにくい。その点水中では水の抵抗があるので，あまり速く走ることができない。それが逆に安心感となって比較的簡単に行うことができる。

①ジョギング

抵抗と浮力に合わせて，水中を後方にジョギングする。

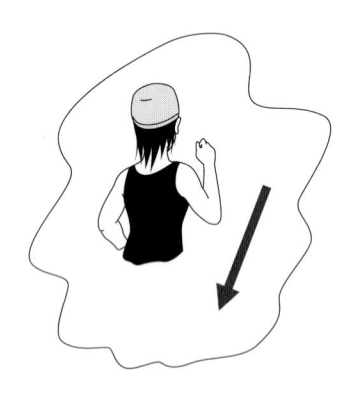

②肩まで浸かってのジョギング

肩まで水中に浸かりながら，後方にジョギングする。

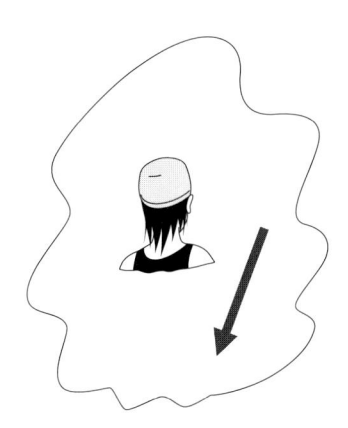

③もも上げジョギング

大腿部を高く腹部につくぐらい引き上げて，後方にジョギングする。

④ジグザグジョギング（後進）

水中を後方へジグザグにジョギングする。

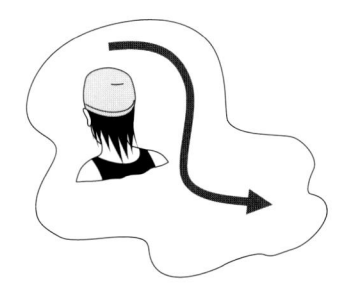

⑤サイドジョギング（後進）

身体を進行方向に90度傾けた姿勢（横向きの姿勢）でジョギングする。

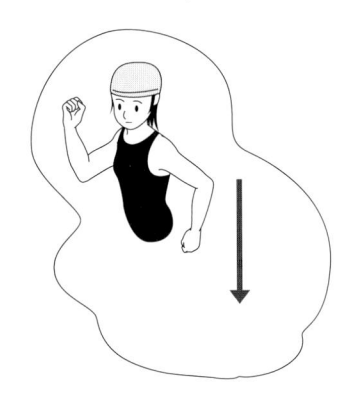

❸ 前進ジョギングスイム

各種泳法のプル動作をしながら，ジョギングを行う。

なお，行う際にはジョギングのスピードを優先させるのではなく，プル動作ができる範囲のスピードに留意する。

①クロールジョギング

クロールのプル動作をしながら，前進のジョギングを行う。

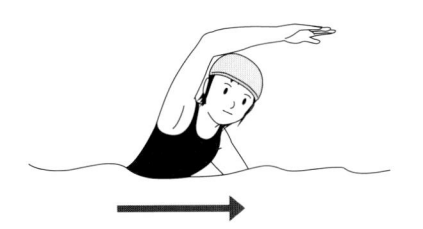

②バックジョギング

背泳ぎのプル動作をしながら，前進のジョギングを行う。

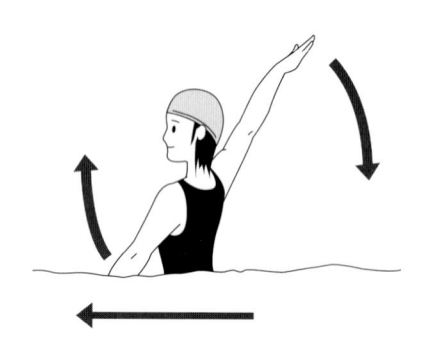

③ブレストジョギング

平泳ぎのプル動作をしながら，前進のジョギングを行う。

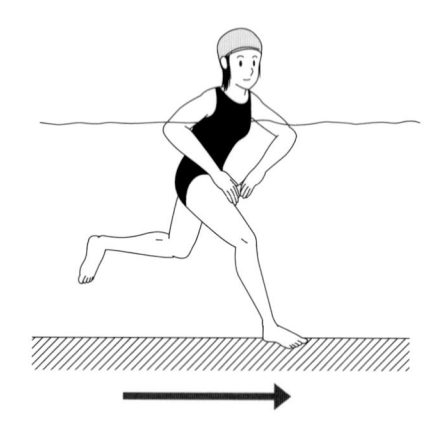

④バタフライジョギング

バタフライのプル動作をしながら，前進のジョギングを行う。

⑤水中クロールジョギング

クロールのプル動作をリカバリーを含めてすべて水中でしながら，ジョギングを行う。

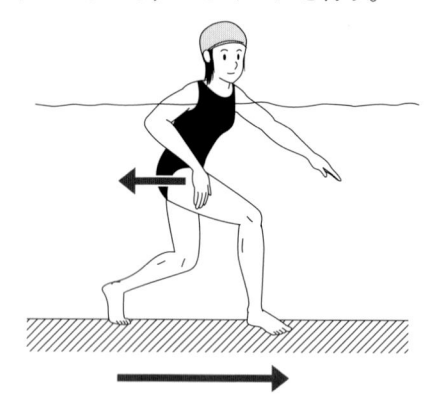

4 後進ジョギングスイム

各種泳法のプル動作をしながら後方へジョギングを行う。

なお，行う際にはジョギングのスピードを優先させるのではなく，プル動作ができる範囲のスピードに留意する。

①クロールジョギング

クロールのプル動作をしながら，後進のジョギングを行う。

②バックジョギング

背泳ぎのプル動作をしながら，後進のジョギングを行う。

③ブレストジョギング

平泳ぎのプル動作をしながら，後進のジョギングを行う。

④バタフライジョギング

バタフライのプル動作をしながら，後進のジョギングを行う。

⑤水中クロールジョギング

クロールのプル動作をリカバリーを含めてすべて水中でしながら，後進のジョギングを行う。

(4) ストレングス

水中で行うストレングス（筋力強化）には，大きく分けて三つの方法がある。①ダンベル等の重量物などを利用して行う方法，②発泡ポリエチレンでできている「浮き棒」や空気の入ったプラスチック製のダンベルなどを利用して，浮力と反対方向に力を加える方法やビート板等を抵抗物として利用する方法，③用具を利用せず，上腕・前腕・手や大腿・下腿・足を動かすことによる方法である。ここでは，用具を用いない方法にしぼって，その代表的な筋力強化方法を紹介する。

水中での筋力強化運動は，陸上で行う筋力トレーニングと異なり，自分でトレーニング負荷をコントロールできると同時に等速性の筋収縮であるため，筋肉に対して無理な負荷がかからず，参加者の年齢と体力に合わせた効果的な筋力強化を可能にする。

1．上半身の水中ウエイトトレーニング
①アームカール
②アームエクステンション
③ハンドフライ
④ハンドプッシュ
⑤ハンドプルオーバー

2．体幹＆下半身の水中ウエイトトレーニング
①アブドミナル
②シングルレッグプレス
③シングルレッグエクステンション
④シングルレッグカール
⑤サイドキック

3．垂直浮き＆移動水中ウエイトトレーニング
①スカーリング膝曲げ垂直浮き
②スカーリング膝伸ばし直角浮き
③スカーリングツイスト浮き
④ブレストプル移動
⑤スカーリング後進移動

4．水平浮き水中ウエイトトレーニング
①背面浮き
②背面浮き脚の開き閉じ
③背面浮き片脚引きつけ伸ばし
④背面浮き両脚引きつけ伸ばし
⑤背面浮き脚曲げバレーレッグ

■1 上半身の水中ウエイトトレーニング

水の抵抗を利用して水中で上半身のウエイトトレーニングを行う。水中でもマシントレーニングと同じ動作を行うことが可能である。

①アームカール

上腕屈筋群を鍛えることを目的とし，水の抵抗を利用して肘の曲げ伸ばしを行う。

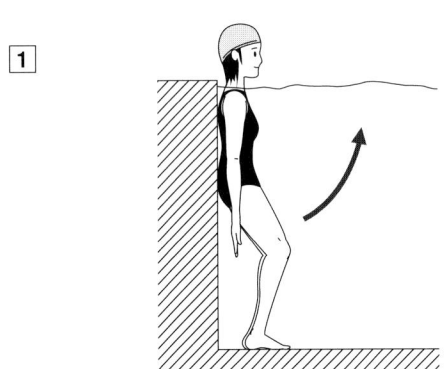

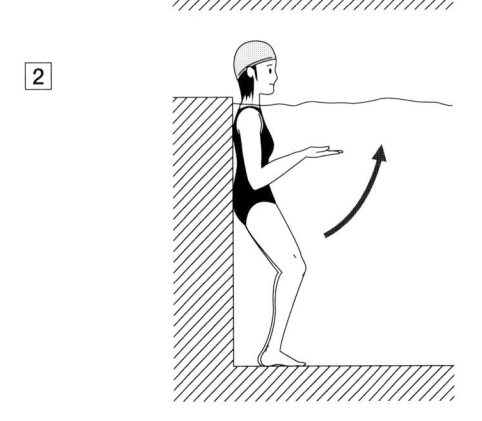

②アームエクステンション

上腕の伸筋群を鍛えることを目的とし，水の抵抗を活用して肘の伸展を行う。

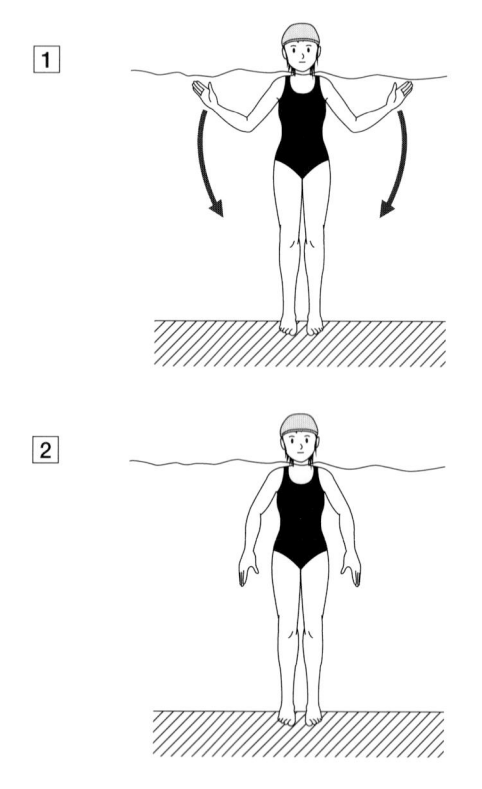

1

2

③ハンドフライ

胸・上背・上腕の筋群を鍛えることを目的とし，開いた両腕を閉じる動きをする。

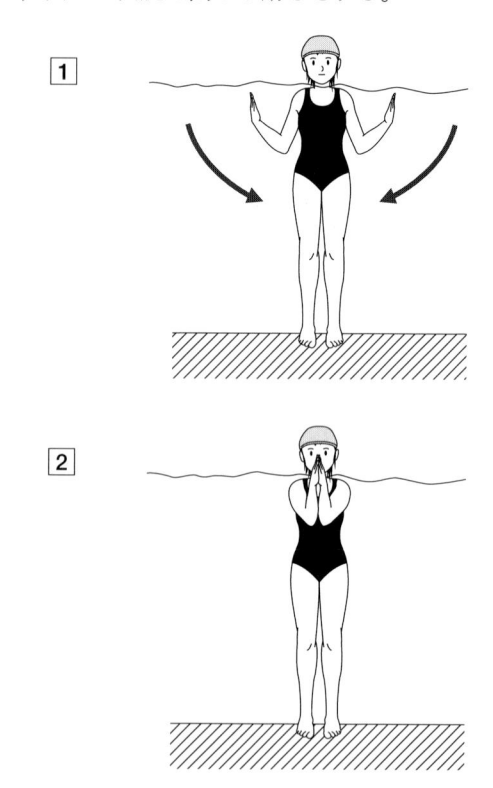

1

2

④ハンドプッシュ

上腕・肩・胸筋群を鍛えることを目的とし，水の抵抗を活用して肘を伸ばす。

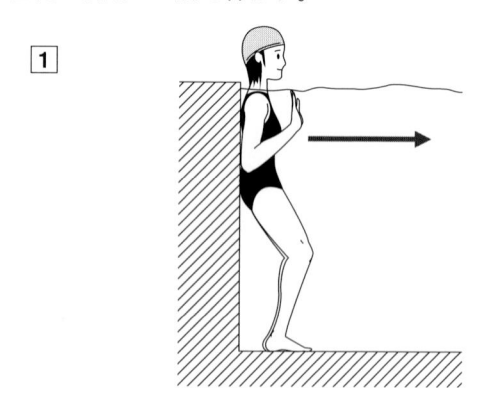

1

2　水中運動動作ガイド　137

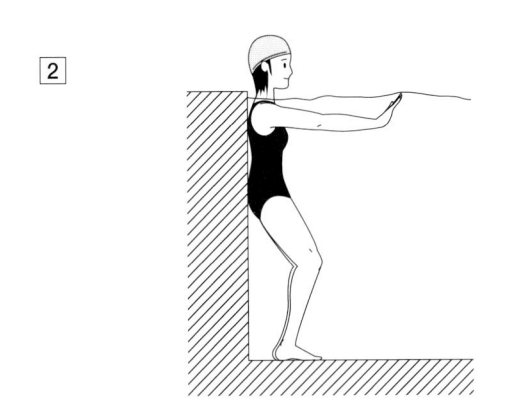

ントレーニングと同じ動作を行うことができ，可動域の広い動作ができる。

①アブドミナル

「アブドミナル」は，水中で大腿部を腹部に引きつけることで，腹筋を鍛える。

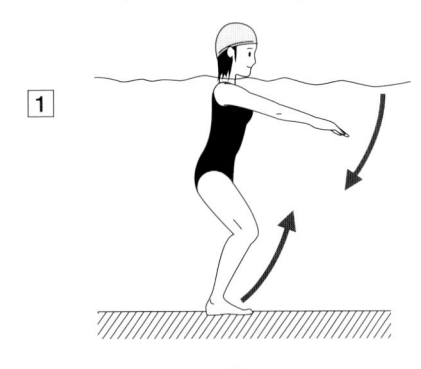

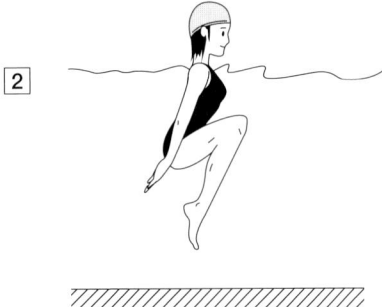

②シングルレッグプレス

大腿部筋群の強化のため，片脚立ちで膝を曲げた状態から立ち上がる。

⑤ハンドプルオーバー

上半身の筋群を使って，水中でクロールのプル動作を両腕同時に行う。

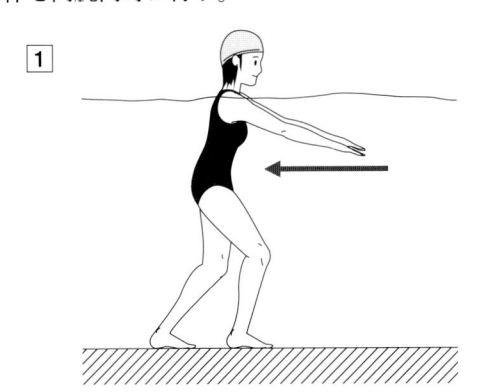

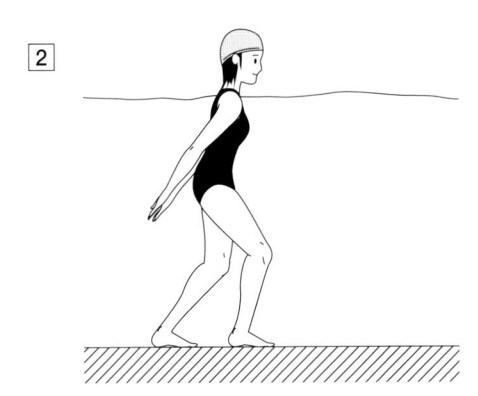

❷ 体幹＆下半身の水中ウエイトトレーニング

水の抵抗を利用し，水中で体幹＆下半身のウエイトトレーニングを行う。水中でも陸上でのマシ

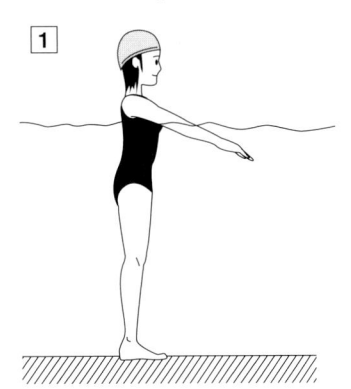

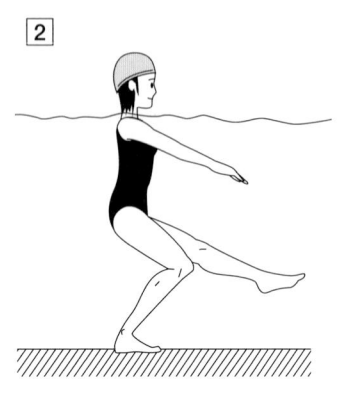

③シングルレッグエクステンション

　大腿部前部の筋力向上を目的とし，片脚立ちの状態から前方へキックする。

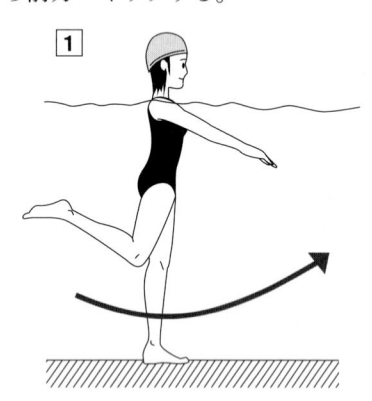

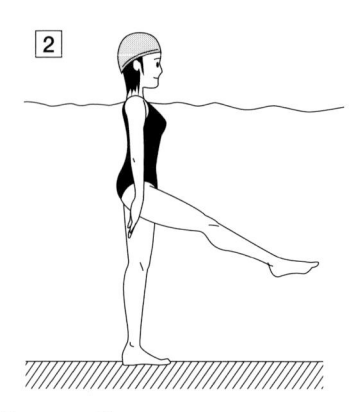

④シングルレッグカール

　大腿部後部（ハムストリングス）の筋力向上を目的とし，片脚立ちの状態から後方へキックする。

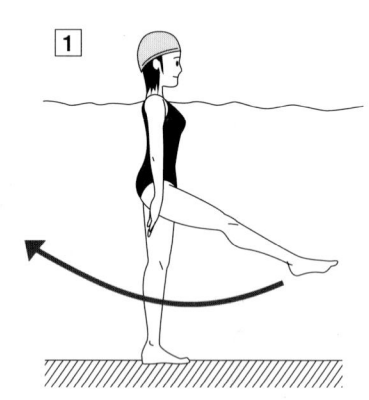

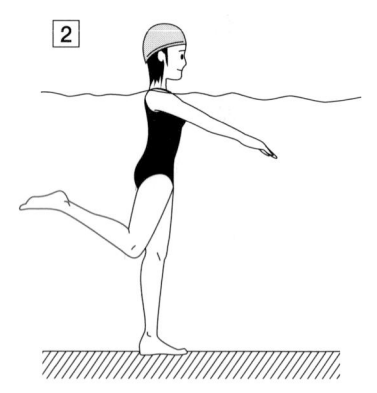

⑤サイドキック

　大腿部側部の筋力向上を目的とし，片脚立ちの状態から横へキックする。

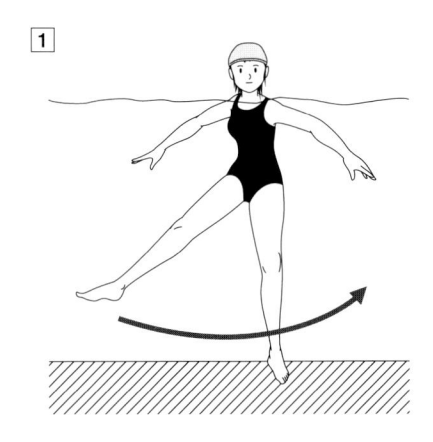

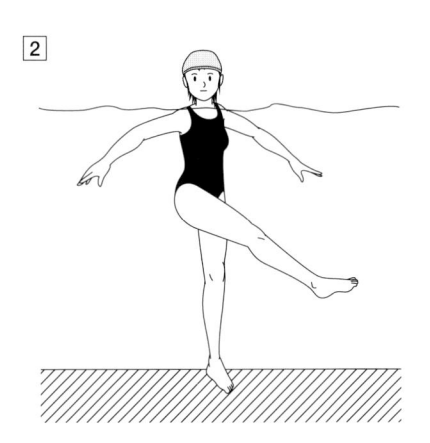

　1

　2

3 垂直浮き＆移動水中ウエイトトレーニング

　両膝を曲げて肩まで水中に入り，腕と手で浮力と推進力を得ながら，足を水底から浮かせた状態で垂直のままの動作と移動を行う。このため，腕によるスカーリング動作とパドル動作で浮力と推進力を得なければならない。この動作を行うことが，腕・肩・腹部等の筋力向上につながる。

①**スカーリング膝曲げ垂直浮き**

　肩まで水中に入り，上半身を垂直にした状態で膝を曲げ，スカーリング動作で浮く。

※スカーリングとは「漕ぐ」という意味で，和船の櫓の動きに似ている。進む方向によって手首の位置と角度が異なってくる。この場合は，浮いた状態で動かないのでフラット（手首と指先を一直線にして）のスカーリングを行う。スカーリングに共通していることは，肘を支点として，肘から手のひら，そして指先までを使い，水を押さえて櫓のように左右に動かすことが大切である。特に肘から手のひらを，見た時に，数字の 8 を横にした（∞）形に動かすことがポイントである。

②スカーリング膝伸ばし直角浮き

肩まで水中に入り，上半身を垂直にした状態で膝を伸ばし，スカーリング動作で浮く。

③スカーリングツイスト浮き

肩まで水中に入り，イスに座るような姿勢で，スカーリング動作で足を水底から離し，ツイストを行う。

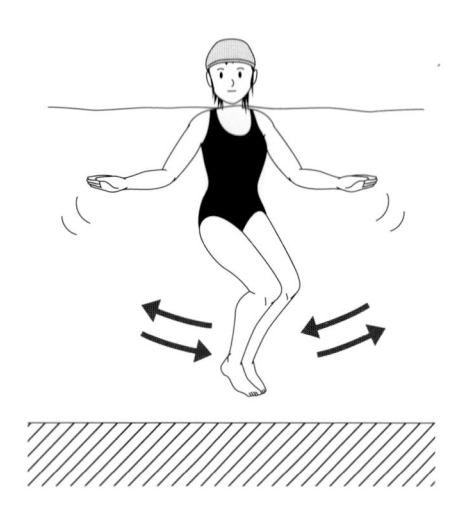

④ブレストプル移動

肩まで水中に入り，上半身を垂直にした姿勢で膝を曲げて浮き，平泳ぎのプル動作を行いながら前進する。

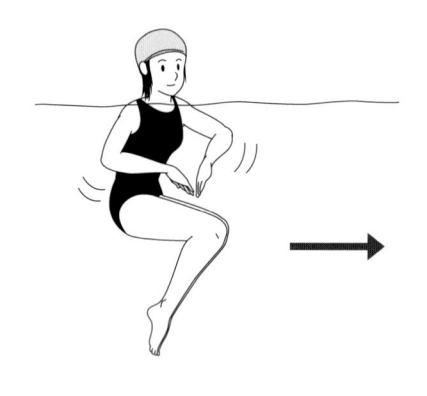

⑤スカーリング後進移動

肩まで水中に入り，上半身を垂直にした姿勢で膝を曲げて浮き，スカーリング動作で後進する。

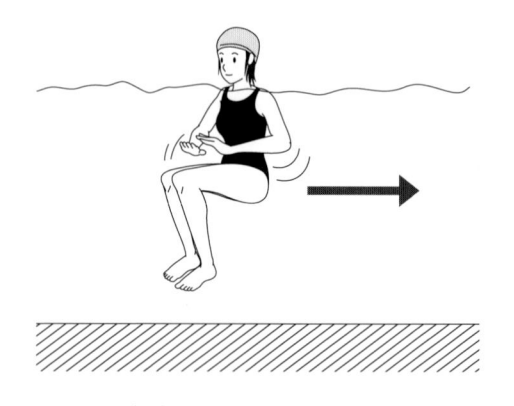

※ここでは，後進するために指先を手首より45度上方の反らせた状態でスカーリング（スタンダード）を行う。

4 水平浮き水中ウエイトトレーニング

　背面浮き（上向きの水平姿勢）で，手首をフラットにしたスカーリングを行いながら，その場に静止した状態でさまざまな脚動作を行う。

　上肢・肩・体幹等の筋力強化につながる。

①背面浮き

　背面浮きの姿勢で，フラットのスカーリングで静止して浮く。

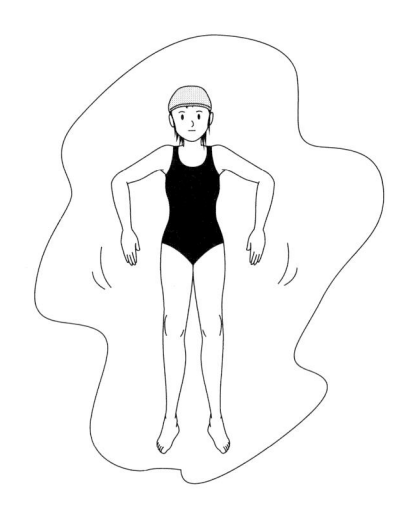

※肘は軽く外側に張り，上腕と前腕の角度（肘の角度）を90度前後にしてスカーリングを行う。

②背面浮き脚の開き閉じ

　フラットのスカーリングを行いながら，背面浮きの姿勢で浮き，脚の開き閉じを行う。

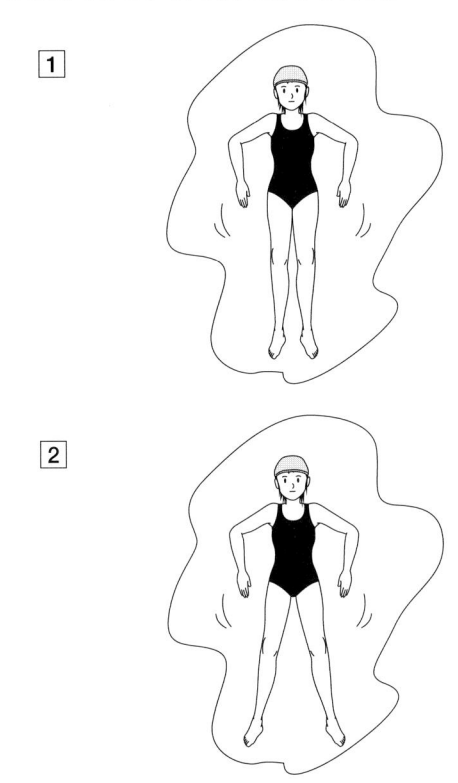

1

2

③背面浮き片脚引きつけ伸ばし

　フラットのスカーリングを行いながら，背面浮きの姿勢で浮き，片脚の膝を曲げ伸ばしする。

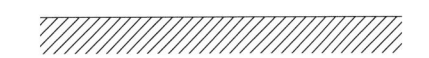

1

⑤背面浮き脚曲げバレーレッグ

　フラットのスカーリングを行いながら，背面浮きの姿勢で浮き，膝を曲げたままのバレーレッグを行う。

④背面浮き両脚引きつけ伸ばし

　フラットのスカーリングを行いながら，背面浮きの姿勢で浮き，両脚の膝を曲げ伸ばしする。

(5) リラックス

　水中で行う動作には，さまざまな楽しさがある。その中でも水上に浮いてのリラックスは，支点がないので身体のどこの部分にも力が入らず，より完全なリラックスが経験できる。

　泳いだ後などは，特に水上に浮いて脱力すると気持ちよい。適温の水温であれば，そのまま眠ってしまいたい気分になるほどである。

　ここでは，代表的なリラックスについて説明する。

1．リラックス移動
①伏し浮き移動
②補助背面浮き移動
③補助背面キック
④ビート板付背面浮き移動
⑤背面浮き移動
2．上向きリラックス
①上向きリラックス
②上向き強弱リラックス
③上向き対角線リラックス
④上向き上半身（下半身）リラックス
⑤その他リラックス
3．下向きリラックス
①下向きリラックス
②下向き強弱リラックス
③下向き対角線リラックス
④下向き上半身（下半身）リラックス
⑤その他リラックス

1 リラックス移動

身体全体の力を抜き水面に水平に浮いた状態で，補助者が補助をしながら移動する。

浮力によるリラックスと同時に，推進することで生まれる浮揚力によるリラックスも経験できる。

①伏し浮き移動

二人一組になって，一人が水平に伏し浮きの状態になり，もう一人が足を押しながら移動する。

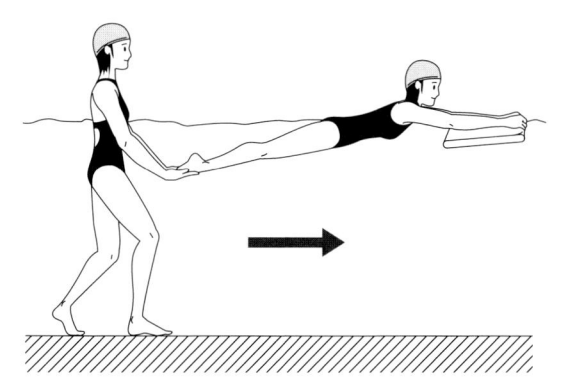

②補助背面浮き移動

補助背面キックと同様に，背面浮きを補助しながら移動する。

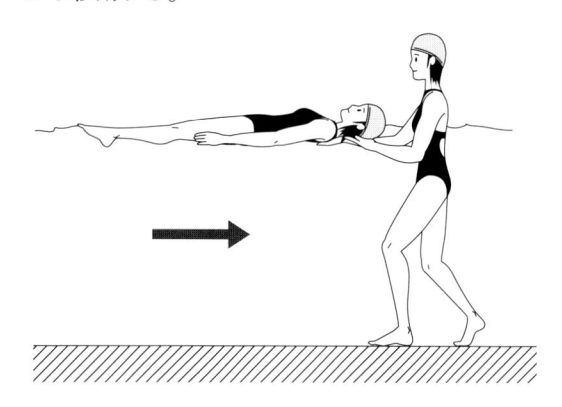

③補助背面キック

後頭部を補助した状態でキックを行う。

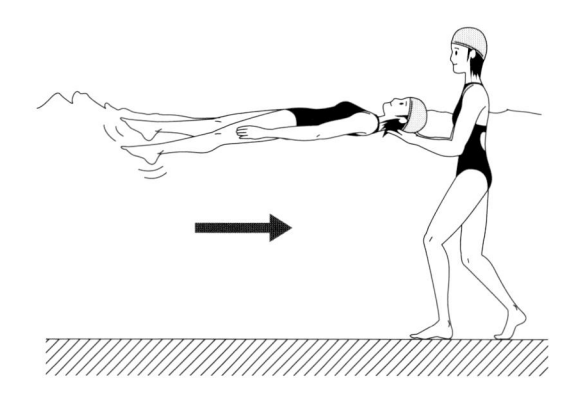

④ビート板付背面浮き移動

ビート板を後頭部にあてて背面浮きになり，それを補助者が押して移動する。

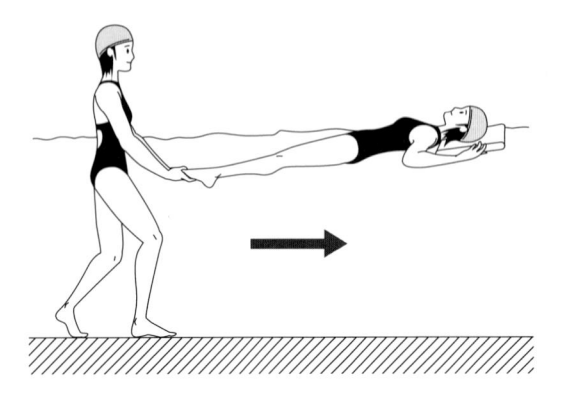

⑤背面浮き移動

気をつけ姿勢の背面浮きになり，それを補助者が押して移動する。

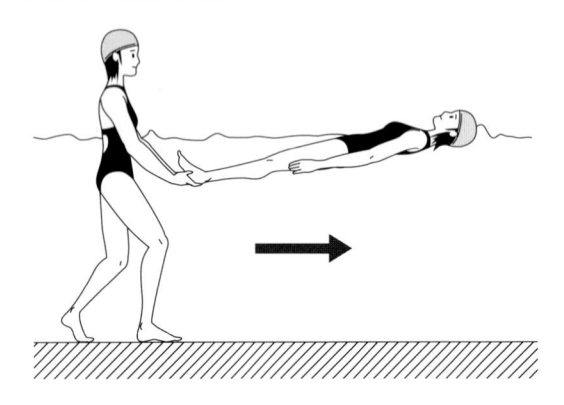

2 上向きリラックス

背面浮きの姿勢で浮き，身体全体の力を抜いてリラックスを楽しむ。同時に筋肉を自分でコントロールするために，力を入れたり抜いたりする。

①上向きリラックス

両腕を頭上に上げた状態で背面浮きになり，身体全体の力を抜く。

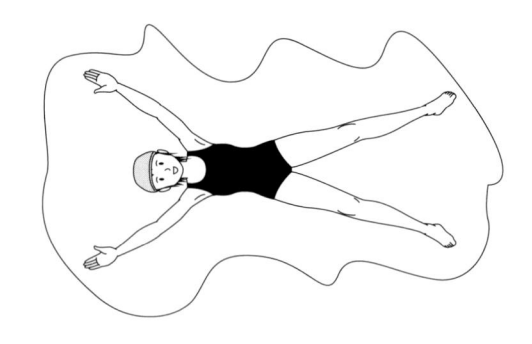

②上向き強弱リラックス

両腕を頭上に上げた状態で背面浮きになり，身体全体に力を入れた後に，身体全体の力を抜く。

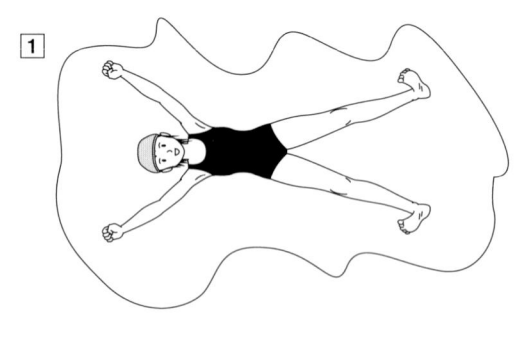

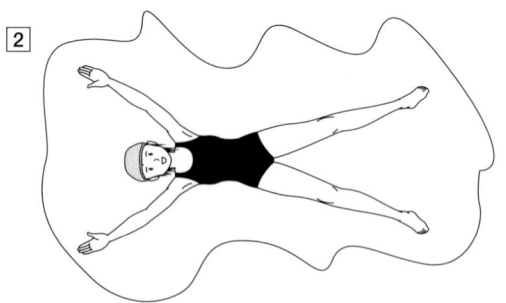

1

2

③上向き対角線リラックス

両腕を頭上に上げた状態で背面浮きになり，身体の対角線上の脚と腕に力を入れた後に，身体全体の力を抜く。

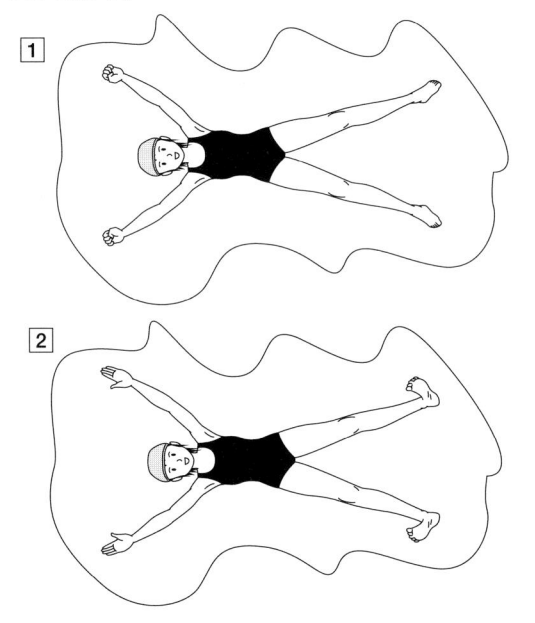

⑤その他リラックス

指導者自身がさまざまに考えたリラックスを行う。たとえば,「上向き左半身（右半身）リラックス」などが考えられる。

3 下向きリラックス

伏し浮きの姿勢で浮き,身体全体の力を抜いてリラックスを楽しむ。同時に筋肉を自分でコントロールするために,力を入れたり抜いたりする。

①下向きリラックス

両腕を頭上に上げた状態で伏し浮きになり,身体全体の力を抜く。

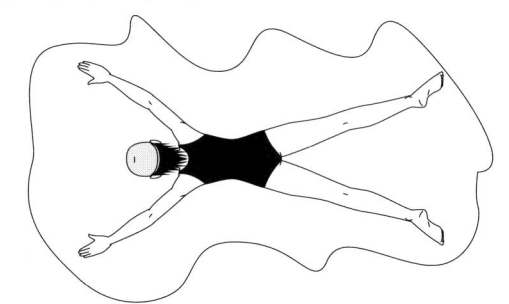

②下向き強弱リラックス

両腕を頭上に上げた状態で伏し浮きになり,身体全体に力を入れた後に,身体全体の力を抜く。

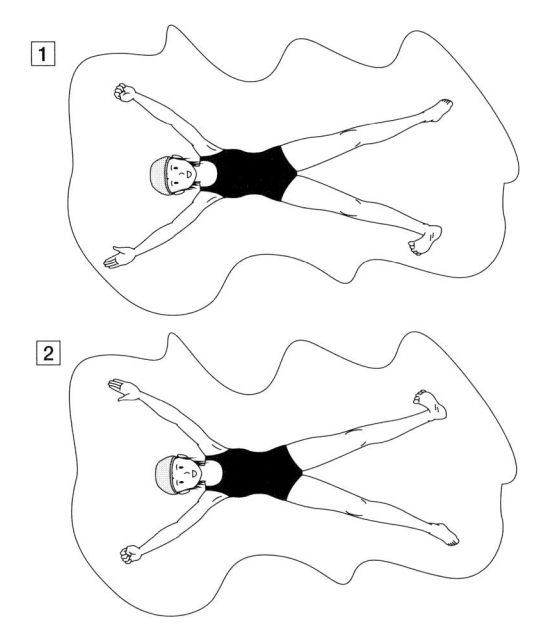

④上向き上半身（下半身）リラックス

両腕を頭上に上げた状態で背面浮きになり,上半身と下半身に分けて力を入れた後に,身体全体の力を抜く。

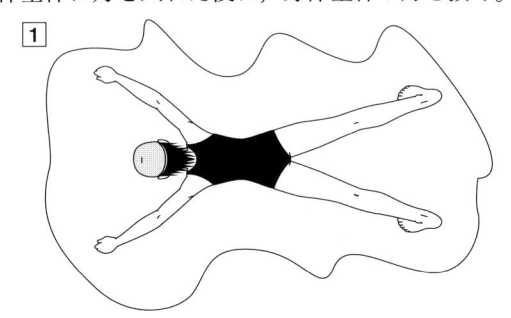

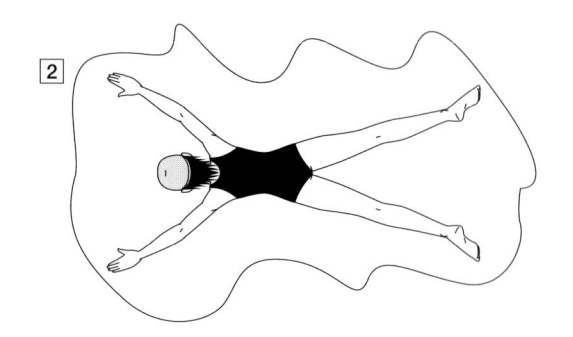

③下向き対角線リラックス

　両腕を頭上に上げた状態で伏し浮きになり、身体の対角線上の脚と腕に力を入れた後に、身体全体の力を抜く。

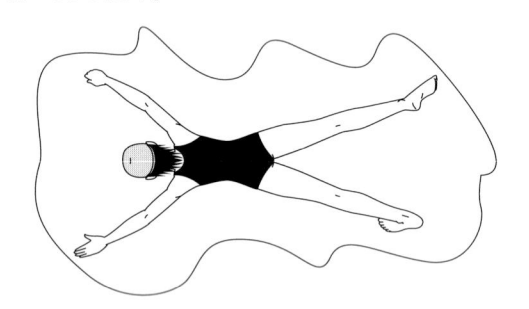

④下向き上半身（下半身）リラックス

　両腕を頭上に上げた状態で伏し浮きになり、上半身と下半身に分けて力を入れた後に、身体全体の力を抜く。

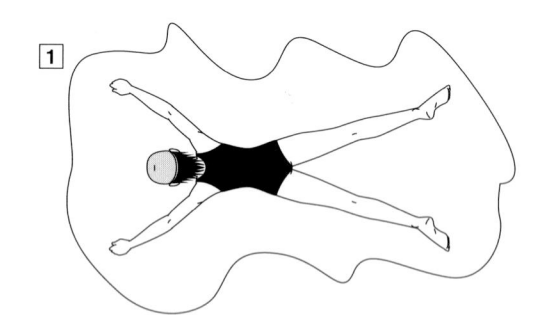

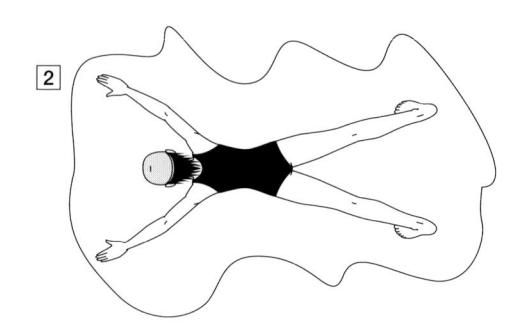

⑤その他リラックス

　指導者自身がさまざまに考えたリラックスを行う。たとえば、「下向き左半身（右半身）リラックス」などが考えられる。

(6) バランス

　水中ではバランスが取りにくい。それは水の特性である浮力と抵抗が関係している。足が水底につき、顔が水面上に出ている場合はあまり問題にならない。バランスが重要になってくるのは、水中を移動したり浮いている時である。

　ここでは、段階的に各種のバランスが経験でき、自然に水中でのバランス感覚が身につく内容を取り上げる。

1．水中ツイスト
①両脚ツイスト
②片脚ツイスト
③顔つけツイスト
④浮きツイスト
⑤移動ツイスト
2．アップジャンプ
①軽いジャンプ
②軽い片脚ジャンプ
③ジャンプ
④もも引きつけジャンプ
⑤前進ジャンプ

1 水中ツイスト

　水中でイスに座るような姿勢で、水中に軽く立

ったり浮いたり移動したりしながら，それに腰の捻転（ひねり）を加えてツイストを行う。

①両脚ツイスト
上体を肩まで水中に入れてイスに座るような姿勢でつま先立ちをしながらツイストを行う。

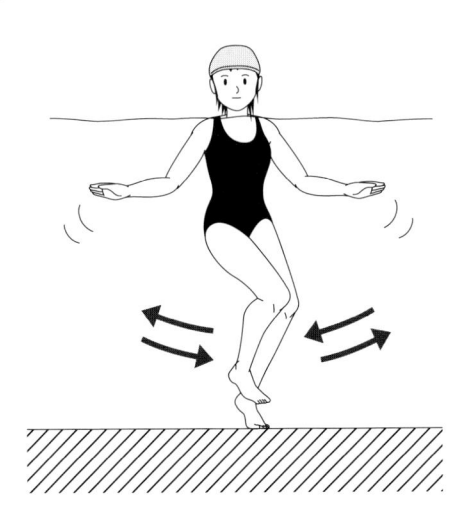

③顔つけツイスト
上体を肩まで水中に入れてイスに座るような姿勢でつま先立ちをし，その後顔を水中につけ，スカーリングを行いながら，つま先を浮かせてツイストを行う。

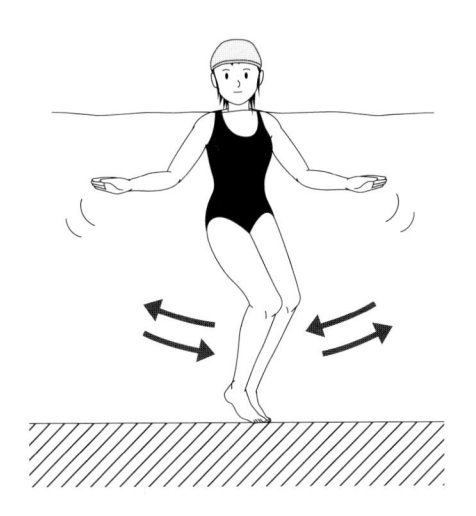

②片脚ツイスト
上体を肩まで水中に入れてイスに座るような姿勢で片脚のつま先立ちをしながらツイストを行う。

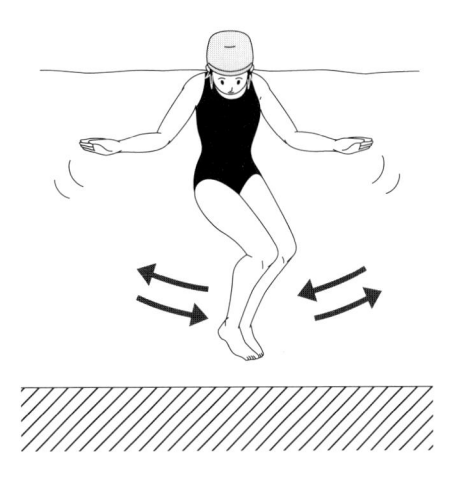

④浮きツイスト
上体を肩まで水中に入れてイスに座るような姿勢でつま先立ちをし，その後スカーリングを行いながら，つま先を浮かせてツイストを行う。

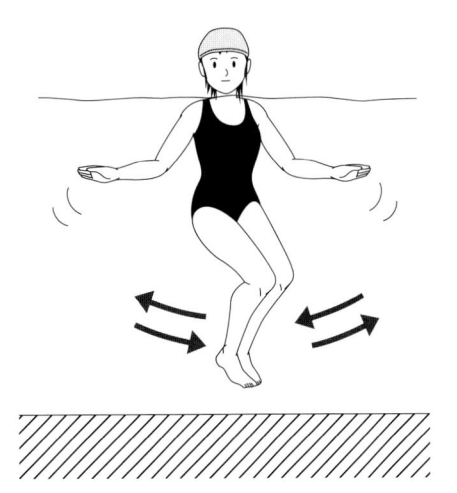

⑤移動ツイスト

　上体を肩まで水中に入れてイスに座るような姿勢でつま先立ちをし，その後スカーリングを行いながら，つま先を浮かせてツイストを行い移動する。

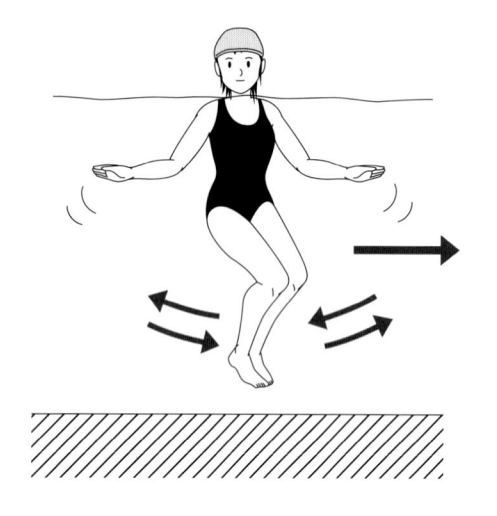

2 アップジャンプ

　水中に立った状態から，さまざまなジャンプをする。陸上で行うジャンプはあまり難しくないが，水中に立った状態で行うのは意外に難しい。段階的にさまざまなジャンプを行うことで，垂直方向および斜め前方向のバランスが習得できる。

①軽いジャンプ

　水中に立った状態から，両脚で軽いジャンプを行う。

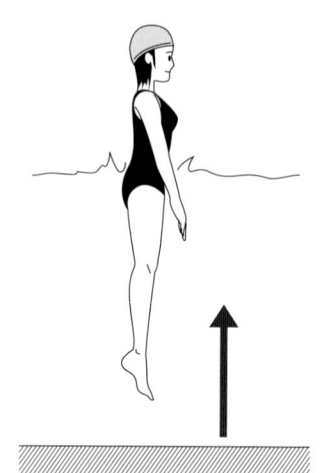

②軽い片脚ジャンプ

　水中に立った状態から，片脚で軽いジャンプを行う。

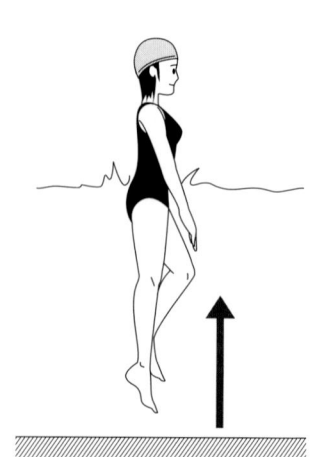

③ジャンプ

　水中に立った状態から，両脚でジャンプを行う。

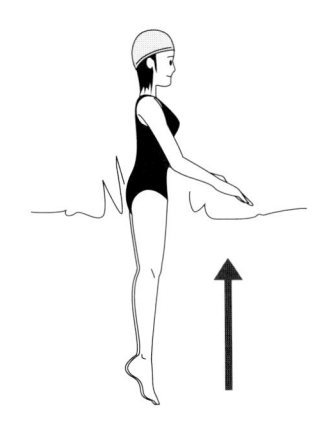

④もも引きつけジャンプ

　水中に立った状態から，両大腿部を腹部に引きつけながらジャンプを行う。

⑤前進ジャンプ

　水中に立った状態から，斜め前方にジャンプを行う。

5　アクアダンス・プログラムガイド

(1) アクアダンスのプログラムと運動スタイルの関わり

　アクアダンスのプログラムは，水環境と密接に関わっており，どんな環境かによってプログラムや行うべき動作が変わってくる。

　アクアダンスのプログラムにおける運動スタイルは，水環境との関わりから大まかにいって，次のように分類される（表3・図6）。

①スタンディング

　陸上運動と同様に底面に着地した状態での立位の運動スタイル。大きな移動は伴わず，8歩程度の範囲内での，その場の動作が中心となる。

②トラベリング

　立位で顔をつけたりしない状態で，広い範囲内を移動する運動スタイル。

③ウォーリング

　壁につかまって着地した状態での運動スタイル。

●表3——アクアダンスの運動スタイル

①スタンディング	立位で着地をした状態での運動動作。大きな移動は伴わず，その場での動作中心。
②トラベリング	立位で着地をした状態で移動する運動動作。
③ウォーリング	壁につかまって着地した状態での運動動作。
④フローティング	用具などにつかまって浮かんだ状態での運動動作。大きな移動は伴わない。
⑤ガータリング	壁につかまって，脚を浮かべた状態での運動動作。
⑥ムービング	用具などにつかまって浮かんだ状態で大きく移動する運動動作。基本的に顔をつけないで行う。
⑦シッティング	プールデッキやプールラダー等に座位で殿部を接地させた状態での運動動作（殿部が浮いた状態はフローティング）。
⑧サブマージング	水に潜ったり，顔をつけたりする運動動作。アクアエクササイズでは顔を水につけない，潜らないのが原則であるが，特別な目的や状況の際，または水中ゲームなどの際にこのスタイルで行うことがある。

●図6——アクアダンスの運動スタイルの例

④フローティング
　用具の浮力を利用して浮かんだ状態での運動スタイル。大きな範囲の移動は伴わない。

⑤ガータリング
　壁につかまって，浮かんだ状態での運動スタイル。

⑥ムービング
　用具の浮力を利用して浮かんだ状態で大きな範囲で移動する運動スタイル。基本的に顔をつけずに行う。

⑦シッティング
　プールデッキや階段等に座位で殿部を接地させた状態での運動スタイル（殿部が浮いた状態はフローティングとなる）。

⑧サブマージング
　水に潜ったり，顔をつけたりする運動スタイル。アクアダンスでは顔を水につけない，潜らないのが原則であるが，特別な目的や状況の際，または水中ゲームなどの際にこのスタイルで行うことがある。

　一般的なアクアダンスのプログラムは，十分着地できる水位で，上記の①スタンディングと②トラベリングをミックスさせたノーマルポジションでの運動スタイルを中心に行われることが多い。

しかしプログラムの目的や状況に応じて，その他のスタイルの運動も併せて行うことも必要である。

また，プログラムに変化や効果をもたらす意味でもウォーミングアップやクーリングダウンとして，そしてエクササイズパートとしてフローティングやガータリング，ウォーリング，ムービングなどのスタイルを取り入れることも大切である。

(2) アクアダンスのプログラムの分類

アクアダンスのプログラムは，その目的やねらい，そしてどんな対象者に対して行うかなどの条件によってさまざまに組み立てることができる。

以下に代表的なプログラムと，そのプログラムに対するネーミングの例を分類した。プログラムのネーミングに関しては，各施設や指導者が創意工夫を凝らして，参加者の運動能力のレベルに最もふさわしいものを設定するとよい。

①カーディオ（循環器系）プログラム

心臓・血液・呼吸等の循環器系の機能改善や向上のために行うプログラムを指す。その中でも特に全身持久力や，有酸素運動の能力の改善や向上を目的としたプログラムが代表的である。プログラムのネーミング例には次のようなものがある。

アクアビクス，アクアエアロ，アクアダンス，ウォーターエアロなど

②コンディショニングプログラム

循環器系の機能の改善や向上の目的に加えて，筋の機能の改善や向上もねらったプログラムをさす。プログラムには次のようなものがある。

- サーキットアクア
  身体の各部位を順番にエクササイズしていくスタイルのプログラム
- パワーアクア，アクアパワーダンス
  カーディオプログラムの中に筋力トレーニングの要素を多く盛り込んだプログラム
- コンディショニングアクア，筋コンアクア
  筋機能の向上改善に焦点を絞った内容のプログラム
- 姿勢バランスアクア
  姿勢バランスの改善といった視点から筋力トレーニングを行っていくプログラム

③ダンスプログラム

ダンス独特の動き方や，特徴のある音楽のリズムやメロディーに合わせて考案されたコリオグラフィー（振り付け）によって，動くことを楽しむためのプログラムを指す。

- ダンシングアクア，アクアダンス
  ダンスの基本となる8カウントのリズムに合わせて動くスタイルのプログラム
- ラテンアクア
  ラテンダンス特有の奇数リズムで動く楽しさを盛り込んだプログラム
- アクアフラダンス
  フラダンスの動作を水中運動に取り入れたプログラム

④スペシフィック（特殊）プログラム

特別な対象者に対してのプログラムや，特別な目的のために組み立てられたプログラムを指す。代表的なものには次のようなものがあげられる。

- マタニティーアクア
  妊婦を対象としたプログラム
- 親子でアクア
  幼児以上の子どもとその親がペアになって参加するプログラム
- 初めてアクア，スタートアクア，ビギナーアクアなど
  アクアフィットネスに初めて参加する人対象の

初心者向けプログラム
- 脂肪燃焼アクア，アクアシェイプ
  体脂肪の減少を目的とした運動内容で構成されたプログラム
- 腰痛バイバイアクア，肩こり解消アクアなど
  関節系の機能改善を目的としたプログラム

⑤コラボレーションプログラム

アクア以外のフィットネスプログラム，スタジオプログラム，スイミング＆シンクロナイズスイミングのプログラムなどとアクアダンスを融合させたプログラムを指す。

《マーシャルアーツ（武術・武道）系のスタジオプログラムと融合させたもの》
- マーシャルアクア
  空手・太極拳・カンフーなどの動作を水中運動として取り入れた内容のプログラム
- アクアキック＆パンチ，ボクシングアクア
  ワイルドアクア，アクアキックボックスなど
  ボクシングやキックボクシングの動作を水中運動として取り入れたプログラム

《マインド＆ボディー系のスタジオプログラムと融合させたもの》
- アクアヨーガ，ヒーリングアクア，マインドアクア，アクアピラティスなど
  ヨガやピラティスの要素を水中運動として取り入れたプログラム

《スイミングプログラムと融合させたもの》
- パフォーマンスアクアダンス，ウォーターボーイズアクア，シンクロ＆ダンスなど
  一般的な水泳動作や，シンクロナイズドスイミングの動作や要素をアクアダンスとして取り入れたプログラム

⑥用具や器具を使用するプログラム

水中運動専用の器具や用具，あるいはそれ以外の物を利用して行うプログラムを指す。

《流水マシンを使用したプログラム》

流水マシンで強力な水流を発生させた中でアクアフィットネスを行うものである。以下のようなネーミングで行われる。
- 流水アクア，流水シェイプ，流水ウォーク＆ジョグなど

《水中運動専用の器具や用具を使用したプログラム》
- ダンベルアクア
  プラスチック製，もしくはウレタン素材など水に浮く素材のダンベルを使用して行うプログラム
- アクアフィン
  プラスチック製の抵抗具を使用して行うプログラム
- ミットアクア，アクアグローブ
  ナイロンやネオプレーン素材などの手袋を使用することで，抵抗を増して行うプログラム
- アクアヌードル
  ポリウレタン素材の浮き棒を使用して行うプログラム
- アクアステップ
  踏み台を水中に沈めて上り下りする運動を行うプログラム

⑦その他のプログラム

上記以外にもアクアダンスのプログラムはさまざまに分類できると思われるが，その内のいくつかをあげてみる。

《運動時間の長さや，運動の時間帯で組み立てたプログラム》
*運動時間の長さに応じて組み立てたプログラムのネーミング例
  ショートアクア，ロングアクアなど

＊運動の時間帯に応じて組み立てたプログラムのネーミング例
　モーニングアクア，ホリデーアクアなど

《運動強度の度合いに応じて組み立てたプログラム》

＊運動強度が低めのプログラムのネーミング例
　かんたんアクア，らくらくアクア，お気軽アクアなど
＊運動強度が中程度のプログラムのネーミング例
　にこにこアクア，みんなでアクアなど
＊運動強度が高めのプログラムのネーミング例
　ノリノリアクア，頑張ってアクア，しっかりアクアなど

3 水中運動プログラムの作成と指導法

1 腰痛のための水中運動プログラム

◆水中運動理論

現在，成人の約80％が腰痛を経験していると言われている。以前は，腰痛は年寄りの病気とされてきたが，文明の発達とともに現代病の一つとして認知されるようになった。腰痛の約80％は，不良姿勢，筋力低下，腰の酷使が原因で起こる筋・筋膜性腰痛症であると言われている。

脊椎は積み木のように積み重なっており，その間にはクッションのような役割をする椎間板が存在する。人の体を横から見ると自然の弯曲があり，その弯曲の大きな部分では脊椎が不安定な状態になる。そのために，腰の周りの筋肉や腱には脊椎を安定させる役割があるのだが，それが衰えてくると，腰痛が起こりやすくなる。したがって，腰痛の予防および改善には腰部周辺の筋肉を鍛え，強化することが必要不可欠である。

(1) 腰痛の分類と発生機序

腰痛にはさまざまな種類が存在し，発生機序も異なる。以下に腰痛の分類と発生機序を示した。

●腰痛の発生部位別分類
　椎間板―椎間板の変性に伴う痛み
　椎間関節―関節由来の痛み
　傍脊柱筋群―筋疲労，循環障害による痛み
　神経根―ヘルニア，骨棘による神経の刺激
●腰痛を起こす代表的疾患
①腰痛症（筋性腰痛症，筋・筋膜性腰痛症）
　腰部筋群の圧迫による圧痛
②腰椎分離症
　腰椎の伸展制限，分離部の圧痛
③腰椎すべり症
　腰部の階段状変形
④腰椎椎間板ヘルニア
　腰椎の前屈制限，殿部・下肢痛（坐骨神経痛），下肢の痺れ，筋力低下
⑤腰部脊柱管狭窄症
　腰椎の伸展制限，坐骨神経痛，間欠性跛行，下肢の痺れ，筋力低下，骨粗鬆症

❶ 腰痛症

筋・筋膜性のもので，X線で見ても変化がみられない腰の痛みを腰痛症と呼ぶ。原因がはっきりしていないものと，ぎっくり腰と呼ばれる突発性のものがある。原因不明のものは脊椎屈曲筋群の弱体化と脊椎伸展筋群の短縮に起因すると考えられている。脊椎屈曲筋群の筋力向上と脊椎伸展筋群の緊張を緩和し，柔軟性を高めていくことで改善が可能である。

①筋力

脊椎は7つの頸椎，12の胸椎，5つの腰椎，5つの仙椎と3～6つの尾椎からなっており，自然の弯曲（S字カーブ）が存在する。仙椎から上では椎と椎の間には，クッションの役割を担う椎間板があり，腰部の筋群は脊椎を屈曲，伸展，側屈させる働きを持つ（図7，8）。

脊椎を支えているのは腹腔内圧で，背筋群が70％，腹筋群が30％の割合で働くと言われており，腹筋群が衰えると，これを補うために背筋群の働きが高まり，その結果腰痛を引き起こす（図

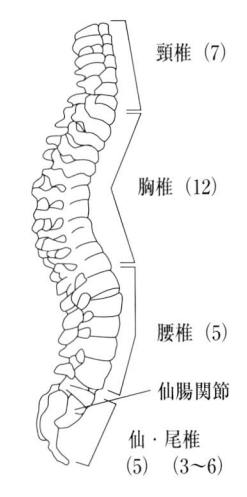

図7──脊椎の構造(1)

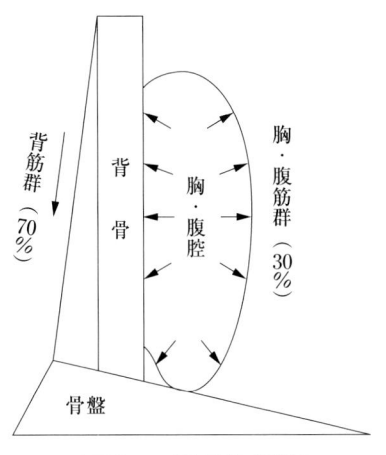

図8──脊椎の構造(2)

図9──腹筋群と背筋群

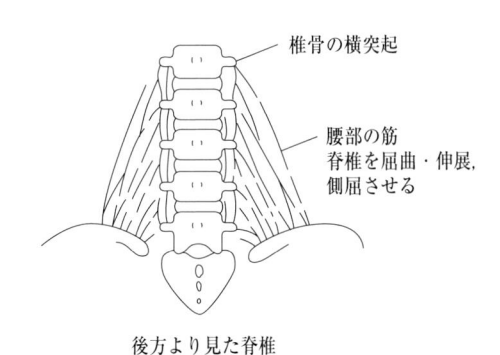

図10──体幹の筋（腰部筋群と腹部筋）

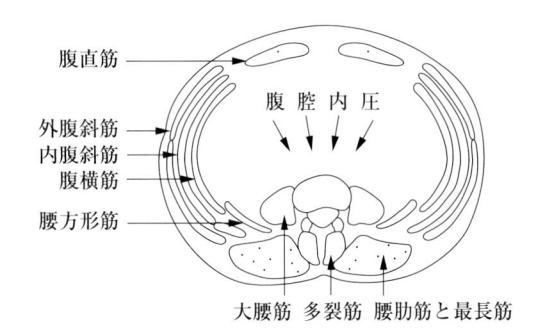

腹腔をとりまく腰部筋群は腹部筋と協調して腹腔内圧をコントロールしている。そしてこれはまた背柱姿勢のコントロールに関与している。

9，10）。腰をとりまく背筋群と腹筋群は腹腔内圧を調整して脊椎を支えているが，椎間板の性質が急激なひねりに弱いことも考え合わせると，腰痛の予防や改善には，外腹斜筋，内腹斜筋，腹横筋の向上が必要であり，これらの筋群はいわば天然のコルセットであるといえる。

② 姿勢

腰椎は骨盤に挟まれた仙骨の上に乗っている。腰仙境界部の腰椎と仙骨の角度（腰仙角）は30度がよいとされる。この角度が崩れると腰痛になる（図11，12）。

外観すると，凹背，凹円背ではそり腰になっており，椎体が後ろに傾き，正常な椎間孔と比較して狭くなっている（図13）。椎体孔には神経が通っているため，椎体が後ろに傾くことで神経が挟まれて下肢に痛みが生じる。

③ ぎっくり腰

ストレスや疲労，長時間の同一姿勢，長期の腰椎前屈などにより筋肉や靱帯がかたまった状態の時に，大きなクシャミや，急激な腰の伸展捻転などをしたり，重い物を持ち上げる際に膝を曲げず

●図11──腰仙関節(1)

●図12──腰仙関節(2)

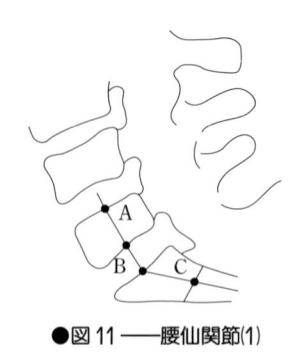

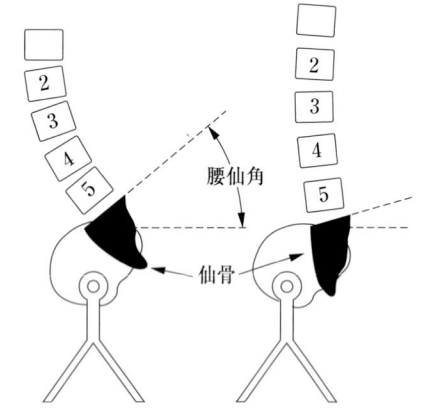

仙骨が角度を変えるにつれ，それに応じて腰椎弯曲し仙骨の角度は腰仙角と呼ばれる。腰椎は前弯する。腰仙角は30度がよいとされている。

●図13──椎間孔のようすと姿勢の分類（Wiles）

a. 正常　b. 凹骨　c. 凹円骨　d. 平背

●図14──ぎっくり腰のメカニズム

に持ち上げたり，体をひねった状態から元に戻そうとした時，体をひねった状態から物を持ち上げたりした時などに，「魔女の一突き」と呼ばれるぎっくり腰になる。ぎっくり腰では，椎間板が傷ついていることが多い。椎間板は上下の圧縮，斜めからの屈曲には強いが，栓をひねるような動きには弱く，輪状線維が断裂を起こしやすい（図14）。

2 腰椎分離症，腰椎すべり症

腰椎分離症は，椎弓の関節突起間部（狭部）が分離することが原因で腰痛が生じる症状である。

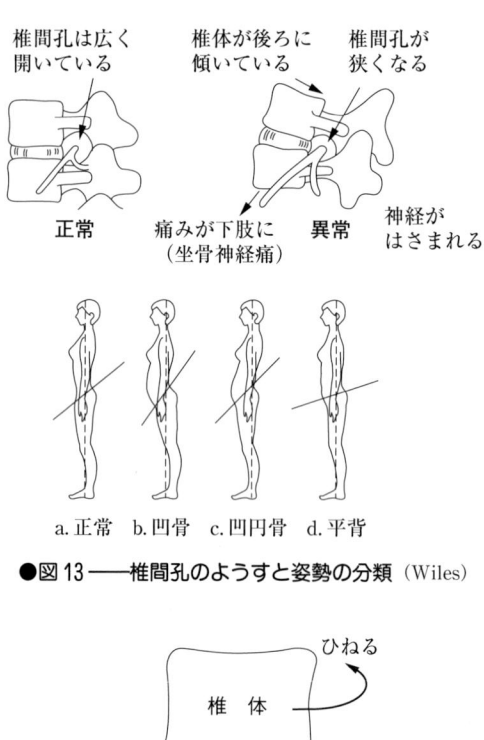

腰椎すべり症は，上位の椎体が下位の椎体の上を前方にすべる症状である。先天性，外傷性，疲労骨折により発生し，発生頻度は一般人で5％，スポーツ選手では約15〜25％と言われている。腹筋群，背筋群の筋力向上と椎柱のアライメントの調整が必要である。

しかしこれらの症状には，水中運動を行ってもあまり効果がない。腰痛のための水中運動や腰痛ストレッチは腰部に捻転を加え，腰の筋肉を伸ばして血液循環を高めるものであるが，腰椎分離症や腰椎すべり症には捻転がかえって悪化を招くから

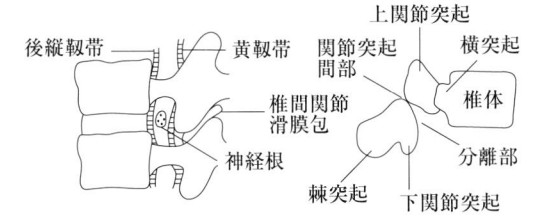

●図15──腰椎分離症，腰椎すべり症

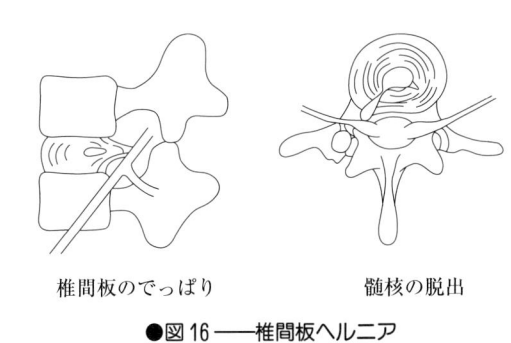

●図16──椎間板ヘルニア

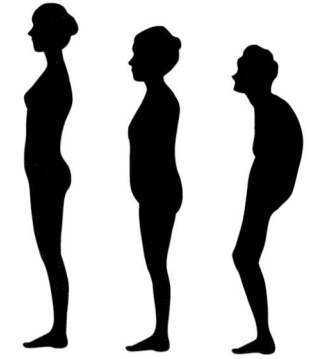

骨粗鬆症はお年寄り，ことに女性に多い。女性では60歳以上，男性では70歳以上から加齢とともに増加する。

●図17──骨粗鬆症の姿勢

骨粗鬆症の脊椎の図。中の黒い部分は骨がなくなって「す」になっている。

●図18──骨粗鬆症の脊椎

である（図15）。

3 椎間板ヘルニア

椎間板は，中心に髄核と呼ばれる水分の多いゼラチン状の核質があり，それを線維輪と呼ばれるカプセルが包んでいる。椎間板ヘルニアは外部からの圧力により，髄核が切れた輪状線維に沿って外に押し出され，椎間板が後方に出っ張る，あるいは脱出し，神経根を圧迫して坐骨神経痛を起こした状態である（図16）。

椎間板ヘルニアが起こりやすいのは以下のような場合である。

- 中腰で重い荷物を持ち上げた時
- 急に腰をひねった時
- 長時間同じ姿勢や，無理な姿勢でいた後，急に立とうとした時
- ぎっくり腰を何度も起こした時

4 骨粗鬆症

骨粗鬆症はその多くが高齢期に起こる症状である。骨組織そのものが萎縮し，骨にす（鬆）が入った状態になり，骨は脆く，姿勢は背中が丸くなってきて，クシャミをするだけでも骨折する場合さえある。単に加齢だけが原因ではなく，カルシウム不足や，また，更年期を迎え閉経した女性の場合，ホルモンバランスの変調も大きく関係する。骨粗鬆症がもとになった脊椎圧迫骨折による腰痛も見られる（図17，18）。

(2) 腰痛と日常生活動作

私たちは，日常生活を送る中，気づかぬうちに腰痛の原因を作っている。つまり，注意して日常

● 表4 —— 日常生活動作における留意点

項目	留意点
起床	①体を丸めて起き上がる ②痛みがあれば，両膝を胸に引き寄せストレッチを行う ③痛みのあるときは保温ベルトを使用する
立位姿勢	①片足を前に出し，休めの姿勢で立つ ②足を平行にして立つ時は，親指に力がかかるようにする ③胸を張ったり，背中を丸めて顎が突き出す姿勢を避ける
洗面・炊事	①洗面台，炊事場が低すぎることが多いので，背筋が曲がらないように，足を前後または左右に広げたり，膝を曲げたりして高さを調節する ②足台を置き，片足を乗せると負担が少ない
着衣	①靴下・ズボンは座って履く
履物	①靴は壁にもたれて履く ②窮屈なものは避け，かかとをすっぽり包み，立った時に膝の曲がらないものにする。かかとの高さは2〜4cmが最適
トイレ	①急性期は寝たまま行う ②和式より洋式を使用する
食事	①カロリーを抑え，カルシウムを摂取する ②肥満大敵!!
清掃	柄のついているモップやほうきでする
車	①長時間の運転は控える ②運転姿勢はアップライト（直立）ぎみにし，シートの奥まで腰を入れる
出産	産後の育児に向けて腹筋群・背筋群を筋力向上させる 体重をもとに戻す
起立	上半身を前に倒し，背筋群を伸ばしてから膝を曲げてゆっくり立ち上がる
着座	足が床に着き，太腿が少し浮く程度の高さの椅子を使用する できるだけ深く腰掛ける
物を持つ	身体をひねったまま物を持ち上げない
物を下ろす	中腰は避け，膝の屈伸を使って持ち上げたり，下ろしたりする
入浴	浴槽に中に腰掛けるステップや手すりを設置する
寝る姿勢	うつ伏せ，仰向けは避け，横向きで背中を丸めた姿勢で寝る 仰向けの場合は，膝の下に物を入れるなどして膝を立てる
寝具	適度に固さがあり，殿部が1〜2cm沈むものを選ぶ

生活を送れば腰痛を未然に防いだり症状を軽減することが可能である。ここではいくつかの日常生活動作における留意点を紹介する（表4）。

(3) なぜ水中運動が腰痛によいのか？

腰痛者に対する運動処方として陸上で行われる運動では，ウィリアムズ（Williams）やマッケンジー（McKenzie）による腰痛体操などがよく知られている。また，水中運動も腰痛改善に対する運動として処方されている。水中では陸上と比較して，浮力を利用することで下肢や腰部などの関節に対する過重を軽減しながら運動できるため

陸上立位　剣状突起水位　頸部水位

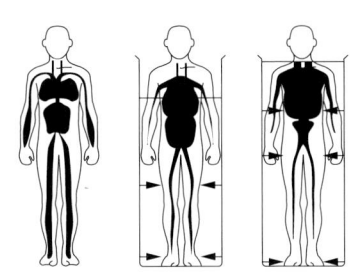

●図19──陸上立位および水中立位時の血液分布 (Rowell, Human Circulation-Regulation during physical stress, 1986年)

である。陸上では，重力に抗して生活しているため，頸椎や腰椎の椎間板は常に圧迫を受けている。しかし，水中に入ると浮力を受け，重力負荷が軽減され患部に対する負担が軽くなる。また，水中では自分自身の身体以外に運動を制限されない。たとえば，体をひねる動作を行う場合，陸上で仰向けで行うとすぐに床にぶつかってしまい，十分にストレッチングが行えないが，水中ならそれぞれの身体機能に合わせてストレッチングができる。

さらに，水の抵抗により，身体のバランスを崩しても転倒しにくく，安心して運動に参加できるという特徴がある。加えて，水圧の影響により，静脈還流が増加し，血液循環が高まり，むくみやリンパ浮腫などの解消にも効果的である（図19）。これは水平姿勢で運動を行うことにより，一層効果が期待できる。

このように，水中運動は腰痛者にとって有効な運動療法であるといえる。しかしながら，腰痛の症状によっては，運動（水中運動を含めて）が禁忌の場合もあるので，医師にあらかじめ相談する必要がある。

水中運動の腰痛症に対する効果は，過去の研究によって報告されており，定期的な水中運動を行うことで，痛みの緩和，柔軟性や筋力の向上，体脂肪率の低下などといった身体的，機能的な効果が認められている。また，一過性の水中運動でも，痛みや不安の改善など身体的にも精神的にも有効である。長期的には，疼痛や不安の改善とともに，腰痛障害の改善，身体的・機能的向上や維持をもたらす。しかし，運動を中断すると効果は失われるので，運動を継続することが効果を持続させるうえで重要である。

◆具体的指導内容

(1) 腰痛者のための水中運動処方

腰痛のための水中運動の目的は，腰を安定させる背筋群，腹筋群の柔軟性・筋力を向上させることである。痛みがひどい場合は，治療を受け，医師の許可を得た後，水中運動を実施する。基本的に，腰痛者の場合は，医師の診断により運動の許可を得た，回復期・慢性期を対象とする。

現在，高齢社会化が進む中，後期高齢者も水中運動に参加するようになっている。参加者のなかには腰痛症だけでなく，高血圧や糖尿病などさまざまな疾患を併発している人も含まれる。そのため中高齢者の運動参加に対する安全管理の重要性や事故防止のためのメディカルチェックの必要性に留意する必要がある。以下に水中運動処方の流れを示す（図20）。

腰痛者の場合は運動指導を始める前に，まずメディカルチェックをあらかじめ受けてもらい，腰痛の原因・状態をしっかりと把握したうえで，プログラムを処方することが重要である。参加者個人のカルテを作成し，一人ひとりに応じた運動プログラムを処方するようにする。

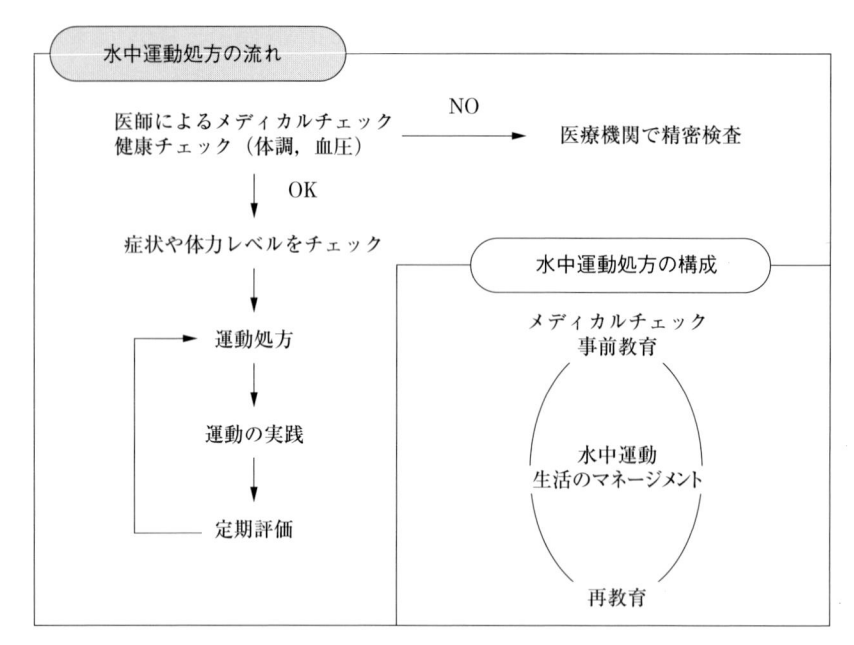

水中運動処方の流れ

```
水中運動処方の流れ

医師によるメディカルチェック ──NO──→ 医療機関で精密検査
健康チェック（体調，血圧）
        │OK
        ↓
症状や体力レベルをチェック
        │
        ↓
    運動処方 ←──┐      ┌水中運動処方の構成┐
        │       │      │  メディカルチェック  │
        ↓       │      │    事前教育       │
    運動の実践   │      │                   │
        │       │      │    水中運動       │
        ↓       │      │  生活のマネージメント │
    定期評価 ───┘      │                   │
                       │     再教育        │
                       └───────────────────┘
```

●図20――水中運動処方の流れ

(2) 基本的な留意点

基本的な留意点を以下に示す。参加者は基本的に成人（特に中高齢者）を対象としているので，それに応じた配慮が必要である。

①中高齢者は身体の適応が遅いので，最初と終わりはゆっくりとしたペースで，余裕をもって行う。

②子どもの指導と異なり，参加者に尊敬の念をもち，グループが社会的な輪をもてるようにする。

③悩みを聞いたり，運動の効果をわかりやすく説明できるようにする。

④一人ひとり症状，体力，能力が異なるので，個人の達成目標をアドバイスできるようにする。

⑤ただ運動すればよいというわけではないので，注意深く参加者の状態を観察しながら行う。

⑥医師とのコミュニケーションがとれるようにしておく。

⑦腰痛水泳だけでなく，生活習慣や作業様式，心理的ストレスの改善も併せて指導する。

(3) プログラム

腰痛者に対する水中運動プログラムは，以下の5つの要素で構成することができる。

①ストレッチング（陸上・水中）
②水中歩行・ジョギング
③有酸素運動
④筋力トレーニング
⑤リラクセーション

腰痛にはさまざまな症状があり，症状別の運動内容を盛り込むことが理想のプログラムといえる。しかし現場ではさまざまな制限があるため，すべてを実施することは困難である。指導者や参加者の人数，症状，体力レベルに合わせて，実施可能な運動プログラムを組むようにする（図21）。

参加者の体力レベル，腰痛の症状に合わせて段階的ステーションプログラムを立てて指導を行う

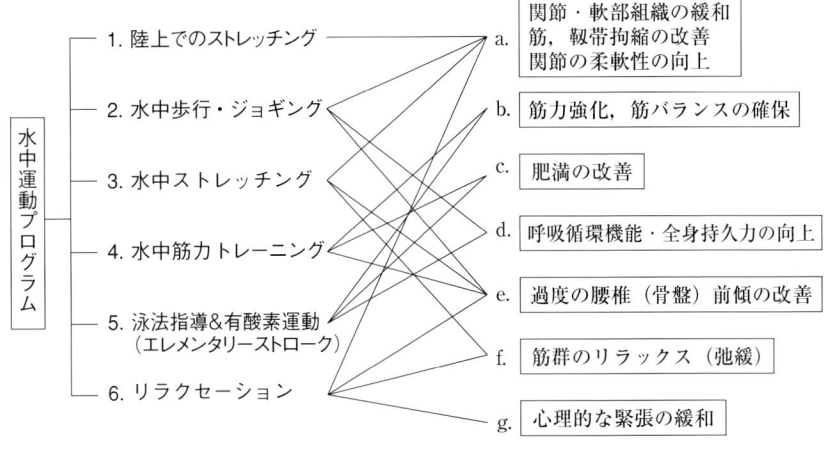

●図21──水中運動プログラム

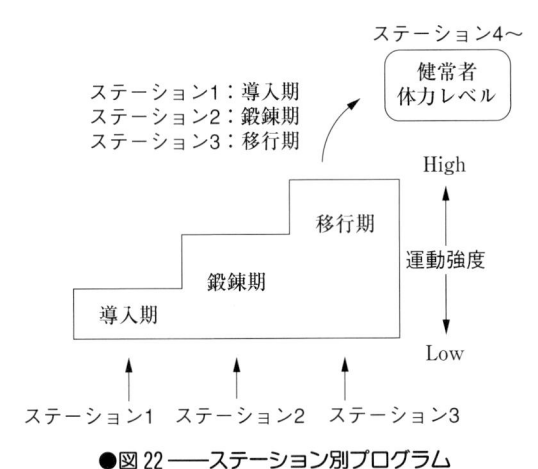

●図22──ステーション別プログラム

ことが推奨される。

1 ステーション別プログラム（症状や体力に合わせたプログラム）

ステーション1：症状や体力レベルを問わずほとんどの者が実施できる。
ステーション2＆3：ステーション1の発展
ステーション4～：健常者の体力レベル

　ステーション移行の基準としては，個人差があるため明確に期間を設定することはできない。ステーション1から2への移行は症状が安定し，水中での動作の慣れが認められるようになる頃というのが基準である。ステーション1～3はそれぞれ個別のプログラムではなく，ステーション1で行ったプログラムを基盤として発展させる。運動強度の設定は，運動時間，反復回数，インターバルタイムの設定，補助具の使用によって行う（図22）。

2 陸上でのストレッチング

【目的】
　関節・軟部組織の緩和，関節靱帯拘縮の改善，関節柔軟性の向上

●腕・手首のストレッチング
①手のひら，膝から下を床に付け，腰を浮かせる
②ゆっくりと腰を落とす

●膝関節屈曲筋群のストレッチング
①膝を伸ばして座る
②背中を伸ばしたまま，上体を前に倒す

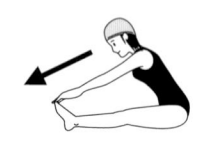

●背筋群のストレッチング
①両膝を抱えて息をゆっくりと吸う
②息を吐きながら脚を胸に引き寄せる

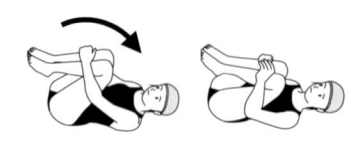

3 水中ウォーキング・ジョギング
【目的】
　関節・軟部組織の緩和，関節靱帯拘縮の改善，関節柔軟性の向上，呼吸循環機能・全身持久力の向上，過度の腰椎前傾の改善

●普通歩行
①姿勢を正し，ゆっくりと歩く
② 踵(かかと)から接地する

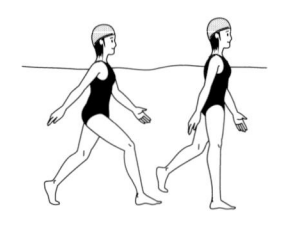

●膝上げ歩行
①膝を高く上げながら歩く
②水位が低い場合は，肩まで水に入れて歩く

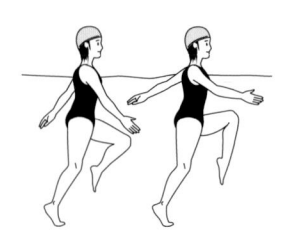

※踵から接地する

●大股歩行
①脚を大きく踏み出す
②股関節の伸展・屈曲を意識する

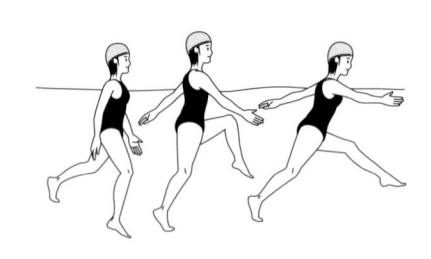

●横歩き
①脚を開く時に両手を広げ，脚を閉じる時に両手も同時に閉じる
②脚を開いた時に腰を落として，股関節を外転させる

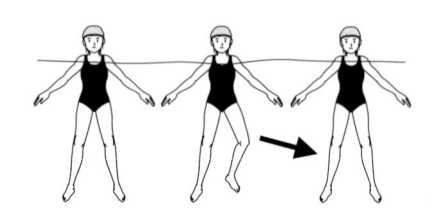

●キョンシージャンプ
①うさぎ飛びを行う要領で両脚を身体に引きつけるようにしてジャンプする
②両手のひらで水を前から後ろに搔く
③慣れてきたら顔も水につける

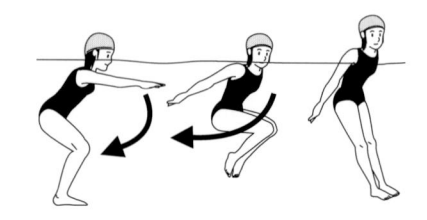

4 水中ストレッチング

【目的】

関節・軟部組織の緩和,関節靱帯拘縮の改善,関節柔軟性の向上,過度の腰椎前傾の改善

●腸腰筋のストレッチング

① 両手でプールサイドにつかまり,身体を前傾して前方の膝を曲げ,後方の膝を伸ばす
② 前方の膝を屈曲し,伸ばした脚の股関節を伸展させる

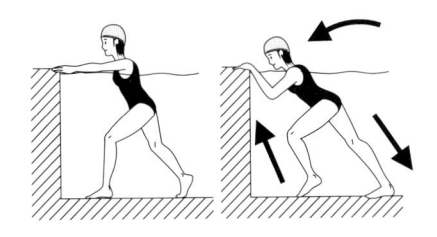

●腰部股関節のストレッチング1

① プールサイドに背中を付けて片膝を持つ
② 息を吐きながら胸に引き寄せる

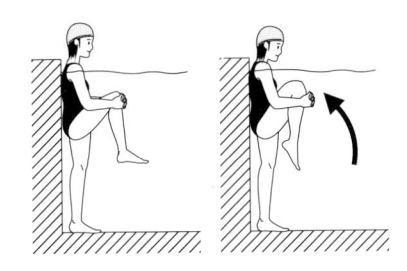

●腰部・股関節のストレッチング2

① プールサイドに背中を付けて片膝を持つ
② 胸に引き寄せて,左右に倒す

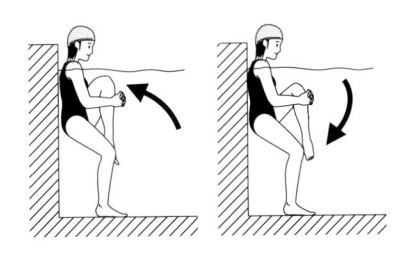

●大腿部・下腿部のストレッチング

① プールサイドを持ち,片脚を曲げた状態で壁に付ける
② ゆっくりと脚を伸ばし,上体を前傾する

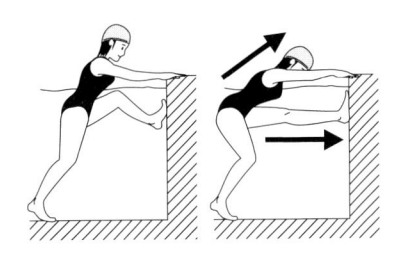

5 水中筋力トレーニング

【目的】

筋力向上,特に下肢・体幹筋の筋力向上,筋バランスの確保

●大腿四頭筋のトレーニング

① プールサイドを背にして立つ
② 脚を前方に蹴り上げる

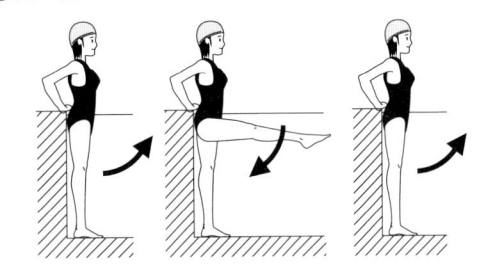

●殿部・大腿二頭筋のトレーニング

① プールサイドに向かって立つ
② 脚を後ろ向きに蹴り上げる

●股関節外転・内転筋群のトレーニング
①プールサイドに横向きに立つ
②脚を伸ばしたまま，横に蹴り上げて，脚を閉じる

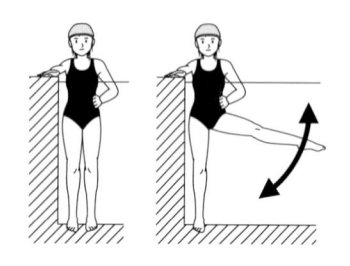

●腹筋群のトレーニング
①プールサイドの壁に背を付け，両手でプールサイドをつかむ
②両膝を曲げた状態で腰を支点にして左右に膝を振る

6 有酸素運動
【目的】
肥満の改善，呼吸循環機能・全身持久力向上

●けのび
①手を前に出し，水面を雑巾がけするように体を前に倒していく
②慣れてきたら，浮く時間を長くするために，床を強く蹴る

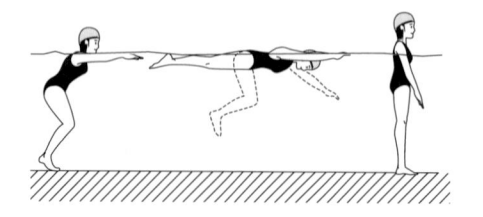

●いるか飛び
①両手を身体の前で合わせ，アーチを描くようにして飛ぶ
②けのび姿勢をとって，浮いてくる

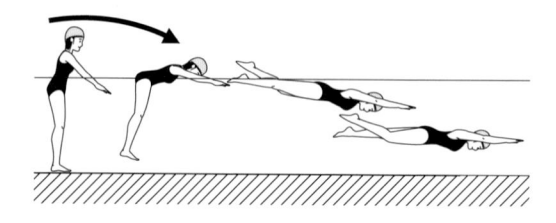

●エレメンタリーバックストローク
①最初は2人1組になり，片方が背浮きになり，もう一方が肩を両手で支えて引っ張る
②慣れてきたら，2人1組のままキックを行う。つま先に力が入らないように気をつける 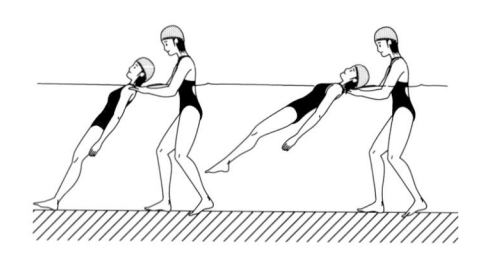
③次に，ビート板を両手で胸の前で抱えて，一人で背浮きをしながらキックを行う
④ビート板なしで，手は身体の横，もしくは上に伸ばしてキックを行う
⑤キックをマスターしたら，今度は上に手を伸ばし，肘を曲げて上から下に手のひらで水を掻く
⑥水を掻き終わった手は身体の線に沿って水を移動させる。同様の動作を繰り返す
⑦呼吸は，口から息を吸って，鼻から息を出すように指導する

7 水中リラクセーション

【目的】
　関節・軟部組織の緩和，関節靱帯拘縮の改善，関節柔軟性の向上，筋群のリラックス，心理的な緊張の緩和

● だるま浮き
① 両膝を両手で抱えこむ
② 息を吐いて沈んでもよい

● 浮き身
① 2人1組になり，1人がプールサイドに両足を乗せて背浮き姿勢をとる
② もう1人が肩を持って補助をする
③ 左右に振るなどする

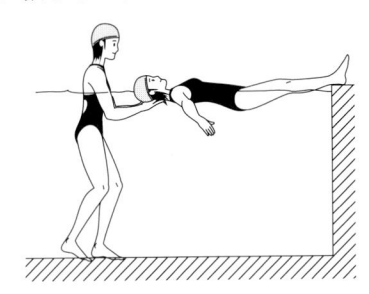

● 水中牽引
① 2人1組になり，1人がプールサイドを持って伏し浮きの姿勢をとる
② もう1人が足を持って後方に牽引する
③ 足の裏を指圧しながら行うとよい

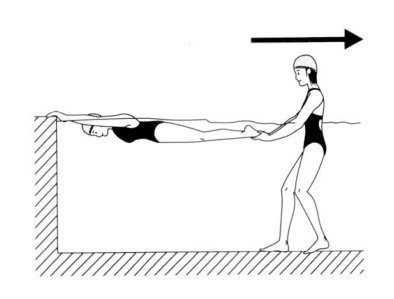

(4) 腰痛に対する効果の測定評価

　現在，水中運動は，多くのスイミングクラブなどで盛んに行われている。しかし，その多くは指導が中心であり，症状の改善や体力レベルの評価を実施しているケースは少ない。

　運動を実施していくうえで，定期的に腰痛の症状に対する評価を行い，併せて体力レベルを評価することは，個々に応じたプログラムを処方するためにも重要である。ここでは，現場で簡易的に実施できる腰痛の測定と評価方法を紹介する。運動の実践に伴い，定期的に腰痛に対する評価を行うことは，指導者が参加者の症状を把握することができるだけでなく，参加者の運動に対するモチベーションをあげるうえでも重要である（表5，表6）。

● 表5──腰痛症の評価項目

1.	身体的評価：身長，体重，体脂肪率，血圧，心拍数
2.	疼痛の評価：痛みの視覚表現スケール（VAS）
3.	機能障害レベルの評価：腰痛アンケート（ODQ）
4.	筋力の評価：スクワット，腹筋，背筋
5.	柔軟性の評価：長座体前屈
6.	日常生活動作の評価
7.	心理的評価：心理アンケート

● 表6——腰痛の治療・予防・禁忌

[1] 腰痛の治療法
・薬物療法
　外用消炎鎮痛剤，経口消炎鎮痛剤
　筋弛緩剤，局所麻酔によるブロック注射
・理学療法
　牽引，ホットパック，鍼，灸，マッサージ
・運動療法

[2] 腰痛の予防法
・腰仙角の減少（腰椎前弯の減少，図11，12）
　姿勢維持，腹筋群向上，
　下肢関節および筋の柔軟性向上（図13）
　背筋群の柔軟性向上
・腰椎過伸展の防止
　背筋運動時のフォーム改善（過伸展防止）
・日常生活における注意（[3]参照）

[3] 腰痛の症状別による禁忌動作および適応
①筋・筋膜性腰痛症
【適応】
　腹筋群・背筋群の筋力向上と筋バランスの確保
　肥満の改善
　股関節と中心とした下肢関節の柔軟性向上
　骨盤前弯
②変形性脊椎症（高齢者に多い）
【適応】
　腰部の可動域確保
　腹筋群・背筋群の筋力向上と筋バランスの確保

【禁忌動作】
　背中を反る
③椎間板ヘルニア
【適応】
　腹筋群・背筋群の筋力向上と筋バランスの確保
　ストレッチ運動（筋緊張の弛緩）
【禁忌動作】
　前屈・後屈，過伸展・回旋動作
④脊椎分離症・辷り症
　原因によって適応ならびに禁忌動作が変化する
【適応】
不安定型：殿筋群やハムストリングスの緊張により前屈時に骨盤前傾が制限されて痛みを発する→ハムストリングス・腹筋群・背筋群のストレッチング
（不安定型とは，発生する条件が一定ではない屈曲型）
伸展型：腸腰筋や大腿筋膜張筋の過緊張・収縮により，骨盤前傾や腰椎前弯が増大し，痛みは発生する→股関節のストレッチング，骨盤後傾を誘導
回旋型：腹筋群の緊張が不十分なため，回旋時に骨盤前傾が増大し，腰椎にストレスがかかり，痛みが生じる。回旋側では同側の腰方形筋による過緊張により，反対側の骨盤前傾が増大し，痛みが生じる。→骨盤後傾を誘導
【禁忌動作】
　腰椎の過伸展（過剰前弯を悪化させる）
　伸展運動

■参考文献
(1) （社）日本スイミングクラブ協会『メディカルアクアインストラクター教本』2005年
(2) 野村武男「水泳とポジティブヘルス」『Swimming exercise and positive health, Health Science, 2 (4)』1986年
(3) 野村武男，菅野篤子「水を使った新しい運動処方」『Mebio, 5』2000年
(4) 野村武男，菅野篤子「水中運動の実践—設備，施設，運動プログラム—」『臨床スポーツ医学, 20 (3)』2003年
(5) 菅野篤子，野村武男「中高年における腰痛者を対象とした短期的な水中運動の身体的および心理的効果」『いばらき健康・スポーツ科学, 16』1998年
(6) Sugano A, Nomura T, Influence of water exercise and land stretching on salivary cortisol concentrations and anxiety in chronic low back pain patients, J Physio Anthrop, 19 (4) ; 175-180 : 2000.
(7) 菅野篤子，野村武男「一過性の水中運動と陸上運動の実施が疼痛，状態不安および唾液中コルチゾール濃度に及ぼす影響—慢性腰痛者を対象に—」『体力科学, 49』：2000年

2 親と乳幼児のための水中運動プログラム

◆ベビースイミング理論と具体的指導内容

(1) ベビースイミングの目的

ここでいう「ベビースイミング」は，生後6か月前後から3歳前後までを対象にしている（以降，「赤ちゃん」という言葉を使用する場合は，便宜上3歳前後までを指すことにする）。また，ベビースイミングの中身は広く，その中には水中運動的な内容が多く含まれている。

1 赤ちゃんに合った水泳技術の習得

水泳技術の習得というとベビースイミングでは少し大げさだが，赤ちゃんには赤ちゃんに適した水泳技術がある。もちろん，大人が泳ぐような各種の泳法を習得はできないが，それぞれの発育発達に合わせた水泳技術の習得は可能である。

3歳児までを対象としたベビースイミングの水泳技術の習得目標は，「水中で呼吸動作を行いながら，自分の意志である程度の距離が移動できる」ことである。つまり，赤ちゃん自身の力で水中で呼吸動作を行い，水中で体のバランスを取りながら，自分の意志である程度の距離が移動（泳げる）できるようになることが目標である。

2 赤ちゃんの健全な発育発達

赤ちゃんの健全な発育発達を望まない親はいない。ベビースイミングを通して赤ちゃんが丈夫な体になることを多くの親が望んでいる。

ベビースイミングによって赤ちゃんが丈夫になるのは，目的というより結果であるともいえる。

陸上生活の中では，どの赤ちゃんも経験する内容は大体変わらない。しかし水中では，陸上では絶対経験できない無重力の状態を経験できるというように，ベビースイミングの経験の有無の差は大きい。

3 水難事故防止

アメリカやオーストラリアのベビースイミングは，水難事故防止のために始まったと言われている。そのためレッスン内容は，水難事故防止に役立つ内容を中心に組まれ，なるべく早く水中で呼吸動作ができるようにプログラムされている。アップダウン（水中で浮いたり沈んだり）の繰り返しの息継ぎ（犬かき泳ぎ）や背浮きによる呼吸コントロールの方法（泳ぎ）が生まれてきたのはこういった背景による。

ベビースイミングの目的の中に水難事故防止があるのは当然だが，しかし単に諸外国の水難事故防止用のレッスン内容を取り入れるのではなく，日本ではどのような水難事故に遭いやすいかを分析して，それに合った水泳技術を赤ちゃんの発育発達に合わせて教える必要がある。

最終的には，ベビースイミングの水泳技術目標である「水中で呼吸動作を行うことができ，自分の意志である程度の距離が移動（泳げる）できる」ようになれば，溺れる心配は少なくなる。特に水に落ちたら元に戻る（Uターン）ことを指導することは重要である。

4 同年代との交流（遊びを通して仲間つくり）

ベビースイミングの対象年齢は，生後6か月前後から3歳前後までと大変幅が広い。その中で同年代同士が一緒にいることは大きな刺激になる。

少子化傾向のために近隣での子ども同士の交流（遊び）が少なくなってきている現在，ベビースイミングに通わせる親は特に，ベビースイミングを通して同世代との交流をさせたいと思っているようである。

しかし，この年代の乳幼児を集団行動に慣れさ

せようと考えるのは間違いである。一般的に2歳の後半から親から離れて行動できる時間が長くなっていき，少しずつ集団の輪の中に入れるようになるものだが，ベビースイミングの対象年齢はそれより前の乳幼児がほとんどで，集団行動はできない。他の乳幼児と一緒にいることで，お互いに刺激し合うことが重要なのである。

そのため，できればベビースイミングの水中レッスンを始める前や後に，体操場等で遊べる時間があるとよい。また，水中レッスン中にもカリキュラム通りに行うだけでなく，乳幼児が一緒に自由に遊べる時間があるとよい。そのような時間をつくってあるからといって，集団で遊ぶわけではないが，乳幼児同士は交わり合い刺激し合うことにより，成長していくのである。

(2) 指導内容

さまざまなベビースイミングの指導理論を踏まえたうえでの，指導内容の一案を以下に示す（表7）。これをもとにそれぞれの対象年齢と発育発達の状態と水の慣れ具合に合わせてカリキュラムを作成し，レッスンを行うとよい。

●表7——ベビースイミングの指導内容一覧（教程一覧）

1．だっこ
①胸と胸をつけてのだっこ
②胸を離してのだっこ
③脇を支えての前向きのだっこ
④肘を伸ばしての前向きのだっこ
⑤お尻を支えての後ろ向きのだっこ

2．ふりこ
①胸と胸をつけてのふりこ
②脇を支えての前向きのふりこ
③肘を伸ばしての前向きのふりこ
④脇を支えての後ろ向きのふりこ
⑤肘を伸ばしての後ろ向きのふりこ

3．ねんね
①胸と両腕にのせてのねんね
②肩にのせてのねんね
③横に抱いてのねんね
④頭と背中を補助したねんね
⑤背浮きでのねんね

4．スイング
①前向きスイング
②斜め向きスイング
③後ろ向きスイング
④後ろ斜め向きスイング
⑤横向きスイング

5．高い高い
①前向きでの上下運動
②前向きでの高い高い
③後ろ向きでの上下運動
④後ろ向きでの高い高い
⑤前向きの回りながらの高い高い

6．水中歩行
①補助付前進水中歩行
②前進水中歩行
③補助付後進水中歩行
④後進水中歩行
⑤ジグザク水中歩行

7．顔つけ
①ブクブク水吹き
②息止め口入れ
③鼻まで入れる
④目まで入れる
⑤顔全部を入れる

8．もぐり
①補助者と対面で脇を支えてのもぐり
②補助者と対面で手を持ってのもぐり
③もぐり
④少し深いもぐり
⑤水中フラフープくぐり

9．ジャンプ
①手を持った水中ジャンプ
②脇を支えての水中ジャンプ
③水中ジャンプ
④補助付垂直ジャンプ
⑤補助付ロケットジャンプ

10. 飛び込み	
①腰掛け飛び降り	
②手を補助した立ち飛び込み	
③脇を支えての立ち飛び込み	
④立ち飛び込み後受け止め	
⑤立ち飛び込み入水後受け止め	
11. ロール	
①補助付背面浮き→伏し浮き	
②補助付伏し浮き→背面浮き	
③背面浮き→伏し浮き	
④伏し浮き→背面浮き	
⑤360度ロール	
12. Uターン	
①飛び込み後Uターン	
②高い所からの立ち飛び込み後Uターン	
③Uターン後アップダウン	
④つたい歩き	
⑤這い上がる	
13. アップダウン	
①手を持ったアップダウン	
②脇を支えてのアップダウン	
③胸（または脇）を補助してのアップダウン	
④顎を補助してのアップダウン	
⑤アップダウン	
14. 各種キックの真似	
①クロールキックの真似	
②背泳ぎキックの真似	
③ドルフィンキックの真似	
④平泳ぎキックの真似	
⑤立泳ぎキックの真似	
15. 各種プルの真似	
①クロールプルの真似	
②背泳ぎプルの真似	
③平泳ぎプルの真似	
④バタフライプルの真似	
⑤犬かきプルの真似	
16. 真似泳ぎ	
①クロールの真似泳ぎ	
②背泳ぎの真似泳ぎ	
③平泳ぎの真似泳ぎ	
④バタフライの真似泳ぎ	
⑤自由泳ぎ	

(3) 指導のポイント

カリキュラム通りレッスンを行っていても，しばしばインストラクターによって指導に差が出てくる。それは，指導のポイントを的確に教えることができないからである。1～2年の指導経験ではベビースイミングの効果的な指導の実践は難しい。赤ちゃんは一人ひとり違い，多くの指導を経験することによってしか，一人ひとりに合った指導のポイントは見えてこない。むろん，指導経験が長くても指導のうまくないインストラクターも存在する。

より正しい指導の実践に役立つ，指導のポイントとしては以下のようなものがある。

1 水の特性を理解し，それに合った指導の実践を行う

水の特性には，大きく分けて4つある。それは，「浮力」「水圧」「抵抗」「水温」である。ベビースイミングを含め，すべての水泳指導は，水の特性に合った指導をすることが大切である。

ベビースイミングでは次のようなことがポイントになる。

①浮力

たとえば「立ち飛び込み」をプールサイドから行った場合，飛び込むと体は水中にすぐに沈み，ある深さまで沈んだら，浮力の影響を受けてゆっくりと水面に浮き始める。赤ちゃんが水に慣れてくると，水中にもぐる内容が多くなるが，その時の補助の仕方は，この水の特性に基づくようにする。つまり，もぐる時は素早くし，赤ちゃんを水面に出す補助は，ゆっくりと行うようにする。

得てして親は，引きずり上げるようにして赤ちゃんを水面に出しがちである。これは水中の赤ちゃんを心配し，少しでも早く水面に出そうとするためである。しかしこのような補助では，赤ちゃ

んはびっくりして水中で水を飲んでしまうことがある。さらに水の特性に合わない不自然な動作を経験し，逆に水に慣れない可能性がある。

　このような行動は，親だけでなくインストラクターにもみられることがあるので，注意する。

②抵抗

　水中で赤ちゃんが移動しようとすると，水から移動を妨げる力（抵抗）を受ける。赤ちゃんは手足が小さく筋肉が未発達なので，抵抗によって移動が難しくなる。2歳半過ぎからアップダウンを赤ちゃん自身で行えるようになると，各種のキックや泳ぎの真似をするようになるが，思うほどには移動しない。それは「抵抗」が作用しているためであり，なかなか進まなくて当たり前である。むしろアップダウンをしながら楽しく長く水中にいることのほうが大切である。

③水圧

　水中では絶えず水圧の影響を受け，それは水深が深いほど大きくなる。赤ちゃんの身長ぐらいの水深なら，ミルキングアクションの助長や肺の肺胞の成長を積極的に促していると考えられる。しかし，必要以上に深くもぐらせるのは望ましくない。なぜなら水面から1mの深さでは$1.1kg/m^3$の水圧を受けるが，この深さでは大人でも耳の鼓膜に水圧が感じられるほどであり，身体的に未熟な赤ちゃんには影響が大きい。

④水温

　水の熱を伝える性質は空気の約25倍であり，体温をうばいやすい。そのためベビースイミングに合った水温と室温の確保が必要になる。適温は32℃前後の水温とそれより1〜2℃高い室温で，この温度であれば赤ちゃんは水の心地良さを十分に感じながら積極的に体を動かすことができる。

❷赤ちゃんの体が水上に出ていては水に慣れない

　レッスン中，水に入っている赤ちゃんの体を必要以上に水面より上（空中）に出してしまうと，赤ちゃんは水に慣れない。

　ベビースイミングの指導時間は30分前後と短く，あっという間に終わってしまう。必要以上に水面に出す回数が増えれば，赤ちゃんは水中にいる時間が減り，結果的に水に慣れない。

　指導教程では，「高い高い」の際にのみ積極的に水面より上に出す。

　「だっこ」は，赤ちゃんが肩まで水中に入った姿勢で行う。赤ちゃんのみぞおちやへそあたりを水面の位置にして行ったのでは，水に入っている部分が少なく，陸上で「だっこ」をしている状態と近いので，結果的に水に慣れなくなる。しかし，親は赤ちゃんを心配するあまり，無意識にこういった行動をとりがちである。

　「ふりこ」の場合も，「だっこ」の場合と同様の姿勢で行うが，左右の「ふりこ」動作の終了時に，水面上に赤ちゃんの上半身を出さないようにする。「スイング」の教程も同様である。

　また，「顔つけ」の際，顔をつけるまでは赤ちゃんが肩まで水中に入った状態で行っても，顔を水中に入れた後，必要以上に赤ちゃんを水面上に上げる場合がみられる。そこには，水中に顔を入れるのが心配だという心理が働いているようである。しかし赤ちゃんがアップダウンを行いながら自力で呼吸をしている動作を見ていると，唇が水面すれすれの状態で行っている。「顔つけ」でも，その後で習得する自力での「アップダウン」にスムーズにつながるように，「顔つけ」も「顔上げ」も，赤ちゃんの肩が水中に入った状態で行うようにする。

❸「もぐり」から「アップダウン」へ

赤ちゃんがもぐれるようになるためには，インストラクターの指導力が大いに関係する。特に「もぐり」から自力で行う「アップダウン」につないでいくのは難しい。カリキュラム上は，「もぐり」ができるようになったら「アップダウン」教程に移ることになるが，実際には簡単にはいかない。

たとえば単発のもぐりを何回行っても，自力での「アップダウン」にはつながらない。つなげるためには，単発で行っていたもぐりを連続で行うようにする必要がある。

その第1段階が，「アップダウン」教程の「①手を持ったアップダウン」である。親が赤ちゃんの手を持って「もぐり」を連続的に行う。

次に第2段階の「②脇を支えてのアップダウン」を行う。親が赤ちゃんの脇を支え，赤ちゃんが水面上に顔を出して呼吸をするのを助けながら「もぐり」を連続的に行う。第1段階と違い，赤ちゃんが手を自由に使うことができるので，水面上に顔を出す助けになる。赤ちゃんは，自分で顔を水面上に出す努力を始めるが，自力で水面上に口まで上げるには，もう少し時間がかかる。

そこで第3段階として「③胸（または脇）を補助してのアップダウン」を行う。これは，赤ちゃんが呼吸のために自力では額ぐらいまでしか顔を上げることができない時に行う。自力で上がらない分を親が赤ちゃんの胸を支えて補助し，口を水面上に出して呼吸ができるようにする。ここまでくれば，もう少し自力でアップダウンができるようになる。

次に第4段階として「④顎を補助してのアップダウン」を行う。赤ちゃんが自力で目や鼻ぐらいまで顔を上げられるようになったら，親が赤ちゃんの顎を補助し，口を水面上に出し呼吸ができるようにする。これを繰り返しているうちに，最終的に自力で「アップダウン」ができるようになる。

❹ベビースイミングの具体的指導内容

ベビースイミングでは，その対象とする年齢段階に応じて表8の教程を組み立てて，指導カリキュラムを作成して指導を行うとよい（※○は，その月齢で行ってよいもの。△は，その月齢でできるのであれば行ってよいもの。―は，その月齢で必要ないものを指す）。

◆幼児水泳理論と具体的な指導内容

(1) 幼児水泳の目的

アクアフィットネスインストラクターにおいても，幼児水泳の基礎を知っておくことは重要であるので，その概要を記す。詳しくは『水泳教師教本』（㈶日本水泳連盟，㈳日本スイミングクラブ協会編，大修館書店発行）を参照されたい。

水泳の指導は，ベビースイミング→幼児水泳→学童水泳→成人水泳とつながっており，その大きな流れの中で幼児水泳の目的を考えることが必要である。

幼児水泳の目的には大きく分けて4つある。それは，①幼児期に合った水泳技術の習得，②水泳のレッスンを通した社会性の獲得，③健全な発育発達の促進，④水難事故防止である。

❶幼児期に合った水泳技術の習得

まず，幼児期の前のベビースイミングの内容や，次の学童水泳の内容を踏まえ，どのような水泳技術なら無理なく自然に習得できるか考える。

幼児水泳の指導経験が浅いと難しいが，10年以上ベビースイミングや幼児水泳，学童水泳の指導に携わってきたベテランのインストラクターならば幼児期の水泳技術についての全容が見えてく

● 表8 ── 年齢段階別指導内容一覧 (指導教程)

指導内容（教程）	段階的変化	6か月〜 9か月	10か月〜 12か月	満1歳〜 1歳6か月	1歳7か月〜 1歳12か月	満2歳〜 2歳12か月
1．だっこ	①胸と胸をつけてのだっこ	○	○	—	—	—
	②胸を離してのだっこ	○	○	○	○	—
	③脇を支えての前向きのだっこ	○	○	○	○	○
	④肘を伸ばしての前向きのだっこ	○	○	○	○	○
	⑤お尻を支えての後ろ向きのだっこ	○	○	○	○	○
2．ふりこ	①胸と胸をつけてのふりこ	○	○	—	—	—
	②脇を支えての前向きのふりこ	○	○	○	○	—
	③肘を伸ばしての前向きのふりこ	○	○	○	○	○
	④脇を支えての後ろ向きのふりこ	○	○	○	○	○
	⑤肘を伸ばしての後ろ向きのふりこ	○	○	○	○	○
3．ねんね	①胸と両腕にのせてのねんね	○	○	—	—	—
	②肩にのせてのねんね	○	○	○	○	○
	③横に抱いてのねんね	○	○	○	○	○
	④頭と背中を補助したねんね	○	○	○	○	○
	⑤背浮きでのねんね	○	○	○	○	○
4．スイング	①前向きスイング	○	○	○	—	—
	②斜め向きスイング	○	○	○	○	○
	③後ろ向きスイング	○	○	○	—	—
	④後ろ斜め向きスイング	○	○	○	○	○
	⑤横向きスイング	○	○	○	○	○
5．高い高い	①前向きでの上下運動	○	○	○	—	—
	②前向きでの高い高い	—	—	○	○	○
	③後ろ向きでの上下運動	○	○	○	—	—
	④後ろ向きでの高い高い	—	—	○	○	○
	⑤前向きの回りながらの高い高い	—	—	○	○	○
6．水中歩行	①補助付前進水中歩行	△	○	○	○	—
	②前進水中歩行	—	○	○	○	○
	③補助付後進水中歩行	△	○	○	○	—
	④後進水中歩行	—	○	○	○	○
	⑤ジグザク水中歩行	—	○	○	○	○

指導内容（教程）	段階的変化	6か月～9か月	10か月～12か月	満1歳～1歳6か月	1歳7か月～1歳12か月	満2歳～2歳12か月
7. 顔つけ	①ブクブク水吹き	○	○	○	○	○
	②息止め口入れ	○	○	○	○	○
	③鼻まで入れる	○	○	○	○	○
	④目まで入れる	○	○	○	○	○
	⑤顔全部を入れる	○	○	○	○	○
8. もぐり	①補助者と対面で脇を支えてのもぐり	○	○	○	○	○
	②補助者と対面で手を持ってのもぐり	○	○	○	○	○
	③もぐり	○	○	○	○	○
	④少し深いもぐり	—	△	○	○	○
	⑤水中フラフープくぐり	—	△	○	○	○
9. ジャンプ	①手を持った水中ジャンプ	△	○	○	○	○
	②脇を支えての水中ジャンプ	△	○	○	○	○
	③水中ジャンプ	—	△	○	○	○
	④補助付垂直ジャンプ	—	—	○	○	○
	⑤補助付ロケットジャンプ	—	—	—	△	○
10. 飛び込み	①腰掛け飛び降り	○	○	○	○	○
	②手を補助した立ち飛び込み	△	○	○	○	○
	③脇を支えての立ち飛び込み	△	○	○	○	○
	④立ち飛び込み後受け止め	—	△	○	○	○
	⑤立ち飛び込み入水後受け止め	—	△	○	○	○
11. ロール	①補助付背面浮き→伏し浮き	△	○	○	○	○
	②補助付伏し浮き→背面浮き	△	○	○	○	○
	③背面浮き→伏し浮き	—	△	○	○	○
	④伏し浮き→背面浮き	—	△	○	○	○
	⑤360度ロール	—	△	○	○	○
12. Uターン	①飛び込み後Uターン	—	—	○	○	○
	②高い所からの立ち飛び込み後Uターン	—	—	△	○	○
	③Uターン後アップダウン	—	—	○	○	○
	④つたい歩き	—	—	○	○	○
	⑤這い上がる	—	—	△	○	○

指導内容（教程）	段階的変化	6か月〜9か月	10か月〜12か月	満1歳〜1歳6か月	1歳7か月〜1歳12か月	満2歳〜2歳12か月
13. アップダウン	①手を持ったアップダウン	○	○	○	○	○
	②脇を支えてのアップダウン	○	○	○	○	○
	③胸（または脇）を補助してのアップダウン	—	—	○	○	○
	④顎を補助してのアップダウン	—	—	△	○	○
	⑤アップダウン	—	—	△	○	○
14. 各種キックの真似	①クロールキックの真似	—	△	○	○	○
	②背泳ぎキックの真似	—	△	○	○	○
	③ドルフィンキックの真似	—	△	○	○	○
	④平泳ぎキックの真似	—	△	○	○	○
	⑤立泳ぎキックの真似	—	—	△	○	○
15. 各種プルの真似	①クロールプルの真似	—	—	△	○	○
	②背泳ぎプルの真似	—	—	△	○	○
	③平泳ぎプルの真似	—	—	△	○	○
	④バタフライプルの真似	—	—	△	○	○
	⑤犬かきプルの真似	—	—	△	○	○
16. 真似泳ぎ	①クロールの真似泳ぎ	—	—	△	○	○
	②背泳ぎの真似泳ぎ	—	—	△	○	○
	③平泳ぎの真似泳ぎ	—	—	△	○	○
	④バタフライの真似泳ぎ	—	—	△	○	○
	⑤自由泳ぎ	—	—	△	○	○

るはずである。幼児期の心身の発育・発達に問題がないことを前提とし，以下のような水泳技術の習得が可能である。

一口に幼児期といっても3歳から6歳までと年齢の幅がかなりあり，1歳違うと発育上かなり異なる。ここでは3歳代，4歳代，5〜6歳に分ける。

①3歳代

3歳代は，親から離れて過ごせる時間が少しずつ長くなっていく時期であり，また体の動きもなめらかになってくる。このような時期の目標は，ベビースイミングと同様，「水中で呼吸動作を行いながら，自分の意志である程度の距離が移動（泳げる）できること」と，「各種キックや各種プルの真似，そして真似泳ぎを十分に楽しむこと」と考えられる。

②4歳代

4歳代は，おしゃべりが好きであり，なぜなぜとよく聞くようになる。また，体もかなりしっかりしてきて，すばしっこい動きができるようになる。このような時期の目標は，「水中で呼吸動作を行いながら，自分の意志である程度の距離が移動（泳げる）できること」と，「各種キックや各種プルの真似，そして真似泳ぎを十分に楽しむこ

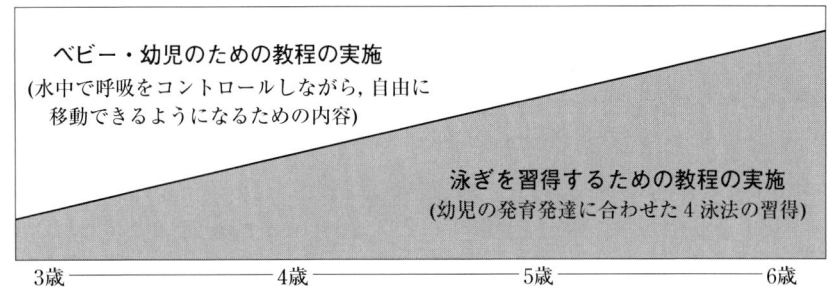

```
ベビー・幼児のための教程の実施
(水中で呼吸をコントロールしながら，自由に
 移動できるようになるための内容)

              泳ぎを習得するための教程の実施
              (幼児の発育発達に合わせた4泳法の習得)

  3歳 ———— 4歳 ———— 5歳 ———— 6歳
```

●図23 —— 3歳〜6歳までの水泳指導内容

と」そして，「4歳代としての背泳ぎやクロールができるようになること」と考えられる。

③5〜6歳

5歳代になると，友だちとの遊びも上手になり，理解力もかなり増してくる。また，運動能力もかなり伸びてくる。このような時期の目標は，「各種キックや各種プルの真似，そして真似泳ぎを十分に楽しむこと」そして，「5〜6歳としての背泳ぎ・クロール・平泳ぎ・バタフライができるようになること」と考えられる。

3歳〜6歳までの指導内容を図式にすると図23のようになる。

❷水泳のレッスンを通した社会性の獲得

昔から「三つ子の魂百まで」と言われるように，幼児期に身についた人格は大人になっても変わらない場合が多い。どの年代における教育も大切なのは当然であるが，とりわけ幼児期は性格形成において特に重要な時期である。なぜなら，幼児期のさまざまな刺激や学習によってその人の人格形成の基礎ができていくからである。

現在，少子化が進み子どもの数が減りつつあるが，親は子ども同士の交わりの中で，人間としての社会性を身につけさせたいと考えている。スイミングクラブは，水泳技術の習得と同時に，安全に対する対応や躾やマナーを含め，社会性を身につけられる場所と期待されている。

それは，プールという環境の中で，年齢別ではなく泳力別の小集団でインストラクターのもと，安全を第一としたレッスンが行われるからであろう。プールでのレッスンには，安全を確保するために守るべきことがたくさんある。泳げないのに飛び込んだら溺れてしまうという，大人から見たら当たり前のことから，順番を守る，プールサイドを走らない，相手をプールに押してはいけないなどといったことまで，どのようなことが安全か，危険でやってはいけないことは何かなどを，水泳のレッスンを通して教えられる。

それと同時に，「お願いします」「ありがとうございます」などの挨拶の重要性や，話を聞くことの大切さ，使った水泳用具の片付けなど，レッスンの中でさまざまなマナーを身につけることができる。

もちろんこれらは，インストラクターが強制的に教え込むのではなく，レッスンの中で自然に教えていくものである。幼児期の子どもは，大人の目から見て「いけないこと」を平気で行うことがあるが，これは「いけないこと」を知らないためであることが多い。もちろんインストラクター自身は，何が正しくて何が間違いであるかを知っておかなければならない。

❸ 健全な発育発達の促進

　幼児期の子どもは，眠っている時以外，じっとしていることがほとんどないと言ってもよい。これには理由があり，幼児期は，体を動かす時の関節の曲げ伸ばしによって，血管に刺激を与え，血液循環を助け（ミルキングアクション），同時に筋肉や骨にも刺激を与え発育発達を促している。

　水泳は幼児期の子どもに対して，どのような役割を果たしているのか。結論から言えば，陸上での運動以上に，水中運動は発育発達に大きな意味をもつ。

　たとえば，水泳を行ったら体が丈夫になり風邪を引かなくなったとか，水泳を行ったら喘息が治ってきたなどの話はよく聞く。しかしそれだけではなく，水の特性である「浮力」「抵抗」「水圧」「水温」のどれもが，それぞれ幼児期の子どもに対して，それぞれに合った発育発達を積極的に促している。

　「浮力」は，身体の水中にある体積の水の重さ分を軽くする。このため水中では重力による脊柱に対する負荷をほとんど感じなくなるので，陸上では不可能な動作を簡単に行うことができる。これが無理のない筋肉刺激を可能にし，積極的な発育発達を促す。

　「水圧」は，水深が深くなるほど大きくかかってくる。必要以上に深くもぐるとかえって悪影響があるが，スイミングクラブのプールは水深が1m前後なので，適度の水圧であり問題はない。特に水中に胸まで入った状態では，陸上と違って意識して呼吸しなければならない。これが呼吸筋の強化につながり，肺機能の積極的な発達を促すと考えられる。

　「抵抗」は，水中では速度の2乗に比例して増大する。つまり水中動作のスピードが速ければ大きな力が加わり，逆に水中動作のスピードが遅ければ小さい力が加わる。幼児期の子どものそれぞれの体力に合わせた力の出し方によって抵抗は変化し，それぞれに合った運動を可能にする。

　「水温」は，水中に入っている身体からほどよく体温を奪う役割を果たす。現在の室内プールの水温は，大体30〜31℃ぐらいに設定されているところが多い。この水温ではプールの中でじっとしていると少し寒くなってくるが，水中で体を動かすとちょうどよい。運動をしながら適度に熱を奪うことが積極的な発育発達を促す。

❹ 水難事故防止のため

　幼児期の子どもの水難事故防止をどのようにとらえたらよいか。日本を代表する水泳指導理論家であった故・波多野勲の水難事故防止に対する考え方が参考になろう。波多野は，水難事故を個人的水難事故と社会的水難事故に分けた。個人的水難事故とは，個人的な理由によって起きる水難事故のことを言う。具体的には，川岸で遊んでいて，川に流されてしまった，誤って池に落ちてしまったなどの例である。社会的水難事故とは，個人的な理由ではなく巻き込まれてしまう水難事故のことを言う。具体的には，乗っていた飛行機が海に落ち，海に放り出されてしまった，乗っていた船に火災が起きて海に飛び込んだなどの例である。幼児期の子どもは個人的水難事故に遭う可能性が高く，大人は社会的水難事故に遭う可能性が高い。

　個人的水難事故に遭遇した場合，どのような行動を取ればよいか。まず元の場所に戻る，すなわち，Uターンするのが基本である。たとえば，池に落ちてしまった場合，池の中央に進めば助かるものも助からない。Uターンして岸に戻ることが必要である。川に流された場合も同様で，流

されて元の場所に戻れない場合はできるだけ近くの岸に戻るようにする。このことを幼児水泳ではきちんと教える必要がある。

また，どのような時に水難事故に遭いやすいかという安全教育も大切である。

(2) 幼児水泳の指導内容

幼児水泳の目的を達成するためには，ベビースイミングと学童水泳の指導内容の中から幼児水泳に利用できる内容を行う。それぞれの対象年齢と発育発達の状態と水慣れの具合に合わせてカリキュラムを作成し，レッスンを行う。

なお，表9，10にあげたものが幼児水泳指導教程のすべてではない。インストラクター自身がさまざまな練習内容を作り出し，実施することが重要であり，また必要である。

● 表9──ベビースイミングの指導内容の中で幼児水泳で使用する指導内容一覧

1．だっこ
④肘を伸ばしての前向きのだっこ
⑤お尻を支えての後ろ向きのだっこ
2．ふりこ
③肘を伸ばしての前向きのふりこ
⑤肘を伸ばしての後ろ向きのふりこ
3．ねんね
④頭と背中を補助したねんね
⑤背浮きでのねんね
4．スイング
②斜め向きスイング
④後ろ斜め向きスイング
⑤横向きスイング
5．高い高い
②前向きでの高い高い
④後ろ向きでの高い高い
⑤前向きの回りながらの高い高い
6．水中歩行
②前進水中歩行
④後進水中歩行
⑤ジグザク水中歩行
7．顔つけ
①ブクブク水吹き
②息止め口入れ
③鼻まで入れる
④目まで入れる
⑤顔全部を入れる
8．もぐり
①補助者と対面で脇を支えてのもぐり
②補助者と対面で手を持ってのもぐり
③もぐり
④少し深いもぐり
⑤水中フラフープくぐり
9．ジャンプ
①手を持った水中ジャンプ
②脇を支えての水中ジャンプ
③水中ジャンプ
④補助付垂直ジャンプ
⑤補助付ロケットジャンプ
10．飛び込み
①腰掛け飛び降り
②手を補助した立ち飛び込み
③脇を支えての立ち飛び込み
④立ち飛び込み後受け止め
⑤立ち飛び込み入水後受け止め
11．ロール
①補助付背面浮き→伏し浮き
②補助付伏し浮き→背面浮き
③背面浮き→伏し浮き
④伏し浮き→背面浮き
⑤360度ロール
12．Uターン
①飛び込み後Uターン
②高い所からの立ち飛び込み後Uターン
③Uターン後アップダウン
④つたい歩き
⑤這い上がる

13. アップダウン
①手を持ったアップダウン ②脇を支えてのアップダウン ③胸（または脇）を補助してのアップダウン ④顎を補助してのアップダウン ⑤アップダウン
14. 各種キックの真似
①クロールキックの真似 ②背泳ぎキックの真似 ③ドルフィンキックの真似 ④平泳ぎキックの真似 ⑤立泳ぎキックの真似
15. 各種プルの真似
①クロールプルの真似 ②背泳ぎプルの真似 ③平泳ぎプルの真似 ④バタフライプルの真似 ⑤犬かきプルの真似
16. 真似泳ぎ
①クロールの真似泳ぎ ②背泳ぎの真似泳ぎ ③平泳ぎの真似泳ぎ ④バタフライの真似泳ぎ ⑤自由泳ぎ

● 表10——学童水泳指導内容の中で幼児水泳で使用する指導内容一覧

■クロール習得の指導教程一覧

［キックの練習法］

クロールのキック
①腰掛けキック ②壁キック ③顔を水面に出しての板キック ④顔を水中に入れての板キック ⑤片腕板キック ⑥両腕を頭上に伸ばしての面かぶりキック ⑦片腕を頭上に伸ばしての面かぶりキック ⑧気をつけ姿勢での面かぶりキック

［プルの練習法］

クロールのプル
①陸上でのクロールプル ②前進ウォーキングクロールプル ③ビート板を利用した片腕クロール ④片腕伸ばしの片腕クロール ⑤気をつけ姿勢での片腕クロール

［呼吸の練習法］

クロールの呼吸
①前後呼吸 ②左右呼吸 ③片腕伸ばし呼吸 ④片腕クロール呼吸 ⑤クロール呼吸 ⑥ウォーキング前後呼吸 ⑦ウォーキング左右呼吸 ⑧ウォーキング片腕伸ばし呼吸 ⑨ウォーキング片腕クロール呼吸 ⑩ウォーキングクロール呼吸

［クロール完成のための練習法］

クロールのコンビ
①ノーブレクロール ②クロールコンビ

■背泳ぎ習得の指導教程一覧
　　　　　［キックの練習法］

背泳ぎのキック
①補助背面キック ②気をつけ姿勢での背面キック ③片腕を頭上に伸ばしての背面キック ④両腕を頭上に伸ばしての背面キック ⑤手付け背面キック

　　　　　［プルの練習法］

背泳ぎのプル
①陸上での背泳ぎプル ②後進ウォーキング背泳ぎ ③片腕を頭上に伸ばしての片腕背泳ぎ ④気をつけ姿勢での片腕背泳ぎ ⑤両腕背泳ぎ

　　　　［背泳ぎ完成のための練習法］

背泳ぎのコンビ
①背泳ぎコンビ

■平泳ぎ習得の指導教程一覧
　　　　　［キックの練習法］

平泳ぎのキック
①平泳ぎの腰掛けキック ②平泳ぎの壁キック ③平泳ぎの板キック ④呼吸動作を入れての平泳ぎの板キック ⑤平泳ぎの面かぶりキック ⑥平泳ぎの気をつけ姿勢でのキック ⑦平泳ぎの気をつけ姿勢での仰向けキック ⑧平泳ぎの両腕頭上の仰向けキック

　　　　　［プルの練習法］

平泳ぎのプル
①陸上での平泳ぎプル ②前進ウォーキング平泳ぎ ③クロールキックでの平泳ぎプル ④ドルフィンキックでの平泳ぎプル

　　　　［平泳ぎ完成のための練習法］

平泳ぎのコンビ
①平泳ぎのキックとプルの組み合わせ ②平泳ぎコンビ

■バタフライ習得の指導教程一覧
　　　　　［キックの練習法］

バタフライのキック
①陸上でのバタフライキック ②バタフライの壁キック ③バタフライの板キック ④両腕を頭上に伸ばしたバタフライキック ⑤気をつけ姿勢でのバタフライキック ⑥バタフライの気をつけ姿勢での仰向けキック ⑦バタフライの両腕頭上の仰向けキック

　　　　　［プルの練習法］

バタフライのプル
①陸上でのバタフライプル ②前進ウォーキングバタフライ ③片腕を頭上に伸ばしての片腕バタフライ ④気をつけ姿勢での片腕バタフライ

　　　　［バタフライ完成のための練習法］

バタフライのコンビ
①バタフライのキックとプルの組み合わせ ②ノーブレバタフライ ③バタフライコンビ

■スタート・ターン（個人メドレーのターンを含む）習得の指導教程一覧
　［スタート（クロール・平泳ぎ・バタフライ）の練習法］

スタート
①水面板飛び込み ②水中立ち飛び込み ③水面立ち飛び込み ④初歩モーションスタート ⑤初歩グラブスタート ⑥浮き出し

　　　　　［背泳ぎスタートの練習法］

背泳ぎスタート
①壁蹴り ②腕の振り上げ ③タイミングと頭の振り ④スタートから浮き出し

［クイックターン（クロール・背泳ぎ）の練習法］

クイックターン
①でんぐり返し ②壁を蹴っての前回転 ③クロールからの前回転 ④壁に向かっての初歩クイックターン ⑤背泳ぎからの初歩クイックターン ⑥背泳ぎのクイックターン ⑦クロールのクイックターン

［平泳ぎのターンの練習法］

平泳ぎのターン
①タッチ ②半身 ③沈む ④蹴り出し ⑤水中動作（一かき一蹴り）

［バタフライのターンの練習法］

バタフライのターン
①タッチ ②半身 ③沈む ④蹴り出し ⑤水中動作（ドルフィンキック）

［個人メドレーのターンの練習法］

個人メドレーのターン
①バタフライ→背泳ぎ ②背泳ぎ→平泳ぎ ③平泳ぎ→クロール ④個人メドレーのターンの完成

■参考文献
(1) 目黒伸良『ベビースイミング指導理論』環境工学社，2003年

3　肥満改善のための水中運動プログラム

◆水中運動理論

(1) 肥満とは

日本肥満学会の指針では，BMI（body mass index）が25以上の人を肥満と定義している（表11）。一方，世界保健機関（WHO）の定義では，BMIが30以上の人を肥満としており，定義は統一されていない。

肥満者の体組成の特徴として，過剰な体脂肪が挙げられる。体脂肪は脂肪組織に貯蔵されるが，脂肪組織は皮下脂肪組織と腹腔内脂肪組織に大別され，腹腔内脂肪組織として腸間膜脂肪組織，腎周囲脂肪組織，大網膜脂肪組織，そして性腺脂肪組織がある。女性は一般に皮下脂肪を過剰蓄積する肥満を起こし，これを末梢肥満（peripheral obesity）と呼ぶ。一方，男性は腹腔内脂肪を過剰蓄積する中心肥満（central obesity；内臓肥満とも呼ばれる）を起こしやすい。

(2) 肥満と栄養・食生活

長期間，エネルギーを消費を上回って摂取し続けた場合に，過剰エネルギーが体脂肪として過剰蓄積されて肥満が発生する。よく噛まない，早食い，まとめ食い，間食，夜食などの食習慣が摂取エネルギーの増加や脂肪細胞の増加に影響をおよぼしている。エネルギー消費は，安静代謝（RMR；その約80％が基礎代謝で占められている），活動代謝，そして食事誘発性体熱産生（DIT；Diet Induced Thermogenesis）の3つ

●表11 ── BMI値による肥満度の評価

	BMI値
肥満度4	40以上
肥満度3	35以上40未満
肥満度2	30以上35未満
肥満度1	25以上30未満
標準体重	18.5以上25未満
やせ	18.5未満

の代謝で占められている。

1 基礎代謝の低下と肥満

最もエネルギーを消費する基礎代謝が低下すると，肥満が発生しやすい。基礎代謝は早朝空腹状態で寝た姿勢での全身の酸素消費量を測定する。これは筋肉の有酸素エネルギー代謝能を強く反映する。また，安静時には筋肉は脂肪を中心にエネルギー源として分解するので，基礎代謝は体の脂肪分解力を反映している。

日常的に運動している人では基礎代謝が大きく，運動不足状態で生活している人では基礎代謝が小さい傾向にあると言われる。

筋肉には白筋（速筋；タイプ2b）と赤筋（遅筋；タイプ1，2a）があり，白筋では無酸素エネルギー代謝が，赤筋では有酸素エネルギー代謝が中心的に働く。柔道や相撲，投擲選手などは白筋が多く基礎代謝の小さいグループであり，マラソンや長距離水泳選手などは赤筋が多く基礎代謝の大きいグループである。体脂肪は白筋の比率の高い人で大きくなり，赤筋の多い人では小さくなる傾向にある。

若年期には基礎代謝が大きいので自由に食べても肥満しにくいが，中年になると赤筋の2aが白筋の2bに転換して赤筋の比率が低下するため，基礎代謝が低下する。筋肉の有酸素エネルギー代謝能が低下し基礎代謝が低下して，中年を迎える頃から肥満が発生しやすくなる。

2 高脂肪食と肥満

日本人の1日当たりエネルギー摂取量は，1960年頃からこんにちに至るまで平均2,100 kcalと変わらないが，現代人には肥満が多発している。その理由は，脂肪によるエネルギー摂取量が15％から25％に増大し，炭水化物による摂取エネルギーが70％から60％へと低下したことにある。

①高脂肪食のDITは小さい

高脂肪食が体脂肪を増やしやすい理由の一つは，食後に体温生産を増大させて消費し，体内貯留を小さくする力が弱いことにある。摂取エネルギーの体熱へのロスは，たんぱく質では30％，炭水化物で10％である一方，脂肪では6～7％に過ぎない。

②高脂肪食の脂肪は体脂肪に蓄積されやすい

食事にはご飯，パン，パスタ，麺類，芋などの炭水化物食品が主食や副食として含まれており，食後に血中グルコース上昇反応，それに伴うインスリン上昇反応をもたらす。

インスリンは，血中脂肪を脂肪酸に分解して細胞に取り入れる作用を持つ，毛細血管内壁に局在するリポたんぱくリパーゼの活性を強く調節する。それは筋肉や心臓では抑制し，脂肪組織では反対に活性化する働きである。

したがって食後には，血中に吸収されてくる食事の脂肪は脂肪組織に優先的に取り込まれて体脂肪として蓄積され，筋肉や心臓で燃焼される率が小さい。

③遅い高脂肪の夕食は体脂肪化されやすい

夕食後には休息に入るので食後のインスリン反応が大きくなること，現代的食生活では夕食が遅いため食後の運動がないことなどの理由で，高脂肪食の夕食は体脂肪になりやすい。

3 肥満と運動不足

現代社会では交通機関や文明の発達によって，日常生活の中での身体活動量が減少し，その結果，身体活動能力が低下し，運動量や基礎代謝の低下を招く。また，身体活動量の低下により，インスリン抵抗性が下がり，インスリンの分泌量が増加し，脂肪合成が促進される。

4 肥満と遺伝子

疫学的研究により，肥満には，約70％は遺伝因子が関与していると言われている。現在，SNP（single nucleotide polymorphism：一塩基多型）などいくつかの肥満関連遺伝子が発見されている。

5 二次性肥満

肥満者の中には，なんらかの病気や薬物の影響を受けて肥満を発症することがあり，これを二次性肥満という。肥満者全体の約5％に見られ，高インスリン血漿や副腎皮質ホルモンの分泌過剰などのホルモンの分泌異常や，中枢神経の異常，薬剤の副作用によるものが存在する。

6 肥満と生活習慣病

体たんぱく質合成力の低下により，筋肉の減少と赤筋の白筋化が中年から進むことで基礎代謝が低下すると，筋肉による脂肪の分解が悪くなり，体脂肪の蓄積増大によって肥満が発生し，同時に動脈壁への脂質沈着が進んで動脈硬化が進む。

肥満すると，インスリンの作用が低下して糖尿病にかかりやすくなり，動脈が硬化すると血圧が上昇して高血圧になりやすくなる。また心臓の動脈壁への脂質沈着が進むと冠動脈硬化により心臓病にかかりやすくなる。

これらは，筋肉による脂肪分解力の低下と，高脂肪食の日常化の相互作用により発生が促される。筋肉は，全身が分解する脂肪とグルコースのそれぞれの80％を分解する組織であることをきちんと認識することが必要である。そして，生活習慣病は脂肪の分解力が落ちることで発生することも理解する必要がある。

7 肥満とメタボリックシンドローム

肥満による高脂血症（脂質異常症），高血圧，耐糖能異常などは，たとえその程度が軽くても一個人に多数集積することにより，動脈硬化の強い危険因子となる。日本肥満学会では肥満症の病態が一歩進んだ病態，つまり内臓脂肪蓄積に加えリスク（表12）が2つ以上重なった状態をメタボリックシンドローム（内臓脂肪症候群）と定義している。近年の目覚しい研究の進歩により，メタボリックシンドロームの病理生態は図24のように考えられている。また，図25に肥満とメタボリックシンドロームや血管疾患リスクの高い「死の四重奏」の関連を示した。

8 肥満予防・改善の運動

運動が肥満の予防と改善に有効であることは明白である。従来，ジョギングやウォーキング，スイミング，エアロビックダンスなどの有酸素運動は，運動中にエネルギー消費が大きいことから推奨されてきた。しかし，有酸素運動は元気な人しか実行できない，時間がかかりすぎる，天候に左右されるものが多いなど，さまざまな理由で一般化していない。一方，ウエイトトレーニングに代表されるストレングス運動は，重いバーベルを持ち上げるイメージでとらえられたため，血圧を上げたり，筋肉や関節，骨をいためるのではないかとの懸念もあって，一般人に向かない運動として

●表12——メタボリックシンドロームの診断基準（『日本内科学会誌』2005年を一部改変）

内臓脂肪蓄積	
ウエスト周囲径　　男性≧85 cm/女性≧90 cm	
（内臓脂肪量　男女とも≧100 cm²に相当）	
上記に加え以下のうち2項目以上（男女とも）	
高グリセリド血症	≧150 mg/dl
かつ/または	
低HDLコレステロール血症	<40 mg/dl
収縮期血圧	≧130 mmHg
かつ/または	
拡張期血圧	≧85 mmHg
空腹時血糖	≧110 mg/dl

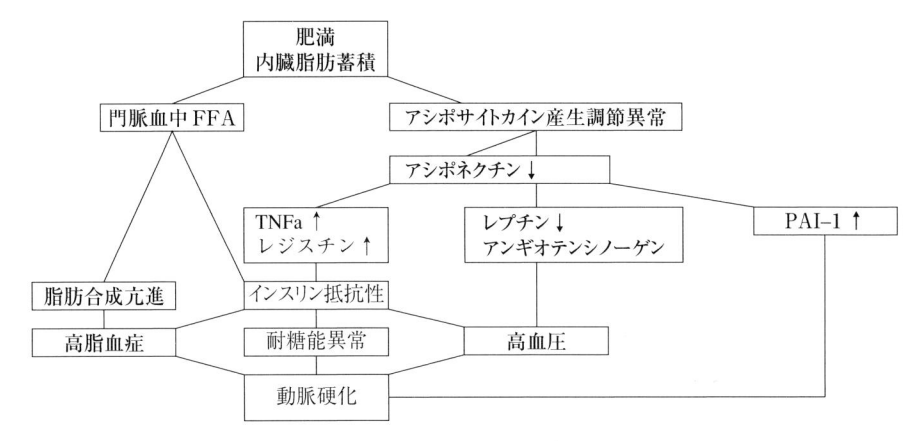

●図24——メタボリックシンドロームの病理生態（日本肥満学会，2006年）

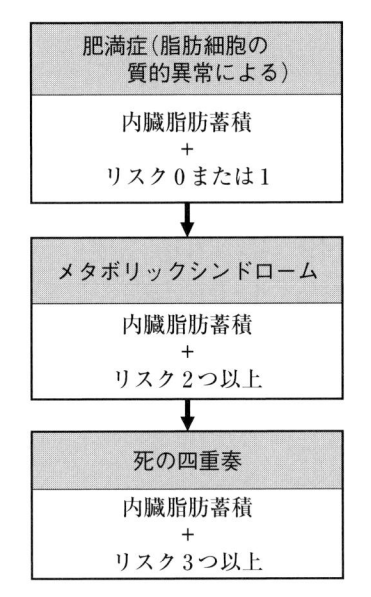

●図25——メタボリックシンドロームと各病態（日本肥満学会，2006年）

は小さい。しかし，筋肉を増量し，筋肉の有酸素エネルギー代謝能を増大することによって基礎代謝を増大させる効果をもつ。

(3) 水中運動と肥満

　水中運動とは，浮力や水圧，抵抗などの水の特性を利用して行う運動で，泳ぐだけでなく，水中歩行やストレッチング，アクアダンスなど，水中で身体を動かすことを目的とした運動を指す。近年，健康の維持増進や予防医学的な見地から，こうした水中運動が注目を集め，肥満改善や予防の運動手段として幅広く実施されている。表13に，肥満者への水中運動処方の利点を示した。

　基本的に，肥満者のために考えられた陸上における運動処方では，ウォーキングなどの有酸素運動で，体内の脂肪をエネルギーとして消費させたり，ダンベル運動などで筋肉を増加させ，基礎代謝を増やしてエネルギーを消費させる。

　水中でも同様の目的は達成できる。水泳や水中ウォーキングなどの全身運動は有酸素運動であるし，また，水の抵抗を利用した水中筋力トレーニングにより筋肉量を増加させることができる。

敬遠されてきた。しかし，300gから2kg程度の軽量負荷（ダンベル）を用いる軽レジスタンス運動がダンベル体操の普及によって見直され，子どもから高齢者に至るまで，現在では広い年代で実践されつつある。軽レジスタンス運動は有酸素運動と違って，運動中にエネルギーを消費する効果

●表13——肥満者に対する水中運動処方の利点

水圧	呼吸筋が鍛えられ，酸素を多く取り入れエネルギー源として有効に使うことができる
抵抗	筋力の向上により，基礎代謝量を高めることができる
全身運動	全身の筋肉がバランスよく使われ，有酸素運動を行うことができる
浮力	腰，膝，足首などの関節に負担をかけずに運動を行うことができる
水温	体温が奪われやすくなり，体温維持のために多くのエネルギーを消費する

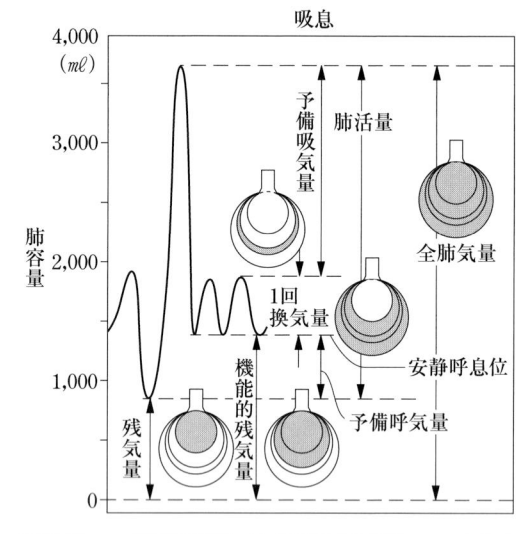

●図26——肺容量曲線（大地陸男『生理学テキスト』文光堂，1992年）

とくに水中運動のメリットとしてあげられるのが浮力である。肥満者にとっては陸上での運動は腰，膝，足首などの関節に過度な負担をかけてしまう場合もあるが，水中では浮力により体重が軽くなるので，そういった心配が軽減されるのである。

また，水中運動では，胸部が常に水圧を受けているため，呼吸筋が鍛えられ，呼吸法が胸式呼吸から横隔膜を使う腹式呼吸に変化する。その結果，より多くの酸素を取り入れることが可能になり，脂肪を燃焼させ，エネルギー消費量を高めることができる。つまり，水中で運動することは効率よくエネルギーを消費するよい方法であり，肥満の原因である運動不足に対しても適した運動と言える（図26）。

また，水中運動は，下肢だけでなく上肢や体幹部も使う全身運動であり，身体全体の筋肉をバランスよく使い，脂肪を燃焼させる有酸素運動ができる。また，水の抵抗を受けるため，陸上よりも高い負荷が筋肉にかかる。その結果，水中と陸上で同じスピードで歩行を行った場合，水中で歩行する時のエネルギー消費量は陸上の約1.2～2.0倍になる。また，水の抵抗は速度の二乗に比例して増加するため，腕や脚を動かす速度を調節することで，個人に合った運動強度を設定できる。このような水の抵抗を利用すると，全身の筋肉量を増加させ，基礎代謝量の多い身体をつくることができる。

さらに，水中での運動は，浮力により重力の影響が軽減されるため，下半身への負担が少なくなる。たとえば，体重50kgの人が首まで水に入ると，体重は5kgほどになる。陸上で15cmのジャンプをすると，足首にかかる荷重は120kgだが，水中ではわずか25kgである。肥満者は体重が重いため陸上でのジョギングなどの際に下肢にかかる負荷は大きくなるが，水中に入ることで体重による下肢への負荷を軽減できれば，肥満者も安全に運動に取り組むことができる（図27）。

また，水は空気に比べて熱伝導率が約25倍も高いので，身体から水へ奪われる熱量も大きい。屋内プールの水温は29℃から30℃前後に設定されているが，このような環境で水中運動を行うと，常に身体から水へ熱が奪われ続けているの

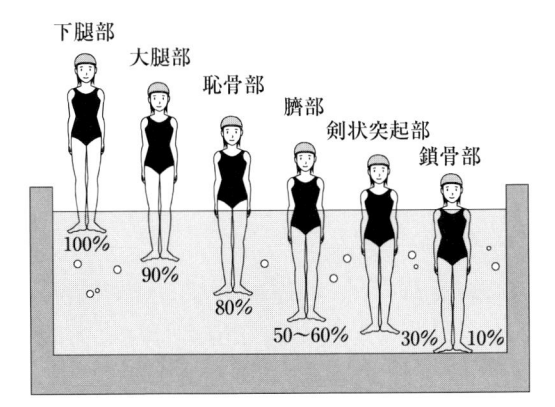

●図27──各水深での荷重負荷の割合（Samueru, 1980年）

下腿部 100%
大腿部 90%
恥骨部 80%
臍部 50〜60%
剣状突起部 30%
鎖骨部 10%

●表14──肥満の基準

・BMI：25以上
（体重（kg）÷身長（m）÷身長（m））
・体脂肪率：
男性25％以上，女性30％以上
・へその高さの腹囲：
男性85cm以上，女性90cm以上

で，体温を維持するために体内で多く熱を産生する。このことで脂肪をエネルギー源として消費することができる。

このように，水中運動は肥満者にとって安全で有効な運動療法である。しかし，肥満者は他の生活習慣病を併発していることも多く，症状に応じて医師に運動の可否を相談する必要がある。

◆具体的指導内容

(1) プログラム作成の基本的な考え方

肥満とは，体内に脂肪が過剰に蓄積した状態をいう。肥満かどうかの目安としてBMI（body mass index）がよく使われている（p.180）。

しかしBMIは，体重が重いかどうかに判断基準が置かれている。同じ体重であっても筋肉や脂肪や骨の体に占める割合は異なるので，肥満は「BMI」の他に「体脂肪率」や「へその高さの腹囲」などで判定される（表14）。

体脂肪率は，男性で25％以上，女性で30％以上だと肥満と判定される。また，外見上はさほど太っていなくても，内臓のまわりに脂肪がついている内臓脂肪型肥満が近年問題になり，2005年にメタボリックシンドローム（内臓脂肪症候群）の診断基準がつくられた。これによると，へその高さの腹囲が「男性85cm以上，女性90cm以上」の場合に，内臓脂肪型肥満と判定される。

上記の基準で肥満と判断された人や肥満気味の人の状態を水泳水中運動で改善するためには，以下のような観点から具体的な水中運動プログラムを作成する。

1 有酸素運動によるカロリー消費

有酸素運動は，別名エアロビクス運動ともいい，運動中に体内に取り込まれた酸素を使って，筋収縮のエネルギーであるATP（アデノシン三リン酸）が再合成されるものである。中等度の運動強度で時間をかけて行う運動で，水中運動ではジョギングや各種泳法で泳ぐなどがこれにあたる。

無酸素運動では骨格筋内に蓄えられたグリコーゲンが使用されるが，有酸素運動では運動の継続とともに脂肪組織内の中性脂肪が動員され，主なエネルギーとして使われる。脂肪1kgは分解されると約7,000kcalを放出するので，定期的に有酸素運動を実施することで，確実に脂肪を燃焼することができる。

2 ストレングス運動による基礎代謝の増大

水中でのストレングス（筋力強化）運動は，陸上で行う筋力トレーニングと異なり，自分でトレ

ーニングの負荷をコントロールできる。そして，等速的な動きであるために，筋肉に対して無理な負荷がかからず効果的な筋力向上が可能である。

　ストレングス運動は，運動中のカロリー消費は少ない。しかし，筋肉量が増えることによって基礎代謝が増大する。基礎代謝が高まると一日の消費カロリーが増大し，結果，太りにくい身体に変えることができる。たとえば，一日2,000 kcal消費する身体が，筋肉量が増えたことによって2,100 kcal消費する身体に変わったと仮定すると，30日で3,000 kcal余分に消費することになる。

(2) 一般的な注意点
①体調
　次のような症状がある場合は，運動は中止する。
　風邪，発熱，めまい，頭痛，腹痛，倦怠感（体がだるい），下痢，睡眠不足，吐き気，食欲がない，顔・足などのむくみ，二日酔い，動悸（心臓がどきどきする），息切れ，その他いつもと体調が違う時。
②血圧
　最高血圧が180 mmHg，または最低血圧100 mmHgを超えた場合は，運動を中止し医師に相談する。
③食事
　空腹時もしくは満腹時の運動はさける。
・空腹の場合：運動の60分前に食事をとる。
・満腹の場合：食後60分前後休憩してから運動を始める。
・午前中に運動を行う場合は，朝食をとっているかどうかを確認する。

④水分補給
　運動中，運動後もこまめに水分補給をする。
⑤運動中
　次の点に注意して実施する。
・ウォーミングアップとストレッチングを十分に行う。
・血圧に注意する。血圧は水中で，一般的に陸上より低めになるが，高血圧症者は必ずしも低めにならない場合もある。また高齢者は，むしろ高めに変化する場合がある。
・急に水中に入らない。プールサイドに座り足を入れて慣れさせてから，あるいは階段を利用してゆっくりと入る。決してプールサイドから飛び込まない。
・運動中は，呼吸を止める動作を行わない。
・水深は，水中運動では，臍から剣状突起の間に水深が来る深さがよい。
・頭が痛い場合や気持ちが悪い場合は，すぐに運動を中止する。
・つねに表情を確認し，会話を重視する。
・2週間以上休んだ場合は，前回の続きを行うのではなく，内容を少なめに変更して実施する。

(3) 具体的指導内容
■ レッスンの流れ
①水泳・水中運動に慣れるまで
　（週3回以上/30分～60分）
1. ウォーミングアップ（十分に）
2. ストレッチング（十分に）
3. 有酸素運動（$\dot{V}O_2$max 40～60％強度）
4. リラックス
5. クーリングダウン
②水泳・水中運動に慣れてきたら
　（週3回以上/60分～80分）

1. ウォーミングアップ（十分に）
2. ストレッチング
3. 有酸素運動（$\dot{V}O_2max\ 40〜60\ \%$強度）
4. ストレングス
5. リラックス
6. クーリングダウン

　有酸素運動の前にストレングス運動を行った方が，脂肪燃焼に効果的であると一般に言われる。ストレングス運動で，ノルアドレナリン，成長ホルモンを大量に出して，脂肪が分解されやすい状況をつくり，その後に有酸素運動で脂肪を燃焼させるというもので，若年者に対しては効果的と考えられる。しかしこの場合対象者は中高年者が圧倒的に多いので，事故防止の意味からも有酸素運動の後にストレングスを行う。

2 具体的な指導内容

　表15から選択し，それぞれ参加者に合わせたカリキュラムをつくるとよい。なお，具体的には，「水中運動動作ガイド」（p.114）と「水中運動と泳法指導」（p.238）を参照されたい。

● 表15――肥満改善のための指導内容一覧

■ウォーミングアップ（クーリングダウン）

1．前進ウォーキング
①ウォーキング
②肩まで浸かってのウォーキング
③もも上げウォーキング
④両膝引きつけウォーキング
⑤体幹を捻りながらのウォーキング
2．後進ウォーキング
①ウォーキング
②肩まで浸かってのウォーキング
③もも上げウォーキング
④両膝引きつけウォーキング
⑤体幹を捻りながらのウォーキング

3．サイド＆ジグザグウォーキング
①サイドウォーキング
②前クロスウォーキング
③後クロスウォーキング
④前進ジグザグウォーキング
⑤後進ジグザグウォーキング
4．前進ウォーキングスイム
①クロールウォーキング
②バックウォーキング
③ブレストウォーキング
④バタフライウォーキング
⑤水中クロールウォーキング
5．後進ウォーキングスイム
①クロールウォーキング
②バックウォーキング
③ブレストウォーキング
④バタフライウォーキング
⑤水中クロールウォーキング

■水中ストレッチング

1．壁つけ
①腹式呼吸
②大腿部引きつけ
③膝抱え大腿部引きつけ
④膝の曲げ伸ばし
⑤脚の伸ばし上げ
2．壁もち
①膝曲げ90度回し
②膝曲げ180度回し
③膝曲げ横上げ
④膝伸ばし横上げ
⑤膝伸ばし90度回し
3．グリップ握り
①膝曲げ壁の上り下り
②膝伸ばし脹脛ストレッチング
③膝伸ばし腰部ストレッチング
④両肩ストレッチング
⑤片肩ストレッチング

4．水中腹筋
①片膝曲げ引きつけ止め
②両膝曲げ引きつけ止め
③片膝曲げ引きつけ後伸ばし
④両膝曲げ引きつけ後伸ばし
⑤両膝曲げ引きつけヒップマッサージ

■エアロビクス（ジョギング）

1．前進ジョギング
①ジョギング
②肩まで浸かってのジョギング
③もも上げジョギング
④両膝引きつけジョギング
⑤ジグザグジョギング

2．後進ジョギング
①ジョギング
②肩まで浸かってのジョギング
③もも上げジョギング
④ジグザグジョギング
⑤サイドジョギング

3．前進ジョギングスイム
①クロールジョギング
②バックジョギング
③ブレストジョギング
④バタフライジョギング
⑤水中クロールジョギング

4．後進ジョギングスイム
①クロールジョギング
②バックジョギング
③ブレストジョギング
④バタフライジョギング
⑤水中クロールジョギング

5．クロール
①板キック
②面かぶりキック
③片腕クロール
④クロール

6．背泳ぎ
①背面キック
②片腕背泳ぎ
③背泳ぎ

7．平泳ぎ
①板キック
②板なしキック
③平泳ぎ

8．バタフライ
①板なしキック
②片腕バタフライ
③バタフライ

■ストレングス

1．上半身の水中ウエイトトレーニング
①アームカール
②アームエクステンション
③ハンドフライ
④ハンドプッシュ
⑤ハンドプルオーバー

2．体幹＆下半身の水中ウエイトトレーニング
①アブドミナル
②シングルレッグプレス
③シングルレッグエクステンション
④シングルレッグカール
⑤サイドキック

3．垂直浮き＆移動水中ウエイトトレーニング
①スカーリング膝曲げ垂直浮き
②スカーリング膝伸ばし直角浮き
③スカーリングツイスト浮き
④ブレストプル移動
⑤スカーリング後進移動

4．水平浮き・水中ウエイトトレーニング
①背面浮き
②背面浮き脚の開閉
③背面浮き片脚引きつけ伸ばし
④背面浮き両脚引きつけ伸ばし
⑤背面浮き脚曲げバレーレッグ

■リラックス

1．リラックス移動
①伏し浮き移動
②補助背面浮き移動
③補助背面キック
④ビート板付背面浮き移動
⑤背面浮き移動

2．上向きリラックス
①上向きリラックス
②上向き強弱リラックス
③上向き対角線リラックス
④上向き上半身（下半身）リラックス
⑤その他リラックス
3．下向きリラックス
①下向きリラックス
②下向き強弱リラックス
③下向き対角線リラックス
④下向き上半身（下半身）リラックス
⑤その他リラックス

(4) 具体的なメニュー例

肥満改善予防のための具体的なアクアフィットネスメニュー例を示す。いずれも 400～500 kcal を消費するメニュー例である。

１ クロールが 25 m 泳げる人の場合

（男性，50 歳，身長 160 cm，体重 70 kg，病気無しと仮定）

[基礎データ]

①最大酸素摂取量　35 ml/min/kg

②安静時心拍数　80 拍/分

　最大心拍数　170 拍/分（※ 220－年齢で計算）

③最大酸素摂取量の 40 % 強度の目標心拍数
　116 拍/分

④最大酸素摂取量の 50 % 強度の目標心拍数
　125 拍/分

⑤最大酸素摂取量の 60 % 強度の目標心拍数
　134 拍/分

⑥最大酸素摂取量の 70 % 強度の目標心拍数
　143 拍/分

　※それぞれの目標心拍数は，カルボーネンの式を利用

〈メニュー内容〉

①ウォーミングアップ　150 m……10 分

　水中歩行と水中ストレッチング

　※ 25 m を 50～60 秒の速さの水中歩行

　[運動強度 40～50 % として 49～61 kcal]

②ドリルトレーニング　200 m……10 分

　クロールキック 25 m×4 本

　片腕クロール 25 m×4 本

　（各約 30 秒休憩しながら）

　[運動強度 50 % として 61 kcal]

③インターバルトレーニング　500 m……25 分

　クロール 25 m×クロール 25 m×クロール 25 m×水中歩行 25 m を 5 セット

　（各 30 秒のインターバルをとりながら）

　※クロール，水中歩行とも少しきつめのスピードで

　[運動強度 60～70 % として 183～214 kcal]

④レジスタンストレーニング

　4 種類を各 10 回×3 セット……10 分

　1．スカーリングを行いながらの腹筋運動

　2．肩まで水中に入れてのチェストフライ

　3．水中レッグカール＆エクステンション

　4．水中アームカール

　[運動強度 60～70 % として 73～85 kcal]

⑤クーリングダウン（リラックスを含む）
　100 m……10 分

　クロール 25 m×4 本　ストレッチング

　[運動強度 40～50 % として 49～61 kcal]

トータル消費カロリー合計：
　415～482 kcal（65 分）

２ クロールと背泳ぎが 100 m 以上泳げる人の場合

（女性，50 歳，身長 150 cm，体重 60 kg，病気無しと仮定）

[基礎データ]
① 最大酸素摂取量　30 mℓ/min/kg
② 安静時心拍数　70 拍/分
　 最大心拍数　170 拍/分（※ 220－年齢で計算）
③ 最大酸素摂取量の 40％強度の目標心拍数
　 110 拍/分
④ 最大酸素摂取量の 50％強度の目標心拍数
　 120 拍/分
⑤ 最大酸素摂取量の 60％強度の目標心拍数
　 130 拍/分
⑥ 最大酸素摂取量の 70％強度の目標心拍数
　 140 拍/分
　 ※ それぞれの目標心拍数は，カルボーネンの式を利用

〈メニュー内容〉
① ウォーミングアップ　250 m……15 分
　 水中歩行 100 m とクロール 150 m と水中ストレッチング
　 ※ 25 m を 50〜60 秒の速さの水中歩行
　 [運動強度 40〜50％として 54〜67 kcal]
② ドリルトレーニング　300 m……10 分
　 クロールキック 25 m×4 本　片腕クロール 25 m×4 本　片腕背泳ぎ 25 m×4 本（各約 20 秒休憩しながら）
　 [運動強度 50〜60％として 45〜54 kcal]
③ インターバルトレーニング　1,000 m……35 分
　 クロール 50 m×クロール 50 m×クロール 50 m×背泳ぎ 50 m を 5 セット
　 （各 30 秒のインターバルをとりながら）
　 ※ クロール，背泳ぎとも少しきつめのスピードで
　 [運動強度 60〜70％として 189〜220 kcal]
④ レジスタンストレーニング
　 4 種類を各 10 回×3 セット　……10 分
　 1．スカーリングを行いながらの腹筋運動
　 2．肩まで水中に入れてのチェストフライ
　 3．水中レッグカール＆エクステンション
　 4．水中アームカール
　 [運動強度 60〜70％として 54〜63 kcal]
⑤ クーリングダウン（リラックスを含む）
　 100 m……10 分
　 クロール 25 m×4 本
　 ストレッチング＆リラックス
　 [運動強度 40〜50％として 36〜45 kcal]
トータル消費カロリー合計：
　 378〜449 kcal（80 分）
（※ 上記 2 例とも消費カロリーは，次の算出方法で計算）

◎ 安静時酸素摂取量を考慮しない場合として計算
（参考文献 4 参照）
① 1 分間当たりの酸素消費量：(a)
　 最大酸素摂取量(b)×体重(c)
　 $b×c÷1,000=a$　（ℓ/min）
② 最大酸素摂取量当たりの％運動強度の酸素摂取量：(d)
　 1 分間当たりの酸素摂取量(a)×％運動強度(e)
③ 1ℓ 当たりの酸素消費を 5 kcal として計算（固定）
④ 1 分間当たりの消費カロリー：(f)
　 $5×d=h$　（kcal/min）
⑤ n 分間の運動消費カロリー：(j)
　 (n)分×1 分間当たりの消費カロリー(f)
　 $n×f=j$　（kcal）

■参考文献
(1) メタボリックシンドローム診断基準検討委員会「メタボリックシンドロームの定義と診断基準」『日本内科学

会誌』94，2001年
(2) 日本肥満学会『肥満症治療ガイドライン』2006年
(3) 大地陸男『生理学テキスト』文光堂，1992年
(4) 須藤明治『アクア・メディカル・サイエンス』環境工学社，2005年

4 膝痛のための水中運動プログラム

◆水中運動理論

(1) 脚伸展筋の強化とハムストリングスのストレッチング

膝関節の障害は，不均衡な荷重ストレスにより関節軟骨変形が進行した結果起こるといわれている。特に，大腿頸骨関節の内側部にストレスが集中し，膝蓋大腿関節の変形と大腿四頭筋の筋力低下が加わると膝の安定は悪くなり，関節面の摩耗をきたすという悪循環が発生する。

また，伸筋群（大腿四頭筋）は屈筋群（内・外側ハムストリングス）の2～3倍の筋力があるが，屈筋群が優位になると屈曲拘縮を起こしやすくなる。膝関節は，歩行中の片足起立時には体重の3～7倍の重力が加わり，両足立位では大腿四頭筋はほとんど働かず，膝関節包後部・股関節包前部などの靱帯支持や下腿三頭筋の作用で立位姿勢が保たれている。

そこで，膝関節の安定性に寄与している膝伸展筋群（大腿四頭筋）の強化を行うことが必要となる。その際には膝屈曲筋群（ハムストリングス）や股関節周囲筋のストレッチングも併せて行うことが重要である（表16, 17, 図28）。

(2) 膝痛のための水中運動処方

欧米では膝痛をもつ人が多い。たとえば，ドイツのバーデ施設では，杖をつきながらプールサイドまで来る人を見かける。欧米人は手足が長いうえに上半身が太っている人が多いため，膝に負担がかかり，膝痛が悪化するケースが多いようである。また，欧米の生活スタイルである椅子の生活によって，膝関節の可動域が狭くなっているとも言われている。日本人の場合は，特に40歳以上の女性に膝関節の変形が多く，受診者が多い。

膝痛になるかならないかは遺伝的骨格，ホルモンなども影響すると言われているが，膝は平地を歩いている時に体重の約3倍，走っている時には約10倍の衝撃をうけ，それを吸収している。

●表16──症例別膝における力学的ストレス

①変形性膝関節症	不均衡な荷重ストレス
②前十字靱帯損傷（ACL）	膝屈曲時の過度な外旋や過伸展
③後十字靱帯損傷（PCL）	膝屈曲時で前方より過度の外力を受けた時
④内側側副靱帯損傷（MCL）	軽度膝屈曲時で外側から内側への力
⑤外側側副靱帯損傷（LCL）	軽度膝屈曲時で内側から外側への力
⑥半月板損傷	立位時の急激な捻転や回旋，しゃがんだ姿勢からの起立
⑦ジャンパー膝	大腿四頭筋―膝蓋骨―膝蓋靱帯の異常負荷
⑧オスグット病	骨成長端の炎症

●表17──症例別膝の水中運動のポイント

①変形性膝関節症	大腿四頭筋の強化
②前十字靱帯損傷（ACL）	早期より伸展屈曲動作を行うが，伸展時に注意する
③後十字靱帯損傷（PCL）	早期より伸展屈曲動作を行うが，屈曲時に注意する
④内側側副靱帯損傷（MCL）	横の動きを避ける
⑤外側側副靱帯損傷（LCL）	横の動きを避ける
⑥半月板損傷	膝の90度以上の屈曲は避ける
⑦ジャンパー膝	ジャンプ・ランニングの軽減，大腿四頭筋のストレッチ
⑧オスグット病	骨端への負担軽減

膝は老化や肥満，運動不足による筋力の低下を原因とする関節軟骨の変性，関節間でクッションの役割をしている半月板の変性などから，膝関節の不安定化を招き，痛みが起きる。初期の痛みは正座から立つ時，中期では階段降下時，進行期は正座不能の状態，というように分類できる。

また，半月板が損傷した急性期では，膝を伸ばした時に引っかかる状態（ロッキング）がみられ，慢性期には伸展制限のほか，膝に水（関節液）がたまるといった状態になる。

水の中では浮力の効果により臍水位で体重の約30％，剣状突起位で85％程度が負担軽減されるので，当然，膝にかかる負担も少なくなる。また，水中を歩く場合，水抵抗に対抗しながら歩くので，ももの前側の筋肉（大腿四頭筋），中でも二関節筋である大腿直筋を鍛えることができる。

この大腿直筋は，腸骨から膝関節を抜け下腿にまで至っている。膝の伸展，着地時のショックを吸収する役目を担う重要な筋肉である。しかしこれは，老化とともに衰える筋肉である。

膝関節の安定化をはかるための水中運動のポイントを整理する。

右利きの人は，左足が軸となるので左脚の膝伸展力が強い場合が多いが，この左右差も膝関節のバランスを崩す要因とされる。弱い方の脚のトレーニングを行い，左右差をなくすように努力する。

また，膝の伸展力と屈曲力のバランスを整えることも重要である。一般的に，大腿四頭筋群はももの裏側の筋肉（ハムストリングス）より25〜33％強いのが理想である。水中においても，陸上においても，膝の可動域を伸ばしすぎても曲げ過ぎてもよくない。膝をまっすぐ伸展させた状態を180度とした時，伸展位60度から屈曲位

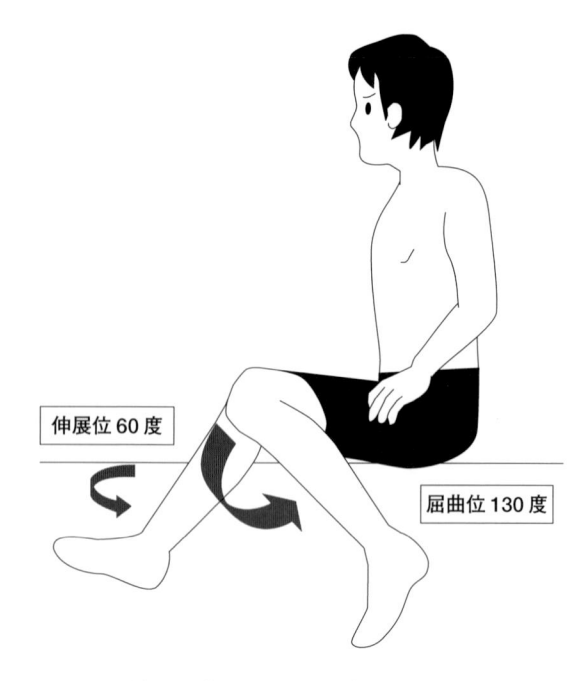

●図28——膝のトレーニングのための可動範囲

130度の間でトレーニングするのがよい（図28）。また，半月板の損傷では90度以上の屈曲は避けるようにする。

水中では特に体の支持が思うようにならないので不安定になりがちだが，X脚やO脚を改善するためにも，意識してX脚やO脚にならないようにする。具体的には，膝の伸展屈曲運動が主体となり，ハムストリングスの拘縮を防ぐためのストレッチングの組み合わせとなる。

◆具体的指導内容

(1) 目的

膝関節包後部・股関節包前部などの靱帯や下腿三頭筋のストレッチングとリラクセーション，膝伸展筋群（大腿四頭筋）のトレーニングを実施し，膝関節の安定性を増すようにする。また，左

◆膝関節部の水中運動プログラム例

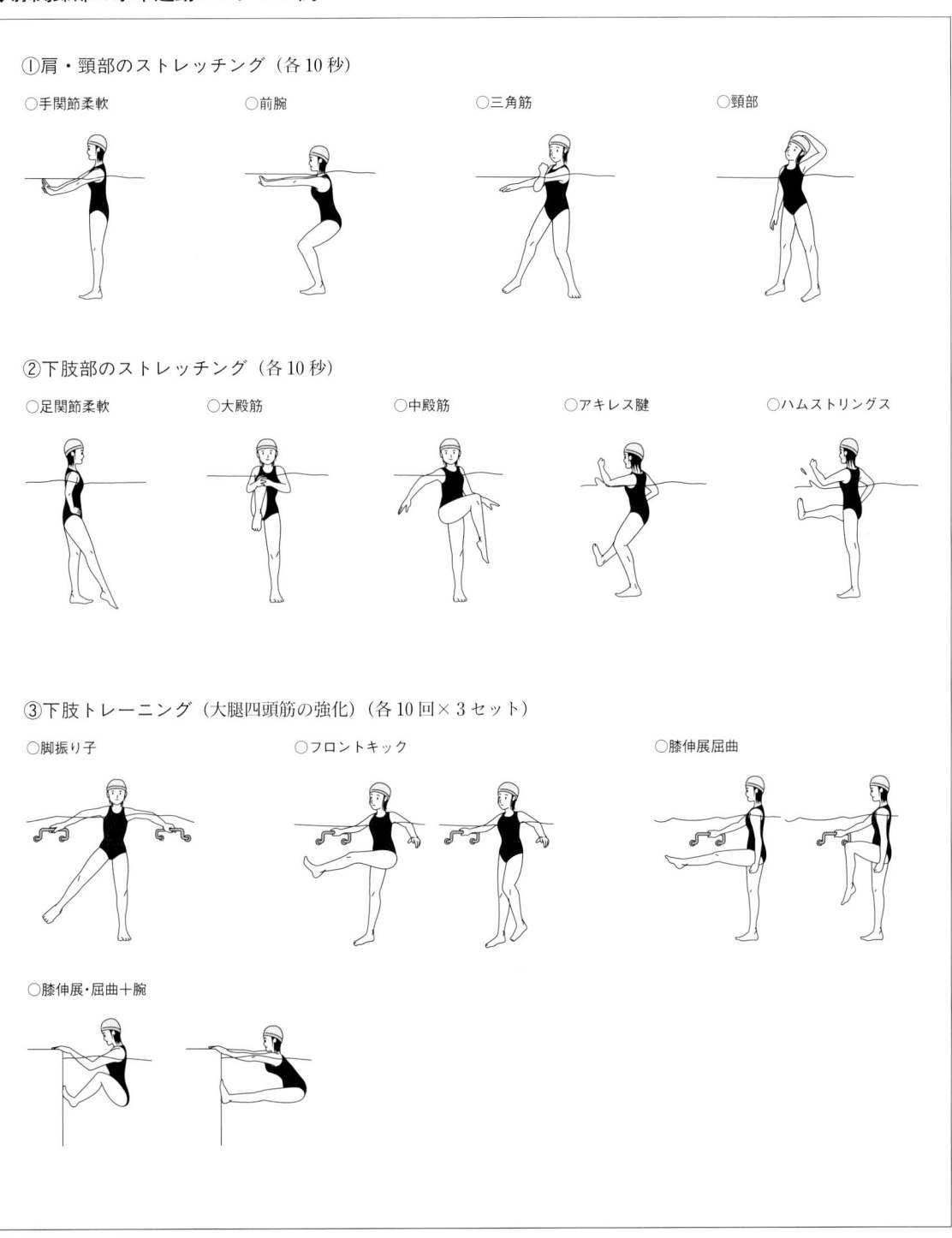

①肩・頸部のストレッチング（各10秒）

○手関節柔軟　　　○前腕　　　○三角筋　　　○頸部

②下肢部のストレッチング（各10秒）

○足関節柔軟　　○大殿筋　　○中殿筋　　○アキレス腱　　○ハムストリングス

③下肢トレーニング（大腿四頭筋の強化）（各10回×3セット）

○脚振り子　　　　○フロントキック　　　　○膝伸展屈曲

○膝伸展・屈曲＋腕

④股関節・腰の柔軟（左右差のバランス是正）（各10回）

○腰回旋　　　　　　　　　　　　　　○股関節周辺筋の弛緩

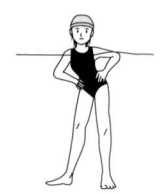

⑤リラクセーション（呼吸を整える）（各10秒）

○足関節柔軟　　○肩甲骨周辺　　　　　　　　　　○背臥位肩頸周辺

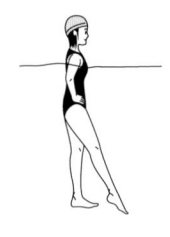

（深呼吸など）

右差を解消するための筋力運動を取り入れ，特に下半身のバランスを向上させる．

(2) 作用
膝伸展筋群（大腿四頭筋）のトレーニングを行うことで，膝関節の安定性が改善される．

(3) 水中運動プログラム例（p.193）
具体的な作用：股関節安定性改善・大腿四頭筋強化

目標負荷：HRmax 50〜60％

（HRmax：最大心拍数（220−年齢）の何％にあたるか）

運動時間：20〜30分

5 妊婦のための水中運動プログラム

◆水泳・水中運動理論

(1) 妊娠による母体の変化（表18）
妊娠による母体の最も大きい変化は，胎児を育てるために急激に子宮が増大することである．子宮の中に，胎児と，胎児に酸素や栄養を供給するための胎盤が形成される．この胎盤へ大量の血液を循環させる必要があるため，妊婦は血漿量がおよそ50％増加し，心拍出量も著しく増加する．心拍出量の増加に対応するため全身の血管は拡張するが，この適応がうまくいかないと妊娠高血圧症候群を発症する．また血漿量の増加に赤血球の増加が追いつかず軽度の貧血が起こることがある．

代謝的には，妊娠前半は脂肪蓄積に働くが，後半は胎児への多量の栄養供給のために血糖を高く維持するように働く．このため糖尿病の素因のある人に妊娠性糖尿病が起こりやすくなる．これらの身体的，代謝的変化の多くは胎盤から分泌されるホルモンの作用によって引き起こされている．また増大する子宮や胎児のために，体重は急激に増加し重心も前方に移動するため，関節障害や腰痛を起こしやすくなる．

(2) 妊婦スポーツ
■1 妊婦スポーツの目的と問題点
妊婦スポーツは，運動不足の解消，肥満の予防，気分転換，体力の維持，持久力の獲得など健康の管理・増進とともに，妊娠中を楽しく過ごすために行われる．したがって，妊婦スポーツは母児にとって安全でなければならない．

妊娠中にスポーツを行うメリットは多いが，問題点も指摘されている．

図29に示したように，まず母体側では急激な体重増加による関節障害と熱中症に注意が必要である．また，運動による物理的な刺激やホルモン分泌により子宮収縮が起こりやすくなり，過度になれば流産や早産の原因となる．運動をすると骨格筋への血流が増加するため血流の再分配が起こり，子宮血流量は減少するが，子宮収縮も子宮血流を減少させるため，過度になれば子宮胎盤循環

●表18――妊娠中の母体の変化

- 受精卵の一部から胎児ができ，一部から胎盤ができる
- 胎児は酸素や栄養などすべてを胎盤からもらう
- 胎盤へたくさん血液を送る必要がある
  - →母体の血液量は1.5倍にもなる
  - →心拍出量も増える
  - →血管が拡張する
- 胎児に栄養分をたくさん送る必要がある
  - →血糖値を高くするように働く
- 胎児が大きく育ち，お腹が大きくなる
  - →体重が急激に増える
  - →重心が変化し，腰痛などが出やすい

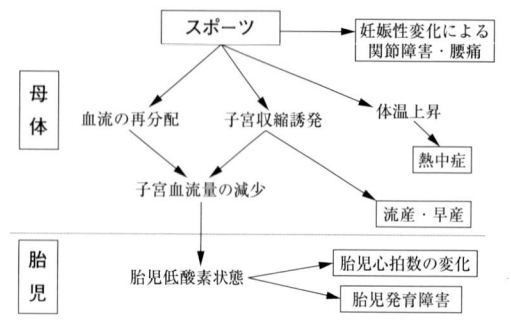

●図29──妊婦スポーツの問題点

●表19──妊婦スポーツの注意事項

文献[2]からの抜粋

1. 正常妊娠でありかつ妊娠経過が順調なこと
2. 妊娠前からのスポーツは中止する必要はないが70％以下の運動強度に
3. 妊娠してから始める時は妊娠12週以降から
4. 有酸素運動かつ全身運動で楽しく長続きするスポーツを
5. スポーツ前後には自身の脈拍測定を
6. 心拍数では150 bpm以下，自覚的運動強度では「ややきつい」以下に
7. 連続して行う運動は「やや楽である」以下に
8. スポーツ中や終了後には子宮収縮や胎動に注意
9. 体調に注意し無理しないこと
10. スポーツをしていることを産科主治医に伝えること

不全による胎児低酸素症によって胎児心拍数異常が起こる。これが繰り返されれば，胎児に栄養が充分供給されず，胎児発育障害を起こす。

それでは子宮血流のことを考えれば運動はしないほうがよいのか。一概にそうとは言えない。運動中には過呼吸のため血中の酸素分圧が上昇し，血液濃縮が起こり，軽度の体温上昇もあるため，子宮血流量は減少するものの胎盤への酸素供給量は変わらないと報告[1]されており，実際に胎児心拍数異常はほとんど観察されない。しかし，運動強度が強くなればなるほど，弱い強度でも持続時間が長くなればなるほど子宮血流量は減少するため，前述の適応現象は破綻してしまう。

2 妊婦スポーツの安全管理基準

日本臨床スポーツ医学会産婦人科部会では，妊婦が安全にスポーツを行うための基準を2004年に定めた[2]。その一部を表19に示す。

現在の妊娠経過に異常がないことは必須条件で，早産や反復する流産の既往は妊婦スポーツの禁忌である。妊娠前から継続しているスポーツについては運動強度を下げれば継続してかまわない。しかし，妊娠2～3か月では染色体異常などの胎児因子によって流産する確率は10％前後もある。妊娠初期にはスポーツの影響ではなく流産する可能性があるため，妊娠してからスポーツを始める場合は妊娠4か月からなら許可できるとされている。

運動強度については，「妊婦スポーツの目的と問題点」（p.195）でも述べたように，運動強度が強すぎると子宮胎盤循環不全が起こりやすくなるため，制限が必要である。短時間のインターバル運動では「ややきつい」程度までなら安全に運動を行えるが，連続運動では「やや楽である」程度以下としている。

運動負荷による子宮収縮の増加については，運動中に腹部緊満感などを自覚する時には中断する必要があるし，自覚がなくても流・早産の原因になることがある。このため，妊娠中にスポーツを行う場合には産科主治医に運動をしていることを必ず伝え，産科主治医は切迫流・早産予防のために子宮口の開大度や子宮頸管長を妊婦健診のたびに，もしくはそれ以上の頻度でチェックする必要がある。

また，妊婦スポーツの前後にはメディカルチェックが必要である。自分で運動を行う場合には，腹部緊満や体調などの自覚症状の確認のほか，ス

ポーツ直後の心拍数測定など，またスポーツ施設で行う場合には，加えて血圧測定や母児の心拍数測定なども必要である[2]。

(3) 短期的効果

❶ 妊婦水泳前後の検査結果より

妊婦における水中運動の効果について，主として妊婦水泳を例に取り上げる。

水泳前後のメディカルチェックを検討したところ，水泳後の変化には，①血圧の下降，②母児の心拍数の増加，③尿検査異常の頻度の低下，④尿量の増加，⑤腹部緊満感は変化しないなどがある[3,4]。なぜ血圧下降や尿量増加が起こるのだろうか。

❷ 妊婦水泳前後のホルモンの変化

浸水前，浸水後と水泳後に採血を行い，水泳前後のホルモンの変化などを検討した結果[5]，浸水時には，カッツ（Katz）らが報告[6]しているように図30に示すような変化が起こっていることが明らかになった。水に浸かることにより，水圧の影響で，特に下肢の間質の水分が血管内に流入するとともに，下半身の血液が心臓に多く戻る。この結果，心臓を還流する「中心血液量」は増加

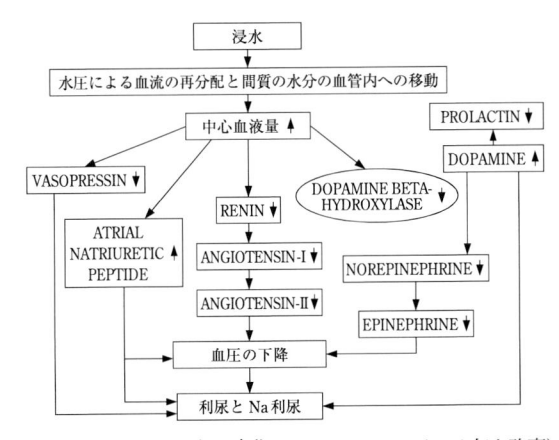

●図30──浸水による変化（Katz VL, et al[6] 1990年を改変）

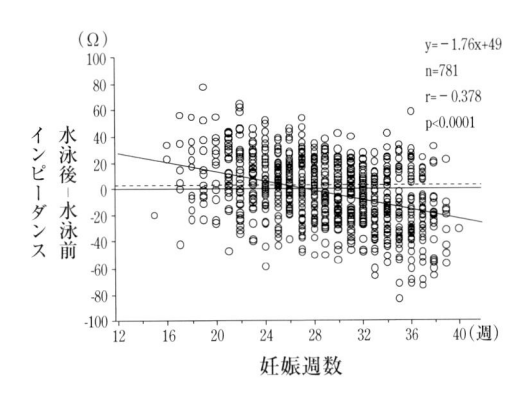

●図31──水泳前後の生体インピーダンスの変化

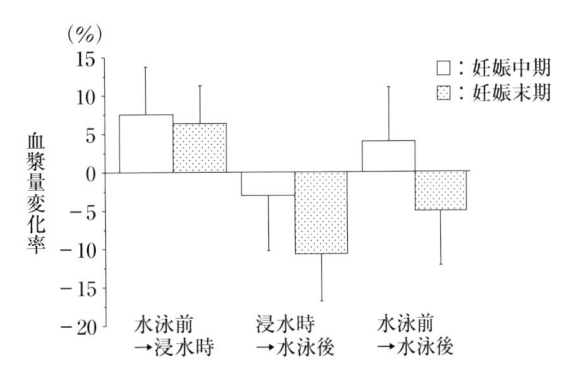

●図32──水泳前，浸水時，水泳後の血漿量変化率

し，バゾプレッシンや心房性Na利尿ペプタイドの分泌増加，レニン−アンギオテンシン系の抑制が起こり，最終的には血圧下降と利尿が起こる。血圧が上昇しやすく，間質への水分貯留も起こりやすい妊婦にとってはよい反応である。

また，この中心血液量の増加は，運動に伴う血流の再分配による子宮血流量の減少を補うことも考えられ，水泳，水中運動は妊婦にとって最も適していると考えられる。

❸ 妊娠週数による反応の違い

妊婦水泳前後に生体インピーダンスを測定すると，妊娠週数が進むにつれ水泳後のインピーダンスは低下する（図31）[7]。また血漿量の変化を測定したところ，図32に示すように妊娠中期と末

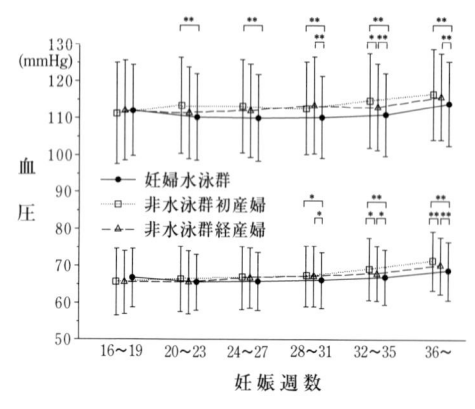

●図33──妊婦水泳群と非水泳群の血圧の変化

期で水泳後の反応に違いが認められた。つまり，浸水による変化は妊娠中期も末期もほとんど違いはないが，水泳による血液濃縮は妊娠中期より末期のほうが起こりやすいことが明らかになった。このことはインピーダンスの変化を裏付けるもので，妊娠末期になるほど運動によって間質への水分移動が起こりやすい，すなわち運動後にむくみやすいことを示している[7]。したがって，妊娠末期には中期よりも運動量を制限する必要がある。

(4) 長期的効果

　正常妊娠においても妊娠末期には血圧が上昇しやすく，また経産婦より初産婦のほうがより上昇しやすいことが知られている。そこで，妊婦水泳を行っている初産婦（妊婦水泳群）と，行っていない初産婦・経産婦の血圧の変化について検討した結果，図33に示したように，妊婦水泳群では水泳を行わなかった経産婦（非水泳群経産婦）よりも血圧上昇が起こらないことが明らかになった[8]。

　これは妊婦水泳による降圧作用，利尿作用が妊娠経過に影響した結果と考えられ，妊婦水泳は妊娠高血圧症候群の発症予防に効果があることが示されている[8]。

(5) メリット・デメリット

　「妊婦水泳の短期的効果」や「長期的効果」で述べたように，妊婦は妊娠末期には血圧が上昇しやすく間質への水分貯留傾向が強くなるため，水中運動は非常に有用である。また，水圧による中心血液量の増加は運動に伴う血流の再分配による子宮血流量の減少を補うことができ，運動としては胎児にとってもより安全であろう。さらに，急激な体重増加や重心の変化の影響を受けることなく運動が行えるのも水中運動の大きなメリットである。

　デメリットもある。たとえば水中運動においては体温低下が問題になるため，必ず温水プールが必要になる。また妊婦スポーツでは一般的に連続運動を行わないため，プールの水温も通常よりも少し高めの30℃前後に設定する必要がある。また，妊婦に限らず水中では不整脈が出やすく，特に息止めをして潜水をする時には徐脈性不整脈が出やすいので注意が必要である。特に不整脈の既往がある人では，水中運動前にあらかじめダイビングリフレックス試験（冷水に，息を止めて顔をつけた時に不整脈が出ないかどうか調べる試験）を行っておくことが望ましい[9]。

　妊婦スポーツのよさは，妊婦水泳・水中運動に限らず，普段から閉じこもりがちな妊婦が集まり，ワイワイと楽しく語り合いながら，体を動かしストレスを発散するというところにもある。無理をせず，楽しく続けたいものである。

◆具体的指導内容

(1) プールの条件

妊婦水泳・水中運動は，どのプールでも行えるというわけではない。妊婦の指導経験のあるインストラクターがいることはもちろん，最低限，次のようなプール条件が整っている必要がある。

1 室内プールで行う

屋外での指導は行わない方がよい。それは，水温は一定に保つことができても，気温を一定に保つことはできないからである。気温の変化や風などにより必要以上に体温を奪われ，妊婦の身体に変調をきたす可能性が十分に予測できる。

2 プールの水温は，30±1℃，室温はそれより1～2℃高くする

水温が32℃以上の場合は，血管拡張傾向になりレッスン後の疲労が激しくなる。

また，28℃以下では，体の冷えを感じて子宮収縮が起きやすくなると言われている。

プールの水温は，30±1℃が望ましく，室温はそれより1～2℃高くすることにより，快適な環境の中で妊婦水泳を行うことができる。

3 午前10時～午後2時の時間帯に行う

午前10時～午後2時の時間帯は，統計的に子宮収縮が最も起こりにくい時間帯である。1日の中にリズムがあり，夕方から夜に向かって陣痛発来が多くなる。そのため夕方から夜の時間帯には行わないようにする。

4 緊急時の病院との連絡・交通の態勢が取れている

妊婦が検診を受けている病院と，常に連絡がつくようにしておく。また，万一の時に病院に搬送できる態勢を整えておく。そうしておけば，緊急時に焦ることなく対応することができる。

●表20——基本的な流れ

■陸上で
測定：レッスン当日の体調に異常がないかどうかの質問を行うと同時に，体重・体温・脈拍・血圧・胎児心音等の測定を行う。
↓
■水中で
準備体操：水中で行う。
↓
水なれ：水に慣れるための水中運動を行う。
↓
背泳ぎ系：水中運動を含めて背泳ぎ系の練習を行う。
↓
クロール系：水中運動を含めてクロール系の練習を行う。
↓
弛緩法（リラックス）：上向きリラックスおよび下向きリラックスを行う。
↓
平泳ぎ系：水中運動を含めて平泳ぎ系の練習を行う。
↓
バタフライ系：水中運動を含めてバタフライ系の練習を行う。
↓
浮身リラックス（ラマーズ法の呼吸）：全身の力を抜き，背面浮きの姿勢で安産に役立てるための呼吸法を行う。
↓
自由練習（整理体操を含む）：泳力と体力に合わせての自由練習を行う。
↓
■陸上で
測定：再度測定し体調を確認して，レッスンを終了する。

(2) 基本的な流れ

一般的な水泳指導は，陸上で準備体操をし，続いて水中で指導を行うが，妊婦の指導は，まずはじめに測定を行い，その日の体調に異常がないかどうかを確認してから水中でのレッスンを行う。そして，レッスン終了後に再度測定を行い，体調に異常のないことを確認して終了する。

指導の流れは以下の通りである（表20）。

元々，妊婦に対する水泳指導には泳法指導だけ

でなくさまざまな動きが含まれる。ここでは，妊婦水泳を中心に組み立てている。

1 測定

レッスンに入る前に，その日のレッスンを行ってよいかの判断と妊娠高血圧症候群のチェックのために測定を行う。具体的には，体重・体温・脈拍・血圧・胎児心音等である。

妊娠高血圧症候群は，ひどくなると胎盤に十分な血液が送られず，胎児の発育が妨げられ，早産になったり未熟児が生まれたりする。高血圧，たんぱく尿，浮腫などが主な症状である。

なお，日本高血圧学会の分類によると，正常血圧は，収縮期血圧が130 mmHg未満，拡張期血圧が85 mmHg未満である。もし，収縮期血圧が140 mmHg以上あるいは拡張期血圧が90 mmHg以上の軽症高血圧の状況であれば，10分間安静にさせ再度測定をする。それでも，同じ値の場合やそれ以上の場合は，医師の診察を勧める。

また，体重の増加は妊娠中期から見られるが，妊娠32週以降に1週間当たり500gを超える体重増加は太りすぎと考えられるので，注意が必要である。

2 レッスン前の確認事項

測定の他，妊婦一人ひとりに対して，表21の事項について異常がないかどうか確認する。

本人がレッスンを受けたいと希望してもこの確認事項に該当する場合は，レッスンを中止させる。

これらの測定や確認事項については，個人データカードを作成し管理することにより，より正しい情報を提供することができる。

3 準備体操

測定および当日の体調の確認を行い，異常がなければ十分にシャワーを浴び，水中での準備体操に入る。一般的な水泳指導では，トレーニングルームやプールサイド等の陸上で準備体操を行うが，妊婦の場合は水中で行う。

なぜなら，妊婦は重い子宮を支えるために特有な姿勢をとる場合が多いので，バランスがとりにくく，陸上で行うと転びやすいからである。

また妊娠中に増加するホルモンのプロゲステロンの作用によって，各関節の靱帯は軟化し緩んでくるため，関節の深い屈伸運動や激しい跳躍，震動等は危険である。それに妊娠中の体重増加が加わり，容易に関節や靱帯の損傷をきたす可能性がある。

①目的

準備体操は，主として次の目的で行う。

1) これから行うレッスンを，楽しく行うための雰囲気つくり。
2) 筋肉や関節を適度に動かし，筋肉内の血液循環をよくし，レッスンをやりやすくする。
3) レッスン中に「こむらがえり」を起こさないように，腓腸を十分に伸ばす。
4) 水中での妊婦の体調の確認。

②注意点

水中で準備体操を行う場合は，次のことに注意する。

1) 腹部を圧迫するような体操は行わない。
2) 跳躍を含む体操は行わない。

●表21 ——レッスン前の確認事項

- 出血がないか
- 風邪の諸症状（熱，寒気，咳，鼻水など）がないか
- 腹痛，腹緊が時々起きていないか
- めまいや頭痛がないか
- 睡眠不足でプールに来ていないか
- 顔色が普段より悪くないか
- 下痢をしていないか
- 身体にけがをしていないか

3) 妊婦同士が，ぶつからないように配慮する。

4 水なれ

水中での準備体操が終了したら，次に「水なれ」を行う。ここで行う「水なれ」には，二つの意味がある。一つは，体が水そのものに慣れるということで，レッスンをスムーズに行うことができる。もう一つは，水の特性である「浮力」「抵抗」「水圧」「水温」を体で感じながら，水に慣れるということである。水なれの代表的な内容は水中を歩くことである。

水が恐い人の場合は，この水なれを含む「垂直移動」の水中運動を多くし，そうではない人は各種泳法を多くする。

①目的

水なれは，主として次の目的のために行う。
1) 水の中を歩きながら，水中そのものに慣れる。
2) 水の特性を体で感じながら，水に慣れる。
3) 水なれを通して，参加している妊婦の水に対する恐怖心の度合いを確認する。

5 背泳ぎ系

水なれの後，背泳ぎ系の練習に入る。背泳ぎではなく背泳ぎ系と呼んでいるのは，スイムだけを行うのではなく，背泳ぎのキック，プル，コンビの練習を含めて，段階的な練習法（ドリル）を通して自然に無理なく背泳ぎを習得するためである。

①目的
1) 背泳ぎ系の練習では，腹筋・背筋の強化のために大腿部からキックを行ったり，プルを行う。腹筋・背筋の強化は分娩に役立つ。
2) 背泳ぎが上達すると，力を入れるところと抜くところがわかるようになる。これで，分娩に役立つと言われている筋肉の弛緩法が習得できる。

②注意点
1) 背泳ぎ系の練習では，不安解消のためにも，最初に立ち方を指導する。また，うまく立てない間は，必ず補助をし，妊婦自身が立てるようになっても確認をする。
2) 背泳ぎ系だけでなくすべての練習教程で，壁を蹴ってのスタートは行わない。自然に浮いた状態から始めるようにする。理由は，壁を蹴る衝撃を妊婦の腹部に与えないためである。
3) 背泳ぎ系の練習は，鼻に水が入りやすく，入ると鼻がツーンとして痛くなるので，吸気と呼気の両方を口で行うように指導をする。また呼気は，口でロウソクの火を消すようなイメージで行うとよい。これは，後で述べるラマーズ法の呼吸の練習にもつながる。

6 クロール系

背泳ぎ系の練習の後，クロール系の練習に入る。

①目的
1) クロール系の練習は，腹筋・背筋の強化のために，大腿部からのキックやプルを行う。腹筋・背筋の強化は分娩に役立つ。
2) クロールが上達するにしたがい，力を入れるところと抜くところがわかるようになる。そうすると，分娩に役立つと言われている筋肉の弛緩法が習得できる。

②注意点
1) 背泳ぎ系と同様，クロール系の練習でも，伏し浮きの練習に入る前にまず立ち方を教える。安全上の理由もあるが，水中に立てるようになると水泳に対する自信が生まれ，それ以後の練習がスムーズにいく。
2) 背泳ぎ系同様，壁を蹴ってのスタートは行わ

ない。自然に浮いた状態からスタートする。
3) クロールのプルの部分的練習（ドリル）をはじめ、妊婦を対象とする場合、どの泳法でもプルの部分的練習にはビート板を利用しない。それは、ビート板などの補助具を利用して部分的練習を行うと、その補助具の使用によって生じた不必要な力が妊婦の体に無理な力として加わる可能性があるからである。
4) クロール系は、呼吸を制限する練習が多くあるため、妊婦自身が必要以上に息苦しさを感じる可能性があるので、インストラクターの配慮が必要である。

7 弛緩法（リラックス）

クロール系の練習の後に、弛緩法（リラックス）を行う。この弛緩法は、体全体の力を抜き、浮力の力を借りて水面に浮く方法で行う。

①目的
1) 背泳ぎ系、クロール系と、筋肉と心肺機能を使った練習が続いたので、休憩をかねて弛緩法を行い、筋肉の疲れを取る。
2) 自在に力を抜くことができるようになるために、力を入れたり抜いたりする。筋肉を少しでも自分でコントロールしようとするもので、これは分娩時にも必要とされる。

②行い方の原則
水中で水面に水平に浮いた状態で、上向き（背面浮き）と下向き（伏し浮き）の姿勢で行う。
力の入れ方は、力を入れる筋肉に対して5秒間ぐらいかけて徐々に力を入れていく。力を抜く場合も、急に抜くのではなく5秒間ぐらいかけて徐々に抜いていく。

8 平泳ぎ系

弛緩法（リラックス）の練習で、水面に浮いて力を抜くことの気持ちよさを十分に体験したら、次に平泳ぎ系の練習を行う。

①目的
1) 平泳ぎが上達すると、力を入れるところと抜くところがわかるようになる。このことで、分娩に役立つと言われている筋肉の弛緩法が習得できる。
2) 分娩時のいきみは、大腿と下肢に強い力が加わる。そのため平泳ぎで脚の筋力の強化と股関節の柔軟性を高めることは、安産につながる。
3) 平泳ぎのキックは、力を入れる蹴りと力を抜く引きつけに分かれる。これは弛緩法に通じるものであり、安産につながる。

②注意点
1) 平泳ぎのキックは、妊娠10か月に入ったら控えめにする。また、妊娠8か月、9か月でも恥骨結合のあたりに持続的な痛みがある場合は、レッスンは中止する。キックによって恥骨結合離開を起こす可能性が指摘されているからである。
2) 平泳ぎのキックは、股関節の柔軟性を無理なく高めるためとキックの引きつけ時の大腿部による腹部圧迫を避けるために、両膝を十分に開いたウェッジキック（日本泳法的なキック）を指導した方がよい。逆に競泳で使用する膝の間隔の狭いウィップキックは教えない方がよい。
3) 平泳ぎのキックは、脚の引きつけ時に大腿部前部と腹部の角度が100度以下にならないよう指導する。100度以下になると大腿部で腹部を圧迫する可能性がある（特に妊娠後期になると、腹部がより前に出てくるので注意が必要である）。前述したように両膝を十分に開いて引きつけるよう指導する。

9 バタフライ系

平泳ぎの練習の後に、バタフライ系の練習に入

る。
① 目的
1) バタフライ系の練習では，腹筋・背筋を強化するために大腿部からキックを行ったりプルを行う。腹筋・背筋の強化は分娩に役立つ。
2) バタフライが上達すると，力を入れるところと抜くところがわかるようになる。このことで，分娩に役立つと言われている筋肉の弛緩法が習得できる。
3) バタフライ系の練習を行うことで，腰部のうっ血をとり，腰痛や背中から腰にかけてのだるさを軽くする。
4) バタフライの両腕の大きな動きは，胸部の運動になり，乳房周囲の血流を促進しマッサージ効果が期待できる。

② 注意点
1) インストラクターは，一見激しい泳ぎに見えるバタフライが，なぜ妊婦水泳の教程に入っているかを理解しておく（前項参照）。
2) バタフライは，他の泳法に比べると一番急激に心拍数が上がりやすい。日本臨床スポーツ医学会の「妊娠スポーツの安全基準」によると，心拍数で150 bpm以下，自覚的運動強度としては「ややきつい」以下が望ましいとなっているので，必要以上にがんばらせないようにする。
3) ドルフィンキックは，大腿部で腹部を圧迫しないようにする。
4) 妊婦は，体型上，水面に水平に浮くことが可能なので，バタフライのプル動作をゆっくり行うように指導する。
5) ドルフィンキックの練習には，ビート板を使用しない。ビート板を使用したドルフィンキックは，どうしてもキックによる不必要な力がビート板に集約され，結果的に妊婦の腹部に不必要な力となって加わる可能性があるからである。

10 浮身リラックス（ラマーズ法の呼吸）

ラマーズ法とは，フランスの医師ラマーズによって提唱された精神予防無痛分娩法で，分娩の間，体全体をゆったりとさせ，余分な力を抜く弛緩法と，分娩の進み具合に応じて行う呼吸法が中心となる。この呼吸法を，浮身姿勢で行う（※ただし，現在は分娩法が多様化している。そのため実際には妊婦が分娩を行う予定の病院の分娩法によって呼吸法も変わることに注意する）。

① 浮き方
ラマーズ法の呼吸は，背面浮きの姿勢で両足をコースロープにかけて，膝の後ろにコースロープがくるようにする。同時に頭の後ろにビート板やアクアヌードル（浮き棒）等の補助具を敷いて，体全体を安定させて楽な姿勢をとる。そして，手を腹部にあててその手で腹部をこするようにマッサージをしながらラマーズ法の呼吸を行う。

② 注意点
1) インストラクター自身が，ラマーズ法の内容と呼吸の行い方をよく理解したうえで行う。
2) 妊婦がコースロープに脚をかけ背面浮きの姿勢になる時には，インストラクターが補助を行う。
3) 水の波のあるところや雑音のあるところでは，妊婦が呼吸法に神経を集中できなくなるので，波の立たない雑音のない静かな環境を整えて実施する。

11 自由練習

自由練習は，ラマーズ法の呼吸練習の後に各妊婦の運動量の不足を補うために行うもので，必ず行わなければならないものではない。それぞれの

妊婦の体力・泳力に合わせて泳がせる。

なお，インストラクターは，妊婦同士がぶつかったりしないように，また，必要以上に速く泳いだりしないように注意しながら監視を行う。

12 測定

レッスン終了後，シャワーを浴び体を乾かしてから，レッスン前と同じ測定を行い，異常のないことを確認して終了する。

(3) 指導内容一覧

表22の指導内容一覧から，それぞれの妊婦の泳力や体力に合わせて選択し，カリキュラムを作成してレッスンを行う。

●表22──レッスンの流れに合わせた妊婦水泳指導内容一覧

■水中準備体操

1．水中準備体操
①準備体操 ②非対称体操 ③水中ストレッチング

■水なれ

1．前進アクアウォーキング
①ウォーキング ②肩まで浸かってのウォーキング ③腿上げウォーキング
2．後進アクアウォーキング
①ウォーキング ②肩まで浸かってのウォーキング ③腿上げウォーキング

■背泳ぎ系

1．補助背面浮き
①補助背面浮き ②補助背面キック
2．バランス立ち
①補助背面浮きバランス立ち ②背面浮きバランス立ち

3．キック浮き立ち
①背面キック立ち
4．リラックス移動
①補助背面浮き移動 ②補助具付背面浮き移動 ③背面浮き移動
5．背面キック
①補助背面キック ②気をつけ姿勢での背面キック ③片腕伸ばしの背面キック
6．手付き背面キック
①手付き背面キック
7．水中プル練習
①バックプル
8．前進ウォーキングスイム
①ウォーキングバック
9．後進ウォーキングスイム
①ウォーキングバック
10．片腕背泳ぎ
①片腕を頭上に伸ばしての片腕背泳ぎ ②片腕を体側に伸ばしての片腕背泳ぎ
11．背泳ぎ
①背泳ぎコンビ ②4・4・スイム

■クロール系

1．壁キック
①クロールの壁キック
2．リラックス移動
①伏し浮き移動
3．板キック
①顔を水面に出しての板キック ②顔を水中に入れての板キック
4．バランス立ち
①補助付伏し浮きバランス立ち ②伏し浮きバランス立ち
5．キック浮き立ち
①面かぶりキック立ち ②片腕伸ばし面かぶりキック立ち

6．面かぶりキック
①両腕を頭上に伸ばしての面かぶりキック
②片腕を頭上に伸ばしての面かぶりキック
③気をつけ姿勢での面かぶりキック

7．水中プル練習
①クロールプル

8．前進ウォーキングスイム
①ウォーキングクロール

9．後進ウォーキングスイム
①ウォーキングクロール

10．ノーブレクロール
①ノーブレクロール

11．呼　吸
①前後呼吸
②左右呼吸
③片腕伸ばし呼吸
④片腕クロール呼吸
⑤クロール呼吸

12．前進ウォーキングクロール呼吸
①ウォーキング前後呼吸
②ウォーキング左右呼吸
③ウォーキング片腕伸ばし呼吸
④ウォーキング片腕クロール呼吸
⑤ウォーキングクロール呼吸

13．片腕クロール
①片腕を頭上に伸ばした片腕クロール
②気をつけ姿勢での片腕クロール

14．クロールコンビ
①クロールコンビ

■弛緩法（リラックス）

1．上向きリラックス
①上向きリラックス
②上向き強弱リラックス
③上向き対角線リラックス
④上向き上半身（下半身）リラックス
⑤上向き左半身（右半身）リラックス

2．下向きリラックス
①下向きリラックス
②下向き強弱リラックス
③下向き対角線リラックス
④下向き上半身（下半身）リラックス
⑤下向き左半身（右半身）リラックス

■平泳ぎ系

1．壁キック
①平泳ぎの壁キック

2．平泳ぎの板キック
①平泳ぎの板キック

3．平泳ぎの板なしキック
①平泳ぎの面かぶりキック
②平泳ぎの気をつけキック
③平泳ぎの仰向けキック

4．水中プル練習
①ブレストプル

5．前進ウォーキングスイム
①ウォーキングブレスト

6．後進ウォーキングスイム
①ウォーキングブレスト

7．平泳ぎプル
①クロールキックでの平泳ぎプル
②プルとキックのコンビネーション

8．平泳ぎコンビ
①平泳ぎコンビ

■バタフライ系

1．壁キック
①バタフライの壁キック

2．バタフライの板なしキック
①両腕を頭上に伸ばしたバタフライキック
②片腕を頭上に伸ばしたバタフライキック
③気をつけ姿勢でのバタフライキック

3．水中プル練習
①バタフライプル

4．前進ウォーキングスイム
①ウォーキングバタフライ

5. 後進ウォーキングスイム
①ウォーキングバタフライ
6. ノーブレバタフライ
①ノーブレバタフライ
7. 片腕バタフライ
①片腕を頭上に伸ばしての片腕バタフライ
②気をつけ姿勢での片腕バタフライ
8. バタフライコンビ
①バタフライコンビ

■浮身リラックス（ラマーズ法の呼吸）

1. ラマーズ法の呼吸
①基本呼吸
②変則呼吸
③極期呼吸
④娩出期呼吸
⑤短促呼吸

■参考文献

1) Lotgering FK, Gilbert RD, Longo LD. Exercise responses in pregnant sheep : Oxygen consumption, uterine blood flow, and blood volume. J Appl Physiol 1983 ; 55 : 834〜841
2) 日本臨床スポーツ医学会学術委員会編『妊婦スポーツの安全管理』文光堂，2004年
3) 三枝園子，浅井光興，澤口啓造，正橋鉄夫，鈴木正利，野口昌良，中西正美，大内美保，山田晃夫，丹羽滋郎「妊婦水泳のメディカルチェックの検討」『産婦の実際』41，1992年
4) 浅井光興，三枝園子，大橋正宏，保條説彦，山田幸夫，澤口啓造，正橋鉄夫，鈴木正利，野口昌良，中西正美，生間志保，大内美保，山田晃夫，丹羽滋郎「妊婦水泳時の尿量の検討」『産と婦』59，1992年
5) 浅井光興，三枝園子，松下真弓，中西正美「妊婦スポーツとホルモン変化」『産婦の実際』44，1995年
6) Katz VL, Ryder RM, Cefalo RC, Carmichael SC, Goolsby R. A comparison of bed rest and immersion for treating the edema of pregnancy. Am J Obstet Gynecol 1990 ; 75 : 147〜151
7) 木部博文，浅井光興，斉藤徹，梶浦弘明，二石かおり，野口昌良「妊婦水泳による体内水分分布の変化〜生体インピーダンス法による水分動態の解析〜」『産婦人科の世界』54，2002年
8) 小林加奈子「妊婦水泳による妊娠中毒症発症予防に関する検討」『愛知医科大学医学会雑誌』27，1999年
9) 浅井光興，三枝園子，小林加奈子，野口昌良，中西正美，城所美保，斉藤 徹，丹羽滋郎「妊娠スポーツとメディカルチェック」『臨床スポーツ医学』13，1996年
10) 目黒伸良『アクアリラックス妊婦水泳指導法』環境工学社，1999年

6 肩関節のための水中運動プログラム

◆水中運動理論

(1) 五十肩の原因

　一般的に，関節の痛みは，関節を構成する骨の破壊，関節包の障害，関節周囲筋群の急激な収縮などによって生じる。特に，関節包・靱帯・滑膜などの軟部組織に分布する知覚神経によって痛みが感じられる。

　中年期以降に多い関節痛は，五十肩も含めて「関節軟骨のすりへる病気」と言われる。この場合，「重みをあまりかけずに運動を行う」ことで損害を受けた軟骨などは修復されるので，水中運動もまた有効である。

　直立し腕を下げている状態（気をつけ）の時，肩の関節包・靱帯は一番ゆるんでいる状態になるが，懸垂作用筋（棘上筋）は常に作用し棘下筋・肩甲下筋などはそれを補助している（図34〜37）。つまり，これらの筋群は常に疲労しやすい。これらの筋群（三角筋・棘上筋・棘下筋）がゆるむ体位としてはゼロポジション（130度外転・外旋位）（図38）という姿勢がある。

　肩関節痛を改善するためのプログラムには，このゼロポジションを取り入れている。

　五十肩（肩関節周囲炎）は，肩関節を安定化さ

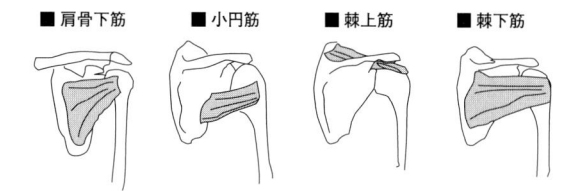

■三角筋前部　■三角筋中部　■三角筋後部

■肩骨下筋　■小円筋　■棘上筋　■棘下筋

●図37——腱板の構成筋である小さい筋群（インナーマッスル）

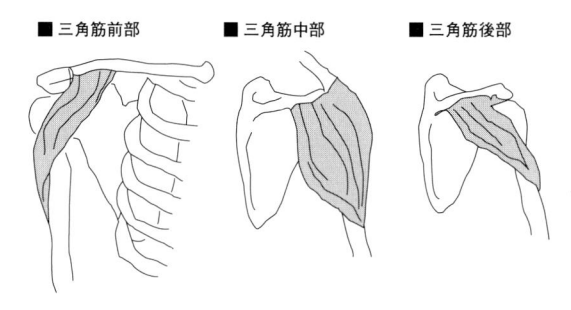

●図34——三角筋（アウターマッスル）

■僧帽筋上部　■僧帽筋中部　■僧帽筋下部

●図38——ゼロポジション姿勢での浮き身

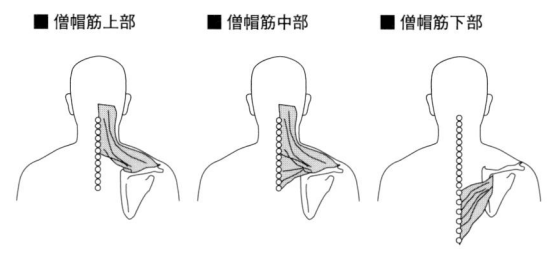

●図35——僧帽筋（アウターマッスル）

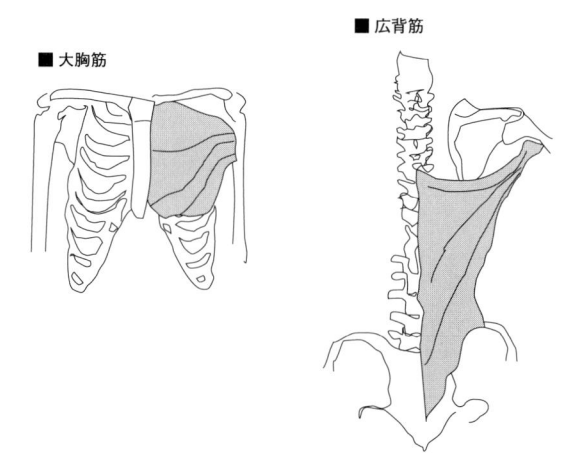

■大胸筋　■広背筋

●図36——頭部や体幹から起始する大きな筋群（アウターマッスル）

せる腱板，肩関節に可動域を与えクッションの役目をはたす肩峰下滑液包，腱板を補助する上腕二頭筋長頭腱などが年をとるにつれて変形を起こし，炎症が生じ，癒着性関節包炎をきたした結果であるとされる。慢性期では，外転外旋・内旋が制限されるため，一般的に肩関節痛改善のためには，陸上でも最初は屈伸運動を行い，次に外転運動を取り入れ，関節可動域を改善するのが主な目的となる。水中運動でも同様に浮力と水抵抗を生かした運動プログラムを組み立てるようにする。また近年，急激なダイエットなどの栄養不良によって肩痛が起こることも知られている。

(2) インナーマッスルのトレーニング

　雨が降ると頭痛や肩こりなどを訴える人がいる。これは，低気圧の影響で血行が悪くなるためと言われる。また，血管の太さは人の感情によっても左右され，リラックスした時は広がり，緊張すると狭くなると言われる。緊張状態が長い人には，頭痛や肩こりを訴える人が多いようである。

　目の悪い人やコンピュータを長時間使っている人も，肩周辺の筋肉が疲労し，血行が悪くなった

◆肩関節部の水中運動プログラム例

①肩・頸部のストレッチング（各10秒）

○手関節柔軟　　○前腕　　○三角筋

○上腕三頭筋　　○頸部

②肩関節の授動運動（関節可動域の拡大を目指す）（各10回）

○肩回旋　　○肘屈曲時の水平伸展　　○肘関節回旋

③上肢トレーニング（肩関節の安定を目指す）（各10回×2セット）

○肩関節の内・外旋　　　　　　　　○肩水平伸展屈曲 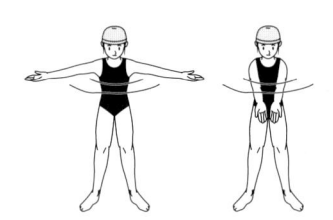　　　　　　　　○肩振り子

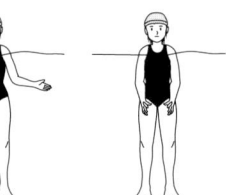

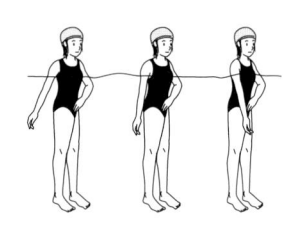

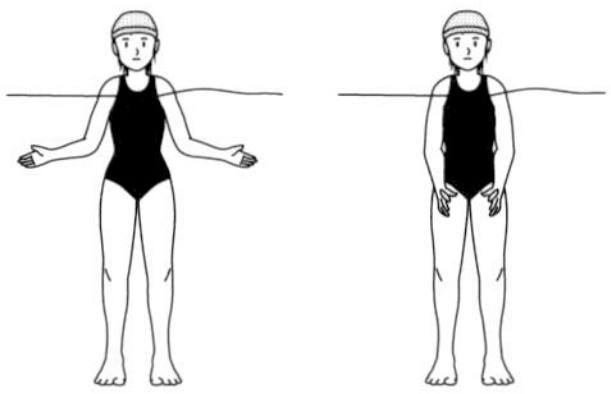

④肩・頸部のストレッチング（各10秒）

○手関節柔軟　　　○前腕 　　　　○三角筋 　　　　　　　○肩回旋

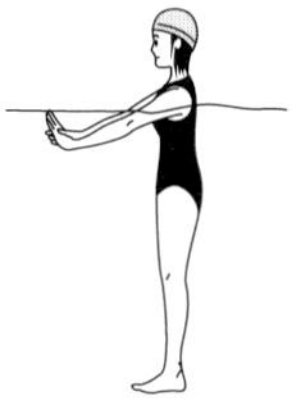

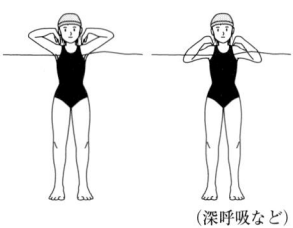

（深呼吸など）

結果，肩こりを訴える場合がある。特に腕は肩の筋肉により支えられており，力を抜いて腕を下げている状態でも常に働いている筋肉がある。この筋肉をリラックスさせるために，重力から解放される水中は効果的であると考えられる。

まず，浮き具を足につけて，肘を曲げ両手を頭の後ろに組んで浮く（図38）。このことで，普段腕を下げている時に使っている筋肉がリラックスできる。ハンモックで寝ている時の姿勢を想像するとよい。この姿勢は筋肉に余分な力がかからない「ゼロポジション」である。この姿勢から今度は腕を頭上まっすぐに伸ばしたり，「気をつけ」の姿勢をすることで，肩周辺の筋肉のストレッチングとリラックスが体験できる。

浮くのが苦手な場合は，水中で直立し，肩の上げ下げをしたり，肩のストレッチングや肩関節を中心に腕を体の前方で左右に振り子のように動かす運動を，水の抵抗と浮力を利用して行ってもよい。水中でのストレッチングは，陸上と比べて特に力を入れて腕を保持する必要がないため，より効果が期待できる。

ただし，これらの水中ストレッチングは，必ず伸ばす筋肉が水中にある状態で行うようにする。伸ばす筋肉が水上にあると，浮力のメリットを得ることができないためである。

老化によって，アウターマッスルが虚弱化し，インナーマッスルも伸びて弱くなっている場合は，無理に腕を引っ張ったりしないで，狭い可動範囲の中で低負荷で運動を行うようにする。

◆具体的指導内容

(1) 目的
頸部・肩周辺部・背部を中心に関節可動域を拡大させ，各部位の深筋層部分を温め，周辺部の血流を促し弛緩作用を利用してリラクセーションおよび浮力を利用することで，軽い負荷でのトレーニングを行う。

(2) 作用
棘下筋・棘上筋・小円筋・肩甲下筋・大胸筋・大円筋・三角筋・広背筋・僧帽筋・肩甲挙筋などのストレッチングおよびトレーニング，肩関節の可動域の改善

(3) 水中運動プログラム例（p.208）
具体的な作用：肩痛の改善・回復・予防
目標負荷：Max 10～20％（Max：最大筋力）
運動時間：10～15分

7 リラクセーションのための水中運動プログラム

◆水中運動理論

(1) 不感温度領域でかつ剣状突起水位

水中運動でリラクセーションを実施したい場合は，副交感神経系を促進させる必要がある。水温が不感温度領域（34.5～35.5℃）で，水位も剣状突起水位程度ならば，静水圧の影響から静脈の帰環流が増大し，心肺部受容器への刺激などから，末梢血管抵抗の減少，血管の収縮の緩和などが期待される。こうして，副交感神経系が亢進されることで心拍数も血圧も低下する。不感温度領域では，酸素摂取量が最も効率的となり，体の代謝を低下させる。このような環境下であれば，リラクセーションのプログラムを構成することは容易であり，背浮きをしなくても，直立姿勢のままでもリラクセーションを味わうことができる。しか

し，水面に力を抜いて浮くことができればさらによい。

(2) アンチストレス

ストレスに対し，ハンス・セリエ博士は，「生物が外的あるいは内的な刺激に適応していく過程そのものを概念化したもの」と定義している。この言葉から考えると，ストレスとは「生きる」ということそのものと言えなくもない。

「悪い」と感じるストレスを受け続けることで体内に活性酸素が発生し，遺伝子そのものを傷つけ，セルサイクルを乱し，がん化させる。特に，この活性酸素は，本来，細菌感染などが起き，白血球や好中球などが細菌を殺している時に酸化代謝が活発になり，酸素が還元されて放出される。当然，細菌やウイルスを殺す作用をもつが，余分な活性酸素は正常細胞までも傷つけてしまうのである。

また，ストレスの指標にコルチゾルというホルモンがある。このコルチゾルが分泌されると，生体防御機構の重要な役割を果たすNK細胞（ナチュラル・キラー細胞）の機能を停止してしまう作用がある。さらに，コルチゾルがつくられる時にも活性酸素がつくられることが知られている。

このNK細胞は，骨髄からつくられるリンパ球の仲間であるが，ヘルパーT細胞などの指令なしに，敵である抗原を粉砕する能力を持っている免疫細胞である。特に，がん細胞などに接着し，殺す働きがある。しかし，この細胞は高齢になるほど激減し，その分がんの発生率も高くなる。

また，NK細胞は，自律神経に影響を受ける。特に，リラックスした時に亢進する副交感神経系が優位になると，NK細胞の破壊能力は高まることが知られている。特に加齢のうえ，悪いストレスによって常に怒っていると，交感神経系が優位となり，コルチゾルが分泌され，NK細胞の機能が弱まる。この時，免疫力が低下し，感染症，ひいてはがんになりやすくなる。

こういった負の連鎖を打破するためには，アンチストレスが重要なカギとなる。非日常生活での活動は特に重要で，非日常の場面でよりリラックスした環境をつくるようにするとよい。その意味でも，入浴やプールでの水中運動は，陸上で暮らしている私たちに異なった環境を与え，副交感神経系が優位になりやすい。また水中運動は心臓のリズムをゆっくりにし，血圧が下がる。

このように，水中で行うリラクセーションはリラックスやアンチストレスという面で有効である。加えてプール環境だけでなく，多様なプログラムで水中運動を行うこともまた，アンチストレスの一助となると考えられる。

◆具体的指導内容

(1) 目的

副交感神経系の促進を促し，心拍数の減少，抗重力筋群の弛緩，呼吸数の低下，血圧の安定を目指す。そして，各筋肉のストレッチングを行い，さらに関節可動域を拡大させ，各部位の深筋層部分を温め，周辺部の血流を促し，弛緩作用を利用してリラクセーションを行う。また，背浮きなどを行うことでリラクセーションをもたらす。

(2) 作用

心拍数の減少，血圧の減少，抗重力筋群の緊張緩和，血行促進，関節可動域の拡大

◆リラクセーションの水中運動プログラム例

①肩・頸部のストレッチング（各10秒）

○手関節柔軟　　○前腕 　　○三角筋 　　○上腕三頭筋

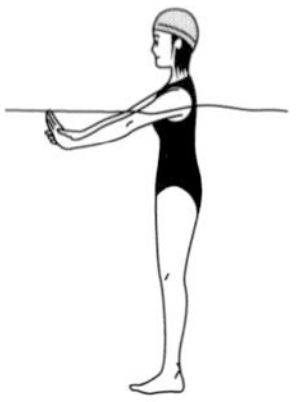

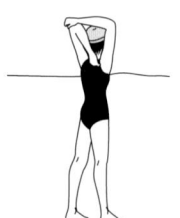

○頸部

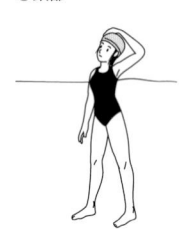

②肩関節の授動運動（関節可動域の拡大を目指す）（各10回）

○肩回旋　　　　　　　　　　○肘屈曲時の水平伸展

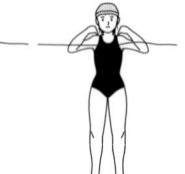

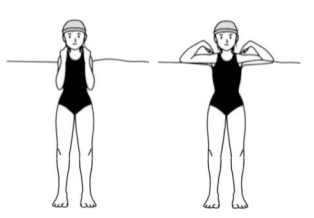

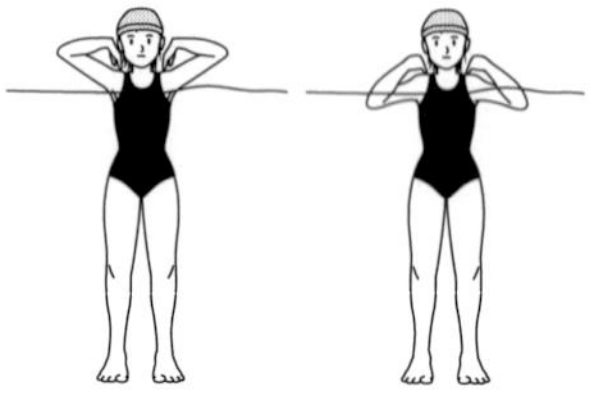

③上肢トレーニング（肩関節の安定を目指す）（10回×2セット）

○肩水平伸展屈曲

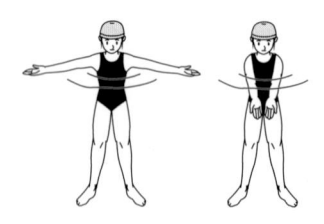

④下肢部のストレッチング（各10秒）

○足関節柔軟　　○大殿筋 　　○中殿筋 　　○アキレス腱

○ハムストリングス 　　○大腿四頭筋

⑤下肢部の授動運動（下肢筋群の弛緩を目指す）（各10回）

○背臥位脚開閉　　　　　　　　　　　　○サイクル

⑥リラクセーション（呼吸を整える）（各10秒）

○肩回旋　　　　　　○肩甲骨周辺　　　　　　○背臥位肩頸周辺

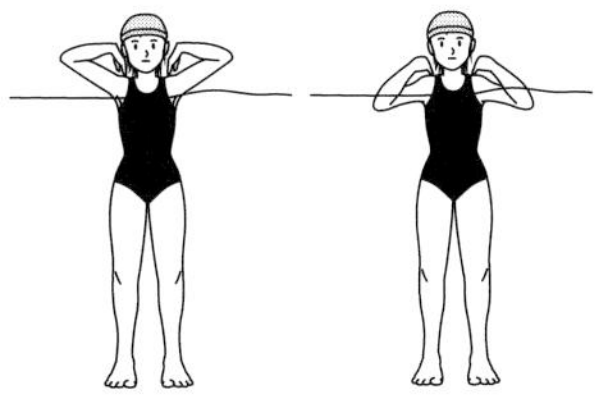

（深呼吸など）

(3) 水中運動プログラム例（p.212）
具体的な作用：リラクセーション
目標負荷：特になし
運動時間：15〜20分

8 股関節痛のための水中運動プログラム

◆水中運動理論

(1) 体重減少と股関節周囲筋群のトレーニング

　直立時の股関節には体重の1/3，また片足起立時では体重の3倍もの力が加わると言われている。また，片足起立時には外転筋群が骨盤を水平に保つ働きをしている。

　股関節の屈曲筋は，腸腰筋・縫工筋・大腿直筋・大腿筋膜張筋などで，大腿部を胸方向に近づける。一方，伸展筋は，大殿筋・ハムストリングスなどがある。また，下肢を外側に移動させる外転筋には，中殿筋・小殿筋・大腿筋膜張筋があり，内側に移動させる内転筋には，大内転筋・長短内転筋・薄筋・恥骨筋などがある。正常な状態で外転：内転の力の関係は1.6：1とされている。

　足を伸ばし爪先を外側に向けるような動きの時に使われる外旋筋には，梨状筋・内外閉鎖筋・双子筋があり，内旋筋には大腿筋膜張筋・小殿筋などがあり，この力の関係は3：1の比率で外旋筋力が勝っていると言われている。

　股関節の老化の影響としては，軟骨の変性，関節包・靱帯の柔軟性減少，筋柔軟性と筋力の低下，骨粗鬆症変化などがあげられる。

　股関節の障害の場合，体重コントロールと筋力をつける運動が重要である。そのため，体重負荷がかからない水中での運動は痛みを伴わずにできる有効な運動の一つである。水中運動プログラムでは，外転筋（大腿筋膜張筋・小殿筋・中殿筋）の強化，内旋筋のうち，弱くなると外旋位をとる大腿筋膜張筋・小殿筋の強化，およびその周囲筋群のストレッチングが股関節可動域の回復と筋力強化のために大切である。

◆具体的指導内容

(1) 目的

　股関節周辺部を中心に関節可動域を拡大させ，各部位の深筋層部分を温め，周辺部の血流を促し弛緩作用を利用してリラクセーションおよび浮力を利用することで軽い負荷でのトレーニングを行う。

(2) 作用

　外転筋である中殿筋・小殿筋・大腿筋膜張筋のトレーニング，股関節の可動域の改善

(3) 水中運動プログラム例（p.215）
具体的な作用：股関節可動域改善・外転筋群強化
目標負荷：HRmax 50％
　（HRmax：最大心拍数（220－年齢）の何％にあたるかを表示）
運動時間：20〜30分

◆股関節部の水中運動プログラム例

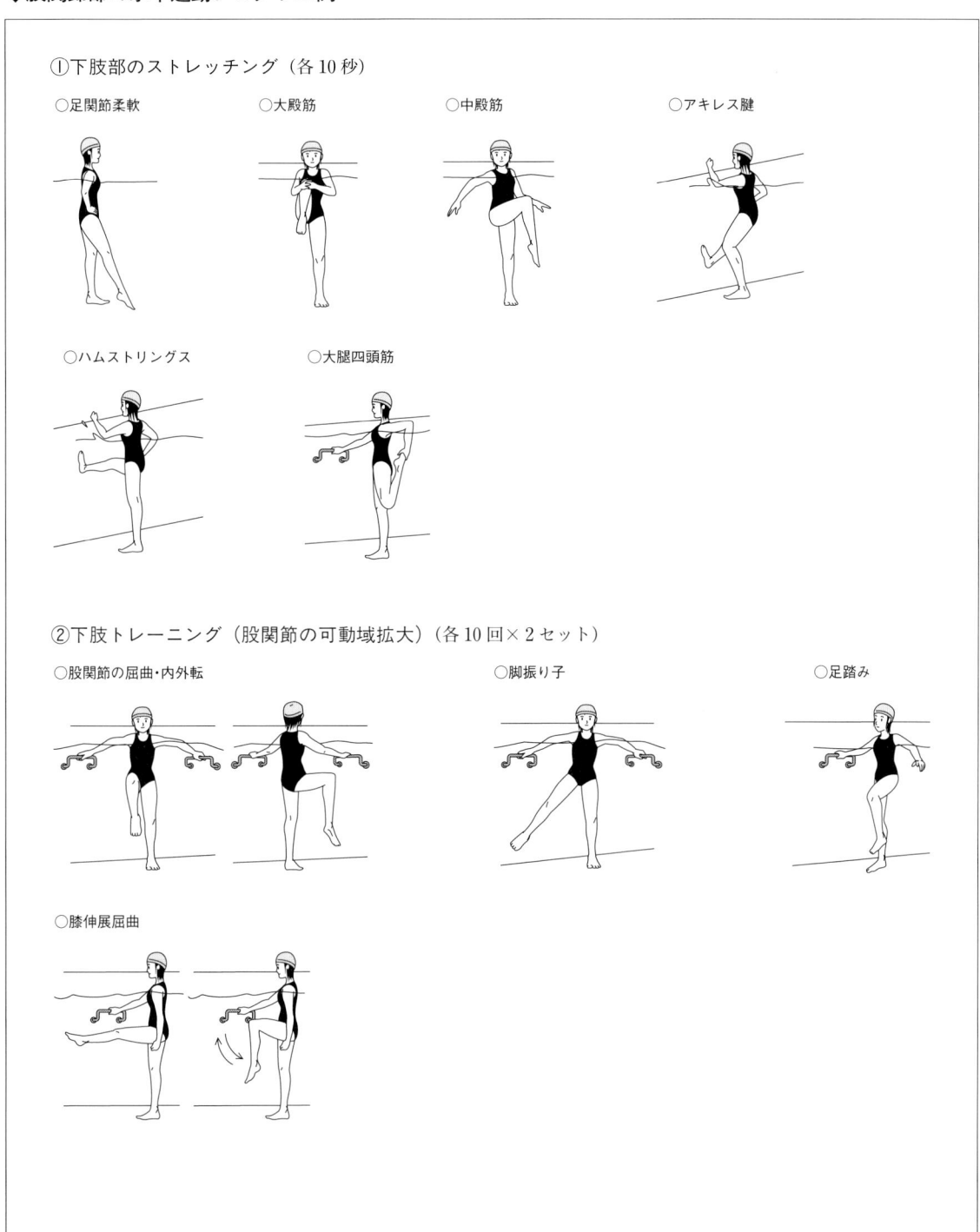

①下肢部のストレッチング（各10秒）

○足関節柔軟　　○大殿筋　　○中殿筋　　○アキレス腱

○ハムストリングス　　○大腿四頭筋

②下肢トレーニング（股関節の可動域拡大）（各10回×2セット）

○股関節の屈曲・内外転　　　　　○脚振り子　　　　○足踏み

○膝伸展屈曲

③股関節・腰の柔軟（左右差のバランス是正）（10回）

○腰回旋

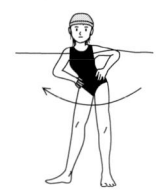

④リラクセーション（呼吸を整える）（10秒）

○足関節柔軟

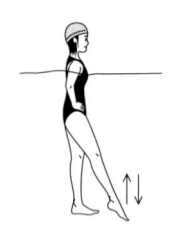

（深呼吸など）

9 高齢者のための水中運動プログラム

◆水中運動理論

(1) 加齢と生活の質(Quality of Life；QOL)

　我が国は世界的にも例をみない少子高齢化の時代にさしかかっている。公衆衛生や医療技術の発展，栄養状態の改善，住環境における設備の拡充など生活環境の充実が平均寿命の飛躍的な延伸につながり，超高齢社会が到来した。平均寿命の延伸とともに，日常生活における身体活動量の減少，慢性疾患患者の増加といった問題も生じ，その結果，高齢者の体力や生活機能が低下してきている。

　かつては長寿イコール健康と言われていたが，最近では長生きをしているものの，活力のない「要介護」や「寝たきり」の状態に甘んじている高齢者の数も著しく増加している。つまり，現代社会において重要視されるべきは，単なる「量的(Quantity)な長寿」ではなく，「質的(Quality)」に良好な人生，つまりQuality of Life の高い人生を長く送ることである。言い換えると，活力寿命（介護を必要をしない期間），健康寿命（基本的な日常生活動作（Activities of Daily Living；ADL）に支障のない期間）の延伸が重要なのである（図39）。

　QOLは，「身体の質的側面」「精神の質的側面」「環境の質的側面」「経済の質的側面」という4つの側面からとらえる（図40）。

(2) 加齢と運動習慣

　加齢によって，身体機能は低下する。各機能とも，50歳代以降から著しく低下すると言われて

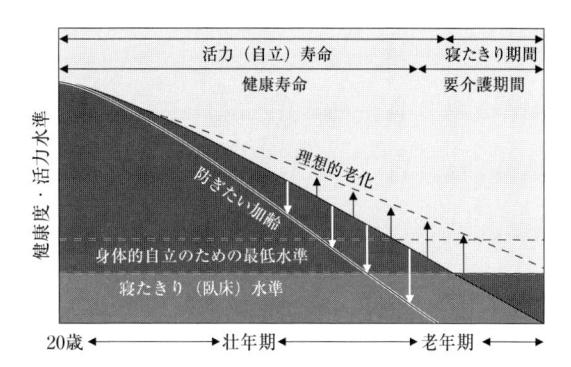

●図39──活力寿命・健康寿命と寝たきり期間・要介護期間に関する概念図（田中ら，2004年）

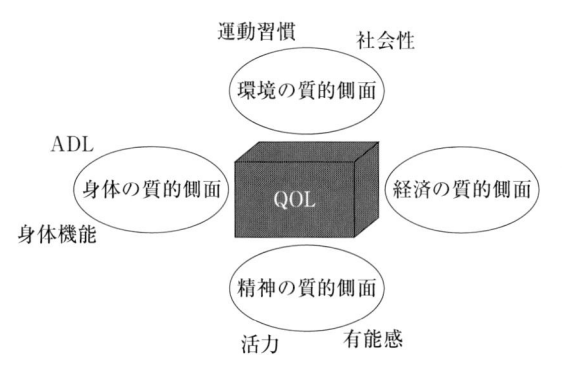

●図40──総合的QOL概念の構造モデル（田中ら，2004年を一部改変）

いる（図41）。さらに，加齢に伴い身体活動量が減少することで，身体機能は衰え，そのためにさらに身体活動量が減少するという悪循環が繰り返され，QOLの低下を引き起こす。

　このような身体機能の低下を遅らせるには，日々の生活の中に「適度な運動」を取り入れることが重要である。内閣府の世論調査によると（2006年調査），1年間に1回以上，運動・スポーツを実施した者は，40歳代で80.5％，50歳代で67.5％，60歳代で75.6％，70歳代で59.7％であり，加齢とともに低下傾向にあるのは明らかであるが，高齢者では習慣的に運動をしている割

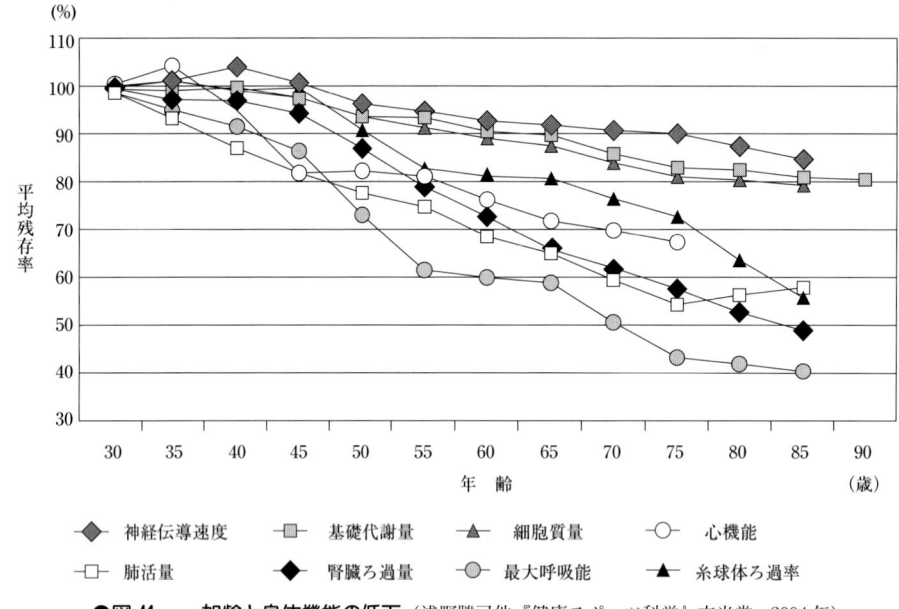

●図41——加齢と身体機能の低下 （浅野勝己他『健康スポーツ科学』文光堂，2004年）

凡例：神経伝導速度／基礎代謝量／細胞質量／心機能／肺活量／腎臓ろ過量／最大呼吸能／糸球体ろ過率

合が比較的高くなっている。そこで，高齢者が運動を習慣化するために必要な基本的考え方について以下に示す。

1 目標設定

運動の確かな効果を引き出すためには，運動することの大切さを個人が認識し，運動の楽しさを感じることが必要である。そのためには運動実践の目標を設定することから始める。しかし，状況は変化するため，一度立てた目標に固執する必要はない。

2 運動の種類

運動の種類は，それぞれにとって，楽しく，快適であると感じられるものを選択する。感じ方には個人差があるため，さまざまな運動を体験し，それぞれに合った運動を見つけられるようにするのが理想である。運動によってその影響もさまざまであるため，食事と同様にいろいろな運動をバランスよく取り入れるようにする。

3 運動の強度

運動強度を強めに設定してしまうと，思うように効果が得られなかったり，けがをしてしまったりと悪い影響が出ることもある。高齢者の運動では，障害が出現しない程度での運動がよく，「少しきついけど続けたい」と感じるレベルから始めるとよい。疲れや痛みが出るような運動では運動を習慣化することは難しい（表23）。

4 運動の時間

運動強度によって変化するが，高強度であれば5～30分，低強度であれば20～120分程度を目安にする。継続性や障害，効果を考慮すると，40～90分程度がよい。

5 運動の回数

一般的に身体機能の改善には，週3～4回の運動が必要とされている。しかし，中には週1回の運動でも生活機能が改善するという研究もあることから，運動開始初期は週1～2回から始め，

● 表23 ── 運動の強度と運動の危険性・効果の関係（田中ら，2005年）

運動強度	自覚的な身体的状態	運動の危険性	運動の効果
20	非常にきつい	危険性：非常に大きい（危険域）	けがの危険性が大きい。
19			
18	かなりきつい		
17		危険性：大きい（注意域）	けがの危険性はやや高まるが，効果は高い。
16			
15	きつい		
14			
13	ややきつい	危険性：小さい（効果域）	けがの危険性が低く，運動の効果も期待できる。
12			
11	楽である		
10		危険性：かなり小さい（安全域）	けがの危険性は非常に低いが，運動の効果は小さい。
9	かなり楽である		
8			
7	非常に楽である		
6			

徐々に増やしていくとよい。

しかし，高齢者の場合，身体面・精神面での個人差が大きく，それぞれに合わせた運動回数を見つけていくことが重要である。

(3) 高齢者における水中運動とQOL

この場合の水中運動とは，浮力や水圧，抵抗などの水の特性を利用して行う運動で，泳ぐだけでなく，水中歩行やストレッチング，アクアダンスなど，水中で身体を動かすことを目的とした運動を指す。現在では，高齢者の健康の維持・増進，生活習慣病予防，介護予防の運動として幅広く実施されている。しかし，高齢者は身体機能の低下に加えて，環境の変化に対する適応が若年者に比べて遅い。したがって，高齢者が水中運動を行う際には，水中運動の特徴を把握したうえで実施する必要がある。高齢者における水中運動の影響には以下のようなものがある。

1 呼吸循環機能

水中環境では，水圧によって胸郭が圧縮され，胸郭の弾性低下，気道狭窄，気道内の気流抵抗増加により，呼吸筋の活動が亢進する。そのような状態で運動を行うことで，呼吸筋を鍛えることができる。また，水圧による静脈還流の増加に加え，運動による筋のミルキングアクションにより，リンパ液の流れを亢進し，リンパ浮腫やむくみの改善が期待できる。一般に不活動による循環不全に陥る高齢者が多く，リンパ浮腫やむくみの改善はQOLを高めるうえで重要な要素である。さらに，呼吸循環器機能の改善は持久力向上にもつながる。

しかし，心肺機能の低下した高齢者（特に心疾患を有した高齢者）では，運動をすることによって呼吸不全に陥る可能性や負荷の増加による心筋への負担も大きく，心筋梗塞に陥る危険性もあるため，心疾患のある高齢者は医師に相談したうえで水中運動を実施するとよい。

2 疼痛緩和

高齢者の多くは何らかの不調を感じており，一病息災であり，腰痛・膝痛・肩痛など疼痛を有し

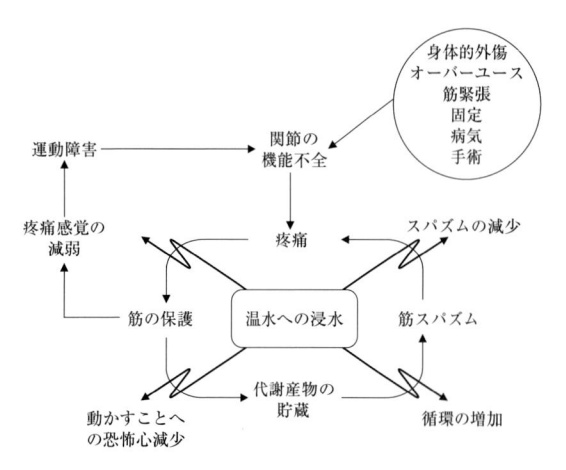

●図42──温熱刺激による痛みの緩和（Batesら，1996年）

ている場合がほとんどである。疼痛が身体活動量の低下を引き起こし、さらに不活動が筋肉、靱帯、腱、関節嚢（関節滑液を含む）における結合組織の変化による可動域の制限ならびに疼痛を引き起こすといった悪循環が生じる。

水中では皮膚に対する圧力刺激、温度刺激によって、痛みに対する感覚入力が妨害され、疼痛を緩和することができる（図42）。

加えて、水中では浮力の影響によって、下肢関節や筋肉に対する荷重が軽減されるため、下肢や腰部における疼痛を緩和することができる。

つまり、水深を変えることによって、下肢関節や筋肉に対して過剰な負荷をかけることなく運動をすることができるため、疼痛を軽減した状態での運動が可能となる。疼痛は日常生活を含む身体活動量に影響を及ぼす主要因の一つであり、痛みを軽減することは、高齢者のADLひいてはQOLを維持・向上するために必要不可欠である。

❸筋力の維持向上

浮力による荷重の減少に加えて、水の抵抗により、転倒に対する恐怖心を低下させることができ、運動中における転倒の危険性を低下させ、転倒しても骨折など急性障害を防止することができる。したがって、加齢によって下肢筋力の低下した高齢者でも安全に運動することが可能であると言える。一方、浮力によって抗重力筋への負荷が減少するため、水中運動は抗重力筋に対する筋力トレーニングには適さないという見解も存在するが、筋力が低下した高齢者では水深を変えたり、浮力体などの器具を使用することによって十分に筋力を向上することができる。

また、水中環境ではどの方向に体を動かす場合でも、筋肉に対して負荷をかけることが可能であり、抵抗は速度の2乗に比例して増加することから、動作の速度を調節することで筋肉にかかる負荷を参加者個人が容易に変化させることができる。

さらに、筋肉の収縮形態が常にアイソキネティック（等速性）であり、筋収縮による血圧の変動も少なく、安全性の面からみても理想的な環境である。

さらに、運動することで作り出された波に対して、全身のバランスをとりながら運動を行うことで、全身の筋肉の協調性を促すことが可能であ

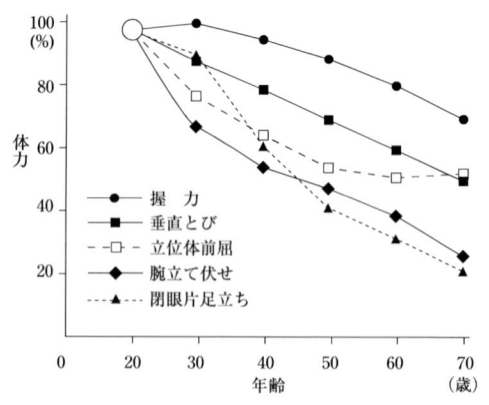

●図43──年齢による体力の衰え（野村武男『水中ウォーキング健康法』講談社，2000年）

る。筋力の低下はさまざまな体力の低下と深い関係にあり，QOLを維持・向上するためにも筋力の維持・向上は必要不可欠である（図43）。

また，高齢者において，骨量の維持は身体活動量と，筋肉によって骨にかかる圧力に大いに左右されると言われており，身体活動量や筋力を維持することは，加齢による骨量低下を防止し，ひいては骨折の危険性を低下させることにつながる。

4 温熱刺激

水中での温熱刺激による影響については，前述した痛みの緩和や皮膚血管の収縮・拡張反応だけでなく，顔面神経，三叉神経への温熱刺激によって副交感神経が亢進することが知られており，リラックス感を向上させ，ストレスを緩和することができる。一方，高齢者では体温調節機能に個人差が大きく，体脂肪量，運動強度，持続時間などにも左右されやすいため，運動することによる熱産生と，水浸することによる熱喪失のバランスをうまく取れるような水温設定をしなければならない。低水温（約23℃）以下の水中での運動はストレスの原因となり，逆に高水温での運動は身体の末梢血管を拡張させ，結果として神経刺激を引き起こすとともに過度な疲労が生じ，心血管系に対する負荷が正常よりも大きくなる。そのため，高齢者にとって最も望ましいプールの水温の範囲は，27℃～30℃付近であると言われている。

以上のように，水中運動は高齢者のQOL維持・向上に対して効果的であると言える。しかし，一方で身体機能の低下が著しい高齢者においては，水中運動による危険性も存在するため，実施の際には細心の注意が必要である。

(4) 水中運動と運動習慣

水中運動では，有酸素運動，筋力トレーニング，バランストレーニング，柔軟性トレーニング，リラクセーションなどさまざまな種類の運動をバランス良く取り入れることができ，個人に合わせた運動プログラムを実施することが可能である。また，負荷設定は，浮力や抵抗を用いているため，運動速度によって自由に変化させることができ，個人やその日の調子に合わせた強度の設定が可能である。さらに，高齢者は社会的役割の喪失や老化に伴い，社会参加から離れていくと言われているが，水中運動は一般的に集団で運動を行うため，社会関係が構築できるといった効果がある。また，少数のインストラクターで多くの参加者を指導できることから，経済的な側面においても有用である。

また，ストレスの解消，自己効力感の向上，抑うつの改善，快感情の増加，活力の増加といった精神的効果があるといわれている（図44）。

水中運動は運動プログラム，運動強度を個々の状態に合わせて実施することができ，身体的な効果だけでなく，精神的・経済的にもポジティブな効果がある。したがって，高齢者の運動習慣構築を助長することが期待でき，高いQOLの維持に有効である。

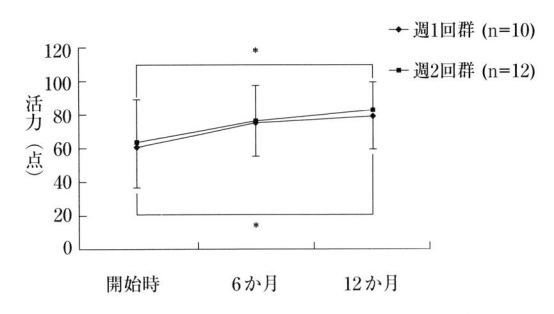

●図44 —— 1年間の水中運動による活力の変化

◆具体的指導内容

　高齢者の中には，さまざまな身体的障害や慢性疾患を有する人も多いので，インストラクターは効果的かつ安全性の高い運動プログラムを提供しなければならない。近年の健康ブームによって運動による健康の保持・増進の重要性が叫ばれているものの，健康のために実施していたジョギング中の心臓麻痺による死亡といった事故が報告されることもある。先述したように，水中運動は高齢者のQOLの維持・向上に対して，有用性とともに危険性も併せ持っていることから，水中運動実施前には必ず医師によるメディカルチェックを受ける必要がある。そこで運動可否を判断するための危険因子を，また，生活習慣病の危険因子を判定することが重要であり，それらの判定結果を運動処方に反映させる。高齢者の多くは，長年の運動不足や生活習慣によって，高血圧，高脂血症（脂質異常症），糖尿病，といった生活習慣病を有している場合が多いため，メディカルチェックなしに，急激に運動を試みることは非常に危険である。

(1) メディカルチェックの目的

　メディカルチェックの目的は運動を前提とした総合的健康診断であり，次の3点が主な目的となる。

①運動からくる事故の予測
　健康状態を検査し，潜在的な危険因子（異常や疾患）を早期発見し，運動の可否や効果を判定，指導する。

②個人の身体的・精神的特性や特徴の把握
　性，年齢，生活習慣に対応した個人の健康状態を診察し，その結果を運動処方に反映する。個人

●表24——運動中の突然死の原因（村山ら，1992）

	0～39歳	40～59歳	60歳以上	全体
虚血性心疾患	20	61	58	139
その他の心疾患	37	3	4	44
大動脈瘤破裂	1	2	6	9
脳血管系疾患	15	21	15	51
呼吸器疾患	5	1	1	7
急性心不全	193	78	62	333
不詳	5	0	0	8
その他	25	0	1	26
急性心機能不全	31	0	0	31
合　計	332	166	147	645

に最も適した運動プログラムを作成する。

③骨・関節・筋・腱などの運動器がスポーツ活動などを行ううえで，十分な機能を発揮しうるか
　これを静的・動的に診断し，障害の予防につなげる。

(2) 運動中の突然死

　運動中の突然死は頻繁に発生するものではないが，高齢者のQOL維持・向上を導くインストラクターにとっては大きな問題であり，未然に防ぐ可能性について探索すべきである。突然死の原因の多くは心疾患であり，高齢者のみならず，どの年代においても突然死の原因の第一位に位置する（表24）。

　水泳中の突然死もランニング，ゴルフに次いで多く，運動中の突然死の全体の約10～15％に及ぶ。

(3) メディカルチェックから水中運動までの流れ

　メディカルチェックでは，最初に問診によって健康状態や運動歴，既往歴などを調査し，運動危険度を評価する。心疾患は遺伝的要因が強いため，家族の死因などを調べることも重要である。

● 表25 —— PAR-Q による問診 (Thomas ら, 1992)

PAR-Q は自己診断のためのものです．規則正しい運動は健康促進に役立ちます．あなたが生活の中で運動量を増やそうと思う場合，PAR-Q に答えるのが賢明な第一歩です． 運動によって障害を起こしては大変です．PAR-Q は運動を行ってはいけない人や，自分に適した運動の種類について，医師よりアドバイスが必要な人をみつけるためのものです． 下の文章をよく読んで質問に答え，当てはまる方に（✓）をして下さい．

はい　いいえ
□　□　1　今まで，心臓に問題があるから，医師に許可された身体活動だけを行うように医師から言われたことはありますか？
□　□　2　身体活動を行うと胸に痛みを感じますか？
□　□　3　過去1ヵ月の間に，身体活動中以外に胸痛がありましたか？
□　□　4　めまいのためにふらついたり，または意識を失うことはありますか？
□　□　5　身体活動を変化させることで悪化する可能性のある骨や関節の問題がありますか？
□　□　6　現在，医師から血圧や心臓の薬（たとえば利尿薬）を処方されていますか？
□　□　7　上記の質問以外に，身体活動を行えない理由がありますか？

1つ以上「はい」があった場合	すべて「いいえ」の場合
もし，最近医師に相談していなければ上記の質問の「はい」の項目について医師と相談してください．	徐々に強度を増すプログラムに参加し，体力検査を受けてください．
⇩	延期する　⇩
医学的検査の後で，運動の行い方について医師と相談してください．	感冒など，一時的な状態になった場合

既往歴や心臓病の自覚症状，骨・関節障害についての問診表などが使用されている（表25）．

問診によって特に確認を必要とする項目は以下のとおりである．

①家族歴

両親・兄弟姉妹・祖父母，あるいは両親の兄弟姉妹などの範囲の特異体質，疾病状況，死亡状況．

②既往歴

本人の出生時の状況，幼児期の発育状況，既往疾患など（心臓病，脳血管疾患，腎臓病，糖尿病）．

③生活歴

過去および現在の生活上の行動パターン（喫煙，食習慣，心理的ストレスの状態など）．

④運動歴および身体の活動状態

過去における運動歴，その活動レベル，最近の運動実施状況，さらに，運動以外のその人の日常生活における活動レベル．

特に，次の項目に当てはまる人は要注意である．

・高血圧：収縮期160 mmHg，拡張期100 mmHg 以上
・高血糖：空腹時血糖110 mg/dℓ
・腎臓病
・過度のストレス
・過度の肥満：BMI 26.5以上
・心臓病，脳血管疾患の既往歴

問診および血圧チェックにおいて問題がなかった場合，体力測定を行い，個々の体力レベルに応

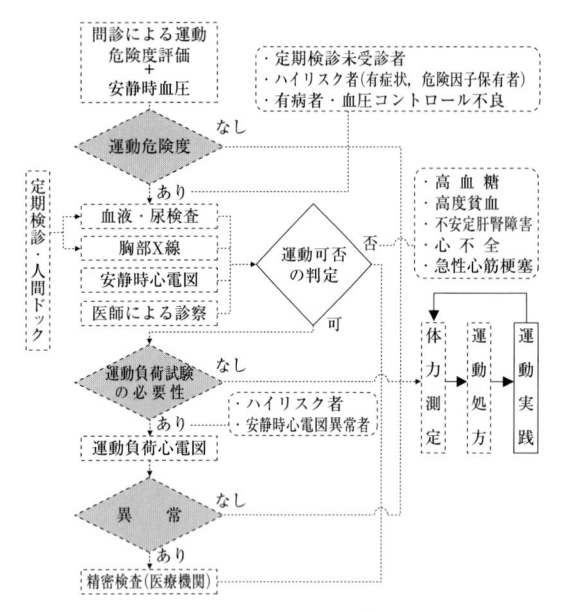

●図45──メディカルチェックの内容判断基準（川久保，1994年を改変）

じた水中運動プログラムを開始する（図45）。

（4）アクアサーキット

　アクアサーキットとは，水中運動・スーパーチャージャー・ミストサウナ・手足浴（入浴）を1つのプログラムとしてとらえ，水中運動等のアクティブヘルスとミストサウナ等のパッシブヘルスを加えることで，水の利点を最大限に利用するプログラムである（図46）。高齢者は，身体的・精神的な衰えがあるため，運動などのアクティブな要素だけでなく，パッシブヘルスを取り入れるこ

とで，より安全かつ効果的な水中運動プログラムが提供できる。
　水中運動プログラムの基本的な構成は以下の通りである。

❶バイタルチェック・カウンセリング

　運動前にも必ずバイタルサインを確認する（血圧，体温，脈拍，呼吸，意識）。カウンセリングを実施し，その日の体調を確認する。高齢者の場合，体調の変化が著しいため，少しでも変調をきたしている場合は運動を中止することも必要である。インストラクター，参加者ともに，『止める勇気』を持つことが重要である。

❷陸上での準備運動（場合によっては筋力トレーニングも含む）

　立位または椅子に座った状態でストレッチングを行う。ストレッチングの目的は硬くなっている筋肉を引き伸ばし，日ごろ使わない関節を柔軟にすることであり，水に入る前のウォーミングアップをする。インストラクターは，この時に参加者の関節可動域や体調などの状態を把握し，気になるところがあれば，声をかけることも必要である。

①肩回し

　手を肩の上に置き，肘をできるだけ大きく回す。

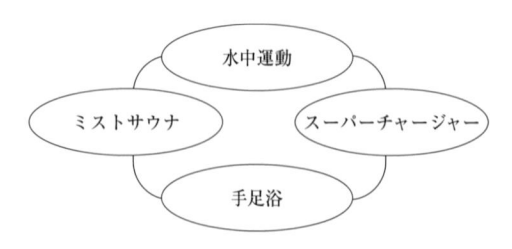

●図46──アクアサーキット構成図（野村）

②ボクシング
　肩から動かすようにしていろいろな方向にパンチする。

③腰伸ばし
　手を前に出して，つま先に向けて体を倒す。

3 水中ウォーキング
　水中をさまざまなバリエーションを通して歩く。関節の柔軟性を高め，有酸素的な運動としても利用できる。介護の必要な高齢者にとっては移動動作訓練になる。これが水中運動の中心となる。

①普通歩行
　踵からつくことを意識する。ウォーミングアップや初心者に対しての導入部分に利用する。

②膝上げ歩行
　膝を高く上げて歩行する。
　大腿四頭筋・腸腰筋を鍛えることができ，躓（つまず）き防止にもつながる。

③横歩行
　体を横に向けて歩行する。
　股関節をしっかり開く。

4 水中ストレッチング
　不活動によって拘縮し，可動域の制限されてしまっている筋肉・関節・腱をストレッチする。柔軟性の向上が主目的となる。

①大腿四頭筋ストレッチング
　手で足の甲を持ち，お尻の方へ引いてくる。

②肩ストレッチング
　少し高いプールサイドを持ち，ゆっくりと肩まで沈む。肩の可動域を拡大する。

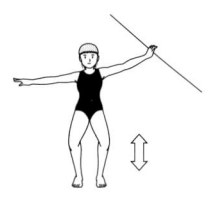

③ハムストリングスストレッチング
　プールサイドにつかまり，片足をプールの壁につけ，少しずつ膝を伸ばしていく。

5 水中筋力トレーニング
　下肢の筋力，体幹の筋力を鍛えることで筋バランスの改善や筋力強化を目的とする。
① 足あげ（前）
　片足を前にあげる。
　大腿四頭筋を中心に大腿部を鍛えることができる。

② 足あげ（後）
　片足を後ろにあげる。
　ハムストリングス・殿筋を中心に大腿部を鍛えることができる。

③ スクワット
　椅子に座るように腰を落とす。踵(かかと)に重心を置くようにする。
　ハムストリングス・殿筋・大腿四頭筋を鍛えることができる。

6 有酸素的な運動
　強度の低いアクアダンスや水泳の経験者であれば水泳を取り入れ，呼吸筋の強化，肥満・糖尿病に対してのエネルギー消費量増加を狙う。
① バタ足
　台などに座ってバタ足を行う。大腿四頭筋・ハムストリングス腸腰筋を鍛えることができるうえ，有酸素運動にもなる。

② 自転車漕ぎ
　台に座り，自転車漕ぎを行う。実際に自転車を漕ぐようにしっかりと膝を曲げ伸ばしする。

③アクアダンス

たとえば「川の流れのように」「つぐない」など参加者が誰でも知っている音楽に合わせて，ゆっくりとした動きで踊る。一体感が生まれ，仲間づくりにも有効である。

7 ADLエクササイズ（ADL exercise）

要支援・要介護認定者や特定高齢者においては，移乗動作（椅子やベッドからの立ち上がりなど）や起居動作（臥位からの起き上がりなど），移動動作（歩行や階段昇降）といった日常生活動作（総称して起居移乗・移動動作）の能力が低下しており，日常生活における起居移乗・移動動作の向上を目的に，水中で実際に起居移乗・移動動作を行う。

①階段動作

台に対して前向きに上がり，前向きに下りる。片足を台の上に乗せ，体を前に倒しながら体重を斜め前方に移動させながら昇り，降りる時は残った膝を屈曲させながら着地する。降りる時は少し体を斜めにすると降りやすい。ただし，初心者・関節症患者には難しい。

②移乗動作

台に座ったり立ったりする。座る時も，立つ時も前傾姿勢で行い，重心を少しずつ移動させながら上下の動きを行う。

③起居動作

台の上に寝転がり，腹筋を使い起き上がる。また，同じように横になる。

腹筋とともに腕をうまく使って起居する。

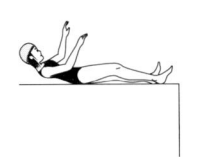

8 水中リラクセーション

運動を行った後の緊張した全身をほぐし，リラックスの効果を高める。水の浮力を利用して浮くことで全身の筋肉の緊張を取ると同時に，精神的にもリラックスさせる。通常は，背浮きやコースロープを使っての背浮きを行う。水に慣れてきたら浮力体を用いたり2人組で実施する。

①背浮き

相手の肩に頭を乗せ，左右に軽く振りながらゆっくりと引っ張っていく。水に慣れてくると浮力体を使用して一人で行ってもよい。

②浮き身

プールサイドに頭を乗せて，手もプールサイドを軽くつかむ。相手が足を持ち左右・上下・8の字にゆっくりと揺らす。

高齢者を対象とするプログラムは，さまざまな制限があって実施が難しいが，インストラクターや参加者の人数，症状，体力レベルに合わせて現場で可能なプログラムを組むことが必要である。

(5) 高齢者の水中運動指導の注意点

❶ 指導者と支援者

"指導"とは目標を達成するために教え導くことであり，"支援"とは目標達成のために力添えをすることである。運動を指導する者は"指導者"でもあり，"支援者"でもある必要がある。安全を確保するために適切な運動方法や運動プログラムの提供など指導的要素を強く出す場合と，仲間づくりなど運動をしやすい環境の提供や運動に関する適切なアドバイスを与えるなどの支援的要素を強く出す場合がある。

高齢者は人生の先輩であり，生活の工夫，人との付き合い方などさまざまな知識を有しているので，尊敬の念を持って接する。また，配偶者や友人などの死，本人の病気などから，「朝，目を覚ますことに喜びを感じる」といった高齢者も少なくない。場合によっては一人暮らしの高齢者にとって，水中運動教室は唯一の人との交流の場であるかもしれない。したがって，時には運動に関する幅広い知識を教え，時には運動や毎日の生活について一緒に考え，話し合うことが望まれる。高齢者を指導する時は，運動だけではなく生活面に至るまでの"支援者"であることが必要である。

❷ 言葉使い，声の大きさ，声の掛け方

高齢者への指導においては，高齢者の理解を得られるようなわかりやすい説明が基本である。視覚と聴覚の両方から取り入れられるよう，実演や絵を使った説明が有効である。参加者の中には視力・聴力が低下している人もいるため，インストラクターは大きな声で，滑舌よく，ゆっくりとした話し方を心がける。

❸ 入水，出水

入水時，出水時には温度の変化により，血圧の変動が大きくなる。高齢者は動脈硬化が進んでおり，その変動は若年者に比べて大きくなる。したがって，入水，出水時には細心の注意を払い，ゆっくりとしたペースで余裕をもって行うようにする。

❹ 緊急時の対応

加齢によって身体の適応が遅く，感覚が鈍くなっているため寒さや暑さなどの環境の変化による変調に気づかないことがある。そのため，インストラクターは注意深く参加者の状態を観察しながら，水中運動を実施する必要がある。また，万が一状態が悪化し，急性疾患などが起きた場合に備えて，医師とのコミュニケーションを密にとるようにする。

■参考文献

1) Andrea Bates, Norm Hanson Aquatic Exercise Therapy W. B. Saunders Company, N A P Limited, 1992.
2) 野村武男「水中ウォーキング健康法」講談社，2000年．
3) 田中喜代次，中村容一，坂井智明「ヒトの総合的QOLを良好に維持するための体育科学・スポーツ医学の役割」『体育学研究』49；2004年．
4) 田中喜代次，藪下典子「高齢者のための運動処方・運動指導の基本的考え方」『臨床スポーツ医学』22；2005年．
5) 太田寿城，川久保清『運動中の事故と安全対策』文光堂，1993年．
6) 村山正博，太田壽城，豊嶋英明『運動事故の発生要因および運動の指導方法に関する研究報告書』1992年．
7) Thomas S Revision of the Physical Activity Readiness Questionnaire (PAR-Q), Can J Sport Sci, 17：338-345；1992.

10 障害者のための水中運動プログラム

◆水中運動理論

(1) 障害者とスポーツ

最初に「パラリンピック」という言葉が使われたのは，1964（昭和39）年東京で開催された「第13回国際ストークマンデビル競技大会」（車椅子使用者のみの大会）である。これは，Paraplegia（パラプレジア：対麻痺者）とOlympic（オリンピック）を合わせて作られたネーミングであった。その後は，国際身体障害者オリンピアードなどと呼ばれてきたが，1988（昭和63）年のソウル大会でソウルパラリンピック大会と再びネーミングされた。このソウル大会で用いられている「パラリンピック」という言葉の意味は，Para（パラ）を「もう一つの（Parallel）」という意味にとり，オリンピックという言葉と合成したものである。この大会以降，正式に「パラリンピック」と称されるようになった。そして，現在では，五輪開催都市にパラリンピックの開催も義務づけられている。また，2008年の北京大会からの，IOCと国際パラリンピック委員会（IPC）との協力関係を定めた合意書が調印された。パラリンピックアテネ大会では，136の国と地域から3,806名の選手と約2,200名の役員が参加している。競技数は少ないものの，障害クラスが細分化されているため，金メダル数は，五輪の300個を超えて約520個ある。

(2) 水の中では障害はない

障害（障碍，障がいとも）の部位やその程度によってできる運動などは異なるので，一概に障害者をひとくくりにはできない。たとえば，片手の肘から先を切断した人でもきれいにクロールを泳いでいる人もいる。

障害者を対象とした水中運動で，留意すべき点は，障害者の自立性，自主性を生かすということである。通常，障害者はいろいろな器具に頼り，人に頼っている場面が多い。しかし水中では行動の自由度が上がり，自分自身の力で自由に動くことが可能になる。そのメリットを最大限に生かすことが必要である。

(3) 障害者の水泳

1949年に，ハロウィック女子養護学校で働いていたジェームズ・マクミランによって，すべての障害をもつ子どもともたない子どもが一緒に楽しめる方法として，「ハロウィック泳法」が考案された。この泳法は，ヨットが水の中で倒れても再び起きあがる原理をヒントに応用してつくられている。

四肢麻痺の子どもは，どうしても運動不足になりがちであるが，プールではその能力に応じて自由に体を動かすことができる。四肢切断の場合でも，水より重い筋肉や骨がなく，肺には空気が入っているので体は水に浮く。そのため，水の中で自由に動き回ることができ，水を楽しんでいる。

ハロウィック泳法は，首の動きによって体の向きを変えることが基本である。また，ドイツなどで行われている医療的な水中運動でも，体のコアな部分のトレーニングを行う時には，首の動きが大切なポイントになっている。首から頸椎にかけてのラインを軸とし，肺の中の空気を浮き袋にすることで，障害をもっていても，水の中を自由に楽しむことができる。

また，片足を切断している例では，通常反対側

●表26──視覚障害程度の等級

1級	・両眼の視力の和が 0.01 以下のもの　身辺の日常生活活動が極度に制限される
2級	・両眼の視力の和が 0.02 以上，0.04 以下のもの
3級	・両眼の視力の和が 0.05 以上，0.08 以下のもの 家庭内の日常生活活動は，独力で最低限のものを行うことができる
4級	・両眼の視力の和が 0.09 以上，0.12 以下のもの ・両眼の視野がそれぞれ 5 度以内のもの
5級	・両眼の視力の和が 0.13 以上，0.2 以下のもの ・両眼の視野がそれぞれ 10 度以内のもの ・両眼による視野の 1/2 以上が欠けているもの 社会生活活動には相当の制限を受けるが，それほど著しい制限ではない
6級	・1 眼の視力が 0.02 以下，他眼の視力が 0.6 以下のもので，両眼の視力の和が 0.2 を超えるもの

●表27──聴覚障害の等級

2級	・両耳の聴力が 100 db 以上なら，なんとか感じる
3級	・両耳の聴力が 90 db 以上なら，なんとか感じる
4級	・両耳の聴力が 80 db 以上なら，なんとか感じる ・最良語音明瞭度が 50 % 以下，大声が，どうにか聞き取れる
6級	・両耳の聴力が 80 db 以上 ・片耳が 90 db 以上で，他耳が 50 db 以上

の片足に負荷がかかっていることから，水中ではその部分のリラクセーションや筋の緊張を軽減することも可能である。

(4) 視覚障害

2005（平成17）年度の「障害者白書」によれば，在宅の視覚障害者・児数は約30万6千人である。また，色覚障害（色盲・色弱）も視覚障害の一つであるが，遺伝的に男性に多く見られ，黄色人種は男性の5％，（白人は8％，黒人は1％）と言われている。日本人男性人口の5％というと約256万人にあたる。

身体障害者福祉法では，視力の良い方が0.6以下，悪い方が0.02以下，あるいは両方の視力の和が0.2以下，あるいは視野が正常の2分の1以下の者を「視覚障害者」（身障者手帳の交付対象）としている。1級から6級まであり，実際には全盲の人は少なく，ある程度の視力のある人（弱視）の方が多い（表26）。また60歳以上が全体の67％を占めるように，加齢による影響も大きく，実際の人数は100万人以上ともいわれている。

視覚障害者の指導にあたっては，水泳などのフォームの指導を行う際には，見本の形を手で触って確認してもらったり，ターン時にタッピングをしてターンのタイミングを教えたりする。

(5) 聴覚障害

聴覚障害とは，全く聞こえないかまたは難聴などにより音声による情報入手が困難なことを言う。

2005（平成17）年度版の「障害者白書」では，在宅の聴覚障害者・児数は約32万人である。高齢や病気等で聴力が落ちている人の数を含めると実数は600万人とも言われている。

医学的には，補聴器を使用すると聴力を回復しやすい外耳～内耳までに起こる「伝音難聴」と，補聴器を使用しても聴力効果のあがらない内耳～神経にいたる器官で起こる「感音難聴」に区別される。

聴覚障害者には，聴力に障害があっても発声には問題のない人と，言語障害を併せ持つ人がいる。「聞こえの程度」を表す単位はデシベル(dB)で，健聴者が聞き取れる最も小さな音の平

均が 0 dB，普通の会話の大きさは 70 dB ぐらいと言われている（表27）。

水泳・水中運動そのものについては，水中では会話をしないので，聴覚障害者にとってもハンディとなりにくい。しかし，指導に際しては，口頭や音楽による指示が伝わりにくいので，特別の配慮が必要である。たとえば，指導する時は，口の形を見えやすくしたり，簡単な手話を併用する。場合によっては手話での通訳も必要になることもある。また，開始などの際には肩を軽くたたいたり，手を振り下ろしたりして合図する。

(6) 肢体不自由者

身体障害者の中で，下肢もしくは上肢，または体幹に障害を持つ人を「肢体不自由者」と言う。

2005（平成17）年度版「障害者白書」によれば，在宅の肢体不自由者・児数は約180万人である。高齢や事故・病気などで，一時的に肢体不自由な状態にある人の数を含めると実際にはもっと多いと考えられる。

障害の原因は，先天的なものや，交通事故・労働災害・スポーツ事故などによるものなどさまざまである。疾患としては，脳血管障害，骨関節疾患，脊髄損傷，リウマチ疾患，脳性麻痺，脊髄性小児麻痺などが原因となる。

◆具体的指導内容

(1) 目的

水中運動をスポーツとして実施する場合，リラクセーションとして実施する場合などさまざまな目的が考えられる。特に，陸上では制限されている部分をのびのびと使ってもらい，ストレスを発散したり，さらなる機能の向上を目指す。

(2) 作用

ストレス解消，抗重力筋群の弛緩，リラクセーション，有酸素性運動，関節の可動域改善

(3) 水中運動プログラム例 (p.232)

具体的な作用：抗重力筋群の弛緩，リラクセーション，有酸素性運動，関節の可動域改善

目標負荷：HRmax 50〜65 %
　（HRmax：最大心拍数（220−年齢）の何％にあたるか）

運動時間：目的による

◆障害者の水中運動プログラム例

①肩・頸部のストレッチング（各10秒）

○手関節柔軟　　　　○前腕　　　　○三角筋

②肩関節の授動運動（関節可動域の拡大を目指す）（各10回）

○肩回旋　　　　○肘屈曲時の水平伸展　　　　○肘関節回旋

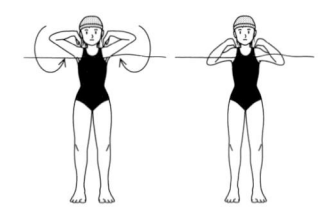

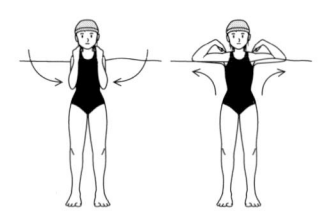

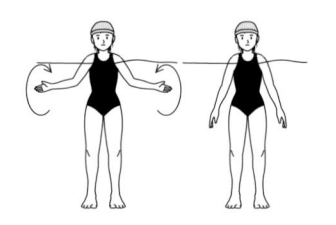

③上肢トレーニング（糖の燃焼を目的）（10回×3セット）

○膝伸展・屈曲＋腕

④下肢トレーニング（水圧を利用したマッサージ効果を目指す）（各10回×3セット）

○脚振り子　　　　　　　　○スクワット　　　　　　　　○フロントキック

○サイドキック　　　　　　　　　　　○ステッピング

⑤股関節・腰の柔軟（左右差のバランス是正）（各10回）

○腰回旋　　　　　　　　　　　　　　○股関節周辺筋の弛緩

⑥リラクセーション（呼吸を整える）（各10秒）

○肩回旋　　　　　　　　　○肩甲骨周辺　　　　　　　　○背臥位肩頸周辺

（深呼吸など）

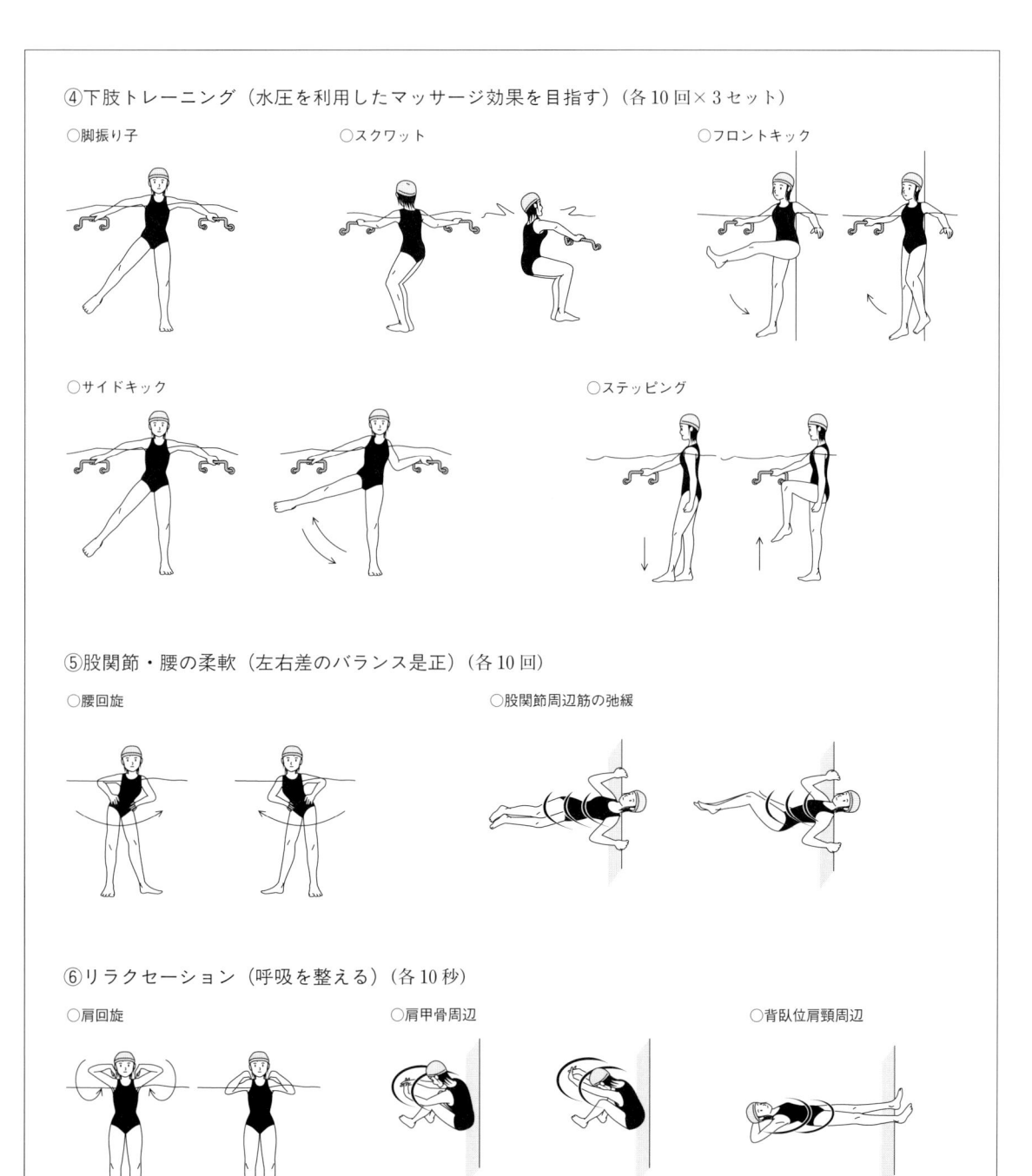

4 水中運動補助器具とその使用法

アクアフィットネスのプログラムでは，水中運動補助器具を利用することがある。その場合には，プログラムの内容や運動の目的・強度，あるいはプール環境に応じて，適切に選択し，正しく効果的に使用するようにする。補助器具を用いるのには以下のようなメリットがある。

①プラスイフェクト（運動効果を高める）
・器具を使用しない場合よりも水の抵抗が増加する（面積的・体積的に）。
・抵抗が増加することなどにより，水をキャッチする感覚や力の入れ具合などを意識しやすいので，効果が出やすい。

②サポート＆アシスト（運動を支持・補助する）
・長い時間浮かぶといった，比較的難しい姿勢の維持を可能にする。
・水深に対して身長が低いなどの理由から思うように動けない場合などに，バランスサポート（支持）の役割を果たす。
・全身または部位を持ち上げるアシスト（補助）となる。

③バラエティー（運動の幅を広げる）
・プログラムや動作にバリエーションが増える。
・プレイ（遊び）の要素が加わり，楽しさも増す。
・本格的にスポーツトレーニングとして取り組みたい人から，歩くのが困難なレベルの人まで，人によってさまざまであるレベルを，用具によって補助することも可能である。

1 浮力を利用した補助器具

浮力を利用した補助器具は，主に水に浮かぶために用いる。そのため，水より比重が小さく，柔らかな素材で作られたものが多い。実際には，スポンジ状やプラスチックなどの材質を用いた軽量で空洞化された形状のものがよく用いられている。また，空気を入れて膨らませて使うビニール素材のものもある。これらは反対に，浮力を運動抵抗として利用する場合には『抵抗具』として使用できる。一般的に筋肉量の多い人が浮かぶためには，より浮力の大きなものが必要となる。

浮力を利用した補助器具の形状・タイプには，①手足に装着するもの，②手足や胴体を乗せたり，もたれかかったりするもの，③身体に巻きつけるものなどがあり，代表的なものとして次のようなものがある。

- キック板
- バランスボード
- フロートリング
- フローター
- ウォーターベスト
- アームヘルパー
- フロートベルト
- フットヘルパー
- ヌードル（うきうき棒）
- 浮き島
- ネックヘルパー　など

2 抵抗を利用した補助器具

　抵抗を利用した補助器具は，主に水中や水面で動かすことで，水の抵抗をより増大させるために使う。水中でのハードな使用に耐えられるように比較的硬めでしっかりしたプラスチック素材のものが多く，また用具の体積が大きいほど運動強度が増すため，容量が大きめで，比重が水とほぼ同程度のものがよく用いられている。代表的なものとして次のようなものがある。

- 手足に装着するフィンタイプ
- 手足に装着するプロペラタイプ
- 手に装着するグローブタイプ（図47）
- 大きな容積のボックスタイプ
- 足に装着するブーツタイプ
- 容器の中に水などを入れて使用するボトルやダンベルタイプ　など

3 水圧を利用した補助器具

　水圧には，静水圧と動水圧（水流）がある。このうちの動水圧を利用したものに，プールの片隅に設置して水流を発生させることができるマシンや，流水プールなどの器具・設備がある。これらを用いることで，水流に逆らって行うエクササイズ，水流に沿って行うエクササイズや水流の中でのバランス系のエクササイズなどがプログラムできる。さらに流水には，ストレッチング，マッサージ，リラクセーションといった効果の増大も見込めるため，さまざまな目的に利用可能である。

4 保温を目的とした補助器具

　通常のプールでは，水温が体温より低く設定されている。そのため，どんなにしっかりと運動したとしても，そのうちに必ず体が冷えてくる。冷えは血圧の上昇などの循環器や内臓への悪影響・関節や筋の収縮や痛み・心理的な不快感などの弊害をもたらすため，あらかじめなんらかの対策を講じる必要がある。たとえば，アパレル的な面ではアクアフィットネス専用の保温スーツやシャツ，ジャケット，パンツ，サポーターなどが売り出されている。これらは一般の水着と比べて，着脱法や値段（コスト）の面で多少デメリット（着脱しにくい，割高であるなど）はあるが，心地よく水中で運動するために，こういったウェア類の使用も考えられる。

5 その他の補助器具

　特殊・特別なプログラムの場合は，そのプログラムのための専用の用具を用いることが多い。たとえば，水中でゴルフのスイングのトレーニングを行う場合には，「ゴルフクラブ」を用意する。その他の例を次にあげる。

●図47－アクアグローブ

- アクア・ステッププログラムのためのステップ台
- ハイドロトーンプログラムのためのハイドロベル＆ブーツなど

このほか，伸縮させて抵抗を得るチューブ＆バンド・布製のタオルなどがある。

その他，アクアフィットネスやアクアダンスを行う際に是非使用を検討したいのが『アクアシューズ』である。アクアシューズには，スリッポン形状のデッキシューズタイプと，靴ひもを結ぶスニーカータイプがある。プール底面の形状やプログラムの内容・強度に合わせて，どのタイプにするかを選択するとよい。

いずれにせよ，アクアシューズは安全に運動を行ううえで是非使用を検討したい。なぜなら，アクアフィットネスを行う際には足の裏や足の指のすり傷，足の突き指といったけがが多くみられるが，アクアシューズはこれらの事故の防止にも役立つからである。

また，アクアダンスのインストラクターにとっては，スニーカータイプのシューズを履くことによって，ハイインパクトのデモンストレーションから足腰を保護できるメリットもあるので，積極的に使用を検討するとよい。

プールサイドが滑りやすい場合は，シートやマットを敷くなどの工夫も考えられる。

シューズを履くメリットは安全面だけではない。プールの底面が滑りやすい形状の場合は，素足ではなかなかうまく動くことができず，十分な運動効果を得られない場合もありうるが，これらの問題も解決することができる。

6 使用上の注意点

①使用の前後の充分なストレッチング・使用前の念入りなウォーミングアップを行う

- 浮力抵抗を利用した用具を用いて運動すると，必要以上に大きく動き過ぎてしまうケースが多いので注意する。また筋肉がしっかりと温まらないうちにハードな動きをしないようにする。

②徐々に負荷や強度を増やしていく

- 最初からパワフルに動いたり，スピードをつけて動かしたりしない。最初の段階では負荷や強度が小さめな用具から使い始めるようにする。

③正しい動かし方をする

- やみくもに力を入れて動かしたり，反対に水の流れにまかせて手を抜いた動きをしたりすると効果は減少する。また関節をロックしたままの動きは危険である。

④運動効果を生む最大のポイントは姿勢＆アライメントである

- どのような用具をどのように使おうとも，姿勢や骨格の位置バランス（アライメント）が正しくなければ効果は出てこない。それどころかえって危険である。

⑤水の特性を生かした使い方をする

- たとえば，水の特性を生かしながら使用することで，拮抗する筋同士を一つの動作でトレーニングするといった工夫が可能である。このような水中特有の動かし方を熟知し，有効に利用する。

⑥取り扱いや手入れに気を配る

- たとえば，フローティングの際にフロートベルトのフックがしっかり止まっていないと大変危険な状況になりうる。また，塩素による用具類

の劣化は一般に考えるよりも早いので，そのことで思いもよらない事故もまねくことにもなりかねない。常に用具の状態のチェックを行うようにする。

7 器具の種類と使用法の例

表28に，比較的手に入れやすい器具と，その使用法をあげたので参考にされたい。

●表28――アクアフィットネスで用いる用具

用　具	特　徴	使い方の例
キック板	・どのプールにも備わっている ・参加者の人数分をそろえやすい ・カットしていろいろな大きさにできる （大きいままでは抵抗が強すぎる）	・立てた状態でプッシュ＆プル ・沈めたり持ち上げたりする ・脚にはさんで歩く ・腰掛けてバランスを取る ・またぐ，飛び越える ・頭にのせてバランスを取る
ヌードル （うきうき棒）	・丸めるなど形を変えることが可能 ・カットしていろいろな大きさにできる ・フロート時に両手を離して動ける ・遊び感覚で多目的に使える	・つかまったり，脚をかけたりして浮かぶ ・ブランコ状態でバランスを保つ ・沈めたりゆらしたりする
グローブ	・コンパクトで持ち運びに便利 ・ぶつかっても安全 ・トレーニングだけでなくバランスを取るためにも有効 ・運動強度に変化をつけやすい	・スカーリングでバランスを保つ ・指の開きや手のひらの角度を変えて動かす
ヘルパー	・個数で負荷の変化をつけられる ・どのプールにも比較的備わっている	・沈めたり押したりする ・脚の下をくぐらせる ・ボールがわりに使う
ボール	・比較的安価で，身近にある ・ビーチボールなら場所を取らないで保管できる	・ゲームの道具として ・手に乗せてバランス ・水流に乗せて動かす
ペットボトル	・水を入れた状態でも空の状態でも使える ・大変安価にそろえられる	・水を入れて押したり沈めたりする ・水を抜いてヘルパーがわりに使う
ゴムバンドチューブ	・既製品でなくホームセンターなどで同様の物を探してもOK	・手や脚で引っ張る ・網引きの要領でペアで使う
プラスチックやビニール製のグッズ	・タッパーウェアーや人形など何でもOK ・イベントなどに有効	・水入れゲームやリレー ・平らな物はパドルがわりに使う ・ビニール袋でサンタさんなど

5 水中運動と泳法指導

1 水中運動と泳法指導の関係

　今までの大人向けの初心者指導法は，どちらかと言うと子ども向けの指導法を，大人向けに少しアレンジしたものという傾向があった。それは，泳げるようになるためにはまず浮かなければならないので，水泳指導が浮くことから始めるやり方で組み立てられていたためである。

　人間の進化の過程から考えると，人類は海で誕生したことが定説になっており，子ども（特に年齢の低い子ども）ほど水に対する順応能力を持っていると言われている。そのためか，幼ければ幼いほど容易に水面に水平に浮くことができる。たとえうまくできなくとも，ヘルパーなどの補助具を使った練習にすぐに順応し，水中での水平姿勢が取りやすい。

　しかし大人は，陸上の動作（陸上に対して垂直になって行う動作）に慣れている。逆に言えば，慣れないうちは水中で水平になる姿勢を強制すると，大人の初心者は不安を持つ。これは，大人を指導したことのあるインストラクターであれば，誰もが経験していることだろう。実はこれが，初心者指導に水中運動を活用するヒントになる。

　今まで私たちインストラクターは，初心者指導の際に，何の疑問も持たずにまず水中に水平に浮くことから指導法を組み立ててきた。指導の基本条件が，水平姿勢に浮くことだったのである。

　しかし，大人の初心者指導では陸上の動作（特に陸上に対して垂直の動作）に慣れているので，その慣れて安心感のある垂直の姿勢から徐々に水平の姿勢に移る方法がよい。つまり，水中運動動作と泳法習得内容をうまく組み合わせたカリキュラムに基づいて，リラックス感覚を楽しみながら泳法習得できるようにもっていくようにする。この指導法を筆者（目黒）は，「アクアリラックス指導法」と呼んでいる。

2 クロールの習得と水中運動

　クロールは，泳げない人にとっては憧れの泳ぎだが，クロールの習得に際しては，水平に浮くこと，顔を水中に入れることへの恐怖心が問題となる。それを無理矢理行わせるような指導法は望ましくない。

　しかし指導に水中運動を組み入れることで，それらの恐怖心を認め，水中を歩くという誰でもできることから始められ，無理なく自然にクロールが泳げるようにもっていくことができる。

　ここでは，(1)垂直姿勢からクロールキック（水平姿勢）への移行のしかた，(2)クロールプル動作の指導，(3)呼吸とクロールコンビの指導，に分けて説明する。

(1) 垂直姿勢からクロールキック（水平姿勢）への移行のしかた

　今までの一般的な指導では，クロールキックを指導する場合，まず水中に水平に浮くことが大前提で，それができないと前に進めなかった。

　ここでは，水中運動を活用し，次のような流れで指導する。

□前進ウォーキング
①ウォーキング
②肩まで浸かってのウォーキング
③もも上げウォーキング
④両膝引きつけウォーキング
⑤体幹をひねりながらのウォーキング

　陸上を普通に歩くことができれば，「前進ウォーキング」はそんなに難しいものではない。まず「前進ウォーキング」の①～⑤を行いながら水に慣れることが第一歩である。もし水中を歩くことにも不安があれば，プールサイドやコースロープを触りながら行ってもかまわない（「前進ウォーキング」のやり方は，p.116を参照）。

□前進ジョギング
①ジョギング
②肩まで浸かってのジョギング
③もも上げジョギング
④両膝引きつけジョギング
⑤ジグザグジョギング

　「前進ウォーキング」ができるようになったら，それを少しずつ速く行うのが「前進ジョギング」である。

　前進ジョギングは，慣れてくると少しでも速くやってみたくなる。そうすると，顔に水がかかる確率も高くなる。しかし，顔に水がかかっても，それが嫌な場合速度を落とすなど自分で調整ができるので，だんだん平気になってくる。ともすると，顔を水中に入れないと顔つけの練習にならないと考えられがちだが，このような形で水に慣れることもできる。

　「前進ジョギング」を行うことで，水の特性である浮力や抵抗や水圧に慣れながら，水中を自由にジョギングができたり，顔に水がかかっても平気になっていく（「前進ジョギング」のやり方は，p.131を参照）。

□クロールキック
○腰掛けキック

　水中を自由に動くことができ，顔に少しぐらい水がかかっても平気になったら次に「腰掛けキック」を行う。

〈やり方〉

　プールサイドに浅く腰掛けて，両脚を膝まで水中に入れて上下に動かし，キックの練習を行う。

[指導ポイント]

・下から上に蹴り上げる時は，足の甲に水を引っかけるようにする。また，蹴り下ろす時は，膝を伸ばしたまま，足首も伸ばし足裏で水を蹴り下ろすようにする。

○壁キック

〈やり方〉

　プールサイドの壁を持って，クロールのキックを行う。

[指導ポイント]

・イラストのように，蹴り上げ時は膝を伸ばして行い，蹴り下ろしは軽く膝を曲げて行う。蹴り上げの最後の段階には，膝からの蹴り下ろしが始まっている。また，蹴り下ろしの最後の段階では，膝からの蹴り上げが始まっている。このようにクロールキックは，腰・膝・足首と複雑な動きをする。これを言葉で説明をするのは難しく，理解したとしても，正しくできるとは限らない。教える際には，膝を伸ばしてキックしながら，下から上に蹴り上げることを強調するとよい。

□リラックス移動

①伏し浮き移動

（「伏し浮き移動」のやり方は，p.143を参照）

この練習で初めて水平に浮く。今まで垂直姿勢から段階的に水平姿勢に慣れるようにしてきたので，この「伏し浮き移動」は，簡単に行うことができるはずである。

「伏し浮き移動」を行うことで浮力によるリラックスと同時に，前進によって生まれる浮揚力によるリラックスが経験できる。この「伏し浮き移動」は非常に気持ちのよい運動である。これを経験することでリラックスした状態での「板キック」に移ることができる。

□クロールキック

○顔を水面に出しての板キック

〈やり方〉

ビート板に両手をのせて，顔を水面に出した状態でクロールのキックを行う。

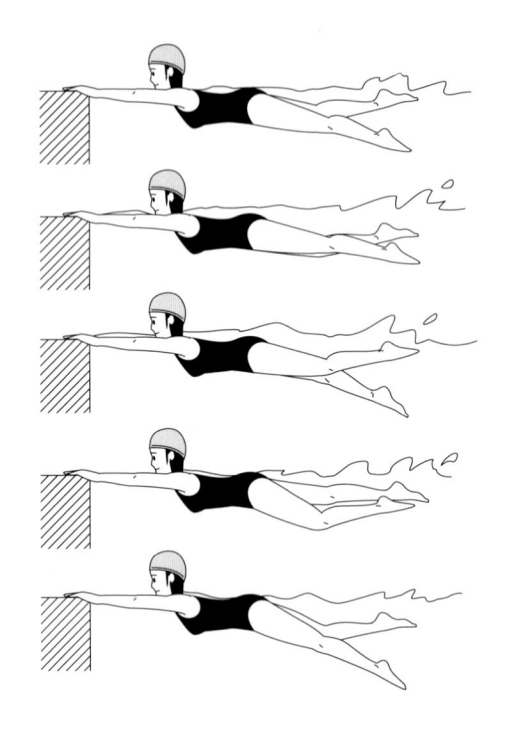

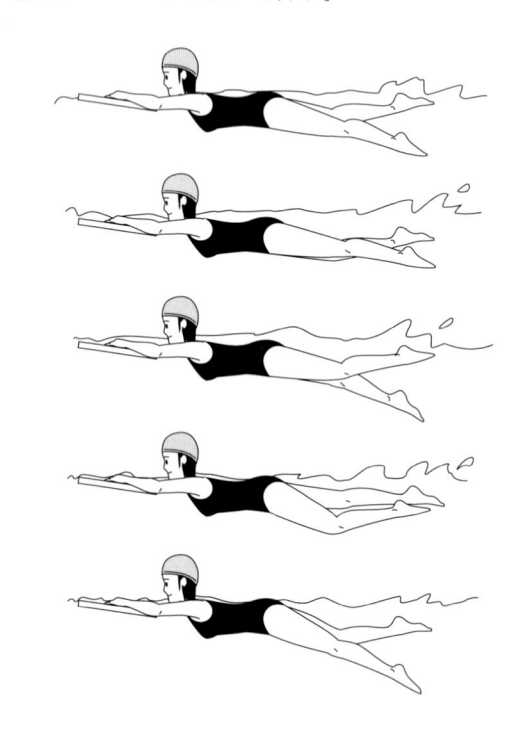

[指導ポイント]

・「板キック」はクロールキックの練習だが，この時期から呼吸の練習も同時に行っておくとよい。顔を出した状態での呼吸の練習は，口をすぼめて口笛を吹く感じで，呼気を強調する呼吸を行わせるようにする。

○顔を水中に入れての板キック

これまでの練習で，すでに顔に水がかかっても平気になっているはずなので，この「顔を水中に入れての板キック」もスムーズに行うことができるはずである。

〈やり方〉

ビート板に両手をのせて，顔を水中に入れたり出したりしながらクロールのキックを行う。

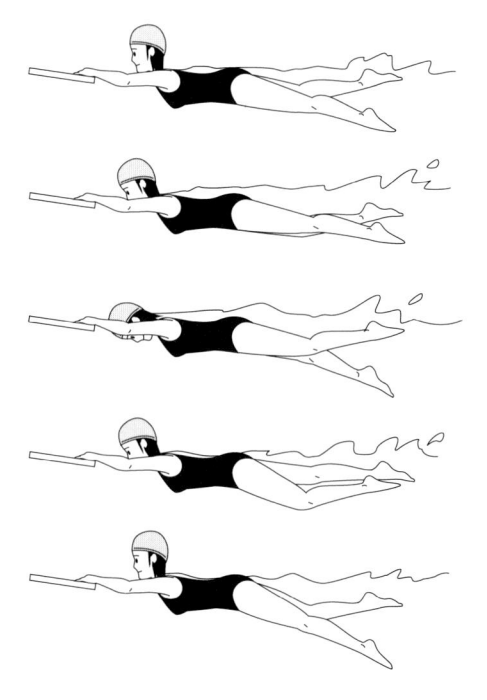

［指導ポイント］
・水中に顔を入れたら，鼻と口で呼気を行う。鼻からの呼気はそのまま息を出せばよい。口からの呼気は口をすぼめて口笛を吹く感じで強く行う。

次に，「補助付伏し浮きバランス立ち」と「伏し浮きバランス立ち」を行う。水中で立てなければ溺れてしまうので，水中に立てるようになることは重要である。

普段，陸上で立ち上がる場合は，床に手をついてそれを支えにして立つことが多い。しかし水中ではそう簡単ではない。腕の長さより浅いプールならば，同じように簡単に立つことができるが，腕の長さより深いと，顔が水中に浸かってしまい，溺れる可能性がでてくる。だからこそ，水中での独自の立ち方の習得が必要になるのである。

経験的に，この「バランス立ち」ができるようになると，水平に浮いた姿勢から水中に立つことができるため，水中でのすべての練習を安心して行うことができ，上達が早くなるようである。

□バランス立ち

①補助付伏し浮きバランス立ち

〈やり方〉

補助者に手を持ってもらった状態で伏し浮きを行い，そこから立つ。

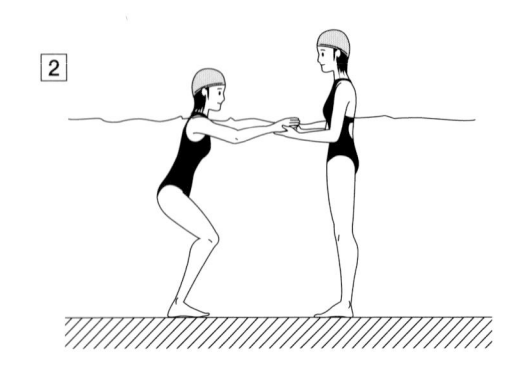

[指導ポイント]
・しっかりと足が水底についてから，顔を水面より出すようにする。

②伏し浮きバランス立ち
〈やり方〉
　補助なしで伏し浮きの姿勢から立つ。

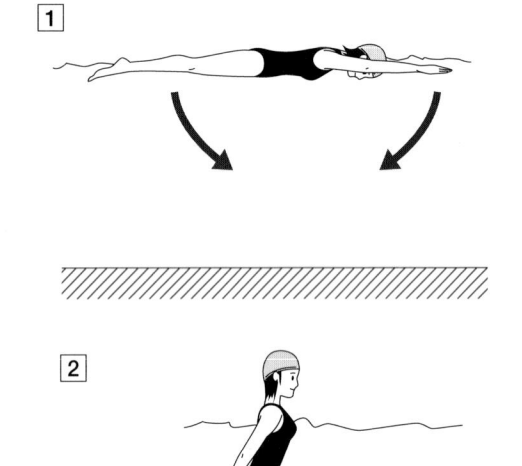

[指導ポイント]
・足が水底につく前に顔を上げてしまうと，身体全体のバランスが崩れて立てなくなることがあるので，必ず足が水底についてから顔を上げるようにする。

□面かぶりキック
○両腕を頭上に伸ばしての面かぶりキック
〈やり方〉
　両腕を頭上に伸ばした状態で，クロールキックを行う。

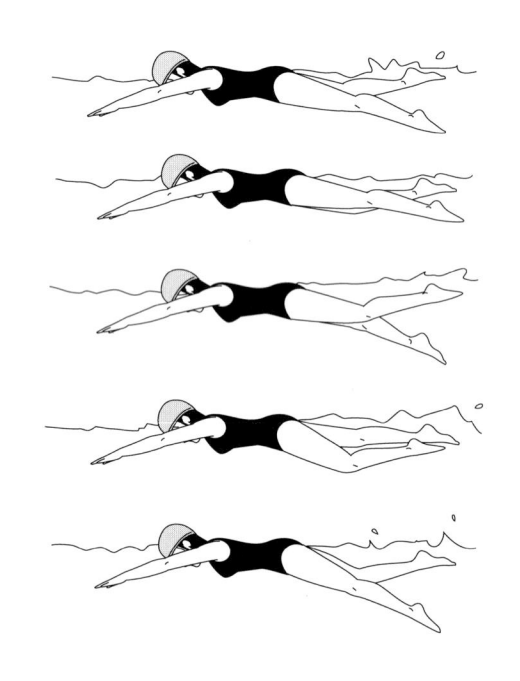

[指導ポイント]
・この動作をはじめ，呼吸をしないで顔を水中に入れた状態での練習は，行けるところまで無呼吸で我慢をさせるのではなく，少し苦しくなったら立つようにさせる。

(2) クロールプル動作の指導
　水平に浮いてキックで進むことができ，どんな水平姿勢からでも立つことができるようになったら，次にクロールのプル動作の練習に入る。
　従来の一般的な初心者指導法は，プールサイドでクロールのプル動作の練習を行い，次にそれを水中ですぐに行わせるという方法が主であった。

しかしここでは，まず水中に立った状態でクロールのプル動作の練習を行い，次に水中を歩きながらプル動作をする「クロールウォーキング」をし，その後にクロールにつなぐという段階を経る方法をとる。これは，①クロールのプル動作，②水中を垂直姿勢で進みながらのクロールのプル動作，③実際のクロールコンビ，という自然な流れでの習得になる。

具体的な指導のやり方とそのポイントを次に示す。

□水中プル練習

○クロールプル

〈やり方〉

水中に立った状態（腹部から胸部まで水中に浸かった状態）で少し前屈みの姿勢で，クロールのプル動作の練習を行う。水中で立った状態で行うことから，水を押しながらの動作になるので，より実際のクロールに近い感覚で練習できる。

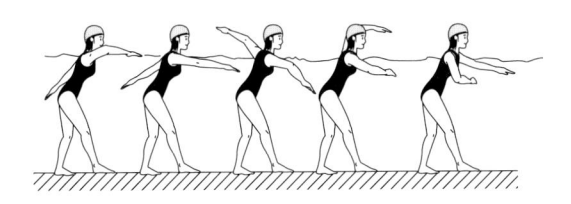

[指導ポイント]

・リカバリー（腕が空中を移動している間）をしている腕が頭上にきたら，入水（指先が水中に入り肘が伸びているところ）している他方の腕を身体の中心線に沿って水を押すというリズムで繰り返すようになる。

□前進ウォーキングスイム

○クロールウォーキング

水中を前進しながらクロールのプル動作を行う。

クロールのプル動作の習得が目的なので，ウォーキングはゆっくりと行う。水中を移動しながらプル動作を練習するので，泳いでいる感覚と近く，効果的である（「クロールウォーキング」のやり方は，p.121を参照）。

□後進ウォーキングスイム

○クロールウォーキング

水中を後進しながらクロールのプル動作を行う。

後進しながらのクロールプル練習なので，キャッチ（入水後，手のひらに水圧を感じる時）からスカーリングプル（キャッチから水を押している間），そしてプッシュ（スカーリングプルからさらに水を押して，肘が水面から出るまで）にかけて，手のひらに水の抵抗が大きく加わる。これが水を摑む感覚を覚えるのに役立つ（後進の「クロールウォーキング」のやり方は，p.122を参照）。

□クロール

○ノーブレクロール

今までの練習から，水平に浮いてクロールができるようになっているはずなので，次に「ノーブレクロール」を行う。

〈やり方〉

呼吸無しでクロールを行う。

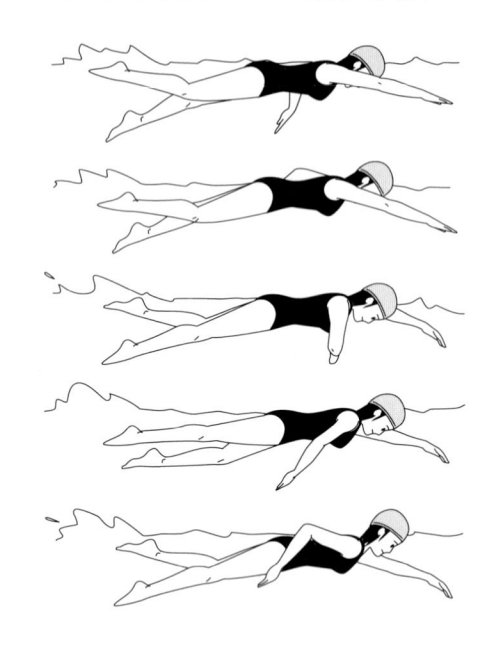

［指導ポイント］
・片腕と他方の腕のプル動作は，リカバリーした腕が頭上にきたら，他方の腕をキャッチし，スカーリングプルに入るリズムで行う。

(3) 呼吸とクロールコンビの指導

　初心者指導の中では，クロールの呼吸の指導は難しく，インストラクターの実力の差が大きく現れるところとも言われる。指導にあたっては，インストラクター自身が，陸上での呼吸と水中での呼吸の違いを理解し，なぜ初心者は，クロールで泳ぐ時に呼吸が苦しくなるかを理解しておく必要がある。

　陸上（日常生活）では，ふつう肋間筋が関係して呼吸が行われる。そして，呼気は，吸気時に持ち上がった肋骨が重力の影響で自然に下がり，呼気を意識せずに呼吸ができる。

　しかし水中（水平姿勢でクロールを泳ぐ場合）では，陸上と違い吸気で持ち上がった肋骨を重力で自然に下げることはできない。水中で水平に浮いている場合は，浮力等の影響により，重力の影響が相殺され，自然な呼気ができにくくなるためである。そこで意識的に肋間筋を使って肋骨を下げる，呼気を中心とした呼吸が必要になってくる。

　水中での呼気は，水圧を押しやって吐くために，ある程度の慣れ（練習）が必要である。そのため，呼吸の練習を始めればすぐにできるようになるものではない。顔を水中に入れる，水中で息を吐く息苦しさという二重の恐怖心によってうまくできなくなってしまう可能性がある。

　うまく水中で呼吸できるようになるには，すぐに顔を水中に入れて呼気の練習をするのではなく，その前に肩まで水中に入り，水中運動を多く行うのがよい。このことで，胸部が十分に水圧に慣れることができ，水圧を押しやっての呼気と吸気が自然にできるようになる。

　ここでは，段階を踏みながら呼吸のしかたを習得する。そこから，前進のウォーキングを行いながらの呼吸練習や呼吸とクロールのプル動作の組み合わせを行い，「クロールコンビ」につなげている。

　具体的な指導のやり方とそのポイントを以下に示す。

□呼　吸
○前後呼吸
〈やり方〉
　水中に立った状態で水中に顔を入れて息を吐き（呼気を行い），次に顔を前に上げて息を吸う（吸気を行う）。

○左右呼吸

〈やり方〉

　水中に立った状態で顔を水中に入れて，顔を横に回して呼吸をする。

[指導ポイント]

・水中での口から息を吐く時，大きな口を開いて行うと水圧に負けて，かえって水を飲んでしまうことがある。それを防止するため，口笛を吹くような感じで唇を尖らせて息を吐くとよい。そして，顔が水面から出たら大きく口を開き，息を吐ききると同時に口で息を吸う。

[指導ポイント]

・顔を横に回して口を水面から出し，息を吐ききると同時に息を吸う。そのとき下側になった耳を水中に入れておく。そうすることで，顔が真横を向く。

○片腕伸ばし呼吸

〈やり方〉

　水中に立った状態から，片腕を肩の延長線上に伸ばす。次に顔を水中に入れ，顔を横に回して横呼吸を行う。

1

2

［指導ポイント］

・顔を横に回して口を水面に出し，息を吐ききると同時に息を吸う。その際に，前に伸ばしている上腕の上に耳を乗せるとよい。

○片腕クロール呼吸

〈やり方〉

　水中に立った状態から，片腕を肩の延長線上に伸ばす。そして，水中に顔を入れ，他方の腕で片腕クロールをしながら，それに合わせて呼吸する。

［指導ポイント］

・呼吸動作に合わせて頭を回すタイミングは，スカーリングプルがみぞおちの下に差しかかった時ぐらいから，頭を回すようにするとよい。

○クロール呼吸

〈やり方〉

　水中に立った状態で上半身を前かがみにし，顔を水中に入れてクロールの左右のプル動作を行いながら，それに合わせて呼吸する。

［指導ポイント］

・クロールのプル動作は，ゆっくり行う。速く行うと水中で息を吐く時間が短くなり，十分に息を吐くことができない。その結果，繰り返している間に苦しくなる。

5 水中運動と泳法指導

□前進ウォーキング呼吸

○ウォーキング前後呼吸

〈やり方〉

「前後呼吸」を行いながら前進のウォーキングを行う。

[指導ポイント]

・水中での口と鼻からの呼気量（吐く息の量）が多いほど，吸気量（吸う息の量）が多くなることを参加者に理解させながら行う。

○ウォーキング左右呼吸

〈やり方〉

「左右呼吸」を行いながら前進のウォーキングを行う。

[指導ポイント]

・呼吸よりもウォーキングに気を取られて早歩きになる場合がある。呼吸の練習なので，ゆっくりと歩くようにする。

○ウォーキング片腕伸ばし呼吸

〈やり方〉

「片腕伸ばし呼吸」を行いながら前進のウォーキングを行う。

○ウォーキング片腕クロール呼吸

〈やり方〉

「片腕クロール」を行いながら前進のウォーキングを行う。

○ウォーキングクロール呼吸

〈やり方〉

「クロール呼吸」を行いながら前進のウォーキングを行う。

□片腕クロール

○ビート板を利用した片腕伸ばしの片腕クロール

これまでの呼吸練習を踏まえ，「片腕クロール」で泳ぎながらの呼吸につなげる。

〈やり方〉

片方の腕をビート板に乗せ，他方の腕で片腕クロールを行いながら呼吸をして泳ぐ。

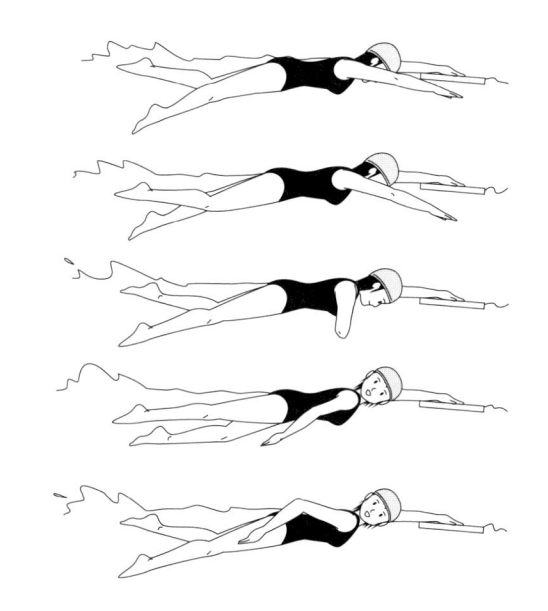

○クロールコンビ

「片腕クロール」で，呼吸がスムーズにできれば，クロールは八割方できるようになっていると考えてよい。

「クロールコンビ」は，いわゆる普通のクロールである。わざわざ「コンビ」という言葉がついているのは，今までの各種の練習を踏まえ，クロールのキックとプルと呼吸を組み合わせて泳ぐことを強調するためである。

これまでの練習をきちんと経ていれば，楽にクロールが泳げるはずである。

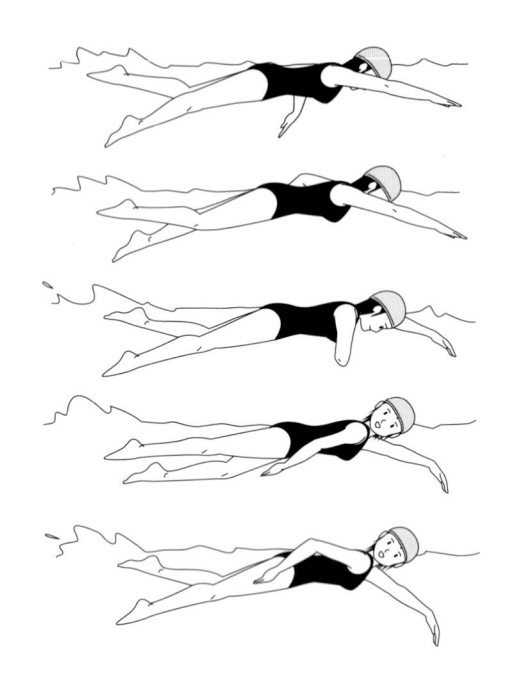

3 背泳ぎの習得と水中運動

　背泳ぎは，泳げない人にとっては一見難しそうに見える。しかし，絶えず顔が水面上に出ているため，呼吸が制限されないので意外に習得しやすい面もある。とは言え，後方に進むという動作は日常的にはあまり行わないので，それへの恐怖心があることも事実である。
　ここでは，(1)垂直姿勢から背面キックへの移行のしかた，(2)背泳ぎプル動作と背泳ぎコンビまでの指導，について指導方法とその指導ポイントについて述べる。

(1) 垂直姿勢から背面キックへの移行のしかた

　人間は，前に歩くのには慣れていても後ろに歩くのには慣れていない。振り向かずに後ろへ歩くのに不安があり，それは水中でも同様である。特に背面キックを行う場合は，後ろに進む，水中に水平に浮く，という二つの恐怖心が同時に生まれる。
　従来の一般的な指導法では，背面キックは水平に浮いて後ろに進む必要があるため，インストラクターの補助のもと，恐怖心の有無にかかわらず無理矢理水平に浮かせて練習を行ってきた。
　しかしここでは，水中運動動作と泳法習得内容を組み合わせたカリキュラムに基づいて，リラックス感覚を楽しみながら泳法習得できるようにもっていく。

□後進ウォーキング
①ウォーキング
②肩まで浸かってのウォーキング
③もも上げウォーキング
④両膝引きつけウォーキング
⑤体幹をひねりながらのウォーキング
　水中を歩ければ「後進ウォーキング」は，さして難しくはない。水中では，水の抵抗が働くので速く歩くことはできない。しかしかえってその水の抵抗が，安心して後ろに歩く助けになる（「後進ウォーキング」のやり方は，p.118を参照）。

□後進ジョギング
①ジョギング
②肩まで浸かってのジョギング
③もも上げジョギング
④ジグザグジョギング
⑤サイドジョギング
　「後進ジョギング」も，さして難しくはない。水の抵抗が働くので，安心してジョギングできる（「後進ジョギング」のやり方は，p.132を参照）。

□リラックス移動
②補助背面浮き移動
③補助背面キック
　インストラクターの補助を加えた「補助背面浮

き移動」と「補助背面キック」を行う。

　ここまでくれば後進にも慣れ，インストラクターとの信頼関係もできてくるので，安心してできるはずである。

　この教程の指導ポイントは，(1)参加者の顔に水をかけないようにする，(2)参加者の身体全体の力が抜けているかを絶えず確認しながら行うという点である（「リラックス移動」のやり方は，p.143を参照）。

□バランス立ち

③補助付背面浮きバランス立ち

　「背面浮き」が自力でできるようになっても，その姿勢から立てないと背面姿勢の不安は取り去れない。そこで次に，「補助付背面浮きバランス立ち」と「背面浮きバランス立ち」を行う。

〈やり方〉

　補助者に後頭部を補助してもらった状態で背面浮きの姿勢になり，そこから立つ。

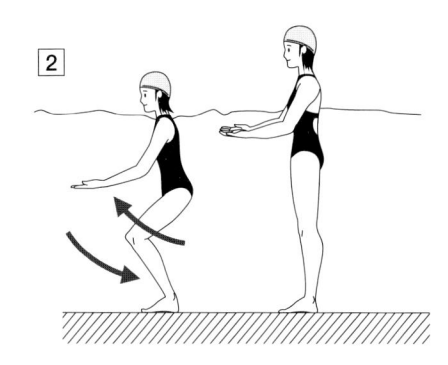

［指導ポイント］

・立つ場合は，顎を引き腰を下げると同時に，両手で後から前に水を強く押す。

・一回両手で水を搔いただけでは立てない場合は，何回も両手で水を繰り返して搔く。

④背面浮きバランス立ち

〈やり方〉

　「補助付背面浮きバランス立ち」を補助なしで行う。

[指導ポイント]
・立つ場合は，顎を引き腰を下げると同時に，両手で後から前に水を強く押す。
・一回両手で水を搔いただけでは立てない場合，何回も繰り返す。

□キック浮き立ち
①背面キック立ち
　背面浮きの姿勢から自力で立てるようになれば，背面姿勢で浮くことと，そこから立つことへの不安は解消される。
〈やり方〉
　「背面浮きバランス立ち」の延長線上にあるもので，背面キックを少し行った後，垂直に身体を起こして水中に立つ。

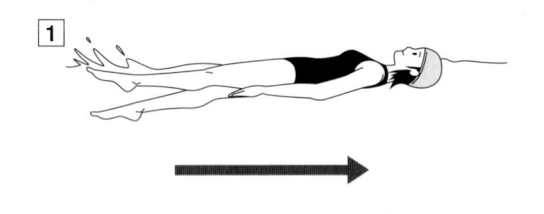

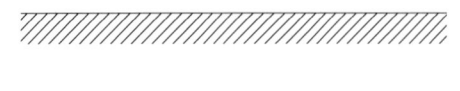

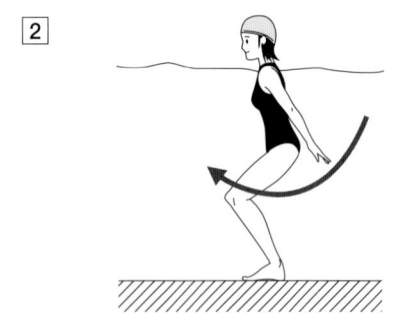

[指導ポイント]
・背面キックの練習が主ではないので，5m前後背面キックを行ったら立つようにする。
　背面キックから完全に立つことができるようになったら，次に「両腕を体側に伸ばしての背面キック」を行う。

□背面キック
○両腕を体側に伸ばしての背面キック
〈やり方〉
　両腕を体側に伸ばして気をつけ姿勢で背面キックを行う。

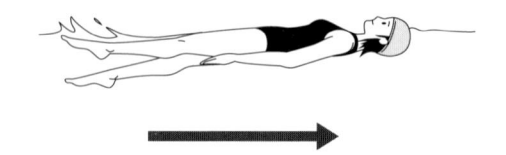

[指導ポイント]
・目線は，まっすぐ天井を見る。
・キックは，足を内股にし，膝を伸ばしたまま足の甲で水を斜め前に蹴り上げる。また，膝を伸ばしたまま足裏で水を蹴り下ろす。
　このように，水中運動から段階を追った教程を行えば，背面キックを習得することができる。

(2) 背泳ぎプル動作と背泳ぎコンビまでの指導
　背面キックができるようになったら，次に背泳ぎのプルの指導を行う。初めに覚えたリズムがその人の泳ぎのリズムを決定づける可能性があるため，背泳ぎのプルは，正しいリズムを指導することが大切である。
　一般的に背泳ぎプル，背泳ぎコンビの指導では，まず陸上で背泳ぎプルの練習を行い，次に実

際に背泳ぎを泳ぐという方法が多い。

　ここでは，陸上での背泳ぎプルの練習を行った後に，水中を歩きながらの背泳ぎプルの練習，そして，片腕背泳ぎを行った後に背泳ぎコンビにうつる。こうすることで，正しい背泳ぎのリズムが習得できる。

　具体的なやり方を次に示す。

□背泳ぎの陸上プル
○陸上に立った姿勢での背泳ぎプルの練習
〈やり方〉
　陸上に立った姿勢で背泳ぎのプル練習を行う。
①足を少し開いて陸上に立つ。気をつけの姿勢から，左腕の肘を伸ばしたまま真っすぐ上に動かす。その腕を肩まで上げてきたら，少しずつ手のひらを外向きに変え，頭上（肩の真上）に上がった時は手のひらが完全に外側を向いているようにする。
②次に頭上に上げた腕の手のひらを下に向けながら，肩の後ろを通るような感じで腕を下げてくる。肩の付近まで下げるにしたがって，肘を少しずつ曲げて手と肘を一緒に下げる。
③次に肘を支点にして弧を描くようにして手のひらを後ろに向け始める。そして，肘が伸びきり手のひらが腰の近くにきたら真下に変え，腕全体を体側につける。
④以上の一連の動作が片腕でできたら，今度は両腕で行う。

[指導ポイント]
・片方の腕と他方の腕は，肩付近で交差して入れ替えになるようにする。

□前進ウォーキングスイム
②バックウォーキング
　水中を歩きながら背泳ぎのプルを練習する。
　あくまで背泳ぎのプル動作の習得が目的なので，ゆっくりとしたウォーキングで行う。そして，その際には右腕と左腕が肩付近で交差し入れ替えになるリズムで行うようにする（「バックウォーキング」のやり方は，p.121を参照）。

□後進ウォーキングスイム
②バックウォーキング
　後進のバックウォーキングにより，少し背泳ぎに近い形でのプルを経験する。

□後進ジョギングスイム
②バックジョギング
　後進のジョギングを行いながら，背泳ぎのプルを行う。これで背泳ぎで進む感覚を経験する（後進の「バックジョギング」のやり方は，p.134を参照）。

□背泳ぎのキック
○手付き背面キック
　背面キックで進みながらプル動作を段階的に加えていく練習の一つである。この練習は，背泳ぎプルの最後の部分（プッシュ）を集中して行う。
〈やり方〉
　キックを行いながら身体の真横に両肘をつけ，その肘を90度まで曲げる。手のひらを真後ろに向け，肘を支点にして弧を描くようにしながら後方に水を押す。

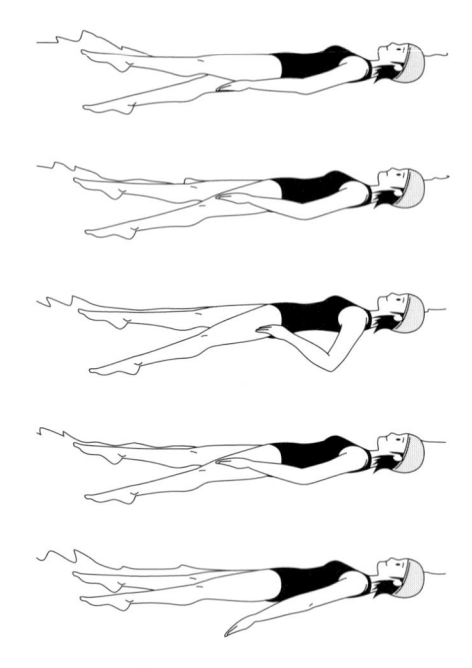

[指導ポイント]
・水を真後ろに押す場合は，加速をつけて押す。

□片腕背泳ぎ

片腕背泳ぎには，「片腕を頭上に伸ばしての片腕背泳ぎ」と「片腕を体側に付けての片腕背泳ぎ」がある。どちらも正しい背泳ぎのプルを習得するために，非常によい練習である。

○片腕を頭上に伸ばしての片腕背泳ぎ
〈やり方〉
片腕を頭上に伸ばし，他方の腕で片腕背泳ぎを行う。

[指導ポイント]
・背泳ぎの呼吸を指導するのが目的である。やり方は，片腕がリカバリー（腕全体が水面上に出ている間）をしている時に呼気を行い，その腕がスカーリングプル（キャッチで水圧を感じたところから実際に水を搔くところ）からプッシュ（肘を支点とした水底への水の押し込み）をしている時に吸気を行う。これを行うことで，鼻から水の入るのをある程度防ぐことができる。

○片腕を体側に付けての片腕背泳ぎ
〈やり方〉
　片腕を体側に伸ばして気をつけの姿勢を取りながら，他方の腕で片腕背泳ぎを行う。

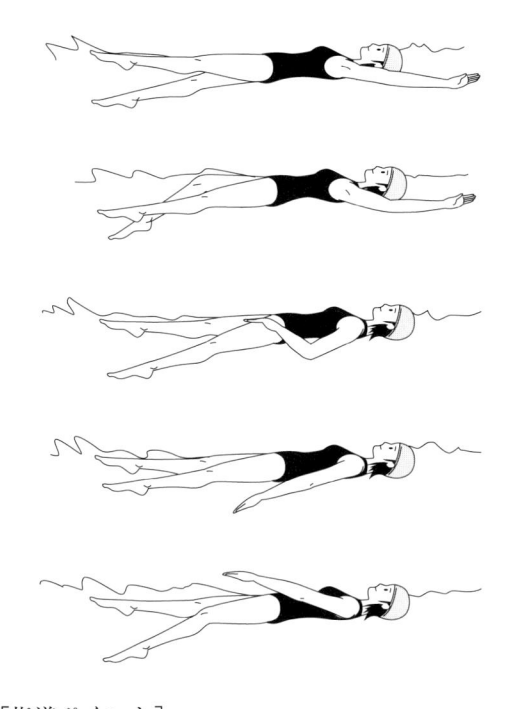

[指導ポイント]
・片腕の動かし方に神経を集中できるので，深めに入水し，深めに押すプッシュを強調するとよい。

□背泳ぎコンビ
　今まで行ってきた段階的な練習によって，スムーズに背泳ぎが泳げるはずである。

　このように段階を追いながら水中運動と泳法習得内容を組み合わせることで，背泳ぎコンビの習得が可能になる。

4　平泳ぎの習得と水中運動

　平泳ぎは，日本泳法にも同様の泳ぎ方が存在するように，かなり昔からある泳ぎである。また，日本人にとっては，過去のオリンピックで活躍した選手が多いせいか，特になじみが強いようである。また，平泳ぎの泳ぐ形そのものが蛙が泳ぐ姿に似ており，動きが簡単にみえるためか，4泳法の中でも簡単に習得できそうに思える。
　しかし，平泳ぎのキックは，人によって習得しやすい人としにくい人がいる。

ここでは，(1)平泳ぎのキックの指導，(2)平泳ぎのプルの指導，(3)平泳ぎのキックとプルの組み合わせの指導，に分けて，指導方法とその指導のポイントについて述べる。

(1) 平泳ぎキックの指導

平泳ぎのキックの習得には，その人の股関節・膝関節・足首の柔らかさが関係する。そのため，他の3泳法の習得と違って，本人の努力にかかわらず習得するのに時間がかかる場合がある。また，インストラクターの指導力によっても，時間に差が出る。

平泳ぎのキックには，大きく分けて二種類ある。一つは，ウェッジキック（伝統的なオーソドックスなキック）と言われるもので，膝を曲げて脚を引きつけた時に，膝が外側に開いているのが特徴である。蹴る時は，足裏で水を後ろに押すことで中心的な推進力を得ている。

もう一つのキックは，ウィップキック（むちうちキック）と言われるもので，膝を曲げて脚を引きつける時に，膝が肩幅より狭いのが特徴である。蹴る時は，膝を支点に両足で水を半円形（卵形）を描くような形で挟み込み，水を後方に押すと同時に揚力によって推進力を得る。

ウェッジキックは昔からあるキックで，膝関節や足首が硬くても習得しやすい。それに対してウィップキックは，膝関節と足首が柔らかくないと習得が難しい。

そのため，ウィップキックができる場合はウィップキックを，ウェッジキックしかできない場合はウェッジキックを，またその中間のキックが習得しやすいならばそれを指導するようにする。

まずインストラクターが平泳ぎのキックの模範を示してキックのポイントを説明する。そして，以下のような流れで指導する。

□壁キック
○平泳ぎの壁キック
〈やり方〉
プールの縁を両手で互い違いに持って，平泳ぎのキックを行う。

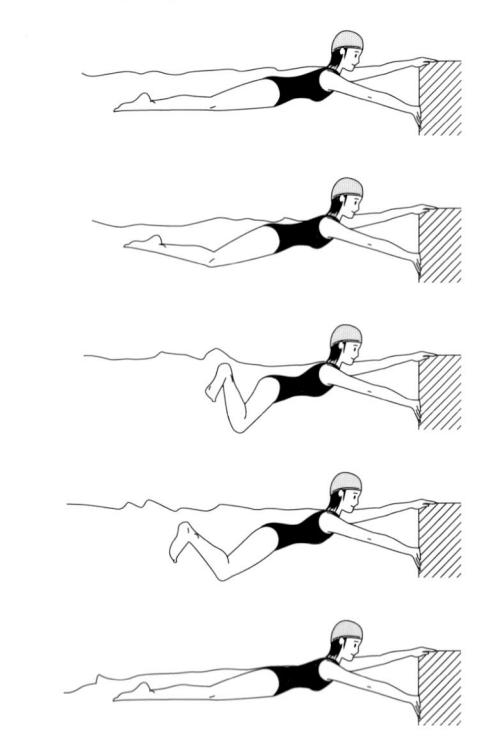

［指導ポイント］
・参加者が脚を引きつけた時の補助がポイントである。補助は，参加者の足の内側から，つちふまずに手の親指を当て，他の四本の指で足の甲を持つ。この持ち方が重要である。次に後方に蹴るのに合わせて補助者の親指に力を入れて，親指を蹴らせる。これにより，足首が十分に曲がり足の裏と足の内側（側面）に水が十分引っかかるようになる。続いて，補助者の親指を蹴らせながら，蹴る形を誘導し，正しい卵形に蹴ることができるようにする。

□平泳ぎのキック
○平泳ぎの板キック
〈やり方〉
　ビート板の上に両腕を乗せて平泳ぎのキックを行う。この練習で，進むキックを習得する。

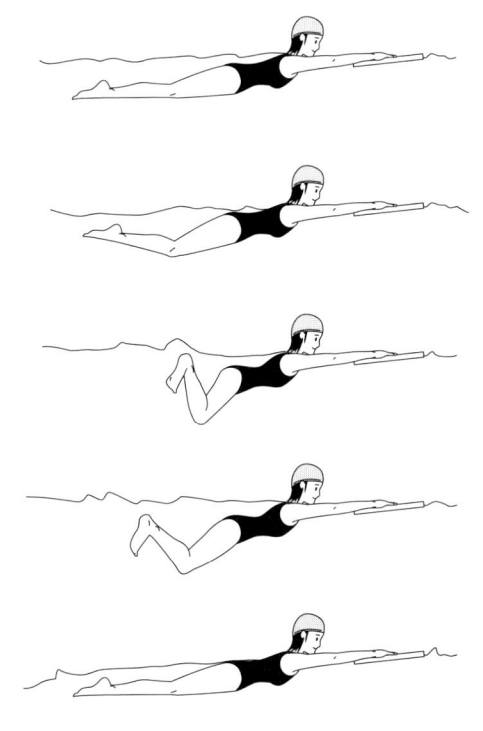

[指導ポイント]
・引きつけは，背中に引きつける気持ちで行わせる。

□平泳ぎの板なしキック
○平泳ぎの面かぶりキック
〈やり方〉
　両腕を肩の延長線上に伸ばした状態で，平泳ぎキックを行う。

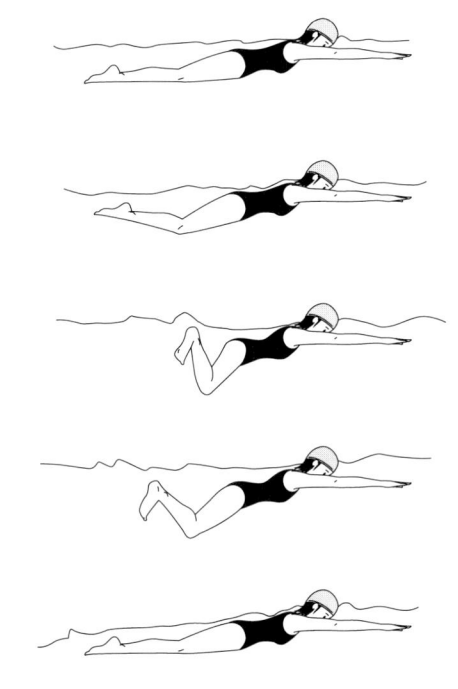

[指導ポイント]
・水中での視線は，水中にある手（水面下10 cm前後の深さ）を見るようにする。そうすれば，身体が安定し平泳ぎのキックがやりやすくなる。
・何回かキックを繰り返すと，顔が水中にあるので苦しくなるが，我慢させず，苦しくなる前に立たせる。

(2) 平泳ぎのプルの指導

　平泳ぎのプル（腕の動かし方）は，円を描くような形なので一見簡単そうに見える。しかし，指導するのはなかなか難しい。なぜなら，クロールや背泳ぎと違い，リカバリー（腕の戻し）を水中

で行わなければならないからである。欲張って大きく掻き過ぎると，リカバリー時に時間がかかってしまい，逆に抵抗が大きくなる。また，小さく水を掻いてリカバリーを速くすると，キックとのリズムが合わなくなってしまうこともある。そうならないために，その人のキックに合ったプルの指導が大切である。

　一般的な平泳ぎのプルの指導では，プールサイドで前かがみになった姿勢でプル動作を練習し，そのあと水平に浮いた状態で平泳ぎのプル動作を行い，続いてキックと組み合わせるという流れが多い。

　しかし，ここでは水中運動の中の平泳ぎのプル動作を含む動作の練習を十分に行ってから，水平に浮いた状態での平泳ぎプルに移る。こうすれば，実際に水を摑むということを十分に体験でき，効率よく平泳ぎプルが習得できる。

□水中プル
○ブレストプル
〈やり方〉
　水中に立って平泳ぎのプルを行う。

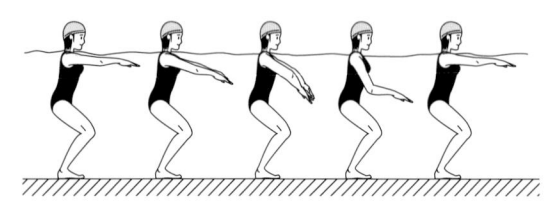

[指導ポイント]
・平泳ぎのプルで力を入れるのは，両腕を外側に約 50 cm 前後開いた時から，キャッチ（手を外側に開き，手のひらに水圧を感じるところ）→スカーリングプル（キャッチから肘を残しながら水を後に押す間）→プッシュ（スカーリングプルから手のひらで水を切りながら両肘を胸の前におさめる間）までである。逆に力を抜くのは，腕と肘を胸の前でおさめた後，リカバリーの両腕を突き出して約 50 cm 前後開くキャッチの前までである。

□前進ウォーキングスイム
○ブレストウォーキング
〈やり方〉
　平泳ぎのプルを行いながら，前進の水中ウォーキングを行う（「ブレストウォーキング」のやり方は，p.121 を参照）。

[指導ポイント]
・呼吸動作を加えて「ブレストウォーキング」を行う場合は，次のように行う。
　顔を水中に入れて両腕を約 50 cm 前後開いたら，水中で鼻と口から息を吐き始める。
　次に，スカーリングプルからプッシュにかけて顔が水面から出てくるので，口が水面から出る直前に強く息を吐く。次に口が水面上に出ると同時に呼気の反動を利用して一気に息を吸う。続いて，リカバリーに合わせて顔を水中に戻す。この呼吸動作をプル動作に加えながら，前進のウォーキングを行う。

□後進ウォーキングスイム
○ブレストウォーキング
〈やり方〉
　平泳ぎのプルを行いながら，後進の水中ウォーキングを行う（後進の「ブレストウォーキング」のやり方は，p.122 を参照）。

□平泳ぎプル
○クロールキックでの平泳ぎプル
〈やり方〉
　クロールキックを行いながら，平泳ぎプルを行う。

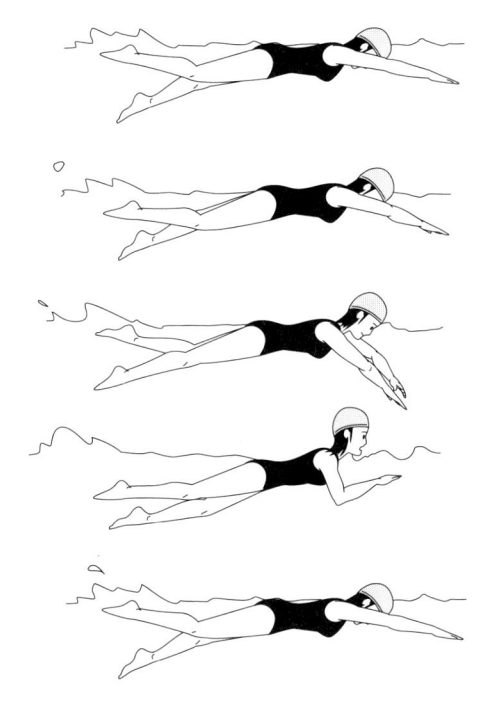

［指導ポイント］

・平泳ぎのプルは，連続的に行うのではなく，リカバリー時に1～2秒腕を前に伸ばした状態にする。このようにすれば，キックを加えた時平泳ぎのコンビがスムーズに行うことができる。

(3) 平泳ぎキックとプルの組み合わせの指導

平泳ぎのキックとプル動作を組み合わせる。

背泳ぎやクロールなら，キックができるようになった後にプル動作を指導すれば，特にキックとプル動作の組み合わせを強調して指導する必要はない。

しかし平泳ぎでは，キックとプル動作を微妙なずれの中で交互に行うことから，キックとプル動作の組み合わせの指導が必要になる。

この指導に困り，一般的な水泳指導ではインストラクターが平泳ぎの模範を示して，それを真似させるという方法を取る場合が多い。確かにこの方法は視覚的に記憶させるという点では有効な手段である。しかし，模範を示しただけで，「平泳ぎを泳いでごらん」と言うのは段階を踏んでいない少し乱暴な指導法と言わざるを得ない。

もう少し丁寧に，たとえば平泳ぎの模範を示した後に，次のようなやり方でキックとプル動作のリズムを指導するとよい。まず，水中で立つ。そして，プールを縦にしたと考えて，天井に向かって泳ぐイメージで平泳ぎのキックとプル動作を行う。こうすれば，プル動作の腕がどの辺に来た時に，キックの引きつけに入るかといったリズムを身体で覚える（記憶する）ことができる。その後に平泳ぎのコンビの練習に入ると，簡単に平泳ぎを習得できる。

平泳ぎのキックとプルの組み合わせの指導の流れと指導のポイントを以下に示す。

□平泳ぎ

○インストラクターの模範

まずインストラクターが泳いで模範を示す。

模範を示す場合は，正しいリズムでゆっくりと泳ぐようにする。このことで，参加者に平泳ぎのキックとプルのリズムのイメージが記憶される。

○キックとプルのコンビネーション

〈やり方〉

平泳ぎのキックとプルの組み合わせを水中に立った状態で，天井に向かって泳ぐつもりで行う。

[指導ポイント]
・スカーリングプルの後半からプッシュに入ったら足の引きつけに入るのがコンビネーションのポイントである（この場合は、しゃがみ込みに入る動作を行う）。

□平泳ぎのコンビ
〈やり方〉
　平泳ぎのキックとプルを組み合わせて泳ぐ。

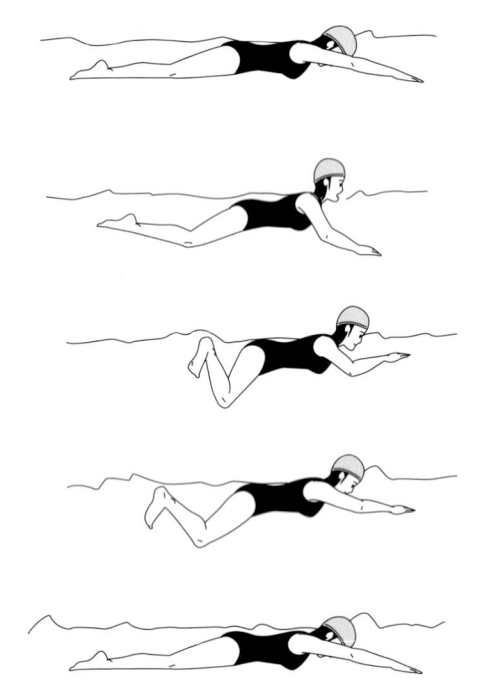

[指導ポイント]
・まれにキックの推進力が少ないために、キックとプルが合わない場合がある。その場合は、キックの練習に戻り、もう一度その人の脚に合った平泳ぎのキックを指導する。そして、キックが進むようになったら再度キックとプルの組み合わせの練習を行うとよい。
　このように段階を追って水中運動と泳法習得内容を組み合わせれば、自然で無理のない平泳ぎコンビの習得が可能になる。

5　バタフライの習得と水中運動

　バタフライは、4泳法の誕生の歴史から見ると一番新しい泳ぎである。クロール・背泳ぎ・平泳ぎは、相当古くからあったとされる。たとえば、故・波多野勲（日本を代表する水泳指導理論家であった）は、かつて大英博物館で、古代ローマ遺跡の展示物の中に、クロール、背泳ぎ、平泳ぎに近い泳ぎがきざみこまれたレリーフを見たという。
　細かな泳ぎの変遷はあるだろうが、クロール・背泳ぎ・平泳ぎが古くからある泳法であることは確かであろう。
　一方、バタフライが正式種目となったのは1954年のことで、まだ50年ほどしか経っていない。
　バタフライは、当初平泳ぎの一種として泳がれていたが、1954年に新種目として独立した。中でも現在のようなツーキック・ドルフィンを用いたバタフライは、日本の長沢二郎が開発し、広まったものである。
　長沢は、1954年8月に開催された早大対全愛知対抗水泳大会で、200 m を 2 分 30 秒 2 で泳ぎ、これが当時の長水路世界最高記録となった。そこからツービート・ドルフィンキックは世界中に広まることになった。
　さて、バタフライは、他の3泳法に比べて非常に複雑な動きをする。特に1ストローク2キックのリズムの中に、腰の動き（ヒップアップ、ヒップダウン）や肩や腰の動きが複雑に関係する。これをわかりやすいやり方で習得できる指導法が求められる。
　ここでは(1)ドルフィンキックの指導、(2)バタフ

ライのプルの指導，(3)バタフライのキックとプルの組み合わせの指導，に分けて，水中運動を活用しながらの指導方法と指導のポイントを述べる。

(1) ドルフィンキックの指導

バタフライのキックは，動きがイルカの尾びれの動きに似ているため，ドルフィンキックとも呼ばれている。また，クロールのキックを両脚合わせて同時に動かしているように見えるが，バタフライのキックは腰の上下動が加わるのでクロールのキックより複雑な動きである。

さて，バタフライのキックは，ダウンキック（ヒップアップ）とアップキック（ヒップダウン）にわけて考えるとわかりやすい。ダウンキックは，膝を曲げて蹴り下ろすと同時に腰が上がってくる。膝が伸びて蹴り下ろしが完了した時に，腰が一番高い位置にある。アップキックは，ダウンキックで膝が伸びて蹴り下ろしが完了したところから，膝を伸ばしたまま脚全体で蹴りあげる。腰は，脚の蹴り上げに合わせて逆に下がる。脚の蹴り上げが完了した時に，腰は一番低い位置にある。このダウンキックとアップキックを膝がたえず先行する形（波動的）に交互に行う。

ここでは，「バタフライの壁キック」「バタフライの板なしキック」等を行いながら，バタフライキックの習得を目指す。

□バタフライのキック
○壁キック
〈やり方〉

プールの縁を両手で持って，バタフライのキックを行う。

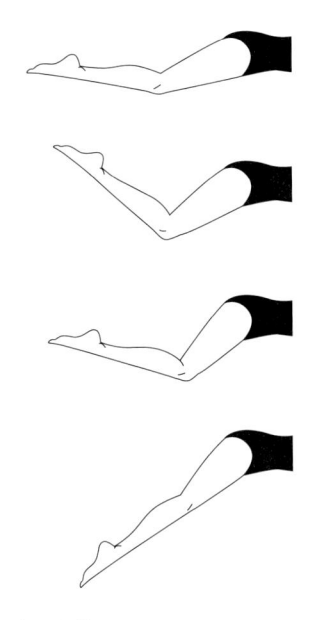

［補助のポイント］

①インストラクターは，参加者の伸ばした脚の膝付近に立つ。

②次に参加者の膝より少し上の大腿部にインストラクターの片方の前腕部を当てる。そして，他方の手を参加者の踵に当てる。この状態から，参加者がドルフィンキックをするのに合わせて補助を加える。補助は，ダウンキックに合わせて膝より少し上の大腿部に当てている前腕部を少し上げると同時に，参加者の踵に当てている手を足のダウンに合わせて下げる（このように補助を加えることで，腰の突き上げがスムーズにできるようになる）。ダウンキックが補助によりスムーズにできれば，アップキックは自然にできてくるので補助はしない。

○両腕を頭上に伸ばしたバタフライキック
〈やり方〉
　両腕を頭上に伸ばした姿勢でドルフィンキックを行う。

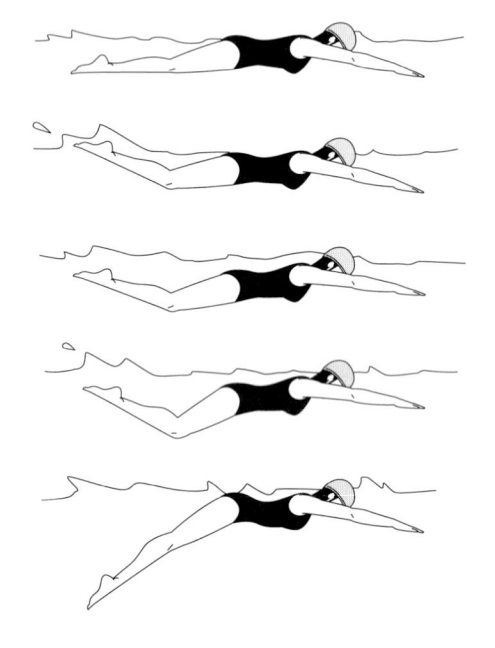

○気をつけ姿勢でのバタフライキック
〈やり方〉
　両腕を体側に伸ばして気をつけ姿勢でドルフィンキックを行う。

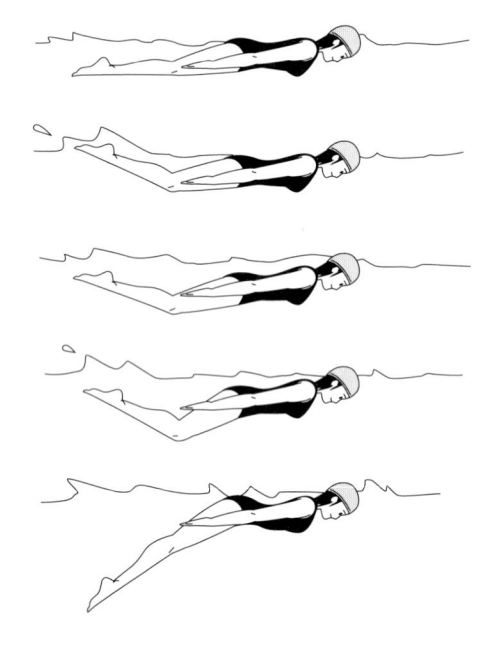

[指導ポイント]
・何回かドルフィンキックを繰り返すと苦しくなってくるので，我慢をさせずに苦しくなる前に立つようアドバイスする。なお，慣れてきたら4回キックを行ったら，平泳ぎのプル動作を小さめに行って呼吸を行い，泳ぎ続けるようにする。

[指導ポイント]
・顔の向きは，水中では斜め前方を見るのが基本である。しかし，気をつけ姿勢でのバタフライキックの場合は，ダウンキックに合わせて腰が水面近くに上がってきた時に，顎を前に突き出すとよい。そうすることで胸もうまく前へ突き出すことができ，身体全体を使ったドルフィンキックになる。さらにこれが，バタフライプルの腕の入水時の胸の突き出しにつながる。

(2) バタフライのプルの指導

キックが習得できたら、次にプル動作を指導する。バタフライのプルの指導は、一般的にはインストラクターがバタフライの模範を示した後に、プールサイドでプルの練習を行い、そして実際に泳がせるという方法を取る場合が多い。これも一つのやり方ではあるが、段階を追って指導したほうが早い習得につながる。

指導の流れと指導のポイントを示すと次のようになる。

□水中プル

○バタフライプル

〈やり方〉

水中に立った状態で、プールを縦にしたと考えて、真上に泳ぐ形でバタフライのプル動作を行う。

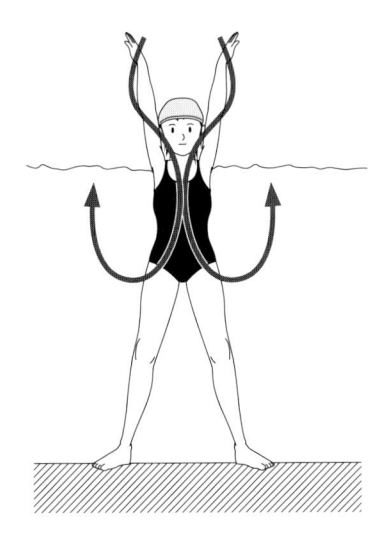

［指導ポイント］

・立った状態でのバタフライのプル動作は、鼻と口の前で両手が近づくことがポイントである。実際に泳ぐ場合は、みぞおち付近の前で両手が近づく。それを立った状態で行うので、身体が進行方向に移動していないことを考慮して少し早めに手と手を近づける。実際の泳ぎと同じプル動作（みぞおち付近の前で両手が近づく動作）で指導すると、へそ付近で両手が近づくリズムになってしまう。

□前進ウォーキングスイム

④バタフライウォーキング

〈やり方〉

バタフライのプル動作を行いながら、前進の水中ウォーキングを行う（「バタフライウォーキング」のやり方は、p.121を参照）。

□後進ウォーキングスイム

④バタフライウォーキング

〈やり方〉

バタフライのプル動作を行いながら、後進の水中ウォーキングを行う。後進しながらプル動作を行うので、手のひらに大きな抵抗がかかって、実際に泳いでいる時と同じような力の入れ方になる。このことで、よりバタフライに近いイメージを体験できる（後進の「バタフライウォーキング」のやり方は、p.122を参照）。

(3) バタフライのキックとプルの組み合わせの指導

バタフライのキックとプル動作を習得した後、次にそれを組み合わせてバタフライを完成させる。背泳ぎやクロールの場合は、陸上でのプル動作の練習と呼吸動作を習得すれば、キックとプル動作の組み合わせを強調して指導しなくても、比較的簡単にコンビにつなげることができるが、平泳ぎとバタフライはそうはいかない。逆にここの指導がうまくいかないと、キックとプルのリズムが狂い、変な泳ぎを習得させてしまう可能性がある。つまりここはインストラクターの腕のみせど

ころなのである。

　一般的には，インストラクターがバタフライを泳いで見せ，それを真似させ習得させる指導法が多いようである。ここでは，段階を踏んで次のような方法で行う。

　まず，インストラクターがバタフライを泳いで見せ，バタフライのプル動作とキックの組み合わせのタイミングなどを理解させる。しかし，バタフライは平泳ぎと違って，泳ぎの動作を一瞬止めて伸びるという動作がない。プル動作は常に動いていて，その中でキックを行っている。そのためバタフライのプルとキックの組み合わせを漠然と理解できても，プル動作のどこの位置でキックを行うかを具体的に理解させるのは難しい。

　そこで水中に立って天井に泳ぐ形のプル動作に，キック動作を加えた練習を行う。この練習を行うことで，プル動作のどの位置でキックを行うかがはっきりし，完全に習得することができる。

　続いてノーブレバタフライを行い，既に習得したキックとプルの組み合わせを実際に泳いでみる。

　一般的には，ノーブレバタフライを行った後，呼吸の練習を行い，バタフライのコンビにつなげることが多いが，ここではノーブレバタフライの後に，片腕バタフライを行うことでプルとキックの組み合わせをより正しいものにもっていく。

　その後に，呼吸動作を入れたウォーキングバタフライを行い，バタフライの呼吸を指導しバタフライコンビにつなげる。

　以下にバタフライのプルとキックの組み合わせの指導の流れと指導のポイントを示す。

□水中プル
○キック動作を加えたバタフライプル
〈やり方〉
　「水中でのバタフライプル」にキック動作を付け加えて行う。
①水中に立って，天井に向かって泳ぐ形で，両腕を頭上に上げ，手のひらを外側に向け，両手を両肩の延長線より内側に置く。この状態から入水動作として両肩を突き上げながら両手を外側に開くと同時に，殿部を後ろに突き出すダウンキックの動作を行う（これを第一キックと言う）。
②次に肘を立ててのキャッチからスカーリングプルにかけて，殿部の後ろへの突き出しから戻り膝を伸ばしたアップキックを行う。そして次のダウンキックに備える。
③次にプッシュに合わせて二回目のダウンキックの動作を行い，殿部を後ろに突き出す（これを第二キックと言う）。
④次にリカバリー時に，アップキック動作で殿部の後ろへの突き出しから戻り，次のダウンキックに備える。
⑤以上の1ストロークに2回キックを行う動作を繰り返す。
［指導ポイント］
・立った姿勢でバタフライのプル動作とキックの組み合わせを練習するのは意外に疲れるため，プル動作を4回ぐらい行ったら休憩を入れるようにする。
・第一キックの殿部の後ろへの突き出し（ダウンキック）は，両腕を頭上に上げ，両肩を突き上げて両腕を肩幅よりも少し広く外側に開くタイミングである。また，第二キックの殿部の後ろへの突き出しは，両腕でのプッシュを行う時である。

□バタフライ
○ノーブレバタフライ
〈やり方〉
呼吸なしでバタフライを泳ぐ。

[指導ポイント]
・ノーブレバタフライとは，呼吸をしないバタフライである。苦しくなるまで泳がせるのではなく，その前に立たせるようにする。

□片腕バタフライ
○片腕を頭上に伸ばしての片腕バタフライ
1ストローク2キックのリズムを習得する。
〈やり方〉
片腕を頭上に伸ばし，他方の腕で片腕バタフライを行う。

[指導ポイント]
・ノーブレバタフライやバタフライコンビよりゆっくり行うことができる。そのため，1ストローク2キックのリズムが習得しやすい。

□片腕バタフライ
○気をつけ姿勢での片腕バタフライ
〈やり方〉
　片腕を体側に伸ばし，他方の腕で片腕バタフライを行う。

[指導ポイント]
・入水時の胸と顎の前への突き出しが容易にできるので，正しい上半身の動かし方が習得できる。インストラクターは，それを理解してこの片腕バタフライを利用するようにする。

□前進ウォーキングスイム
○バタフライウォーキング（呼吸つき）
　次に「バタフライウォーキング」に呼吸動作をつけて行う。
〈やり方〉
　呼吸動作は，次のように行う。
①上半身を少し前に倒した姿勢でウォーキングを行う。次に顔を水中につけ，ウォーキングの片脚が前に出るのに合わせて，両腕を両肩の延長線より少し内側に入水する。
②次に入水するのに合わせて両手を少し外側に開き，続いてキャッチに入る。
③次に手はキャッチから内側に掻き込み，鼻と口の下で両手が触れるぐらい近づく。呼吸はそれに合わせ，口と鼻で息を吐く。脚は後脚が立っている脚に近づき，片脚立ちの姿勢になる。
④次にプル動作は，手と肘が一緒に動き，へそ付近まで加速してプルし，その後プッシュを行い手と手が離れ腕全体を肘で吊るようにして水面へ出る。呼吸は，プッシュに合わせて顔を起こして水面上に顎をつけて出し，口で息を強く吐き終える。それと同時に口で息を吸う。脚は，後脚が前に出る。
⑤次にリカバリー動作に入ったら，素早く顔を水中に戻す。
⑥このように，呼吸動作を入れたバタフライプルを行いながら，前進のアクアウォーキングを繰り返す。

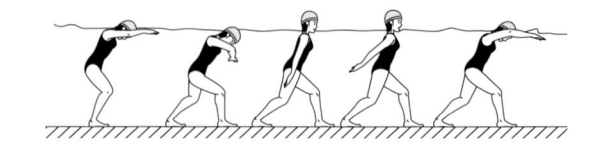

［指導ポイント］

・呼吸は，スカーリングプルに入ってから鼻と口から息を吐き始める。プッシュ時に水面へ口を出し，口で息を強く吐き終える。吸気は，その反動を利用して口で一気に行う。そして，リカバリー動作に入ったら顔を水中に戻す。

□バタフライコンビ

〈やり方〉

呼吸動作をつけて実際に泳ぐ。これまでの段階的な練習を踏まえれば，無理なくバタフライが泳げるはずである。

［指導ポイント］

・息を吸う（吸気）際には，顎を水面につけて行う。

・バタフライは，呼吸ができるようになってからも，必要以上に距離を泳がせると泳ぎのリズムが崩れてくる場合がある。泳ぎのリズムが崩れた状態のまま泳がせ続けると悪いフォームが身についてしまうことがあるので，泳ぐ距離は泳ぎのリズムを崩さない範囲の距離にするとよい。

■参考文献

(1) 目黒伸良『アクアリラックス指導法』環境工学社，2001年

第6章

水中安全管理法

1 はじめに

　筆者の勤務先（日本赤十字社）では、「人道」という言葉が頻繁に飛び交う。それは、組織の日常活動（もちろん、非常時の活動もあるのだが）の底を流れているものが「人道」であるが故である。そして、より望ましい活動を阻害するもの（姿勢ともいえる）を「人道の敵」と呼び、それらを①想像力の欠如、②認識不足、③無関心、④利己心の4つで表現している。冒頭にこの紹介をしたのは、この第6章全体を串刺しにしているコンセプトと、これら「人道の敵」に重なるものがあるからである。もっとわかりやすく言えば、安全が脅かされる、あるいは事故が起こることの背景には、関係者の頭やこころの中に想像力の欠如、認識不足、無関心、利己心といった問題点が存在するのだということである。つまり、安全確保や事故防止を実現させるために欠かすことのできないものの中には、「想像力を発揮すること」、「十分な認識を持つこと」、「強い関心を持つこと」、「自分以外の人を認め、大切にするこころを持つこと」などが含まれるからである。この章を開けた際には、このことを強く思いながら読んでいただきたいと思う。

　プールを利用しての身体活動（以下「運動」という。）を普及・指導していく役割を持ったインストラクターにとって、人々がプールという場・施設に何を望み、その市場が社会の経済活動の面でどのような状況にあるのかを把握することは重要なことである。（財）社会経済生産性本部が2006（平成18）年7月に発行した「レジャー白書2006」によれば、2005（平成17）年の余暇活動をスポーツ部門で見た時、フィットネス・クラブにおける会員数は、中高年層を中心に増加傾向にあるという。また、施設経営に当たる企業サイドにおいては、スタッフ、トレーナー、インストラクターの採用や育成に関する問題意識が高くなってきているとの見方をしている。プールを利用しての運動を普及・推進していく立場にある人々は、その社会状況にどのように応えていくべきな

1 はじめに

のかを考え，実行に移していく役割を担うことになる。

次に，余暇活動への参加・消費の実態であるが，スポーツ部門における参加人口のベスト5は，①ボウリング，②体操（器具を使わないもの），③ジョギング・マラソン，④水泳（プールでの），⑤キャッチボール・野球となっている。この辺りについての傾向は，年によって大きく変わることはない。つまり，水泳（プールでの）は，根強い人気を保っており，プールという活動の場や水着という必要不可欠なものを確保する手間，あるいは温水プールといえども体温よりも低い水温に身体が曝されることでの冷たさ・寒さ，そういったことがあるにもかかわらず，それを超えて人々が惹かれる魅力を持っているといえる。

また，2006（平成18）年9月に日本経済新聞社が全国の20歳以上の男女1,000人に行ったインターネットの調査では，「日頃，運動不足だと感じているか？」という問いかけに，「よく感じる」と答えた人が63％，「たまに感じる」と答えた人が30％で，両方を加えると93％にものぼる結果となった。それでは，運動不足を感じている人が実際に運動をするかというと，そうでもない。「日頃，スポーツをしているか？」と問いかけると，「全くしない」が31％，「年に数回」が19％で，5割の人が運動とはほとんど縁がなかった。ただし，年代が上がるほど運動をするようになり，50代以上でスポーツを週2回以上する愛好者は2割を超える。運動をやらない理由で圧倒的に多いのは，「時間がない」52％，3位が「疲れる」28％という回答になった。さりとて，このままの状態で良いとは思っているわけではなく，6割強が「何とかしなければ」と頭を痛め，3割弱が「まずいと思うが仕方がない」。「気にしていない」はわずか9％という結果が出た。

次に，「しているスポーツは？」と問うと，「ウォーキング」37％，「散歩」33％，「スポーツジムでトレーニング」19％，「ジョギング」14％，「水泳」13％の順となっている。それから今後の希望として，「していないけれど，できればやってみたいスポーツは？」という問いには，「スポーツジムでトレーニング」22％，「水泳」20％，「乗馬」18％，「ダンス」17％，「テニス」16％が上位を占めた。

従来からの各種調査を通じて，潜在需要としての「水泳」人気は根強いが，それをいかにして顕在化させていくかが関係者としての課題である。

さらに，厚生労働省委託調査「生活と健康リスクに関する意識調査（2004年）」によれば，我が国の国民が，「大きい」と認識している健康リスクのトップは，「生活習慣病を引き起こす生活習慣」であり，回答者の過半数がこれをあげている。

また，内閣府が2006年10月に発表した「体力・スポーツに関する世論調査」によると，自分を肥満と感じている人の割合が43.4％にのぼり，1991年の調査開始以来最高となった。年代別では40代が57％と最多で，働き盛りの世代を中心に肥満への不安が広がっている様子が窺えた。ただ，厚生労働省の調査（2003年）では，成人の肥満割合は男性27％，女性21.4％にとどまっており，実際以上に体型を気にしている人も多いようである。内閣府の調査は8月に成人男女3,000人を対象に面接方式で実施し，61.6％から回答を得た。肥満を感じる度合いは「大いに」14％，「ある程度」29.4％で計43.4％であり，2004年の前回調査の合計と比べ2.8ポイント増えた。男女別では男性39.9％，女性46.5％と女性の方が

肥満を感じている人が多かった。年代別では40代だけが5割を超え，4割台だった20代（43.4％），30代（46.7％），50代（45.9％）を10ポイント以上上回った。60代は38.3％，70代28.6％だった。一方，運動不足についても「感じる」との回答が67.6％で過去最高だった。これを裏付けるように，ほぼ4人に1人（25.5％）が，この1年間全く運動をしていないと答えた。自分の体力をどう感じているかを聞くと「不安がある」が20.3％で，「自信がある」の13.7％を上回った。

このような調査からも，生活習慣のありようによって，健康を損なうか否か，肥満を感じるかどうかが決まることが多いということがわかる。この認識が，プールを場とした運動の需要を生み出しているという側面があるものと考えられる。

また，プールを使った運動を違った側面でとらえてみると，健康な人が体を鍛えるということが多かった時代から，現在では生活習慣病の改善，予防，肥満の解消，膝の痛みや腰の痛みを抱えている人が痛みの軽減を図るために施設を利用することが増えてきている。

水中運動のインストラクターにとって，水泳をはじめ発展著しいアクアフィットネスなどに関心を持ち，その運動を生活習慣化する人々が増えることはこの上なく嬉しいことであろう。

今後，プールにおける運動がさらに人々にとって身近なものになっていくために必要不可欠なことの一つが活動における安全の確保である。

施設経営サイドやインストラクターがプールでの活動を主体としたサービスを提供していく中で，彼・彼女らが真剣に安全確保対策に取り組むことが，参加者（スイミングクラブ会員）の安心感を醸成することにつながることを関係者は肝に銘じておくべきである。

なお，この章における水中安全管理法の「法」とは，法律という意味ではなく，方法という意味で使っているものであることをお断りしておく。

また，「管理」という語句を国語辞典（大辞林）で見ると，管理を説明する記述中の一つとして「管轄・運営し，またその処理や保守をすること。取り仕切ったり，よい状態を維持したりすること」が掲げられている。また，小学館の日本大百科全書では，「一定の目的を効果的に実現するために，人的・物的諸要素を適切に結合し，その作用・運営を操作・指導する機能もしくは方法」と説明されている。もう少し具体的にとらえるために，『体育管理学』（大修館書店）を開いてみると，その中で宮畑虎彦は，「体育管理とは，体育活動を実施するのに必要な諸条件をととのえる基礎的なはたらきである」と説明をしている。

ここから，管理とは，ある活動を行う（目的達成の）際に必要な諸条件をととのえるために実行すべきこととなる。英語では，コントロール，マネジメント，アドミニストレイション，スーパービジョンなどと表現されるが，安全に焦点を当てることを考えた場合，マネジメントが最もその意を体した語句であるといえる。

さて，この管理の意味するところをスイミングクラブ等，プールにおける活動に当てはめてみると，現に会員として施設における活動を楽しんでいる人々はもちろんのこと，潜在的に水中運動を求めている人々については，その掘り起こしに努め，それら会員予備軍が実際に自分の欲求を形にできるような条件整備を図り，会員として施設を利用してもらえるようになれば，その状態を維持，発展させるために必要なことを組織的，計画的に，継続性をもって実施することとなる。この

ことにより，会員が能動的に運動を行っていくことを実現できる。そして，これら管理を実施する際に，安全を基軸に進めていくことが安全管理である。水を活用した運動と安全管理という二つの語句の関係は極めて深く，他のスポーツ種目の比ではない。水中運動は文字通り水を媒体としている運動であるため，陸上で行う運動に比べて，切りきず，刺しきず，擦りきず，あるいは骨折などのけがをする割合は低い。

　反面，アクシデントに見舞われると，それが生命を脅かすことになりかねない。このことが，水中運動と安全管理の密着度を上げているのである。

2 プールで起こる事故の実態

1 水の事故

　プールで起こる事故を見る前に，我が国における水の事故を概観してみる（表1）。我が国で発生した水の事故については，毎年警察庁が取りまとめをし，警察白書という形で公表をしている。この統計に計上されるものは，家の外（屋外）で起きた事故で，かつ，日常生活に関係深いものに限っているため，厚生労働省の人口動態統計や海上保安庁の統計における溺水とは括りが異なっている。まず，このことを承知しておく必要がある。

　プールでの事故に限定しないで水の事故全体を概観することの意義は，水泳指導に当たる者の責務の一つとして，水泳事故防止に止まらず水の事故全般についてその発生を防ぐことに寄与する姿勢・取り組みが求められるからに他ならない。この10年間の推移を見ると発生件数，水死者ともに減少傾向にはなっているものの，もっともっとゼロに近づいていってもらわなくてはならない。そうした中，水泳を学習する人々の動機や目標は多様であっても，その泳力が向上するということは，水泳以外の活動で水に関わる際の事故防止，また万が一事故に遭った場合の自己保全に繋がることになる。であるからこそ水泳普及の必要性に意味がある。

2 プールでの事故

　2006（平成18）年1月から12月の1年間に発生したプールでの事故は，発生30件，死者8名，被救助者22名（負傷と無事が各11名）となっている。水の事故を場所別で見ると，プールでの事故は，全体の中で小さな数字となっているが，水泳場として最も環境整備が進んでいる所という観点でとらえれば，この数字が私たちに与える警鐘を軽視するわけにはいかない。

　人々が水を活用した運動をはじめとした色々な活動を行う場としては，海・河川・湖・池・プール等，多彩な環境がある。この内，プールは水泳活動，水中活動のために人工的に整備された施設であり，その他は自然水域，自然の水場環境である。水の事故には，場所ごとに発生件数・死者数・事故者数に違いがある。重ねて述べるが，活動場所による危険度の比較では，プールが最も安全ということである。

　たしかに，水難事故全体の中に占めるプールにおける事故の割合は，発生件数2.1％，死者1.0％と相対的に低いものとなっている。なお，死者

●表1──最近10年間の水難事故発生状況推移 （警察庁生活安全局地域課調べ）

区分 年次	発生件数 件数 件	発生件数 前年比 ％	死者・行方不明者 人数 名	死者・行方不明者 前年比 ％	被救助者 人数 名
1997年	2,017	3.4	1,243	2.5	1,048
1998年	1,947	△3.5	1,188	△4.4	1,049
1999年	1,944	△0.2	1,179	△0.8	1,106
2000年	1,813	△6.7	1,034	△12.3	1,157
2001年	1,731	△4.5	1,058	2.3	943
2002年	1,722	△0.5	977	△7.7	1,041
2003年	1,414	△17.9	827	△15.4	882
2004年	1,505	6.4	892	7.9	939
2005年	1,363	△9.4	825	△7.5	838
2006年	1,448	6.2	823	△0.2	851

数を事故者数で除したものを致死率というが，水の事故全体ではこれが49.2％であり，このことは，水に関わる活動中に事故に遭うと，そのおよそ半分は死亡事故になるということを示している。水の事故の内，プールに絞って致死率を見ても，26.7％と高い数字となっている。ここが問題なのである。繰り返しになるが，水という媒体を使う活動・運動であるがゆえに，他のスポーツに比して安全管理を意識すべき必要性が極めて高いのである。

3 水泳中の事故

同様に2006（平成18）年中の水の事故を行為別に見ると，水泳事故は，発生273件，死者136人である。事故には遭ったが，救助されて事なきを得た者は186人である。

これから，プールで起きた事故事例の発生要因を「施設上の問題」と「指導上の問題」に分類して紹介するが，事故というものはきっちりとどちらかに分類できるわけではない。このことはしっかりと認識しておく必要がある。

(1) 施設上の問題

プールでの水中運動中に事故が発生し，その原因を調査した結果，主たる問題点が施設にあったというケースには次のようなものがある。
①指先からの台上スタートを実施した際に発生した事故

一般的には，飛び込み事故と呼ばれるものである。この事故がその当事者（事故者）に与える損傷は，プールの底に自分の頭部や前額部をぶつけることにより，頸椎・頸髄にきずがつくことである。頸髄にきずがつけば，上肢・下肢の麻痺や排泄障害が起きる，あるいは呼吸停止が起きることもある。

麻痺や障害は，事故にあった人々のそれから先の人生において，それまでよりも不自由な生活を送ることを余儀なくさせる。移動をする際に車椅子を使う，食事には介助が必要になる，排泄のコントロールが不可能になり，収尿器などの装着等の措置が必要になるかもしれない。そして，そこから生じる精神的苦痛も他者の想像をはるかに超えたものであろう。
②プール本体に設置されている排水口，吸水口などに身体の一部あるいは全身を吸い込まれる等の事故

この事故が事故者に与える損傷は，身体の一部（全部）を吸い込まれ，鼻・口が水中にある状態で身体の自由が利かなくなり，呼吸不能に陥ることである。排水口等の設置位置が水底や壁面水底近くにあるため，吸い込まれると全身が水没した形となる事故である。

短時間で救出できれば，現場での人工呼吸，あるいは胸骨圧迫を加えた心肺蘇生法の実施から，医療機関へのバトンタッチで救命できる場合もあるが，実態としては救出までに多くの時間を要するため，死亡事故あるいは重篤な後遺症を負うことになる。吸い込む力が強いため，脱出が困難なケースが多く，呼吸ができない状態が続きその苦しみを想像するにつけ，悲惨な事故であることを痛感する。
③プールでの活動中に，心臓疾患や脳血管疾患に代表される内因性疾患で意識を失い溺れる事故。
④泳力が十分でないため，足のつかない水深でコントロールを失い溺れる事故。

泳力はある程度ある人でも，呼吸調整の失敗で平衡感覚を失い溺れることもある。

⑤足をすべらせる事故

プールの底が滑りやすい材質，塗装でできている場合，水中歩行中あるいは水泳中に立とうとした時に足を滑らし，バランスを崩して溺れにつながる事故。

この事故で事故者は，呼吸調整に失敗し，多くの場合水を飲んでしまうことで，暫くの間苦しさが続く。稀にではあるが，溺水という事態に至ることがある。こういった，いわば負の体験は，それから後の運動継続を阻害する要因となり得る。

⑥水中階段を使用中にけがをする事故

プールの中に設置されている水中階段，これは入水・退水のために使用するために備えられているものであり，これを使用中に足（脚）を金属パイプとプール壁面との間に挟んでしまいけがをする事故である。

すりきず，裂傷，骨折などを負うことがある。同様に，プールサイドのエッジ部分の状態が悪い場合には，そこから上がろうとして脛（すね）を打ったり，擦ったりしてけがをすることがある。

⑦プールサイドのコンディションが悪いために起きる事故

たとえばプールサイド（床）に凹凸ができている状態を放置していると，足の指を引っ掛けて骨折をする，きりきずを負い出血する，すりきずを負うなどがある。また，水の排除が十分でないと，滑って転倒をし，頭や四肢を打つなどの事故が起こる。

以上，施設上の問題から発生する7つのケースをあげてみた。一旦起きた事故を無かったこととして元通りにすることはできない。ならば，事故を徹底的に解剖して，二度と同じことが起きないように（事故事例を）活用すべきである。そこで，ここからは，実際に発生した，事故事例（①と②の例）をみながら，一部分ではあるがその事故発生に係る問題点を明らかにし，再発防止に必要な対応を記していくこととしたい。

〈台上スタートによる事故〉

■事故事例1

1985（昭和60）年に起きた台上スタートによる事故の当事者（事故者）が，事故後11年を経た1996（平成8）年に(財)日本水泳連盟主催の水泳医・科学シンポジウム'96において，『学校プールでの事故予防—被災者の立場から』と題して講演をした。その講演要旨から事故をみることにしたい。講演を行ったのは，H.Sさん（事故当時17歳）である。

「私は，1985年12月にK高校水泳部の練習中にスタート台から飛び込み，プールの底に頭を打ち頸髄損傷を負った。事故の起きたG市民プールは満水状態でスタート台直下の水深は100 cm，スタート台の高さは47 cm，実際には約10 cmの減水があり水深は90 cm，台の高さ57 cmという相当に危険な状態であり，私がここで飛び込みを行うのは初めてであった。当時私は飛び込み事故がどんなに悲惨な結果をもたらすか全く知らなかったが，"頭を打つかもしれない" "顔面を擦るかもしれない"との恐怖感を持ち，到達深度を浅くしようと蹴りを弱くし，その結果空中姿勢が「へ」の字になり，前方への回転モーメントが働き入水角度が急になり，水底に頭を打ち付けてしまったのである。これは，飛び込み事故発生の典型的パターンの一つである。事故後のアンケート調査からK高校の水泳部員の11人中5人までが，普段練習で使用しているK高校プール（スタート台直下の水深は125 cm，スタート台の高さ56 cm）で，鼻・顎・腹をこすった経験があ

ることがわかった。しかし，私を含めて部員たちは，飛び込み動作に重大な危険性が潜んでいることには思い至らなかった。また，顧問の教師も飛び込みの危険性に関しては全く無知・無関心といっていい状況だった。顧問は普段の練習の中でも，飛び込みの危険性に関する注意・指導を全くしてこなかったし，K高校プールより危険性の高いG市民プールで飛び込みを指示する際にも全く注意をしなかった。そもそもオフシーズンに危険なプールで敢えて飛び込みをさせる必要性などなく，私の事故は飛び込み事故の正しい認識があれば容易に避けられたはずであった。ではなぜ，水底接触の経験のある水泳部員が危険を認識できないのか。その原因は学校教育の中にあると思う。飛び込み動作は頭から突っ込むという異常な動作であり，ほとんどの人が恐怖を感じるものである。学校教育は，この本能的防御反応をひたすら抑制していく。小・中・高校とプールには当然のようにスタート台が設置され，"水泳と飛び込みは一体である"という教義が刷り込まれていく。水泳部員ともなれば"飛び込みをするのは当然"という考えが働き，危険性を認識する目を曇らせてしまうのである。水泳指導の目的として，①緊急避難，②レクリエーション，③競技，があげられるが，頭からの飛び込みは競技以外では必要ないはずである。"水泳と飛び込みは一体である"という意識から"飛び込みは競技のためだけの特別なものである"に意識改革をする必要がある。」

以上，1985（昭和60）年に台上スタートによる事故の当事者（事故者）となったH.Sさんが自ら語ったことである。

※後日のことになるが，1991（平成3）年の国際水泳連盟競技施設規則改正に伴い，（財）日本水泳連盟は，1992（平成4）年にプールの壁端前方，5.0 mまでの水深が1.20 m未満である時は，スタート台を設置してはならないと規則で定めた（禁止条項を設けた）。さらに，その後の2001（平成13）年にもプールの壁端前方6.0 mまでの水深が1.35 m未満のプールではスタート台の設置を禁ずる規則改正を行っている。1985年当時，このような禁止条項はなかったものの，1980年代初めから日本水泳連盟をはじめ，国や医学界，法曹界，プール設計等の関係団体がこの種の事故防止に取り組んできている。

スタート台からの逆飛び込み（指先から，頭からの飛び込み）を実施した時に失敗をしたとしても，それがプールの底に頭をぶつけるなどの事故につながらないような水深としては，最低2.7 mあるいは3.0 m必要だと言われている。しかしながら，一般遊泳を目的とするプールとしては溺水事故の頻発やコストの面から，実現性は少ないと考えられる。

■事故事例2

1999（平成11）年6月28日，都立T高校1年生の男子生徒（15歳）が，校内のプールに飛び込んだ際，水底に頭を打ち付け，頸（首）の骨を折り，10日後の7月8日に死亡した。事故後，高校のプールを見た母親は，涙を浮かべながら「息子が死んだプールを見た時，本当に浅いなあと感じました。身長180 cm，体重90 kgの息子には無理。いまどきの高校生に120 cmなんて。なぜもっと深くしないの」と語ったという。

色紙の真中に「頑張れ」と書かれたクラスメートからの寄せ書きと，生徒の遺影が並べられた祭壇を前に，父親は「教頭は『他の学校も同じよう

な水深なので』というが，こんな浅いプールが常識になっていること自体，無謀だ」と語気を強めた。

生徒は，小学校低学年で水泳教室に通い，飛び込みも上手だった。悲劇が起きた状況について高校側が教育委員会に提出した事故報告書には，こう記されているという。「（飛び込みを）後ろから見た生徒は『やや深く飛び込んで危ないなと感じた』。また，見学していた生徒は『きれいに飛び込んだ』と話している」

生徒はプール底に頭を打ち付け，ぐったりと手足を垂らし，うつ伏せで浮き上がってきた。異変を感じた後続の生徒に助け上げられ「体が動かない，支えてくれ」と話した。O消防署によると，救急隊が到着した際，胸から下が麻痺した状態だった。

この事故が起きたプールは，スタート台の高さ21 cm，水面からの高さは41 cmであった。また，水深1.2 mで，最深部は1.5 mであった。これは日本水泳連盟が1992（平成4）年に定めた「前方5 mまでの水深が1.2 m未満の場合，スタート台を設置してはならない」という基準すれすれである。水泳の選手でも危険な水準だったといえる。

こうしたプールが残っていることについて，飛び込み事故の裁判を多く手掛けた望月浩一郎弁護士は以下のように説明した。「規定は競技会用のもので，自治体管理の学校プールの設置基準には拘束力がないからだ。飛び込み事故というと，飛び込んだ人間が悪いという考え方があるが，大間違い。先生が浅すぎるプールの危険性を知らなさ過ぎる。」

（東京新聞　1999年8月26日より抜粋）

〈吸排水口に身体を吸い込まれる事故〉
■事故事例1

2006（平成18）年7月31日13：50ごろ，S県F市の市営プール内の流水プールで遊泳をしていた小学校2年生のE.Tさん（女児・7歳）がプールの吸水口に全身を吸い込まれ，約6時間後に病院へ搬送されたが，死亡が確認された。

E.Tさんは，この日母親と兄2人，同級生と一緒にこのプールに遊びに来ていた。E.Tさんが吸い込まれた吸水口は，直径60 cmの楕円形をしており，プールの壁に設置されていた。吸水口には格子型のアルミ製ふた2枚がボルトで固定されるようになっているが，事故当時は，2枚のうち1枚が外れていた。事故発生直前の13：30ごろ，遊泳中の子どもがふたが外れているのに気づき，それを監視員に届けている。届けられた監視員は対応を責任者に確認，責任者は固定し直すため工具類を取りに行ったが，その間に事故は起きた。監視員が取った措置は遊泳中止ではなく，近づかないようにとの呼びかけだった。

事故が起きたのは，一周120 mの「流れるプール」で，子どもや付き添いの親でにぎわっていた。通報で駆けつけた消防職員や警察官が救出活動に当たったが，活動は難航した。消防車がポンプでプールの水を放水し，プールの水が抜かれた後，ショベルカーでプールサイドの地面を掘り返し，配水管を破壊する作業が続いた。事故が起きてから約6時間後，やっと配水管からE.Tさんが運び出され，病院に搬送されたものの，死亡が確認された。

この事故発生後，警察の捜査やマスコミ取材を通じて数多くの問題点が浮き彫りになってきた。たとえば以下の点である。

①3か所の吸水口にある合計6枚のふたのねじ穴

24か所のうち，ボルトで固定されていたのはわずか6か所で，残りは針金で代用固定がされていた。
②F市と契約を結びプール管理を委託されていた施設管理会社は，市の承認を受けずに下請け業者に管理業務を丸投げしていた（契約違反）。
③施設管理会社は，市との契約書中（プール管理業務仕様書）にある「監視員は，日本赤十字社，日本水泳連盟等の講習会を終了した者及び経験者を適切に配置し，適正な監視体制を確立すること。」という指示事項を遵守していなかった。

【問題点と再発防止のための対応】
問題点は何か？ 今後に向けて何が必要なのか？
●問題点
①安全対策上，吸水口には格子型のアルミ製ふた2枚がボルトで固定されることを前提としていたにもかかわらず，2枚のうち1枚が外れており，遊泳者が吸い込まれる危険性を除去する状態になかった。また，その内側にセーフティネットの一環として付設されているべき吸い込み防止金具がなかった。
②また，監視員はふたの1枚が外れていたことを遊泳中の子どもから知らされた直後に，その危険性の認識を適切に持つことができず，事故防止のための十分な対応をとらなかった。
●再発防止のための対応
①吸水口に遊泳者が吸い込まれないよう，ふた並びに吸い込み防止金具を（人の素手では外せないように）ボルトで固定し，その状態を毎日点検すること。
②安全対策のうえで支障がある状態をいち早く把握し，直ちに対策を取れるよう，監視員等が研修を受けたり訓練を重ねておくこと。

(2) 指導上の問題

プールでの水中運動中に事故が発生し，その原因を追求したところ，主たる問題点が適切な指導の欠如にあったというケースには次のようなものがある。

■事故事例1
●事故発生：1975（昭和50）年7月15日
Y市立N中学校における体育の授業中，当時3年生の男子生徒が，走り飛び込み練習中にプールの底で頭を強打し，全身麻痺となったものである。
知覚障害と排泄傷害を伴い，車椅子での生活を余儀なくされた。この事故は裁判で争われ，総額1億4千万円を超える賠償金支払いが命じられたことでマスコミが大きく扱った事例となった。

【問題点と再発防止のための対応】
●問題点
①指導にあたっていた体育教諭に，台上スタート（走り飛び込みも含まれる）が内包している危険性への認識が不十分であった。
②体育授業の中で，「走り飛び込み」の練習を行う理由が不明確である。
③体育教諭から傷病者本人に対し，走り飛び込みに係る危険教育（危険性を理解させる）が行われていない。
●再発防止のための対応
①台上スタートそのものが危険性を内包しているのだ，ということを指導者はしっかりと認識しておくことである。この認識があって初めて，危険の顕在化を防ぎながら課題に取り組むことにつなげることができる。

台上スタートの実施に至るまでに，水中スタートから始まる，段階を踏んだ練習を行うこと。その際，一つの段階（課題）を十分に達成できてから次の段階へ移ること。
②指導者は，学習目標，指導目標を明確にしたうえで，学習者に何を実行させるのかを選択すること。このような手順を踏むことによって，練習の意味を学習者に理解させることにつながるのである。
③指導者は，走り飛び込みを実行する学習者に対し，その危険性を教育したうえで実技を行わせること。

■事故事例2
●事故発生：1994（平成6）年8月
　東京都の公立中学校で水泳部活動中に1年生部員（174 cm, 73 kg）T君が，プラスチックの輪を使ったスタート（飛び込み）練習に失敗，プールの底に頭を打ち頸（首）の骨を折った。ただちに，N大学病院救命救急センターの集中治療室（ICU）へ収容された。下半身完全麻痺，両腕はわずかに動かせるが，手首から先は自由がきかない。頸の周りはギブス固定。
●当時の状況（学校側の報告書等による）
　事故は8月2日午前9時ごろ起きた。スタート台の約2 m前方で，部員が直径65 cmのプラスチックの輪を水面から少し上げて，水面とほぼ垂直に持っていた。T君はその輪を目指してスタート台を蹴った。輪をくぐって水中に飛び込んだT君は，うつ伏せのまま，ふわっと浮くように水面に上がってきた。プールサイドに引き上げられ「首が痛い。体が動かない。」と訴えた。
　輪を使った飛び込み練習は部員の発案で，この日に初めて取り入れられた。

　顧問教諭は，この練習が始まる直前，別の教諭に水泳部の指導を引き継ぐため，プールを離れていた。
　T君本人の話では，一，二巡目の練習の際は無事に飛び，三巡目で事故に遭った。後ろから見ていた部員は，「水に入った時，足が高くなって失敗したかなと思った。」輪を持っていた部員は，「おかしいとは思わなかった」と，周りの見方はまちまちだった。
　このプールでは，以前にも，飛び込みで頭を打った部員が2人いた。1人は首の痛みを訴え，直後の練習を休んだ。
　T君が飛び込んだ付近の水深は約1.1 m，スタート台の先端は水面から41 cmの高さ。

●学校生活についての留意事項（傷病者の母親から学校側へ）
①登校
・車から車椅子に移したりするために，男性が2人くらい必要な日もある。
②自助具
・たまに外して皮膚の状態を見る。赤くなっていたら，冷やしたりたたいたり等してその部分の血液の流れを良くするように心掛ける。右手には，鉛筆・スプーン・フォークをさして使用するもの，左手には車椅子の車輪を動かすための手袋タイプのものをはめている。
③横にならせる場合（ベッド）
・クッションの小さめのものを腰に当てる。
④休み時間
・上体を前に倒したり，肩を前に押し出したりする。
・ベンチソファーを使って，車椅子のまま横にならせることもある。

⑤うつ熱
- 体温37.0度がベスト。襟足に冷たいタオル又はアイスノンベルトを当てておく。
- 体温計は舌下型を使用する。

⑥痙攣（けいれん）
- その部分を押さえる。

⑦給食
- 食器とお盆は，今のものをそのまま使用する。スプーンとフォークは自宅から持ってくる。牛乳は折れ曲がるストローをさして飲む。
- 膝の上に黒っぽいタオルを敷く。こぼれるのと同時に熱傷予防。

⑧収尿器
- 膝の上に重いものを載せない。
- 収尿器が見えないようにズボンの中に入れる。
- 外れたら，お母さんに連絡する。スペア，学校に保管。
- 尿に関する近医として，K病院を検討中。

◆1997（平成9）年3月　　中学校を卒業
◆1997（平成9）年4月　　都立高校に入学
◆2001（平成13）年4月　　私立大学入学

●一審判決：2001（平成13）年5月
　原告勝訴，賠償額：総額1億7千万円
　本人20歳
　「裁判所の見解」
　判決理由で裁判長は，「顧問の教諭は練習に立ち会い，生徒に危険が及ばないよう安全に配慮する義務があったのに，これを怠った。」と述べた。
　判決によると，傷病者本人は中学1年生だった1994年8月，水泳部の練習中，上級生の指示に従いフラフープの輪をくぐって飛び込んだ際，プールの底で頭を打ち首を折るなどして重い後遺症を負った。
　裁判長は，「顧問の教諭は生徒が通常の練習では使わないフラフープを持ち出したことに気付いたのに，使用を禁止するなど注意せず，プールから離れ職員室に向かった」と述べた。

【問題点と再発防止のための対応】
　この事故事例を見て，事故がいかに悲惨なものであり，傷病者はもちろん，家族，学校等関係者にとっても，学校での生活を継続していくために多大な努力が必要とされるかを認識することが必要である。そのうえで，問題点を明確にし，同じことが起きないようにするにはどうすればよいのかを理解し，それを実践することがインストラクターに求められることである。

●問題点
① これまでに実施したことのない「プラスチックの輪を使ったスタート練習」を実施するに際しての吟味が不足していた。輪をセットすることにより，スタート台を蹴って空中を進んで行くルートが指定されてしまうという初の体験をするには，練習段階に不足があった。
② 顧問教諭が監督，指導の役割を別の教諭に交代しようとする際に，現場，すなわちプールサイドではなく，職員室でその交代を行った。
③ このプールでは過去にも頭を水底にぶつけた例が2つあったにもかかわらず，そのことが教訓にされていなかった。

●再発防止のための対応
① 初めてのことを行う時には，経験済みのことを行う時に比べて危険度合いが高まることを認識したうえで，そこに至るまでの段階を踏むこと。
② 顧問教諭が，指導監督の役割を別の教諭に交代しようとする際には，現に指導監督に当たっている場所すなわちプールサイドで行うべきであった。プールをはじめ水泳場で監視活動に当た

っているライフガードが，任務に先立ち最初に指導されるのが，「監視の交代は監視場所で行うこと」である．つまり，護るべき対象から一瞬たりとも目を離すな，という意味である．

筆者が関係者から聞いたところによれば，顧問教諭は自分の所用のため，あらかじめ他の教諭に交代を依頼していたが，約束の時間になっても相手がプールサイドに姿を現さなかったため，顧問教諭の方が職員室へ（相手方を）探しに向かったということである．

■事故事例 3
●事故発生：1999（平成11）年10月

山梨県のAスイミングクラブでの練習中，選手コースの練習に参加していた小学校3年生の男児（以降Y君）がプールの底に沈んでいるのが発見され，病院に搬送されたが，約1時間半後に死亡．

●当時の状況

10時半から練習を開始．小学2〜6年の男女19人のグループにコーチ1人，縦25mの競泳用プール（水深0.9〜1.1 m）で，2,000 m泳ぐ練習を行った．

グループは正午ごろ，け伸びを最後に練習を終了した．

午後1時半ごろ，次のグループの練習時に，プール中央付近（水深1 m）でY君が沈んでいるのが発見された．

練習前にはコーチが人員点呼を行ったものの，練習終了後にY君がいたかどうかは不明．

Y君は3歳の時から水泳を習い，事故当時は「選手クラス」に所属．泳ぎは得意で，特に体の不調を訴えてはいなかった．

●事故当日の状況（時系列）

（朝日新聞山梨版 1999年12月28日）

10：10　Y君はプールサイドで準備体操をした後，いつものように約2,000 mを泳ぐ練習をこなした．

11：50ごろ　仕上げにけ伸びの練習に入る．プールを横向きに中央付近までもぐり，浮き上がる．担当コーチは，スタート台のあるプール東側の角に立つ．19人の生徒は2組に分かれ，それぞれ2回泳いだ．

11：55ごろ　コーチは，後の組が浮き上がるところを見て，生徒たちにシャワーを指示．自分は一足先にプール脇のシャワーに移動した．プールから全員が上がったかどうかは確認しなかった．

正午過ぎ　シャワーを浴びさせた後，生徒を集合させた．何人かに簡単なアドバイスを与えて解散．点呼確認はしなかった．

12：15ごろ　母親が兄を連れて，Y君を迎えに来た．担当コーチは兄に「もう帰ったよ」と答えた．母親は，「きっと友達の家にいったのだろう」と思い，自宅に戻った．

12：30ごろ　家に戻ってもY君からの連絡がないため，母親はクラブに電話をかけた．担当コーチは再び，「もう帰りました」と答えた．コーチはその後，プールサイドや駐車場などを見回った．Y君が沈むプールや着替えが残る更衣室の確認は「思いつかなかった」という．

13：00　今度は，父親が同クラブへ迎えに行った．担当コーチは駐車場で，午後のクラスの生徒に指導をしていた．コーチはこの時も「帰った」と答えた．

13：30　午後のクラスの生徒が，水の中に沈んでいるY君を発見した．

15：07　運びこまれた病院でY君の死亡が確認された。

●クラブの対応

　クラブ側は，事故から約一か月後の11月25日付で会員宛に休校通知を，父母宛に報告とお詫びを出した。この報告の中でクラブ側は，「このように水泳に熟練した子どもたちが，"まさかプールの中で突然に死亡することはあり得ない"という過信と思い込みが，取り返しのつかない結果を招いてしまいました。」と述べている。

　さらに，「泳力の高い選手クラスだったため，当クラブの規定による安全マニュアルを徹底できなかった，ずさんな私ども指導者の管理体制の甘さを深く反省しております。又，ご両親が再三探しに当クラブに出向いたにもかかわらず，担当コーチによる当日のずさんな処置もすべて私たちクラブ運営の甘さだと深く反省しております。

　これからは，たとえ選手クラスであっても他のクラスと同様，人員の点呼，安全確認などのマニュアルを再度徹底し，このような不幸な事故が今後二度と起きないよう精一杯努力致します。」と結んでいる。

●事故によって失われたもの

　この事故を境にして，多くのものが失われたであろうことは想像に難くない。

①Y君の生命，無限の可能性を秘めていたY君の将来，人生
②ご両親はじめ家族の希望
③事故を起こしたスイミング・クラブに対する信頼
④コーチをはじめスタッフたちへの信頼
⑤事故に関与したコーチ（スタッフ）の自信

　文章にしてみるとわずか数行ではあるが，中身はとてつもなく重い。Y君のご両親の悲しみ，憤りはもちろん，担当コーチに生じる激しい罪悪感，悩み等に対する心理的ケアやサポートは必要不可欠である。事故の関係者は，長い時間をかけて失われたものを埋めていくことになる。

●2000（平成12）年3月：当時の担当コーチら2人，書類送検
●2001（平成13）年3月：両親が，「クラブ側が安全配慮を怠ったことが事故の原因」として，担当コーチとスイミング・クラブの経営会社を相手取り，慰謝料など総額約9,200万円の支払いを求める損害賠償訴訟を提訴。
●　同　3月7日：業務上過失致死の罪に問われた担当コーチの論告求刑公判が地裁で開かれ，検察側は禁固1年6月を求刑した。

【問題点と再発防止のための対応】

　この事故事例を見て，組織としてのクラブと担当コーチの安全に対する認識欠如が事故発生の大きな要因となること，また言うまでもなく事故がいかに悲惨な結果を引き起こすものであるかを認識することが必要である。そのうえで，問題点を明確にし，同じことが起きないようにするにはどうすれば良いのかを押さえ，それを実践することが水泳指導者に求められることである。

●問題点

①クラブ側は，組織として指導管理マニュアルを整備し，定期的にコーチ会議を開いていたというが，それを運用していなかった。つまり，コーチはマニュアルを守っていなかったということになる。また，組織としての施設がそれを看過していたということでもある。
②練習終了時，生徒がシャワーを浴びるより先にコーチが浴びている。このことからも，指導者として生徒を見守る役目を軽視していることが

うかがえる。
③練習終了後にプールの中に生徒が残っていないかどうか視認することを怠った。
④何回にもわたって両親が迎えに来たり，電話で問い合わせをしたことに対し，担当コーチはきちんと調べもせず（確認をせずに），「もう帰った」と回答をしている。

●再発防止のための対応
①コーチ個人も組織もマニュアルの内容をしっかりと読み取り，意図を理解し，例外なく実践することが求められる。安全を視野に入れた点呼を取る意義は，その場に居る生徒の顔ぶれと人数は，開始時と終了時で同じであることの確認にある。つまり，点呼は，最低限「始めと終わり」に行うことで成立するものである。もちろん，練習途中の点呼も重要であることはいうまでもない。
②練習終了時，指導者は，プールサイドでの指示等も含めすべてが終わってから，自分自身のことを行うこと。
③終了後は，必ずプール（水中）を視認し，異常の有無を確認すること。
④両親の行動は，自分の子どもの所在を知りたいといういわば安否調査である。それに対しては，きちんと確認したうえで責任ある回答をすること。まず，第一に探すべき場所は，最も危険度の高いプール（水中）であることを肝に銘じておくこと。

■事故事例4
●事故発生：1999（平成11）年9月20日
福岡県のBスイミングクラブで，保育園の授業の一環として行われていた水泳練習中に4歳女児が溺れ，意識不明の重体。

●当時の状況
プールは長さ25m，幅12m（水深1.12m）で，園児がヘルパーをつけてプールで自由に遊ぶ時間に女児の姿が見えなくなり，プールの底に沈んでいるのを指導員らが発見。
授業は，保育園がクラブに委託し，週1回，1時間行っていた。当時は，年少，年中，年長の3クラスに約60人が参加。各クラスにクラブのコーチ1人と保育士1人が立ち会って行われていた。
クラスごとにプールサイドに上がる合図は異なっていたが，女児は自分のクラスのものではない合図でプールサイドに上がり，ヘルパーをはずしてしまっていたのを，次の授業の準備をしていた担当指導員が気づいていなかった。

●その後の対応
2000（平成12）年8月，業務上過失傷害の疑いで，スイミングクラブ社長，コーチ，保育園長，保育士ら6人が書類送検された。
コーチと保育士は，保育園の園児に対する水泳指導において，指導やその補助を担当していた折り，プールサイドに上がっていた女児がヘルパーをはずしていたことに気づかず，入水を指示して溺れさせた疑い。
社長と園長は，水難事故が予見されながら，監視態勢を強化する注意義務を怠った疑いによるものであった。
水泳授業を実施したクラブ側だけでなく，授業を委託した保育園の園長らも書類送検されたことは，こんにちでは事故防止のための高度な注意義務が求められていることを反映している。

【問題点と再発防止のための対応】
この事故事例を見ると，保育園側もスイミングクラブ側も協働しながら園児の安全確保に向けた

取り組みを行うという認識が欠落していることを感じる。

　安全に子どもを預かるプロとしての保育士，安全に水泳指導にあたるプロとしての水泳コーチ，それぞれの果たすべき役割が見えてこない。この事故は死亡事故ではないものの，重い後遺症を背負ったことで起こる悲惨さを認識することが必要である。そのうえで，問題点を明確にし，同じことが起きないようにするにはどうすればよいのかを押さえ，それを実践することがインストラクターに求められることである。

● 問題点
① 水泳技術獲得のための補助具としてのヘルパーの効用と，園児の背の立たない水深での活動を担保する浮き具としての役割，その双方を兼用して園児に装着させていたが，そのことに対するコーチと保育士の理解が不十分であった。そのため，ヘルパーの着脱に対する重大な関心が持てなかった。
② 年少組を上げるべき合図で，年中組の女児が上がってしまった。それをコーチと保育士が誤りだと認識できなかった。
③ 保育園児対象の授業が終了していないのにもかかわらず，次のクラスの準備を始めてしまい，園児に対する監督を怠る結果となった。

● 再発防止のための対応
① 本来，ヘルパーは学習上の補助具である。補助具の効用には，身体に装着することにより浮力が増し，浮きの高さが高くなり，それにより泳ぎにふさわしい姿勢を維持しながら呼吸を確保することが容易になり，水泳学習の進度が加速したり，水泳活動のバリエーションが広がったりすることなどがある。そのことを理解したうえでヘルパーを活用すること。

② 指導者側2人（コーチと保育士）に対し平均19人の園児とはいえ，1人ひとりの顔を特定しておく必要があること。水の中で自分自身を守るにはいかにも弱い保育園児の行動を見逃してはならない。
③ 現に行っているクラスへの指導がすべて完了してから，次のクラスの受け入れ準備を行うよう習慣づけること。

　以上，いくつかの事故事例をみてきたが，事例をきちんと振り返り，その情報をインストラクターも参加者も共有し，問題点の所在と取るべき対応策を練り，それを実行することで事故防止の実を上げることが大切である。

　なお，台上スタートに係る事故にあった者には，いくつかの共通点がみられるので，参考に紹介しておく。

■ 参考：台上スタート事故にあった者の共通点
　一般的に，水泳事故は水泳の不得手な者に多く起こると思われている。確かに，水泳活動全体ではその通りであるが，こと台上スタートの事故に限っては，水泳に長けている者が大半を占めている。事故に遭った者を調べてみると，現役の水泳部員あるいは水泳部経験者などである。もっとも，水泳が不得手な者にとっては，台上スタートは縁遠い技術であったり，恐怖心から避けて通りたいことの一つであるのかもしれない。また，多くの一般公開プールにおいては，台上スタートが内包する危険性の大きさから，行うことを禁止している。つまり，行わない，行えないから事故も起きる余地がないとも考えられる。

　しかしながら，水泳教室等のグループ学習の場面では，台上スタートが学習すべき項目の中に入

っていることが多いので，安全に係る十分な配慮が必要である。

　次に特徴としてあげられるのは，体格のよい男子若年層に事故が多いという点である。その事例を列挙する。

① 1999.06.28 発生　同 07.08 死亡
　　高校 1 年男子　身長 180 cm　体重 90 kg
　　水深 120 cm

② 1994.08.02 発生　重度身体障害
　　中学 1 年男子　身長 174 cm　体重 73 kg
　　水深 110 cm

③ 1992.07.15 発生　重度身体障害
　　中学 2 年男子　身長，体重不明
　　水深 107 cm

④ 1989.09.13 発生　同 10.06 死亡
　　高校 3 年男子　身長 178 cm　体重 103 kg
　　水深 110 cm

⑤ 1987.06.24 発生　重度身体障害
　　高校 1 年男子　身長 178 cm　体重 64 kg
　　水深 140 cm

⑥ 1985.12.10 発生　重度身体障害
　　高校 2 年男子　身長 176 cm　体重 63 kg
　　水深 100 cm

⑦ 1981.06.18 発生　重度身体障害
　　中学 2 年男子　身長 170 cm　体重 74 kg
　　水深 110 cm

3 事故防止のための安全管理

前の項で述べた水中運動特有の致死率の高さを少しでも低減させるためには，事故の早期発見，早期救助，早期の救命手当，消防の救急隊あるいは直接的な医療機関への引継ぎ等が必要となる。しかし，この対応は人的被害の最小化に向けての，いわば事後に行う事項であり，これに先立っての事故発生を防止するための対策を含めた両面対応が実施されなくてはならない。

1 安全とは

安全を論ずるためには，その対極に位置する危険を認識することが必要となる。前出の国語辞典よれば，危険とは「あぶないこと。身体や生命に危害または損失の生ずる恐れがあること。また，そのさま。」と説明されている。したがって，水中運動にかかる場面での安全を担保するということは，そこにかかわっている者（主として参加者であるが）の身体や生命に危害または損失の生ずることのない状況を確保，維持することに他ならない。そして，それをインストラクターによる参加者に向けた水中運動指導という現実の場面に即してとらえるならば，身体だけでなく精神，感情という部分でも同じことが考慮されるべきであり，参加者の気持ちを傷つけるような状況が発現することは，当然のことながら回避されなければならない。

また，事故防止の方策を立て，それを実践をして，事故発生をゼロに近づけていくために，その手掛かりとしての事故事例の検討は貴重である。事故事例を新聞報道や判例を通して見ると，発生要因として3点が出てくる。それは，①運動を行う施設・設備の状態，②運動に関わる人間のコンディション，③運動に関わる人間の行動である。これら3点について安全を基準にした評価・改善は，事故防止に必要なものの一つである。

①運動を行う施設・設備（つまり，運動施設であるプールやその附属設備，付帯施設）の状態が，安全面と運動目的を考えた時，適切なものになっているか？（室温，水温，水深，水質，水底，壁，プールサイド，救助用具，応急手当器材，ロッカールーム，シャワールーム，トイレ，手洗い場，浄化装置，空調設備など）

②運動に関わる人間（参加者もインストラクターも）のコンディションは，これから水中運動を行うのに適しているか？（心身の健康状態）

③運動に関わる人間の行動はどうか？（ルール遵守，指示，運動への意欲，指導プログラム）

これら三つについて，指導に入る時はもちろん，指導時間中にもチェックを行い，不安な点を感じた時点で一度立ち止まり，改善に向けて手を打つことが，事故防止には必要である。

年によって多少の差はあるものの，水泳事故に係る致死率（水泳中に事故に遭い死亡，又は行方不明になった者を水泳中の事故者全体で除した値）は，およそ50％である。2006（平成18）年中の同致死率は49.2％であったが，この数字は，ある場面においては水と危険が背中合わせであるということを私たちに実感させるのに十分な説得力を持つ。また，施設・設備についても，その不備が参加者への危害を引き起こす原因にもなることから，その危険性を生じさせることのないよ

う，形態と機能の維持を継続的に行うことが大切である。

参加者が求める水中運動を安全かつ効果的に実現させるためには，次のことが必要となる。

2 プール等の整備・維持

スイミングクラブ会員（参加者）が水中運動を行っていくための施設の一つとしてプールがある。プール整備，特に温水プールの整備には多額な費用が掛かることから，整備後に使い勝手が思っていたようにならないからと言って，時間を経ずして変更することなどは現実的ではない。したがって，整備に当たっては，どのようなプールにすれば多くの参加者に気持ち良く使ってもらえるのかを十分に考えたうえで，整備をしなければならない。

また，整備後はそのプールが持つ機能を維持することが求められる。施設には，不動産を保有した後の減価償却という会計処理を義務づけられていることが示すように，プールが経年的な変化，劣化をきたすことは必然的なことといえる。そういった劣化を看過すれば，いつしかプールが持つ機能は，参加者が安心して気持ち良く使うということからはかけ離れていく。常に参加者の視点に立って，安全確保に適合した機能を維持するための行動を取らなくてはならない。

また，水中運動が成立するためには，運動施設であるプールが整備されるだけでは不十分であり，参加者から直接見えるわけではないが，浄化設備やボイラー，空調設備，参加者が直接利用する採暖室，うがいや洗眼を行う水場，シャワー室，浴室，トイレ，更衣室（荷物保管のロッカー室）などが必要となる。

機能維持管理の手順で見れば，水中運動が安全にしかも最高のコンディションの下で行われる状態になっているかどうかの点検が基本となる。

これらに係る管理を，安全を基軸にしながら実施するためには，あらかじめチェック項目を作成しておいて，インストラクターが責任をもって毎日のチェックとその結果への対応を行うことが必要となる（表2）。

3 指導・監視の体制

水中運動を行うケースとして，インストラクターからの助力を得ながら学習する場合と，自由に運動をする場合とがある。前者の場合には，インストラクターが参加者の活動，学習の目的に沿った指導を行い，安全に効果的にその達成や目標のクリアーに努めることになる。

安全のことだけを視野に入れるのならばマンツーマン指導がベストであるが，その他の点をも考慮した時には，グループ指導の方に軍配が上がることも多い。実際，スイミングクラブやスイミングスクールではグループ指導による学習，指導が圧倒的に多い。

グループ指導を行う際に注意すべきことは，インストラクターが1人で複数の参加者への目配りをしなくてはならない，ということである。そこをカバーするための方法としては，インストラクターの他に監視者を配置することであるが，その措置が取られている施設は極めて少ないのが現状である。

しかしながら，現状はどうあれ，インストラクターと監視者の二者体制が本来的な望ましい形であることを，常に頭に入れておく。

いくらグループ指導だといっても，インストラ

● 表2──チェックリストの例

■プール等の安全管理チェックリスト
※［　　　］内には，行った対応を記すこと。

① プール本体について
　吸排水口のふたの固定は？
　　□有　□無　［　　　　　　　　　　］
　吸い込み防止金具設置は？
　　□有　□無　［　　　　　　　　　　］
　陸上部分，水中部分に破損や塗装剥離は？
　　□有　□無　［　　　　　　　　　　］
　水の透明度は？
　　□良　□悪　［　　　　　　　　　　］
　水温は？
　　□適　□低　［　　　　　　　　　　］
　水量は？
　　□適　□少　□多　［　　　　　　　］
　水の臭いは？
　　□有　□無　［　　　　　　　　　　］
　水中に危険物は？
　　□有　□無　［　　　　　　　　　　］
　水中にゴミや汚物は？
　　□有　□無　［　　　　　　　　　　］

② プールサイドについて
　プールサイドに破損は？
　　□有　□無　［　　　　　　　　　　］
　プールサイドに危険物は？
　　□有　□無　［　　　　　　　　　　］
　プールサイドに置いてあるプールフロアは安定
　しているか？
　　□安定　□不安定　［　　　　　　　］

　プールサイドの清掃は？
　　□十分　□不十分　［　　　　　　　］
　救助用器具は常置場所にあるか？
　　□有　□無　［　　　　　　　　　　］
　救助用器具は常に使える状態になっているか？
　　□可　□不可　［　　　　　　　　　］
　採暖室の室温は？
　　□適　□低　□高　［　　　　　　　］
　採暖室の清掃は？
　　□十分　□不十分　［　　　　　　　］
　うがい，洗眼等の水場の清掃は？
　　□十分　□不十分　［　　　　　　　］
　ゴミ箱の設置は？
　　□有　□無　［　　　　　　　　　　］

③ シャワー室について
　シャワーの水温は？
　　□適　□低　□高　［　　　　　　　］
　シャワー中のタオル置き場は？
　　□有　□無　［　　　　　　　　　　］
　シャワー室の清掃は？
　　□十分　□不十分　［　　　　　　　］

④ トイレについて
　トイレの清掃は？
　　□十分　□不十分　［　　　　　　　］
　サンダルの数は？
　　□適　□少　［　　　　　　　　　　］
　トイレットペーパーは？
　　□有　□無　［　　　　　　　　　　］

クターが1人の参加者を手取り足取り指導することはある。またそれは指導上不可欠なことでもある。そのような時でも，他の参加者を視野の外に置く時間を最小限にする必要がある。それには，常に複数の参加者の生命を預かっているのだという意識を持っていることである。

また，参加者はいつかインストラクターの管理下を離れて，自分自身の力で水中運動を行うようになる。その時のために，自分のことは自分で守る力を付けさせる必要がある。参加者の自律性を少しずつ高める指導でなければ，真の安全管理を視野に入れた指導とは言えない。

なお，1人のインストラクターが何人の参加者を担当すべきなのかという問題であるが，当然のことながら参加者の年齢，水泳や水中運動の経験，泳力によっても，また，インストラクターの指導経験，プールの大きさ，水深等によっても違うものの，安全を視野に入れると参加者10人に対し，インストラクター1人という比率を標準とする。

　次に，参加者が自由遊泳をしている時の監視体制であるが，これについても，遊泳者の数や前述したような種々の条件により監視者の数は異なるものの，おおむね短水路（25m）の場合は1人，長水路（50m）の場合は2人を標準とする。ただし，指導にしても監視にしてもその業務にあたっているインストラクターや監視者が，「これでは，不安だ」と感じた場合には，増員を図ることを考えなくてはならない。標準形の硬直化は，事故防止の妨げとなる場合がある。

　なお，監視の効果を上げるためには鳥瞰的な視野を持つことが必要であるため，高さ2～3mの監視台を置いて，そこから監視業務にあたることが望ましい。

　監視業務にあたる際の留意事項を次に記す。
①監視場所（たとえば，監視台の設置場所）には，次の条件が必要となる。
ア　プール全体を見渡せること。
イ　遊泳者や他のスタッフへの注意や指示，伝達が確実に行えること。
ウ　いざという時に，直ちに救助行動を行うことができること。
②的確な監視業務を持続できる時間は，おおむね30分が限度。つまり，監視者の交代は最大でも30分ごとに行うこと。
③監視業務に空白があってはならない。したがって，監視者の交代は監視場所で行うこと。監視台が監視場所である場合には，監視台上もしくは監視台直下で交代を行う。
④監視者は，一定の規則性を持った，流れのある視線の動かし方をすること。これを行わないと，監視が空白になる部分が出てしまうことがある。また，ある時間ごとに，その規則性を意図的に崩すことが必要である。そうすることによって，監視のマンネリによる異常事態の見過ごしを防ぐ。
⑤いざという時にプール（水の中）に入ることができるよう水着を着用しておくこと。たとえば，その上にジャンパーやTシャツを着ていてもすぐに脱げるようにしておく。
⑥参加者や他のスタッフに必要なことを指示，連絡できるようにホイッスルやメガホンを手にしておくこと。
⑦事故が発生したり，発生する可能性が高い状況になった時に，他のスタッフにそれを伝える具体的な方法等，対応のしかたをあらかじめ定め，全スタッフ間で共有しておくこと。
⑧その場に応じた適切な救助法を実行できる力を持ち，救助用具の使い方に精通しておくこと。
⑨更衣室，シャワー室，洗面所に対する見回りも大切。

　スイミングクラブやスイミングスクールを商業ベースで経営している施設にとって，安全管理とは，収益とコストという両面で論じられることが多い。そして，安全管理にかかるであろうコストを考えた時，そこへの経費投入が見送られることがある。しかし，参加者に重大事故が一つ起これば，その結果として施設経営者が負担するであろうコストは極めて大きいことを，施設の経営者の

みならずすべてのスタッフが常に認識しておく必要がある。

ここで，2005（平成17）年10月に開催された日本災害情報学会総会において，特別講演を担当したジャーナリストの吉村秀實氏が，無事故記録更新中のカンタス航空（オーストラリア）が掲げている社是ともいうべきものについて話されたことを紹介しておきたい。

> ●安全が高くつくと思うなら，一度事故を起こしてごらん。
> ● Safety Before Schedule（スケジュールの前に安全）
> ● Late Better than Never（二度と着かないより，遅れる方がまし）

施設側に望まれる姿勢とは，安全管理の行き届いた施設として，参加者が安心して利用できる施設を目指し，それを具体化することである。また，このことは同時に，顧客である参加者（会員）の視点から見た場合に評価という面で現れるべきである。

すなわち，その施設が安全管理に力を注いでいるのか否かを適切に評価し，会費の多寡にかかわらず自分が利用する施設を決めていくことが浸透していけば，施設側の安全に対する関心度は上がっていくことだろう。

施設が安全管理に真正面から向き合い，具体的な安全対策を講ずることが，参加者の安心感を高め，その施設への信頼感を高めていくことになる。施設は安全を確保するためにマネジメント力を発揮することになる。水中運動を扱う商業施設は，その資源であるヒト，モノ，カネ，情報，ネットワーク等を駆使して組織目的の達成を図るわけであるが，同様にそれら資源を使いながら，安全をもマネジメントしていく必要がある。

そのマネジメントにあたって重要な点は，経営者1人の力だけでも，スタッフ1人の力だけでも達成は難しいのだという認識を共有することであり，組織の総合力で取り組むべき問題である。

■溺水による事故

水泳中に必要なことの一つに呼吸のコントロールがある。基本的には，自分自身の手や足，身体を使いながら，一定のリズムで口を水面上に出し，空気を吸い込まなくてはならない。これができなくなると，溺れることにつながる。つまり，水中において自力で呼吸ができないとなると，体内への酸素供給と体外への二酸化炭素排出が行われず，生命維持が困難になる。

溺水に関して認識をしておくべきことは，泳げるか泳げないかの違いだけで，溺れるか否かが決まるわけではないということを心しておく必要がある。

4 緊急時における救助法

1 救助法の意義

　救助法とは読んで字のごとく，救い，助ける方法である。これは，水中運動中の事故によって生じる損害を最小限に食い止めることを意味する。しかし，それは狭義の意味としてとらえた時に取る解釈であり，水中運動指導者（インストラクター）としては広義の解釈もあるのだということを理解し，そのことを強く意識すべきである。

　救助法を広義にとらえるということは，事故の発生を防ぐことを第一義的に考えることである。事故の現場において，救助の専門家がどのように素晴らしい救助法を展開しようが，それが救助活動の成功を確約するものではない。仮に，事故に遭った者が生命に何らの影響もなく救助されたとしても，事故に遭ったという事実は，しばらくの間，あるいは一生涯かもしれないが，当事者のこころの中からは消えない。だからこそ，事故防止を第一義に位置づけたうえでの救助法であるべきである。そのことを踏まえ，狭義の救助法について考えていくことにする。

　狭義の救助法とは，「事故によって生じる被害を最小限に食い止めること」であり，次の流れから成り立っている。なお，ここでは用語の使い方として，溺れた者，けが人，急病人も溺者と表現する。

　溺者を発見し→適切な方法で救助し→必要に応じて救命手当，応急手当を施し→救急隊，医療機関に引き継ぐ。この流れを救命可能な時間内でスムーズにつなげていく。

2 救助法は誰のためのものか

　水中運動における原則は，自分の身は自分で守ることである。つまり，救助法はインストラクターのためだけにあるわけではなく，参加者（受講者）のためのものでもある。これは，参加者に何かあった時に他の参加者に救助をしてもらう必要があるからという意味ではなく，インストラクター，参加者を問わず救助法に関する知識と技術が必須であるということを意味している。

　我が国における救助法の位置づけは，かつて，インストラクター（指導者）にのみ必要なことで特殊なものであるという考え方が一般的であった。しかし，救助法の第一義としての事故防止を考えた時，参加者にも救助法を意識してもらう必要がある。また，事故はインストラクターの居ないところでも起こるため，インストラクターではない人々も，自分のできる方法で溺れた者を救うことができる社会であってほしい。

　ただし，溺者救助に際しては十分な注意が必要である。なぜなら水難事故は「二重事故が多い」という特徴があるからである。水の事故による死者・行方不明者の1～2％が，救助活動中の犠牲者である。2006（平成18）年は，溺れた者を助けようとして命を落とした者が7人に上っている。ここ数年来，新聞記事等で報道される事故では，溺者を助けようとした者（救助者）も溺れてしまい，溺者は第二救助者に助けられ，最初の救助者は水死してしまう例が多い。

　事故現場で救助活動を実施する際には，救助者

にとって安全確実な方法を用いなくてはならない。救助者が危険に曝され，不安定な状態のままで人を救助することは極めて難しい。

3 救助の実際

(1) 救助に際しての留意事項

① 溺者等を発見したら，見失わないこと。一度見失った溺者を再度見つけるには，時間を必要とする。
② 事故の発生をすぐに他のスタッフに知らせ，重大事態発生の情報を共有し，迅速に総力をあげての救助体制を取れるようにする。
③ どのような救助方法を選択し，実行するのがベストなのかを短時間で判断する。
④ 救助後の救命手当，応急手当に備えて，担架や毛布の準備を行う。
⑤ 救助後の救急隊による応急処置や救急搬送を視野に入れた消防への通報を準備する。

(2) 救助方法の決定

救助を成功に導く要因は，救助者にとって安全な救助方法を選択することである。それでは，具体的にどのように救助の方法を選択していくのか。

前述したように，救助法はインストラクター（指導者）のためだけのものではない。そのため救助方法の選択は行き当たりばったりなものであってはならない。そこで，救助方法の決定のしかたを箱とボールの例を使って説明する（図1）。

ABCDという記号のついた箱が4つあると仮定し，それぞれの箱の中には黒と白のボールが各1個ずつ入っており，そのボールには次のように救助の要素が記されている。そのボールを各箱から1個ずつ選び出し，4個揃えると救助方法が決まるというしくみである。

救助方法決定までの手順は，まず，A～Dまでの箱から○（白い）ボールを選び出す。つまり，救助者の人数に関しては「複数で救助する」を，器具利用か否かについては「器材を利用して救助する」を，陸上からか水中からかについては「陸上から救助する」を，泳がずに救助するか否かについては「泳がないで救助する」を選ぶことになる。すべての箱について，○ボールは，●（黒い）ボールに比べて安全性が高いと考えられる救助の要素である。したがって，事故発生時のすべての場面で，誰が救助者になろうとも○ボール4つを選ぶことが鉄則である。その鉄則どおりのボール選択を行うと，救助者の手中には，「複数で救助する」，「器材を利用して救助する」，「陸上から救助する」，「泳がないで救助する」という救助方法が収まる。

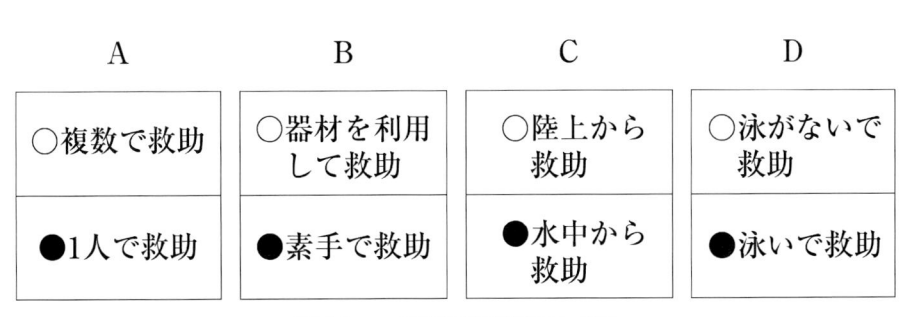

A	B	C	D
○複数で救助	○器材を利用して救助	○陸上から救助	○泳がないで救助
●1人で救助	●素手で救助	●水中から救助	●泳いで救助

●図1——救助方法の決定のしかた

次に、その4つの○ボールを周囲の状況と照らし合わせてみる。たとえば、救助者の視野の中に溺者以外の人がいなければ、複数での救助はできない。その場合には、Aの箱のボールを●と交換することになる。以下、BCDの○ボールについても同様の照合や交換を行うこととなる。その結果、次のような組み合わせになったと仮定する。

A＝○，B＝●，C＝○，D＝○。これは、Bの箱についてだけは、最初に選んだ○ボールと周囲の状況が合致しなかった例である。つまり、視界の中に救助に活用できそうな器具がなかったことになる。

その次には、それぞれのボールを具体的なものにしていく。Aは○ボールの「複数で救助する」であるから、救助に協力をしてもらえる人が何人確保できるのかを把握し、その人（人たち）に適切な指示を出し、救助行動に着手する。119番通報をする人、溺者を見張り、声を掛ける人、救助者の安定を図るために救助者の身体を確保して（摑まえて）おく人、保温のための毛布を準備する人など、協力者が複数であればより確実性の高い救助活動の展開が可能になる。Bは●ボールの「素手で救助する」、Cは○ボールの「陸上から救助する」、Dは○ボールの「泳がないで救助する」であるから、救助者はたとえばプールサイドなどに腹ばいになって（重心の位置を低くして）手を差し出して救助をする。救助者と溺者の接触は、溺者が救助者の手に摑まるか、救助者が溺者を摑むかのいずれかであるが、前者の場合にはすぐに（できるだけ早いタイミングで）溺者を摑まえるようにする。これは、何かの拍子に溺者が手を離してしまうことを避けるために必要なことである（図2）。

さて、「救助法の意義」(p.288)のところで述

①複数で／器材を用いて／陸上から／泳がないで

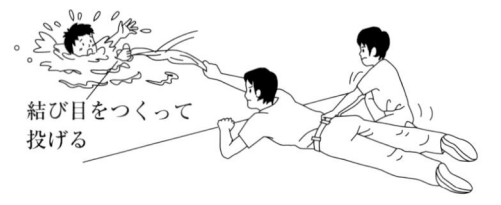

結び目をつくって投げる

②1人で／器材を用いて／陸上から／泳がないで

③複数で／器材を用いて／水中から／泳がないで

手のつなぎ方

④1人で／器材を用いて／水中から／泳いで

⑤1人で／素手で／水中から／泳いで

●図2──救助の方法

べたように，救助法の流れが「溺者を発見し」から始まることから，まず溺者か否かの判断をすることが重要になる。溺者のすべてが，声と身振り手振りで救助を求めるわけではないので，インストラクター，監視者にはそれを見分ける力，眼力を持っていることが求められる。溺れている状態を，泳いでいない，あるいは泳ぎになっていない動作であるととらえて，溺れているのか否かを見分ける手がかりとする。

インストラクター等は日ごろから，泳ぎに関しては十分な理解を持っているわけであり，泳ぎを構成する要素には敏感である。つまり，その要素を軸に置いて，そこから大きく逸脱している状態を「溺れ」と判断すれば，それほど大きなズレ，すなわち見落としや誤解といった判断の誤りは生じないはずである。

①泳ぎに適した姿勢か？（一般的な姿勢としては平体）
②呼吸動作は的確か？　それはリズミカルか？
③手，腕の動作は的確か？
④足，脚の動作は的確か？
⑤全体のコンビネーションは的確か？

これらの要素をチェックしたうえで，溺者かどうかの判断を下すことになる。なかなか判断が付かない場合は，溺れているものとして救助行動に移る。

4 器材

救助に際して器材を活用することは，素手で救助を行うことに比べて利点が多い。たとえば，器材を用いることで，救助者が溺者と直接接触をすることなしにプールサイドまで引いてくることができる，溺者とプールサイド（救助者）との距離が離れていても器具を投げることで溺者と救助者とをつなげることができる，同じく溺者に浮力を与えることができるなど救助活動の展開に幅が出るとともに，救助者の安全確保が担保できる。

しかし，その利点も器材の特徴を十分に理解をしておかないと，成功するはずの救助も失敗に終わることがある。そこで，利用する器材によって異なる特徴を整理する。

(1) 浮力のあるもの

コースロープ，救命浮環，ビート板，ボール（ビーチ，バレー，サッカー，水球），浮き輪，ペットボトル，クーラーボックス，トレーニングシューズ，（中身の入った）ランドセル・バッグ・リュックサックなど。

これらのものは，溺者と陸上，救助者との間がつながっていなくても，溺者が摑まることにより溺者に浮力を与え，とりあえずの呼吸確保と安心感を手にいれることができる。ただし，溺者に渡す（投げる）時に，一回で溺者が摑まえられる範囲内に届くようなコントロールが要求される。

失敗の可能性を考えるならば，浮力のあるものにロープをつなげておくことが望ましい。さらに，この場合のロープも水に浮く材質がベターである。こうしておけば，一回でうまく届かなくてもロープを引いて救助者の許に寄せ，再度投げることができる。

(2) 浮力のないもの，浮力の小さいもの

タオル，衣類，棒，水に浮かないロープなど。

浮力のないものを利用する際には，救助者と溺者との間がつながっていなければならない。救助者がそれを引くことによって，浮力のないことを補うからである。また，引く力に負けて溺者が器

材を離してしまうことのないように，タオル・衣類・ロープには手掛かりになるような結び目を作り，引く速度にも配慮をする。さらに，器材自体に浮力がない，あるいは浮力が小さいことから，引く際には少し上の方へ引く気持ちが必要である。

5 素手での救助

素手で救助する際には，溺者と救助者が直接つながっていることから，溺者によって救助者が引きずり込まれ，救助者も溺れてしまう可能性があることを忘れてはならない。

(1) 陸上からの救助

救助者はプールサイド等に腹ばいになるなどできるだけ重心を低くし，手を差し出して溺者の手，腕等身体の一部分を摑み，あるいは摑まらせて，自分の方へ引いてくる。

(2) 水中からの救助

❶ 泳がずに救助

救助者は水中に入り，プールサイドに片手で摑まりながらもう一方の手を差し出し，溺者を摑まえる，あるいは摑まらせて，プールサイドへ引く。手を差し出しただけでは溺者に届かない場合には，プールサイドに摑まりながら身体を横たえ，足に摑まらせ，その足を引いてくる。そして，溺者に手の届くところまで近づいてきたら，救助者は手を伸ばして溺者の手や腕を摑み，プールサイドの方へ引く。

また，救助者にとって背の立つ水深である場合には，水の中を歩いて溺者に手の届くところまで近づき，前述のように摑まえてプールサイドまで連れてくる。

❷ 泳いで救助（図3，図4）

泳いで救助するためには，それ相応の泳力が必要とされる。その目安は，次のとおりである。
① 高さ2mくらいのところから飛び込めること。
② クロール，平泳ぎで各300m以上泳げること。
③ 潜水は，3mの深さまで潜入することができること。また，水平方向に20m潜行できること。
④ 立ち泳ぎは，10分間の静止，30mの移動ができること。

救助の手順は，次のようになる。

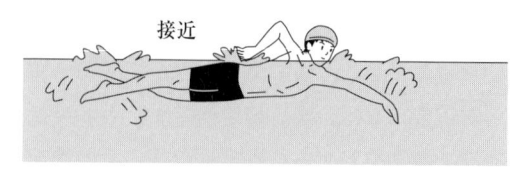

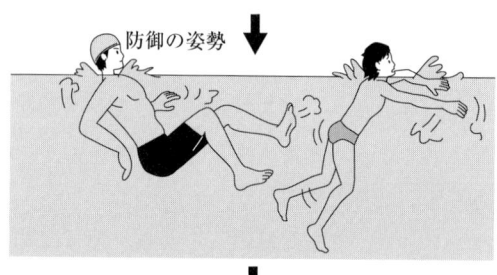

●図3――泳いで救助する手順
（接近／防御の姿勢／顎を摑む）

① リア（バック）・キャリー

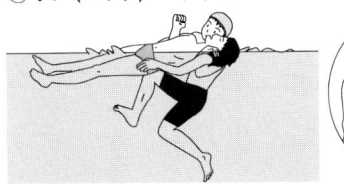

② クロスチェスト・キャリー

③ ヘッド・キャリー

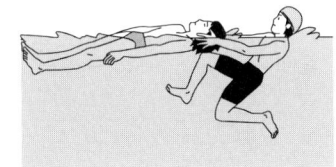

④ ヘア・キャリー

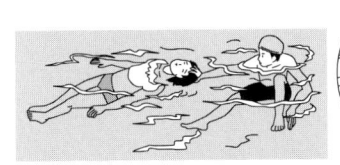

●図4──運搬の方法

ア 溺者発見⇒溺者に声を掛ける。人に知らせる。協力者を得る。119番通報を依頼。
↓
イ 救助方法決定
↓
ウ 入水⇒溺者を見ながら水に入るために，足から飛び込み首から上を水没させないこと。
↓
エ 接近⇒顔を上げて，溺者を見ながら泳ぎ，溺者に近づく。
↓
オ 溺者の背後から接近することが原則。
↓
カ 防御の姿勢⇒溺者まで1〜2mくらいのところへ来たら，防御の姿勢をとる。防御の姿勢とは，溺者側に救助者の足がきた仰向け姿勢。完全な仰向けではなく，左右どちらかに体を少し傾ける。手と足を使いながらこの姿勢を保ち，溺者への観察を行う。
↓
キ 確保⇒溺者への観察を経て，溺者を摑むことができると判断したら，体を起こしてくる。体が起きたら，片腕を伸ばして溺者の顎を摑む。顎を摑んだ後，救助者は自分の腕を曲げ，肘が下になるように前腕を立て，溺者のうなじを肘内側に収め，前腕と上腕で挟む。これで，制御と呼吸の確保ができる。
↓
ク 運搬Ⅰ⇒キの状態を維持しながら泳いで後方へ移動する。しばらくすると溺者の体が仰向け平体になってくる。
↓
ケ 運搬Ⅱ⇒溺者の体が平体になって，運搬の流れに乗ったら救助者の腕を一本ずつ溺者の脇の下を回し，しっかりと溺者の体を確保しながらプールサイド等陸上へ運んでくる。
↓
コ 溺者を陸上へ上げる。
↓
サ 手当⇒くわしく観察し，必要に応じて救命手当，応急手当を施す。
↓
シ 医療機関への引継ぎ

5 心肺蘇生法

1 救命の連鎖

「救命の連鎖」という語句は，「Chain of Survival」の和訳で，迅速な通報，迅速な心肺蘇生法，迅速な除細動，迅速な二次救命処置という4つの行動を，輪の組み合わさった鎖に例えたものであり，これら救命に必要な行動を社会全体の連携で行うことにより，心停止傷病者を救っていくことを象徴したものである（図5）。そして，それぞれの輪が迅速に途切れることなくつながっていくことが不可欠であり，そのうちの1つでも弱い部分があると，そこが壊れて輪がつながらないという結果を生じる。したがって，各々が，そこで果たすべき役割をしっかりと果たすことが，傷病者の救命を実現するために重要になる。

生命に関わる疾病，外傷を被った傷病者を救うためには，いかに短時間の内に救急医療のレールに乗せていくかがポイントになる。そして，それは具体的に実現可能なものでなければならない。溺者を救助した後，溺者の状態，あるいは溺れる原因となった疾病等によっては救命手当や応急手当を施す必要が出てくる。

心停止に陥った傷病者のうち，心室細動あるいは無脈性心室頻拍の状態にある者にとっては，救命のためには除細動が必要不可欠であること，そして，心停止から除細動までの時間をいかに短くするかということは重大である。この時間の長短が救命できるか否かを決定する要因になる。

G 2000（「心肺蘇生と救急心血管治療のための国際ガイドライン2000」）によれば，心室細動から除細動までの時間が1分遅れるごとにその傷病者の生存退院率は，7～10％ずつ低下をしていくという（図6）。そのことから，病院外で求められる早期除細動は5分以内を目標としている。

(1) 迅速な通報

事故発生を確認し，傷病者の状態を調べ，その結果によって救急車要請を行う。救急車到着によって，医師が行う二次救命処置への道筋がつくことはもちろん，救急救命士をはじめ救急隊員による救命処置・応急処置の実施に移行できる。

① 迅速な通報　② 迅速な心肺蘇生　③ 迅速な除細動　④ 迅速な二次救命処置

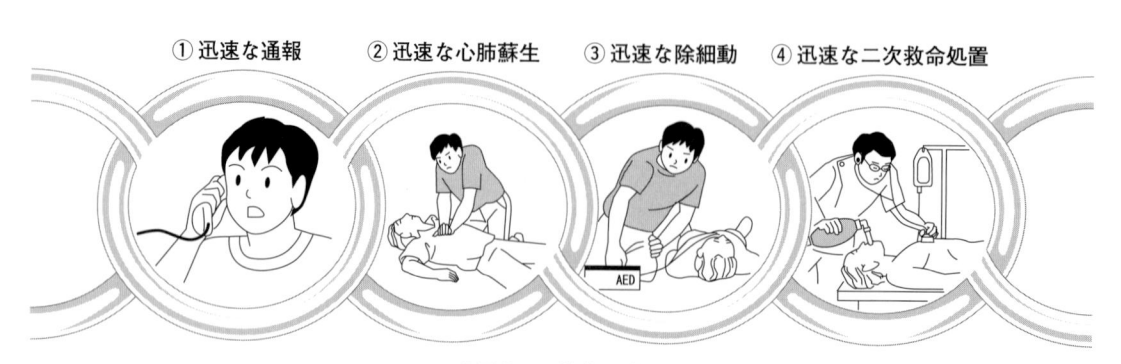

●図5──救命の連鎖

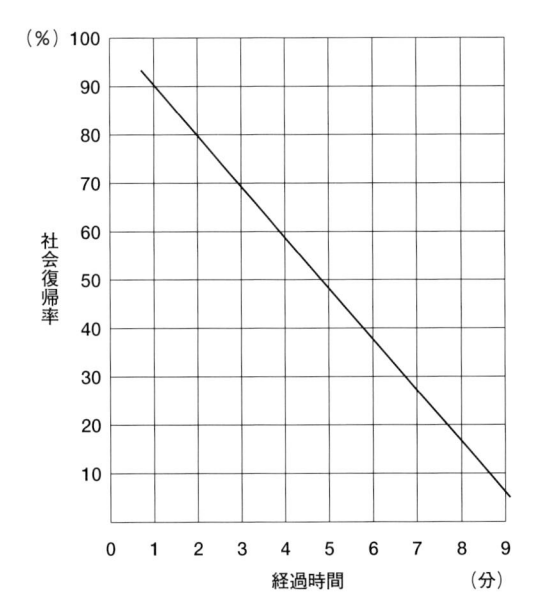

●図6──心室細動に対する電気ショックの時間推移別成功率（AHA 心肺蘇生と救急心血管治療のための国際ガイドライン 2000 日本語版）

(2) 迅速な心肺蘇生法

傷病者に意識障害，呼吸停止，心停止等が見られた場合には，現場での心肺蘇生法実施が必要となる。

(3) 迅速な除細動

ここで位置づけられている除細動は，自動体外式除細動器を用いた除細動のことであり，一般市民をはじめとした非医療従事者が実施しても危険性，違法性はないとされている。

(4) 迅速な二次救命処置

医師をはじめとする医療従事者が行うものであり，医療用器具や薬剤を用いて行う診療行為である。

(1)から(3)までが一次救命処置の範囲であり，非医療従事者が行う。こうしてみると，あらためて現場における一般市民の役割がいかに大きいものなのかがわかる。水中運動のインストラクターにとって，自分がこの救命の連鎖をしっかりと完成させるための一翼を担うことは当然のことである。

2 心肺蘇生法とは

心肺蘇生法とは，気道確保，人工呼吸，胸骨圧迫（心臓マッサージ）から構成される救命手当である。この心肺蘇生法には，医師をはじめ医療従事者が行うものと一般市民が行うものとがある。ここでは，医療従事者以外の者（一般市民）でも実施することのできる「一次救命処置」を取り扱う。ほとんどのインストラクターは，いざというときにこの一次救命処置を実施することになる。

2005（平成17）年11月，国際蘇生連絡委員会（ILCOR）は，心肺蘇生法の世界標準としての「心肺蘇生に関わる科学的根拠と治療勧告の国際コンセンサス＝International Consensus on Cardiopulmonary Resuscitation and Emergency Cardiovascuar Science with Treatment Recommendations（CoSTR）」を発表した。

そこからさかのぼること5年前の2000年に，世界の心肺蘇生法をリードしてきたアメリカ心臓協会（AHA）は，ILCORと協働で，「心肺蘇生と救急心血管治療のための国際ガイドライン2000」（G 2000）を発表した。この中で，従来は二次救命処置に位置づけられていた「除細動」を一次救命処置として扱うこととし，自動体外式除細動器（AED）を用いた除細動を一般市民が行うことが勧奨された。しかし，当時の我が国では，AEDの使用が前提とは言いながらも，除細

動の実施を非医療従事者の手に委ねることは，日本社会の理解を得ることが難しいということで，その採用は見送られた。

しかし，その後の我が国を取り巻く社会状況の変化から，政府は非医療従事者がAEDを使用して除細動を行うことについての検討を開始し，2004（平成16）年7月1日にその検討結果のまとめを公表した。このことによって，条件付きながらも一般市民に代表される非医療従事者に除細動実施の道が開かれた。

さて，再びCoSTRに話を戻すと，Consensus＝コンセンサスの持つ意味は，Recommendations（勧告，推奨）の一致，合意であり，Guideline＝指針に比べて緩やかである。つまり，各国は，このCoSTRを元にその国に合ったガイドラインを作ればよい。もちろん，我が国も（財）日本救急医療財団の心肺蘇生法委員会，その作業部会ともいうべき日本版救急蘇生ガイドライン策定小委員会の手によって，2006（平成18）年6月にガイドライン骨子が公表され，ほぼ同時期に教育用テキストとしての「救急蘇生法の指針」改訂三版も発刊された。

そこで，この教本でも，救急蘇生法の指針に準拠した心肺蘇生法とAEDを用いた除細動について記していく。

溺水であるとないとにかかわらず，つまり原因のいかんに関係なく，意識障害，呼吸停止，心停止などの状態に陥ると，呼吸や循環といった生命維持に不可欠な機能が失われ，早期に何らかの手を打って機能の維持や回復を実現させない限り，結果としての死が訪れることになる。早期に何らかの手を打つということは，一般市民が現場において一次救命処置である心肺蘇生法並びにAEDを用いた除細動を実施することを意味する。繰り返しになるが，ここでいう一般市民の中には水中運動のインストラクターも入る。

現在，119番通報から救急車（救急隊）が現場に到着するまでに要する時間は，全国平均で6分強である。通常の生活感覚からすれば6分強という時間はあまり問題にならないが，こと意識障害，呼吸停止，心停止などの状態に陥った傷病者にとっての時間としては大きい意味を持つ。要するに，この時間を救急車を待つだけの空白時間にしてはならないのであり，一次救命処置は，迅速に着手できて初めて，その意義が生きる。

3　AEDを用いた除細動

(1) はじめに

心筋梗塞に代表される心臓疾患による我が国の死者は，欧米ほどではないにしても年々増加の傾向にあり，2005（平成17）年は約17万3千人にのぼった。また，この内で，急性症状が起こってから1時間以内に死亡する心臓突然死による死者は年間5万人と言われている。

心疾患を原因とする突然の心停止の中には除細動を実施しないと機能回復が実現できないものがある。つまり心停止には，狭義の心肺蘇生法が迅速に実施されることにより救命手当としての効を奏すものと，早期の心肺蘇生法と除細動の組み合わせ実施により同じく手当としての効を奏すものとの二つがある。

後者，すなわち心肺蘇生法と除細動の組み合わせが必要とされる心停止は，心室細動と無脈性心室頻拍である。

2000（平成12）年8月，Circulation誌上にG2000が発表され，その中でAEDによる除細動が一次救命処置に位置づけられたことは既に述

べた。翌2001（平成13）年秋には，我が国の航空会社が国際線にAEDの搭載を開始したが，これはあくまでも，危急の際，たまたま航空機に搭乗していた医師に使用してもらうことが目的であった。この当時は，2002（平成14）年に開催される日本，韓国共同開催の2002 FIFAワールドカップサッカー大会の準備に向けて環境整備の真っ只中であったため，海外からサッカーを観に来る多くの旅客を視野に入れてのAED搭載であったと考えられる。

その後も，AED導入と医師以外の者による除細動実施への動きはさらに活発化し，ついに厚生労働省は2003（平成15）年秋から「非医療従事者による自動体外式除細動器（AED）の使用のあり方検討会」を設置，4回にわたる検討会を経て，2004（平成16）年7月1日の報告書公表に至ったのである。

4 心肺蘇生法を理解するために必要なこと

(1) 対象

心肺蘇生法を実施すべき傷病者（対象者）は，次のとおりである。

①意識障害者，②呼吸停止者，③心停止者

これらは，定められた確認方法の実施を経たうえで判断を下すことになるが，もしどちらか判断しかねる場合には，無いものとして心肺蘇生法に着手していく。

(2) 傷病者の抱える危険性

私たち人間が生存していくためには，常に体内に酸素を取り込み，その反対に老廃物を体外に出していくことが必要不可欠である。ところが，意識障害，呼吸停止，心停止はそれぞれにおいて必要不可欠なことを阻害する。

① 意識障害の危険性は，意識障害がもたらす筋肉の弛緩であり，顎，頸，舌の緊張がなくなり，その結果舌根が沈下して気道が塞がり（気道閉塞），外界からの空気吸入と体内からの二酸化炭素等の排出が行われなくなる。また，意識障害者が胃の内容物を逆流させる，つまり嘔吐するケースは多い。その嘔吐物を自力で口の外へ出すことができずに窒息することも多い。

② 呼吸停止の危険性は，呼吸中枢の機能停止による呼吸運動のストップであり，その結果外呼吸におけるガス交換が行われなくなる。

③ 心停止の危険性は，心筋がその果たすべき機能である血液の駆出をできなくなり，身体の各細胞への酸素運搬と各細胞からの二酸化炭素等の排出という内呼吸におけるガス交換が行われなくなる。

(3) 心肺蘇生法の意義

心肺蘇生法の意義は，そのままにしておけばガス交換ができずに死に近づいていく傷病者に対し，心肺蘇生法を実施することにより，前項に記した危険性の進行を食い止めることであり，医師等による治療が始まるまでの間，最低限のガス交換を行い細胞への酸素供給を維持することである。

5 心肺蘇生法実施の手順

陸上で倒れている人を発見した，あるいは目の前で倒れるのを目撃した時，水面で漂っている，水底に沈んでいる，あるいは溺れているのを発見したり目撃した時には，次のような手順で傷病者への対応をしていく（図7）。

① 現場の周囲の状況を調べる

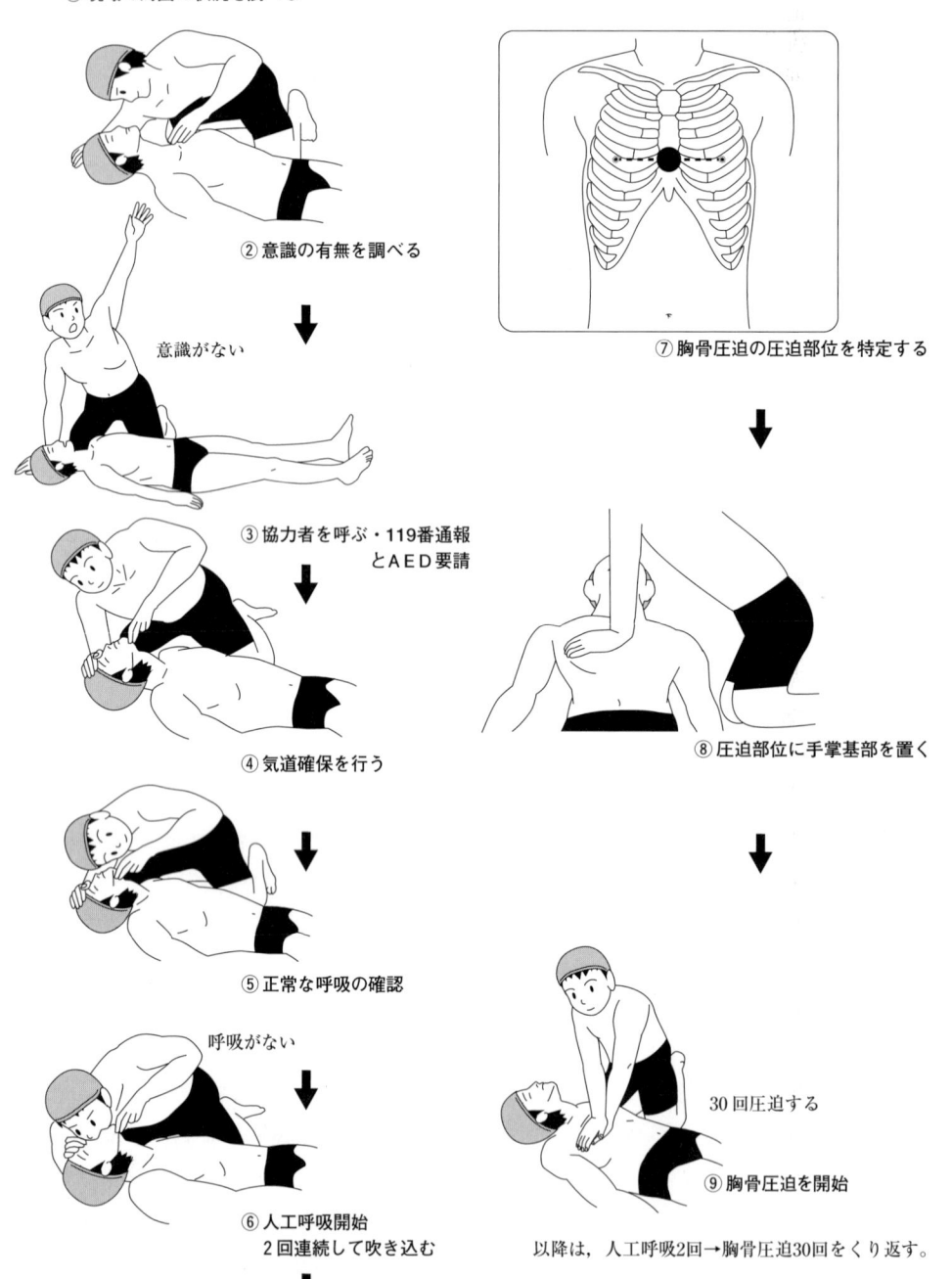

② 意識の有無を調べる

意識がない

③ 協力者を呼ぶ・119番通報とAED要請

④ 気道確保を行う

⑤ 正常な呼吸の確認

呼吸がない

⑥ 人工呼吸開始
2回連続して吹き込む

人工呼吸の際には、「一方向弁付き呼気吹き込み用具」などを使用する方が、感染対策のうえでものぞましい。

⑦へ

⑦ 胸骨圧迫の圧迫部位を特定する

⑧ 圧迫部位に手掌基部を置く

30回圧迫する

⑨ 胸骨圧迫を開始

以降は、人工呼吸2回→胸骨圧迫30回をくり返す。

● 図7——心肺蘇生法とAEDを用いた除細動の手順 I

(1) 周囲の状況の観察

まず，周囲の状況を観察する。これは，傷病者に近づいても大丈夫か，救助者側に危険が及ばないかを判断し，傷病者に対し直接的な救助活動を行うか，否かを決めるために必要なことである。つまり，二重事故を回避するための行動である。

(2) 意識の有無の確認

意識の有無を確認する。あるいは，反応があるかどうかを確認すると考えてもよい。これは，心肺蘇生法の第一段階である気道確保への着手が必要かどうかを決めるためである。

確認は，①傷病者の表情をみる，②傷病者の肩を軽くたたく，③傷病者の耳元で声をかける，という方法で行う。耳元でという意味は，具体的には救助者の口を傷病者の耳に10cmくらいに近づけることを指すと思えばよい。これらの刺激によって反応を示すかどうかを知りたいわけである。反応が無かったり，あっても鈍かったりした場合には，意識無しと判断する。

(3) 協力者への依頼

協力者を求め，救急車を呼んでもらう，AEDを持ってきてもらうなどを依頼する。これは，意識障害という，心肺蘇生法に着手すべき重篤な傷病者への対応を多くの協力者を得て，最善を尽くし，確実に行っていくためであり，前述したように救急医療への流れに乗せるため，除細動に必要な器具を準備するためでもある。

この時に，周囲に誰もおらず救助者（あなた）1人ならば，傷病者の傍を離れてでも，あなたが119番通報とAEDの確保を行う。心肺蘇生法の実施が遅れることを覚悟してでも通報等を優先するのは，一刻も早い救急隊との接触により傷病者を救急医療の流れに乗せるためである。

(4) 気道確保

気道確保を行う。これは，前出したように，意識障害がもたらす危険性を回避するための手当である。気道確保の方法として最も実施しやすいものは，頭部後屈あご先挙上法であり，目安として顎の先端と耳たぶの下端を結んでできる線が鉛直線になる程度である。

かつては，この頭部後屈あご先挙上法は，台上スタートの失敗などによる頸椎・頸髄損傷の恐れがある場合には実施を避けなければならないとされていた。これは，頭部後屈あご先挙上法がどうしても頸を動かすことになるからである。そのため，このような（頸椎・頸髄損傷の恐れがある）場合には，代替方法として下顎挙上法が推奨されてきた。

しかしながら，一般市民にとって下顎挙上法は，思いの外難しい手技であり，これまでの検証によると下顎挙上法を実施しても，頭部後屈あご先挙上法と同程度に頸の動揺を伴うことがわかった。そこで，現在の一般市民による気道確保は，頸の損傷が疑われる場合であっても頭部後屈あご先挙上法を行うこととなった。

(5) 正常な呼吸の確認

正常な呼吸をしているかどうかを確認する。これは，人工的に呼吸を補助する人工呼吸を実施するかどうかを決めるためである。

確認の方法は，傷病者の口・鼻に救助者の頬・耳を近づけるとともに，視線を胸腹部に向ける。そして①呼吸をする音が聞こえるか，②傷病者の吐く息（呼気）が頬に感じられるか，③傷病者の胸腹部が上下するかどうかをみる。いずれも無け

れば，それは呼吸停止であると判断をする。この時に死戦期呼吸（あえぎ呼吸）を呼吸有りと評価してはならない。

(6) 人工呼吸

人工呼吸を実施する。方法としては，呼気吹き込み法を用いる。これは，文字通り，救助者の吐く息（呼気）を傷病者の肺まで送り込む人工呼吸法で，一般市民が行うものとしては，最も優れた方法である。

① 気道確保の状態を維持しながら，口対口の呼気吹き込み法を実施する。
　この時，感染防護具（一方向弁付呼気吹き込み用具）を使用すべきである。
② 一回あたり1秒かけて呼気を吹き込む。これを連続して2回行う。
③ 吹き込む量は，傷病者の胸が軽く膨らむ程度である。吹き込みながら胸を見ていて，胸が上がるのを確認できたら適切な量が送り込まれたことになるので，それ以上の吹き込みは必要ない。
④ 吹き込み中は胸を，吹き込み後は胸と表情を観察しながら，呼気の出入りや蘇生の徴候等を確認する。

※なお，すぐに感染防護具が用意できない場合には，人工呼吸を省略して胸骨圧迫に移る。

(7) 胸骨圧迫（心臓マッサージ）

胸骨圧迫を行う。これは文字通り，傷病者の胸骨を圧迫し心臓からの血液駆出を起こさせようとするものである。

① まず，圧迫部位，つまり救助者の手を置く場所を探す。圧迫部位は胸の真中になる。傷病者が成人（一般市民が行う心肺蘇生法における成人とは，8歳以上を指す）や小児（1歳以上8歳未満）の場合には，胸骨と両乳頭を結んだ線との交点がほぼ胸の真中になる。そこに片手の手掌基部を置き，そのまま片手で圧迫を行うか，もう一方の手を重ねて両手で圧迫するかになる。多くの場合は，傷病者が成人の場合には，救助者は両手で圧迫し，傷病者が小児の場合には，救助者は片手で圧迫を行う。また，傷病者が乳児（1歳未満）の場合の圧迫部位は，両乳頭を結んだ線と胸骨との交点からすぐ下（足寄り）を指2本で圧迫する。
② 圧迫は，強く・速く・脊柱の方向に向かって行う。
③ 圧迫の深さは，成人に対しては胸が4～5cm沈む程度，8歳未満の小児・乳児に対しては，胸の厚さの3分の1が沈む程度とする。
　圧迫後は，完全に胸壁が元に戻るように力を抜くこと。
④ 圧迫は，成人・小児・乳児ともに1分間に約100回の速さ（テンポ）で30回行う。

(8) 胸骨圧迫と人工呼吸の組み合わせ

胸骨圧迫と人工呼吸の組み合わせ（1サイクル）は，成人・小児・乳児ともに30：2で行う。

(9) 中止の判断

意識障害，呼吸停止，心停止の状態が続く限り，以上の手当を継続するが，機能の回復が現れた場合にはその部分についての手当は中止する。
① 胸骨圧迫実施中にそれを拒否するような動作が発現したら胸骨圧迫を中止する。
② 呼吸については，自発呼吸時の胸郭の動きも十分で，チアノーゼ，冷や汗もなく，苦悶様でなく楽な呼吸をしている場合には，人工呼吸は中

止する．意識が戻っていない間は，気道閉塞を防ぐため横向き体位（回復体位）にする．

6　AEDを用いた除細動実施の方法と留意点

前項心肺蘇生法実施の手順で記したように，傷病者に意識がないことがわかった時点でAEDを持ってきてもらうように要請をする．そして，協力者が要請に応えてAEDを持ってきた時点で，AEDを傷病者の側（そば）に置く．傷病者の頭部横に置くようにすると，操作しやすいといわれている．

AEDの使用対象は，最低限，意識がなく，正常な呼吸のない傷病者に限られることに留意する（図8）．

(1) 電源を入れる

少なくとも意識障害，呼吸停止，心停止という判断を下した後は心肺蘇生法の途中であっても，AEDが到着次第，電源を入れる．AEDは，電極パッドの貼り付け以降，心電図波形を評価・判断し，音声によって救助者が行うべきことを指示し，電気的ショックを加える機器である．したがって，駆動するための電源を入れることが第一歩である．電源の入れ方には，ボタンを押すと電源が入るものと，蓋を開けると自動的に電源が入るものとがある．

(2) 電極パッドの貼付と心電図の解析

電極パッドを傷病者に貼り付ける準備を開始する．電極パッドは心臓を挟むように2枚貼り付ける．1枚は右鎖骨の下，もう1枚は左側胸部（脇の5〜8 cm下）に直接肌に貼り付ける．電極パッドが正しい位置に貼られると，AEDが解析を始める．

周囲の者が傷病者に触れていると，AEDが正しい解析を行うことに影響を及ぼしたり，あるいは電気的ショックにより触れている者への傷害が生じることもある．したがって，AEDは，救助者をはじめ周囲の者が傷病者から離れるように音声指示を行う．救助者は，その指示に従い，自分も含めて周囲の者を傷病者から離すようにする．

(3) 除細動の指示

解析が終わると，AEDは除細動が必要か不要かを音声指示で知らせる．必要であるとの指示が出れば，ショックボタン（除細動ボタン）を押す準備を行う．その際には，再度，誰も傷病者に触れていないことを確認したうえで，ボタンを押す．

(4) 心肺蘇生法の再開

1回目の電気的ショックの後，救助者はすぐに心肺蘇生法を再開する．ここでは，心肺蘇生法を2分間（約5サイクル）実施する．胸骨圧迫30回・人工呼吸2回を5セットという意味である．

(5) AEDの再解析

心肺蘇生法再開後2分間経つと，AEDは再び解析を始める．その際にAEDが音声メッセージで伝えるので，救助者はそれに従えばよい．

ここでも，救助者自身を含め，周囲の者が誰も傷病者に触れないよう指示を出し，確認をする．

すべて，AEDが発する音声指示のとおりに行動を取ればよい．AED取り扱いのトレーニングの中で共通して見られる注意点は，解析時と電気的ショック時には傷病者に誰も触れてはならないということへの（救助者としての）指示と確認が

302　第6章　水中安全管理法

※心肺蘇生法実施中のどの時点であっても，AEDが届いたところで，AED操作に着手する。協力者には溺者の胸部の水分を拭き取ってもらったり，心肺蘇生法を交代してもらうなどを依頼する。その間，救助者は，AEDの電源を入れ，電極パッドの準備ができ次第，心肺蘇生法の中断を指示する。

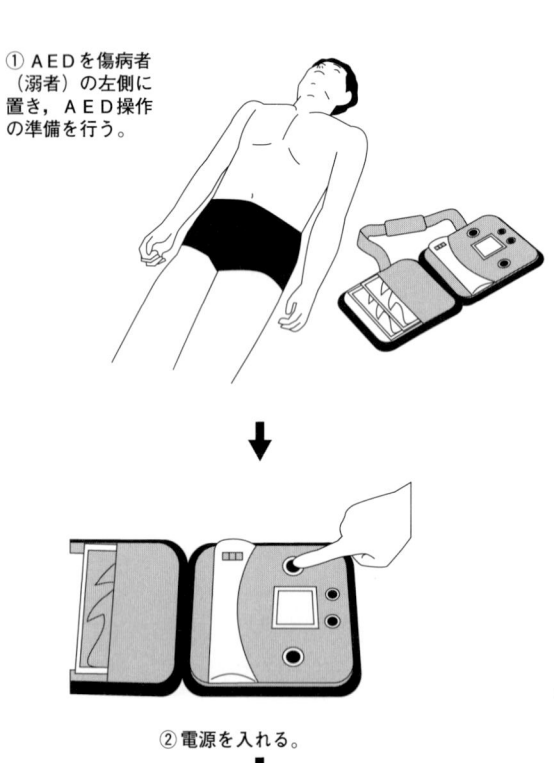

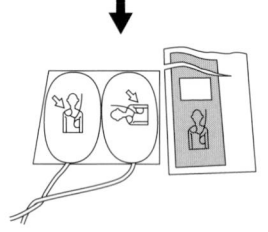

① AEDを傷病者（溺者）の左側に置き，AED操作の準備を行う。

② 電源を入れる。

③ 電極パッドの準備をする。

心肺蘇生法を中断してもらう。

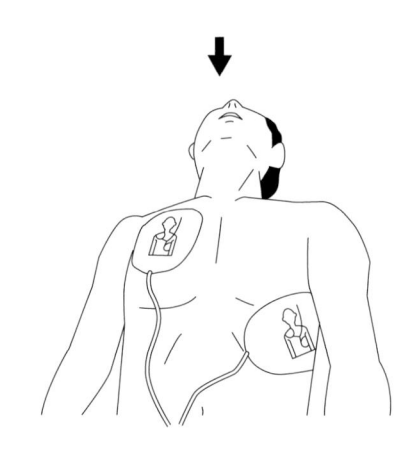

④ 電極パッドを貼り付ける。
　ケーブルを本体の差込口に入れる。

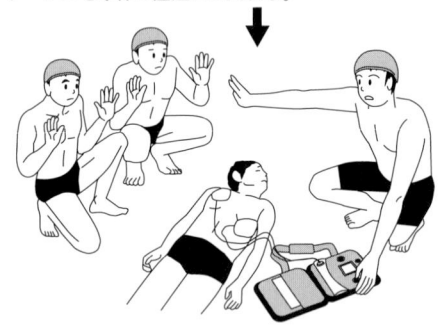

⑤ 傷病者から離れるよう指示をする。
　AEDが解析を開始する。
　AEDから除細動実施の音声指示が出る。
　（除細動不要の場合は⑬へ）

⑥ 誰も傷病者に触れていないことを確認したうえでショックボタン（除細動ボタン）を押す。

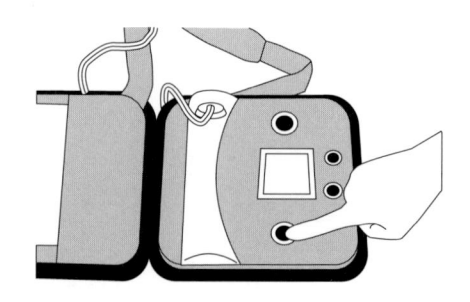

●図8──心肺蘇生法とAEDを用いた除細動の手順Ⅱ（その1）

⑦ 直ちに胸骨圧迫から心肺蘇生法を再開する。

⑧ 胸骨圧迫の圧迫部位を特定する。

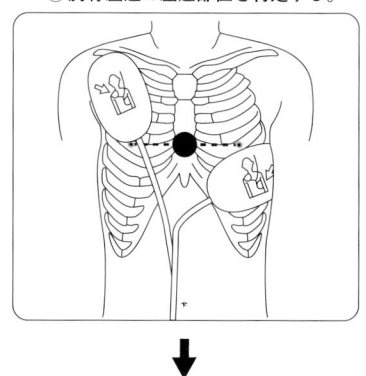

⑨ 圧迫部位に手掌基部を置く。

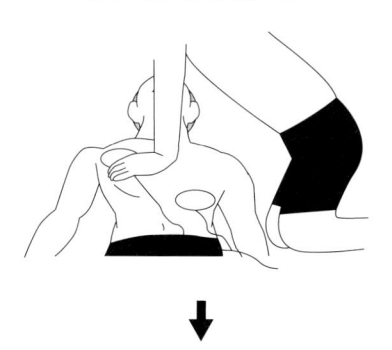

⑩ 胸骨圧迫を開始（30回）。

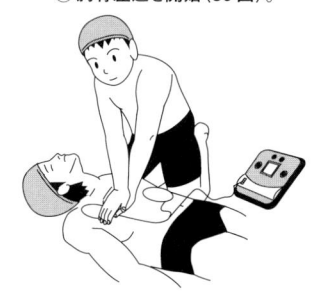

⑪ 人工呼吸を開始（2回）。

⑫ 心肺蘇生法再開2分後にAEDが解析を開始するので心肺蘇生法を中断し，皆，離れるように指示が出る。

⑤に戻る。
以降繰り返す。

⑬ AEDが除細動不要との音声指示を出したら，胸骨圧迫から心肺蘇生法を再開しながら救急車を待つ。この時，電極パッドを傷病者（溺者）からはがさないこと。

※AEDの指示する手順がこの手順と異なる場合は，AEDの指示に従う。

● 図8――心肺蘇生法とAEDを用いた除細動の手順Ⅱ（その2）

甘いことである。この点は，十分過ぎるくらいに意識しておく。

(6) 除細動と心肺蘇生法の継続

救急車を要請すると，平均して6分強で救急隊は現場に到着する。救急隊員からの指示があるまでは，引き続き心肺蘇生法とAEDによる除細動を継続しなければならない。つまり，救急隊員の姿を見た瞬間に安心して手当を中止してしまうことのないようにする。

〈電極パッド貼り付け時の留意点〉

① 電極パッドは，傷病者の肌に直接貼り付けること。衣服や水着の上からでは効果がない。

② 電極パッドは，肌に密着させなくてはならない。電極パッドと肌の間に隙間があると，傷病者の皮膚に熱傷を起こす危険性がある。

③ 傷病者の胸部が濡れていると，電流が体表の水を伝わりもう一方の電極パッドに伝わってしまうため，電気的ショックの効果が減少する。タオル等を用いて胸部の水分を拭き取ってから電極パッドを貼り付けることが必要である。

④ 胸毛が多い傷病者の場合，電極パッドが肌に密着しないため，注意を促す「エラーメッセージ」が出る。その場合は，再度電極パッドを強く肌に押し付けて密着させる。また，予備の電極パッドがセットされている場合には，貼り付けた電極パッドを一気にはがすか，かみそりがセットされていれば，それを用いて胸毛を除去したうえで，予備の電極パッドを貼りなおす。

⑤ ニトログリセリンや湿布薬などの貼付剤が，電極パッドを貼り付けようとする位置に貼られている場合には，その貼付剤をはがし，皮膚に残った薬剤を拭き取ったうえで，電極パッドを貼り付ける。貼付剤の上から電極パッドを貼ると，電気ショックの効果が減少し，またそこに熱傷を起こすことがある。

⑥ 胸部にコブのような出っ張りがある場合は，植え込み型の心臓ペースメーカーや除細動器が埋め込まれている可能性がある。その場合には，胸部の出っ張りから少なくとも2.5～3 cm離したところに電極パッドを貼り付ける。

6 応急手当

　プールや海水浴場といった水泳場では，溺水が起こる頻度に比べて外傷や急病発生の頻度が圧倒的に多い。そこで，参加者等が事故にあった際に現場で正しい応急手当を施せるよう，インストラクターには知識と技術を身に付けておくことが求められる。

1 救助者として守るべきこと

①二重事故を起こさない（現場の状況を把握する冷静さが必要）。
②原則として医薬品を使わない。
③死亡の判断は医師に任せる（一旦手当を開始したらあきらめない）。
④手当後は医師の診療を受けさせる。

2 手当の手順

①周囲の安全確認（安全が確認されてから傷病者に近づく。安全が担保されない状況下では，警察や消防といった専門家の到着を待つ）。
②傷病者を調べる。
③調べた結果をもとに手当の計画を立てる。
④手当に必要な器材を準備する。
⑤手当を実施する。
⑥医師への引継ぎを行う。
※この間，救急車を呼ぶ，記録を取る，協力者を呼ぶ，などを行うこと。

3 共通の手当と個別の手当

　手当には，傷病の種類に関係なく行うべきものと，傷病ごとに行う手当の二つがある。

(1) 共通の手当

1 体位

　傷病者をどのように寝かせて置くかということである。体位の意義は，①傷病者にとって楽であること（苦痛が少ないこと），②呼吸が楽にできること，③患部が悪化しないこと，である。原則として水平位にする。水平位には，仰向け，横向き，うつ伏せがある。

　意識がある時には，傷病者の意向を聞きながら，傷病者にとって最も楽な体位にするが，顔色が赤い場合には上半身を高くし，顔色が蒼い場合には足の方を高くする。

　意識がない時には，気道閉塞による窒息を防ぐために横向きか，うつ伏せにする。

2 保温

　熱射病以外の傷病者には必要な手当である。傷病者の全身を毛布などで包む。これで，体温喪失を防ぎ，血液循環の悪化を防ぐ。つまり，傷病者がショック状態に陥るのを食い止めることにつながる。

3 元気づけ

　声をかけたり，てきぱきとした応急手当を実施することによって安心させることができる。また，傷病者が吐いたものや傷口から出た血液を本人の視野から隠す。新聞紙などで覆うとよい。

４ 環境整備

安静を保つことのできる環境にする。（音，におい，明るさ，人の視線などのコントロールを行う）

５ 記録

発生時刻，場所，状況，傷病者の状態，行った手当，傷病者の年齢・性別・住所・電話番号などを記録する。

(2) 個別の手当

１ 出血を伴うきず

○止血：きずに対し，ガーゼのような布を当て圧迫を加える。患部を安静にする。手足のきずであれば，きず口が心臓よりも高い位置にくるようにする。

○感染防止：きず口やその周囲を水道水で洗う。きれいなガーゼを当てる。

○苦痛の軽減：きず口にガーゼを当て，外界からの刺激をシャットアウトする。心臓よりも高くする。患部の安静を心がける。

２ 打撲傷，捻挫など

患部の安静，冷湿布，手足であれば，心臓よりも高くする。

３ 頭を打った時

頭を打った時には，まず意識の状態を調べる。意識がなければ，窒息を防ぐ体位を取るが，頭部はもちろん身体の動揺を最小限にする。頭皮にきずを負い，出血があればガーゼを当て止血をする。

意識があるからといって，安心はできない。しばらく安静にし，医師への受診を勧める。

４ 鼻出血

傷病者を座らせて（鼻を心臓よりも高い位置に），鼻をつままさせる。鼻の周囲には冷湿布をする。上を向かせない。話をさせない。

５ 熱傷

水泳の場面で起こるケースでは，高温の温水シャワーを浴びてしまったことによる熱傷が報告されている。手当は，すぐにバスタオルで熱傷部位を覆い，その上から冷水を静かに掛けることである。通常は痛みが取れるか，軽くなるまで冷やすことを続けるが，広い範囲の熱傷に対し冷やすことを続けると，ショックを起こすことがあるので，冷やしている最中に寒気がしたり，不快になってきたら冷やすのを止める。医師への引継ぎを忘れずに行う。

６ 脳貧血

脳貧血は，身体全体の血液量に変化はないが，脳へ行くべき血液の流れが一時的に少なくなった時に起こり，自覚症状は気分不快，吐き気，めまい等である外見上は顔色蒼白，冷や汗，皮膚が冷たくなるなどである。手当は，寝かせることだが，その際，足を少し高く寝かせる。

バスタオル等で身体の水気を拭き取り，毛布等で保温をする。

７ 頭痛，腹痛，胸痛

何かにぶつけたわけでもないのに，頭や腹，あるいは胸の痛みを訴えた場合には，その時点で水から上げて安静にする。適切な体位，保温等を行い，しばらく観察を続ける。自覚症状の軽減が見られない場合には，救急車を要請し医療機関へ搬送してもらう。

7 水中安全と法律

1 判例からみた事故事例

この章の冒頭でプールにおいて起きた事故の事例をいくつか記した。ここではもう一度，事故が後日訴訟問題になり，裁判所がどのような判断を下したのかを判例の面から見てみる。

(1) 事例1

●事故発生：1975（昭和50）年7月15日

Y市立N中学校における体育の授業中，当時3年生の男子生徒が，走り飛び込み練習中にプールの底で頭を強打し，全身麻痺となったものである。この事故に係る裁判の推移は水泳関係者にとって極めて関心の高いものとなった。それは，一審判決における損害賠償金額が一億円を超える結果となったからであり，それまで，スポーツ関係事故の裁判で一億円に至るような判決はなかったからである。

事故後の男子生徒は知覚障害と排泄障害があり，車椅子の生活となった。

本人，両親，弟が市に対し損害賠償請求を行った（本人は当時15歳，中学3年生の男子，水泳部に所属していたこともある）。

●一審判決：Y地裁1982（昭和57）年7月16日
原告勝訴，本人22歳

〈裁判所の見解〉

① 体育の中でも水泳，特に飛び込みは事故が発生しやすく，生命の危険も高いので，教師は生徒の身体の安全に十分配慮し，事故防止への高度の注意義務があるところ，本件では走り飛び込みに対する踏み切り位置，滑らずに踏み切れる場所の確保，プールの深さ，その他危険除去のための注意義務を怠った。

② 被告の主張する，原告が飛び込みについての一般的指導注意に留意しなかった，あるいは原告が自己の能力を過信したという点については理由がなく，過失相殺は認められない。

生徒は教師の指示を信頼して行動するのが通常で，自己の能力を検討する契機は与えられていなかった。

一審判決を不服として，Y市側が控訴をしたが，T高裁1984（昭和59）年5月30日判決は，担当教師の注意義務違反を判断するにあたり，「助走付き飛び込み」が中学校体育科目の水泳指導書等によったものではなく，これを飛び込み指導に導入したことの妥当性が問われるべきことを付加したこと，その他の付加，訂正を行ったほか，原判決を認容し，控訴を棄却した。

市はさらに，控訴審判決を不服とし，公立学校において教師の行う教育活動は，国家賠償法第1条にいう「公権力の行使」にあたらないこと等を理由に上告したが，最高裁1987（昭和62）年2月6日判決は，国家賠償法第1条第1項にいう「公権力の行使」には，公立学校における教師の教育活動も含まれる等を判示して上告を棄却した。

●賠償額：総額1億4千万円余

内訳は以下のとおりである。

① 逸失利益　　　　　　　　5,321万円余
② 付添費用　　　　　　　　5,820万円余
③ 療養費　　　　　　　　　　551万円余

④療養のための改造費　　　590万円余
⑤慰謝料　　本人分　　　2,000万円
　　　　　　両親分　　　各350万円
　　　　　　弟の請求については排斥
⑥弁護士費用　本人分　　1,020万円
　　　　　　　両親分　　各30万円

なお，見舞金400万円と日本学校安全会（現・日本スポーツ振興センター）からの支払金1,500万円の損益相殺が認められているため，賠償額を1億4千万円余と記した。

●最高裁上告棄却で確定：1987（昭和62）年2月　　本人27歳
●1993（平成5）年3月　　本人33歳
　本人と担当弁護士らが，文部省（現文部科学省）に対し，事故防止対策を強化するよう請願を行った。「安全な飛び込み指導を教師に徹底させるよう求める一方，生徒の身長が伸びているのに，プールの構造は昔のまま。見直していくべき。」

(2) 事例2
●事故発生：1985（昭和60）年12月20日
　S県立高校2年生の水泳部員が，G市の市民体育館の温水プールで逆飛び込みによるスタートダッシュの練習中，プールの底に頭部を打ち頸髄に損傷を負った。事故者とその両親は，G市に対してはプール施設の瑕疵を理由として国家賠償法第2条第1項により，S県に対しては国家賠償法第1条ならびに在学契約（事故者に学校教育を受けさせることを目的とする契約）に基づく安全保護義務違反により総額2億900万円の損害賠償を請求した。

●一審判決：U地裁1993（平成5）年4月23日
　原告勝訴
　一審は，G市に対しては施設の瑕疵責任，S県に対しては指導教諭の過失を認定して，在学契約に基づく安全保護義務違反ならびに国家賠償法第1条による責任をも認め，事故者の過失割合を2割と認定して総額1億900万円余の損害賠償の支払いを命じた。
●二審で和解：T高裁1995（平成7）年2月21日
　S県，G市はT高裁に控訴したが，1995（平成7）年2月21日，1億750万円（県8,600万円，市2,150万円）で和解が成立した。

〈本件プール設置・管理の瑕疵〉
　本件プールは，事故当時満水の状態でなかったことを考慮すると，高校生を対象とする限り，(財)日本水泳連盟の定めるいかなる基準にも合致しないうえ，その基準も絶対的に安全な基準でないこと，文部省（当時）の定める基準では，高等学校・大学プールとしては水深が最低とされていること，本件事故発生までの間に飛び込みによる頸椎・頸髄損傷という重大事故が発生していることに鑑み，このような事故を防止する努力が，(財)日本水泳連盟を中心に行われていたこと等を総合すると，本件プールはそのスタート台から大人と同程度の体格を有する高校生が逆飛び込みを行った場合，水深が十分であるとはいえないため，ことさら危険な飛び込み方法でなくても，飛び込みの角度が少し深くなるとか，指先の反らし具合等，その方法いかんによっては，頭部等をプールの底に打ちつける危険性があったことは否定できない。
　そうすると，本件プールは，高校生の利用者に対し，少なくともスタート台から逆飛び込みを全く制限せず利用することを前提とする施設として

は，瑕疵があったものといわざるを得ない。

なお，この点に関しG市は，①本件プールにおいてG市水泳大会，G市ジュニア水泳大会等が開催され，その際には逆飛び込みが行われていた，②S県内の他の室内温水プールでも同様の水深であり，そこでも逆飛び込みが行われていた，と主張したのに対して，判決は，「①に対しては，幸いにもそれまで本件事故のような重大事故が発生するに至らなかったものと考えるのが自然であり，右のことから本件プールが安全であったとはいえない。②については，プールの安全性を判断するにあたっては，プールの水深だけでなく，飛び込み台の高さ，利用者の状況等の諸事情を考慮しなければならないものであるから，S県内の他の室内プールについて，このような諸事情について詳細が明らかにされていない以上，本件プールの安全性を判断するにあたり的確な資料とはなり得ない」として，G市の主張を斥けた。

〈事故者の自己過失〉
①事故者は，小学校6年生当時スイミングスクールに約10か月間所属し，本件高校水泳部の中でも水泳は，飛び込みを含めて得意な選手であった。
②顧問の教諭からかねてよりスタートの際は遠くへ飛び込むよう指示を受けていた。
③本件事故当時高校2年生として，逆飛び込みの際プールの底に頭部を強打すれば，相当重大な結果を生じかねないことについて弁識能力を有していた。
④事故者は，本件プールより構造上25cm水深が深い高校のプールで，飛び込みをした際，水底に頭部が着きそうになったことがあり，実際に足を擦りむいたこともあったことが認められ，このような事実に同人の弁識能力とを併せ考えると，顧問の教諭から逆飛び込みの際には遠くへ飛び込むようにとの指示の真の意味を理解できたものというべきである。
⑤本件事故当時有していた同人の技量からすれば，逆飛び込みをするにあたって，入水角度が大きくならないように遠くへ飛び込み，入水後深く潜らないで上へ上がるような体勢および手首の返しをするなどして，自分の意志で飛び込んだ際の到達深度を相当程度調節することが可能であると認められる。

以上の事故者の過失と本件事故の全事実関係，本件プールの瑕疵，顧問の教諭の安全保護義務違反の内容等を勘案して，裁判所は事故者の過失割合を2割と認定した。

(3) 事例3

●事故発生：平成6年8月2日

東京都中野区立の中学校で水泳部の飛び込み練習中，プールの底で頭を打ち，重い後遺症を負ったのは，水泳部顧問の教諭が指導，監督を怠ったのが原因として杉並区の男性（20歳）と両親が都や中野区などに損害賠償を求めた。

●一審判決：2001年5月30日　原告勝訴

T地裁は，都と中野区に総額1億7千万円の支払いを命じた。

判決理由で裁判長は，「顧問の教諭は練習に立会い，生徒が危険な行為に及ばないよう安全に配慮する義務があったのに，これを怠った」と述べた。判決によると，男性（事故者）は中学1年だった1994（平成6）年8月2日，水泳部の練習中，上級生の指示に従いフラフープの輪をくぐって飛び込んだ際，プールの底で頭を打ち首を折るなどして重い後遺症を負った。裁判長は，「顧問の教諭は，生徒が通常の練習で使わないフラフー

プを持ち出したことに気付いたのに，使用を禁止するなど注意せず，プールから離れ職員室に向かった」とした。

(4) 事例4
●事故発生：1999（平成11）年10月24日

山梨県甲府市のスイミングスクールで，当時小学校3年の男子児童がプールの底に沈んでいるのを，練習に来ていた児童が発見し，市内の病院に搬送されたが死亡した。

●民事裁判と刑事裁判での提訴

事故からおよそ1年半後の2001（平成13）年に，事故者の両親は，当時指導にあたっていた元コーチとスクール経営会社を相手どり，慰謝料など総額約9,200万円の支払いを求める損害賠償訴訟をK地裁に起こした。他方，進行中の刑事裁判（元コーチに対する業務上過失死の罪）では，2001（平成13）年3月7日の論告求刑公判で検察側が禁固1年6月を求刑した。検察側は論告で「被告は水泳指導員でありながら，基本的，初歩的義務である人員点呼や監視を怠り，結果も重大。こうした注意義務さえ果たしていれば，事故は容易に防ぐことができた」と指摘。そのうえで，「被害者は若く，これから両親の愛情に包まれた幸せな人生を歩んだことを考えると，その無念さは察するに余りある」と述べた。さらに，被害児童の所在がわからなくなった段階で，被告が両親の問い合わせに十分な確認をせず，被害児童が1時間半後に水中で発見された経緯にも触れ，「遺族の被害感情は強く，厳罰を望んでいる」とした。

これらの事例を見るだけでも，事故にはそれが起きるだけの原因があることがわかったと思う。

もちろん，事故の中には人知を尽くしても避けられない不可避のものがないとは言えないが，水中運動のインストラクターとしては，それは極めて少ないレアケースだと考えておいた方がよい。

プールにおける事故に限らず，陸上でのスポーツや運動の最中において発生した事故については，そのルールの枠組み内で事故が起きた場合には，原則としてそのことで損害賠償の問題が生じることはないと理解されてきた。それは，スポーツや運動には，程度の差はあるものの，ある程度の危険がつきものであり，スポーツ等に参加する者は，その認識をもって参加していると考えられるからである。このようなことを許された危険と言う。

水中運動についてもそれは同様であり，水を媒体とした運動は本来危険を内包しているのだから，その危険性について運動への参加者は納得づくでこれに参加をしているのだ（危険の同意）ということになる。したがって，水中運動中の事故に関しては，インストラクター，プール管理者に故意または重大な過失がない限り，参加者に傷害が及ぶ（権利を侵害すること）ような事故が発生したとしても，法的責任は生じないという話になる。

また，今までは事故発生によってインストラクターが刑事事件の被告になることは，まず考えられないということも言われてきた。このことは，インストラクターにとっての免罪符を強調したり，水中運動指導の萎縮を防いだりするための考え方を述べているわけではない。だからこそインストラクター側はしっかりとした安全管理への心構えを持ち，安全への配慮義務，危険予見義務，危険回避義務を果たさなくてはならないのである。

前述したように，水中運動への参加者には危険の同意があるという解釈で，事故が起きた場合の権利侵害に係る違法性が阻却(そきゃく)されるとはいっても，その事故発生に故意または重大な過失が関係していた場合には，損害賠償請求の問題が惹起されるのは当たり前のことである。

学習参加のみならず社会全体からも，水中運動が水を媒体とした活動であるために危険性をはらんでいることはわかっているものの，インストラクターはそれを顕在化させないよう努めてくれるはずであり，それを前提として水中運動の効用が認められ，支持されているということをインストラクターは裏切らないようにしなければならない。

それでも人間のやることに完璧はない。したがって，事故は起きる。事故が起きれば，事故とインストラクターの行為あるいは不行為との間に因果関係があるかどうかという点で，違法性が問題になるが，現実には指導中や監視中に事故が発生すれば，因果関係があると考えられるのが現在の一般的な考え方である。

繰り返すが，インストラクターとしては，水中運動であるがため，本来的に危険を内包しているという事実を免罪符にしてはならない。また，どのように注意を払っても人間が行うことである限り，事故は起こりうると考えておく必要があり，常にそれを回避する手立てを取っておくべきである。インストラクターや監視者としての役割を果たしていく中で，最低でも重大な過失が生じることのないような行動が求められる。そうでなければ，危険の同意を根拠にした「違法性の阻却」など絵にかいた餅になってしまう。

本章で紹介した事故事例をみれば，事故にあった本人，両親，家族，遺族の皆さんの気持ちを想像することができ，司法当局の厳しい姿勢も理解できるのではないだろうか。

ここで今一度，確認をしておきたい。水中運動のインストラクターの多くは，フィットネスクラブやスイミングクラブといった企業の一員として，自分の使命を果たしていることと思う。そういった中で，事故やヒヤリ・ハット事象が発生し，参加者（会員，スクール生，利用者）に何らかの障害が生じた場合，すみやかにその発生・事実を同僚や上司に知らせることが，参加者の苦痛の軽減，被る被害（有形無形にかかわらず）の最小化・修復へ向けての入り口になるのだということを強く認識しておく必要がある。このことは，その後に同じような事故等を起こさないための具体的行動につなげていくことにもなる。

2 プールにおける事故と民事責任

民事責任は，事故発生に際して他人（加害者）から不当に権利を侵害された者（被害者）からの訴え（民事訴訟）によって生じる責任であり，被害者からの訴えは，損害賠償の請求という形で行われる。

本来であれば，被害者は事故によって生じた被害の回復を求めるところである（たとえば，台上スタートに係る事故で生じた四肢麻痺を完全に回復させる）が，現代の医学では不可能な傷病もあり，実際には，被害の回復を金銭の支払いで置き換えることになる。

プールでの水中運動中に起きた事故に係る民事責任による損害賠償責任は，不法行為（民法第709条）と債務不履行（民法第415条）によるものである。

不法行為が成立して損害賠償責任を負うのは，

行為者に故意・過失が存する場合である。故意とは，自分の行為により第三者の権利を侵害することを知りながら，あえて，行為に出る意思をいい，過失とは，その権利侵害の生ずることを認識すべきであったのに，不注意によってこれを認識せず行為をなす心理状況をいう。

　債務不履行による損害賠償責任は，水中運動インストラクターや主催者と参加者との間には，「安全に水中運動の指導を実施する責任を有し，安全に指導を受ける権利を有する」という契約関係があるという前提に立ち，事故が発生したということが，その契約の履行がなされなかったということを意味するものである。

　プールにおける水中運動指導中の事故に係る損害賠償請求は，不法行為責任を問うことが多い。前に述べたように，民事責任は被害者側からの提起によって生じる。このことは被害者からの訴えがなければ責任は生じないということをも意味している。スイミングクラブにおける指導中に起きた事故で，参加者が何らかの傷害を負った場合，インストラクターに落ち度があった結果として起きた事故であっても，傷害の程度やインストラクターの落ち度が軽微であり，インストラクターと施設側の事後対応が参加者にとって十分満足を得られるようなものであれば，被害者側からの提訴は行われないこともある。そしてこの場合には，道義的責任はあるにしても，民事責任は生じない。つまり，事故が発生した際に，それを裁判という形にすることを避ける努力は払われてしかるべきであろう。

　その努力とは，次のとおりである。
①発生後，第一に実施すべきことは，傷害を負った参加者（事故者）に対する救助と応急手当である。傷病の程度が生命を左右するものであれば，寸刻を争っての救命手当を実施する。傷病の程度をいかにして軽微な状態に食い止めるかに意を尽くす。
②事後の原因解明に必要となるので，事故発生前後の事実を客観的に記録しておく。もちろん，事故発生直後は優先順位からして事故者の被害最小化ということに専念しなければならないから，できるだけ時間を経ずして記録する。
③事故者に対しては，誠意ある態度で接する。また，その家族への連絡に際しても同様の態度で臨む。この意味は，「真実を話す」ということと，インストラクター側・施設側に少しでもミスがあると認識したら「真摯に謝る」ということである。これがどれほど事故者側の気持ちを楽にさせるかを肝に銘じておく。
④できるだけ早く，お見舞いの意思を事故者側に示す。これは，言葉，態度，金銭等である。
⑤インストラクター，施設側の落ち度により事故者が損害を被ったことが明白であれば，その損害を埋めることと慰謝に係る金銭提供の意思を示す。弁護士を通じての意思表示，交渉も選択肢の一つである。

　なお，損害賠償が加害者から被害者への金銭の支払いという形で行われることから，施設側やインストラクターは，万が一に備えて賠償責任保険に加入しておくことが必要である。

　また，被害者や家族，あるいは遺族の感情というものは，事故から時間を経ることで変化をすることが多い。事故直後には，加害者（施設側，インストラクター）への怒りが大きかったものが，施設側からの接し方によって穏やかになることもあるし，逆に事故直後にはそれほどの怒りがなかったものが，時間経過の中で怒りの増大をきたすこともある。接し方が適切だからといって，すべ

てのケースで被害者側の怒りが収束してくるとはいえないが，施設側としては，十分に誠意をもって対応することが大事である。

3 プールにおける事故と刑事責任

　刑法第38条第1項では，「罪を犯す意思がない行為は，罰しない」と規定している。このことは，故意による犯罪行為だけが刑事責任の対象になることを表している。しかし，われわれの暮らす社会においては，罪を犯す意思のない行為によって生じたものであっても，社会生活を成り立たせるための基本的な諸条件を確保，維持するために処罰を必要とするものもある。

　そこで，前記刑法38条第1項には但し書きが付いて（「ただし，法律に特別の規定がある場合は，この限りでない」）おり，過失犯処罰を明示する特別な規定を設けることを条件として，不注意によってもたらされた結果の一部を過失犯として処罰することを認めている。

　プールにおいてインストラクターの指導の下，発生した事故で刑事責任が問われる場合は，過失の有無が問題となる。

　前項の民事責任が被害者側からの民事訴訟によって初めて生じる責任であったのに対して，刑事責任はその事故がインストラクター側の重大な過失によって生じ，かつその被害程度からして社会全体に及ぼす影響が大きく，社会の秩序を乱すということから，公権力が過失を犯した側を罰しようとするものである。

　前述したように，原則として故意による犯罪行為だけが刑事責任の対象になるため，過失を問題にして加害者への処罰を行うケースは，公共の安全や個人の生命・身体などの重大な法益に対する侵害があった場合に限られるのが一般的である。

　さらに，過失とは，水泳関係のインストラクターとして要求される注意義務に反するという面での不注意（注意義務違反）であり，そのような不注意な行為だけが過失犯を成立させる。過失の具体的な中身は，「インストラクターとして，参加者に対する安全に係る意識を集中していれば，結果の発生を予見でき，その予見に基づいてきたるべき結果の発生を回避できたにもかかわらず，意識の集中を欠いたために結果を予見せず，そのために結果を回避することができなかった」ということである。

　事故の発生に係る原因が誰かの過失にあればこれは違法とされ，過失とされた行為を行った者は原則としてその責任を負担することになる。しかし違法とされる要件は備えているものの，その行為によって侵害される権利（生命，財産等）を上回る優越的な利益が守られる場合や，その行為の目的から考えて社会秩序によって許される社会的相当性がある場合等のためにその違法の推定を否定することがある。これを，違法性の阻却（そきゃく）（しりぞけられること）という。刑法では，違法性阻却事由として，次のように規定をしている。
①法令または正当な業務による行為（刑法35条）
②正当防衛（刑法36条）
③緊急避難（刑法37条）

　スポーツ中の事故を，この違法性の阻却事由で扱うとすれば，①の法令または正当な業務による行為が問題となる。スポーツが社会的に有益な行為であり，スポーツが内包する本質的な危険について，社会的に容認される程度の危険については，参加者はこの危険に同意しているという解釈により，スポーツ事故における法的責任については，社会的相当行為として違法性が阻却されると

考えられる。

あるスポーツ事故に係る判決で、「およそスポーツに参加する者は、加害者の行為がそのスポーツの特性やルールに照らし、社会的に許容される程度の行動である限り、そのスポーツ中に生ずる通常予測し得るような危険を受認することに同意しているものと解する」と裁判所は述べている。

しかしながら、プールにおける運動の指導中に発生した事故で参加者が死亡したり、傷害を負ったりした時、その事故がインストラクター側の重大な過失に起因した場合には、当然のことながら違法性の阻却が適用されないことは言うまでもない。

前述した事故事例のうち、台上スタートによる事故は民事訴訟のみであったのに対し、溺水による事故の場合は、民事、刑事双方の訴訟が行われた。その昔に言われていた「水泳事故に刑事責任は考えられない」という認識はあらためなければならない。インストラクター側の過失によって業務上必要な注意を怠って参加者を死亡させたり、参加者に傷害を負わせたりするような水中運動に係る事故が発生した場合には、刑法第211条の業務上過失致死傷罪が適用される。

繰り返して述べるが、結果予見可能性と結果回避可能性を前提としたうえで、インストラクターには結果予見義務と結果回避義務がある。その義務を果たさないことで事故が発生し、参加者の生命・身体に侵害がおよんだ場合には、注意義務違反となり過失犯として処罰をされる可能性が生じるのである。インストラクターとしての自分を磨いて、安全な指導環境を保ち、参加者が安心して活動できる環境整備に努めるとともに、いち早く危険の予兆を摑み、それを回避する力を付けていってもらいたい。

■参考文献

(1) 伊藤 堯・佐藤孝司『増補改訂版 体育・スポーツ事故判例の研究』、道和書院、1995年
(2) (財)日本水泳連盟 月刊「水泳」
(3) 『実用版法律用語の基礎知識』自由国民社、2000年
(4) 入澤 充『スポーツの法律入門』山海堂、2004年
(5) 『スクール・サイエンス』182, 230、環境工学社
(6) 警察庁生活安全局地域課資料、2007年
(7) 菅原哲朗『少年スポーツ指導者の法律相談』大修館書店、1992年
(8) 日本赤十字社『救急法講習教本』日赤会館、2005年
(9) 日本赤十字社『水上安全法講習教本』日赤会館、2005年
(10) 宇土正彦他『体育管理学入門』大修館書店、1990年
(11) 浪越信夫他『スポーツ行政・政策マニュアル』文化書房博文社、1999年
(12) 日本救急医療財団監修『改訂版 指導者のための救急蘇生法の指針』へるす出版、2003年
(13) 日本救急医療財団監修『指導者のためのAEDを用いた救急蘇生法の指針』へるす出版、2004年
(14) 日本救急医療財団監修『ACLSトレーニングマニュアル』へるす出版、2004年
(15) 日本救急医療財団心肺蘇生法委員会『救急蘇生法の指針:市民用』へるす出版、2006年
(16) 『スポーツ事故・判例集』Sports Net・Japan
(17) 日経新聞 2006.10.9
(18) 東京新聞 1999.8.26
(19) 東京大学医療政策人材養成講座有志「真実説明・謝罪普及プロジェクト」翻訳『医療事故:真実説明・謝罪マニュアル「本当のことを話して、謝りましょう」』(ハーバード大学病院使用) 2006年
(20) 井田 良・丸山雅夫『ケーススタディ「刑法」』(株)日本評論社、1997年
(21) 『AHA心肺蘇生法と救急血管治療のためのガイドライン2005(日本語版)』(株)バイオメディス インターナショナル(日本語版)、2006年

第7章

水中運動と施設

1 水中運動施設の概要

　2006（平成18）年7月31日，埼玉県ふじみ野市の市営プールにおいて営業中に排水口のふたが外れ，遊泳中の女児が吸い込まれて死亡する痛ましい事故が発生した。楽しいはずの夏休みに，何故このような悲惨な事故が発生したのだろうか。排水口事故は，その危険性が指摘されてから既に30年以上が経過しているにもかかわらず，これまでも悲惨な吸い込み事故が後を絶たなかった。国はこの事故を受け，各省庁間で個別に行っていた安全管理について，「プールにおける事故対策に関する関係省庁連絡会議」を立ち上げ，2007（平成19）年3月「プールの安全標準指針」を策定した。

　スイミング・スポーツクラブ業界では，常により質の高いサービスの提供をお客様から求められている。そのサービスの根幹にあるものは，やはり施設やプログラムの安全性が基盤となっており，施設側の安全管理は欠くことのできない絶対条件である。私たちがこの不幸な事故から学ぶべきことは，クラブの利用者に，安全で快適なクラブライフを送っていただくために，プールの施設面，管理・運営面において，より一層のプールの安全確保が図られるよう，細心の注意を持って運営管理にあたり，安心して利用してもらえる施設運営を実施していくことである。

1 日本における水泳プールの変遷

　国内に水泳場としてこんにちのようなプールが造られ始めたのは，水泳が競技として社会的活動に取り入れられたころからである。高度成長期を迎えた日本国内では河川や海の汚染が指摘され始め，学校プールを中心として，急速に水泳施設としてのプールが普及していった。

　当時は屋外プールが大多数であったが，1965（昭和40）年にオリンピックプールのサブプールを使用して「代々木スイミングクラブ」が設立され，その後の，民間スイミングクラブの台

頭によって全国各地に数多くの室内プールが誕生した。

スイミングクラブは，その最大の目的を選手養成と位置づけ，多くの室内プールが造られたが，現在，プールの使用形態は様変わりをしている。従来の水泳の練習場としてだけの位置づけから，中高齢者の健康志向や女性のダイエット目的などにより，水の特性を利用した水中運動の場として広く認知されてきている。また，最近では運動療法やリハビリを目的とした施設利用も積極的に推進されている。そして，その施設は人々が集うコミュニティの場であり，憩いの場であることも，こんにちの水泳施設に求められていることの一つである。今でこそ，ほとんどのプールではウォーキングコースが設置され，プール内を歩く光景に不自然さはないが，つい最近までプールは泳げる人のための施設であり，途中で足をつくことも許されないプールもあった。既に，プールは水泳の練習場としての役割だけではなく，その利用目的は多岐にわたり，万人に対応することのできるライフステージとして，多くの利用者に親しまれている。

2 目的別プールの分類

プールを分類する場合，大別すると「目的」別に分類するほかに，「形態」や「材質」により分類する方法があるが，本項では，目的別で現在の国内のプールを分類したい。

(1) 競泳用プール

水泳競技会を開催できるプールを指し，(財)日本水泳連盟の「プール公認規則」による公認競泳プールや標準競泳プールがこれに当たる。短水路（25 m）と長水路（50 m）とがあり，学校プールや公営プールの多くがこのプールである。

(2) スイミングプール

一般的に，スイミングクラブやスポーツクラブで使用されている，短水路（25 m）仕様の競泳用プールに準ずる矩形プールがこれに当たる。公認の基準にかかわらず，多目的の使用を前提に，使いやすさを優先した設計のプールが圧倒的に多い。現在では，縦20〜25 mで3〜6コースを確保している規模のプールが一般的である。

(3) アクアフィットネスプール

前述のスイミングプールが，競泳用プールの機能を兼ねているのに対し，健康増進や運動療法を主目的として設計された，水中運動専用プールがこれに当たる。既存のスイミングプールの概念にとらわれず，水中ウォーキングやアクアダンスの専用プール，リハビリを念頭に置いたバリアフリー設計等が特色である。

(4) リラクセーションプール

水の持つ特性を利用して，心身のリラックスやリフレッシュを目的とした温浴施設を指す。

ワールプール（ジャグジー），ジェットバス等，各種温浴施設を使用したプログラムも開発されている。

(5) レジャープール

ウォータースライダー・流水プール・造波プール等のアミューズメント機能を有し，小さな子どもも家族ぐるみで楽しみながら水に親しむことのできる施設がこれに当たる。規模が大きいため大半が屋外であり，シーズン営業の施設が圧倒的に

多い。

　水中運動の施設としては，その効果をより高めるためには「アクアフィットネスプール」が望ましいと考えるが，現在の顧客ニーズの多様化を加味すると，いくつかの複合的な機能を，そのクラブの特色・方針等に基づき検討していくことが必要である。

　なお，厚生労働省では，2000（平成12）年より「21世紀における国民健康づくり運動」（健康日本21）を推進しており，2002（平成14）年には疾病予防を主眼とした「健康増進法」が公布された。そして2003（平成15）年の医療法第42条の改訂に伴い，医師の処方に基づき運動療法を行うメディカルフィットネス事業を導入する医療機関が見られるようになってきた。

　特に，プールを活用した施設展開が目立ち，これらの施設は俗に「42条施設」と呼ばれ，国内のスイミング・スポーツクラブ業界の新しい動きとして着目されてきている。

3　プールの水質管理

　水中運動を生活の一部として位置づけた時，その使用するプールは，当然，室内プールでなければならない。学校プールに代表される屋外プールは，水が汚れると入れ替えを行う全換水式であるが，室内プールはろ過機を使用し循環式によって水質を維持している。

　成人のプール利用者は，水の汚れに非常に敏感であり，施設管理者は衛生面を含め水質管理に努めなければならない。以下に，水質を維持するための「循環ろ過機設備」について若干の説明を記す。

(1) 循環ろ過機設備

　プール水は，プール本体からポンプにより吸引され，パイプを通って常に循環されている。その循環過程の途中で汚れがろ過され，加熱，消毒されてプールに戻っていく（図1）。

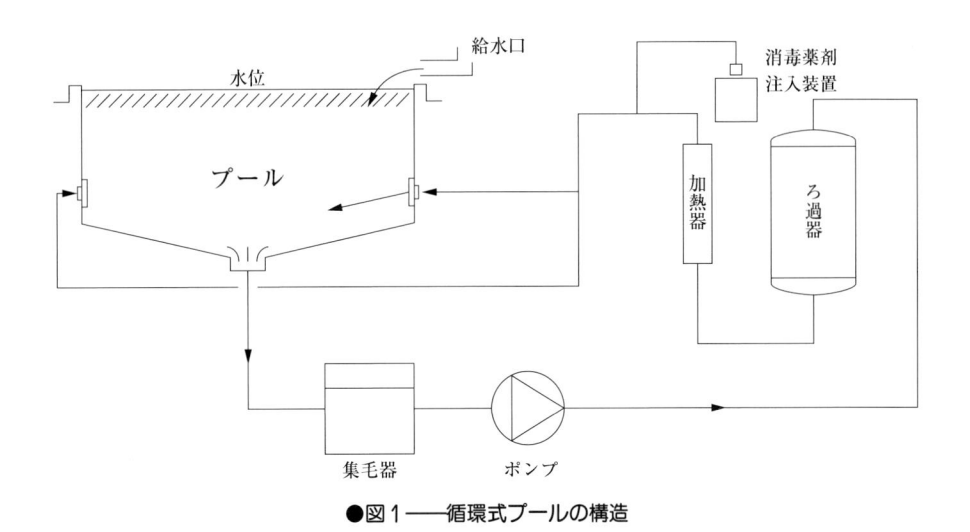

●図1——循環式プールの構造

1 ろ過機

ろ過機は，きれいな水を保つための装置であり，ろ材の中に水を通すことによって，その水に含まれた汚れを取り除くものである。

ろ過方式には用いるろ材によって，次の3つの方式がある。
① 砂を用いる方式の「砂ろ過機」
② 珪藻や貝類等の化石を精製したものを用いる方式の「珪藻土ろ過機」
③ 筒状のカートリッジろ材を用いる方式の「カートリッジろ過機」

2 集毛器

プール水の循環はポンプによって行われているが，プール内に持ち込まれた毛髪や傷絆創膏等の固形物は，プール水と一緒に循環し，ポンプの故障の大きな要因となる。集毛器はヘアキャッチャーと呼ばれており，プール水がポンプに送られる前段階で毛髪等を捕捉し，清掃によって取り除く設備である。

3 消毒薬剤注入装置

滅菌器，塩素注入器とも呼ばれている設備で，ろ過が終了したプール水をプールに戻す直前で，消毒用の塩素を注入してプール水に殺菌力を持たせる装置である。

4 アクアフィットネスプールの条件

水中運動の目的から言えば，プールは通年使用のできる室内プールが望ましい。日本では，屋外プールは季節によって利用期間が限定され，1年のなかで25％程度の稼働率しか確保できない。水泳を健康維持・管理の手段として生活の一部に組み込み，技術的・体力的向上を図るうえにおいても，室内プールの需要は今後ますます高まってくると考えられる。

室内プールの設計は，言ってみれば大きな箱の中に，水周りならではの特殊性を考慮しながら，さまざまな機能を詰め込む作業である。ここでは室内プールの問題点と，水中運動に適したプール施設について考えてみたい。

(1) プールエリア

一つの施設の中で，プールエリアは極めて大きな空間で，プール本体と，プールサイドの休憩場所や，運動する場所によって構成されている。冬季も使用するため，当然，暖房装置が必要となるが，天井が高すぎると暖房効率が悪く光熱費の負担が大きくなる。反対に，低すぎる場合は圧迫感が増大するので，バランスのとれた明るく使いやすいフロア設計が必要である。一方で，室内環境は常時高温多湿の状況にあるうえ，空中に発散した塩素分の影響を考えて換気に配慮しなければならない。

また，室内プールは音が反響しエコーを生じやすい。アクアフィットネスプログラムでは音楽やマイクを使用するので，壁面や天井の素材については耐水性のものであると同時に，鉄骨，木材等が露出している場合は，完全な耐錆，防腐処理を行い，表面素材は吸音性で防湿，断熱性に優れたものであることが要求される。

1 プール本体

前述のように，形状は必ずしも矩形である必要はない。

時間当たりの利用率を考える場合，遊泳者に必要な水面は，通常，1人当たり3〜4 m^2 が必要と言われているが，施設の規模や目的，経営方針等を鑑み，形状や大きさを決定したい。また，最近はプール内で立位での動作が非常に多くなってい

るので，プール底面の材質・仕上げには滑り止めの工夫を凝らす必要がある。

2 水深

プールの水深は，深すぎても浅すぎても事故につながる可能性があり危険である。競技用としてプールを使用する場合は，(財)日本水泳連盟の「プール公認規則」に定める水深を確保しなければならず，かなりの深さを必要とする。スイミング・スポーツクラブでは，利用者の層やその目的，および指導上の使いやすさを考え，現状では1.0～1.3m程度の水深のプールが一般的に使用されている。

アクアフィットネスプールとして，水中運動を中心に使用するプールであれば，望ましい水位は，立位での利用者の剣状突起あたりと言われているので，1.0～1.2m程度が適当であろう。

また，資金が許せば，目的に合わせて水深が調節できる「可動床」システムを導入することによって，その用途は大きく広がる。

3 プールサイド

プールサイドの広さは，本来，プール内で泳いでいる人と上がって休んでいる人の比率で決定されるが，都心型の施設では往々にして広さに制約が伴い，施設上の条件によって決定される場合が多いため，そのような施設では運用方法に工夫が必要となる。

プールサイドは，プールの運営においては幅広い用途があり，非常に大切なエリアである。特にアクアダンス等ではインストラクションのステージとしての役割も担うことから，利用形態を検討し，許される範囲で広さを確保したい。床は建物の構造の一部であり，仕上げにはタイル張り，石張り，人造石や塗装等自由に選択できるが，水に濡れると滑って危険なため，滑り止めや水はけに配慮が必要となる。

また，最近はクア施設等，周辺施設の人気が高く，余裕があれば，プールサイドに採暖室やワールプール（ジャグジー），ジェットバス等も，是非設置したい。

(2) 準備・管理施設エリア

室内プールは，裸でいるエリアはそれなりに室内気候が造成されるが，泳ぐための準備をする諸室では，その室内環境がそれぞれ違っているので，温湿度，換気などその部屋に合うように設備されなければならない。

1 更衣室

プールに付帯する更衣室は，濡れたままの遊泳者が持ち込む水滴が床を濡らし，不快であると同時に非衛生的である。排水と動線には充分留意したい。また，高齢者にとってプール室内（浴室含む）と更衣室の温度差は，非常に危険であり配慮が必要である。

2 浴室

条件次第では設置不可能な場合もあろうが，運動後のリラクセーション施設として設置したい施設である。浴室内の滑り止めや手すりなどのバリアフリーとしての配慮も必要である。

シャワー室の場合は，あらかじめ利用者数を検討し充分な個数を設置したい。

3 レストルーム

成人，特に高齢者にとって，スイミングクラブは，単なる運動をするための施設ではなく，仲間づくりの場であり，楽しい社交の場でもある。運動の後に，同行の仲間たちと語らうことのできるスペースを確保したい。

4 救護施設

救護室が必ずしも各施設に必要とは限らない

が，応急用に使用できるスペースに，ベッドと救急用品・担架等の配備は欠かすことはできない。また，2003（平成15）年7月に厚生労働省は「自動体外式除細動器（AED）」の一般人の使用を認め，スイミングクラブの現場でもその使用が可能となったことから，特に高齢者の参加が増加しているプール施設では，AEDの設置は必要不可欠といえる。同時にあらかじめスタッフに対する教育を実施し，いざという時に誰もが扱えるような環境をつくり上げておかなければならない（第6章参照）。

　さて，それではこんにちの水泳施設を考えるにあたり，理想的なプールとはどのようなものであろうか。当然，水泳競技が消滅するわけではないので，従来型の競泳プールは不可欠である。ただし，競泳を目的としない場合，プールは必ずしも矩形である必要はない。前述のように，利用目的が多様化しているこんにち，その目的に応じたプールの設計が求められるのは当然のことである。高齢化社会に突入した日本においては，運動施設としての機能性以上に，快適なアメニティを利用者に提供することが必要である。

　今後，プールの設計思想としては，従来のような競泳プールの概念にとらわれることなく，個別の目的に応じた機能的プールの設計に変わっていくことが考えられる。特に，水中運動施設（アクアフィットネスプール）として全体をとらえた場合，プール本体だけではなく，フロント，更衣室，プール施設，トイレ，温浴施設等の動線を整備し，それぞれの施設を，誰もが安心して使用することのできる「ユニバーサルデザイン」に沿ったものとしていく必要がある。

2 水中運動施設の維持管理

　水中運動施設をアクアフィットネスプールとして分類しても，プールの基本的構造や維持管理は，他のプールと大きく変わるところはない。ここでは，一般的なプール施設に共通する維持管理について述べる。

　プールの維持・管理として，水質管理や設備と資材の確認や点検は，事故防止のうえで大変重要なことである。

　現在の日本では，遊泳用プールの維持・管理についての法律が特にないのが実態である。厚生労働省がガイドラインとして「遊泳用プールの衛生基準」を定めているが，遊泳用プールの取り締まりについては，「地方自治法」により各地方自治体に委ねられており，各施設の所在する自治体が定める条例や規則による。

　しかしながら，ここに来て前述の埼玉県ふじみ野市の排水口事故をうけ，「プールの安全標準指針」が策定されたり，「遊泳用プールの衛生基準」が改訂された。安全標準指針は国が技術的助言として策定したものであり，衛生基準は，従来の基準から，安全標準指針と重複した部分を整理し，最近の法令に準じるなどして厚生労働省が改正し，2007（平成19）年5月28日付けで関係機関に通知したものである。これらは当然，自治体が定める条例や規則に取り入れられ，保健所の指導もこの指針と基準に沿って行われることとなる。したがって，同指針と基準は，施設管理者にとって有効な運営上の指標として，その役割を果たすことになる。

　「遊泳用プールの衛生基準」は，「水質基準」「施設基準」「維持管理基準」の3章から構成されている。また，「プールの安全標準指針」は，プールの排（環）水口に関する安全確保の不備による事故をはじめとしたプール事故を防止するため，プールの施設面，管理・運営面で配慮すべき基本的事項等について統一的に示したものである。

　ここでは，管理運営上，特に必要と思われる部分について抜粋して紹介する。

1 水質基準

　運動環境の快適さは，施設の経営において欠くことのできない要件である。利用者が快適にトレーニングできる環境を提供することは，施設管理者の務めでもある。近年，スイミングクラブでは中高年者を含む成人のプール利用者が増加し，プール水の透明度はもちろん，塩素の薬害や臭い，また，O157やトリハロメタンに関する社会的問題等，水質への関心が非常に高まってきている。また，温浴施設でのレジオネラ菌による高齢者の死亡事故をうけ，施設側もよりきめのこまかい水質管理が必要となってきている。さらには，プールをプール熱をはじめとする諸々の病気の感染源としないためにも，そしてまた，塩素消毒による弊害を極力減らすためにも，特に塩素濃度の管理には気を使う必要がある。

　以下に，現行の水質基準・水質検査の指針を列記し解説（＊）を加える。

(1) 水質基準（きれいな水であること）

[遊泳用プールの衛生基準]

（第2　水質基準　1　水質基準）

①水素イオン濃度は，pH値5.8以上8.6以下であること。

* 水中の化学反応のほとんどは水素イオン濃度に大きく影響される。
  pHが高まる（アルカリ性）につれ殺菌力は低下する。また，低くなる（酸性）につれ，配管や各種機材の腐食に大きな影響を及ぼす。
  実際には7.3～7.6 pHに調節することが望ましい。

②濁度は，2度以下であること。

* プール水の白濁程度を表す指標が濁度である。濁度2度とは透視度に換算すると3～4 mになる。民営プールでは，少なくとも濁度1度（透視度の12～13 m）未満を目標としたい。

③過マンガン酸カリウム消費量は，12 mg/L以下であること。

* プール内に持ち込まれる尿素やムチン等の有機物（汚れ）の濃度を表す指標である。

④遊離残留塩素濃度は，0.4 mg/L以上であること。また，1.0 mg/L以下であることが望ましい。

* 日本では塩素消毒が義務づけられており，感染症の予防効果を勘案して0.4 mg/L以上との下限が定められている。

⑤塩素消毒に代えて二酸化塩素により消毒を行う場合には，二酸化塩素濃度は，0.1 mg/L以上0.4 mg/L以下であること。また，亜塩素酸濃度は1.2 mg/L以下であること。

* 遊泳用プールに対して，塩素消毒に代えて認められた消毒薬剤であるが，現在のプールでは実施例は非常に少ない。

⑥大腸菌は，検出されないこと。

* 人体から持ち込まれる病原菌，特に糞便大腸菌を警戒した水質項目である。他の病原菌より若干塩素耐性が高いことから，大腸菌を指標菌としておけば他の病原菌も死滅するとの考えが前提となっている。

⑦一般細菌は，200 CFU/mL以下であること。

* 一般細菌の大半は非病原性であり，浄化度の指標の一つである。

⑧総トリハロメタンは，暫定目標値としておおむね0.2 mg/L以下が望ましいこと。

* トリハロメタンの発がん性が社会的な話題となり，1992（平成4）年の改訂で，新たに総トリハロメタンの数値が暫定目標値として設定された。

(2) 水質基準に係る検査方法

[遊泳用プールの衛生基準]

（第2　水質基準　2　水質基準に係る検査方法）

①水素イオン濃度，濁度，過マンガン酸カリウム消費量，一般細菌及び総トリハロメタンの測定は，水質基準に関する省令（平成15年厚生労働省令第101号）に定める検査方法若しくは上水試験方法（日本水道協会編）又はこれらと同等以上の精度を有する検査方法によること。

②遊離残留塩素濃度，二酸化塩素濃度及び亜塩素酸濃度の測定は，ジエチル-p-フェニレンジアミン法（DPD法）又はこれと同等以上の精度を有する検査方法によること。

③大腸菌の測定は，水質基準に関する省令に定める検査方法によること。

(3) その他
[遊泳用プールの衛生基準]
（第2　水質基準　3　その他）
①オゾン処理又は紫外線処理を塩素消毒に併用する場合にも，水質基準の①から④まで及び⑥から⑧までに定める基準を適用するものであること。
②海水又は温泉水を原水として使用するプールであって，常時清浄な用水が流入し清浄度を保つことができる場合には，水質基準の④及び⑤に定める基準は適用しなくても差し支えないこと。また，原水である海水又は温泉水の性状によっては，水質基準の①から⑤まで，⑦及び⑧に定める基準の一部を適用しなくても差し支えないこと。

2　水泳場の維持管理

プール施設の維持管理として，施設を長持ちさせ，きれいに美しく保つためには，点検，手入れ，補修を適時，適切に行わなければならない。

また，プールの利用者に，安全でかつ快適に利用してもらうために，プールの施設面，管理・運営面において，より一層のプールの安全確保が図られるよう，細心の注意をもって維持管理にあたらねばならない。

(1) 清掃

使用中の水中のごみ，浮遊物は水によって溢水する度にプール廻りの排水溝によって排除される。しかし，使用後や夜間などは，オーバーフローしないので，自然，水中の油分の入ったよごれがプール壁の水面部に付着するため，壁面の清掃をする。また，プールの底に沈積したごみ，砂等は，定期的にプールクリーナー，小型ポンプなどで清掃する。

その他，通常の各施設，設備，備品等の清掃は，管理上においても利用者が快適なクラブライフを送るうえでも，欠かすことのできない作業である。利用時間終了後は，ただちにプール施設および付帯施設を点検し，衣類の残留，異常の有無を確認する。

年間を通じて使用するプールは，たとえ，ろ過をして新鮮な水を補給していても，蓄積した尿素等は排除できないため，必要に応じて全水量を換水し水替えをしなければならない。

(2) ろ過

プール水を衛生的に維持していくため，水を循環してきれいにし，塩素を加えるようにする。プールの全水量が24時間運転して何回転の割合で循環するかということをターンオーバーといい，遊泳人員とプール水容量で回数が決定される。この間にろ過機を通して循環する水が清浄化される。

ろ層の汚れが一定の量になると，ろ過効率が下がるため，カートリッジフィルターの場合は交換する。また，砂ろ過，珪藻土ろ過の場合には，定期的に，機械操作により逆洗して洗い流す必要がある。

(3) 維持管理
[遊泳用プールの衛生基準]
（第4　維持管理基準　1　総則）
■1 総則
遊泳者等が安全快適かつ衛生的に利用できるよう，プール水を水質基準で定める状態に常に維持するとともに，プール設備及び付帯設備を常に清

潔に，かつ，使用に適する状態に維持すること。また，維持管理を適切に行うことにより貴重な水資源を効率的に利用するとともに，省エネルギーについても配慮すること。

プール水の水質の維持等プールの維持管理上必要な事項について利用者に理解と協力を求めること。利用者数はプール設備に見合ったものとし，施設内の安全や衛生が損なわれるおそれのある場合には，利用者数の制限等必要な措置をとること。

＊各地方自治体の条例には，本基準に盛り込まれていない自治体独自の見解や，プールの営業許可申請及びプールを原因とする疾病や事故の発生について，届出義務等が必ず定められているので，充分把握しておかねばならない。

「遊泳用プールの衛生基準」では維持管理基準の総則において，上記のとおり遊泳者の安全と衛生面について求めているが，2007（平成19）年の改訂では，プールの安全に関しては「プールの安全標準指針」によることとしている。そして，「プールの安全標準指針」では以下のとおり，安全管理上の重要事項を上げている。

[プールの安全標準指針]

（3-1 安全管理上の重要事項）

プールの安全を確保するためには，施設面での安全確保とともに，管理・運営面での点検・監視及び管理体制についても，徹底した安全対策が必要である。

管理・運営面においては，管理体制の整備，プール使用期間前後の点検，日常の点検及び監視，緊急時への対応，監視員等の教育・訓練，及び利用者への情報提供が必要である。

＊プールの安全を確保し，事故を防止するためには，施設のハード面とともに，点検，監視等を日々確実に行うといったソフト面の充実が不可欠である。

＊特に，排（環）水口の吸い込み事故対策としては，ハード面では排（環）水口の蓋等の固定や配管の取り付け口の吸い込み防止金具の設置等の安全対策が必要であり，ソフト面では安全対策が確実に確保されているかのプール使用期間前後の点検，日常の点検・監視による安全確認，異常が発見された時に迅速かつ適切な措置が実施されるような管理体制を整備しておくこと等が必要である。

＊なお，福祉施設等のプール（一般開放する場合を除く。）で，当該施設の職員が監視員として機能する場合においても，本指針で示す安全管理上の配慮事項を踏まえて，安全管理等を実施することが望ましい。

福祉施設等の例：リハビリテーション施設，知的障害者施設，児童自立支援施設，国立健康・栄養研究所，保育所

＊事故を未然に防ぐための安全管理を徹底するためには，①管理体制の整備，②プール使用期間前後の点検，③日常の点検及び監視，④緊急時への対応，⑤監視員等の教育・訓練，⑥利用者への情報提供が重要と考えられる。

(4) 管理責任者と衛生管理者

維持管理について「遊泳用プールの衛生基準」及び「プールの安全標準指針」では，管理責任者と衛生管理者を置くことを求めている。

[遊泳用プールの衛生基準]

（第4 維持管理基準　2 管理責任者及び衛生管理者）

2 管理責任者及び衛生管理者

　プールにおける安全で衛生的な管理及び運営にあたる管理責任者を置くこと。また，プールの衛生及び管理の実務を担当する衛生管理者を置くこと。衛生管理者は，プールにおける安全及び衛生に関する知識及び技能を有する者を充てること。なお，プールの規模等の実情に応じ，管理責任者と衛生管理者とを同一の者が兼ねることとしても差し支えないこと。

＊管理責任者と衛生管理者を置くことを求めているが，現在この名称を持つ公的な資格は存在しない。プールの衛生管理上，必要な知識・技能を備えていれば資格を所持していなくとも要件を満たすことになる。

(5) 管理体制の整備

　「プールの安全標準指針」では，「安全管理上の重要事項」で管理，運営面での点検，監視及び安全対策の重要性について述べ，以下に管理責任者・衛生責任者の設置を含め，「管理体制の整備」について触れている。

[プールの安全標準指針]

　(3-2 管理体制の整備)

　プールを安全に利用できるよう，適切かつ円滑な安全管理を行うための管理体制を明確にすることが必要である。また，業務内容を管理マニュアルとして整備し，安全管理に携わる全ての従事者に周知徹底を図ることが必要である。

＊プールの設置管理者は，適切かつ円滑な安全管理のために，管理責任者，衛生管理者，監視員及び救護員からなる管理体制を整えることが必要である。

＊設置管理者は，管理業務を委託（請負も含む）する場合，プール使用期間前の点検作業に立ち会うことや，使用期間中の業務の履行状況の検査等，受託者（請負者を含む）の管理業務の適正な執行について確認・監督することが必要である。

＊管理責任者，衛生管理者，監視員及び救護員の役割分担と，選任の基準は以下のとおりとする。なお，当該施設の規模等によりそれぞれの役割を重複して担う場合もある。

1 管理責任者

　プールについて管理上の権限を行使し，関与する全ての従事者に対するマネージメントを総括して，プールにおける安全で衛生的な管理及び運営にあたる。

　選任にあたっては，プールの安全及び衛生に関する知識を持った者とすることが必要である。なお，公的な機関や公益法人等の実施する安全及び衛生に関する講習会等を受講した者とすることが必要であり，これらに関する資格を取得していることが望ましい。

2 衛生管理者

　プールの衛生及び管理の実務を担当する衛生管理者は，水質に関する基本的知識，プール水の浄化消毒についての知識等を有し，プール管理のための施設の維持，水質浄化装置の運転管理，その他施設の日常の衛生管理にあたっているが，管理責任者，監視員及び救護員と協力して，プールの安全管理にあたることが望ましい。

　選任にあたっては，プールの安全及び衛生に関する知識を持った者とすることが必要である。なお，公的な機関や公益法人等の実施するプールの施設及び衛生に関する講習会等を受講し，これらに関する資格を取得した者とすることが望ましい。

　この「プールの安全標準指針」では，「〜必要

である」はプールの安全確保の観点から，記述された事項の遵守が強く要請されると国が考えているもの，また，「～望ましい」は，より一層のプールの安全確保の観点から，各施設の実態に応じて可能な限り記述された事項の遵守が期待されると国が考えているものとして表記されている。

本指針では，管理責任者と衛生管理者のほかに監視員と救護員の配置についても求めているが，本教本ではその解説を省略する。

(6) プール水の管理

[遊泳用プールの衛生基準]

（第4　維持管理基準　3　プール水の管理）

① プール水は，常に消毒を行うこと。また，遊離残留塩素濃度がプール内で均一になるよう管理すること。

② 浮遊物等汚染物質を除去することにより，プール水を水質基準に定める水質に保つこと。また，新規補給水量及び時間当たり循環水量を常に把握すること。

③ プール水の温度は，原則として22℃以上とすること。また，プール水の温度が均一になるよう配慮すること。

＊スイミングスクール等で用いられるプールで22℃の低水温は考えられない。プールの使途，利用者の年齢等を考慮して，各施設に応じた温度設定をすべきである。

④ プール水の水質検査は，遊離残留塩素濃度については，少なくとも毎日午前中1回以上及び午後2回以上の測定（このうち1回は，遊泳者数のピーク時に測定することが望ましいこと。）を，水素イオン濃度，濁度，過マンガン酸カリウム消費量，大腸菌及び一般細菌については，毎月1回以上の測定を，総トリハロメタンについては，毎年1回以上の測定（通年営業又は夏期営業のプールにあっては6月から9月までの時期，それ以外の時期に営業するプールにあっては水温が高めの時期とすること。）を行うこととし，これらの測定は定期的に行うこと。利用者が多数である場合等汚染負荷量が大きい場合には，水質検査の回数を適宜増やすこと。

＊⑤水質検査不適合の措置は省略

⑥ 水質検査の試料採水地点は，矩形のプールではプール内の対角線上におけるほぼ等間隔の位置3箇所以上の水面下20 cm及び循環ろ過装置の取入口付近を原則とすること。その他の形状のプールでは，これに準じ，プールの形状に応じた適切な地点とすること。

[薬剤の管理]

近年，プールにおいて，一般的に使用している消毒剤の次亜塩素酸ナトリウム溶液と，凝集剤（ポリ塩化アルミニウム）等の混和により，有毒な塩素ガスが発生する事故が散見されるが，厚生労働省により2007（平成19）年の「遊泳用プールの衛生基準」改訂で，薬剤の管理方法について一部修正がなされたため，その内容を以下に掲載する。

[遊泳用プールの衛生基準]

（第4　維持管理基準　4　プール設備及び付帯設備の維持管理）

④ 他の薬剤と混和しないよう，プールに使用する消毒剤を適切に管理すること。また，使用する薬剤が消防法（昭和23年法律第186号）及び労働安全衛生法（昭和47年法津第57号）に規定する危険物に該当する場合は，これらの法律を遵守すること。

なお，プール水の消毒に液体塩素を用いる場合は，塩素ガスの漏出等による危害を防止するた

め，高圧ガス取締法（昭和26年法律第204号），労働安全衛生法等の関係法規を遵守し，適切に管理すること。

＊事故防止に向けて，「他の薬剤と混和しないよう」との一文が加えられた。

⑩消毒剤及び遊離残留塩素濃度の測定に用いる試薬及び測定機器等は，経時変化や温度による影響などを考慮して適切に管理し，その機能の維持等についても十分注意すること。

＊消毒剤及び遊離残留塩素濃度の測定に用いる試薬及び測定機器等の管理について，「経時変化や温度による影響などを考慮して」との一文が加えられた。

■参考文献
(1) (財)日本水泳連盟・(社)日本スイミング協会編「水泳教師教本」大修館書店，2006年
(2) 文部科学省・国土交通省「プールの安全標準指針」，2007年
(3) 厚生労働省「遊泳用プールの衛生基準」，2007年

第8章

水中運動プログラムの計画と管理

1 水中運動施設におけるプログラムの計画

　日本における民間商業スポーツ施設は，1980年代後半あたりから社会的な健康志向や，若い女性を中心としたエアロビクスダンスのブームなどを背景に，一挙に国内での隆盛期を迎えた。新規施設の開業が相次ぎ，施設の内容もプール，トレーニングジム，スタジオ，さらにはテニスやスカッシュコート等を備えた複合施設が台頭し，クラブ自体の大型化も同時に進行していった。また，会員制度の形態も，スイミングクラブに代表される月謝制の教室運営ではなく，月会費による自由利用を前提とした会員制度を採用する施設が増加し，こんにちのフィットネスクラブと呼ばれる業態が誕生した。

　そのような環境のなかで，スイミングクラブでの水泳指導や，総合スポーツクラブにおいて運営されている「水泳教室」は，スクールビジネスとして位置づけされ，クラブ経営のうえでは欠くことのできない事業として継続されてきている。

　経営形態はそれぞれの施設の事情によって異なっても，提供するプログラムで近年非常に人気が高いものの一つが水中運動プログラムである。社団法人日本スイミングクラブ協会では「アクアフィットネス」を，水中で行うすべての身体活動の総称としてとらえている。したがって，現在スイミングクラブで実施されている幼児・学童・成人スクールや競泳種目等も，広義のうえではアクアフィットネスのプログラムの一部ということができる。

1 マネジメントサイクル

　スイミングクラブで実際に水中運動プログラムを計画し，その事業を，効果的かつ効率的に達成していくために，「マネジメントサイクル」と呼ばれる経営手法がある。

　事業を実施する際には，その事業について最終的に到達しようとする目的や目標が必ずあり，それを達成するためには，その目的・目標に対し

「計画（Plan）」を立て，立てられた計画に基づき事業を「実施（Do）」し，その結果に対して「反省・評価（See）」をすることが必要である。また，継続する事業には，この経営過程を繰り返し行っていかなければならず，この繰り返しが，一般的に「プラン・ドゥ・シー（Plan Do See）」といわれるマネジメントサイクルである。

(1) 計画（Plan）

水中運動プログラムを実施するにあたり，まず，開設される教室（コース）それぞれの「目標の設定」が必要となる。そして設定した目的に対し，どのように教室を運営していくかを「計画」として表さなければならない。

❶ 指導計画

教室の主軸をなす計画で，目標を達成するためにどのように指導するかを時系列に設計する。

❷ 事業計画

教室を指導計画に沿って運営していくための，人事計画・施設設備計画・予算計画といった教室運営のための計画を立てる。

❸ 目標の設定

目標は，達成することが可能で，その内容は常に具体的な方法でなければならない。計画は，目標を立てることが出発点となり，目標によってスタッフやインストラクターの行動が定められることから，漠然とした表現の目標をかかげた場合，到達する位置が曖昧で，目標倒れとなってしまう危険性がある。

❹ 計画の具体化

教室を実施する過程で，計画には，開始前の「企画」，開始時の「計画の表示」，実施途中での「計画の管理」という3つの段階がある。目標と同様に計画も具体的でなければならず，企画の段階で，曖昧模糊とした表現を避け具体的に示されなければならない。

(2) 実施（Do）

設定した目標に向かい立案された計画に沿って，実際に教室を運営していくことが，計画の実行である。企画された教室が計画どおりに実施され，目標として設定した成果を得ることができるように事業展開をする場であり，前述の「計画の管理」という段階がこれにあたる。

指導者は，計画に基づいて用意された施設や用具を充分に活用し，常に安全管理を心がけて指導にあたる。また，参加者が，この教室の運営や指導内容についてどうとらえているのか，その満足度を顧客情報として把握しておく必要がある。最終的に目標が達成できたとしても，実施の過程において参加者が不満や苦痛を感じているのであれば，その教室は成果を収めたとは言えず，必要に応じて改善を加えなければならない。

計画の管理では，計画と実際とのずれを常にチェックし，計画を補正することが必要である。

(3) 反省・評価（See）

教室が終了した時点で，その事業が完結するわけではない。終了した事業を評価し，問題点について，その要因を検討し反省することによって得た経験則が，次の教室の実施に生かされていく。その繰り返しが前述のマネジメントサイクルである。

また，反省と評価は，事業の最終段階でなされるものだけではなく，教室の企画段階から行われる計画の「診断的な評価」，開始後の管理段階で，計画とのずれや参加者の状況をチェックする「形成的な評価」など，計画の初期から実施期間中に

行う，事業に対する反省と評価も欠かすことはできない．

1 診断的評価

評価の内容：目標の設定，指導内容，学習過程，運営方法などが，具体的かつ適正かなど

必要な資料：参加者の個別データ（経験・動機・レベル・既往症など）

評価の方法：アンケート調査，運動機能テストなど

2 形成的評価

評価の内容：目標達成度，参加意欲，満足度はどの程度かなど

評価の方法：個別観察，運動機能テスト，感想文，出席状況など

3 総括的評価（最終評価）

評価の内容：目標達成度，満足度，継続意思はどの程度かなど

評価の方法：アンケート調査，運動機能テスト，感想文など

2　アクアフィットネスの分類

前述したように，水の浮力・抵抗・圧力などの，水の特性を利用したジョギング，ストレッチ，ダンスなどの「水中運動」の総称をアクアフィットネスと呼ぶ．

広義でとらえれば，競泳4種目を含めた水中活動のすべてを包括するが，一般的には，アクアビクス，アクアエクササイズといった用語が混在し，社会的に統一されていないのが実情である．ここでは立位によるアクアフィットネスを，水中運動としてとらえている．

スイミングクラブで開催している水泳教室の種類は，つい最近までは，かなり明確に分類することができた．しかし，社会的ニーズの多様化に伴い，プログラムの種類が非常に多くなってきており，しかも，それぞれのプログラムが複雑に関連し合い，体系づけて分類するための線引きが難しくなってきている．

現在，スイミングクラブで行われている代表的なプログラムを，次のように「技術習得型水泳教室」と「健康志向型水泳教室」に大別すると，健康志向型水泳教室が一般的な「水中運動」の概念に基づくプログラムであるといえる．

(1)　技術習得型水泳教室

①幼児・学童水泳教室
②選手・育成クラス
③一般成人水泳教室
④マスターズ水泳
⑤種目別水泳教室（水球・シンクロナイズドスイミング・日本泳法など）

(2)　健康志向型水泳教室

①ベビースイミング
②マタニティスイミング（妊婦水泳）
③高齢者水泳教室
④機能改善クラス
⑤運動療法クラス
⑥各種水中運動クラス（水中ウォーキング・アクアダンス・流水プログラムなど）

3　各種水中運動クラスの特色

スイミングクラブは，その発展の過程で多くのプログラムを開発してきている．当初，学童を対象として選手の育成をめざして発達してきた水泳教室は，その後，熱心な指導者たちによって，乳

幼児水泳の研究開発がなされ，ベビースイミングを開発し，ほぼ同時期において開発されたマタニティスイミング（妊婦水泳）の普及についても，社会的に大きな評価を受けた。また，障害者水泳や高齢者水泳といった，対象別の水泳指導も大きな成果をあげてきている。水中運動の社会的ブームはつい最近のことではある。実は，これらのプログラムには，水の特性を利用した水中運動の手法が既に用いられていたのである。最近ではメディカル系の水中運動教室も盛んに開催され，リハビリや各種疾病の運動療法に活用されてきている。

前項で健康志向型水泳教室に大別した教室について，特筆すべき点を次に述べたい。

(1) 機能改善・運動療法クラス

「機能改善クラス」は，そのプログラムに医師または医療機関が関与しないものである。「運動療法クラス」は，そのプログラムが医師または医療機関の指導のもとに行われているものである。

機能改善クラスは，腰痛や肩・膝痛などの関節障害，整形外科的疾患の術後リハビリ，肥満，生活習慣病予備軍，ぜんそくなどの改善を目的としている。医師関与が不要と記してはいるが，適切な医師の指導と助言が必要であることは言うまでもなく，インストラクターについても高度な専門的知識は欠かすことができない。

運動療法クラスは，これらの重度疾病者や高血圧，高脂血症（脂質異常症），糖尿病などの循環器系疾患，脳血管障害，心臓疾患を対象とした運動療法を行う教室である。医師または医療機関による定期的なメディカルチェックを実施し，医師の指導のもとに運動指導者や栄養士，場合によっては理学療法士などが，チームとしてプログラムを作成し，適切な運動処方を実践していくことが必要である。

(2) アクアダンス

水中で行うダンス系プログラムの，この十数年間の変化には非常に大きなものがある。単一の水中エアロビクスから始まって，フラダンスやラテンなどのダンス系，空手やマーシャルアーツなどの格闘技系，さらにはヨガや機能改善プログラムなどが開発・研究され，そしてまだ変化し続けている。その中で，プログラムを構成する力のないインストラクターは，思うように生徒が集まらずに生き残っていくことが難しい時代がきている。

アクアダンスプログラムによって，音楽に合わせて身体を動かすことの楽しさを知った参加者は，同時にそのインストラクターのキャラクターや人間的魅力に対しても強い関心を持つ。スイミングクラブでの，アクアダンスプログラムの成功・不成功は，そのインストラクターの資質にかかるとさえ言われているのである。

4 水中運動プログラムの計画

実際に施設において，水中運動プログラムを計画する際のポイントについて考えていきたい。

水中ウォーキングやアクアダンスといった分類別の計画も，個別の問題点の解消には不可欠である。ここでは，それらを包括した立位プログラムとしての「水中運動」ととらえ，以下に計画上の留意点を記す。

(1) プログラム上の留意点

計画の段階で，水中運動の特質によるいくつかの問題点について検討し，事前に配慮しておかな

ければならない留意点がある。
❶ 教室別に対象年齢を区分けする
　水中運動は，若い女性にも大変人気のあるプログラムである。対象年齢を不明確にしていると，若い女性は高齢者の多い教室には自然と足が遠のく。また，逆の場合，高齢者はそのクラスの流れについていけず指導上支障をきたす。

❷ 常に新鮮で飽きのこないプログラムづくりを心がける
　水中ウォーキングに代表されるように，各運動の動作が単調で同じプログラムの繰り返しではすぐに飽きられてしまう。浮き棒やダンベル，ビート板などの道具を使用してみることや，音楽を流してダンス系のプログラムを取り入れたり，ゲーム的な要素を盛り込んで楽しく教室を進めるなど，インストラクターの工夫と技量が求められる。

❸ 運動中の低体温・脱水症状を回避する
　水中運動プログラムの場合，他の教室に比較して運動量が少ないことが，特徴の一つにあげられる。ストレッチなど，実施する水中運動の種類によっては，水中に体温を奪われふるえ始める参加者もいる。寒さの感じ方は年齢・体型によって，個人差が非常に激しいので注意が必要である。
　また，運動中の水分の補給にも充分な配慮が必要である。

❹ 水泳（顔つけ）をプログラムに加えない
　全く水に顔をつけずに，水中で立位だけの運動を行っていても参加者は自然に，水中での体の制御方法が身につき，かなり早い段階で泳ぎを覚えることができるようになる。
　しかしながら，少なくともこの教室では泳ぐことをプログラムに取り入れないことが望ましい。水泳が嫌いでこの教室に通っている人もいるはずで，水泳に興味を持ち始めた参加者には，水泳を中心に学べる別の教室を勧めるべきである。

(2) 施設における留意点
　計画にあたり，施設面での制約や，企業であるがための経営上のコスト等に関する検討が必要となる。

❶ 施設上の問題点を検討する
　施設がバリアフリー設計であるかどうかで，対象者が変わってくる。
　また，水深に応じて実施種目が制限される。その他，施設の規模や水温，付帯施設によっても計画が大きく左右される。

❷ 指導者の問題点を検討する
　水中運動の特性から，泳法の指導能力以外に必要とされる，専門の知識・技能を持つ指導者が極端に少ない。誰でも指導できる種目ではないことから，質の高いインストラクターの確保が難しい。

(3) 採算性の留意点
　優秀なインストラクターは抜群の集客力を有するが，謝礼も能力に比例して高額となる。また，生徒が集めにくい曜日・時間帯は各施設には必ずあり，水中運動プログラムの計画にあたり，その教室の採算性は常に念頭に置かねばならない。

2 水中運動施設におけるプログラムの運営

　水中運動の効果は，多くのマスコミや各種媒体で取り上げられ，国内では既に万人の知るところである。一方では高齢者の健康に対する関心が非常に高まり，スイミングクラブでは高齢者会員の比率が増加し続けている。さらには，各地方自治体は税収の減少に加え，増え続ける医療費や介護保険に対する打開策として，健康増進のための運動効果に着目してきている。また，各クラブへの需要の増加は当然のことながら，最近では，患者に水中運動による運動療法を積極的に勧める医師もおり，医師の紹介によって患者が施設を訪れるケースも増えてきた。

　スイミングクラブの社会的責務においても，経営基盤確立のためにも，この分野の市場の開拓・顧客の取り込みは欠くことのできない経営課題である。運動療法の領域への志向は，好むと好まざるにかかわらず業界の一つの流れであり，新規プログラムの開発は各クラブとも，もはや避けて通れない道である。

1 水中運動プログラム運営上の留意点

　現状ではスイミングクラブで，若い女性にも人気の高いアクアダンスや他の水中運動プログラムを導入したとしても，参加者の比率は自然高齢者に偏る。また，医療機関から紹介される参加者は，循環器系の疾患や関節障害等を抱えている人が多く，施設の負うリスクは高い。

　また，高齢者は必要以上にがんばる傾向があり，体調の不調や疲労感をインストラクターに訴えない場合が多い。参加者に，安全に楽しく，いつまでも継続して水中運動を行ってもらうためにも，インストラクターは，実際の水中運動プログラムの運営に際して，いくつかのポイントについて注意をする必要がある。

　以下に，教室運営上の留意点を記す。

①参加者の既往症・個別の特性等を指導者が充分把握しておく

　インストラクターは参加者に対して，技術・体力的データ等を管理するだけではなく，既往症や服用薬など個人の健康に関するリスクファクターについても把握しておかねばならない。

②個別性に応じた練習計画を策定し，常に表情や顔色，状態などをチェックしながら教室を運営する

　目標により早く到達するため，必要以上のがんばりを見せる場合があるが，それが決して効果的ではないことを参加者に理解させる必要がある。効率が良く，決して無理のない個々の特性に応じた練習計画を策定する。

③明るく楽しい教室づくりを心がける

　インストラクターは，参加者にいかに長く継続してクラブに通ってもらうかを考えなければならない。辛くストイックなトレーニングには，なに一つ利点はない。クラブに来れば，いつも親しい仲間がいて楽しい会話があり，ともにいい汗の流せる教室であることが望ましい。

④明確な目標を持たせる

　到達可能な目標の設定こそ，参加者の動機づけに最も有効な手段である。到達が不可能な目標の設定は，参加者の継続意欲を阻害するばかりか，大きな事故につながりかねない。水中運動を通じ

て，自身の健康の維持・増進や友情・相互理解を深め，豊かなライフステージを創造することをインストラクターは忘れてはならない。

2 リスクマネジメント

陸上での運動に比較して，水中運動は高齢者にとって非常に安全なスポーツであるといえる。施設として，参加者に安心して水中運動を行ってもらうために事故防止対策は不可欠である。しかしながら，スポーツのもつ本質的危険性を考えると，事故防止対策にはおのずから限界があり，万一を考え，救急対策や補償対策をあわせて確立させておかなければならない。

ここでは施設におけるリスクマネジメント（事故対策）を，事故が起こる前の事故防止対策として「安全のための対策」，万一事故が発生した場合の救急対策・補償対策として「安心のための対策」の二つに分類し，以下に解説する。

(1) 安全のための対策

万一事故が発生した場合，その事故に対処するためのシステムがクラブ内に構築されており，スタッフが各自のなすべきことを理解していなくてはならない。

事故が起きた際には，「安全管理マニュアル」が策定されていたか。また，マニュアルに沿った「安全管理教育」がスタッフに対して実際になされてきたか。この2点は施設の責任を問ううえで，必ずその有無が争点となる。マニュアルの作成は当然のことながら，教育の記録を残しておくことは必須である。

①自施設の特異性にあわせた事故防止対策用の，安全管理マニュアルを策定する。

②安全管理マニュアルをベースとした安全管理教育を，スタッフに対し定期的に実施し，その記録を残しておく。
③救急対策として，救急救命・応急救護処置法の教育をスタッフに対し定期的に実施し，その記録を残しておく。
④有資格者を配備することを前提に，できるだけ多くのスタッフ（できれば全員）に，最低限「心肺蘇生法」の資格を取得させておく。

(2) 安心のための対策

事故が起きた場合の補償対策として，クラブの経営的基盤の保全および被害者救済の立場からも，保険への加入は必要不可欠である。

施設利用者の事故に対し，クラブが加入する保険としては「賠償責任保険」と「傷害保険」がある。

❶ 賠償責任保険

施設や管理上の不備，指導上の過失等によって生じた事故の，法律上の賠償責任を負担することによって被る損害を補償する。

❷ 傷害保険

クラブ側の法律上の責任の有無を問わず，急激かつ偶然な外来の事故によりけがをした時に補償する。

3 指導者の資質向上（自己研鑽）

スイミングクラブの水泳指導も大きく変化してきている。

近年では，泳げない人がプールを使用して，水中ウォーキングに代表される立位を中心とした水中運動を行う姿を良く見かけるようになった。インストラクターにも，技術的指導が主体だった水

泳指導から，水中運動プログラムのインストラクターとしての知識やスキルが求められるようになってきている。

　では，水中運動プログラムのインストラクターとしての資質とは何であろうか。

　まずあげられる要件に，水泳指導者としての水泳に関する専門的知識，技能，指導技術がある。カリキュラムに競泳4泳法が入っていなくても，水中で水を媒体として指導を行う以上，インストラクターは泳ぎの基本を身につけており，泳げるべきである。

　また，高齢者を含め成人を対象として指導するのであれば，社会人としての幅広い一般常識，節度，礼儀など，身につけなければならないことは多岐にわたる。さらには，これらの後天的要件にプラスして，そのインストラクターが本来身に備えている，指導者としての人間性や人格，人を惹きつける人間的魅力など，一朝一夕では自身に取り込むことのできない要件もある。

　向き不向きは当然あろうが，人間的にインストラクター（指導者）としての資質がない者は別として，既にインストラクターとして生計を立てている者，または，これから水中運動プログラムのインストラクターを志す者には，常に向上しようとする心と，その努力が必要である。

　日々の生活の中での読書や美術鑑賞，または，余暇を利用して自然に触れることなどで，感動することのできる心や，社会事象を一歩違った次元から見ることのできる視野などを養うことによって，指導者としての人間性の幅を広げるよう努めるべきである。漫然と日々を過ごしていては，より高いレベルへの到達は望めない。

3 水中運動施設におけるプログラムの管理

　本来，水中運動は万人を対象としたプログラムで，若い女性にも非常に人気がある。しかしながら，水中運動の特殊性から対象者が，近年，高齢者や運動療法系の人を中心とした展開となってきている。また，これらの人に対しては配慮も必要である。そのため本項の管理においても，高齢者や運動療法対象者について考えていきたい。

　高齢者が，健康で楽しく長寿を全うするということは，加齢に伴う身体の諸機能の低下を防ぎ，介護を受けることなく自立した日常生活を営み，さらには，活動的で生き生きとした毎日を過ごすことを意味する。このことは，水中運動を実施している高齢者が，実際に身をもって体感することができる。

　このように参加者の目的は多岐にわたり，インストラクターは個々の目的に応じた成果を，水中運動の評価として参加者にフィードバックする必要がある。

1 成人水泳の評価

　成人の水泳教室の場合，学童を対象としたような進級テストは行わない。参加者が進級テストといった形で評価されることを嫌うことも理由の一つではあるが，それ以上に，成人が水泳教室に参加する目的が非常に多岐にわたり，その目的の評価を，単に水泳技能のスケールで測ることができないからである。

　たとえば，マスターズ水泳の出場を目的としている場合には，選手・育成コースの子どもと同様，競技会の成績によって明確に評価を行うことができる。また，目的がシェイプアップにある場合，評価のための資料は体重やウエスト，体脂肪率等によって計数化することができ，比較的簡単に評価を行うことができる。しかしながら，一方で健康の維持増進や仲間づくりといった計数化が難しいものを目的として参加する人も多い。

　一つのクラスの中に，さまざまな目的を持った参加者が混在しているため，個別性を重視した指導を行わなければならないが，評価もまた，参加者の個別性を重視し，その評価に基づいて水泳教室の運営を進めていかねばならない。

2 高齢者・運動療法水中運動の評価

　スイミングクラブでは，高齢者の利用が増加しているのと同時に，腰や膝の関節障害，高血圧や高脂血症（脂質異常症）といった循環器系障害，糖尿病や心臓疾患等の運動療法として，水中運動プログラムを実施する施設が増加している。陸上運動に比較して，水中運動の効果・安全度等の優位性は万人の認めるところであり，一回で多人数の運動指導が可能なことも，水中運動の大きな特性の一つである。

　高齢者の機能改善・介護予防を目的とした教室や運動療法クラスでは，専門的知識を有する質の高いインストラクターの確保，医師・医療機関との連携，メディカルチェックシステムの確立，バリアフリーに対応した施設などのもとで開催される。そしてその評価は，プログラムが的確な効果をあげるためにも，定期的に繰り返し行われなければならない。

⑴　運動療法のための水中運動

　浮力や抵抗・水圧といった水の持つ特性を利用し，水中運動によって身体的な障害の治療やリハビリを行う。こんにち，腰痛・膝関節痛などの関節障害や，高血圧，高脂血症，心臓疾患，糖尿病といった循環器系や内科的疾患の治療に，水中運動が用いられ効果を上げている。

　血圧・脈拍・体重などは大切な評価の資料となる。個人別の「セルフチェックシート」を用意し，水中運動の開始・終了時に，毎回必ず計測し記録しておくことが大切である。また，各種運動機能の指標のほかに，定期的な医師による診断や血液分析は必須事項であり，評価の中心をなす。

⑵　介護予防のための水中運動

　介護予防のための水中運動は，非常に大きな効果を得ることができる。なによりも，プログラムの参加者がその効果を確実に実感することができ，運動に対する継続意欲も非常に高い。

　評価の方法としては「体力（身体機能）測定」が有効である。

　身長・体重・BMI（肥満度）・ウエスト・ヒップ・体脂肪率などの形態測定と，握力（筋力）・開眼片足立ち（静的バランス）・歩行テスト（10m程度・歩行能力）・Timed Up & Go（3m程度・移動能力）・ファンクショナルリーチ（動的バランス）・座位体前屈（柔軟性）などが機能測定として，評価の指標となる。高齢者が対象であるため，機能測定種目も安全度の高い種目を選定してある。測定を行う際には，決して無理をさせないよう安全に配慮する。また，歩く・階段の昇降・立つ・座ると言った日常生活動作（ADL）の運動による改善も，大切な指標の一つである。

3　施設の管理

　成人を対象とした施設では，参加者の快適なアメニティに対する要望は大きい。施設の清潔さ，水の透明度の確保はもちろんのこと，抵抗力の弱い高齢者にとっては，レジオネラ菌や各種細菌に対する水質管理等は特に注意をしなければならない。また，プールサイドは水に濡れると滑って危険であるし，常に湿っているため衛生面に配慮する必要がある。使用者の多いプールの更衣室は，プールと完全に隔離されてもなお，濡れたままの遊泳者が持ち込む水滴が床を濡らし，不快であると同時に非衛生的であるため，排水と動線には充分留意したい。

　統計的に，利用者が循環器系，特に脳疾患系の事故を起こす場所は，プールやトレーニングジムといった運動フロアよりも，圧倒的に浴室や更衣室であることに着目すべきである。高齢者にとって，プール室内（浴室含む）と更衣室の温度差は非常に危険であり，特に冬場は室温管理に充分な配慮が必要である。

　人的な管理として，プールに監視員を配備することは当然のことながら，更衣室・浴室等の巡回も欠かすことはできない。

■参考文献

（財）日本水泳連盟・（社）日本スイミングクラブ協会編「水泳教師教本」大修館書店，2006年

MEMO

第2部
アクアダンス

第1章

アクアダンス概論

1 アクアダンスの概念と定義

「アクアダンスとはなんだろう？」
　一般的には水中で音楽に合わせてダンス的な運動をすること，といったような答えが返るだろう。確かにアクアダンスのプログラムスタイルの原型は，陸上で行われているエアロビックダンスやジャズダンスなどである。
　しかしアクアダンスの場合は，水中という，陸上で行われているダンスとは全く異なった環境で行われるため，運動動作・プログラミングの方法・音楽の使用法など，決して同じになり得ない。
　たとえば，音楽やリズムに合わせたくても，水の抵抗などのために難しい場合もある。また深いプールでアクアダンスを行う場合は，ダンスとは言いながらも，用具を使って浮かんだ状態で行っているのが実状である。
　したがってアクアダンスのプログラミングを行う際には，陸上でのエアロビックダンスなどと同じようにすべきだという既成概念を捨てて，水環境に合った内容・展開を心がけなければならない。
　アクアダンスは，特別な呼吸法を必要とせずに誰でも行うことができる。原則として顔を水につけたり潜ったりせずに，垂直体・傾斜体・水平体で着地状態あるいは浮揚状態で行うタイプの運動である。
　しかし本教本では，アクアダンスを広義にとらえて，特殊な目的（主にセラピーやリラクセーション，ファン系＝水遊び的なゲームなどのこと）のためにディッピング（顔のみを水につける）・ダイビング（半身または全身を水につける）・サブマージング（完全な潜水）というような状態で行う動作も，アクアダンスのプログラムの中に取り入れてある。
　アクアダンスも健康づくりのために行うフィットネスの一つである以上，「安全」でしかも「効果」があることが大前提となる。もちろん，たとえ「安全で効果的」であったとしても，そのレッスンがつまらなければ参加者に受け入れられないだろう。つまり，「楽しさ」の要素，たとえば「音を楽しむ」といった人間が本能として備えて

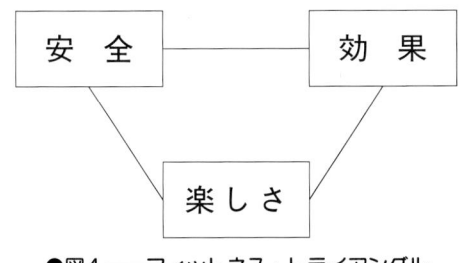

●図1──フィットネス・トライアングル

いる感性を尊重し，リズムに合わせて動く快感を与えるような内容や，参加者同士仲良く集団で同時に運動するなどの社交の場を提供するといった内容なども備えていなければならない。

アクアフィットネス全般の指導にわたって重要なこの3つの要素は，『フィットネス・トライアングル』と呼ばれており(図1)，アクアダンスにおいてもこの三要素を満たすことが必要である。

以上からアクアダンスの定義をまとめると表1のようになる。

2 アクアダンスの目的

人間の行動体力は，いくつかの要素で構成されている（図2）。それらのどれもが私たちにとって必要不可欠なものである。

これまで，一般的なエクササイズにおいては，水陸にかかわらず，体力の中でも特に重要だと思われる筋力・持久力・柔軟性の向上や改善に主眼がおかれる傾向にあった。

ところが最近になって，エクササイズの要素として「バランス」という言葉がよく聞かれるようになってきた。たとえば筋コンディショニングのプログラムにおいて，筋力アップだけでなく筋バランスを整えるエクササイズが増えてきている。さらにセラピー分野からのアプローチもあり，ボディーバランスのコントロール能力の向上なども重要視され始めている。

●表1──アクアダンスの定義

①アクアフィットネスの中の一つのプログラムスタイルである。
②音楽が先にあるのではなく，水中運動として適切・有効な動作を，水の特性に基づきながら，ダンス的なテクニックを駆使してリズミカルに一連の流れとしてつないだ運動である。
③原則として，顔をつけたり，潜ったり，腕を水上で動かしたりしない（しかしプログラムの状況や目的に応じてそれらの動作を行う場面もあってもよい）。
④安全・効果・楽しさの三要素を兼ね備えた，マイペースで行える内容である。
⑤音楽・用具などの使用や，ペアやグループでの共同動作を，プログラムの内容に応じて適宜行うものである。

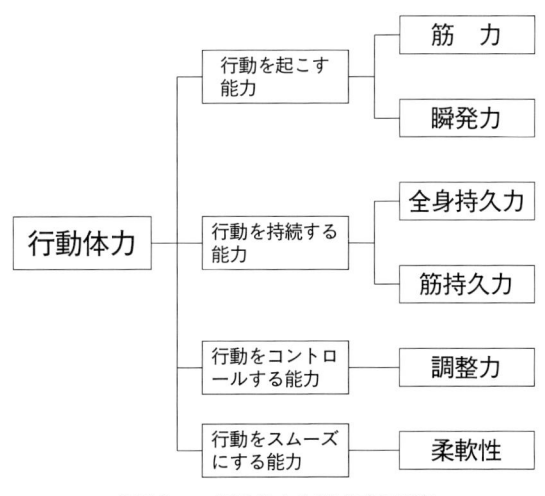

●図2──行動体力を構成する要素

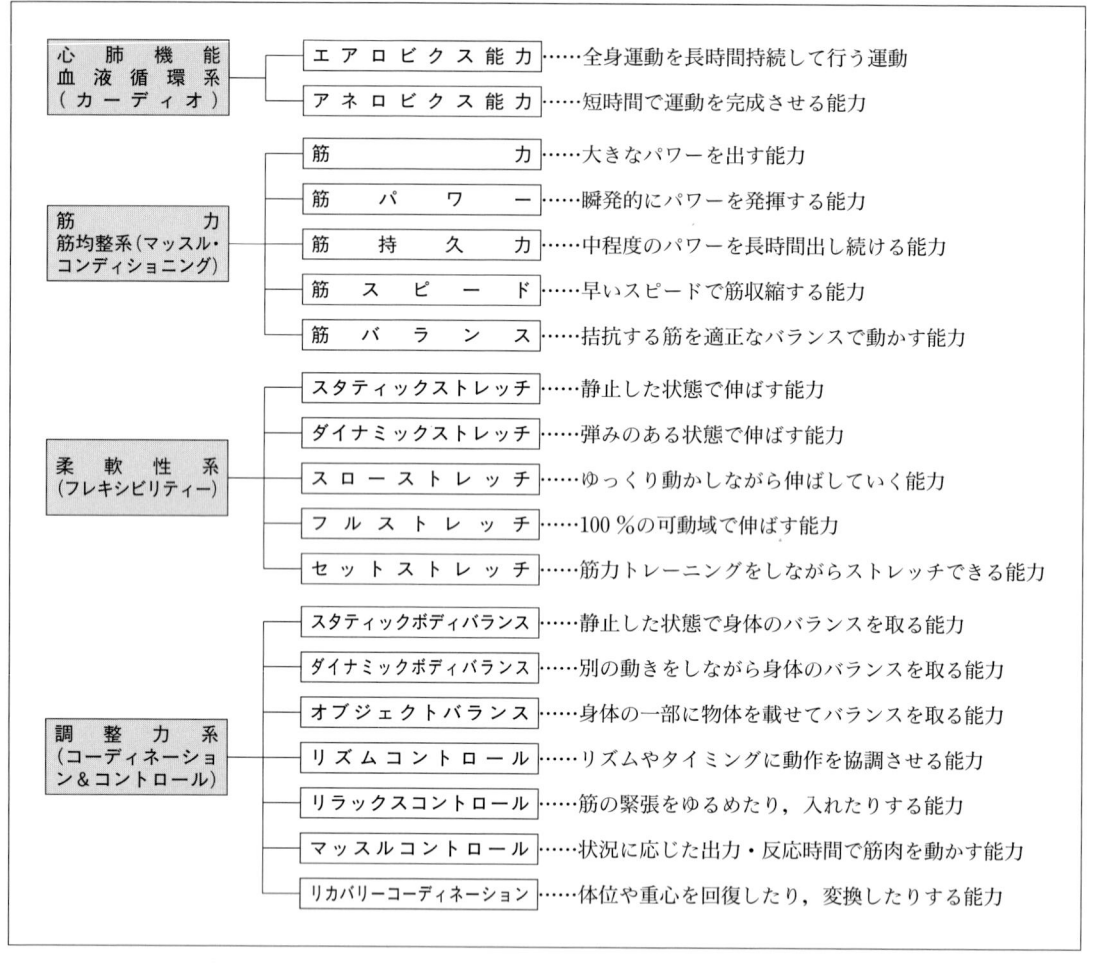

分類	項目	説明
心肺機能血液循環系（カーディオ）	エアロビクス能力	全身運動を長時間持続して行う運動
	アネロビクス能力	短時間で運動を完成させる能力
筋力筋均整系（マッスル・コンディショニング）	筋力	大きなパワーを出す能力
	筋パワー	瞬発的にパワーを発揮する能力
	筋持久力	中程度のパワーを長時間出し続ける能力
	筋スピード	早いスピードで筋収縮する能力
	筋バランス	拮抗する筋を適正なバランスで動かす能力
柔軟性系（フレキシビリティー）	スタティックストレッチ	静止した状態で伸ばす能力
	ダイナミックストレッチ	弾みのある状態で伸ばす能力
	スローストレッチ	ゆっくり動かしながら伸ばしていく能力
	フルストレッチ	100％の可動域で伸ばす能力
	セットストレッチ	筋力トレーニングをしながらストレッチできる能力
調整力系（コーディネーション＆コントロール）	スタティックボディバランス	静止した状態で身体のバランスを取る能力
	ダイナミックボディバランス	別の動きをしながら身体のバランスを取る能力
	オブジェクトバランス	身体の一部に物体を載せてバランスを取る能力
	リズムコントロール	リズムやタイミングに動作を協調させる能力
	リラックスコントロール	筋の緊張をゆるめたり，入れたりする能力
	マッスルコントロール	状況に応じた出力・反応時間で筋肉を動かす能力
	リカバリーコーディネーション	体位や重心を回復したり，変換したりする能力

●図3――アクアダンスがとりあげる運動要素

　これらの傾向は，真にトータルな体力づくりに人々が目を向けるようになってきたという現れであり，また高齢社会の到来により，転んだりつまずいたりしない，バランス能力のある身体づくりの必要性が認識されるようになってきた証拠でもあろう。

　アクアダンスが取り上げるべき運動要素を整理してみると，図3のようになる。

　この中には，柔軟性の項目のダイナミックストレッチ，フルストレッチなど，陸上でのエクササイズでは安全面から見て，通常は行わないであろう要素をあえてあげてある。

　安全性を重視するあまり，陸上のエクササイズでは小さな筋伸張しか行いにくい。しかしそれだけだと，万一日常生活の中で，石につまずいて転んだ時などに起こる100％，あるいは100％以上の筋伸張に耐え切れず，骨折や筋の断裂を引き起こすことにもなりかねない。しかしアクアダンスでは，水の特性から，比較的安全にこれらの動きを行うことができるので，積極的に取り入れるこ

とができる。もちろんその方法や程度を充分に考慮すべきことは言うまでもない。

このほか調整力の「リラックス」と「リカバリー」など水中運動ならではの項目がある。ここでいうリラックスとは呼吸法も含めた「筋肉の弛緩」を指す。陸上のエクササイズではいくらインストラクターが「リラックスして，力まないで」と叫んでもコチコチになって力を抜けないでいる例が見られる。しかしそのような人でも，水中では気持ち良く脱力してエクササイズできる場合が多い。

「リカバリー」とは，たとえば倒れそうになる身体の向きをクルリと変えて安全な状態に戻すような動作である。柔道における受け身の練習のようなものだが，通常，これを陸上で行うのはかえって危険である。水中では，これらの動きも水のクッションの力を借りることで安全に行うことができるので，いざという時のために身につけておきたい。

このように，水中だからこそ養える能力も含めて，アクアダンスは幅広く行われることが望ましい。したがってその目的も，単に音楽に合わせて楽しく身体を動かすという漠然としたものでは終わらず，筋力・持久力・柔軟性などの総合的な身体能力，すなわち体力を回復・維持・向上させるといった内容も含まれる。または，体組成・体格等を維持あるいは変化・向上させることを目的として，しっかりとプログラムを構築していくことも必要であろう。

アクアダンスの目的をまとめると表2のようになる。

●表2——アクアダンスの目的

①規則正しい呼吸法と運動の原則に基づいて，動作を中断せずに反復しながら一定時間継続することによって，心臓・血液循環・呼吸循環系の機能を高め，全身持久力を向上させる。
②身体中の大筋群を最大限下でリズミカルかつダイナミックに動かすことで，筋の機能を高める。
③水の特性を十分に利用することで，バランスやリズムをコントロールする力などの調整力や巧緻性といった体力の要素も総合的に高める。
④水中で音楽やリズムに合わせてダンス的に身体を動かすことで，人間に本来備わっている感覚や感性に働きかけ，爽快感を得る。

3 アクアダンスのメリットと効果

いくつもの優れた特性を持つ「水」という環境下で行われるアクアダンスには，さまざまなメリットがある。その中でも特に優れた長所を上げるならば，次の5点であろう。ここではその頭文字を取って『S・U・I・F・T（スイフト）』と呼ぶことにしたい（図4）。

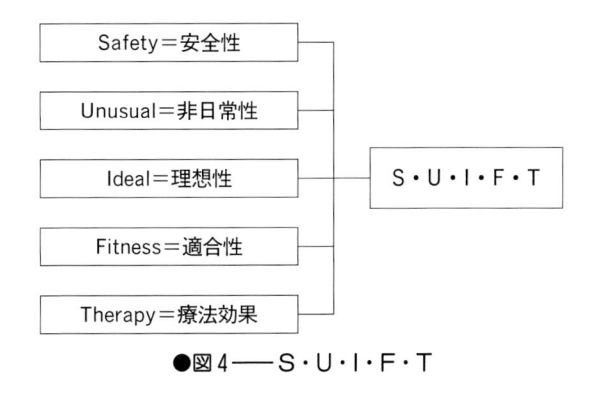

Safety＝安全性
Unusual＝非日常性
Ideal＝理想性
Fitness＝適合性
Therapy＝療法効果

S・U・I・F・T

●図4——S・U・I・F・T

アクアダンスをプログラミングする際は，これらのメリットを十分生かした内容であることが望ましい。

(1) 安全性が高く誰もが安心して行える

アクアダンスの最大のメリットは『安全性』である。水中では，陸上で不可能な動きも安全に行うことができる。たとえば，足腰が痛く，陸上でのエアロビックダンスは行えない人でも，水中では浮力のクッション効果によって歩いたり走ったり，さらには跳びはねたりも可能になる場合がある。また，水の抵抗が，力やスピードを加減してくれることも大きなメリットである。「安全」であることは「安心」につながり，加えて「顔をつけなくても，泳げなくてもとりあえずOK！」という気軽さが，さらに参加を容易にする。

フィットネスやウェルネスは，決して特定の人のためのものではなく，誰でも安心して行える安全なものであるべきであり，アクアダンスは，まさにそれに当てはまる。

(2) 非日常的な姿勢・動作・感覚を体験できる

思い切りジャンプをしても，わずか数秒で地面に落ちてしまうように，陸上で生活している私たちにとって，重力から解き放たれて空間に浮かぶという行為は，非日常的かつ困難な部類の動作にあたる。ところが水の中では，これが簡単に体感できる。特にフロート用具を使えば，いつまででも浮いていることができる。水中ならではのこのフローティング動作を，アクアダンスのプログラムの中に大いに取り入れたい。

浮力には，ほかにも効用がある。たとえば，普段は身体が固い人が，水中ではまるでバレリーナのように軽々と脚を上げたり，股関節を開いたりできる。さらに，地上では松葉杖無しには歩けないような人が，水中では自らの力で歩けたといった例もある。このような浮力のメリットをうまく生かすためにも，陸上で行っている運動や動作をそのまま持ち込むのではなく，水の特性をいかした動きを積極的に取り入れたい。

(3) 運動効果・運動効率の面から見て理想的

陸上でのエクササイズでは，1つのプログラム内で持久力・筋力・柔軟性の3要素を充分に高めるためには，かなりの時間を掛ける必要がある。さらに，何段階ものウエイトを準備するというような，セッティングの煩わしさもある。しかし水中では，テクニック次第で特別な用具もほとんどいらずに，しかも短時間のうちにすべての要素を鍛えることができる。

特に大きいメリットは，陸上では難しい調整力のエクササイズ，特にバランス性のトレーニングが水中では容易に行える点である。つまり，水の中で上手に立っていようとするだけでも，体幹周りの筋に働きかけ，身体支持力が向上する。また陸上のプログラムではあまり行われない単純な動作や細部の動作も，水中で行うことで調整力や巧緻性の面から意味のある動作となることがある（たとえば片足でのケンケン動作や，手指のジャンケン動作など）。

(4) 幅広い目的・対象・状況に適合する

たとえば，陸上で行われる重い負荷のウエイトを持ち上げるようなトレーニングの対象はある程度の年齢層に限られてしまう。しかしアクアフィットネスの場合，たとえ100歳の人であっても，水の抵抗が，その人の体力・能力に見合った適切

な負荷と成り得るため，無理のないトレーニングを行うことができる。

さらにアクアダンスの場合，親子2代で，あるいは3代で同じプログラムに参加することもできる。一つのプログラムで数十歳もの年齢差のある対象を受け入れられるようなエクササイズは，陸上ではなかなか難しい。

アクアダンスを行う目的はさまざまである。本格的なスポーツトレーニングとして行うケースもあれば，水に浸かることを目的とした水浴びレベルの人もいる。コミュニケーションを求めている人もいる。これら異なるニーズに応えることができるのも，アクアダンスの大きな特徴である。

⑸ 療法的な効果の期待

アクアダンスのプログラムは，その方法（たとえば動作のスピードや大きさ・動かし方など）をアレンジすることで，足腰のリハビリなどに役立つこともある。もちろんインストラクターは治療や医療行為を行うことはできない。しかし，整形外科的な症状の緩和のために，医師からの許可を得てプールに来場した人のためのプログラムを実施することは可能である。

以上の5つのメリットは，フィジカル（身体）的なメリットである。これらに加え，音楽を流しながら明るく賑やかに行うアクアダンスには，メンタル面に与えるメリットも大きい。

アクアダンスが精神面に働きかける効果を，『Re効果』として図5にまとめた。

単語の最初に付けられた"Re"には"再び・さらに・新たに・戻す"などの意味がある。この言葉通り，水の中に一歩足を踏み入れた瞬間から，日常のストレスより解放され，心身を休め，

```
● Relax （リラックス）    くつろぐ
● Release （リリース）    解放する
● Rejoice （リジョイス）  歓喜する
● Refresh （リフレッシュ）活性化する
● Rebirth （リバース）    再生する
           ⋮
```

●図5──Re効果

気分を新たにすることができる。そして笑顔でまた元の生活に戻って行く。

水が何故このような多くのメンタル効果をもたらすのかは定かではないが，おそらく人間が誰しも持っている母体への回帰・海への回帰といった本能に由来するところが大きいのではないかと考えられる。

4　アクアダンスの基本概念

アクアダンスと言うと，陸上での華やかなエアロビックダンスのイメージが先行してしまい，さまざまな動作を組み合わせたプログラム展開を想像しがちである。

しかしそれは，アクアフィットネスという広い観点から考えれば，あくまでも一つのパターンにすぎない。アクアダンスの基本はジョギングやウォーキングなどのシンプルで大きな動作を中心に，運動の流れを途切れさせずに動き続けることである。

ウォーキングやジョギングのみのプログラムが，表3に示すような段階を経て複雑化・高度化し，発展してアクアダンスのプログラムとして完成していく。特に高齢者の参加者が多いクラスでは，いきなり複雑なダンス的な動きをするのではなく，ウォーキングやジョギングの動作を多用し

た，わかりやすくかつ動きやすい展開にし，参加者の様子を見ながら徐々に段階を上げていくような指導を心がける。

●表3——指導の基本概念

〈第1段階〉

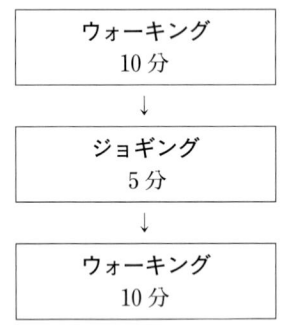

```
┌─────────────┐
│ ウォーキング │
│   10分      │
└─────────────┘
      ↓
┌─────────────┐
│  ジョギング  │
│    5分      │
└─────────────┘
      ↓
┌─────────────┐
│ ウォーキング │
│   10分      │
└─────────────┘
```

初心者や高齢者，あるいはリハビリ目的の人などにとっては，この段階でも十分にアクアフィットネスの効果を上げることができる。

〈第2段階〉

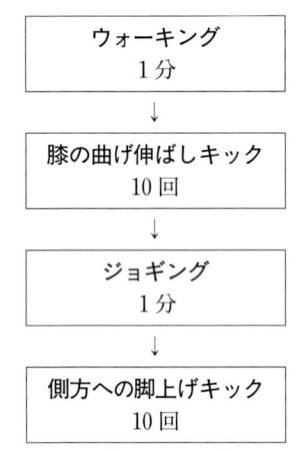

```
┌─────────────────┐
│   ウォーキング  │
│     1分        │
└─────────────────┘
        ↓
┌─────────────────┐
│ 膝の曲げ伸ばしキック │
│     10回       │
└─────────────────┘
        ↓
┌─────────────────┐
│   ジョギング    │
│     1分        │
└─────────────────┘
        ↓
┌─────────────────┐
│ 側方への脚上げキック │
│     10回       │
└─────────────────┘
```

ウォーキングやジョギングの間に基本的なアクア動作を取り入れていく段階である。第1段階よりややエクササイズ的な展開となっている。
動きが途切れないように注意する。

〈第3段階〉

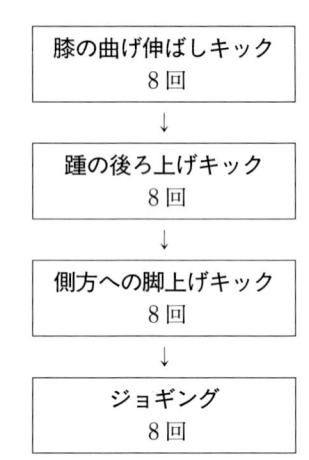

```
┌─────────────┐
│ ウォーキング │
│    8回      │
└─────────────┘
      ↓
┌─────────────────┐
│ 膝の曲げ伸ばしキック │
│     8回        │
└─────────────────┘
        ↓
┌─────────────────┐
│ 踵の後ろ上げキック │
│     8回        │
└─────────────────┘
        ↓
┌─────────────────┐
│ 側方への脚上げキック │
│     8回        │
└─────────────────┘
        ↓
┌─────────────┐
│  ジョギング  │
│    8回      │
└─────────────┘
```

アクア動作の種類が増え，ウォーキングやジョギングの部分が短くなり，インターバルやアクティブレスト（動的休息）として使われている。いわゆるエクササイズプログラムレベルである。

〈第4段階〉

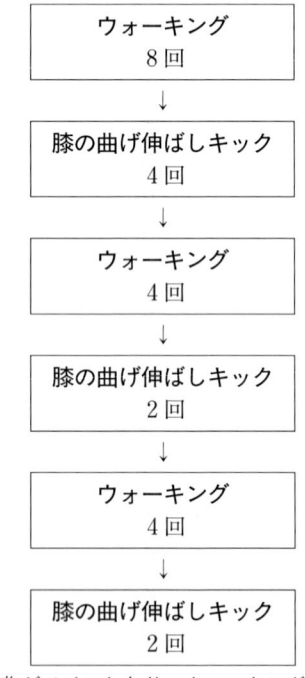

```
┌─────────────┐
│ ウォーキング │
│    8回      │
└─────────────┘
      ↓
┌─────────────────┐
│ 膝の曲げ伸ばしキック │
│     4回        │
└─────────────────┘
        ↓
┌─────────────┐
│ ウォーキング │
│    4回      │
└─────────────┘
      ↓
┌─────────────────┐
│ 膝の曲げ伸ばしキック │
│     2回        │
└─────────────────┘
        ↓
┌─────────────┐
│ ウォーキング │
│    4回      │
└─────────────┘
      ↓
┌─────────────────┐
│ 膝の曲げ伸ばしキック │
│     2回        │
└─────────────────┘
```

アクア動作がメインとなり，ウォーキングやジョギングはつなぎの動作，あるいはアクア動作の一部として用いている。この段階で，一般的なアクアダンスのプログラミングとしてのレベルに到達したといえる。

第 2 章

アクアダンスのプログラム構成法

1 プログラミングの構成要素

アクアダンスのプログラムは，次のような要素をすべて考慮したうえで構成する。

①目的

プログラムの目的は何か。

(例) エアロビック的な能力の向上，筋力アップ，脂肪燃焼など

②対象

プログラムの対象は誰か。

(例) 年齢，性別，運動能力，運動経験など

③時間

プログラムに適した運動時間・時間帯か。

(例) 全体所要時間，パート所要時間，運動時間帯（午前・午後・夜間）など

④環境

プログラムに適した運動環境か。

(例) 水深，水温，プールの使用範囲など

⑤用具

プログラムに必要な用具は揃っているか。

(例) 必要な用具の有無，個数など

⑥その他

プログラムに関係する条件は整っているか。

(例) 参加人数，参加者の体調など

上記のうち，特に環境は，プログラムの構成に大きな影響を与える。たとえば水温が低いプールの場合，60分のプログラムを行っても，身体が冷えてしまって最後まで続かなかったり，精神的に集中できずに効果が得られないといったことが起こり得る。

陸上でのエクササイズと同じ感覚で環境要素を考慮せずにプログラミングすると，目的を達成できなかったり，危険な状況を引き起こすことにもなりかねないので注意が必要である。

環境要素とプログラムの関連性の例をまとめると，表1のようになる。

2 プログラミングのポイント

アクアダンスは，陸上でのエアロビックダンスと目的は同じでも環境が異なるので，陸上のもの

● 表1——環境要素とプログラムの関連性

環境要素		適したプログラム
水位	浅い	ウォーキング・ジョギングなどの水平移動があるプログラム
	深い	フローティング・ガータリングなどの水平移動のないプログラム
水温	高い	フローティングやリラックス系，セラピー系のプログラム
	低い	ジャンプなどの上下動の動作が多いプログラム ジョギングなどの水平移動のあるプログラム
運動スペース	広い	ウォーキング・ジョギングなどの水平移動があるプログラム
	狭い	スタンディング・フローティングなどのその場での動きのプログラム
	壁面	ガータリング・ウォーリングなどのその場での動きのプログラム

とは動作やプログラムの構成法などが異なってくる。

水中という環境を踏まえ，アクアダンスのプログラミングをする際のポイントを以下にあげる。

(1) アクアの特徴的な動作を多用する

陸上でのエクササイズと同様な動作だけでなく，水の特性をフルに生かした特徴的な動作を数多く用いるようにする。たとえば，手のひらの向き一つとってもアクアダンスではさまざまな動きが可能である。

(2) 4つのポジションを多用する

現在行われているほとんどのアクアダンスは，ノーマルポジション（ウォーキング的な弾まない動作）か，リバウンドポジション（ジャンプしたり弾んだりする動作）のみで構成されている。しかし今後はこれにニュートラル（肩まで入水した状態）やサスペンド（肩まで入水して足を上げる）ポジションの浮体動作も加えて行うべきであろう。「浮く」ことはアクアの最大の特徴であり，「楽しみ」も増す。

(3) 音楽に関する概念もアクア流に変える

ダンスというと，ノリのよいビートのきいた音楽にピタリと合わせて動くことをイメージしがちである。確かに音楽やリズムに合わせて動くことは調整力の面からも，筋収縮の面からも大切である。しかし水中では水の粘性に合わせたゆったりとしたリズムやテンポ（ウォーターテンポと呼ばれている）がある。水の中では，陸上でのエクササイズの音楽に合わせて動くのではなく，水中運動として適した音楽を選び，それをベースに適切な速さで運動する。

(4) アクア動作は無限に創造できる

「水中だと陸上のようにいろいろな動作ができない，プログラムに行き詰まってしまう」といった声をよく耳にする。しかし実際は，3次元的な環境である水中の方がより多くの動作を創作できるはずである。

たとえば「ジャンピングジャック」の動作を例にすると，水中で行う場合は，ニュートラル姿勢，リバウンド姿勢いずれでも行うことができ，さらに浮力を利用して開閉に時間差をつけたり，飛び上がったまましばらく留まることも可能である。

3 プログラミングの方式（フォーム）

アクアダンスでは，次のような方式を組み合わせて一つのプログラムが構成される。

(1) エクササイズ方式

いわゆる『体操』の方式である。サーキットトレーニングでも見られるように，一つの種目を何回か反復したら，次の種目も同様に何回か反復し，それぞれを次々につないでいくといった単純法に基づいた方式である。

サブワークアウトおよびウォーミングアップやクーリングダウンのパートに用いることが多い。

(2) ダンス方式

ダンスのように足の運び（ステップ）や脚動作（フットパターン）を中心にして動作を組み合わせていく複合法を用いた方式である。大きくは『ルーティーン法』と『コリオグラフィー法』に分けられる。

メインワークアウトのパートがこの方式を用いている。

(3) フリーフォーム方式

単純法・複合法といった方法にとらわれずに，自由に組み立てていく方式である。

サブワークアウトやリラクセーションのパートで多く用いられる。

(4) ジャムズ方式

上記の①〜③の方式を，ミックスさせてワークアウトを組み立てていく方式である。

運動経験が豊富で，運動能力も高い人に向いている。

4 プログラミングの形式（フォーマット）

(1) 基本的なプログラム

アクアダンスのプログラムも，多少の違いはあれ，陸上での運動プログラムと同様な形式で構成される。それは，以下のような3つのパートに分ける形式である。

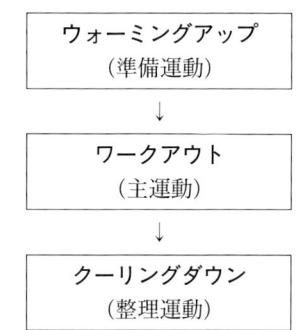

```
┌─────────────────┐
│ ウォーミングアップ │
│   （準備運動）    │
└─────────────────┘
         ↓
┌─────────────────┐
│   ワークアウト    │
│    （主運動）     │
└─────────────────┘
         ↓
┌─────────────────┐
│  クーリングダウン  │
│   （整理運動）    │
└─────────────────┘
```

それぞれのパートの内容は段階を追ってさらに細分化されている。

①ウォーミングアップ・パート

```
┌──────────────────────┐
│ サーマルウォーミングアップ │
│      体温の上昇        │
│     血管を温める       │
└──────────────────────┘
           ↓
┌──────────────────────┐
│     プレストレッチ      │
│  関節可動域を徐々に拡大  │
│     筋肉群を温める     │
└──────────────────────┘
           ↓
┌──────────────────────┐
│ カーディオウォーミングアップ │
│ 心肺循環機能を徐々に作動  │
└──────────────────────┘
```

②ワークアウト・パート

```
┌──────────────────┐
│  プレワークアウト   │
│  心拍数を徐々に上げる │
└──────────────────┘
          ↓
┌──────────────────┐
│  メインワークアウト  │
│  目標心拍数までの上昇 │
│  強度を上げて効果を高める│
└──────────────────┘
          ↓
┌──────────────────┐
│  ポストワークアウト  │
│  心拍数を徐々に下げる │
└──────────────────┘
```

③クーリングダウン・パート

```
┌──────────────────┐
│  ポストストレッチ   │
│  柔軟性を高める    │
│  筋肉の緊張をほぐす  │
└──────────────────┘
          ↓
┌──────────────────┐
│  リラクセーション   │
│  精神的なリラックス  │
└──────────────────┘
```

(2) ワークアウト・パートのフォーマット

❶ 一般的なアクアエアロビックダンス

またワークアウトのパートは，プログラムの目的や内容によって，さらに細分化（ブロック化）される場合がある。たとえば一般的に広く行われている「アクアエアロビックダンス」では，メインワークアウトにエアロビック効果をねらった全身運動を行い，サブワークアウトで身体の各部分の筋力アップを図るためのトレーニングを行うというように，ワークアウトを二つのブロックに分けて各々の運動効果を得ている。サブワークアウトでは，心身のリラックスに役立ったり，ゲームなどの遊びの要素やバランス能力の向上に役立つ運動などを行うとよい。

■フォーマット・ケース例

```
┌──────────────────┐
│   ウォーミングアップ  │
└──────────────────┘
          ↓
┌──────────────────┐
│   メインワークアウト  │
│     （主運動）     │
│   エアロビックダンス  │
└──────────────────┘
          ↓
┌──────────────────┐
│   サブワークアウト   │
│     （補助運動）    │
│   筋力トレーニング   │
└──────────────────┘
          ↓
┌──────────────────┐
│   クーリングダウン   │
└──────────────────┘
```

❷ アクアパワーダンス

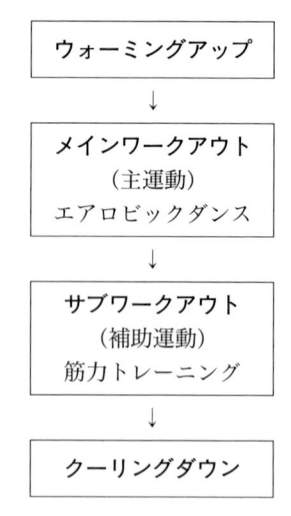

さらに「アクアパワーダンス」と呼ばれる中・上級者向けのプログラムでは，ワークアウトやサブワークアウトをさらにいくつかのブロックに細分化して，幅広い目的でエクササイズを行えるような形式を取っている。

■フォーマット・ケース例①

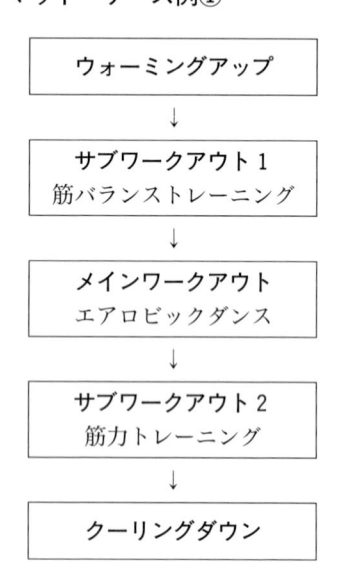

```
┌──────────────────┐
│   ウォーミングアップ  │
└──────────────────┘
          ↓
┌──────────────────┐
│   サブワークアウト１  │
│   筋バランストレーニング│
└──────────────────┘
          ↓
┌──────────────────┐
│   メインワークアウト  │
│   エアロビックダンス  │
└──────────────────┘
          ↓
┌──────────────────┐
│   サブワークアウト２  │
│   筋力トレーニング   │
└──────────────────┘
          ↓
┌──────────────────┐
│   クーリングダウン   │
└──────────────────┘
```

■フォーマット・ケース例②

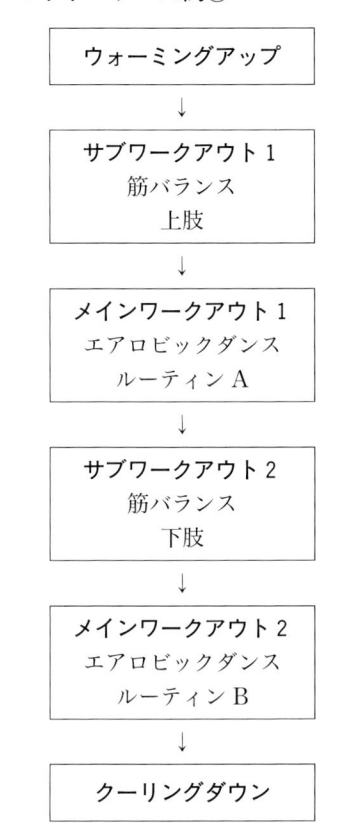

```
┌──────────────┐
│ ウォーミングアップ │
└──────────────┘
       ↓
┌──────────────┐
│ サブワークアウト 1 │
│   筋バランス    │
│     上肢      │
└──────────────┘
       ↓
┌──────────────┐
│ メインワークアウト 1 │
│  エアロビックダンス │
│    ルーティン A   │
└──────────────┘
       ↓
┌──────────────┐
│ サブワークアウト 2 │
│   筋バランス    │
│     下肢      │
└──────────────┘
       ↓
┌──────────────┐
│ メインワークアウト 2 │
│  エアロビックダンス │
│    ルーティン B   │
└──────────────┘
       ↓
┌──────────────┐
│  クーリングダウン  │
└──────────────┘
```

このように，プログラムの目的や参加者のレベル等に応じて，フォーマットは自由な発想で構成する。

5　メインワークアウトのプログラミング

アクアダンスのメインワークアウト部分のプログラミングには，さまざまな手順・テクニック・考え方がある。基本的にフィットネスとしてダンスを行う場合は，左右対称の回数で身体を動かすことを原則とする。そのため，4拍子または8拍子のカウントで動作を組み合わせたり，まとめたりすることが多い。

ここではその考え方に基づいた作成法として，代表的な『ルーティーン法』と『コリオグラフィー法』について紹介する。実際の指導では参加者の状況や環境に合わせて，参加者にとって動きやすく，しかも効果のあるワークアウトになるように作成する。

(1) ルーティーン法

ルーティーン法とは，基本的なアクア動作を繰り返したり，組み合わせたりして運動をリズミカルに一連の流れにまとめることを指し，基本的に「ブロック」や「パターン」といった動作のかたまりを作って構成していく。以下にその手順をステップごとに追っていく。

《STEP 1》
一種類あるいはいくつかの基本動作を組み合わせて，8カウントの連続動作のまとまりを作る。この小さなまとまりのことを「ブロック」と呼ぶ。ブロックを何種類か用意する。
(例)

ジョギング	ニーキック
4回　＋	2回
1 2 3 4	5 6 7 8

＝【ブロック A】

ジャンピングジャック	両足ジャンプ
2回　＋	2回
1 2 3 4	5 6 7 8

＝【ブロック B】

《STEP 2》
2あるいは4種のブロック同士をつなぎ，さらに大きなブロックを作る。この大ブロックのことを「パターン」と呼ぶ。一つのパターンは8カウント×2あるいは8カウント×4で16〜32カウン

トとなる。パターンも2の倍数でいくつか用意する。

（例）

```
ブロックA＋ブロックB＋ブロックC＋ブロックD
             ‖
         【パターン1】
```

```
ブロックE＋ブロックF＋ブロックG＋ブロックH
             ‖
         【パターン2】
```

《STEP 3》

　パターンを繰り返す，アレンジする，別のパターンとつなぐなどして一つのルーティーンを作成する。

　一つのワークアウトの運動時間を30分と仮定するならば，一曲を5分として6曲分にあたる。音楽一曲をルーティーン一つとして考えると，5〜6つのルーティーンを用意することになる。しかし実際にはあまり多くのルーティーンを行うと，参加者も作成する指導者も混乱しやすく，まとまりがなくなってしまう。そのため，基本のルーティーンをアレンジし，ルーティーン数をあまり多くしない方が効果的な場合もある。曲の長さに合わせ，2曲以上で一つのルーティーンにしたり，ワークアウトすべてを一つのルーティーンにしてもよい。

（例）

```
        一つのルーティーン
       〔パターンをつなぐ〕
    【パターンA】＋【パターンB】＋
    【パターンC】＋【パターンD】
                ↓
       〔パターンの繰り返し〕
    【パターンA】＋【パターンB】＋
    【パターンC】＋【パターンD】
                ↓
       〔パターンのアレンジ〕
    【パターンA′】＋【パターンB′】＋
    【パターンC′】＋【パターンD′】
                ⋮
```

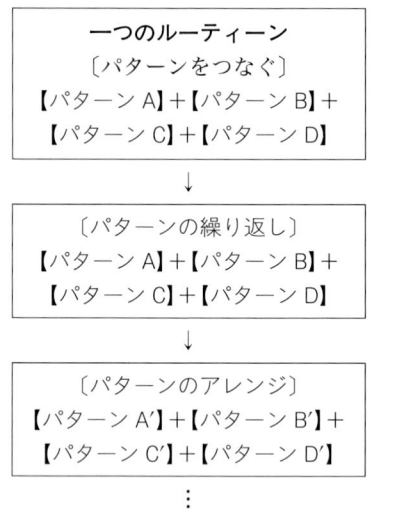

《STEP 4》

　こうして作成したルーティーンで，4あるいは8ビートの音楽に合わせて動いてみる。曲のイントロや変調の部分など，作成した動作の流れに合わない部分は，ウォーキングやジョギング，バウンスなどのウェイティング（待機）動作を挿入することでカバーし，動きをつなげていく。

　音楽は曲が途切れず，次々とつながる「ノンストップミックス」で，さらにリズムが途中で変わらないものであるとよい。そうでない曲の場合も，ウェイティングのテクニックや適切なキューイング（指示出し）によって動作を途切れさせずに続けていく。

(2) コリオグラフィー法

　ルーティーン法が，運動効果や動きの安全性を考えて動作をつないでいき，一連の運動としてまとめ，後から音楽を合わせるといった考え方であるのに対して，「コリオグラフィー法」は最初に使用する音楽を決め，その音楽の内容や構成を分析し，それに合わせて動作をつないで組み立てて

いく方法である。これは，バレエやジャズダンスなどのダンスの世界での典型的なプログラミング法で「振り付け」と言われる。

1 基本的な手順

コリオグラフィー法の基本的な手順をステップごとに示す。

フィットネスダンスではコリオグラフィー法においても，ルーティン法をもとに振り付けていく。

《STEP 1》

使用する音楽を，8カウントで数えて変化があるごとに区切りながら記録していく。

（例）

イントロ（前奏）	8 8
歌詞（バース）	8 8 8 8 8 8 8 8
	8 8 8 8 8 8
間奏（バンプ）	8 8
歌詞	8 8 8 8 8
変調（ブレイク）	8 8
コーラス（歌詞の繰り返し）	8 8 8 8 8 8

《STEP 2》

それぞれの8のカウントに，ルーティーン法と同様にブロックやパターンを当てはめて動作を組み合わせ，一連の運動につなげる。

イントロや間奏・変調の部分には，ウォーキングやジョギング，バウンスなどのウェイティング（待機）動作を当てはめると動きやすく，かつわかりやすい。

イントロ	8 8 →ジョギング			
歌詞	8 8	8 8	8 8	8 8
	ブロックA	ブロックA	ブロックB	ブロックB
	パターンA		パターンB	
	8 8	8 8	8 8	8 8
	ブロックC	ブロックC	ブロックA	ブロックB	ブロックC
	パターンC		パターンD	
間奏	8 8 →ジョギング			
歌詞	8 8	8 8	8 8	
	ブロックA'	ブロックB'	ブロックC'	
	パターンD'			
変調	8 8 →ジョギング			
コーラス	8 8	8 8	8 8	8 8
	ブロックD	ブロックD'	ブロックE	ブロックE'

2 本格的な振り付けの場合

参加者がダンスにかなり精通した上級のレベルである場合には，より本格的な振り付けを行うことがある。その場合，音楽に合わせて踊るというダンス本来の姿に近づくため，ダンスとしてのイメージが強まる。しかしフィットネスとしてはやや複雑な進行法となるため，導入するには，参加者も指導者もダンスのスタイルに十分慣れている必要がある。

《STEP 1》

曲のフレーズのイメージ・感じに合わせて8カウントのまとまりに分類し，アルファベットなどに当てはめる。

(例)

```
イントロ   88→A
歌詞      88  88  88  88
          B   B   C   C
          88  88  88  88  88
          B   B   C   C   D
間奏      88→E
歌詞      88  88  88
          B   C   D
変調      88→F
コーラス   88  88  88  88
          G   H   G   H
```

《STEP 2》

それぞれのアルファベットごとに，ブロック・パターンとして動作を当てはめる。

```
A → バウンス
B → ジョギングとニーキック
C → ジャンピングジャックとツイスト
D → シザース
E → 閉足ジャンプ
F → ジョギング
G → ジョギングでターンラウンド
H → スプリットジャンプ
```

《STEP 3》

それぞれのブロック・パターンをつなぎ，コリオグラフィーとして完成させる。この方法では一曲に対して一つのルーティーンが原則なので，ワークアウトに使う曲すべてにルーティーンを作成する。

(3) シークエンス（動きの流れ）のテクニック

前述のようにルーティーン法でもコリオグラフィー法でも，ブロックやパターンという8カウントの動作のかたまりをいくつか作り，それらを並べたりつなぎ合わせて，メインワークアウトを完成させる。これをシークエンスと言う。その際，決して動きが止まることなく流れるようにつなげるようにする。また，その際にはただ動作をつなぐのではなく，シークエンスのテクニックを使用して，スムーズにわかりやすく動作をつなぎ，運動に変化を持たせるようにする。

これらのテクニックは，一つのルーティーンやコリオグラフィー法の中で複数用いられる場合が多い（表2）。

6 サブワークアウトのプログラミング

(1) サブワークアウトの基本構成

サブワークアウト部分で何を行うかについては，さまざまな考え方がある。一般的には，筋コンディショニングのエクササイズを行うことが多い。もちろんチームに別れてゲームを行うといった遊び的な構成にしたり，マッサージなどのリラクセーションの時間を長めに取ったりしてもよい。また，バランス感覚を養うために，用具を使ったフローティング動作を中心に構成することもできる。

プログラム全体の運動時間が短い場合や，メインワークアウトを長めに行いたい場合には，サブワークアウトを行わなくてもよい。

ここでは，サブワークアウトとして筋コンディショニングのエクササイズを行う場合のプログラミング法を紹介する。

(2) 筋コンディショニングエクササイズのポイント

基本的なポイントには以下のようなものがある。

①エクササイズの順序は，大筋群の種目から小筋群の種目へ移っていくのが原則である。

運動部位としては，最初に胸部・大腿部・浅層

●表2——シークエンスのテクニックの例

①リニアプログレッション
　フリースタイルとも呼ぶ。同じ動作を繰り返さずに，次々と異なった動作をつないで新しいブロック・パターンを作っていく。

ブロックA	＋	ブロックB	＋	ブロックC	＋	ブロックD
ジョギング8回		ニーキック4回		サイドキック4回		プレスキック4回

↓

ブロックE	＋	ブロックF	＋	ブロックG	＋	ブロックH
閉足ジャンプ4回		開脚ジャンプ4回		ロッキング4回		バウンス4回

②ピュアレペティション
　いくつかの動作を決めて同一のブロックやパターンを繰り返していく。

ブロックA	＋	ブロックB	＋	ブロックC	＋	ブロックD
ジョギング8回		ニーキック4回		サイドキック4回		プレスキック4回

↓

ブロックA	＋	ブロックB	＋	ブロックC	＋	ブロックD
ジョギング8回		ニーキック4回		サイドキック4回		プレスキック4回

③アレンジングレペティション
　基本をアレンジした動作をつないでいく。

ブロックA	＋	ブロックB	＋	ブロックC	＋	ブロックD
ジョギング8回		ニーキック4回		サイドキック4回		プレスキック4回
（普通に）		（前に蹴る）		（すねで蹴る）		（横に蹴る）

↓

ブロックA′	＋	ブロックB′	＋	ブロックC′	＋	ブロックD′
ジョギング8回		ニーキック4回		サイドキック4回		プレスキック4回
（中腰で）		（斜め前に蹴る）		（足の裏で蹴る）		（後ろに蹴る）

④スロットバリエーション
　腕動作は変えずに，脚動作のみ変えていく，あるいはその逆のパターンでブロックやパターンをアレンジする。基本的な動き自体は変えずに，運動強度を変えていく場合などに用いる。

ブロックA	＋	ブロックB	＋	ブロックC	＋	ブロックD
ジョギング8回		ニーキック4回		サイドキック4回		プレスキック4回
（腕動作は自由）		（手で前に押す）		（腕動作は自由）		（片手で横に押す）

↓

ブロックA′	＋	ブロックB′	＋	ブロックC′	＋	ブロックD′
ジョギング8回		ニーキック4回		サイドキック4回		プレスキック4回
（水を掻く）		（押す＆引く）		（手で横に押す）		（両手で横に押す）

⑤リバースピラミッド

以下のようなイメージで逆三角形型に動作の繰り返しを徐々に少なく（カウントダウン）していく。

```
A+A+A+A  →  B+B+B+B
  A+A    →    B+B
       A+B
```

〈例〉
ジョギング8回　＋　ニーキック4回
↓
ジョギング4回　＋　ニーキック2回
↓
ジョギング2回　＋　ニーキック1回

⑥アド・オン

動作やブロックを一つずつ増やし積み重ねていく。

```
A  →  A+B  →  A+B+C
```

⑦リンクメソッド

いくつかの動作やブロックを先に覚え，後でつなぎ合わせる。

```
A → B → (A+B) → C → D →
(C+D) → (A+B)+(C+D)
```

⑧ビルディング・ブロック

動作やブロックを一つずつ新しく増やしながらつなぎ合わせて，さらに積み重ねていく。

```
A  →  B  →
A+B  →  C  →
A+B+C  →  D  →
A+B+C+D
```

⑨レイアード

基本のパターンを最初に作り，その中のブロックの動作をスロットバリエーション（④）のテクニックで部分的に少しずつ変化させていき，最終的に別のものにアレンジする。

```
A1+B1+C1+D1
     ↓
A1+B2+C1+D2
     ↓
A2+B2+C2+D2
     ↓
A3+B3+C3+D3
```

⑩カッティング

レイアーとも呼ぶ。すべての動作やブロックを積み重ねたり増やしたりせずに，途中で先に行った動作やブロックを省略して簡略化していく。

```
A → B → A+B → C → A+C → B+C
```

⑪ホールディングパターン・アディション

ブロックやパターンの間に，ジョギングなどの「ホールディングパターン（既に行ったパターンの保持）動作」を加えて変化をもたせる。

```
A+B+C+D
 → A+ジョギング+B+ジョギング+
   C+ジョギング+D
```

⑫ホールディングパターン・リムーバル

アディション（⑪）の逆の方法。ジョギングなどの「ホールディングパターン」を消去していく。

```
A+ジョギング+B+ジョギング+C
 +ジョギング+D
 → A+B+C+D
```

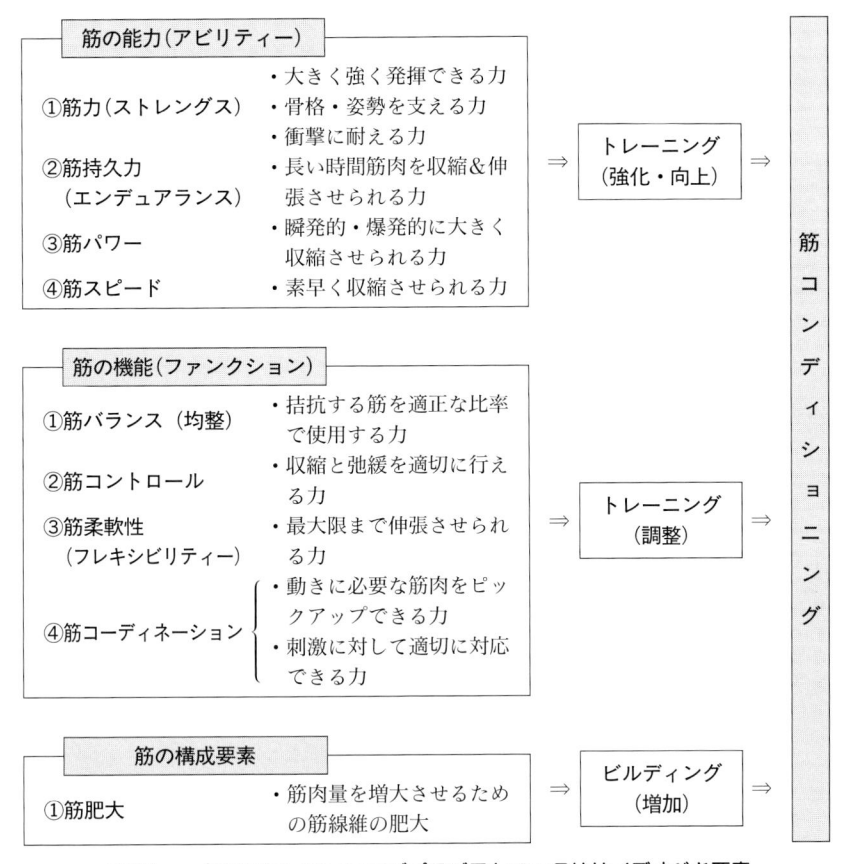

図1 筋コンディショニングプログラムでエクササイズすべき要素

筋の能力（アビリティー）
- ①筋力（ストレングス）：大きく強く発揮できる力／骨格・姿勢を支える力／衝撃に耐える力
- ②筋持久力（エンデュアランス）：長い時間筋肉を収縮＆伸張させられる力
- ③筋パワー：瞬発的・爆発的に大きく収縮させられる力
- ④筋スピード：素早く収縮させられる力

⇒ トレーニング（強化・向上）⇒

筋の機能（ファンクション）
- ①筋バランス（均整）：拮抗する筋を適正な比率で使用する力
- ②筋コントロール：収縮と弛緩を適切に行える力
- ③筋柔軟性（フレキシビリティー）：最大限まで伸張させられる力
- ④筋コーディネーション：動きに必要な筋肉をピックアップできる力／刺激に対して適切に対応できる力

⇒ トレーニング（調整）⇒

筋の構成要素
- ①筋肥大：筋肉量を増大させるための筋線維の肥大

⇒ ビルディング（増加）⇒

筋コンディショニング

●図1──筋コンディショニングプログラムでエクササイズすべき要素

の背部のいずれかの部位から始め，肩部と上腕部はこれらが一通り終わった後に行い，その後に下腿部・腹部・前腕部・固有背筋などの背部の深層筋に対する種目を行うと，安全で効果的である。

②筋コンディショニングプログラムでエクササイズすべき要素は，筋力（ストレングス）だけでなく図1のように多岐にわたる。したがって表3のような陸上での筋コンディショニングの処方をもとに，主動筋のみでなく，拮抗筋・共働筋・補助筋などのトレーニングも同時に行うようにする。

③特にエクササイズの効果をねらう部位を，プログラムの前半に持ってくるとよい（筋疲労によって効果が低下するため）。

④種目数や反復回数は，運動目的や効果，運動時間に応じて決定する。

(3) プログラミングの手順

《STEP 1》エクササイズの目的を明確化
- 「上半身の筋バランスを整える」などのように明確な目的を持つことが効果を生む。

《STEP 2》エクササイズの部位・種目名・セット数の決定
- 種目のピックアップ＆ラインナップは，運動目的・参加者の体力レベルなどに合わせて決定する。
- 上肢・下肢・体幹の各部位から，数種類ずつ動

●表3──陸上での筋コンディショニングの処方

要素	内容	エクササイズ方法
筋力 (ストレングス)	・筋肉を大きな力で収縮させる能力 ・強く大きな出力能力 　例：重い荷物を持つ 　　　強く押す 　　　しっかり支えるなど	・最大筋力の60％前後で8〜10回反復する ・1つのプログラムで2〜3セット程度 ・1日おきに週3回がベスト 　（筋の修復に24〜48時間かかるため） ・週1回はマックス（オールアウト）まで行う ・適度なスピードを保つ
筋持久力 (エンデュアランス)	・一定の筋肉を長い時間何度も収縮させられる能力 ・疲れにくい筋肉	・最大筋力の40％前後で15〜20回繰り返す ・上記より軽い負荷でさらに多く行ってもよい ・ジョギングなどの全身持久力のエクササイズと組み合わせるとより効果的 ・筋力エクササイズよりゆっくりとしたスピードで行う ・反復の終わりまでフォームを崩さないように注意 ・1つのプログラムを3セットからスタート
筋パワー ＆ 筋スピード	・筋パワー：瞬発的・爆発的に強い力を出す能力 ・筋スピード：筋をできるだけ素早く収縮させる能力	・最大筋力の60〜80％で8〜10回程度 　適度な速さで繰り返す動作と、30〜40％でできるだけ速く繰り返す動作を交互に行う ・パワー度は出力×速度で決まるため、上記のように同時に行うことが多い ・1つのプログラムで2〜3セットからスタート
筋肥大	・筋肉を構成する筋線維を1本1本太くして筋肉量を増やすこと	・最大筋力の100％に近い力でゆっくり動かして、その倍の時間をかけて戻す動作を1〜2回行う ・80〜90％では3回 ・70〜80％では5回 ・1つのプログラムで2セットからスタート ・目的とする筋を強く意識する

作を選ぶとよい。

《STEP 3》運動の強さと反復回数の決定

・目的に合った強度（動作の大きさ・スピードなど）と反復回数を決める。
（例）目的が「筋力アップ」なら、やや強めの力で一つの種目に対して8〜10回繰り返す。
・一種目につき8回程度は必ず反復する（アクアエクササイズの特徴として、水の抵抗を上手にキャッチして動かすためには、最低4〜5回かかると言われているため）。

《STEP4》種目の順番を決定し、運動としてつなぐ

・同じ部位ばかり続けて行わないように配慮する。

（例）上肢の種目を1〜2種目行った後は、体幹の種目を行うなど。

・筋力や筋パワーなどのエクササイズの場合は、種目と種目の間に筋肉を休めるために基本的に「レスト」（運動を休止しての完全休息）を入れる。筋持久力などのエクササイズの場合は、「アクティブレスト」（軽く動きながらの休息）を入れたり、動きを止めずに続けることもある。

(4) プログラミングの例

サブワークアウトで筋コンディショニングエクササイズを行う場合の種目のラインナップ例を以下にあげる。

■メニュー1
　　上肢の筋＋体幹の筋を中心にエクササイズ
①ウォーミングアップ
　　ウォーキング＆ジョギング
②バタフライ
　　大胸筋・広背筋など　　　　　　　　10回
③チェストプレス＆プッシュ
　　大胸筋・三角筋など　　　　　　　　20回
④サイドベンド
　　腹斜筋など　　　　　　　　　左右10回ずつ
⑤ショルダーサークル
　　三角筋・上背の筋など　　　　左右10回ずつ
⑥アームカール＆プレス
　　上腕二頭筋・上腕三頭筋　　　左右10回ずつ
⑦Ｖシット
　　腹直筋・腸腰筋など　　　　　　　　8回
⑧トルソーローテーション
　　腹部・腰背部など　　　　　　　左右5回ずつ

■メニュー2
　　下肢の筋＋体幹の筋を中心にエクササイズ
①ウォーミングアップ
　　ウォーキング＆ジョギング
②スクワット
　　大腿四頭筋・大殿筋など　　　　　　10回
③レッグカール
　　ハムストリングスなど　　　　左右10回ずつ
④ニータック
　　腹直筋など　　　　　　　　　左右10回ずつ
⑤ニークロスオーバー
　　回旋に関わる筋など　　　　　左右8回ずつ
⑥レッグペンシュラム
　　外転筋・内転筋など　　　　　左右8回ずつ
⑦バイシクル
　　腹直筋・脚部の筋など　　　　左右10回ずつ

⑧シーソー
　　腹直筋・固有背筋など　　　　　　　8回
⑨カーフレイズ＆ダウン
　　下腿の筋など　　　　　　　　左右8回ずつ

■メニュー3
　　全身をくまなくエクササイズ
①ホライゾンオープン＆クローズ
　　大胸筋・広背筋など　　　　　　　　8回
②サッカーキック
　　大腿四頭筋　　　　　　　　　左右8回ずつ
③ヒップエクステンション
　　大殿筋など　　　　　　　　　左右8回ずつ
④アームスイング
　　三角筋など　　　　　　　　　　　　10回
⑤アームカール＆プレス
　　上腕二頭筋・上腕三頭筋　　　左右8回ずつ
⑥トルソツイスト
　　腹直筋・腹斜筋など　　　　　　　　8回
⑦サイドレイズ＆ダウン
　　外転筋・内転筋など　　　　　左右8回ずつ
⑧レッグサークル
　　回旋に関わる筋など　　　　　左右8回ずつ
⑨ニーツーチェスト
　　腹直筋・腸腰筋など　　　　　　　　8回
⑩アームツイスト
　　回内筋・回外筋など　　　　　左右8回ずつ

(5) 筋バランス（均整）エクササイズ
❶ 筋バランスエクササイズの必要性
　筋バランスエクササイズでは，拮抗する筋肉をバランスよく運動させる。どちらかのみを使用することが多く，もう片方があまり使われずに萎縮してしまうといったアンバランスを修復するためのエクササイズである。

たとえば「アームカール」の動作の場合，上腕三頭筋の力が弱く上腕二頭筋の強さに見合わないと，三頭筋が充分伸長しきれずに途中で止まった状態となり，それが二頭筋のコンセントリック収縮（短縮性収縮）にも連動して，せっかくのエクササイズ効果が完全には得られない。

もともと拮抗する筋肉同士は，フィフティー・フィフティーの形状・機能・筋力ではない。たとえば大腿四頭筋という大きな一つのまとまった筋肉に拮抗するのはハムストリングスと総称されるいくつかの筋肉の集まり（筋群）である。その異なった条件の筋同士を，それぞれに見合った強度・頻度・スピードなどで使っていればよい。

しかし通常のエクササイズでは，エネルギー効率などの面から，大きな筋肉ばかりを動かしがちである。そのため中・小筋群や末端の部位は，十分には動かさずに終わることが多い。また日常生活においては，歩行動作に代表されるように身体の前面の筋肉ばかりを使用するケースが多いため，その行動様式が筋バランスを崩す傾向に拍車をかけている。

今では腰痛も，骨や筋の異常・障害・病気が原因のものより，筋のアンバランスによる姿勢の崩れが原因である方が圧倒的に多いとされる。

だからこそ，筋バランスを回復・調整するためのエクササイズの必要性が最近クローズアップされているのである。

❷筋バランスエクササイズの方法

筋バランスエクササイズの方法としては，あまり使われていない筋だけを集中的に動かしたり，あるいは回数を増やして行ったりするのではなく，通常のエクササイズの中で主動筋と拮抗筋を意識した「スーパーセット法（拮抗動作の組み合わせ）」で行うのがよい。

たとえばニーキック（膝の曲げ伸ばしのキック）ではキックすること，イコール伸展の際に主動筋である大腿四頭筋をしっかりコンセントリック収縮させ，同時に拮抗筋であるハムストリングスを十分にストレッチさせることである。リカバリーする（屈曲する）時には，主動筋となったハムストリングスを同様にコンセントリック収縮させ，大腿四頭筋をストレッチさせるのである。

この方法は，一つの動作で拮抗する筋を両方ともバランスよくトレーニングさせることができる（図2）。どちらか片方の筋のトレーニングを忘れるなどのアンバランスにつながるミスを無くし，また時間的な効率がよく，筋が疲れにくいメリットがある。

筋バランスエクササイズのもう一つの方法が「2way法」である。これは，陸上のトレーニングでも行われており，拮抗する二つの筋それぞれを二つの動作でエクササイズさせる方法である（図3）。スーパーセット法のように水の特性をフルに生かしたものではないが，初心者や運動に慣

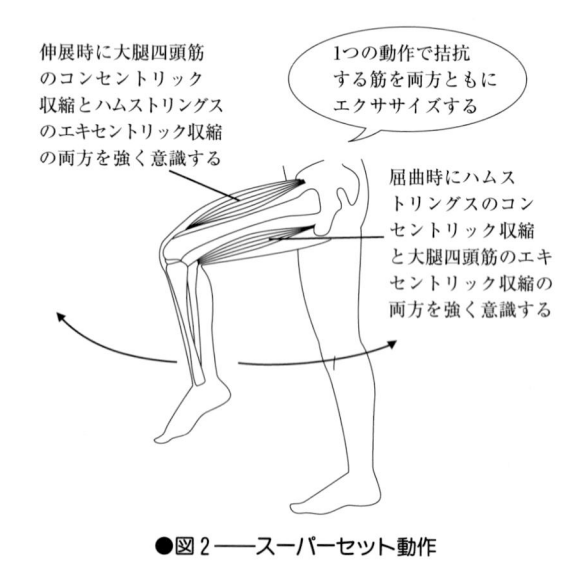

伸展時に大腿四頭筋のコンセントリック収縮とハムストリングスのエキセントリック収縮の両方を強く意識する

1つの動作で拮抗する筋を両方ともにエクササイズする

屈曲時にハムストリングスのコンセントリック収縮と大腿四頭筋のエキセントリック収縮の両方を強く意識する

●図2──スーパーセット動作

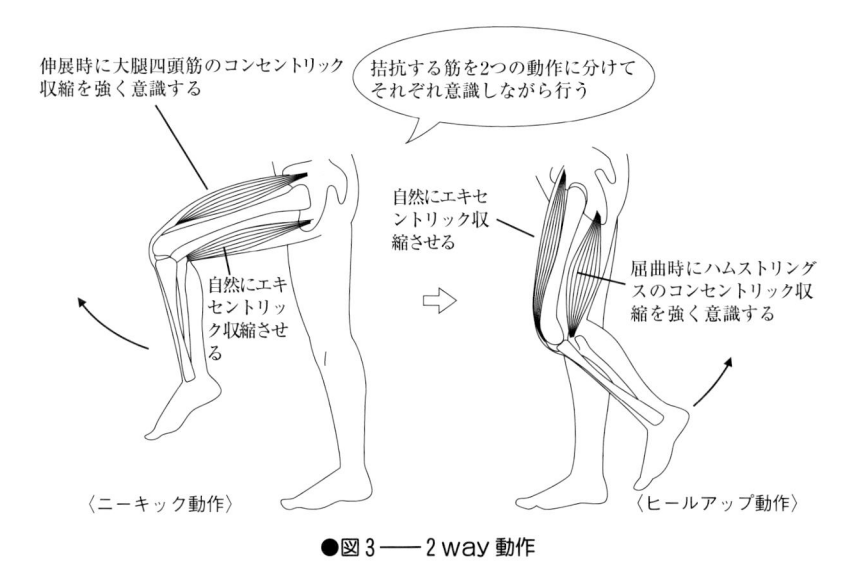

図中のラベル:
- 伸展時に大腿四頭筋のコンセントリック収縮を強く意識する
- 拮抗する筋を2つの動作に分けてそれぞれ意識しながら行う
- 自然にエキセントリック収縮させる
- 自然にエキセントリック収縮させる
- 屈曲時にハムストリングスのコンセントリック収縮を強く意識する
- 〈ニーキック動作〉
- 〈ヒールアップ動作〉

●図3──2way動作

れていない人にとっては，力の入れ方の意識が主動筋に対してのみでも大丈夫なのでわかりやすい方法といえる。

二つの方法はともに拮抗する筋同士，同じ程度の強さで同回数行うのが基本であるが，普段あまり使われない側の回数や力の入れ具合を適正範囲内でアレンジし，バランス補正を行ってもよい。

(6) 用具の使用

筋コンディショニングエクササイズでは，他のプログラムに比べ用具を用いることが多い。用具を用いることで運動強度が増したり，水を確実にとらえることを実感したりできるが，その使い方によっては，強度が強すぎてかえって危険だったり，不正確な使用によって効果が減少することもある。

そのため，行うにあたっては参加者の体力・能力やどのぐらい運動に慣れているかを見極め，どのような道具をどのように使用するかを決めるようにする。

参加者が，素手でもしっかりと水抵抗を得られるレベルであれば，用具を全く用いないスタイルで行ってもよい。

いずれにしても用具を使用する場合は，以下の点に注意する。
①用具を正しく安全に使用する
②用具に必要以上に頼らない
③用具を使うことでプログラムの内容をごまかさない
④用具を使用することに振り回されない

7 ウォーミングアップ・パートのプログラミング

ウォーミングアップ・パートは，主運動に向けての準備段階である。心肺機能・血液循環・血管の伸縮・関節可動域・筋の伸展収縮・精神面等の状態をゆっくりと作動・上昇させていくことを目的として行われる。具体的には，体温・筋温を上昇させ，骨格筋への血流と酸素の供給を増大させ，骨格筋の収縮と反射の機能が高まることなど

があげられている。このことで障害外傷の予防にもなり，より高いパフォーマンスが可能になる。

水中運動では，陸上から水中へと身体の周囲の環境が大きく変わるため，心身を水中環境になじませてから主運動に移行していく必要がある。そうしないと運動効果を充分得られないばかりか，かえって危険でもある。特に，入水することで人体に起こる特有な現象，たとえば「体温の低下」「筋温が上昇しにくい」「潜水性徐脈」などを考慮して，陸上で運動する時より念入りなウォーミングアップを行うようにする。

ウォーミングアップは，次の3つの段階から構成されている。実際のプログラミングの際には，これをもとに運動の目的・内容にそったものとなるようにアレンジしていくようにする。

①サーマル（体温上昇の段階）→3〜5分
- 徐々に筋肉を温めて体温を維持するために行う。
- ウォーキングやジョギングなどの簡単な反復動作が適している。
- ガータリング（浮揚位で壁につかまる）やウォーリング（立位で壁につかまる）スタイルでの動作を入れてもよい。

②ストレッチング（主運動に向けての，筋＆関節の準備の段階）→3〜5分
- 関節の可動域を広げ，筋肉を伸ばし，けがを予防するために行う。
- 静的ストレッチングも含めたスローストレッチングの方法で，身体の主要部位を伸ばす（移動しながらでも可）。
- 順序は一般的に頭部から順に下部に移る。
- ストレッチングの間も体温維持のため，他の部位を動かし続ける。

③カーディオ（呼吸＆血液循環の準備の段階）→3〜5分
- 心拍数を次第に上げて，ワークアウト・パートにスムーズに移行するために行う。
- サーマル段階より多少大きく，速めの動作を行う。
- ワークアウト・パートで行う動作を低強度で取り入れてもよい。

8 クーリングダウン・パートのプログラミング

クーリングダウン・パートは，エクササイズによる身体の疲労を緩和するとともに運動を心地よく終了するためのもので，運動後の満足感を得るなどメンタル面へも大きく影響を及ぼす重要なパートである。また，運動後の乳酸除去速度は，安静にしているよりも軽い運動をした方が早まるので，クーリングダウンは必ず行う。

このパートは，静的あるいはゆっくりと動きながらのストレッチング動作を主体として構成されることが多い。フォームには特に決まりはないので，フローティングでのリラクセーションを取り入れるなど，独自の発想で自由に行えばよい。

メインのダイナミックな運動を終えると，途端に体は冷え始めるので，アクアフィットネスの整理運動は，「クーリングダウン」というより体温を維持することを重視して「ウォーミングダウン」と考えるべきである。使用する音楽もクールなイメージのものよりも，暖かみのあるイメージのものがよい。ジャグジーバスなどの設備がある場合は，その中でストレッチングやマッサージを行ってもよい。

以下の点に留意して，クーリングダウンをプログラミングする。

- ワークアウトで使用した筋肉を中心に，静的な

ストレッチングを1つの動作につき10秒間前後続ける。

- ガータリング（浮揚位で壁につかまる状態）やウォーリング（立位で壁につかまる状態）での，心身の緊張をほぐすゆるやかな動作を入れてもよい。この際，心拍数を逆に上げるような動作は避け，心拍数が運動前と同レベルに下がるように心がける。陸上でのクーリングダウンでは安静時心拍数＋20拍か100拍/分以下になることを目安としている。

- クーリングダウンでのストレッチングは，柔軟性を高める目的もあるので，筋温を保つことに留意したうえで，静的ストレッチング以外の動的なストレッチングをしてもよい。しかし100％以下の筋伸張にとどめて無理をしない。

- 水の中では，ワークアウトで激しく動いたとしても，クーリングダウン・パートに入ると急激に心拍数・体温ともに下降しやすい。水中ではあっという間に身体が冷えることが多いので，特に体温を維持するように留意する。身体が冷えたら，早めにプールから上がったり，プールサイドでシッティングスタイル（腰掛けた状態）で行うといった配慮をする。

- ストレッチングの動作のみでなく，ウォーミングアップと同様な動作を入れてもよい。またフローティングやマッサージ・リラクセーション系の動作，あるいはペアやグループでのフォーメーション（体型）の動作なども入れて，メンタル面のリラックスやコミュニケーション＆スキンシップを図ることも考えられる。

第3章

アクアダンスの動作法

1 動作と姿勢・アライメント

　私たちの身体を支持して，姿勢を決定づける基盤となるのは骨格である。この骨・軟骨などの解剖学的，あるいは生理学的な位置関係のことを『アライメント』と言う。運動中に骨格が著しくズレる動きをしたり，激しい衝撃を与えたりすると，正常な骨格の状態が崩れ，さまざまな痛みや障害を引き起こす引き金となる。したがって，理想的なアライメントの状態を知り，それを保つことを優先的に意識しながら，正しい運動姿勢で運動する必要がある。これは，障害などの予防に役立つだけでなく，効果的で調和の取れた運動を行うためにも大変重要である。

(1) 理想的な直立姿勢
１ 前後から見た直立姿勢
　脊柱を前後から見た場合，理想的なのはまっすぐな形である。両肩の高さも底面に対して水平であるのがよいが，運動中にどちらかの肩が下がったまま，あるいは上がったままの姿勢を長く維持するような姿勢は継続的な脊柱の側弯を引き起こし，内臓を圧迫することにもなる（図１）。

２ 側方から見た直立姿勢
　脊柱を横から見ると，4つの弯曲がある。この弯曲が私たちの動きをスムーズにしたり，ショックを和らげる役目をしている（図２）。正しい直立姿勢の時は，この4つの弯曲が重心線上でバランスよく保たれ，頭・胸・腰の3つの主要部分が一直線上に並んでいる。

　ところが運動中にはさまざまな動きをするた

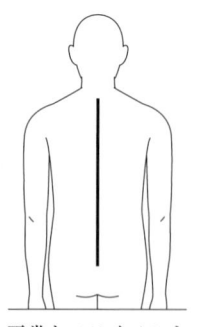

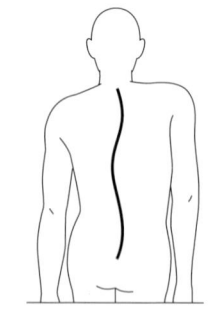

正常なアライメント　　好ましくないアライメント

●図１――背面からみた脊柱のアライメント

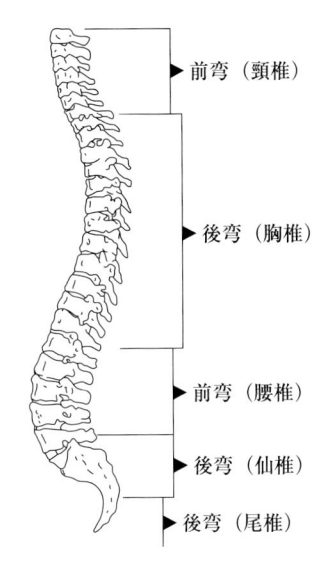

●図2──脊柱の生理的弯曲（小出清一，図解機能解剖学，社団法人日本エアロビクスフィットネス協会，1988年より引用）

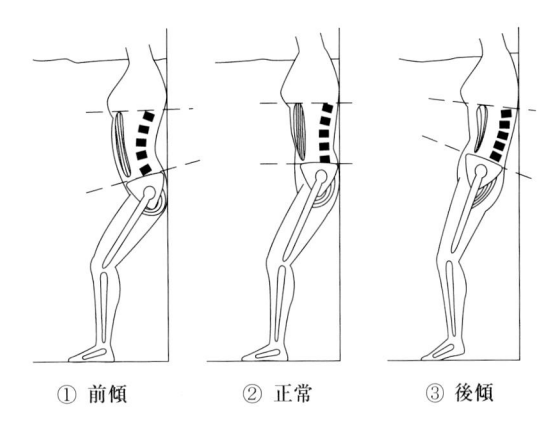

●図3──骨盤の傾斜のコントロール（Dehn M. Mullins C.B「理学療法ハンドブック　改訂第2版」，協同医書出版，1977より改変）

め，この自然な4つの弯曲を大きく崩してしまうことがある。このようなアライメントに無理がある，言い換えれば危険な姿勢にならないように，骨盤をコントロールすることで脊柱の配列や弯曲を保つテクニックを身につけることが必要である。つまり骨盤を〔前傾↔正常（フラット）↔後傾〕と傾斜角度を変えていくことで，脊柱の弯曲をベストな状態に保っていく方法を身体で覚えるようにする（図3）。

　たとえばウォーキングで前後に移動する場合，水深にもよるが，水の抵抗のために腰椎の弯曲がきつくなりがち（前弯や後弯状態）になる。前弯の場合はこころもち腰を引くか，後弯の場合では逆に腹部をやや前に突き出すようなイメージで歩くと腰に負担がかからない。水中ではウォーキングにかぎらず前面抵抗の特徴があるので，この方法を体得しておくとよい。特に姿勢やバランスを上手に保つことが困難な参加者には，マン・ツーマンで指導して覚えさせるようにする。

(2) 下肢のアライメントとスタンス

　脊柱のアライメントのみでなく，下肢のアライメント，すなわち股関節が膝を通って足元に至るまでの骨格の流れを意識することは，膝や足首・股関節にダメージを与えないためにも重要である。下肢のアライメントとして最も大切なのは，〔股関節↔膝関節↔足首↔つま先〕の向きがまっすぐにそろっていることである。

　脚の前面をよく見ると，まっすぐなラインに大腿骨と脛骨が配列されているわけではない。この2つの骨によって作られる角度をQアングルといい，大体15度が正常な範囲である（図4）。生まれつきいわゆる内股（X脚）や外股（O脚），あるいは動作の中で膝や足元が外反・内反の状態に長くおかれていると，Qアングルの角度が変わり，膝に痛みや障害が起きやすくなる。

　したがって運動中は，立ち姿勢の足の置き方や，開き方（スタンス）にも気を配るようにする。膝が前面を向いているのに，足先が極端に外側や内側を向いているといったアンバランスなア

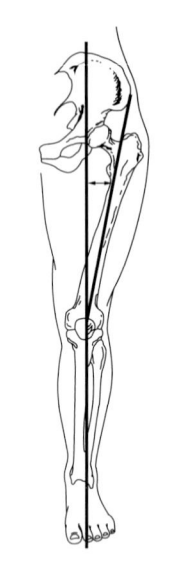

●図4──Qアングル（永井信雄訳，『エアロビクス：理論と実践』AFAA JAPAN，1988より引用）

① トゥークローズ　　② トゥーオープン
●図5──つま先の開き

ライメントは危険である。

　運動時の足の位置，つま先の開きを『スタンス』という。スタンスには次のようなパターンがあり，状況に応じたスタンスで運動することが望ましい。つま先が外に向かって開いている時に，膝が内側に向かってひねられているといった不自然なアライメントにならないように注意する。

❶ 足の位置

①ナチュラルスタンス

　腰幅ぐらいの足の開き。骨格構造的に見て人体に最も自然な足の位置である。

②ナロウスタンス

　ナチュラルスタンスより狭い，あるいは足を閉じた状態の足の位置である。前後左右どの方向へも足を出しやすい。

③オープンスタンス

　ナチュラルスタンスより広い足の開き。代表的なものに次の2つがある。

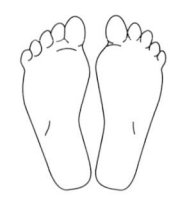

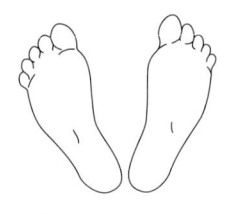

フィットネススタンス：腰幅の1.5～2倍ぐらいの足の開き。安定性があり，バランスをとりやすい。

アスリートスタンス：前後へ腰幅の1.5～2倍程度足を開いて構えるスタンス。安定性が高い。

❷ つま先の開き（図5）

①トゥークローズ

　つま先をそろえた状態。この時つま先の向きと膝や股関節の向きは一致している。

②トゥーオープン

　つま先を外側に開いた，骨格的に自然な状態。この時つま先の向きと，膝や股関節の向きは一致している。

❸ 水中運動での姿勢・アライメント

　水中における運動では，浮力や水流などの影響で，前述した理想的な姿勢やアライメントを維持するのは大変困難である。その際に，姿勢やアライメントを保つためのポイントは，身体の重心と浮心（浮力の中心）のバランスをコントロールすることである。人間の身体では，もともと重心と浮心の位置が離れている。浮力や水流の影響を受けても，重心と浮心の位置が正面からも側面からも極力ずれて見えないようにバランスを取ることが，水中での理想的な姿勢やアライメントを維持することにつながる。

　ダンスの世界では，常に身体の中心部，つまり

●図6——水位と荷重の割合

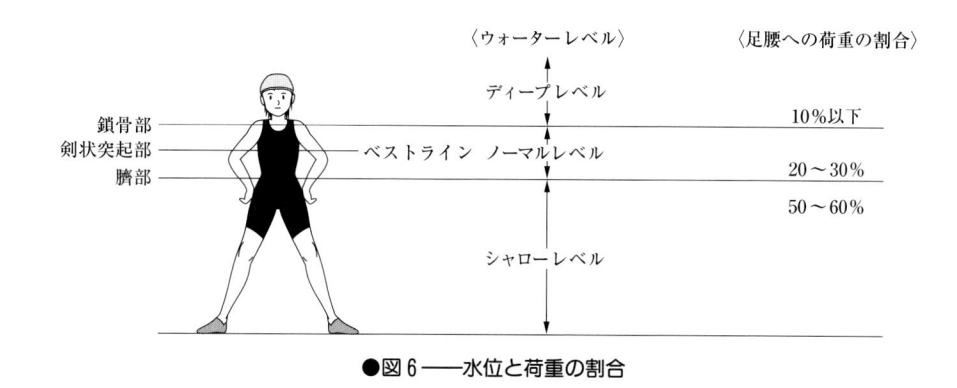

重心位置を強く意識してすべての動作を行うのが鉄則であり，これを『センタリング』と呼ぶ。水中においてもバランスを崩しそうになったら，すかさず重心位置を意識してふんばり，離れてしまった浮心位置を近づけるように手足を使ってコントロールするとよい。

2 アクアダンスの動作と環境との関わり

　水中という運動環境の中で，特に水の高さはアクアダンスのプログラムに大きく影響する。たとえばコリオグラフィー（音楽に合わせた振り付け）に凝ったプログラムを深いプールで行うと，浮力や抵抗のために思い通りに動くことはできない。また浅いプールでリバウンド動作が多いプログラムを行うと，心拍数が急に上がったり，足腰に陸上と同様の衝撃が加わるなどして危険である。

　アクアダンスのプログラミングは，水の高さを十分考慮したうえで，弾みのないウォーキングにするか，それともリバウンド動作の多いダンス形式にするか，または壁につかまってのスタイルにするかなどといった内容や動作を決定していかなければならない。

(1) 水の高さの定義
　水の高さは，次のように分類される。
①水深（デプス）
　プール底面から水が張られている水面までの高さ。
②水位（ウォーターレベル）
　個人の身長・体格に対する水面の高さ。
③水線（ウォーターライン）
　その瞬間での実際の水面の高さ。波や水流によって絶えず変化する。

(2) 水位と動作の関係
　水中では，水位と動作には大きな関連がある。水位による身体への衝撃（インパクト）の差を考慮して動作を選択するようにする（図6）。また，水位は心理面にも大きく影響を与えている。
①ノーマルレベル
　水位が鎖骨部から臍部までの間をさす。スタンダードタイプのエクササイズに適する。
　着地・浮かぶ・弾む・ジャンプなど，バランスのとれたさまざまな動作が可能である。
　また，この水位で行うウォーキングやジョギングのエアロビクス効果が最も高いと言われている。
　足腰へのインパクトが比較的軽減され，誰もが

比較的安心して運動を行いやすい水位である。

②ディープレベル

水位が鎖骨部より上の範囲にある。足元がほとんど浮いた状態での動作になるため，フローティングや3次元的な動作を行うことができる。

足腰へのショックはほぼないが，動作が制限されたり，体位やバランスの確保が困難になることがある。

ディープレベルではフローティングによる開放感・心身のリラックスの感覚を体験できる。その反面初心者や水慣れができていない人などにとっては，その深さが恐怖心をもたらす可能性もある。

③シャローレベル

水位が臍部より下の範囲にある。足元は常に着地した状態で，初心者や水慣れのできていない人が安心して運動できる水位であるが，アクアダンス特有のフローティング動作を行うのは難しい。

この水位では，陸上と同じような運動感覚で運動を行うことができ，かつ身体のバランスを取りやすいが，足腰へのインパクトは陸上とあまり変わらなくなる。

④ベストライン

アクアエクササイズに最も適した水位をいう。

個人の身長・体格・体組成によっておのおののベストラインは異なるが，一般的には，剣状突起部を通るラインがベストラインとなる。

誰もがほぼ安定した状態で，さまざまな内容のプログラムを行うことができる。

3 アクアダンスのポジションと動作

アクアダンスの運動スタイルには，それぞれ水環境の中でのポジション（浮力・重力に対する身体の位置・体位）があり，どのポジションをとるかで，浮遊状態やバランス性，筋肉や関節の動かし方，使用部位，インパクト（身体への衝撃の度合い），運動強度などが異なる（表1）。

（1）スタンダードタイプ

このポジションの動作は，一般にメインパートやエクササイズパート，ウォーミングアップパートで行う。つまりアクアダンスで最も多用される動作ポジションである（図7）。

①ノーマル・ポジション

ベストラインやノーマルレベル，シャローレベルで行う。重心移動に浮力をあまり利用せず，足元は着地させて，陸上運動と同様な状態での動作が中心となる。

マーチングやウォーキングなどのリバウンドのない動作がこれに当てはまる。

②リバウンド・ポジション

ベストラインやノーマルレベルで行う。浮力を利用した大きな上下動（ジャンプなど）や上半身を水上に引き上げるようなダイナミックな動作，浮力による回転力を利用して，大きく身体を揺らすような動作，ジョギング・バウンス・ホップなどの小さな上下動を伴う動作などが中心となる。

③ニュートラル・ポジション

どの水位でも可能となるオールマイティーなポジションである。

肩まで水に浸かり，足元は着地も，浮かぶのも自在にできる状態の動作が中心となり，足腰へのインパクトはほぼない。

④サスペンド・ポジション

ディープレベルが最も適しているが，ベストラインやノーマルレベルでも行うことができる。

足がつかないような深いプールで，用具を利用

●表1──アクアダンスのポジションと動作

スタンダードタイプ	ノーマル	足元を着地させての陸上運動と同様な状態での動作。ウォーキングなどのローインパクトな動作やジョギング・バウンス・ホップなどの小さな上下運動を伴う動作。
	リバウンド	大きな上下運動（ジャンプなど）のあるハイインパクトな動作。上半身を水上に引き上げるようなダイナミックな動作。
	ニュートラル	肩までに水に浸かって足元を着地させたり，浮かべたりが自由にできる状態。足腰へのインパクトがほぼ0の状態での動作。
	サスペンド	足がつかない深いプールか，あるいは肩まで水に浸かり，ずっと足を浮かべている状態での動作。基本的に用具の浮力を利用しないタイプの動作であるために手足を絶えず動かしてバランスを保ち，浮揚状態を維持する必要がある。
フロートタイプ	水平位	プール底面に対して身体が水平状態での動作。
	傾斜位	プール底面に対して身体が傾斜状態での動作。仰向け・うつ伏せ・横向けの3タイプがある。
	垂直位	プール底面に対して身体が垂直状態での動作。
シッティングタイプ	バスタブ	ごく浅いプールや風呂などに腰掛けての動作。
	チェア	水中の椅子や階段，あるいは浮揚具に腰掛けての動作。
	プールデッキ	プールサイドに腰掛けての動作。
サブマージングタイプ	ディッピング	顔面を水に浸ける動作。
	ボビング	潜ったり，顔を出したりを繰り返す動作。
	ダイビング	水中に潜ったままでの動作。

① ノーマル　② リバウンド　③ ニュートラル　④ サスペンド

●図7──スタンダードタイプ

しないで運動するスタイルや，通常の水位のプールで，用具を利用せずに肩まで水に浸かった状態で，足を浮かべているあいだ手足を絶えず動かしてバランスを保ち，できる限り浮揚状態を維持するといった運動動作が中心となる。

(2) フロートタイプ

このポジションの動作は，一般にクーリングダウンやエクササイズパートで，浮揚具を利用して行う（図8）。

①水平位

プール底面に対して身体が水平状態での動作。

① 水平位　　② 傾斜位　　③ 垂直位

●図8——フロートタイプ

① ディッピング　　② ボビング　　③ ダイビング

●図9——サブマージングタイプ

②傾斜位
　プール底面に対して身体が傾斜状態での動作。仰向け・うつ伏せ・横向きの3タイプがある。
③垂直位
　プール底面に対して身体が垂直状態での動作。

(3) シッティングタイプ
　一般的なアクアダンスのプログラムでは，このポジションはほとんど行われない。しかし，水温が低い，プールがせまい，または障害をもつ参加者がいるといったごく特殊な状況や，プログラムに変化をつけたい場合に行われることがある。
①バスタブ
　ごく浅いプールやジャグジー風呂などのような狭い場所での腰掛けての動作。
②チェア
　水中のイスや階段，あるいは浮揚具に腰掛けての動作。

③プールデッキ
　プールサイドに腰掛けての動作。

(4) サブマージングタイプ
　このポジションは，特殊なスタイルの動作であり，イベントやごく特別な目的のプログラム（たとえばシンクロナイズスイミングとコラボレーションさせたプログラムなど）を行う場合に限られる。一般のアクアダンスプログラムではほとんど用いられない（図9）。
①ディッピング
　顔面を水に浸ける動作。
②ボビング
　潜ったり，顔を出したりを繰り返す動作。
③ダイビング
　水中に潜ったままでの動作。

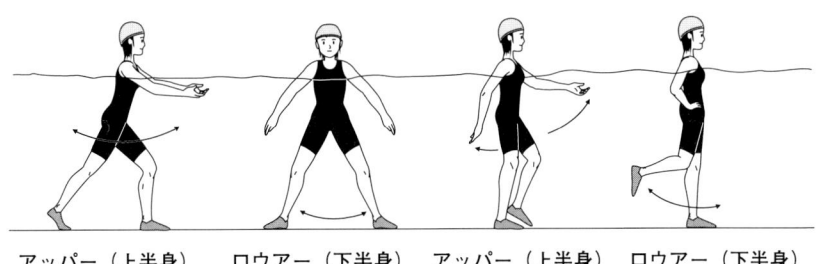

アッパー（上半身）　ロウアー（下半身）　アッパー（上半身）　ロウアー（下半身）
サイマルタナス　　サイマルタナス　　アルタネイト　　アルタネイト

●図10——上肢同士，下肢同士の協調動作

4 アクアダンスの動作の特徴

　アクアダンスでは，運動中身体の周り全体に存在する水抵抗や浮力・水流などの影響を多分に受けるため，陸上での運動と比較して次のような動作の特徴が見られる。

　陸上での動作を水中でそのまま行うだけでなく，こういった水中特有の動作を用いてプログラムを作成していくとよい。

(1) 協調（リトミカル）動作

　水中では，諸条件から陸上に比べて身体全体の動きのコーディネーションをとることが難しい。しかし以下のような協調動作を行うことで，動きをスムーズにしたりフラットにしたり，また抵抗や水流に対する抵抗面を調節して運動強度を変化させることが可能である。

1 上肢同士・下肢同士の協調動作（図10）

①サイマルタナス

　左右同時に同様の動きをする動作。アルタネイトより抵抗を受ける面が大きく，強度が強い。

②アルタネイト

　左右交互に同様の動きをする動作。サイマルタナスより抵抗や水流を受けにくく，動きやすい。

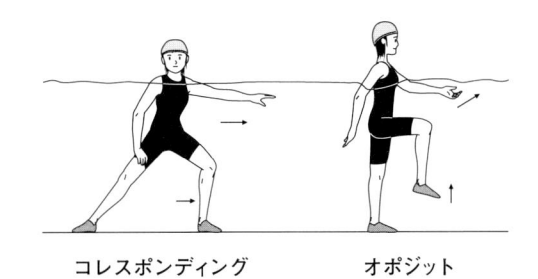

コレスポンディング　　オポジット

●図11——上肢と下肢の協調動作

2 上肢と下肢の協調動作（図11）

①コレスポンディング

　左右同じ側の手脚を同時に動かす動作。半身のみが運動面となるので，抵抗や水流の影響が小さい。

②オポジット

　左右反対側の手脚を同時に動かす動作。全面が運動面となるので，抵抗や水流の影響を受けやすくなる。

3 全身の協調動作（図12・表2）

①アルタネイトストレート

　コレスポンディングを左右交互に行う動作。抵抗や水流を身体から逃がすようなスムーズな動きになる。

②アルタネイトクロス

　オポジットを左右交互に行う動作。抵抗を受ける面が広く，運動強度が強くなる。

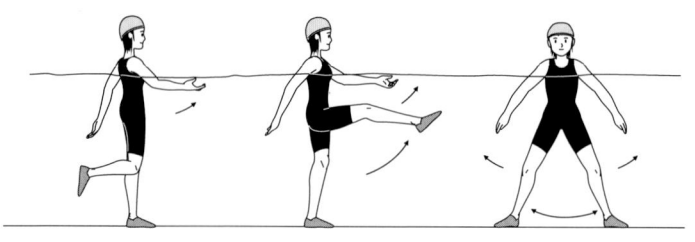

372　第3章　アクアダンスの動作法

アルタネイトストレート　　アルタネイトクロス　　ダブルサイマルタナス

●図12──全身の協調動作

●表2──組み合わせのタイプ

組み合わせのタイプ	アルタネイト＋アルタネイト	アルタネイト＋サイマルタナス		サイマルタナス＋サイマルタナス
腕動作	交互にサイドプッシュ	同時にフロントプッシュ	交互にサイドレイズ	同時にサイドレイズダウン
脚動作	交互にレッグスイングサイド	交互にジョギング	同時にジャンピングジャック	同時にジャンピングジャック

③ダブルサイマルタナス

　サイマルタナスを上肢・下肢同時に行う動作。全身に抵抗を受け，より運動強度が強くなる。

(2)　バランス動作

　アクアダンスでは，浮力などの影響によって身体のバランスを非常にとりにくくなるため，次にあげるような動作でバランスをコントロールして，アライメントを保つことが必要になる。

■1 反対方向（コントラリー）動作（図13）

　腕と脚を互いに反対側になるように動かすと，作用・反作用の法則によって身体のバランスを取りやすくなる。またこの動作はアライメントを保つという面でも重要である。これには，次の2つのタイプがある。

①コレスポンディングクロス

　左右同じ側の手脚を同時に反対側へ動かす動作。前後のバランスを取る場合に用いることが多

コレスポンディングクロス　　オポジットクロス

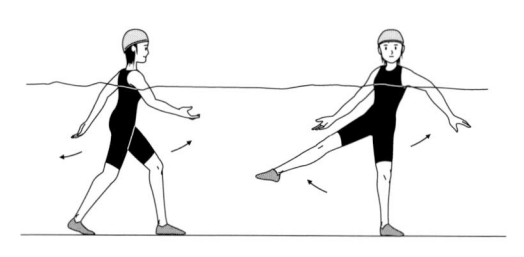

●図13──反対方向（コントラリー）動作

い。

②オポジットクロス

　左右反対側の手脚を同時に反対側へ動かす動作。左右のバランスを取る場合に用いることが多い。

■反対方向動作の例（図14）

①フォワード（前傾）姿勢の時

　脚を後ろ，腕を前に動かしてバランスを取る。

②バックワード（後傾）姿勢の時

　脚を前，腕を後ろに動かしてバランスを取る。

フォワード姿勢　　バックワード姿勢　　ペンシュラム姿勢

●図14——反対方向動作の例

① フォワード姿勢　　　　② バックワード姿勢

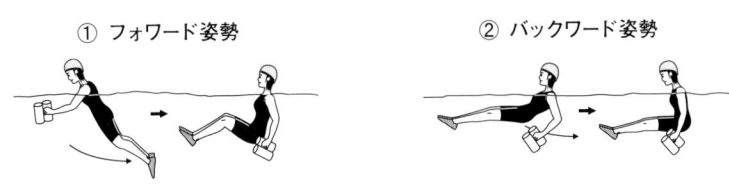

●図15——リカバリー動作

③ペンシュラム（振り子）・クレイダル（揺りかご）姿勢の時

片脚を横に振り上げた姿勢で，腕を反対側に動かしてバランスを取る。

2 フレキシャス動作

アクアダンスでは，フィットネス効果ではなくあくまでもバランスを取るために腕や脚の動作を行う場合も多い。特にフローティングや深い水位での動作においては，水流や渦流に対抗するために手先や足先で円，あるいは8の字を描くように動かすと浮力をコントロールでき，バランスを取りやすくなる。このような動作を『フレキシャス動作』と呼ぶ。

　例：手のひらでヒラヒラとスカーリング
　　　足先でグルグルと巻き足など

3 リカバリー動作（図15）

水中，特にフローティングの状態の時，身体重心は力のモーメント・トルクの関係で回転しやすく，身体のバランスを崩しやすくなる。そのため『リカバリー（骨盤の傾斜移動による体位の回復）動作』でアライメントを保つことが必要になる。

①フォワード姿勢の時

脚を前に動かし，骨盤を前傾させ，リカバリーする。

②バックワード姿勢の時

腰を引いて骨盤を後傾させ，リカバリーする。

(3) 手の動作（ハンドワーク）

陸上では特に意識するものではないが，アクアダンスでは手の動きや使い方をしっかり意識することが，バランスの保持や運動強度のコントロールの面に大きく関与する。

1 ハンドスタイル（手指の使い方）

手指の開き方によって，抵抗面の面積が異なる。フィストよりウェッブのほうがバランスを取りやすく，運動強度も増す（図16）。

①フィスト

手のひらを握りこぶしにする。

②ストレート

指を伸ばして閉じる。

①フィスト　②ストレート　③ウェッブ　④カップ

●図16――ハンドスタイル

スタートモーション　ミドルモーション　ラストモーション

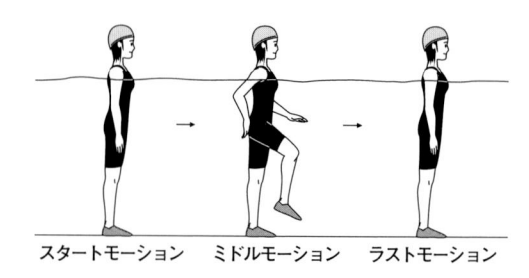

●図17――動作の構成

③ウェッブ
　指を伸ばして開く。
④カップ
　指をそろえて手のひらを丸くする。

2 ハンドモーション（手の動かし方）

どのモーションを使うかで腕・肩の動きも変わり，運動部位や運動強度が変化する。

①フラット
　ラフとも言う。プール底面に対して手のひらを垂直に立てて動かす。
②スライス
　スムーズとも言う。プール底面に対して手のひらを平行に動かす。

フラット		スライス
抵抗　大	↔	抵抗　小
運動強度　大	↔	運動強度　小

③スカル
　手のひらを使う。
④スコープ
　手の甲を使う。

5　アクアダンスの動作の構成

(1) 動作と動き（ムーブメントとモーション）

水陸にかかわらずすべての運動において「動作（ムーブメント）」とは，いくつかの「動き（モーション）」を合成したものである。たとえば「ニーリフト」の動作は3つのモーションから成り立っている（図17）。どんな動作にも基本的に「スタート（開始）モーション」と「ラスト（終了）モーション」が存在し，その間をいくつかの「中間（ミドル）モーション」でつなぐ。簡単な動作の場合は，ミドルモーションは一つで成り立つが，複雑な動作になるとミドルモーションも増えていく。

一つの動作においては，理論上スタートモーションとラストモーションは同一の動きとなり，一般的に「スタンス」（p.365参照）と呼ばれることが多い。

一つの動作を繰り返したり，あるいは別の動作とつないだりする場合は，先の動作のラストモーションと次の動作のスタートモーションは重なり合うのが基本である。このようにモーションとモーションを重ねながらつないでいくことを，「トランジション」と呼ぶ。

(2) 動作のシークエンス（つなぎ）

アクアダンスのプログラムでは，動きを止めずに次々と動作を連続してつないでいく。このことを，「動作のシークエンス」と呼ぶ。シークエンスの方法には，単純に動作と動作を順番にランダムに並べる（ラインナップする）方法と，安全

面，効果を考えてスムーズにつないで移行していく方法がある。

後者のような目的を持って動作をつなぐことを，「トランジション（動作の移行）」と呼ぶ。トランジションは，以下の点に留意して行う。

① 動作変化の要素（ムーブメントバリエーション）を無秩序・無指示・急激に変えない。

可動域の大きさ・方向・面・スピードなどの要素を徐々に変える。

② キネシオロジー（運動機能学）的に見たアライメントを重視し，特に前動作のラストモーションと次動作のスタートモーションの部分を考慮する。

つなぐ際には関節や筋肉に負担のない流れになるように配慮する。

（例）
シザースで前後開脚したまま，
次動作ですぐに横への移動は危険
↓
いったんシザースの開脚をそろえてから
横へスライドする

少々高度なテクニックになるが，前動作のラストモーションと次動作のスタートモーションの部分が重なり合うようにつなぐことを「オーバーラップ・トランジション」と言う。

（例）
シザースで4回前後開脚→
4回目の開脚のまま前後へのロッキングに移行
→ロッキングの最初が重なり合う

③ 水の抵抗・水流などを考慮する。

頭で思い描いていた動作が，いざ水中では水流や抵抗のためにうまくできないことがある。その時は，水流が一旦おさまるのを待って，スタートモーションに戻してから動き始めるといった配慮をする。

またシークエンスの方法としてこの他に，「ウェイティング（待機動作）」や「ホールディング（動作の保持）」がある。ウェイティングとは動作をつないでいく途中に間合いを入れることである。ジョギングやバウンスあるいはウォーキングやマーチングなどの動作をルーティーン動作とは関係なく用いることで水流が収まるのを待ったり，次の動作の説明をしたりする余裕を作る。これを「トランジション・ステップ」と呼ぶ。

ホールディングとは，たとえば一つのルーティーンを覚えさせてから，全く異なったエクササイズ動作などを行い，その後で先程のルーティーンをもう一度行うような例を言う。

（3） 動作のコンビネーション（組み合わせ）

動作と動作を組み合わせて全身動作を作ることを，「動作のコンビネーション」と言う。上肢の動作・下肢の動作・体幹の動作の3種類に分け，この3つを組み合わせて全身動作を作る。また上半身と下半身の2種類に分けて，上下でコンビネーションさせる方法もよく用いられる。

その他にも，下半身はエクササイズ動作，上半身は水中でのバランスを取るためのフレキシャス動作を行うといったコンビネーションもある。こういう時は，「腕は自由に動かしてバランスを取ってください」といった指示を出す。

① 上半身動作と下半身動作のコンビネーション
　（例）下半身動作＋上半身動作→全身動作
　　ジョギング＋リーチ＆プル→ジョギング with リーチ＆プル

② 上肢動作と下肢動作と体幹動作のコンビネーション

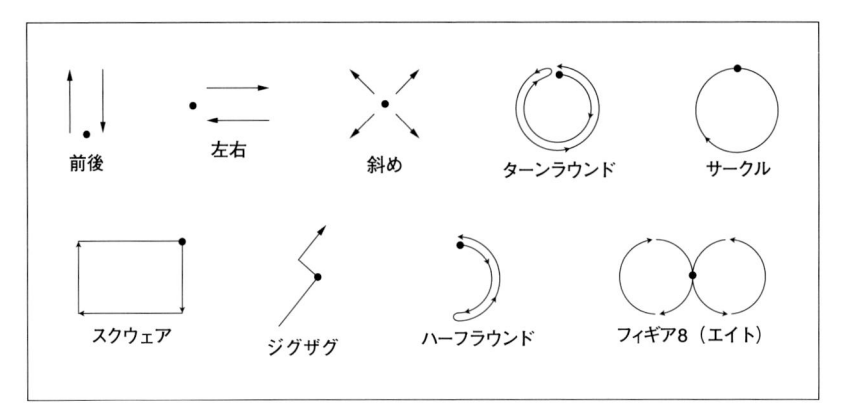

●図18——トランスファーの例

（例）
　開脚バウンス（下肢動作）＋片手ずつのサイドプッシュ（上肢動作）＋サイドベンド（体幹動作）→バウンス＆サイドプッシュ＆サイドベンド（全身動作）

(4) 動作の変化（ムーブメントバリエーション）

アクアダンスの動作に変化を加えるための要素には，次のようなものがある。

１ 空間的要素

①線（ライン）

平面上での線動作を変化させる。

例：直線，曲線など

②面（プレイン）

身体に対しての面を変える。

例：前額面，水平面，矢状面など

水に対しての面を変える。

例：水中，水上，水面

③方向（ディレクション）

身体の向きを変える。

例：前・後ろ・右・左・斜めなど

④移動（トラベル）

移動するかどうかや移動の軌跡で変える。

ステーショナリー：その場での動作

トランスファー：移動しながらの動作（図18）

例：規則的・無規則的・図形的・軌跡的など

例：前・後ろ・横・斜め・サークル・ジグザグ・スクウェアなど

２ 時間的・音楽的要素

①リズム

リズムの取り方を変える。

例：4/4拍子→3/4拍子，シンコペーション（拍子のずれ）を入れるなど

②カウント

反復の回数を変える。

例：カウントダウン↔カウントアップ，シングルカウント↔ダブルカウントなど

③テンポ

音楽や曲の速さをテンポという。テンポ自体は一定のものであり，変えることはできない。テンポを変化させた時は，音楽や曲そのものを変える必要がある。

④ビート

一定時間内での繰り返しの拍子のことをビートあるいはピッチといい，これを変化させる（ビートは「BPM（ビート・パー・ミニッツ＝１分間

あたりのビート数）」で表される）。

❸ 表現的要素

①シンメトリー（対称性）

上下左右などの対称性を変化させる。

シンメトリー：対称

アンシンメトリー：非対称

②アクセント（抑揚）

動作の強弱を変える。

例：4カウントのうち4だけ強く動くなど

③アイソレーション（強調）

特定の部位を強調して変化させる。

例：普通のスライド→肩をシェイクさせながらスライドなど

④タイムラグ（時間差）

動作に時間差をつけて変化させる。

例：時間差のジャンピングジャック

右足から先に開く→左足を開く

→右足を閉じる→左足を閉じるなど

❹ 力学的要素

力学的に動作にバリエーションを加える方法は，「運動強度」の変化と一致する（p.381）。

6　注意すべき動作

以下の事項に注意して，安全に効果的に楽しく運動を行う。

(1) 運動方法

❶ 心身の負担になる動作

①身体への負担

アライメント・姿勢・骨格・関節・筋肉などに負担になる動作は避ける。

②精神面への負担

「うまくできない」ための劣等感・自己嫌悪など，さまざまな精神的負担（プレッシャー）を引き起こさないような動作を心がける。

❷ 運動の規則性が欠如した動作（以下に注意する）

- 無目的：意味を持たずにグルグル・バシャバシャと体を動かす
- 無意識：訳もわからず適当に行う動作
- 無秩序：突発的・急激な動作
- 無指示：適切な指示を出さずに行わせる運動など

❸ 過度の動作（以下に注意する）

- オーバーユース：特定部位の使い過ぎ
- オーバースピード：速すぎる動作
- オーバーインテンシティー：強すぎる・激しすぎる強度
- オーバーサイズ：大きすぎる動き
- オーバーストレッチ：ハイパーエクステンション（過伸張）
- オーバーフレキション：深すぎる曲げ方
- オーバータイム：長時間の運動・動作
- オーバーバウンス：大きすぎる弾み
  など

(2) 部位別

❶ 頭部・頸部

- 大きく回旋し過ぎたり，激しく倒したりしない。
- 継続的に突き出す動作（コッキング動作）や速く動かす動作に注意する。

❷ 体幹部

- 過度に伸展させない。
- 長時間屈曲させたままにしない。
- 継続的に屈曲・伸展の繰り返しをしない。
- 速いスピードで屈曲・伸展させない。

- 両肩と両腰骨を結んだスクウェアが乱れるようなツイスト動作などをしない。

3 腕部・肩部
- 無意味に水上↔水中の上げ下げをしない。
- 長時間（特に水上で）動かし続けない。
- 肘や手首をロック（伸ばしきっての固定）させない。
- 肩・肘・手首を速いスピードで屈曲・伸展・回旋させない。

4 脚部
- 股関節→膝→足先の方向を一致させる。
- 膝がつま先より前に出るような大きな屈曲を伴うステップなどに気をつける。

5 足部
- バウンド・ノーマルポジションでは、踵まできちんと着地する。
- サスペンド・ニュートラルポジションでは、水位によっては踵までの着地を強要すると無理な体勢になることもあるので、状況に応じて判断する。

(3) 動作スタイル
壁や用具につかまるウォーリング、ガータリングやフローティングのスタイルの際、動作によっては肩関節や腰部に負担となる姿勢になる場合があるので、十分注意して行う。あるいは参加者の体位やプールの形状・水位によっては行わないようにする（図19）。

1 うつ伏せでの水平位動作
顔を大きく持ち上げると、首や腰部がハイパーエクステンション（過伸張）になりがちになるので注意が必要である。
　例：フラッターキック、フロッグキックなど

2 プールデッキに脚をかけてのガータリング動作
プールの水位が低い場合などは、首や腰部に負担がかかる。
　例：トランクカールなど

3 プール壁面に足の裏をつけるウォーリング動作
顔の上げ方によって腰部に負担がかかる。
　例：マウンテンクライム、ハムストリングスストレッチングなど

4 仰向けでプールデッキに両腕をかけてのガータリング動作
腕のかけ方・手の置き方によって、または長時間行うことで肩関節・肘関節に負担となる。
　例：ニーベント、バイシクルなど

5 両腕を後ろに回すウォーリング動作
腕のかけ方・手の置き方によって、または長時間行うことで肩関節・肘関節に負担となる。

6 プールデッキに両腕をかけての体重移動動作
　例：トライセップスプレスなど

1 ▲ うつ伏せでのガータリング

2 ▲ デッキに脚をかけてのガータリング

3 ▲ 壁に両足をかけるウォーリング

4 ▲ 両腕をかけてのガータリング

6 ▶ デッキに腕をかけて体重を支えるガータリング

1 ▲ うつ伏せでのウォーリング

3 ▲ 壁に片足をかけるウォーリング

5 ▲ 腕を後にもってくるウォーリング

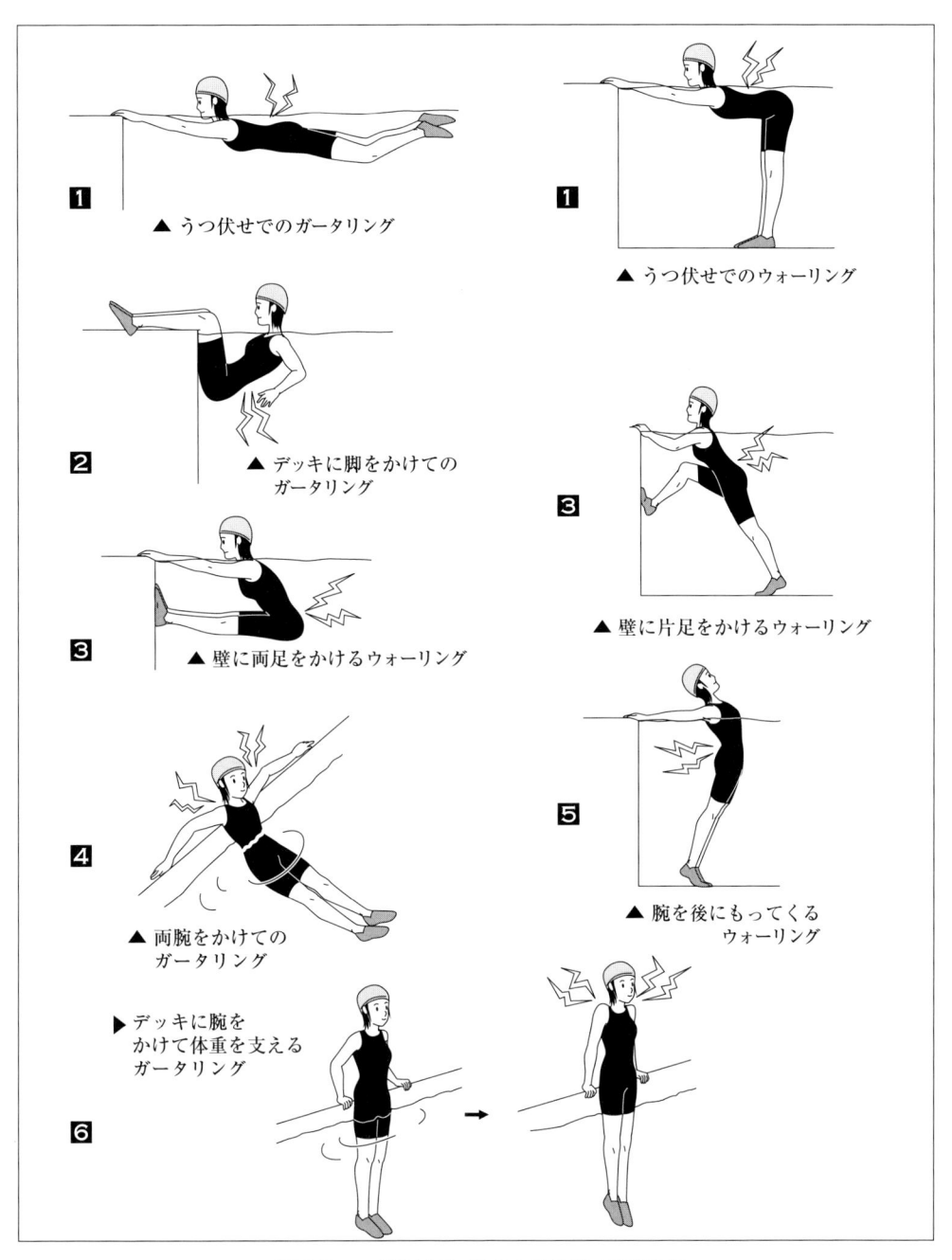

●図19──動作スタイルによる注意すべき動作

第4章

アクアダンスの運動処方

1 運動処方の要素

　フィットネスのプログラムを作成していく際には，適正な運動効果を得るために，運動の目的や対象のレベルに応じて，以下にあげる3つの要素に関して具体的な内容を設定していく必要がある。
①頻度（Frequency）
②強度（Intensity）
③時間（Time）
　この3つの要素は総称して，『F・I・T効果』あるいは『F・I・Tの原則』と呼ばれている。
　一般的なフィットネスエクササイズでは，次のような処方で行う。
①週2〜5回の頻度
②最大心拍数の40〜85％の強度
③40〜60分間の所要時間
　ただし実際の処方では，健康状態・体力レベル・運動経験・生活習慣などの要素を考慮する必要がある。

2 運動頻度の設定

　スポーツトレーニングとして運動を行う場合と，健康維持を考えて一般の人が運動する場合では，当然処方は異なる。基本的には，以下のような設定のもとで考える。
①週1回：体力や運動能力の低下を防止するレベル（初心者向けの頻度）
②週2回：体力や運動能力を維持するレベル（初級者向けの頻度）
③週3回以上：体力や運動能力を向上させるレベル（中・上級者向けの頻度）

　特に初心者やセラピー目的の場合は，最初から頻度を上げることはせず，徐々に頻度を上げていくようにする。
　ある研究報告によると，週5回と週6〜7回の頻度差で運動効果を比較した時，両者に大きな差は見られなかった。別の研究では障害の発生率という面では，後者は前者より，かなり高い数値を

示すともいい，アクアダンスを行う場合も，その頻度は安全性を考慮して週5回以下に留めるべきである．

3　運動強度の設定

運動強度には，絶対的強度（最大酸素摂取量やMETSなど）と相対的強度（主観的運動強度など）の2種類あり，これらを事前に設定し，運動時にはそれを実際に確認していく必要がある．

最近，フィットネスの現場では，絶対的強度より相対的強度を処方として用いることが多い．特に水中運動では，心拍数の変動が陸上運動とは異なった特徴を示すため，陸上運動における絶対的強度の理論をそのまま当てはめることはできないので，相対的強度での設定や測定を重視し，絶対的強度は補助的に使用することが望ましい．

陸上で行うエアロビックダンスでは，主に以下のような三つの方法で運動強度を設定・測定している．このうち絶対的強度にあたる「ターゲット（目標）心拍数」は，ここではあくまでも参考として，水中運動に置き換えた場合の設定法や測定法をあげる．

①ターゲット（目標）心拍数（絶対的強度）
　「カルボーネンの公式」に当てはめる．
②自覚的運動強度（相対的強度）
　「ボルグスケール」に当てはめる（p.383）．
③トーキング（トーク）テスト（相対的強度）
　インストラクターなど第三者の問診方式による．

(1) ターゲット心拍数の設定

❶水中運動のターゲット心拍数

アクアダンスでは，水中という環境が呼吸循環機能に大きく関与するために，心拍数の変化が陸上運動とは異なる．たとえば，水位がベストライン（臍部〜乳頭部）の間では，心拍数は陸上と大きく変わらないが，それ以上の深さでは急に10拍/分程度低くなるという報告がある．さらに水温が30〜35℃の間では陸上と大きく変わらないが，15〜20℃の低温になるとやはり10拍/分程低くなるという報告がある．また水中運動の場合は，「浸水性あるいは潜水性徐脈」のために，同程度の運動強度であっても，陸上運動より心拍数の上昇が少ないと言われる．

このためアクアダンスの運動強度は，陸上運動より少なく換算して数値を求める必要がある．この換算数値のことを「水中運動補正値」と呼ぶ．
水中運動のターゲット心拍数＝
　陸上運動のターゲット心拍数－水中運動補正値

❷水中運動補正値

水中運動補正値は，「同程度の運動であれば陸上運動のマイナス10拍/分」と考える．

❸ターゲットゾーンの求め方

①まずカルボーネンの公式に参加者の年齢を当てはめて，陸上での運動のターゲットゾーンを計算する（なお，カルボーネンの公式を使用する場合，安静時心拍数が100拍/分を超えると参考になりにくいとされている）．

　220－年齢＝最大心拍数
　最大心拍数－安静時の心拍数＝A
●最大心拍数の60〜80％の運動強度でトレーニングしたい場合
（A×0.6）＋安静時の心拍数
　＝陸上での運動のターゲットゾーンの下限→B
（A×0.8）＋安静時の心拍数
　＝陸上での運動のターゲットゾーンの上限→C
②陸上運動のターゲットゾーンから補正値を引い

て水中運動でのターゲットゾーンを求める。

　　B-10（水中運動補正値）
　　　＝　水中運動のターゲットゾーンの下限
　　C-10（水中運動補正値）
　　　＝　水中運動のターゲットゾーンの上限

　アクアダンスのターゲット心拍数のゾーンを，事前に式に当てはめて求めておく。そしてレッスン中に時々心拍数を測定して，このゾーンより多すぎないか，少なすぎないかなどをチェックする。このチェックは，運動強度が安全な範囲であるかの判断するのにも利用できる。

●水中での心拍数のターゲットゾーン計算例
　（38歳，安静時の心拍数70拍/分の場合）
　220-38（年齢）＝182（最大心拍数）
　182-70（安静時の心拍数）＝112
　（112×0.6）+70（安静時の心拍数）＝137
　（112×0.8）+70（安静時の心拍数）＝160
　137-10＝127（水中ターゲットゾーンの下限）
　160-10＝150（水中ターゲットゾーンの上限）

4 プログラムとターゲット心拍数との関係

　アクアダンスでは，たとえ単純な動作で組み立てられたプログラムでも，前後左右への移動が多ければ，水の抵抗などの影響によって運動強度が予想以上に高くなり，心拍数がターゲット心拍数に至る前に，筋疲労を起こすことがある。その結果，運動中の心拍数がほとんどターゲットゾーンをクリアできなかったということもありえる。特に筋力の弱い初心者や女性に，この傾向が強いようである。そのような場合は，心拍数がターゲットゾーンに至っていなくても，その本人にとっては，適正強度の運動となっていると考えられる。

　小野寺によると，アクアプログラムを行う場合，運動中に心拍数にあまり上昇や変化がみられなくても，十分な運動強度に至っているならば最大酸素摂取量の増加や変化がみられるという。また，多くの動作を行うプログラムでは，大きなジャンプなどの上下動作や速めのスライドなどのダイナミックな左右移動動作の最中に，心拍数がターゲットゾーンに至っている場合が多いようである。また，移動を多くして心拍数がターゲットゾーンに十分至っている場合でも，ステーショナリー（その場での動き）でのウォーキング系の動作に移ると，すぐに心拍数がターゲットゾーンから下回るといった変動がみられることもある。

　一般的に，前後左右への移動動作や回旋系の動作は，弾まない動作なので心拍数は低めだが，筋疲労の面でハードに感じやすい。一方，ジャンプ系の動作やジョギング系の動作は飛び跳ねる動作なので心拍数は上昇しやすいが，筋疲労の面では浮力の影響によってあまりハードには感じないと言われる。

　そのため，たとえ心拍数がターゲットゾーンに至っていなくても，筋疲労の面では，自覚的運動強度が高いレベルに至っていることもある。また，絶対的運動強度を追求するあまりに，心拍数をターゲットゾーン内でキープしようとすると，自覚的運動強度の面でずっとハードな動作を行わなければならなくなる場合もある。

　陸上運動と異なった特殊な環境のため，アクアダンスの指導においては，強度の指標として，心拍数だけではなく自覚的運動強度やトークテストも併せて用いるとよい。

5 水中での心拍数の測定法

　水中で心拍数を測定する際には，ハートレートモニターなどの器具があればよいが，無い場合は触診で行う。

　一般的には左手首の動脈や頸動脈に，2〜3本の指を当てて脈を測る。水中では動作を止めると

●表1——ボルグスケール

	日本語	英語
20		
19	非常にきつい	Very very Hard
18		
17	かなりきつい	Very Hard
16		
15	きつい	Hard
14		
13	ややきつい	Somewhat Hard
12		
11	楽である	Fairly light
10		
9	かなり楽である	Very light
8		
7	非常に楽である	Very very light
6		

　陸上より急激に心拍数が減少するので，計測中は動作を完全に止めないようにする。

　陸上では10～15秒間測定するのが一般的だが，水中では心拍数の戻りが早いため，なるべく6～10秒間というように短時間で測定する。

(2) 自覚的運動強度とトークテスト

　自覚的運動強度（RPE）は，20段階の強度設定からなる「ボルグスケール」を用いる（表1，p.93も参照）。

　中高年の参加者の多い，一般的なアクアダンスのメインパートでは，11～13のレベルの自覚的運動強度を維持することをめざす。トレーニング志向が高い参加者やシェイプアップ（脂肪燃焼）目的の参加者に対しては，もう少し高めの14～15の強度を設定する場合もある。

　トーク（トーキング）テストとは，エクササイズ中に短い文章を参加者に投げかけ，それを同様に言い返せるかどうかをチェックする方法である。参加者の息がはずんで言葉を言い返せなかったり，途切れ途切れになっている時は，その時点の運動強度はその人にとって強すぎるという判断をする。正確に言い返せれば，そのレベルの運動強度は適切であると判断する。

　ただ一方的にプログラムを遂行するのではなく，適宜に参加者に言葉がけをして，安全や運動効果を確認していくようにする。

(3) 運動強度の変化

　アクアダンスの運動強度は，さまざまな要因によって変化する。これをもとにプログラムを作成し，運動中も強度を調節していく。

1 身体重心の移動距離（一定時間）の変化

①重心の垂直方向移動

　リバウンド（上下動）動作
　　＞ノーマル（上下動のない）動作

②重心の水平方向移動

　トランスファー（左右移動）動作
　　＞ステーショナリー（その場）動作

2 関節運動の参加量の変化

①全身運動（トータルボディー）の場合

　体幹の運動の意識をプラス
　　＞上肢の運動の意識をプラス
　　　＞下肢の動作のみ運動を意識する

②部位運動（パーシャルボディー）の場合

　多関節運動＞単関節運動

3 筋の活動量の変化

①関節の可動域

　フルレンジ（全可動域）
　　＞ハーフレンジ（半可動域）
　　　＞ショートレンジ（小可動域）

②てこの長さ

　ロングレバー（体肢を伸ばす）
　　＞ハーフレバー（半分伸ばす）

＞ショートレバー（あまり伸ばさない）
③使用面積
　　手のひらをウェッブ（手指を伸ばす）
　　　＞手のひらをフィスト（拳を握る）
④動きの角度
　　水平 ⇔ 斜め ⇔ 垂直
4 動作の速度の変化
①動作の速度
　　速い動作＞ゆっくりした動作
②速度の加減
　　等速度（ウェイブ）⇔ 加速度（アクセル）
③音楽の速度
　　速いテンポ・ピッチ
　　　＞ゆっくりしたテンポ・ピッチ
5 動作のパワーの変化
①パワーの意識
　　力強く動かす＞弱く動かす
②作用・反作用の法則
　　反対動作＞同方向動作
③慣性の法則
　　スタート＆ストップ＆スタート
　　　＞スタート＆ストップ
6 水の利用の度合いの変化
①水の特性の利用
　　浮力・水圧・抵抗・水温など
②水流の特性の利用
　　惰力（イナーシャ）・渦・水流抵抗（ドラッグ）・波・揚力など
　　グループ移動 ⇔ ペアでの移動 ⇔ 個人の移動
7 環境の変化
①水位
　　深い→心拍数減少，浅い→心拍数上昇
②水温
　　低い→心拍数減少，適温→心拍数変化は少ない

8 負荷の増減
①用具の使用
　　使用する（オン）⇔ しない（オフ）
②動作の動員
　　バランスを取るために腕を動かす ⇔ エクササイズとして動かす

4 運動時間の設定

　アクアダンスのプログラミングでは，目的に応じた運動効果を得るために十分な時間を設定する必要がある。

　時間の設定の方法は，まず各パートの所要時間を決め，それらを合計してプログラム全体の所要時間を設定する。もともと所要時間が決められている場合は，各パートの割合を配分して時間を決定する。

　アクアダンスでは，次のような時間設定が一般的である。

①全体の所要時間　30〜60分
②ウォーミングアップ所要時間　5〜10分
③ワークアウト所要時間　20〜40分
④クーリングダウン所要時間　5〜10分

　ウォーミングアップ・パートは，心拍数や筋温の上昇，循環器系の機能におけるウォーミングアップなどのために行われる。そのためには，通常5〜10分の時間が必要になる。特に水温の低いプールでは長く時間をかけないと，十分なウォーミングアップにならない。

　ワークアウト・パートの所要時間は，プログラムの内容によって異なる。有酸素運動の効果の向上をねらう場合は，最低20〜30分のワークアウトを行う。また，参加者が運動に慣れてきたら，ワークアウトの所要時間を少しずつ増やしていく

のもよい。

　クーリングダウン・パートの所要時間は，プールの水温や内容によって，臨機応変に決定する。陸上では一般的に5〜10分のクーリングダウンが行われているが，水中では運動終了と同時に体温や心拍数が急激に低下し始めるので，ストレッチングが十分であれば早めにクーリングダウンを終了しても構わない。

　全体所要時間は，各パートの所要時間によって変わってくる。最近の傾向としては，余暇時間を多彩に過ごしたいという多忙な現代人に合わせて，1回あたりの全体運動所要時間は，徐々に短くなっている。

5　運動処方の原則

　運動のプログラムを作成する際には，以下のような運動処方の原則に基づいて構成していく。

①**安全性の原則**
　安全な動作であるか，安全な流れで動作をつないでいるか確認する。

②**個別性の原則**
　年齢・性別・体力・運動経験・水慣れの度合いなど参加者一人ひとりの状況に合わせる。

③**漸進性の原則**
　単純な動作→複雑な動作，ゆっくりした動作→速い動作などプログラムが段階を経てレベルアップされていっているか。

④**反復性の原則**
　動作の反復，パターンやルーティーンの反復など繰り返して運動を組み立てることで運動効果をねらう。

⑤**全面性の原則**
　特定の種類の運動・特定の部位のみの運動を行うだけでなく，全体的・全身の運動効果に目を向ける。

⑥**特異性の原則**
　たとえばバランス能力を養うためには，筋力アップのための運動ではなく，バランス能力を養うための運動を行わなければならないといったように，目的と運動を適切にマッチさせる。

⑦**意識性の原則**
　目的や効果や運動方法などをしっかり意識して行わなければ，効果が上がりにくい。

⑧**可逆性の原則**
　運動を定期的・計画的に行わなければ，運動効果は元のレベルに戻ってしまう。

⑨**超回復の原則**
　休養の必要性を認識する。正しく休養をとれば運動効果は上がる。

⑩**過負荷の原則**
　規則的に適正な負荷を加えれば，運動効果も適正に上がる。

　これらの原則に従って運動プログラムは，長期的に計画され，日々のレッスンによって運動を積み重ね，運動効果を徐々に上げていくように作成する。

　また，私たちインストラクターがプログラミングする際には，まず安全性の原則を最も重視するのは言うまでもないことである。

第5章

アクアダンスの指導法

1 レッスンの流れ

インストラクターは1回のレッスンに対していくつかの段階を追って進行する必要がある。それはレッスン前から始まり，レッスン後の作業までを指す。図1のような流れは一例である。

2 レッスン前の準備

レッスン前の準備には，指導計画・指導案の作成などのかなり事前から行うもの（プランニング）と，レッスン当日から直前までのもの（セッティング）がある。

プランニングに関しては，年間，月間，週間，当日という順で長期的な計画から立て始めるとよい。アクアダンスの場合，1か月の指導回数にもよるが，一つのルーティーンを1〜3か月繰り返して指導するのが目安となっている。あまり頻繁にルーティーンが変わるのも，逆に何か月も同じルーティーンを続けるのも好ましくないので，適切に切り替えるように計画を立てるとよい。

レッスン当日のセッティングは，なるべく時間的余裕を持つようにする。特に安全面のチェックは念入りに行う。アクアダンスでは，オーディオ機器やマイクといった電器具を使用するため，漏電への気配りやコードに引っ掛からないような配慮を行う。また湿気のために，オーディオ機器が使用できない状態になっている場合もありうるため，音量のチェックなども兼ねて事前に音を出すなどリハーサルを行っておく。

セッティングは，指導に使うキック板などの用具やイスなどの教具，インストラクター用のドリンクなどが考えられる。

3 アクアダンスの指導テクニック

(1) ブリーフィング

レッスン直前あるいはレッスンが始まってすぐに，参加者全員の体調チェック，種々の説明，打ち合わせを行うことをブリーフィングと言う。体調チェックでは，運動前の血圧や心拍数などの測

```
┌─────┬──────────────────────────────────────────────────────────┐
│レ   │〈プランニング〉・ルーティン等のプログラミング              │
│ッ   │              ・カリキュラムコードの作成                   │
│ス   │              ・音楽の選択・テープ作成                     │
│ン   ├──────────────────────────────────────────────────────────┤
│前   │              ⇩                                           │
│     │〈セッティング〉・環境のチェック　水温・水質              │
│     │              　　　　　　水まわりの様子(漏電の心配等)    │
│     │              ・音響機器・イス等の準備                    │
└─────┴──────────────────────────────────────────────────────────┘
                          ⇩
┌─────┬──────────────────────────────────────────────────────────┐
│レ   │〈ブリーフィング〉・参加者への説明　　運動目的             │
│ッ   │              　　（特に新入会者へ）　プール使用上の注意  │
│ス   │              　　　　　　　　　　　　安全について         │
│ン   ├──────────────────────────────────────────────────────────┤
│中   │              ⇩                                           │
│     │〈ポジショニング〉・指導の立ち位置                         │
│     ├──────────────────────────────────────────────────────────┤
│     │〈フィニッシング〉・運動の指導                             │
│     ├──────────────────────────────────────────────────────────┤
│     │              ⇩                                           │
│     │〈アセスメント〉・参加者の観察　安全面（姿勢・アライメント等）│
│     │              　　　　　　　　　効果面（動作の正確さ・強度等）│
│     │              　　　　　　　　　メンタル面（楽しんでいるか等）│
│     │              　　　　　　　　　トークテスト              │
│     │              　　　　　　　　　自覚的運動強度            │
│     │              　　　　　　　　　心拍数の測定              │
└─────┴──────────────────────────────────────────────────────────┘
                          ⇩
┌─────┬──────────────────────────────────────────────────────────┐
│レ   │〈フィニッシング〉・後片付け・清掃・環境チェック           │
│ッ   ├──────────────────────────────────────────────────────────┤
│ス   │〈アセスメント〉・参加者とのコミュニケーション             │
│ン   │              　　（目的が達成できたか？　満足度は？等）   │
│後   │              ・レッスン内容の自己評価                     │
│     │              ・報告書・レポートなどの記入・提出           │
└─────┴──────────────────────────────────────────────────────────┘
```

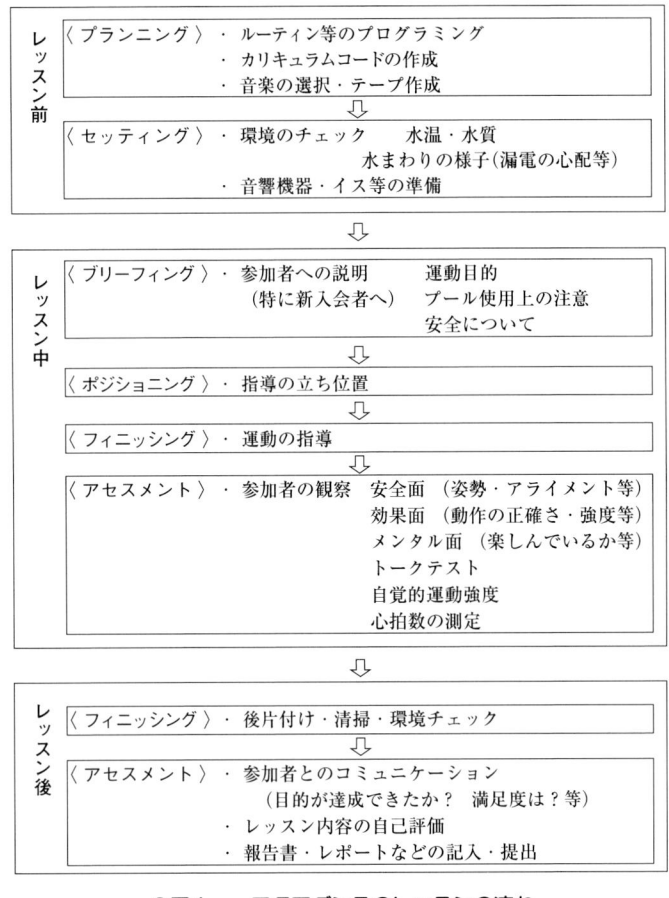

●図1——アクアダンスのレッスンの流れ

定と，口頭による体調確認は必ず行う。体調が悪い人は，レッスンに参加できるかどうかを確認し，医師などからの指示の内容を聞く。

説明する内容は，プログラムの目的や効果，安全に関する注意事項，基本的な水中での動きの特徴や効用，プールの使用法などである。特に新規参加者には，丁寧に説明を行い，既存の参加者に紹介することも大切である。

(2) ポジショニング
❶ ポジショニングとは

ポジショニングとは，指導の際の立ち位置のこ とである。プールサイドでの位置は，施設やプールの形状，レッスン範囲，参加者の人数などによって異なる。安全面からも，全体を把握しやすい見通しのよいところが望ましい。また参加者の立場に立って考えた場合，「見やすい」「聞こえやすい」「わかりやすい」ところがよいポジションである。

❷ 水中での指導とプールサイドからの指導

アクアダンスでは，一般的には指導者の動きが見えるようにプールサイドから指導を行うことが原則である。しかし水中での指導とプールサイドからの指導にはそれぞれメリット・デメリットが

●表1──指導場所によるメリット・デメリット

	水中での指導	プールサイドからの指導
メリット	・指導者の身体に安全 ・適度な強度や速度・大きさをつかみやすい ・水温や体温の変化を感じ取れる ・参加者と身近に接して親近感がわく ・周囲の参加者の顔色などの様子が間近でつかみやすい	・参加者に動きが見えやすい ・複雑な動作もスムーズに伝えやすい ・大勢の参加者も一度に見渡せる ・一斉に動く際の指示を出しやすい
デメリット	・複雑な動作や水中の動作を伝えることが難解 ・参加者全員に動きが見えにくい ・離れた参加者に目が届きにくい ・一斉に動く際の指示を出しにくい	・適度な強度や速度・大きさを把握しにくい ・指導者の身体に負担がかかりやすい ・水温や体温の変化を感じ取りにくい ・遠くの参加者の顔色などの様子がつかみにくい ・参加者との直接のコミュニケーションがとりにくい

あり，その場の状況に応じて決める。一番大事なのは「安全性」である。したがって一回のレッスンの中でも危険な状況を回避するために入水したり，またプールサイドに上がったりといったこともあり，臨機応変に対応する必要がある。

一般的に5名以上の人数の場合やメインパートでは，プールサイドからの指導が有効である。個人あるいは2～4名程度の少人数の場合，クーリングダウンやリラクセーションなどのパートの場合は，水中での指導の方がよい場合もある。

表1に両者のメリット・デメリットを上げる。

(3) インストラクション（運動指導）

1 インストラクションとは

インストラクションとは，参加者が目の前にいる状態で，参加者に運動してもらうためにインストラクター自らが動いて見せたり，言葉がけをしたりすることである。インストラクションの形態は，図2のように分類される。このうちキューイングとデモンストレーションについては，後で詳しく触れる。

2 バーバルとノンバーバル

バーバルとは，「言語の」「口頭の」という意味である。バーバルインストラクションとは言葉や発声による指導を言う。ノンバーバルインストラクションはその反対に言葉や発声以外の指導すべてを意味する。

3 トークとイフェクティブボーカル

バーバルキューイングは，ごく短い言葉がけであるが，トークはある程度以上の長さの「会話」を言う。うまく間合いを見つけて参加者に話しかけるとよい。ただし話し込んでしまわないように注意する。

イフェクティブボーカルとは，直訳すると「効果音」のことで，やる気やノリをだすための，「イエー」とか「ヒューヒュー」などのはやしたてるような発声を言う。スポーツ心理学的に見ても気分の向上には，気合の入ったかけ声が有効である。口笛のようなものも効果的である。

```
インストラクション
├─ バーバルインストラクション（言葉による指導）
│   ├─ バーバルキューイング
│   │   言葉による指示出し
│   ├─ トーク
│   │   指導中の会話
│   └─ イフェクティブボーカル
│       かけ声・気合
└─ ノンバーバルインストラクション（言葉以外での指導）
    ├─ ビジュアルキューイング
    │   身体表現（シグナルサイン）による指示出し
    ├─ ジェスチャー＆マイム
    │   簡単な身ぶりや手ぶりによる表現・まね
    ├─ フェイスイクスプレッション
    │   顔の表現
    ├─ デモンストレーション
    │   自ら動くこと・自演
    ├─ コンタクト
    │   接触手段
    └─ その他
        モデル補助指導者
        参加者
        用具　　など
```

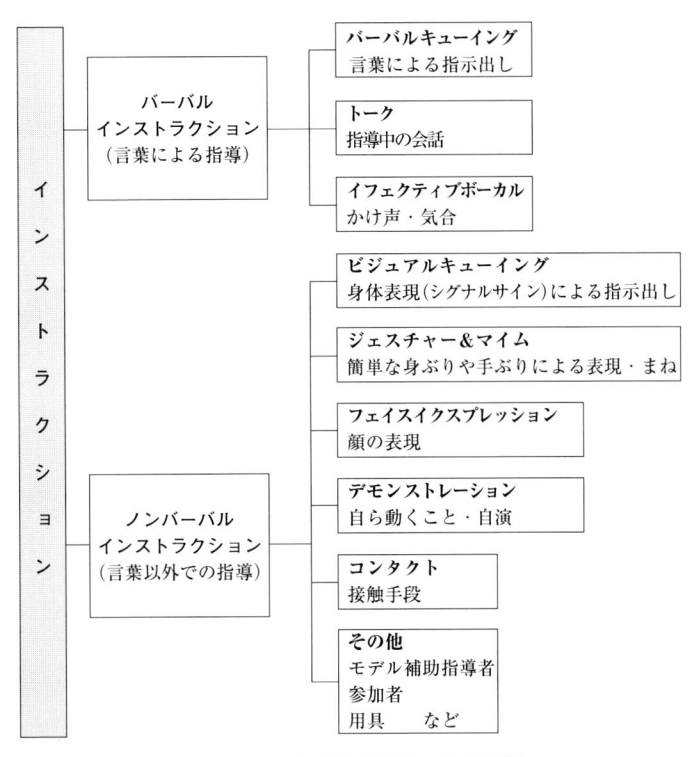

●図2——インストラクションの分類

4 ジェスチャー＆マイム

ジェスチャーとは，「解説動作」のことである。たとえば，腹直筋を意識させたい動作の場合に，おなかをたたいて部位を示してから力をこめてゆっくり屈曲させるといったテクニックである。

マイムとは，「擬態動作」のことである。たとえば，脚の動作を手の動きで表現するといったことである。

この2つにはインストラクターの感情表現や盛り上げ効果も含まれる。次のフェイスイクスプレッションとともに，インストラクターの人間性や人柄が最も現れやすい身体表現法である。

5 フェイスイクスプレッション

フェイスイクスプレッションとは，顔による表現，すなわち「表情」のことである。たとえば，上手に動けた時に，ニッコリとほほ笑みかける，間違った動き方をした時に，びっくりしたような表情をするといった使い方をする。緊張していても，決して無表情にはならないように注意する。表情は豊かなほどよい。もちろん意図的なものだけでなく，自然と現れる表情も含まれるため，人間性や人柄も表面に出る。

6 コンタクト

コンタクトには，参加者の身体に直接触れる『ボディコンタクト』と，身体に直接触れないコンタクトがある。後者の代表的なものが，「目でものを言う」『アイコンタクト』である。ボディコンタクトは，たとえばアライメントや姿勢を矯正する際などに有効である。しかし，むやみに触られるのを好まない人もいるので注意する。握手

などもボディコンタクトの一種である。

7 その他

　運動指導にはいろいろな手段がある。サブのインストラクターがいる場合は，サブの人が動きを見せ，自分は説明するといった方法もある。また，カードや本，メニューの紙，POPなどを見ながら行う方法や，人形などのミニチュアで示す方法，参加者をモデルにする方法もある。また，音楽などのビジュアルやバーバル以外の情報源（ソース）をもとに行う方法などもある。

(4) キューイング

1 キューイングとは

　キューイングとは次に行う動作の動き，回数，方向，速さなどを的確・端的に指示することであり，一般的には事前の合図を言う。

　言葉・発声による『バーバルキューイング』と，視覚に訴える身体表現・ボディランゲージによる『ビジュアルキューイング』がある。

2 キューイングのポイント

- 簡単でわかりやすく，はっきりと自信をもって指示する。
- 命令口調や粗野な言葉使いにならないようにする。
- レッスンの最後まで，キューイング方法に一貫性・規則性があるようにする。
- タイミングとしては，次の動作に移る前の2〜4カウント前までに行う。あまり早すぎても，逆に遅すぎても参加者が混乱する。
- 参加者が即座に理解し，対応できるようなインパクトがあるもの，直感的なものにする（考え込んでしまうようではいけない）。
- 特に水中であることを配慮した内容にする。水流や抵抗のことを考慮しないキューイングでは，参加者に，動きたくても動けないといったストレスを与えることがある。
- インストラクターがすべての動きをプールサイドでデモンストレーションすることは，足腰へのダメージや，暑さ，湿気によるオーバーヒートの面から非常に過酷である。そのため，インストラクター自らの身体を守るためにも，キューイングが重要視される。特にリバウンド動作などにおいて上手に使うことが必要である。
- バーバルとビジュアルの両用が一般的であるが，最近ではインストラクター自身ののどや声帯の安全のためにバーバルを少なくし，ビジュアル主体で上手にリードすることをすすめる傾向にある。
- どんなに立派なプログラミングでも，キューイング次第でレッスンが台なしになることもある。キューイングは参加者との信頼関係にもかかわる。
- 参加者が不安や不満，悩みを抱えずに，安心して集中し，楽しんだり盛り上がることができるキューイングを目指す。
- ビジュアルキューイングとして，一連のレッスンに共通の「シグナルサイン」を決めるのもよい。ただし途中入会者などには，きちんと説明する。

3 キューイングの留意点

　バーバルキューイングの場合，大きい声を出したり空気中の塩素を吸い込んだりして喉をいためやすい。対策として，腹式の発声法（呼吸法も）をマスターしておくとよい。

　また，事前に考えておいたキューイングがうまく伝わらない場合や，理解できなかった場合の対応も考えておく。できればキューイングのスペアを用意しておくとよい。

● 表2──キューイングの種類と例

種類	内容	バーバルキューイングの例	ビジュアルキューイングの例
ナンバーキュー	反復回数 カウントの指示	「あと2回」 「4・3・2・1」	・指で数を示す （フィンガーシグナル）
ディレクションキュー	方向の指示	「前へ」 「ターンして」 「そのまま」	・指や手の向き（ハンドシグナル）で指し示す ・自分の身体の向きを換える（ボディシグナル）
ステップキュー	動作の名称での指示	「次はシザース」 （誰もが知っている名称であること）	・腕や手で脚動作をやって見せる（マイムのテクニック）
ディスクリプティブキュー	動作の内容を描写する	「膝を上げながら前進」	・膝を指で指し示してから手のひらで持ち上げる動作をし、さらに手招きをする
フォームキュー	部位や動作のポイントの説明	「頭は動かさないで」 「呼吸を忘れないで」	・呼吸を意味する身振り（ジェスチャー）をする
インテンションキュー	運動強度に関わる指示	「もっと大きく」 「だんだん強く」	・手をグルグル回す（ハンドシグナル）
イフェクトキュー	運動効果に関わる指示	「もう一度」 「まだまだ」	・ひとさし指を立てる（フィンガーシグナル）
プレビューキュー	待機状態を作ってから次の予告をする	「4つ数えた後に高くジャンプしてみましょう」	・指でカウントダウンしてから飛び上がるジェスチャーをする
モティベーショナルキュー	やる気を起こす激励の言葉がけ	「よくできました」 「good！」	・指でOKサインを作る
アテンションキュー	注目させるための指示	「こちらを見てください」	・手をパンパンとたたいて注意をひく
コレクショナルキュー	安全に関する指示	「気分が悪くなったら手をあげてください」	・胸を拳でたたいて胸が苦しいというサインを出す

なお，参加者は，インストラクターのちょっとした動きや言葉がけもプログラムの一部だと判断して真似してしまうことがある。そのため紛らわしさを避ける工夫や手段も考えておく。

4 キューイングの種類

キューイングには，指導に関わるさまざまなものがあり，インストラクター自らが創作したり，施設で統一したり，あるいは万国共通のサインを使ったりして，参加者にわかりやすく伝える工夫をする。特に気をつけたいのは，なるべく否定的な表現はせず肯定的・前向きなキューイングを心がけることである。表2にその一例をあげる。

(5) デモンストレーション

1 デモンストレーションとは

デモンストレーションとは，「自演」つまり，動作をそっくりそのまま動いて見せることである。インストラクションの中で，最も基本的で多く行われている。ただし淡々と動作をやって見せればいいのではなく，これは『ボディランゲー

ジ』にあたる身体での表現行動である。つまり事前に考えておいた動作をきっちりと動いて見せるというロボットのような動きではだめで，参加者の様子やレッスンの状況に応じてアレンジしていくことが必要である。

2 デモンストレーションの種類
①サンプルデモとアンチサンプルデモ
　サンプルとは「見本・手本」のことで，サンプルデモとはよい見本のことである。アンチサンプルデモとはあえてやって見せる悪い見本のことである。

②モニターの種類
フルモニター：全身で動いて見せること
ハーフモニター：半身で動いて見せること（右半身，左半身，上半身，下半身）
パーツモニター：部分で動いて見せること
　（例）ジャンピングジャックの見本として片足・片腕のみ動かして示す

3 デモンストレーションのポイント
①正しいアライメントや姿勢の維持
　指導に熱中してボルテージが上がってくると，ついついオーバーアクションになったり，動作のスピードが速くなったりしてインストラクターサイドのアライメントや姿勢が崩れがちになる。インストラクターが知らず知らずのうちに正しくないアライメントや姿勢を続けていると，参加者もそれを真似してしまい，危険につながるので注意したい。

　一般的にプールサイドからの指導では，参加者がプール内というかなり低い位置にいるために，インストラクターは前かがみや頭を下げたままなどの姿勢が多くなり，姿勢が崩れがちであるので注意する。

②水中感覚の表現（リアリティー）
　プールサイドにいながら，あたかも水中で動いているようなデモンストレーション，すなわちリアリティーのある動作をすることは，アクアダンスインストラクターにとって究極のテクニックである。

　リアリティーのあるデモンストレーションをするためには以下のような工夫が効果的である。

- 指導者同士で見せあってお互いにアドバイスしあう（交代で入水し，参加者の立場に立つとよい）
- 時間が許す限り空き時間を利用して入水し，水中で動く感覚を摑む
- スタジオなどの鏡の前で練習する
- プールサイドでのハードな指導に対応できるようにトレーニングをする（ボディコントロールのための筋力をつけることが大切）

③手の動き（ハンドモーション）の重要性
　アクアダンスの指導では，手のひらの動きや指の開き具合など，ハンドモーションが重要なポイントになる。それは腕や手の動きで身体のバランスをコントロールしたり，運動強度を調節したりすることが非常に多いためである。身体全体からみれば手は小さなパーツであるが，常に意識をしていたい。

④適切な運動強度の表現
　リアリティーと重複するが，ジャンプ一つをとっても，水中ではフワリと動けるが，プールサイドではドスンと落ちるなど，その表現は大変難しい。しかしこと運動強度に関しては，安全性や運動効果の面からも最大限の努力をして水中での動きに近づけるようにする。

　特に注意したい点は，次の3点である。
- 動作の強弱（パワフルに，ソフトに，など）

- 動作のスピード（速く，ゆっくり，など）
- 動作の大きさ（遠くまで，腕を伸ばして，など）

デモンストレーションのみでこれらの表現が困難な場合は，バーバルキューイングなどの手段を併用する。

⑤自らの身体を守る配慮

水中では難なく行えるジャンプといったリバウンド動作などを，プールサイドでデモンストレーションすることは，大変ダメージの大きい危険な行為である。したがってそれらのデモンストレーションは，必要最低限に押さえたい。

また，指導用のシューズの着用，滑り止め効果の高いマットの使用なども考慮する。

4 デモンストレーションのテクニック

ジャンプなどのリバウンドの動作，あるいはフローティング動作などのデモンストレーションは，インストラクターにとって負担であり，また困難である。デモンストレーションの際には次のようなテクニックを駆使するとよい。

①キューイングの併用

たとえば，8回の動作のうち数回をデモして見せて，残りは何らかのキューイングで示すということもできる。

②用具等の利用

たとえばフローティング動作やジャンプ動作は，イスに腰掛けてデモをする，あるいは，事前にPOPなどを作成しそれを見せる。これらの用具を，「ティーチングツール」という。

③省略型のデモンストレーション

たとえばジャンプ動作の際に，実際に両足で飛び上がらずに片足だけ少し勢いよく引き上げるデモ（ハーフモニター）や，ジャンピングジャックでは片足のみ左右に開閉させる動きをしたりする（パーツモニター）といった，「省略型」のデモンストレーションならば負担が軽くなる。

④マイムの使用

たとえばシザースの際に両手を前後に滑らせる動きをして見せるなど，他の部位で真似をして見せる。

⑤モデルの使用

サブアシスタントがいる場合は，サブアシスタントの動きを示して説明する。参加者でモデルケースに適当と思われる者を示してもよい。ただし，参加者の場合は悪い例には用いない。

(6) モニタリング

モニタリングとは，指導の最中に参加者の様子を観察することである。安全面や効果面はもちろん，参加者がレッスンを楽しんでいるかなど，表情の観察なども併せて行う。運動強度もチェックするとよい。

4 レッスン後の作業

(1) フィニッシング

レッスン終了後の後片付けをフィニッシングという。マイクやデッキなどの音響器具は，しっかり水気を拭き取ってから保管する。

(2) アセスメント（評価）

指導内容に対するレッスン終了後の評価には，以下の2種類がある。

◼ レッスンアセスメント（レッスンの評価）

日々のレッスンでは，以下のような項目を毎回チェックする。

①プログラム内容の評価
- プログラム全体の構成
- 目的や目標設定の的確さ

- 運動強度の適性度
- 時間配分
- デモのリアリティー
- デモの的確さ
- ボディランゲージ
- キューイング
- モティベーション
- トーク
- 表情，表現力
- パフォーマンス
- コンタクト
- コリオグラフィー＆ルーティーン
- コミュニケーション
- 選曲の適性
- BPMの適性度
- 音量，音質
- 水温，水質，室温
- 用具，施設環境
- 安全確認
- 自らの保護　など

②指導力の評価
- 目標の達成度
- プログラムの進行具合
- 安全確認
- 次回への課題　など

❷ メンバーズアセスメント（参加者からの感想）

　レッスン後には，（ちょっと恐いかもしれないが）勇気をもって参加者からアセスメント（感想）を貰う。アセスメントの内容には，以下のようなものが考えられる。

- レッスンの満足度（期待どおりだったか？　楽しめたか？　得るものがあったか？　など）
- 運動後の心身の様子（運動前と変化があるか？　気分もスッキリしたか？　など）
- 体調の様子（具合が悪くなったりしなかったか？　痛みはないか？　など）
- 次回への要望（次回も参加するか？　リクエストはないか？　など）

第6章

アクアダンスと音楽

1　音楽の有無とプログラムの関わり

　アクアダンスでは，音楽の使用を前提としている。なぜ音楽を使用するのだろうか。

　運動全般にわたって言えることであるが，シーンと静まり返った中で黙々と運動するより，心地よい音楽がかかっていた方が気分的に高まり，ハードなトレーニングのつらさを忘れさせてくれるといった体験は誰にでもあるだろう。音楽を使用するかどうかは，そのプログラムの運動効果に大きく関与する。プログラム内容をデコレーションする意味でも重要である。

　また音楽は，プログラムのムードやイメージにも大きく影響するので，プログラムの目的や運動対象のレベルなどに応じて，音楽の有無や選択を適切に判断する。つまり，音楽が，心身への運動効果によい影響をもたらすようなら積極的に使用し，逆に音楽にそぐわない内容や，カウントや号令で一斉に動作を行った方がよいプログラムの場合には，使用しないか，音楽に合わせないで行ったほうがよい。

　音楽が有効なアクアダンスの部分は，メインワークアウトやサブワークアウト，ウォーミングアップやクーリングダウン，ゲームや遊びのパート，リラクセーションなどである。逆に音楽のリズムやテンポとのずれが生じやすく，音楽を用いるのに適さない部分は，ストレッチングやウォーキングなどの水平移動動作である（ただし，ストレッチングやウォーキングなどを，音楽のテンポやリズムにあえて合わせる場合には，音楽を利用することは大変有効である）。また，リハビリや，身体のどこかに疾病・障害のある人などにとっては，プログラム全体において音楽に合わせることが困難な場合もある。これらを念頭に置いて，音楽をどう用いるかを判断する。

2　音楽利用のメリット・デメリット

　音楽を利用することや音楽に合わせることのメリット・デメリットには，次のような点がある。

(1) メリット

①動作や呼吸の規則的なリズムを取るための目安となり，音楽のフレーズの繰り返しに合わせることで反復運動が行いやすい。
②一定のピッチを継続して得られるため運動に間があかず，自然に無理なく運動強度を調節できる。特にカーディオ（心肺持久力）系の運動強度を高める手助けになり，運動効果を上げることができる。小野寺によると曲の拍子の増加は有意な酸素摂取量の増加となる。
③音楽やリズムに乗って動くという，楽しさや爽快感などの精神面へのプラス効果が得られる。

(2) デメリット

①参加者の身体の状況や運動能力・経験などのレベルによっては，音楽に合わせることが困難，負担だったりやりづらい場合がある。
②水中では三次元的な複雑な動き，また水の抵抗・粘性による動作の制限があり，音楽の一定で単調なピッチとの間に必然的にずれが生じ，そのギャップへの対処が難しい場合がある。
③音楽のピッチをほんの少し変化させるだけでも，運動強度としては急激な変化となる場合があり，参加者がついていけなくなることにもなりかねない。

3 音楽の要素

アクアダンス用の音楽には，次のような要素があるので，プログラムで音楽を使用する場合に考慮して選択するとよい。

(1) メロディー（曲）

メロディーとは，音符を音階上に配列して自由に構成したもので，旋律，節とも言う。メロディーは，ボーカル（歌）で表現したり，楽器演奏で表現したりさまざまな方法がある。曲のムードには，楽しい・爽やか・力強い・ダイナミック・ゆったり・リラックスなどさまざまなものがある。

(2) リズム（拍子）

リズムとは，一定時間内の拍子のことである。メロディーが無くても，リズムボックスやメトロノーム，タンバリンなどの楽器でもリズムを発生することができる。音楽のメロディーよりもリズムを重視する場合には，曲を使わずにリズムのみを使用してもよい。

(3) テンポ（速さ）

テンポとは，音楽が作られた時点でのオリジナルの速さのことである。したがってテンポは，一定・不変のもので変えることはできない。テンポには速い・ゆっくり・歩く速さ・ジョギング向きなどがある。

(4) ビート

ビートとは，一定時間内の等間隔・単調リズムの繰り返し数のことを言う。フィットネスでは，一般的に「BPM（ビート・パー・ミニッツ＝1分間当たりのビートの数）」という単位で表す。BPMが多い→速いビート，BPMが少ない→ゆっくりしたビートということになる。

(5) ピッチ

ピッチとは，音楽を演奏する際や，CD・MD・カセットテープなどで，音楽を再生する際の速さのことである。演奏の速さを変えることで，ピッチもビートも変えることができる。また

CDデッキなどにピッチコントローラー機能がついている場合は，ピッチやビートを変化させることができる。

4　音楽の利用のスタイル

水中運動では，水の特性の影響で音楽のリズムやテンポと動作にずれが生じやすいため，以下にあげるどのスタイルで音楽を利用するかを明確にしたうえで運動を行う。

1 BGM
バックグラウンドミュージックのこと。音楽は流しているだけで，それに合わせて動くわけではない。レッスンのムードづくりに有効である。

2 オフ・ザ・ビート
音楽は流すが，音楽のリズムに合わせないでマイペースで動くこと。

3 オン・ザ・ビート
音楽を積極的・効果的に使い，そのリズムに合わせて動くこと。

4 コリオグラフィー
音楽を重視し，音楽の構成・リズム・内容に合わせて動作をプログラミングし，振り付けで動くこと。

5　音楽のジャンル

音楽のジャンルには，以下の例のようにさまざまなものがある。プログラムの内容に合わせて，また参加者の好みに合わせてこれらの中から選択するとよい。

(1) ワークアウトやウォーミングアップ用の音楽例

ワークアウトやウォーミングアップでは，明るく軽快なイメージ，やる気（モチベーション）を高めるイメージ，そして何よりも参加者が動きやすいテンポ，リズム，メロディーのジャンルや曲を選択するとよい。

・ポップス
・ユーロビート
・ソウル
・オールディーズ
・ロック
・テクノ
・ジャズ
・カントリー
・ヒップホップ
・R&B
・アシッドジャズ
・ラテン
・ファンク
・ラップ
・スウィングジャズ
・ボサノバ
・レゲエ
・スクリーンミュージック
・民族音楽
・スカ
・ミュージカル
・エスニック
・日本のポップス（J-POP）
・ジャングル
・フォークダンス
・ニューエイジ
・歌謡曲

- ドラムンベース
- フォルクローレ など

(2) クーリングダウン用の音楽例

　クーリングダウンでは，リラックスできるようにリズムよりもメロディー重視で選択するとよい。さらに身体が冷えすぎないように明るく爽やかなイメージの音楽がのぞましい。

- クラシック
- ヒーリングサウンド
- アカペラ
- 環境音楽
- バラード
- 宗教音楽　など

6　音楽の選択と利用例

　音楽を選択する際に最も重要なのは，プログラムの内容と音楽がマッチしていることと，動作と音楽のリズム・速さが一致していることである。また水深によって動作の速さが大きく左右されるため，その点も考慮する必要がある。音楽には偶数拍子と奇数拍子があるが，一般的に4・8拍子のように偶数拍子の音楽の方がルーティーンを作りやすい。参加者も，偶数拍子の方が日常よく耳にする拍子なので動きやすくなる。時にはラテン系の音楽など奇数拍子のリズムの音楽を使って変化をつけるとレッスンにより幅が出る。

　表1に，音楽の利用例としてBPM（Beat Per Minute）とプログラムの関係を示した。ただし水深の深いプールではもっと遅めがよく，浅いプールではもっと速めにするなどというように環境に合わせて曲の速さを変えるようにする。

● 表1 ── BPMとプログラムの関係

ウォーミングアップ	明るく爽やかなイメージの曲	BPM 100～115
ワークアウトパート	リズミカルで楽しいイメージの曲	BPM 115～125
トーニングパート	パワフルで重厚なイメージの曲	BPM 100～115
クーリングダウン	ゆっくりと落ち着いたイメージの曲，リラックス用の曲	BPMには特に目安はない

7　音響環境

　プールで音楽を利用する場合は，音響環境からの影響を大きく受けるため，以下のような要素を事前に把握しておく。特に音量が大きすぎる場合や音割れがひどい場合には，聴覚へ悪影響を与えたり，心理的に不愉快な気分にさせたりと，そのデメリットが運動効果にも関わるので注意する。

■1 音量・反響
　音の大きさ，音の響き具合，音割れの度合い，ボリュームの度合いなど

■2 器材
　CDデッキ・スピーカーなどの調子・使用法，コードの形状，コンセントの位置，セッティング位置など

■3 温度・湿度
　CDデッキ・テープなどへの影響，水漏れ・水滴の状況など

第7章

指導の留意点

1 安全

(1) 指導上の留意点

①運動前後に，必ず参加者の健康チェックをする（問診，血圧や心拍数の測定など）。また，運動前後の人数確認も行う。
②疾病・障害などがある人に対しては，事前の医師の許可や，診断書の提出などの対策をとる。
③薬を服用している人（心臓の薬・降圧剤など）は，必ず事前に申し出るようにさせる。
④疾病・障害・故障などがある人には，それに配慮した運動内容の指示を出す。
⑤入水が好ましくない状況の人（たとえば感染症，火傷の治療中，ギプス使用中の人など）には，プログラムへの参加を見合わせてもらう。
⑥運動途中で気分が悪くなったり，具合が悪くなったりしたら自ら申し出て，運動を中止するように自己管理させる。またインストラクターは，参加者の顔色や様子に常に注意を払う。
⑦水温・室温・プール形状などの環境によって，臨機応変にプログラムを進行する。
⑧正しい姿勢やアライメントの維持に気を配り，危険な動作を行わないようにする。

1 水温・室温

●低水温の場合

水温が低ければ以下のような配慮をする。
・運動時間を短縮する。
・ウォーミングアップを長めにする。
・クーリングダウンを短めにしたり内容を変更する。
・ジャケットやシャツを着用するなど，コスチュームでカバーする。
・運動中は動きを極力止めないようにする。

●高水温，室温が高温・多湿な場合

水温が高い場合，または室温が高温・多湿な場合，以下のような配慮をする。
・汗をかいていないようでも，実際にはかなりの発汗があるものなので，参加者に運動前後・運動中の水分補給を怠らないように促す。
・オーバーヒートしそうな場合は，動きを徐々にゆるやかにしてから出水し，冷たいシャワーを浴びさせる。

2 プールの形状
- 長方形・丸型・変形等の形状によってレッスン内容を工夫するとともに，安全に気をつける。特に階段や手摺りの位置や状態を把握し，足腰の弱い人などを，どう入出水させるかもあらかじめ考えておく。
- アクアダンスのプログラムでは，参加者一人に対して身長×身長（8歩程度の移動が可能）の運動スペースが必要なので，レッスン前に何人程度を収容できるか，どう配置するかなどを考えておく。
- プール底面やプールサイド・オーバーフローの部分などは滑らないか，ザラついていないか，危険な凹凸などがないかを事前にチェックする。また，必要に応じてシューズを履かせる。
- 出水口や排水口が安全な状態かをチェックしておく。
- プールサイドには指導用の十分なスペースがあるか，運動を行った際の足腰への衝撃はどうかなどをチェックしておく。

(2) エクササイズの最中の危険な徴候・症状
参加者に次のような危険な徴候・症状が見られたら，ただちに運動を中止して医師に相談する。

1 徴候（自覚的な様子）
- 胸部の疼痛・不快感・しめつけ・動悸
- 顕著な呼吸困難
- 高度の疲労感
- めまい・ふらつき・吐き気
- 頭痛
- 脚腰などの強い疼痛　など

2 症状（他覚的な様子）
- 歩行失調（千鳥足・よろめき）
- チアノーゼ（唇や爪の色が紫になる）
- 顔面蒼白・冷や汗・多発汗
- 発汗停止・皮膚乾燥（体温調節機能障害の恐れ）
- 意識障害・無反応　など

(3) 指導上のジャッジ項目
次にあげるような安全に関するジャッジ項目は，運動効果にも大きく関与してくるため，必ず把握しておきたい。これらを事前に判断できればそれが理想であるが，実際にはそれは難しいので，レッスンの最中にも継続してジャッジを行う。このジャッジは，参加者全員に対して行う。

1 体型・姿勢・アライメントの様子
- 前傾姿勢，後傾姿勢，脊柱の弯曲の様子
- 身体の歪み・偏り　など

2 疾病や障害の程度・症状・徴候
- 医師から受けているアドバイス
- 日常生活や運動時の身体の様子（痛みの度合いなど）
- 薬の服用の様子　など

3 水への適応能力
- 水中での運動経験（初めて，ビギナーなど）
- 呼吸への対応（顔をつけられるか，潜れるか，呼吸のしかたはわかるかなど）
- 浮体能力（浮かんでのうつ伏せ，仰向けなどができるかなど）
- バランスコントロール能力（片足で立っていられるか，歩いて進めるか，リカバリー動作ができるかなど）

4 筋肉・関節の様子
- 関節可動域の度合い
- 関節・骨格上の個人差や様子（O脚，X脚など）
- 筋力のレベルやバランスの具合　など

(4) インストラクター自身の留意点

以下に，インストラクターが自らを守るための留意点をあげる。日々のレッスンをベストの状態で行うために，そしていつまでも健康で指導を続けることができるように気をつけたい。

❶ コスチュームの工夫
- 入水指導時での保温のウェアの着用
- 素足での指導を極力避け，シューズの着用

❷ 環境に対する工夫
- リバウンド動作のあるデモに備え，イスなどのティーチングツールの準備
- 高温多湿に備え，ドリンクやタオルの準備
- 喉を痛めないための配慮（マイク・POP等の準備，キューイングの工夫など）

2 効果

(1) 指示・説明

インストラクターは，参加者に対して運動開始時にプログラム内容・進め方・効果などを簡単に説明する。

また，運動中も随時，効果を意識させるための指示を与える。特に有酸素的なワークアウトでは，カーディオ効果を測るための（安全面も含めて）チェックとして，心拍数を数回測定する。

［心拍数の測定法］

足の動きを止めずに手首や頸動脈に指を2～3本当て，6秒間あるいは10秒間測る。

その他，自覚的運動強度やトークテストを行い効果を確認する。

(2) 約束事項の遵守

プログラム全体を通して，次の5つの事項を参加者自らが守るよう指示する。

- 規則正しい呼吸の継続（腹式呼吸の意識）
- 正しいアライメントの維持（背中を大きく反らない・首を強く倒さないなど）
- リラックス（関節をロックしない・肩の力を抜くなど）
- マイペース（他人の動きを気にしない・音楽やカウントに無理に合わせないなど）
- 体温の維持（冷え・のぼせに対して自覚・対応させる）

(3) 水の特性や水流の理解・利用

水の特性や水流を正しく理解したうえで上手に利用する。

- フワフワと身を任せるような動きだけでは，運動の有効性は得られない。
- 水の抵抗で動きが制限されるため，一つの動作を何回か反復することで運動の有効性を生む。反復回数は8～16回程度が適当とされる。

3 楽しさ

運動中・運動後に参加者の表情や会話から，楽しく運動できていたかを把握する。

場合によってはアンケート等の意識調査を行い，参加者の要望や感想などを聞くとよい。

アクアダンスの実施にあたっては，運動そのものだけではなく，楽しむ，リラックスするといったメンタル面や，人との触れ合い（スキンシップ）やおしゃべり（コミュニケーション）といったソサエティー（社交）面も効果の面で重要である。

エクササイズ中も，ペアやグループになっての動きやゲーム，遊び，用具を使っての動きなどを積極的に取り入れ，アイデアやイマジネーションにあふれた運動をめざすようにする。

第8章

基本的な部位別の動作の分類

以下に，参考資料として一般的によく使われている部位別の動作の系統を分類してイラストとともに列挙する。

1 下肢・下半身の動作

●ウォーキング系
　その場で足踏みをする，あるいは歩行移動する動作
　例：ベーシックウォーク，バックウォークなど

ベーシックウォーク

●ジョギング系
　その場でジョギング（片足ずつ交互に軽く踏み切る動作），あるいは移動する動作

　例：ベーシックジョギング，ニーアップジョギングなど

ベーシックジョギング

●ホップ系
　片足で踏み切って軽く弾み，その足で着地する動作
　例：ホップ，ホップ2など

ホップ

●リープ系
片足で踏み切って跳び上がり，もう片方の足で着地する動作
例：フォワードリープ，サイドリープなど

フォワードリープ

●ジャンプ系
片足あるいは両足で踏み切って跳び上がり，両足で着地する動作
例：ヒールアップジャンプ，バニージャンプ，ニーアップジャンプなど

ヒールアップジャンプ

●バウンス系
両足で踏み切って軽く弾み，両足で着地する動作
例：オープンスタンスバウンスなど

オープンスタンスバウンス

●スライド系
足を滑らせて（すり足）移動する動作
例：スライドウォーク，シャッフルなど

スライドウォーク

●スクワット系
弾みのない上下の重心移動（膝の屈伸）動作
例：フルスクワット，ハーフスクワットなど

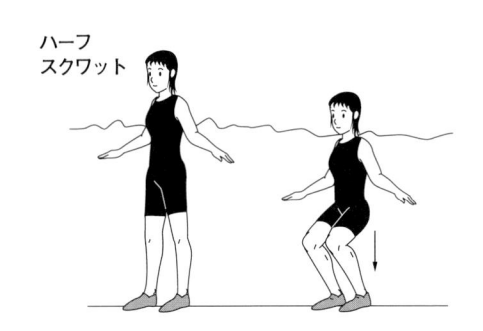

ハーフスクワット

●ランジ系
片足を踏み込んで体重移動させ，その後また足も体重も元に戻す動作
例：ランジフォワード，ランジサイドサイドなど

ランジサイドサイド

● カール&エクステンション系
　弾みをつけずに膝を曲げ伸ばしする動作
　　例：ニーエクステンション，レッグカールなど

　　　　　レッグカール

● キック系
　蹴り上げる動作
　　例：ニーキック，ジャズキック，フラッターキックなど

　　　　　フラッターキック

● リフト系
　挙上（持ち上げる）動作
　　例：ニーリフト，レッグリフトなど

　　　　　ニーリフト

● プレス系
　足の裏などで押し伸ばす・押し挟む動作
　　例：バックプレス，サイドプレスなど

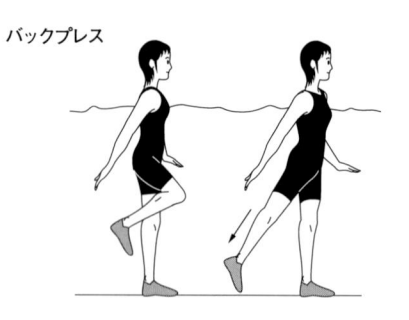

　　　　　バックプレス

● ペンシュラム系
　股関節を中心に脚を振る動作
　　例：レッグスイングなど

　　　　　レッグスイング・サイド

● クレイダル系
　重心位置を中心に身体を揺らす動作
　　例：ロッキング，クレイダルホップなど

　　　　　クレイダルホップ

● スプリット系
　足を揃えずに開脚を繰り返す動作
　　例：バーチカルシザースなど

バーチカルシザース

● ジャック系
　脚を開いたり閉じたり，あるいは開いたり交差したりする動作
　　例：ジャンピングジャック，クロスジャックなど

ジャンピングジャック

● クロスオーバー系
　水平位で開閉する動作
　　例：ニークロスオーバー，レッグクロスオーバーなど

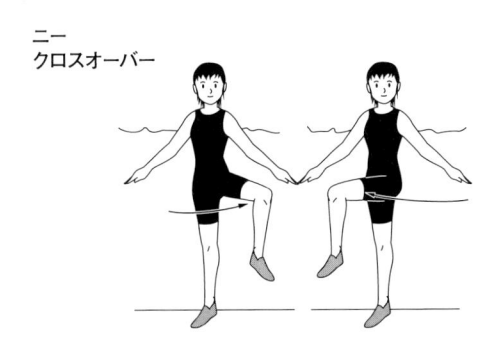

ニークロスオーバー

● ステップ系
　片足で軽く踏み込み，体重移動していく動作
　　例：ステップタッチ，ステップアップ，ハードラーステップなど

ハードラーステップ

● ストライド系
　片足を軸にして，もう片足で大きな軌跡を描きながらダイナミックに動かす動作
　　例：フロントストライド，ハードラーストライド，アスリートストライドなど

フロントストライド

● ディレクション系
　身体の方向を換える動作
　　例：スイッチ，ターンなど

90°スイッチ

●ローテーション系

　関節を中心に円錐形を描く動作

　　例：レッグサークル，ニーサークルなど

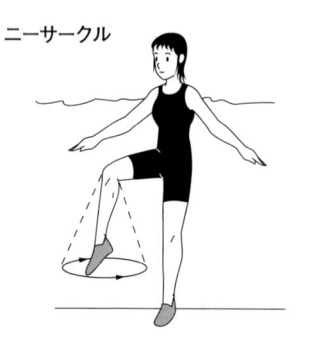

　　　　　ニーサークル

●フィギア系

　足先や膝で図形などの軌跡を描く動作

　　例：フィギア8，バイシクルなど

　　　　スタンディング
　　　　バイシクル

●ツイスト系

　股関節の外旋・内旋の動作

　　例：オープンスタンスツイスト，ヒールツイストなど

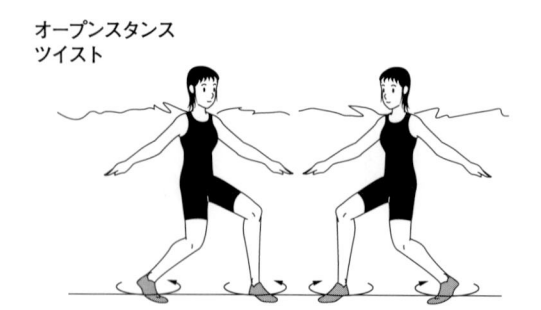

　　　オープンスタンス
　　　ツイスト

●フィンガー系

　足指・足元を動かす動作

　　例：タオルギャザーなど

　　　　　タオルギャザー

2　上肢・上半身の動作

●カール系

　屈曲（曲げる）動作

　　例：アームカール，サイドタッチなど

　　　　　サイドタッチ

●リーチ系

　遠方へ伸ばす動作

　　例：アームパンチ，アームリーチなど

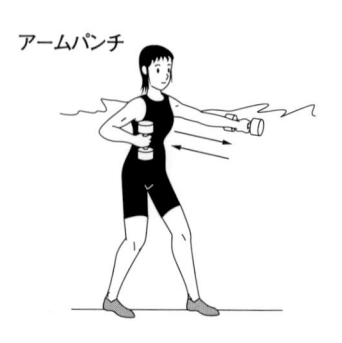

　　　　　アームパンチ

●プッシュ系
　押しやる動作
　　例：パームプッシュ，アームプッシュなど

パームプッシュ

●プレス系
　押し伸ばす動作
　　例：アームプレス，バックプレスなど

バックプレス

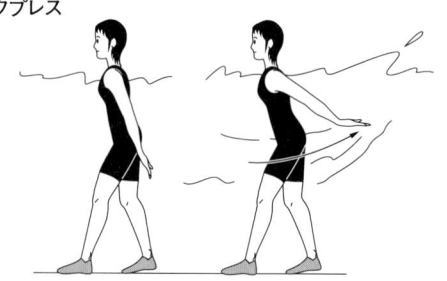

●パンチ系
　拳で鋭く打つ・殴る動作
　　例：アームパンチ，ウェイブパンチなど

ウェイブパンチ

●ツイスト系
　関節の外旋・内旋をしながらひねる・ねじる動作
　　例：ショルダーツイスト，ツイスティングリストなど

ツイスティングリスト

●ローテーション系
　関節を中心に円錐形を描く動作
　　例：アームサークルなど

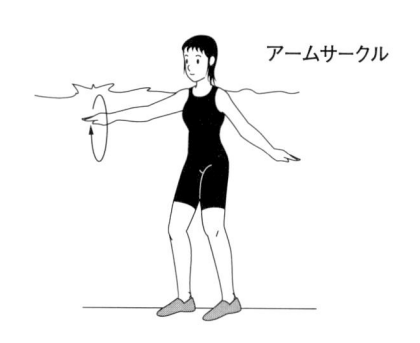

アームサークル

●レイズ系
　上方へ持ち上げる挙上動作
　　例：アームレイズ，バードフライなど

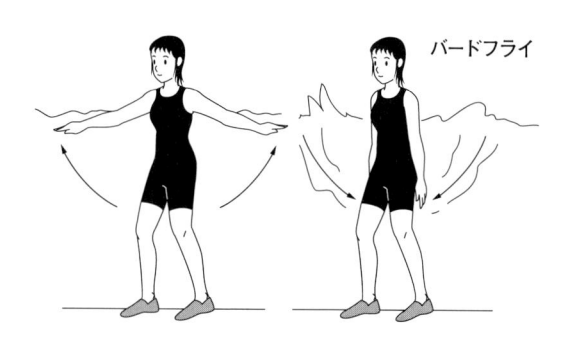

バードフライ

● オープンクローズ系
　開いたり,閉じたり,または交差したりする動作
　例：オープンクローズ,アームオープン＆クロスなど

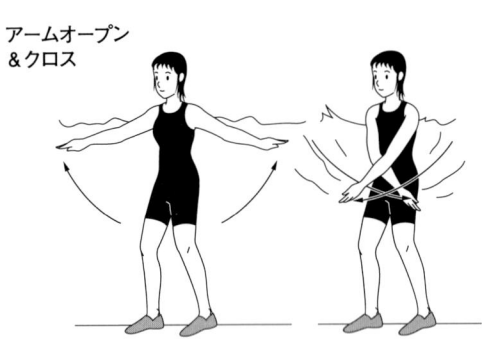

● プル系
　手のひらで引き寄せる動作
　例：アームプル,エルボープルなど

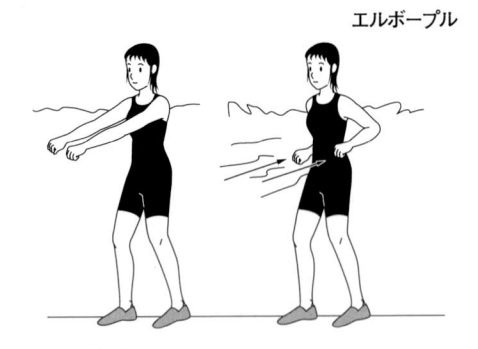

● スイング系
　関節を中心に振る動作
　例：アームスイングなど

● スプラッシュ系
　水を跳ね上げる動作
　例：スプラッシュ,パームスプラッシュなど

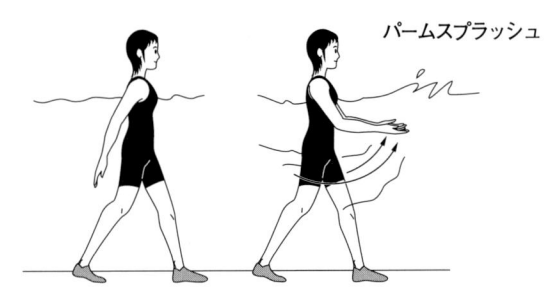

● スウィープ系
　手や腕で押し流す動作
　例：アームスウィープなど

● クラップ系
　バタバタと振ったり,叩いたりする動作
　例：クラップなど

● フィギア系

腕や手で図形などの軌跡を描く動作

例：フィギア8など

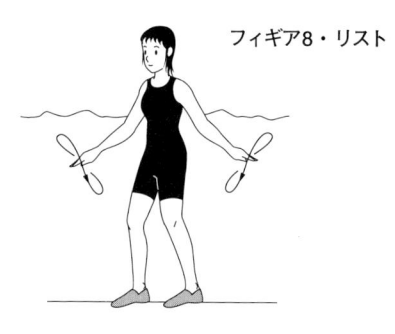

フィギア8・リスト

● キャッチ系

手のひらで水をつかむような動作

例：キャッチなど

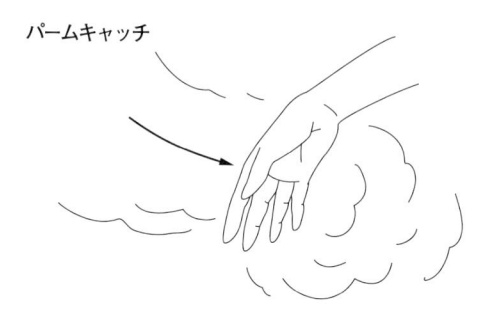

パームキャッチ

● ストローク系

腕全体を大きく軌跡を描くように動かす一連の動作

例：クロールストロークなど

クロールストローク

● フィンガー系

指先の種々の動作

例：グー&パーなど

グー&パー

3 体幹の動作

● ツイスト系

斜め方向にひねる動作

例：ツイストオブリーク，ツイスティングエルボータッチなど

ツイスティングエルボータッチ

第8章 基本的な部位別の動作の分類

●ローテーション系
　重心位置を中心に体幹を回旋する動作
　　例：トルソーサークル，フラフープなど

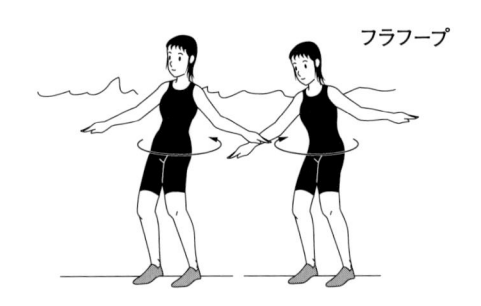

フラフープ

●ローリング系
　頭頂線を軸に体幹を回転する動作
　　例：トルソーツイストなど

トルソーツイスト

●カール&ベンド系
　屈曲させる（曲げる）動作
　　例：トランクカール，サイドベンドなど

スタンディング
サイドベンド

●ロウイング系
　肩甲骨を引き寄せて上背の筋肉を屈曲させる
　"ボートのオールをこぐ"動作
　　例：ロウイングなど

ロウイング

●タック系
　骨盤を後傾させて腰を引く動作
　　例：ニータック，タックジャンプなど

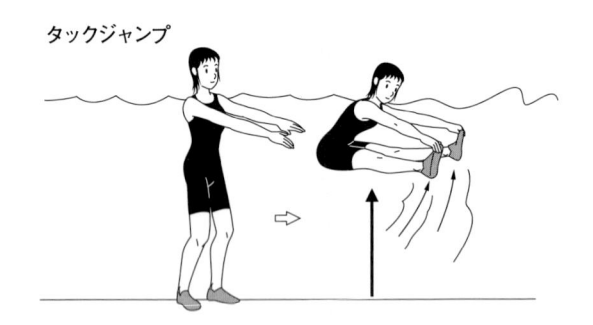

タックジャンプ

●バック・フレキション系
　後方へ屈曲する（曲げる）動作
　　例：フライ，ボディスロープなど

ボディスロープ

■参考文献（第2部全体）

(1) 窪田登『スポーツストレッチングと筋力トレーニング』池田書店，1988年
(2) Ursula Pahlow, THE POWER of WATER, Sagamore publishing Inc., 1986年
(3) 小沢治夫『エアロビクス基礎理論』日本エアロビックフィットネス協会，1990年
(4) Dan Solloway，アクアダイナミックス研究所，『ハイドロトーン・水中での体力づくり』Part 1&2，アクアダイナミックス研究所，1990年
(5) 野村武雄『アクアフィットネス』善本社，1987年
(6) 小西薫『ウォーターパワーワークアウト』環境工学社，1993年
(7) 清水富弘監修『アクアスポーツ科学』科学新聞社，1997年
(8) メアリー・E・サンダース『スピードアクアティックフィットネス』ミズノ，1994年
(9) アクアエクササイズ国内総会資料，アクアダイナミックス研究所，1994～2001年
(10) 『21世紀へのアクアエクササイズ（パートⅠ～Ⅲ）』アクアダイナミックス研究所，1990年
(11) 金澤壮二『水中散歩健康法』廣済堂，1998年
(12) 小西薫『アクアサイズ21 CMA（シーマ）』環境工学社，1999年
(13) AFFA『エアロビクス理論と実践』AFFA JAPAN 1988年
(14) Ruth Sova著，今野純訳『Aqua Fit』アクアダイナミックス研究所，1990年
(15) 目黒伸良『アクアリラックス指導法』環境工学社，1996年
(16) 目黒伸良『アクアリラックス妊婦水泳指導法』環境工学社，1999年
(17) Andrea Bates, Norm Hanson著，山本利春，日暮清訳『アクアティックリハビリテーション』ナップ，2000年
(18) 小西薫『アクアサイズ教程』日本アクアサイズ協会，1998年
(19) 立川規子「新世紀のためのアクアエクササイズ」『月間スクールサイエンス』環境工学社，1999～2001年
(20) 清水富弘，立川規子『アクアヌードルマニュアル』環境工学社，1999年
(21) 小野寺昇「水中運動と健康増進」『体育の科学』第50巻第7号，2000年
(22) 星島葉子，小野寺昇ら「水中運動における曲の拍子が心拍数と酸素摂取量に及ぼす影響」『水泳水中運動科学』2000年第3号，日本水泳・水中運動学会編，2000年
(23) 鈴木正之，近藤加奈恵『アクアビクス入門』中日新聞社，1999年
(24) 武井正子『エアロビック体操』大修館書店，1983年
(25) 細田多穂，柳澤健『理学療法ハンドブック』協同医書出版，1986年
(25) 武井正子『からだとこころにエアロビクス』大修館書店，1990年
(26) アン・クリンガーら『エアロビクス辞典』大修館書店，1992年
(27) ロドニー・コラムら『エアロビックエクササイズガイド』ベースボールマガジン社，1993年
(28) 立川規子『アクア動作図鑑』環境工学社，2002年

補章

資格内容

1 資格

「アクアフィットネスインストラクター」および「アクアダンスインストラクター」の資格は，文部科学省認可の社団法人日本スイミングクラブ協会（以下本協会）が認定する資格である。

2 資格の内容

(1) アクアフィットネスインストラクター資格

アクアフィットネスインストラクター資格には，C級・B級・A級・AA級とあり，内容は次の通りである。

①アクアフィットネスC級インストラクター

アクアフィットネスの基礎知識と技能を有し，初心者へのアクアフィットネスの指導ができるものである。

②アクアフィットネスB級インストラクター

アクアフィットネスのより深い知識と技能を有し，初心者へのアクアフィットネスの指導および管理ができるものである。

③アクアフィットネスA級インストラクター

アクアフィットネスの専門的な知識と技能を有し，初心者から中級者へのアクアフィットネスの指導および管理ができるものである。

④アクアフィットネスAA級インストラクター

アクアフィットネスの専門的な知識と技能を有し，初心者から上級者へのアクアフィットネスの指導および管理ができるものである。

(2) アクアダンスインストラクター資格

アクアダンスインストラクター資格には，アクアダンスサブインストラクターとアクアダンスインストラクターとがあり，内容は次の通りである。

①アクアダンスサブインストラクター

初心者へのアクアダンスの指導ができるものである。

②アクアダンスインストラクター

初心者から上級者へのアクアダンスの指導および管理ができるものである。

3 資格取得講習会の時間数

アクアフィットネスインストラクター資格取得講習会およびアクアダンスインストラクター資格取得講習会の時間数は，次の通りである。

(1) 講習会

講習会とは，本協会指導力向上委員会および支部指導力向上委員会が開催する講習会であり，基礎理論（通信講習レポート），実技実習，指導実習からなり，時間数は次の通りである。

①アクアフィットネスC級インストラクター講習会

12時間（基礎理論5時間｛通信20時間｝，指導実習7時間）

②アクアフィットネスB級インストラクター講習会

12時間（基礎理論5時間｛通信20時間｝，指導実習7時間）

③アクアフィットネスA級インストラクター講習会

12時間（基礎理論5時間｛通信20時間｝，指導実習7時間）

④アクアフィットネスAA級インストラクター講習会

12時間（基礎理論5時間｛通信20時間｝，指導実習7時間）

⑤アクアダンスサブインストラクター講習会

11時間（基礎理論2時間，実技実習4時間，指導実習5時間）

⑥アクアダンスインストラクター講習会

11時間（基礎理論3時間｛通信12時間｝，実技実習3時間，指導実習5時間）

4 資格の取得方法

本協会の定めた講習会を受講修了し，試験に合格することによって資格が取得できる。

(1) アクアフィットネスC級インストラクター

満18歳以上（講習会開催初日の年齢）の健康な方で，アクアフィットネスC級インストラクター資格取得講習会を受講修了し，試験に合格することによって，アクアフィットネスC級インストラクター資格が取得できる。

(2) アクアフィットネスB級インストラクター

アクアフィットネスC級インストラクターの資格保持者で，アクアフィットネスB級インストラクター資格取得講習会を受講修了し，試験に合格することによって，アクアフィットネスB級インストラクター資格が取得できる。

(3) アクアフィットネスA級インストラクター

アクアフィットネスB級インストラクターの資格保持者で，アクアフィットネスA級インストラクター資格取得講習会を受講修了し，試験に合格することによって，アクアフィットネスA級インストラクター資格が取得できる。

(4) アクアフィットネスAA級インストラクター

アクアフィットネスA級インストラクターの資格保持者で，アクアフィットネスAA級インストラクター資格取得講習会を受講修了し，試験に合格することによって，アクアフィットネスAA級インストラクター資格が取得できる（なお，AA級の資格を取得することによって，本協

会認定のメディカルアクアフィットネスインストラクターの受講資格が与えられる）。

(5) アクアダンスサブインストラクター

満18歳以上（講習会開催初日の年齢）の健康な方で，アクアダンスサブインストラクター資格取得講習会を受講修了し，実技試験に合格することにより，アクアダンスサブインストラクター資格が取得できる。

(6) アクアダンスインストラクター

満18歳以上（講習会開催初日の年齢）の健康な方で，アクアダンスインストラクター資格取得講習会を受講修了し，試験に合格することにより，アクアダンスインストラクター資格が取得できる。

5 認定講師

基礎理論（通信講習），実技実習，指導実習は，本協会が認定した内部講師および外部講師が行う。

6 受講料および諸費用

(1) アクアフィットネスインストラクター

各級別アクアフィットネスインストラクター講習会受講料および諸費用は表1の通りである。

(2) アクアダンスインストラクター

アクアダンスインストラクター講習会受講料および諸費用は表2の通りである。

●表1――アクアフットネスインストラクター講習会受講料および諸費用

資格名 項目	アクアフィットネス C級インストラクター	アクアフィットネス B級インストラクター	アクアフィットネス A級インストラクター	アクアフィットネス AA級インストラクター
講習受講料	10,500円	15,750円	15,750円	15,750円
テキスト代	5,040円（C級～AA級までとアクアダンスインストラクターの共通テキスト）			
検 定 料	3,150円	3,150円	3,150円	3,150円
小　　計	18,690円（テキスト代込み）	18,900円	18,900円	18,900円
資格登録料	5,000円（4年間有効）			
認定証料	2,100円	2,100円	2,100円	2,100円

※本協会に指導者登録をしている場合は，認定証料を免除する。
※認定証料は各級ごと必要となるが，複数の級を同時申請の場合は2,100円となる。
※資格登録料は各級ごと必要となるが，複数の級を同時申請の場合は上級の資格登録料のみとなる。

●表2――アクアダンスインストラクター講習会受講料および諸費用

資格名 項目	アクアダンスサブインストラクター	アクアダンスインストラクター
講習受講料	15,750円	15,750円
テキスト代	―――――	5,040円（アクアダンスインストラクターとアクアフィットネスインストラクターの共通テキスト）
検 定 料	3,150円	3,150円
小　　計	18,900円	23,940円（テキスト代込み）
資格登録料	―――――	5,000円（4年間有効）
認定証料	2,100円	2,100円

※本協会に指導者登録をしている場合は，認定証料を免除する。

7 諸費用の振込み先

講習受講料，テキスト代および検定料は，実施支部指定口座に振り込むこと。資格登録料と認定証料は，㈳日本スイミングクラブ協会指定口座に振り込むこと。

8 試験

①基礎理論の試験は，講習の終了後に行う。
②通信講習の試験は，レポート提出とする。なお，レポートの提出は，講習会終了後1か月以内とする。
③アクアダンスサブインストラクターとアクアダンスインストラクターの実技試験は，実技実習と指導実習の終了後に行う。

9 再試験

(1) 再試験について
①基礎理論の再試験は，行わない。
②通信レポートの場合は，全科目の再試験を認める（再試験は1回のみとする）。
③アクアダンスインストラクター資格取得講習会の基礎理論の試験が合格し，実技試験が不合格の場合は，次回以後のアクアダンスインストラクター資格取得講習会の実技試験のみを受験することを認める。

(2) 再検定料について
①通信レポート再検定料：1科目につき1,050円
②アクアダンスインストラクター実技試験の再検定料：3,150円

10 資格取得概念図

各資格の関係性と取得の概念図を表すと以下の通りである。

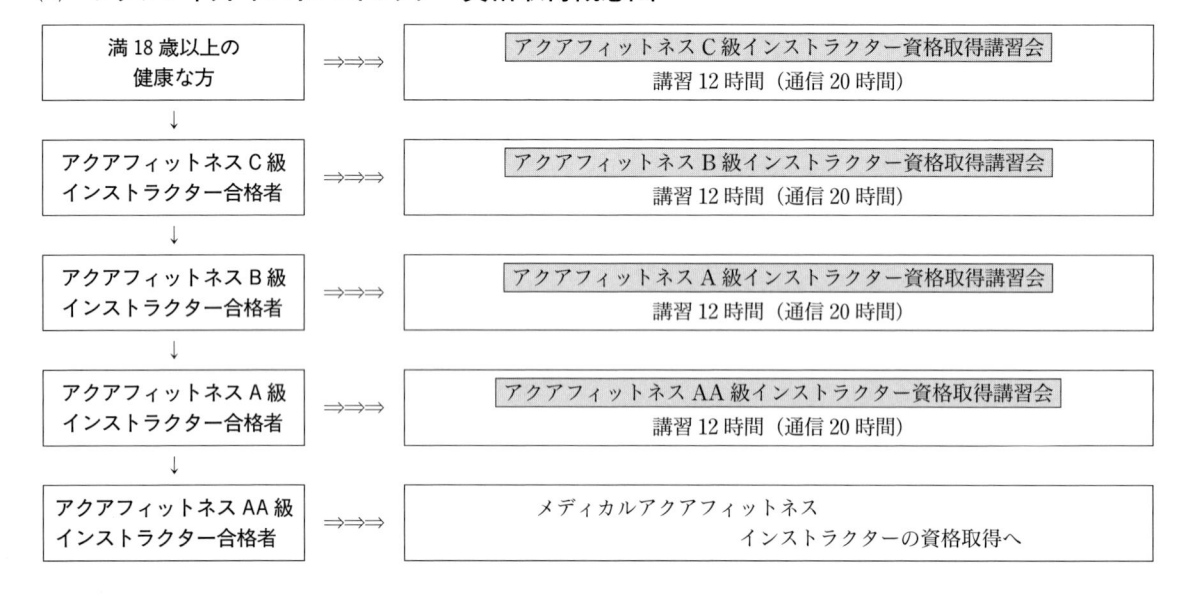

(1) アクアフィットネスインストラクター資格取得概念図

```
満18歳以上の              アクアフィットネスC級インストラクター資格取得講習会
健康な方         ⇒⇒⇒    講習12時間（通信20時間）
   ↓
アクアフィットネスC級             アクアフィットネスB級インストラクター資格取得講習会
インストラクター合格者  ⇒⇒⇒   講習12時間（通信20時間）
   ↓
アクアフィットネスB級             アクアフィットネスA級インストラクター資格取得講習会
インストラクター合格者  ⇒⇒⇒   講習12時間（通信20時間）
   ↓
アクアフィットネスA級             アクアフィットネスAA級インストラクター資格取得講習会
インストラクター合格者  ⇒⇒⇒   講習12時間（通信20時間）
   ↓
アクアフィットネスAA級    ⇒⇒⇒   メディカルアクアフィットネス
インストラクター合格者             インストラクターの資格取得へ
```

(2) アクアダンスインストラクター資格取得概念図

1) アクアダンスサブインストラクターの場合

```
満18歳
以上の    ⇒⇒⇒   アクアダンスサブインストラクター資格取得講習会   ⇒⇒   アクアダンスサブ
健康な方              講習11時間                                    インストラクター合格
```

2) アクアダンスインストラクター資格取得図

```
満18歳
以上の    ⇒⇒⇒   アクアダンスインストラクター資格取得講習会       ⇒⇒   アクアダンス
健康な方              講習11時間（通信12時間）                         インストラクター合格
```

11 各講習会内容

各講習会の時間数，主な内容は以下の通りである。

(1) アクアフィットネスＣ級インストラクター

アクアフィットネスＣ級インストラクターの資格は，下記の講習会を受講し，基礎理論の試験に合格し，資格登録をすることにより，資格を取得することができる。

	科目名	講習	通信講習	小計	主な内容
基礎理論	アクアフィットネス概論	1	4	5	アクアフィットネスの概念 日本のアクアフィットネス 諸外国のアクアフィットネス
	水中運動の科学(1)	1	4	5	水中運動の力学的特性 水中運動の生理学的特性
	水中運動の歴史	1	4	5	水治療の歴史と現在 温泉療法の歴史と現在 (社)日本SC協会の歴史と水中運動
	水中運動処方論(1)	1	4	5	水中運動処方の理論
	水中運動プログラムの作成と指導法(1)	1	4	5	浮力・水温・抵抗・水圧に関する指導の注意点 腰痛改善の水中運動理論
	小　　　計	5	20	25	—
指導実習	ウォーキング	1.5	—	1.5	水中ウォーキングの指導実習
	ジョギング	1.5	—	1.5	水中ジョギングの指導実習
	ストレッチング	1.5	—	1.5	水中ストレッチングの指導実習
	アクアダンス(1)	1	—	1	アクアダンスの実際①
	対象別指導法(1)	1.5	—	1.5	腰痛のための具体的指導内容
	小　　　計	7	—	7	—
合　計　時　間		12	20	32	—

［補足事項］
1) 基礎理論の試験は，中央講習終了後に行う。
2) 通信講習は，レポート提出とする。なお，レポートの提出期限は，講習会終了後1か月以内とする（字数は，900字の原稿用紙に800字以上900字以内とする）。

(2) アクアフィットネス B 級インストラクター

アクアフィットネス B 級インストラクターの資格は，アクアフィットネス C 級インストラクターの資格を取得後，下記の講習会を受講し，基礎理論の試験に合格し，資格登録をすることにより取得することができる．

	科　目　名	講習	通信講習	小計	主　な　内　容
基礎理論	水中運動の科学(2)	1	4	5	水中運動による身体的応答
	水中運動の科学(3)	1	4	5	水中運動と医学
	水中運動処方論(2)	1	4	5	水中運動処方の方法
	水中運動プログラムの作成と指導法(2)	1	4	5	ベビースイミング理論と幼児水泳理論 肥満改善水中運動理論 膝痛改善水中運動理論
	水中安全管理法(1)	1	4	5	プールで起こる事故の実際 事故防止のための安全管理 緊急時における応急手当
	小　　　計	5	20	25	
指導実習	ストレングス	1.5	—	1.5	水中での筋力強化の指導実習
	リラックス，バランス	1	—	1	水中でのリラックスおよびバランスの指導実習
	対象別指導法(2)	1.5	—	1.5	ベビースイミングと幼児水泳の具体的指導内容
	対象別指導法(3)	1.5	—	1.5	肥満者のための具体的指導内容
	対象別指導法(4)	1.5	—	1.5	膝痛改善のための具体的指導内容
	小　　　計	7	—	7	
合　計　時　間		12	20	32	

［補足事項］
1) 基礎理論の試験は，中央講習終了後に行う．
2) 通信講習は，レポート提出とする．なお，レポートの提出期限は，講習会終了後 1 か月以内とする（字数は，900 字の原稿用紙に 800 字以上 900 字以内とする）．

(3) アクアフィットネスA級インストラクター

アクアフィットネスA級インストラクターの資格は，アクアフィットネスB級インストラクターの資格を取得後，下記の講習会を受講し，基礎理論の試験に合格し，資格登録をすることにより取得することができる。

区分	科目名	講習	通信講習	小計	主な内容
基礎理論	水中運動の科学(4)	1	4	5	水中運動と心理
	水中運動処方論(3)	1	4	5	水中運動処方の管理
	水中運動プログラムの作成と指導法(3)	1	4	5	妊婦水中運動理論 肩関節痛改善水中運動理論
	水中運動プログラムの作成と指導法(4)	1	4	5	リラクセーションの水中運動理論 水中運動と泳法指導①，②
	水中運動と施設	1	4	5	施設の概要，維持管理
	小　　計	5	20	25	
指導実習	対象別指導法(5)	1.5	—	1.5	妊婦水中運動の具体的指導内容
	対象別指導法(6)	1.5	—	1.5	肩関節痛改善のための具体的指導内容
	対象別指導法(7)	1.5	—	1.5	リラクセーションのための具体的指導内容
	水中運動と泳法指導(1)	1.5	—	1.5	水なれと泳法指導 クロールと水中運動
	アクアダンス(2)	1	—	1	アクアダンスの実際②
	小　　計	7	—	7	
合　計　時　間		12	20	32	

[補足事項]
1) 基礎理論の試験は，中央講習終了後に行う。
2) 通信講習は，レポート提出とする。なお，レポートの提出期限は，講習会終了後1か月以内とする（字数は，900字の原稿用紙に800字以上900字以内とする）。

⑷ アクアフィットネス AA 級インストラクター

アクアフィットネス AA 級インストラクターの資格は，アクアフィットネス A 級インストラクターの資格を取得後，下記の講習会を受講し，基礎理論の試験に合格し，資格登録をすることにより取得することができる．

	科目名	講習	通信講習	小計	主な内容
基礎理論	水中運動の科学(5)	1	4	5	水中運動と栄養
	水中運動プログラムの作成と指導法(5)	1	4	5	股関節痛改善水中運動理論 高齢者水中運動理論
	水中運動プログラムの作成と指導法(6)	1	4	5	障害者水中運動理論 水中運動と泳法指導③〜⑤
	水中安全管理法(2)	1	4	5	緊急時における救助法・心肺蘇生法 水中安全と法律
	水中運動プログラムの計画と運営	1	4	5	水中運動プログラムの計画・運営・管理
	小　　　計	5	20	25	
指導実習	対象別指導法(8)	1.5	—	1.5	股関節痛改善のための具体的指導内容
	対象別指導法(9)	1.5	—	1.5	高齢者のための具体的指導内容
	対象別指導法(10)	1.5	—	1.5	障害者のための具体的指導内容
	水中運動と泳法指導(2)	1.5	—	1.5	背泳ぎと水中運動 平泳ぎと水中運動 バタフライと水中運動
	水中運動補助器具使用法	1	—	1	水中運動補助器具の使用法
	小　　　計	7	—	7	
合　計　時　間		12	20	32	

[補足事項]
1) 基礎理論の試験は，中央講習終了後に行う．
2) 通信講習は，レポート提出とする．なお，レポートの提出期限は，講習会終了後 1 か月以内とする（字数は，900 字の原稿用紙に 800 字以上 900 字以内とする）．

(5) アクアダンスサブインストラクター

アクアダンスサブインストラクターの資格は，下記の講習会を受講し，実技試験に合格することにより取得することができる。

	受講科目	時間数	主な内容
基礎理論	プログラム構成法(1)	1	ルーティーンの作成法 音楽の成り立ち（リズム取/曲の構成/8カウント作成）
	プログラム構成法(2)	1	動作の種類・選択 水の特性と動作 動作のつなぎ方・組み合わせ
	小　計	2	
実技実習	インストラクション法(1)	1	リーディングの仕方 キューイングの仕方
	インストラクション法(2)	1	デモンストレーション・スキル アライメント・スキル
	プログラム体験(1)	1	中高年向けプログラム 運動強度が低めのプログラム
	プログラム体験(2)	1	若年向けのプログラム 運動強度が高めのプログラム
	小　計	4	
指導実習	指導実習(1)	1	水中およびプールサイドでの指導経験
	指導実習(2)	1	プールサイドでの（ペア）指導実習
	指導実習(3)	1	デモンストレーションのアライメントや安全性 身体の使い方
	指導実習(4)	1	講師とマンツーマンでの指導実習
	指導実習(5)	1	10分〜15分前後のプログラム作成
	小　計	5	
合計時間		11	

試験	実技試験	5分	各自で作成をした5分間のプログラムの発表

［補足事項］
1) 実技の試験は，講習終了後に行う。
2) 実技試験のプログラム発表は，1人5分間とする。

⑹ アクアダンスインストラクター

アクアダンスインストラクターの資格は，下記の講習会を受講し，基礎理論と実技試験に合格し，資格登録することにより取得することができる。

	科目名	講習	通信講習	小計	主な内容
基礎理論	アクアダンス概論	1	4	5	アクアダンスの目的・運動効果・特徴・メリット アクアダンスの基礎知識
	アクアダンスの運動処方	1	4	5	運動の原則，運動強度の設定，アレンジ，評価，運動時間，頻度，ターゲット心拍数
	アクアダンスのプログラム構成法	1	4	5	ルーティーン法とコリオグラフィー法 シークエンスとトランジッション ウォーミングアップとダウン フォーマットの作成
	小　計	3	12	15	
実技実習	アクアダンスの動作法	1	—	1	基本動作の種類と効果，動作のバリエーションとアレンジ，動作のコンビネーション，注意すべき動作
	プログラムの体験	1	—	1	基本的なプログラム（モデル例）の体験
	水の特性とプログラミング	1	—	1	水の特性を生かした動作の確認およびプログラミングのあり方
	小　計	3	—	3	
指導実習	メインパートの作成	1	—	1	メインパート（主運動）のプログラミング
	プログラムの作成	1	—	1	30分～60分プログラムの作成
	アクアダンスの指導法	1	—	1	デモンストレーション，キューイング，リーディング，音楽や用具の利用法
	目的・対象別の指導法	1	—	1	運動目的や対象に応じたプログラミングおよび指導法
	プログラムのプレゼンテーション	1	—	1	デッキ指導および入水指導 デモンストレーションのグループ別・個別学習
	小　計	5	—	5	
	合計時間	11	12	23	
試験	基礎理論試験	1	—	—	基礎理論に関する試験
	実技試験	5分	—	—	アクアダンスのプログラム発表

［補足事項］
1) 基礎理論と実技の試験は，講習終了後に行う。
2) 通信講習の試験は，レポート提出とする。なお，レポートの提出期限は，中央講習会終了後1か月以内とする（字数は，900字の原稿用紙に800字以上900字以内とする）。
3) 実技試験のプログラム発表は，1人5分間とする。

MEMO

■執筆者・担当執筆項目（執筆順）

野村　武男	筑波大学人間総合科学研究科教授	【第1部】[第1章，第2章1，第4章，第5章3(1)，(3)，(9)]
澁谷　俊一	(社)日本スイミングクラブ協会専務理事	【第1部】[第2章2，第7章，第8章]
須藤　明治	国士舘大学体育学部准教授	【第1部】[第3章1，2，第5章1，3(4)，(6)～(8)，(10)]
小野寺　昇	川崎医療福祉大学医療技術学部教授	【第1部】[第3章3，4]
堤　俊彦	近畿福祉大学社会福祉学部教授	【第1部】[第3章5]
鈴木　正成	早稲田大学スポーツ科学学術院特任教授	【第1部】[第3章6]
目黒　伸良	トップスイミングクラブ取締役，指導部長 ((社)日本スイミングクラブ協会指導力向上副委員長)	【第1部】[第5章2(1)～(4)，3(2)，(3)，(5)，5]
立川　規子	(社)日本スイミングクラブ協会認定講師	【第1部】[第5章2(5)，4] 【第2部】[1～8章]
浅井　光興	国民健康保険坂下病院副院長 （前　愛知医科大学医学部助教授）	【第1部】[第5章3(5)]
三井　俊介	日本赤十字社事業局救護・福祉部次長	【第1部】[第6章]

■監修

野村　武男　筑波大学人間総合科学研究科教授

■連絡先■

(社)日本スイミングクラブ協会

101-0061　東京都千代田区三崎町　2-20-7

水道橋西口会館5階

電話　03-3511-1552(代)

アクアフィットネス・アクアダンスインストラクター教本
© Japan Swimming Club Association　2008　　　　NDC785／vi, 423p／24cm

初版第 1 刷──2008 年 3 月10日

編　者─────社団法人　日本スイミングクラブ協会
発行者─────鈴木一行
発行所─────株式会社　大修館書店
　　　　　　　〒101-8466　東京都千代田区神田錦町 3-24
　　　　　　　電話 03-3295-6231（販売部） 03-3294-2359（編集部）
　　　　　　　振替 00190-7-40504
　　　　　　　[出版情報] http://www.taishukan.co.jp

装丁者─────佐々木哲也
図版・イラスト─────壮光舎印刷
印刷所─────壮光舎印刷
製本所─────ブロケード

ISBN978-4-469-26641-2　　　　　　　　　　　　　　　Printed in Japan

Ⓡ 本書の全部または一部を無断で複写複製（コピー）することは、
著作権法上での例外を除き禁じられています。